불교연구총서 ⑳

열반과 미륵의 도상학

인도에서 중앙아시아로

NEHAN TO MIROKU NO ZUZOGAKU: INDO KARA CHUO-AJIA E
by MIYAJI Akira
Copyright © 1992 MIYAJI Akira
All rights reserved.
Originally published in Japan by YOSHIKAWA KOBUNKAN Co., Ltd., Tokyo.
Korean translation rights arranged with
YOSHIKAWA KOBUNKAN Co., Ltd., Japan
through THE SAKAI AGENCY and IMPRIMA KOREA AGENCY.

불교연구총서 20

열반과 미륵의

미야지 아키라宮治昭 지음
박선영 옮김

도상학

인도에서 중앙아시아로

씨아이알

본 불교연구총서는 사단법인 불교학연구지원사업회에서 추진하는 교육불사의 일환으로 불교학의 학문적 발전을 위한 시도로 기획된 것입니다. 사단법인 불교학연구지원사업회는 불교를 연구하는 소장학자를 위해 스님들과 신도들이 뜻을 한데 모아 설립한 단체입니다.

일러두기

1. 내용 중 '최근', '현재' 등의 시제에 관한 표현들은 원서 출판 당시(1992년)의 시점이다.
2. 인명 표기에 있어서 일본인의 경우 일본어 표기법에 따라 표기했으며, 중국인의 경우 1911년(신해혁명)을 기준으로 그 이전은 한국 한자음으로 표기하고, 그 이후는 중국어 표기법에 따라 표기했다. 서양 학자의 인명은 원서의 표기법을 따라 First name과 Middle name은 첫 글자의 대문자로, Last name은 한글로 표기했다.
3. 경전명의 표기에 있어서는 한국 한자음 표기법을 썼다.
4. 지명은 경전 내용 이외에는 각 나라의 발음 표기법을 따랐다. 다만 사찰명은 편리한 이해를 위해 한국 한자음으로 표기했으며(예: 일본 四天王寺의 경우 '시텐노지'가 아닌 '사천왕사', 중국 奉先寺의 경우 '펑시안쓰'가 아닌 '봉선사'), 석굴명도 이를 따랐다(예: '麥積山石窟'은 '맥적산석굴'이 아닌 '마이지산석굴'로 표기하지만, '炳靈寺石窟'은 '빙링쓰석굴'이 아닌 '병령사석굴').
5. 경전의 내용을 인용하는 부분에서는 되도록 불교기록문화유산 아카이브(https://kabc.dongguk.edu/) 누리집의 우리말 번역문을 인용·참조하였다. 각 경전의 원문 출처에 대해서는 대부분 일본 경전인 다이쇼신수대장경(大正新脩大藏經)에서의 위치를 표시하고 있어, 편의를 위해 각주에 원문을 달아 두었다.
6. '大正藏'은 다이쇼(大正) 시대에 일본에서 출판한 대장경인 다이쇼신수대장경(大正新脩大藏經)의 약어이다. 원서에서는 경전의 출처에 대해 '大正藏 제00권'이라는 방식으로 표기하고 있는데, 본 번역본에서는 표준 표기인 'T.00'의 방식을 채택했다. 상·중·하단은 페이지 뒤에 각각 a, b, c로 표시했다. (예: '大正藏 第1券, p. 22, 上'의 경우 'T.01, p. 22a')
7. 본문의 각주(*)는 번역 과정에서 독자의 이해를 돕기 위해 역자가 추가한 내용이다.

컬러 도판1. 연화만초를 든 약샤와 여신. 바르후트 난순조각. 기원전 100년경. 캘커타인도박물관 소장[이시구로 준石黑淳 촬영]

컬러 도판2. 산악경과 선정승. 키질 제77굴(조상굴). 우랑굴 정부 우측[수도 히로토시須弘敏 촬영]

컬러 도판3. 도솔천상의 미륵보살과 찬탄하는 신들. 키질 제77굴(조상굴). 우랑굴 정부 우측 하연[수도 히로토시 촬영]

한국의 독자들에게

　본서『열반과 미륵의 도상학 ― 인도에서 중앙아시아로 ―』의 한국어
판이 박선영 씨의 지대한 노력에 의해 번역되고, 서울대학교 이주형 교수님의
교정을 받게 된 것에 대해 필자로서는 진심으로 기쁘고 영광으로 생각합니다.

　본서를 구상하게 된 계기는 1969년, 1974년, 1976년, 1978년의 네 차례
에 걸쳐 아프가니스탄의 바미얀 유적을 조사한 경험과, 학생 시절에 깊은 관
심을 갖게 된 파노프스키E. Panofsky의 도상해석학적 방법을 불교미술에서도
활용해보고자 하는 발상에서 출발했습니다. 왜냐하면 바미얀석굴에는 돔
천장굴과 볼트천장굴이 많은데, 그 천정天頂*에는 미륵보살이 그려져 있고
그 주위를 천불이 둘러싸며, 측벽에 열반도가 표현되는 것이 기본 구성을 이
루고 있음이 조사 연구로 밝혀졌기 때문입니다. 이러한 도상구성에 대한 문
제의식에서 출발하여, 인도의 불교미술까지 거슬러 올라가 더욱 깊이 있게
고찰해 보았습니다. 바미얀을 조사하는 한편 파키스탄의 간다라 미술과 인
도 불교미술의 조사연구도 진행하여, 그 성과를 체계화한 것이 본서입니다.

　본서는 인도에서 중앙아시아에 걸친 불교미술의 전파와 변용, 선개의
양상을 미륵보살과 열반도를 축으로 하여 구조적으로 밝히고자 시도한 논
고입니다. 관련된 작례를 망라적으로 수집하고, 경전과의 조합이나 다른 작
품과의 비교를 통해 도상을 분류하는 기초 작업을 행한 뒤, 시대와 지역을 좌
표축으로 하여 도상 프로그램을 해독하는 시점과 방법을 제시했습니다. A.

---

* 　천정天頂: 돔형 천장의 정부. 꼭대기 부분.

푸셰 박사의 간다라 도상연구, 마쓰모토 에이치 박사의 둔황敦煌 도상학을 참고로 하여, 인도·중앙아시아에서의 불교미술의 생성에 대해 도상해석학적 방법을 통한 해명을 시도해 본 것입니다.

　　여기서 제시한 불교도상학의 방법으로는 세 가지가 있습니다. 첫 번째는 고전적인 방법으로서, 하나의 도상이나 테마에 대해 그와 관련된 도상자료를 가능한 많이 수집하고, 그와 관계되는 텍스트(경전류)를 탐색하여 면밀히 조합시켜 세부에 걸쳐 도상을 해독하는 방법입니다. 두 번째는 도상과 텍스트에 거리가 있는 경우, 도상 전체를 끊임없이 고려하면서 그와 관련된 개개의 도상이나 도상의 세부를 해독하는 방법입니다. 시대·지역을 한정하여 도상의 대립이나 조합, 나아가서는 도상 전체가 어떻게 구성되어 있는지에 대한 시점을 가지고 고찰함으로써, 도상을 성립시킨 배후세계가 밝혀지고 불교미술을 길러낸 민족적 종교문화가 모습을 드러내게 됩니다. 마지막 세 번째 방법으로, 두 번째의 이른바 공시적 방법에 대응하여 종축의 역사적인 양상을 기준으로 도상을 고찰하는 통시적 방법입니다. 즉, 어떠한 특정 도상을 들어, 그 성립 양상 및 불교미술이 전파된 시대와 지역의 변화를 통하여 어떠한 변용을 이루고 발전되었는가를 밝히는 방법입니다. 새로운 도상의 성립이나 변용을 고찰할 경우, 전파된 시대의 환경, 특히 불교 외적인 민족문화와의 관계 속에서 읽어 내는 것이 요청됩니다. 하나의 도상을 들어, 역사와 지역을 가로지르며 도상이 전파·변용하는 양상을 밝혀낼 수 있다면, 불교미술의 다양성과 아울러 불교미술을 낳아 길러내고 있는 세계가 어떠한 것인지 밝혀볼 수 있습니다. 이상과 같은 불교도상 연구의 방법, 특히 두 번째와 세 번째의 해석학적 방법을 도입함으로써, 이제껏 명확하지 않았거나 미발달로 분류되지 못했던 도상이 구분되어 해석될 뿐만 아니라 도상세계의 전체상과 역사적 전파와 변용, 전개의 양상을 구조적, 입체적으로 밝힐 수 있습니다.

　　본서는 이 같은 의도를 지닌 연구 성과이지만, 간행 후 이미 많은 세월이 지났습니다. 본서의 간행 후 발표된 관련 개별 연구 성과도 적지 않습니다. 한국어판의 출간을 기회로 후속 연구를 추가하고자 하는 계획이 있었으나, 필자의 체력적, 정신적인 문제로 인해 안타깝게도 이루어 내지 못했습니다. 그 점을 죄송스럽게 생각합니다만, 본서의 의도를 길어 올리고 발전시키고자 하는 한국의 연구자분들께 도움이 되고, 또한 불교미술과 도상학에 관심을 갖게 될 젊은이들이 늘어나기를 바라고 있습니다.

끝으로, 장편의 본서를 열심히 번역하여 그 역할을 훌륭히 해내 주신 박선영 씨와, 바쁘신 와중에 교열을 해주신 경애하는 이주형 교수님께 깊은 감사를 전합니다.

나고야대학 명예교수 · 류코쿠대학 명예교수
미야지 아키라

차례

도판 일람([ ] 안은 도판의 출전)

삽도 일람([ ] 안은 도판의 출전)

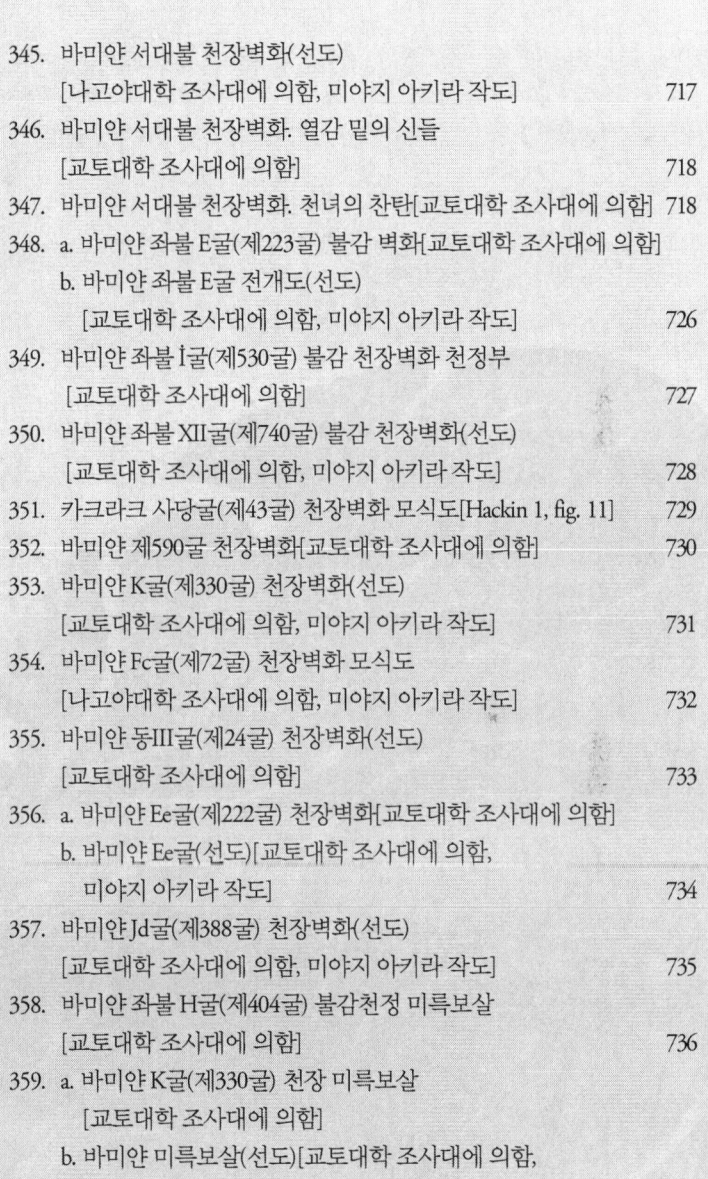

표 일람

도판·삽도의 출전 약자

『인도고대조각전』 ………『インド古代彫刻展』(東京國立博物館·京都國立
                      博物館·日本經濟新聞社, 1984)

『원강석굴』 ……………水野淸一·長廣敏雄『雲岡石窟』Vol. 1∼16 (京都
                      大学人文科学研究所, 1951-56)

『캘커타미술관』 …………上野照夫 編, 『カルカッタ美術館』(世界の美術
                      館32)(講談社, 1980)

『키질석굴』······················ 『中國石窟 キジル石窟』1~3, 新疆ウイグル自治区文物管理委員会排城県キジル千佛洞文物保管所 編 (平凡社, 1983-85)

쿠리타 이사오 1 ·············· 栗田功,『ガンダーラ美術I 佛伝』(二玄社, 1988).

쿠리타 이사오 2 ·············· 栗田功,『ガンダーラ美術II 佛伝』(二玄社, 1990).

쿠와야마 쇼신 ················ 쿠와야마 쇼신桑山正進,『カーピシー=ガンダーラ史研究』(京都大学人文科学研究所, 1990)

『황하문명전』·················· 『黃河文明展』(名古屋市博物館, 1986)

『실크로드 오아시스와 초원의 길』············『シルクロード・オアシスと草原の道』(奈良県立美術館・奈良シルクロード博協会, 1988)

『실크로드의 유보遺寶』······『シルクロードの遺宝』(東京国立博物館・大阪市立美術館・日本経済新聞社, 1985)

『실크로드박물관』·········· 宮治昭・モタメディ遙子 編,『シルクロード博物館』世界の博物館19 (講談社, 1979)

『실크로드 문물전』·········· 『中華人民共和国 シルクロード文物展』(読売新聞社, 1979)

『신장新疆의 벽화』············ 『新疆の壁画』上下, (美乃美, 1981)

타카타 오사무 ················ 『仏教美術史論考』(中央公論美術出版, 1969)

『타레리』······················· 水野清一・樋口隆康 編,『タレリ』(同朋舍, 1978)

『천축에의 여행』············· 肥塚隆 編・丸山勇 撮影,『天竺への旅 第2集 仏像の原流をたずねて』(学習研究社、1983)

『둔황모가오굴』·············· 『中國石窟 敦煌莫高窟』1~5, 敦煌文物研究所 編 (平凡社, 1981)

나이토 토이치로············· 內藤藤一郎「夢殿秘仏の中宮寺本尊」『東洋美術』8, p. 56 도판, (1930-31)

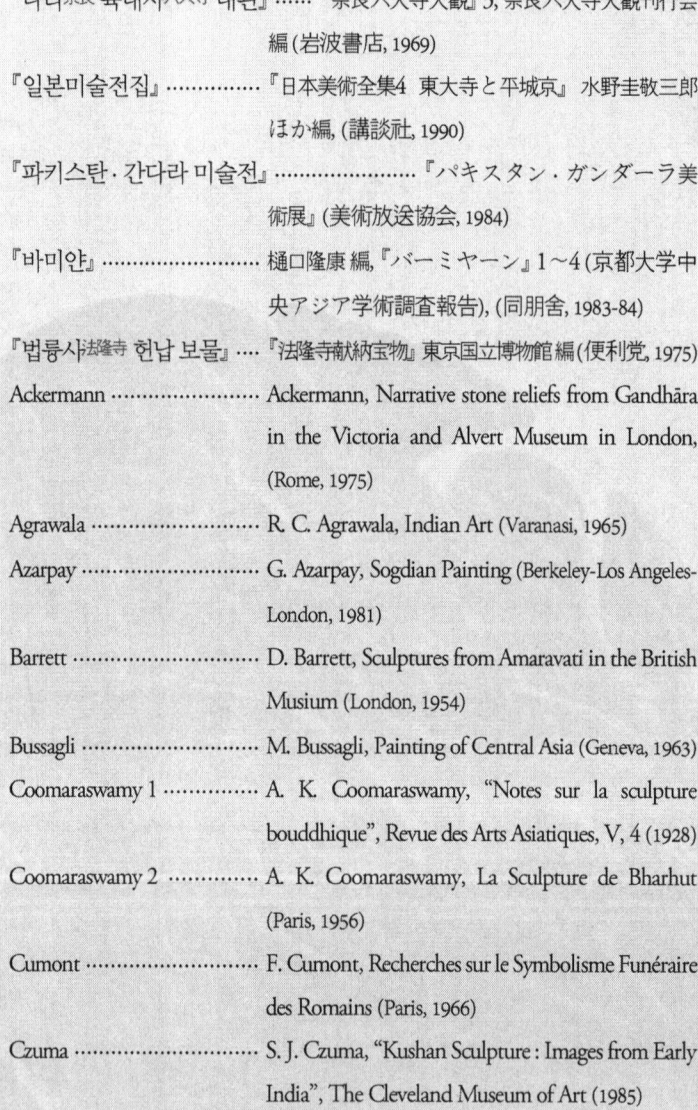

『나라奈良 육대사六大寺 대관』 ······『奈良六大寺大觀』3, 奈良六大寺大觀刊行会 編 (岩波書店, 1969)

『일본미술전집』 ·············『日本美術全集4 東大寺と平城京』水野圭敬三郎 ほか編, (講談社, 1990)

『파키스탄·간다라 미술전』 ····················『パキスタン・ガンダーラ美 術展』(美術放送協会, 1984)

『바미얀』 ·····················樋口隆康 編, 『バーミヤーン』1～4 (京都大学中 央アジア学術調査報告), (同朋舍, 1983-84)

『법륭사法隆寺 헌납 보물』····『法隆寺献納宝物』東京国立博物館編 (便利党, 1975)

Ackermann ·····················Ackermann, Narrative stone reliefs from Gandhāra in the Victoria and Alvert Museum in London, (Rome, 1975)

Agrawala ····························R. C. Agrawala, Indian Art (Varanasi, 1965)

Azarpay ····························G. Azarpay, Sogdian Painting (Berkeley-Los Angeles-London, 1981)

Barrett ····························D. Barrett, Sculptures from Amaravati in the British Musium (London, 1954)

Bussagli ····························M. Bussagli, Painting of Central Asia (Geneva, 1963)

Coomaraswamy 1 ·············A. K. Coomaraswamy, "Notes sur la sculpture bouddhique", Revue des Arts Asiatiques, V, 4 (1928)

Coomaraswamy 2 ·············A. K. Coomaraswamy, La Sculpture de Bharhut (Paris, 1956)

Cumont ····························F. Cumont, Recherches sur le Symbolisme Funéraire des Romains (Paris, 1966)

Czuma ····························S. J. Czuma, "Kushan Sculpture : Images from Early India", The Cleveland Museum of Art (1985)

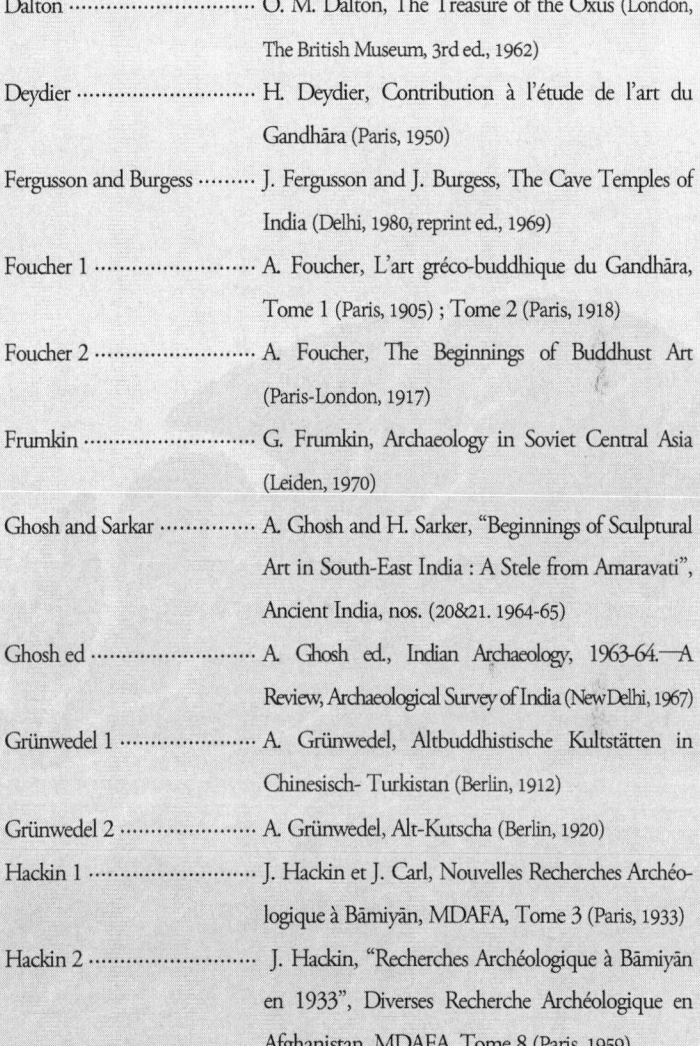

Dalton ·····························　O. M. Dalton, The Treasure of the Oxus (London, The British Museum, 3rd ed., 1962)

Deydier ···························　H. Deydier, Contribution à l'étude de l'art du Gandhāra (Paris, 1950)

Fergusson and Burgess ·········　J. Fergusson and J. Burgess, The Cave Temples of India (Delhi, 1980, reprint ed., 1969)

Foucher 1 ·························　A. Foucher, L'art gréco-buddhique du Gandhāra, Tome 1 (Paris, 1905) ; Tome 2 (Paris, 1918)

Foucher 2 ·························　A. Foucher, The Beginnings of Buddhust Art (Paris-London, 1917)

Frumkin ···························　G. Frumkin, Archaeology in Soviet Central Asia (Leiden, 1970)

Ghosh and Sarkar ···············　A. Ghosh and H. Sarker, "Beginnings of Sculptural Art in South-East India : A Stele from Amaravati", Ancient India, nos. (20&21. 1964-65)

Ghosh ed ·························　A. Ghosh ed., Indian Archaeology, 1963-64.—A Review, Archaeological Survey of India (New Delhi, 1967)

Grünwedel 1 ·····················　A. Grünwedel, Altbuddhistische Kultstätten in Chinesisch- Turkistan (Berlin, 1912)

Grünwedel 2 ·····················　A. Grünwedel, Alt-Kutscha (Berlin, 1920)

Hackin 1 ·························　J. Hackin et J. Carl, Nouvelles Recherches Archéo-logique à Bāmiyān, MDAFA, Tome 3 (Paris, 1933)

Hackin 2 ·························　J. Hackin, "Recherches Archéologique à Bāmiyān en 1933", Diverses Recherche Archéologique en Afghanistan, MDAFA, Tome 8 (Paris, 1959)

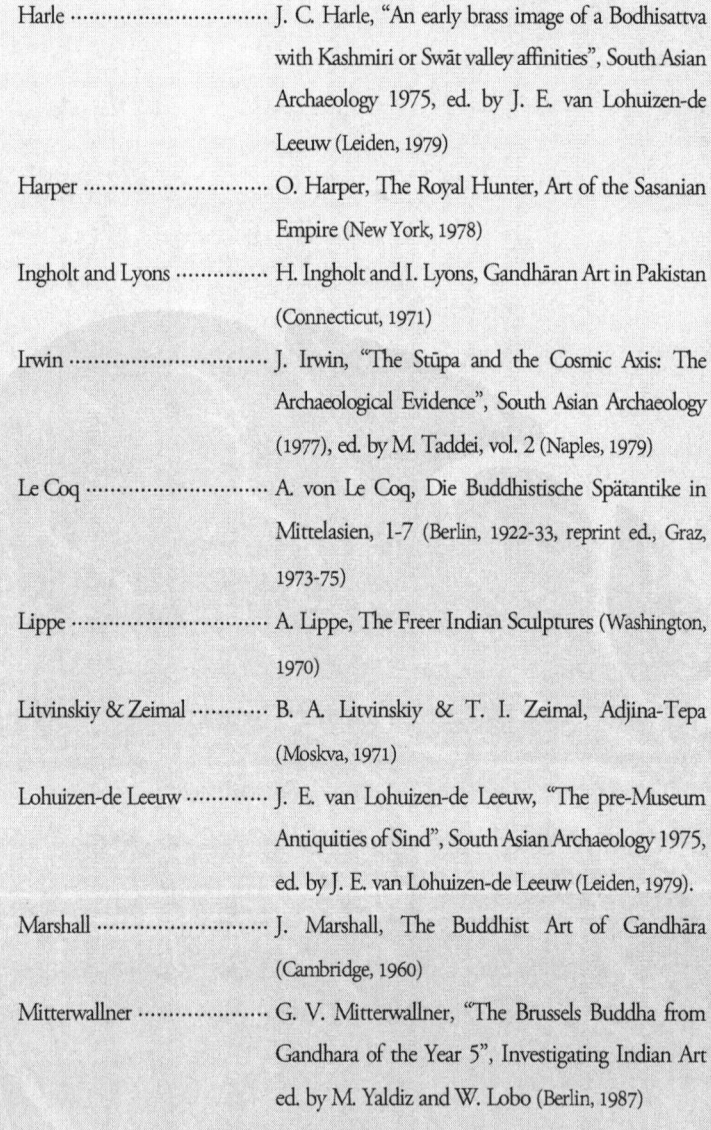

Harle ································ J. C. Harle, "An early brass image of a Bodhisattva with Kashmiri or Swāt valley affinities", South Asian Archaeology 1975, ed. by J. E. van Lohuizen-de Leeuw (Leiden, 1979)

Harper ······························ O. Harper, The Royal Hunter, Art of the Sasanian Empire (New York, 1978)

Ingholt and Lyons ·············· H. Ingholt and I. Lyons, Gandhāran Art in Pakistan (Connecticut, 1971)

Irwin ································ J. Irwin, "The Stūpa and the Cosmic Axis: The Archaeological Evidence", South Asian Archaeology (1977), ed. by M. Taddei, vol. 2 (Naples, 1979)

Le Coq ······························ A. von Le Coq, Die Buddhistische Spätantike in Mittelasien, 1-7 (Berlin, 1922-33, reprint ed., Graz, 1973-75)

Lippe ································ A. Lippe, The Freer Indian Sculptures (Washington, 1970)

Litvinskiy & Zeimal ··········· B. A. Litvinskiy & T. I. Zeimal, Adjina-Tepa (Moskva, 1971)

Lohuizen-de Leeuw ············· J. E. van Lohuizen-de Leeuw, "The pre-Museum Antiquities of Sind", South Asian Archaeology 1975, ed. by J. E. van Lohuizen-de Leeuw (Leiden, 1979).

Marshall ···························· J. Marshall, The Buddhist Art of Gandhāra (Cambridge, 1960)

Mitterwallner ···················· G. V. Mitterwallner, "The Brussels Buddha from Gandhara of the Year 5", Investigating Indian Art ed. by M. Yaldiz and W. Lobo (Berlin, 1987)

Nagar ································ S. D. Nagar, Gandhāran Sculpture : A Catalogue of
the Collection in the Museum of Art and Archaeology
(University of Missouri-Columbia, 1981)

Negmatov ··························· N. Negmatov, Sovietskaya Archeologiya (3, 1974)

Pal 1 ······························ P. Pal, "Two Buddhist Reliefs from India", The
Archives of Asian Art, Vol. 21 (1967-1968)

Pal 2 ······························ P. Pal, "A Brāhmanical Triad from Kashmir and
Some Related Icons", Archives of Asian Art, 27
(1973-74)

Pal 3 ······························ P. Pal, Bronzes of Kashmir (Graz, 1975)

Pal 4 ······························ P. Pal, "The Ideal Image : The Gupta Sculptural
Tradition and Its Influence", The Asia Society (1978)

Panofsky ··························· E. Panofsky, Tomb Sculpture : Four Lectures on Its
Changing Aspects from Ancient Egypt to Bernini
(New York, Harry N Abrams Inc, 1992)

Patil ······························ D. R. Patil, Kusīnagara, Archaeological Survey of
India (New Delhi, 2nd ed., 1981)

Rao ······························· P. R. Ramachandra Rao, The Art of Nāgārjunikoṇḍa
(Madras, 1956)

Sarma ····························· I. K. Sarma, Studies in Early Buddhist Monuments
and Brāhmī Inscriptions of Āndradeśa (Nagpur,
1988)

Snellgrove ed. ····················· D. L. Snellgrove ed., The Image of the Buddha
(Tokyo, 1978)

Stern et Bénisti ··················· Stern et M. Bénisti, Évolution du Style Indian
d'Amaravatī (Paris, 1961)

Taddei ······················· M. Taddei, "Harpocrates-Brahmā-Maitrey", Dialoghi di Archeologia, Anno 3 (Numero, 3, 1969)

Tarzi ························ M. Zémaryalaï Tarzi, "Hadda à la lumière des trois dernières campagnes de fouilles de Tapa-è-Shotor (1974-1976)", Academémie des Inscriptions & Belles-Lettres, Comptes Rendus, (1976), Juillet-Octobre (Paris, 1976)

Vogel ······················· J. Ph. Vogel, La Sculpture de Mathurā, Ars Asiatica 15 (Paris-Bruxelles, 1930)

Vermaseren ··············· M. J. Vermaseren, Corpus Inscriptionum et Monumentorum Religionis Mithriacae (Hague, 1956-60)

Yazdani ···················· G. Yazdani, Ajanta, 4 parts (Oxford, 1930-55)

Zimmer ···················· H. Zimmer, The Art of Indian Asia (New-York, Princeton University Press, 3rd print., 1968)

『신중국출토문물』 ·········· 『新中國出土文物』外文出版社 (北京, 1972)

『중국미술전집』 ············· 『中國美術全集 繪畫編14 敦煌壁画 上』(上海人民美術出版社, 1985)

『지우촨酒泉 십육국묘 벽화』 ······ 『酒泉十六国墓壁画』甘肅省文物考古研究所編 (文物出版社, 1989)

범 례

열반경 제본은 다음과 같은 약호를 사용한다.

P본: Mahāparinibbāna-suttanta, Dīgha Nikāya n. 16, ed. by T. W. Rhys Davis and J. Esthin Carpenter, vol. 2, The Pāli Text Society, (London, 1903). 中村元 역 『ブッダ最後の旅』, (岩波文庫, 1980).

S본: Mahāparinirvāṇa-sūtra ed, by E. Waldschmidt, Das Mahāparinirvāṇa-sūtra, Abhandlungen der deutschen Akademie der Wissenschaften zu Berlin, 3 Teile, Berlin, 3 Teile, (Berlin, 1950-51). 岩本裕 역 「大般涅槃經」(『佛教聖典選第2 卷, 仏典文学·仏教說話』 수록) (読売新聞社, 1974).

한漢A본: T.01, pp. 22-30 (『장아함경長阿含經』 제2 「유행경遊行經」 후진後秦, 불타 야사佛陀耶舍·축법호竺法護 역)

한漢B본: T.01, No. 05, pp. 160-175 (『불반니원경佛般泥洹經』 서진西晉, 백법조白 法祖 역)

한漢C본: T.01, No. 06, pp. 176-191 (『반니원경般泥洹經』 실역)

한漢D본: T.01, No. 07, pp. 191-207 (『대반열반경大般涅槃經』 법현法顯 역)

한漢E본: T.23, No. 1442, pp. 382-403 (『근본설일체유부비나야잡사根本說一切 有部毘奈耶雜事』 권35-39 당唐, 의정義淨 역)

서론

본 연구의 목적과 방법

I. 불교미술의 다양성을 어떻게 해석할 것인가

불교미술은 아시아 세계로 널리 전해져 고대·중세에는 동양미술의 중심적 역할을 담당했다. 하지만 같은 '아시아의 불교미술'이라 하더라도 인도·동남아시아·중앙아시아·중국·티베트·한국·일본이라는, 크게 일곱여 개의 문화권에 따라 각각 그 양상이 크게 다르다. 분명 인도에서 발생한 불교미술이 아시아 각지로 퍼져 나가 인도적인 것을 각 지역에 전파했지만, 그 토양은 고온다습한 인도의 토양과 각기 다르고, 그곳에 사는 민족도 다양했다.

불교미술은 불교가 갖는 보편적 사상성뿐 아니라 관용과 포용력을 가진 종교성 때문에 인도 이외의 지역에서도 수용되었는데, 다양한 아시아의 풍토와 민족 속에서 자라나며 실로 다채로운 꽃을 피우게 된다. 이 같은 다양한 민족성은 불상의 조형양식에서 단적으로 드러나는데, 불교설화도와 불교도상에서 표현의 세부를 관찰하고 분석해 봄으로써 불교미술의 전파와 변용의 양상을 확인할 수 있다.

불교도상의 대다수는 인도에서 기원하지만, 아시아 각지로 확대되는 과정 및 시대의 변화와 함께 이 또한 세부적으로 변화되어, 때로는 동일 도상이 완전히 다른 형태로 변해 버리거나 나아가서는 완전히 새로운 도상이 탄생하는 경우도 드물지 않다. 이처럼 도상이 전파되고 변용·탄생하는 도상사圖像史에 대해 종축으로는 역사적 변천이, 횡축으로는 아시아의 공간 속 위치 구분이 정리된다면, 불교미술의 다양성에 대한 양상 및 그 배후에 있는 민족성과 역사성을 밝힐 수 있을 것이다.

아시아 동쪽 끝에 위치한 일본은 아스카飛鳥 시대 이후 한반도와 대륙의 불교미술을 꾸준히 섭취하면서 자국의 불교미술을 키워 왔는데, 이 나라는 '전통'을 중시하는 경향이 강하여 대부분의 경우 그 '전통'을 세련되게 만드는 데 열정을 쏟았던 것 같다. 일본에서 불교미술의 완전한 창조는 드물다. 일본 불교미술의 역사를 보면 전대에 행해진 미술을 완전히 부정하거나 배척하며 새롭게 창조하는 것이 아니라, 대륙을 경유해 온 새로운 불교미술을 도입함으로써 미술사 상의 전환을 시도하는 것이 보통이다. 게다가 전대의 불교미술이 그로 인해 단절되어 버리는 것이 아니라 역사와 함께 층을 이루며 쌓여진다.

내영미술來迎美術처럼 인도는 물론 중국에서도 크게 유행하지 않았던 테마가 유독 각광을 받거나 증폭되어 발전을 이루는 것도 있다. 부동명왕과 지장보살이 일본만큼 활발히 조성된 것도 다른 지역에서는 예를 찾아 볼 수 없을 것이다. 일본의 불교미술은 표현양식에서 독자적인 특징이 나타날 뿐 아니라, 테마와 도상의 선택 및 증폭되는 양상, '전통'이 세련되어 가는 방식에서 그 특징을 엿볼 수 있다.

이에 반해 중국대륙에서 불교미술의 계승과 창조는 극심한 갈등을 동반하며 이루어졌던 것으로 여겨진다. 인도와 중앙아시아에서 도입된 불교미술은 중국에서 중국 자신의 전통과 격하게 부딪히고, 그 대립의 과정을 통해 새로운 창조가 이루어지는 경우가 많다. 시대에 따라 인도와 중앙아시아의 불교미술이 짙게 반영되는 경우와 거의 완전히 중국의 독자적 양상을 띠는 경우가 있는데, 전체적으로 인도의 불교미술과는 현격한 차이를 보인다. 인도와 중국은 각각 예로부터 뿌리 깊은 민족문화를 갖고 있었다는 점을 생각해보면 이는 오히려 당연한 것이라고 할 수 있다. 포괄력이 뛰어난 불교의 미술은 그만큼 민족성을 강하게 지지하고 있는 것이다.

사실 인도의 불교미술 자체가 바라문교·힌두교의 세계 속에서 발생하고 성장해 왔다. 인도의 불교미술을 상세히 검토하면 할수록 인도 세계, 힌두교 세계의 토양과 얼마나 깊은 관계가 있는가를 확인할 수 있을 것이다. 원래는 석가와 관련된 미술뿐이던 불교미술이, 많은 불보살, 나아가서는 천과 명왕이라고 하는 다신교적 존상의 판테온을 창출하였다는 것도 바라문교와 힌두교 세계와의 교섭에 의한 것이 많다. 불전도와 본생도 등의 설화도조차도 설화내용과 표현양상이 '인도적' 세계에 바탕하고 있다.

이처럼 불교미술은 인도의 바라문교, 힌두교의 민족문화 속에서 발생하고 자라나며 전개를 이루었는데, 다른 한편으로는 이 같은 민족문화를 배제시키고 다른 세계에서도 수용될 수 있는 측면을 갖게 되었음을 강조하지 않을 수 없다. 불교미술이 개개의 민족을 초월하여 범아시아적인 보편성으로 확장되었다는 것은 위대한 공적이다. 그것은 불교의 종교성에서 매우 중요한 부분인데, 불교미술 자체가 민족성을 뛰어넘어 초월적 불세계의 이데아를 표현하는 고전적 예술성의 창조에 성공했기 때문일 것이다. 전술한 바와 같이 인도와 중국은 각기 전혀 다른 민족문화의 전통을 갖고 있지만, 불교미술은 그러한 차이를 뛰어 넘어 인도에서 중국으로 보편적인 불세계의 이미지를 심었고, 그 씨앗은 자국의 전통과 혼효하며 풍부한 성장을 이룩해 갔다.

중국 불교미술의 전개를 보면 어디에 인도의 흔적이 있는지 알 수 없을 정도로 독자적인 양상을 보이고 있는 경우가 많다. 그러나 인도와 중국의 불교미술을 역사적 맥락 속에서 조형표현, 도상, 모티브 등을 비교 검토해 보면 양자의 관련성이 점차 분명해질 것이다. 이 같은 연구는 이제 막 시작된 실정이다. 인도와 중국의 현지조사에 기초한 불교미술의 세부자료를 증대시킨다면, 이를 활용하여 방법론적 반성에 입각한 미술사연구를 통해 불교미술에 있어 인도와 중국의 관련성과 차이, 그리고 각각의 도상과 설화도·정토도·만다라라는 불교미술의 여러 도상들의 탄생과 전개의 메커니즘을 밝힐 수 있을 것이다.

불교미술의 전개에 대해서는, 일반적으로 채용되는 불교의 역사에 맞추어 소승계, 대승계, 밀교계의 3단계로 나누어 생각하는 경우가 많다. 석가

신앙을 중심으로 미륵보살을 포함한 소승계, 아미타·약사를 시작으로 하는 다불 및 관음·문수·보현 등의 다보살을 축으로 하는 대승계, 대일을 포함한 오불, 금강살타, 명왕(분노존), 여존女尊 등으로 특징되는 밀교계의 3단계 구분은 우리에게 친숙하며, 역사의 전개와 함께 불교 판테온이 증식되어 갔다고 본다면 이해하기 쉽다. 많은 불교미술의 개설서에는 소승계, 대승계, 밀교계의 구분을 기준으로, 자못 불교존상이 단계적으로 자연 증식되는 것처럼 서술하고 있다. 그러나 적어도 인도의 현존 불교미술을 본다면, 일본의 불교도상학에서 추측하는 방식으로 불교 판테온을 되짚어 보기는 어렵다.

밀교미술에 대해 말하자면, 7~8세기경 서인도의 석굴미술, 8~12세기의 비하르·뱅갈을 중심으로 한 팔라조 미술, 또한 최근 조사연구가 진행된 8~10세기경 오릿사의 불교미술 등에서 많은 종류의 밀교존상이 알려지게 되어, 일본 밀교미술과의 공통점과 차이점 등도 점차 밝혀지고 있다.[1] 중국의 티베트 밀교계 이전의 밀교미술은 아직까지 작품 자료가 한계도 있어, 인도-중국-일본 밀교미술의 전파 양상을 해명하는 데 있어서는 앞으로 많은 과제가 남아 있지만, 밀교미술이 인도적 요소를 농후하게 간직하고 있다는 점에서 비교적 그 추적이 용이하다.

이에 반해 대승계 불교미술은, 특히 당대의 둔황敦煌 회화 등을 통해 일본과 관계 깊은 양상을 엿볼 수 있지만, 이를 인도에까지 거슬러 올라가려 하면 존상의 기원이 희미해져 쉽게 그 전파과정을 되짚어 볼 수 없다. 예를 들어 굽타조 이전의 아미타불은 각문에 의해 간다라에 1구, 마투라에 1구(두 발과 대좌만이 남아있다)가 알려져 있을 뿐으로 그 조형도 석가불과 다르지 않으며, 약사불은 전무하다고 할 수 있다. 아미타정토도를 시작으로 하는 정토도는 간다라의 불삼존상, 대신변도 등에서 그 표현형식의 조형祖型을 구할 수 있다고 하더라도, 인도 내부에서 정토도는 보이지 않는다.

인도에서는 석가불에 대한 신앙과 조형이 뿌리 깊은데, 예를 들어 아잔타의 후기석굴(5세기 후반~6세기경) 벽화를 보더라도 본생도, 불전도, 아바다나도 등 석가신앙을 축으로 한 설화도에 묻혀 대승불교의 이른바 변상도 등은 하나도 보이지 않는다. 승원굴(비하라굴)의 본존 불상도 종종 대좌에 사슴과 법륜이 표현되어 있어, 녹야원 설법에 유래하는 석가불이라는 것을 말해주고 있다. 이렇게 본다면 아잔타 후기석굴은 언뜻 소승불교의 소산으로 생각되기 쉬운데, 아잔타 제4, 17, 26굴 등에 표현된 총 다섯 예의 관음제난구제도觀音諸難救濟圖[2](부조와 벽화)도 있어, 대승불교와 관련되어 있음은 분명하다.

아잔타 승원굴의 본존불이 석가불이라 하더라도, 이는 예를 들어 법화경에서 말하는 구원실성久遠實成의 붓다로서의 석가불이지 않을까. 이 점은 본존불을 따르는 양협시보살이나 아잔타 후기석굴에서 많이 보이는 불삼존상의 존격을 명확히 함으로써 보다 분명해질 수 있을 것이다. 대승불교의 다양한 붓다(여래)상의 성립에 대해서는 불확실한 부분이 많지만, 석가불이 가지고 있던 다양한 성격(예를 들면, 광명적光明的 성격, 의왕적醫王的 성격 등)에, 이종교·이문화와의 접촉에 따른 다른 나라 신격과의 혼효에 의해 새로운 불상이 탄생한 경우가 적지 않았다고 생각된다. 보살상의 성립에 관해서도, 깨달음을 구하는 싯다르타 태자로서의 석가보살의 모습에 불교 외 신들의 존격과 도상적 특징이 혼효하여 이로 인해 대승의 보살상이 성립되었던 것은 아닐까. 물론 불교 자체의 이상적, 문화적 발전 과정에서 성립한 불교의 독자성 강한 존상도 있겠지만, 일단 보살상의 경우에는 불교 외 신들의 도상적 특징을 섭취하여 성립되고 있는 것이 많다.

이처럼 대승계의 불·보살상은 많은 경우 불교 외 신들과의 교섭에 의해 성립한 것이라고 추측된다. 천부상과 같이 바라문교, 힌두교의 신들을 거의 그대로 불교의 수호신으로 받아들인 것도 있다. 불·보살상의 경우에는 불교 외의 신격이 직접적으로 반영되고 있는 것이 아니고, 그 혼효하는 양상 자체도 일률적이지 않아 각 존상에 따라 미묘한 문제를 내포하지만, 불교 외 신들과의 교섭, 혼효를 무시하고서는 대승불교 불·보살상의 성립은 생각할 수 없을 것이다. 불교 외의 신들이라면 바라문교·힌두교의 신들을 우선적으로 들 수 있는데, 서아시아 및 중앙아시아 지역에서는 인도계뿐 아니라 이란계의 신격도 영향을 미치고 있었음을 상상하기 어렵지 않다. 대승불교가 흥기한 쿠샨조 전후의 시대는 서북인도에서 유목민 왕조의 지배하에 있었기 때문에 서방문화의 영향을 많이 받았는데, 불·보살상의 성립과 전개도 이러한 상황과 깊게 관련되어 있다고 생각한다.

인도에서 중국으로의 불교미술 전파 문제를 생각해 볼 때, 서북인도에서 중앙아시아까지의 지역은 특히 중요성을 띤다. 간다라를 중심으로 하는 서북인도는 불상의 성립뿐 아니라, 수많은 석가의 불전도 이외에 단독 보살상, 주존인 붓다와 양협시보살이 있는 불삼존상, 정토도의 조형적 표현형식인 대신변도, 혹은 보살반가사유상 등 이후의 대승불교미술과 밀접한 관계를 갖는 도상을 산출하고 있다는 점에서 중요하다. 간다라, 탁실라, 스와트, 핫다, 카피시 등의 서북인도에서 1~5세기경에 행해진 광의의 간다라 미술은 중앙아시아에 전해져 큰 변용을 이룩한다. 사막과 오아시스와 산악으로 이루어진 건조한 중앙아시아 세계는 고온습윤한 인도 세계와는 기후와 풍토는 물론, 그곳에 사는 사람들의 민족과 종교도 다르다. 간다라 및 중인도에서 행해진 불교미술은 중앙아시아에 전파되어, 양자는 융합함과 동시에 5~7세기를 중심으로 새로운 독자적 불교미술을 형성해 간다.

북위北魏 시대 전후의 중국 초기불교미술은 이 같은 상황의 간다라 및 중앙아시아의 불교미술을 섭취하며 형성해 가고 있다. 초기 중국의 역경승譯經僧 대부분이 서북인도와 중앙아시아 출신이라는 점을 통해서도 알 수 있듯이, 중국의 초기불교시대에는 '인도세계'라 한다면 중인도나 남인도를 지칭하는 경우는 드물고, 서북인도·중앙아시아를 의미하고 있었다.[3] 중국에 중인도의 불교미술이 직접 전해져 영향을 미치는 것은 당대에 이르러서이다. 특히 초당 후반기에 현장玄奘 및 왕현책王玄策 일행이 인도를 여행하며, 중인도의 불상을 가지고 오거나 모사한 것은 측천기 중국 불교미술에 적지 않은 영향을 미쳤다. 그러나 당대에는 이미 중국 불교미술의 전통이 굳어져 있었기 때문에, 일부 인도색 짙은 불교미술이 도입되어 당대 미술에 큰 자극을 주었다고는 하지만 그 기반까지 인도화되지는 않았다.

이렇게 생각해 보면, 서북인도·중앙아시아의 불교미술이 인도와 중국을 연결하는 가교로써 중요한 역할을 담당했음을 새롭게 이해할 수 있다. 간다라를 중심으로 하는 서북인도는 인도 문화권과 중앙아시아 문화권의 접점에 위치하여, 인도미술과 중앙아시아 미술의 매개적 역할을 했다. 간다라 미술은 인도의 불교미술과 관계를 맺으면서도 독자적 불교미술을 개척하고, 다른 한편으로는 중앙아시아의 불교미술에 끊임없이 양분을 제공하며 그 전개에 큰 힘을 보태주었다. 불교미술이 인도에서 중국으로 전파됨에 있어, 간다라와 중앙아시아가 이른바 이중매개가 된 것이다. 이 매개는 단순히 지리적인 전파과정을 의미할 뿐만 아니라, 불교미술을 지탱하고 육성시키는 문화적 토양의 변화를 의미하고 있다. 이는 두말할 것도 없이 불교미술의 변용과 새로운 창조의 문제인 것이다.

이상으로 아시아의 불교미술이 갖는 보편성과 개별성의 특징에 대해, 특히 불교도상의 성립과 변용이 왜, 어떻게 행해졌었는가에 대해 개관하고, 인도에서 중국으로의 전파에 있어 간다라와 중앙아시아의 중요성을 지적했다. 본 연구는 이 같은 불교미술의 전파에 있어 인도 세계와 중앙아시아 세계의 관련성과 변용의 양상을 불교도상학의 입장에서 밝히기 위한 의미로 시도되었다.

2. 본 연구의 도상해석학적 방법

일본의 불교도상연구는 오랜 전통을 갖는다. 도상초抄를 시작으로 하여 별존잡기別尊雜記, 각선초覺禪鈔, 아사박초阿娑縛抄 등 헤이안平安 시대 말기부터 가마쿠라鎌倉 시대에 걸쳐, 많은 도상을 수집하고 분류한 도상집이 정리되어 있다. 이 동밀東密·태밀台密의 밀교도상들의 전통을 계승하여, 일본에서는 불교도상을 불부·보살부·명왕부·천부로 나누는 것이 일반화되어 있다. 이는 인도의 중기밀교에 대응하는 단계의 밀교미술이기는 하지만, 일단 전술한 소승미술 및 대승미술을 포섭하고 있다는 점에서, 편리한 불교 판테온의 분류법이라 할 수 있다. 분명 이 4부의 분류법을 사용함으로 인해, 티베트에서 융성했던 후기밀교 등을 제외한 불교도상은 거의 망라되며, 개개의 도상의 위치도 이해하기 쉽다.

그러나 이 같은 체계적 분류는 역사의 축, 시간·공간의 축에서 공통되지 않은 부분을 배제하고 성립되었음에 충분한 주의를 기울이지 않으면 안 된다. 불·보살·명왕·천이라는 편리한 분류법은 자못 처음부터 이 같은 체계가 존재하고 있었다는 착각을 불러일으키기 쉬워, 도상의 성립이나 변용의 문제에 대한 사각이 될 수 있다. 또 소승계·대승계에서 특히 풍부한 전개를 보이는 설화적 요소, 혹은 정토적 이미지를 배제해 버리기 쉬워진다. 이미 기술한 바와 같이, 불교미술은 인도에 기원하고는 있지만 거의 아시아 전역으로 퍼져, 그 과정에서 각자 수용된 불교미술은 민족성이나 시대성에 의해 변용되어 역으로 그것이 불교미술의 역사를 보다 풍부하고 매력 있게 만들고 있다. 개개의 불교도상은 모두 성립·계승·변용이라는 역사를 갖고 있는 것이다. 이러한 생각에 입각하여, 이른바 '불교도상사'라 할 수 있는 연구 분야와 방법의 일단락을 본 연구에서 제시하고자 한다.

근대적 불교도상학의 위대한 업적으로서, A. 푸셰의 간다라도상연구[4]와, 마쓰모토 에이치松本榮一 교수의 둔황도상연구[5]를 간과할 수 없다. 푸셰는 간다라의 불전미술을 팔리본 및 범본의 텍스트와 상세히 대조하며 100여 개에 가까운 불전도에 대한 분류를 행하였다. 또한, 불전도에 등장하는 인물과 신들을 바탕으로 단독상의 신들이나 보살의 존격에 대한 분류를 시도했다. 간다라 미술에서 대승불교의 관여를 인정하는 것에 소극적인 푸셰의 견해는 보살상을 분류하는 데 관련하여 재검토가 필요하겠지만, 푸셰의 연구를 통해 작품(도상)을 텍스트(경전)와 상세히 대조시켜 분류하고 해독한다는 근대적인 불교도상학의 기초가 세워졌다는 것에 의의가 크다.

한편 마쓰모토 에이치 교수의 연구는 둔황 회화를 대상으로 하고 있는데, 그 방법은 푸셰와 마찬가지로 작품과 텍스트(한역 경전)와의 면밀한 조합을 통해 도상을 해석하고 있어, 우선 당대를 중심으로 하는 중국 불교도상학의 금자탑으로서 현재까지도 그 고전적 가치를 잃지 않고 있다. 물론 푸셰의 연구와 마쓰모토 에이치 교수의 연구 모두 그 후의 작품자료의 증가나 텍스트의 세부적 독해에 의해 정정을 요하는 부분이나 추가되어야 할 연구가 적지 않다는 것은 말할 것도 없다. 그러나 양자의 연구는 각각 간다라와 둔황의 불교도상학의 고전적 연구라고 하는 데 그치지 않고, 그 방법론적인 확실함 때문에 우리가 목표하는 '불교도상사'의 연구에 있어서도 기초가 되어야 한다고 생각한다.

그런데 푸셰와 마쓰모토 에이치 교수의 두 연구를 읽어보면, 동일한 불교의 도상을 다루면서도 간다라와 둔황의 불교도상이 현격한 차이를 보이고 있어, 불교미술의 급격한 변용을 새로이 통감하게 된다. 이와 동시에 어떻게 하여 양자가 관계를 맺고 있는가에 대한 문제에 직면한다. 이제까지 불교도상학은 텍스트에 의해 뒷받침된 도상을 기준으로, 시대와 지역은 무시한 채 그와 같은 종류의 도상을 탐색하고 분류해 가는 방법이 채용되어 왔다. 이 방법은 도상은 변화하지 않는다는 암묵적인 이해가 수반된다고 할 수 있다. 분명 그다지 큰 변화가 없는 도상, 전승성이 강한 도상도 존재한다. 그러나 인도에서 일본까지의 불교도상의 전파과정을 고찰해보면 몇 가지 큰 변용을 이루며 전개되고 있는데, 이 같은 경우 종래의 방법으로는 도상의 분류가 잘못될 뿐만 아니라, 무엇보다도 당시의 도상 전체상을 파악하기가 어렵다. 푸셰와 마쓰모토 에이치 교수의 연구가 성공한 것은, 지역과 어느 정도의 시대를 한정하여 그곳에서 제작된 작품과 관련된 텍스트(경전)에 의해 분류했기 때문임이 틀림없다.

인도에서 일본까지의 불교도상을 한눈에 살펴보고자 할 때, 인도 내부와 중앙아시아의 불교도상의 실태는 더욱 파악하기 어렵다. 특히 대승계의 불·보살상이나 정토도의 인도·중앙아시아에서의 양상은 명확하지 않은 부분이 많다. 그 연구의 어려움은 존상의 분류에 대한 곤란함에 기인하는 것이 크다. 그 이유 중 하나로서 작품과 조합할 텍스트(경전)가 이미 사라져 버렸다는 점을 생각할 수 있다. 그러나 자주 언급되는 이유로는 인도·중앙아시아·중국 남북조시대 등의 불교미술 초기단계에서는 아직 도상의 틀이 잡히지 않았기 때문이라고 하는 견해이다. 이 견해는 한편으로는 도상이 자유롭게 창조된다고 하는 이해, 다른 한편으로는 도상이 텍스트에 기초하여 제작된다고 하는 이해, 이 두 가지의 모순된 이해가 전제되고 있다. 여기에서 문제가 되는 것은 실제로는 도상과 텍스트의 거리 문제인데, 초기단계에서는 도상이 텍스트와는 별개로 자유롭게 표현되었으며, 후기단계에서는 도상이 텍스트에 의해 규정되었다고 하는 종래의 선입관에 기인한 것이 적지 않았다.

분명히 인도 후기의 팔라조 불교미술이나 중국 당대 이후의 불교미술에서는, 도상과 텍스트가 매우 잘 대응하며 양자의 거리는 가까운 관계를 맺음에 반해, 쿠샨조에서 굽타조경의 인도 및 중앙아시아의 특히 대승계 불교미술에서는 도상과 텍스트의 거리가 멀다. 그러나 그렇다고 해서 도상이 완전히 자유롭고 자의적으로 표현된 것은 아니다. 불교미술의 초기단계에서도 직접 텍스트에 기초하지 않는다 하더라도, 매우 명확한 도상세계를 갖고 있었다고 생각한다.

여기서 본 연구에서 채용하는 인도와 중앙아시아의 불교도상연구의 방법에 대해 기술해 보고자 한다.

우선 첫째로는 고전적인 연구법으로, 하나의 도상이나 테마에 대해 그에 관한 도상자료를 되도록 망라적으로 수집하고, 이와 관련된 텍스트를 탐색하고 면밀히 조합시켜 세부에 걸쳐 도상을 독해하는 것이다. 이는 푸셰에 의해 이루어진 연구법인데, 간다라와 중앙아시아의 불교도상을 해석할 때 한역 경전도 참조함으로써 푸셰의 해석을 발전시킬 수 있다. 도상과 텍스트와의 관계가 밀접한 설화도 등에 있어서는 특히 이 고전적인 방법이 유효하다는 것은 당연하다.

두 번째로는 도상과 텍스트의 거리가 있는 경우, 도상의 전체상을 끊임없이 고려해 가면서 이와 관련된 개개의 도상이나 도상의 세부를 독해하는 방법이다. 특히 인도의 보살상을 분류할 때 이 방법은 유효하다. 즉, 지역과 시대를 한정시키고 현존하는 보살상을 망라적으로 선발하여 이 보살상들의 특징들에 대한 계통을 나눈다. 이 계통을 바탕으로 제난구제諸難救濟의 관음보살상이나 과거칠불과 병치된 미륵보살상 등, 확실한 존격을 갖는 보살상의 특징을 수단으로 하여 분류해 가는 방법이다. 시대와 지역을 한정하여 도상의 대립과 조합, 그리고 도상의 전체상을 추측해보는 시점을 통해 도상을 계통짓고 정리하는 것은, 도상과 텍스트의 거리가 있는 경우 상당히 유력한 도상 분류방법이 된다. 또한 이 같은 시점과 방법을 통해 도상의 세부나 부분이 전체와의 관계 속에서 모습을 드러냄과 동시에, 도상을 성립시키고 있는 배경까지도 밝혀 낼 수 있다. 이때 도상의 조합과 관련된 텍스트의 존재에 주의할 뿐 아니라, 불교미술을 일궈낸 민족적 종교문화와 대비시키는 것이 중요할 것이다.

　이 두 번째의 이른바 공시적共時的 방법과 달리, 세 번째 방법은 역사의 종축 양상을 중심으로 도상을 검토하는 것으로, 통시적通時的 방법이라고 할 수 있다. 즉, 어느 한 특정 도상을 들어 그 성립 양상, 그리고 불교미술이 전파된 시대와 지역의 변화에 의해 어떠한 변용을 이루었는지를 밝히는 방법이다. 새로운 도상의 성립을 고찰할 경우, 그 이전의 상황과 성립을 촉진했던 환경, 그리고 도상의 요소들이 어떠했으며 이들은 각각 무엇에 유래하고, 새로운 창조의 의의가 어디에 있는가를 고려해 보아야 할 것이다. 또한 도상의 변용에 관해서는 도상이 전파된 시대와 지역의 환경, 특히 불교 외적인 민족문화적 배경과의 관계 속에서 읽어내는 것이 중요하다. 하나의 도상을 들어, 역사와 지역을 아울러 도상이 전파되고 변용되는 양상이 밝혀진다면, 불교미술의 다양성과 함께 불교미술을 낳고 또 담당하고 있는 세계가 어떠한 것인지를 밝힐 수 있을 것이다.

　이상과 같이 불교도상연구의 방법, 특히 제2, 제3의 해석학적 방법을 도입함으로써 이제까지 불분명하게 여겨졌던 것들이나, 미발달로 인해 도상이 정리되지 않았다고 여겨지던 것들이 분류되고 해석될 뿐 아니라, 도상 세계의 전체상과 역사적 전파와 변용 양상을 구조적, 입체적으로 밝힐 수 있을 것이다. 본 연구는 이 같은 시점을 바탕으로 이시다 히사토요石田尚豊 교수가 오직 존상의 자세에 주목하여 도상의 계승과 변화를 면밀히 다루었던『만다라의 연구』[6] 에 시사를 얻고, 이에 더하여 E. 파노프스키가 서양미술에서 행했던 이코놀로지(도상해석학) 연구[7]를 참조하여, 불교미술에서 이코놀로지의 가능성을 탐색해 보는 것을 시도하고자 한다.

인도 · 중앙아시아의 불교미술을 대상으로 한 이 같은 도상해석학의 연구가 지금까지 없었던 것은 아니다. M. 타데이Taddei의 간다라의 미륵도상에 관한 연구,[8] P. 그라노프의 도발비사문천도상에 관한 연구,[9] A. F. 하워드의 우주론적 불상에 관한 연구[10] 등은 그 대표적인 것으로 들 수 있다. J. C. 헌팅턴의 간다라 미술의 아미타정토도 및 미륵상에 관한 연구[11]는, 논자 자신이 불교이코놀로지를 의식적으로 사용하고 있는데, 해석을 서두르는 바람에 그 기초가 되는 도상 분류에 있어 문제를 남기고 있다고 생각된다. 이에 반해 야마다 코지山田耕二 교수의 인도의 관음도상의 연구[12]는 이코놀로지의 문제까지 다루고 있는 것은 아니지만, 보살의 도상 분류에 관하여 그 여러 특징들의 계통을 구분한다는 것에서 출발하고 있어, 확고한 기초 위에서 도상 해석을 시도하려 한다는 점에서 유익하다고 할 수 있다.

3. 본 연구의 구성

본 연구는 이 같은 선학들의 연구에서 자극을 받아, 열반과 미륵의 도상을 축으로 삼고, 인도에서 중앙아시아까지의 불교미술의 전파와 변용 양상을 도상해석학적 방법을 통해 밝혀보고자 하는 것이다. 차원이 다른 두 테마인 열반과 미륵의 조합을 어쩌면 기묘하게 느낄 수도 있겠지만, 양자를 축으로 둔 데에는 이유가 있다. 불교에서 삶과 죽음-열반의 문제는 중심이 되는 사상이며, 열반과 미륵의 도상은 이와 깊이 관계되어 있기 때문이다. 불교의 근본개념인 열반을 기초로 두고, 이와 관련된 '죽음'과 '삶(재생)'에 얽힌 도상을 테마로 하여 인도에서 중앙아시아를 횡단한다면, 불교미술의 전파와 변용 양상이 구조적으로 보이기 시작할 것이다. 이하에서 이 책의 구성을 서술해 두겠다.

제1부 '인도의 스투파 신앙과 열반미술'은 인도의 열반도상에 관한 연구로, 인도의 열반미술이 스투파 신앙과 깊은 관계를 맺으며 성립하고 전개되는 양상을 논한다.

열반미술이라 한다면 열반도나 열반상을 상기하기 쉽다. 하지만, 열반은 석가가 도달한 궁극적인 깨달음의 세계이자 피안세계로, 인도에서는 그것을 스투파로 상징하였으며, 이 세계와는 별개의 피안세계 —정토세계 —를 구상하고자 하는 조형은 발생하지 않았다. 인도에서 '죽음'을 상징하는 열반세계는 '삶'이 무한히 변화하는 세계인 차안세계와 표리를 이루고 있다. 인도 불교미술의 핵심이라 할 수 있는 스투파는, 성수 차이티야, 기둥·우주축, 자궁·알·항아리, 사당·천궁·낙원 등의 우주론적 삶과 풍요에 관한 이미지와 혼효하고, 스투파 주위를 장식하는 장식미술은 생과 사의 상징성에 뿌리내린 풍요다산의 원리에 기초하고 있음을 고찰한다(제1장).

인도의 초기불교미술에서는 인간의 죽음을 상기시키는 열반도가 금기시되는 경향이 강했는데, 특히 남인도에서는 옆으로 누운 석가를 표현한 열반도의 작례를 전혀 찾아볼 수 없다. 다만 아마라바티에서 출토된 부조 중 소승열반경에 기초하여 바이샬리에서 쿠시나가라로의 '석가의 마지막 여행'을 표현한 독특한 열반설화도가 있는데, 이 같은 '석가의 마지막 여행'을 표현한 설화도를 이후로는 찾아볼 수 없다(제2장). 간다라에서 출현하는 '석가의 죽음'으로서의 열반도는 아마도 로마의 장례미술에서 아이디어를 얻었을 것 같은데, 그 설화도상의 세부에 관해서는 소승열반경과 실제의 장례습속을 통해 해석해 볼 수 있다(제3장). 인도의 열반미술은 이후 열반(깨달음)의 상징주의와, 간다라에서 개발된 설화주의라는 상극을 바탕으로 전개된다. 이는 스투파 신앙과 밀접하게 관련되면서 열반의 상징주의가 끊임없이 문제시되는 인도 열반미술의 독자적인 전개이다(제4장).

제2부 '인도 존상의 두 계열과 미륵보살의 도상'에서는, 인도의 미륵보살 도상을 고대 인도 존상의 두 계열 속에서 파악함과 동시에, 불교존상으로서의 미륵보살의 특징과 성격을 관음보살과 대비시키면서 고찰한다.

　　처음에는 '성자적·행자적' 이미지를 갖는 브라흐마와 '왕자적·전사적' 이미지를 갖는 인드라가 고대 인도 존상의 규범적인 두 계열을 형성하고 있었음을 논하고, 불교의 보살도상에 이 두 계열이 영향을 미치고 있음을 고찰한다(제1장). 보살의 도상은 간다라에서 확립되고 있는데, 그 도상의 분류 수단으로써 간다라 삼존형식의 양협시보살상을 망라적으로 검토하고, 이들의 도상적 특징을 분류 정리하여 석가보살·미륵보살·관음보살을 구별해 본다. 그중에서도 특히 미륵보살과 관음보살을 양협시로 하는 삼존형식이 유독 많은데, 두 보살은 도상적 특징에 있어서도 현저한 대조를 보인다(제2장). 이어서 간다라 미륵보살의 특징들을 명확히 하고 그것이 브라흐마와 바라문 행자의 특징과 관계 깊음을 고찰하고, 미륵보살의 수행자적 이미지, 나아가서는 여래장과 관계되는 신생아적 이미지를 해독한다. 또한 간다라 카피시에서 성립되는 '도솔천상의 미륵보살' 도상을 확인하고, 그 도상이 중앙아시아와 중국 초기불교미술로 계승되어 피안세계의 조형으로서 유행하게 됨을 지적하고 그 의의를 설한다(제3장).

　　그런데 일본에서 미륵보살의 모습으로 인기있는 반가사유상은 간다라 미술에 기원하여, 간다라의 불전도, 대신변도, 불삼존상 속에서 나타난다. 그 양상을 고찰하면 반가사유상의 도상은 그 발생이 보살신앙과 관련된다는 점이 분명해진다. 반가사유상은 간다라에서 이미 단독보살상으로서 조상造像되는데, 흥미롭게도 그 경우 대부분 모두 관음보살로 표현되고 있다(제4장). 인도 미륵보살 도상의 역사적 변천을 검토해 보면, 두발·관식·장신구·지물 등의 특징에 있어 관음보살의 도상과 대립 관계에 있는 동시에 상보적인 관계를 맺으며 전개되고 있음이 판명된다. 인도의 보살도상의 전개는 '상구보리上求菩提'와 '하화중생下化衆生'이라고 하는 보살의 기본적인 두 가지 역할과, 브라흐마와 인드라로 대표되는 고대 인도 존상의 두 계열이 관련을 맺으며 미륵보살과 관음보살의 도상이 형성되어 간다. 보살도상의 특징은 시대와 지역에 따라 변화하며, 도상의 대립과 조합의 시점을 갖춤으로 인해 도상의 특징이 명확해져 간다(제5장).

이상과 같이 제1부와 제2부에서 간다라와 인도의 열반과 미륵의 도상에 대해 각각 고찰하는데, 제3부 '중앙아시아의 미륵과 열반의 도상학'에서는 미륵과 열반 도상의 중앙아시아에서의 변용과 그 양상, 아울러 인도에서는 서로 결부된 바 없었던 양자가 중앙아시아에서 밀접하게 관계되는 양상을 조명한다.

중앙아시아에서는 사후에 피안세계에서 재생하기를 기원하는 도상표현이 주목되기 시작하는데, 그 중심적 도상이 된 것이 미륵보살의 도상이다. 인도에서는 볼 수 없었던 피안세계의 구상이, '도솔천상의 미륵보살' 도상과 함께 중앙아시아에서 큰 성장을 이룩한다. 미륵보살은 간다라에서 깨달음을 구하는 수행자의 이미지로서 출발하지만, 중앙아시아에서는 천상계의 왕으로서 구세주적 이미지로 변모한다. 또한 인도의 스투파를 대신하는 형태로, 중앙아시아에서는 열반도·열반상이 중시되어 석가열반을 구상적, 설화적으로 표현하는 것이 발전한다. 이와 함께 열반도는 석가의 죽음이라는 이미지를 강하게 끌어와 종종 미륵보살의 도상과 결부되어 내세적 피안세계의 도상을 형성한다.

미륵신앙이 유토피아 사상의 색채를 띤 상생·하생 신앙의 형태를 취하는 것은 간다라 미술에서 그 맹아를 엿볼 수 있는데, 중앙아시아에서 도상표현으로는 명확한 윤곽을 드러낸다. 이와 관련하여 우선 대불의 조성에 주목한다. 대불이 인도에서는 거의 보이지 않고, 중앙아시아와 중국에서 많이 만들어졌으며, 또한 그 대부분이 미륵대불이라는 것을 지적한 후에, 미륵경전들 중에서 미륵하생의 때에 미륵이 대불로서 출현한다는 내용을 찾아보고, 당래할 유토피아의 상징으로서 미륵대불이 조성된 사정을 고찰한다(제1장). 다음으로 상생신앙과 관계 깊은 '도솔천상의 미륵보살' 도상이 클로즈업되어 가는 양상을 중앙아시아의 키질석굴 속에서 찾는다. 즉, 키질 제1기의 볼트 천장굴에서는 석굴 자체를 산악·동굴로 파악하여, 선정승이 산악 경 속에서 해골에 똬리를 튼 뱀을 관상하고, '도솔천상의 미륵보살'을 바탕으로 사후 왕생하기를 기원하는 도상구성을 취하고 있는 양상을 고찰한다 (제2장).

한편 중앙아시아에서는 열반도·열반상이 큰 비중을 차지하는데, 키질석굴에서는 간다라계 불전도의 일환이었던 열반도에서, 불전으로부터 독립하여 표현되는 열반도로의 전개 양상이 관찰된다. 더욱이 중심주굴의 회랑 안쪽 벽에 열반상을 설치하거나, 열반 전후의 장면들을 회랑 전체에 표현하는 등 키질의 독자적인 열반미술 양상이 고찰된다(제3장). 바미얀과 둔황 수대의 열반도에는 대가섭의 쌍족예배, 수발의 입화계정入火界定, 베갯머리에서 슬퍼하는 마야부인 등의 표현이 보여, 양자가 도상적으로 가까운 관계에 있다는 점을 밝히고 있다. 또 바미얀과 둔황 수대의 열반도뿐 아니라, 키질의 다비도茶毘圖에서도 확인되는 사람들의 격한 애도의 몸짓 표현을 통해 중앙아시아 유목민의 장례 습속이 혼효하고 있음을 고찰하고, 중앙아시아 열반도의 배경을 조명한다(제4장).

끝으로 바미얀석굴의 천장벽화를 들어, 서대불 불감천장벽화의 주제를 미륵보살의 도솔천세계를 표현한 것으로 추정하고, 좌불감과 사당굴의 천장벽화에서 그것이 간략화되어 계승되고 있음을 논한다. 바미얀의 사당굴에는 천정天頂에 미륵보살을 표현하고, 그 주위를 천불이 둘러싸며, 천장 하연부에 자주 장식되는 붓다, 입구 상부의 소벽에 소열반도를 표현한 도상구성이 확인되고 있음을 고찰하고, 그 도상구성의 의미를 여러 경전을 통해 고찰한다. 또한 바미얀과 키질에서 볼 수 있는 미륵보살과 열반도가 조합되는 도상구성에 초점을 맞춰, 중앙아시아의 구제론적 불교도상의 양상을 부각시킨다(제5장).

이상과 같이 인도와 중앙아시아의 열반과 미륵에 관한 미술작품을 가능한 망라적으로 수집하고, 이들을 텍스트와 면밀히 조합시켜 세부적으로 도상을 독해하는 데에서 출발하여, 도상의 조합을 화면에 넣은 도상구성(프로그램) 문제, 또한 그 도상의 성립 배경은 무엇인가라는 구조론적 시점을 도입함으로써 열반과 미륵의 테마를 축으로 한 불교미술의 인도적 양상과 중앙아시아적 양상, 나아가서는 양자 간의 연계와 변용 양상을 밝히고자 한다. 이는 불교미술이 어떻게 인도·중앙아시아에서 중국으로 전파되었는지 그 가교의 해명에도 도움이 될 것이다.

[미주]

1 賴富本宏,『密敎佛の硏究』(法藏館, 1990)는 그 대표적인 성과이다.

2 山田耕二,「インドの觀音諸難救濟圖」,『佛敎藝術』125 (1979).

3 중국 남부에서 출토되고 있는 혼병魂瓶이나 요전수搖錢樹 및 신수경神樹鏡, 섭
봉경燮鳳鏡 등에 표현된 불상에 대해, 중인도의 불교미술이 남쪽 루트로 전해
진 중국 최초기의 불상(후한 후반~동진)일 가능성을 제시하는 견해가 주목
되고 있어, 이후의 흥미로운 연구 과제를 제시한다. 阮榮春,「早期佛敎造像的
南傳系統」,『東南文化』1 · 2 (1990), 같은 책(속) 3, (南京博物院, 1990). 또한 동
저자,「"早期佛敎造像的南傳系統"調查資料」,『東南文化』5 (南京博物院, 1991).
『中國南方早期佛敎藝術展』(龍谷大學 · 南京博物院 · 南京藝術學院 · 北京大學 · 南
京市博物館, 1991, 11) 참조.

4 A. Foucher, L'art gréco-bouddhique du Gandhāra, 2 vols (Paris, 1905-18).

5 宋本榮一,『敦煌畵の硏究』(東方文化學院東京硏究所, 1937).

6 石田尚豊,『曼荼羅の硏究』(東京美術, 1975).

7 E. Panofsky, Meaning in the Visual Arts (Anchor Books, 1955). 中森義宗他 和譯,『視
覺藝術の意味』(岩崎美術社, 1971). do., Studies in Iconology : Humanistic Themes
in the Art of the Renaissance, Harper & Row (New York, 1962). 淺野徹 · 阿天坊耀 ·
塚田孝雄 · 永澤峻 · 福部信敏 역,『イコノロジー硏究]』(美術出版社, 1971).

8 M. Taddei, "Harpocrates-Brahmā-Maitreya", Dialoghi di Archeologia, Anno 3, No. 3
(1969). pp. 364-90.

9 P. Granoff, "Tobatsu Bishamon : Three Japanese Statues in the United States and an
Outline of the Rise of this Cult in East Asia", East and West, n. s. vol. 20, Nos. 1-2
(1970), pp. 144-67.

10 A. F. Howard, The Imagery of the Cosmological Buddha, E. J. (Brill, Leiden, 1986).

11 J. C. Huntington, "A Gandhāran Image of Amitāyus' Sukhāvatī", Annali dell'Istituto
Orientale di Napoli, vol. 40 (N. S. 10) (1980), pp. 651-72 ; do, "Iconography and
Iconology of Maitreya Images in Gandhāra", Journal of Central Asia, vol. 7 (1984),
pp. 133-78.

12 山田耕二,「ポスト · グプタ時代の観音の図像的特徴とその展開」,『美術史』106
(1979); 동 저자,「アジャンターの菩薩像について」,『仏教芸術』145, (1982); 동
저자,「アジャンターの菩薩像における図像構成上の特徴」,『密教圖像』2 (1983).

제1부

인도의
스투파 신앙과 열반미술

제1장

스투파의 상징성과 그 장식원리

— 스투파의 조형에서 보이는 '사死'와 '생生'의 상징 —

1. 서론

불교미술은 스투파(불탑) 신앙에서 시작되고 있다. 석가 입멸 후, 그 사리를 모신 스투파에 대해 사람들은 예배공양을 행하고, 이윽고 그 성역聖域을 구획하는 난순과 문 등에 부조조각을 표현하며 본격적인 불교미술의 탄생을 보인다. 그것은 아쇼카왕 시대 이후의 일인데, 아마도 처음 단계에서는 스투파를 둘러 싼 난순과 문이 목조였을 것이다. 그것이 이윽고 석조로 대체되어, 현존하는 바르후트와 산치의 예에서 볼 수 있는 것처럼 다양한 장식문을 시작으로 본생도·불전도 등의 설화도가 스투파 주위를 장식하는 형태로 표현되게 된다. 스투파는 불교미술의 핵심적인 장소라고 할 수 있다. 쿠샨조 이후로 불상이 제작되기는 했지만, 인도에서는 신앙의 중심이 완전하게 불상으로 대체되는 일은 없었으며, 스투파 신앙이 이후까지 인도 불교신앙의 중심적 위치를 유지해 간다.

석가가 쿠시나가라의 사라수紗羅樹 밑에서 입멸한 것은 열반경을 비롯한 많은 경전에서 전하는 바이다. 석가의 입멸을 열반nirvāṇa이라고 부르며, 더 이상 윤회전생이 없는 절대 평온한 경지를 의미했다. 석가가 추구한 것은 붓다Buddha가 되는 것으로, 모두가 알다시피 붓다가야의 보리수 아래에서 그것을 달성했다. 상좌부 불교의 전통에서는 이 성도를 열반(유여의열반有余依涅槃)이라 부르고, 육체마저 멸해버린 완전한 적멸을 반열반parinirvāṇa(무여의열

반無余依涅槃)이라 부르며 구별한다. 열반·반열반, 유여의열반·무여의열반
은 불교교의에 있어서의 구별이지만, 전통적인 불교에서 석가의 입멸을 열
반(반열반)이라 부르며 불교 이상의 실현으로 여겼음은 틀림없다. 석가의 '죽
음'이 불교 이상의 실현을 의미한 것이다.

　　원래 석가의 사리를 모셨던 스투파를 석가의 묘라고도 할 수 있겠지만,
그것은 단순한 묘가 아니다. 석가의 '죽음'은 일반적인 인간의 죽음과는 완
전히 차원을 달리하는 것으로, 석가의 '죽음'이야말로 더 이상 윤회가 없는
영원한 적멸의 달성을 의미하며, 스투파가 그것을 상징했기 때문이다. 게다
가 열반은 단순히 석가의 개인적 해탈의 완성일 뿐만 아니라, 불교의 보편적
이상의 실현을 의미했기 때문에, 스투파는 피안세계彼岸世界, 즉 차안此岸을 초
월한 이상세계를 표현하게 된다. 즉, 스투파는 석가의 '죽음', 불교의 이상으
로서의 열반, 궁극의 경지를 표현했는데, 이하에서 상세히 논하는 바와 같이
이 점에서 인도에서는 이것이 우주론적 의미를 띠게 된다. 스투파 신앙은 인
도의 우주론적 상징성을 흡수하고, 인도의 대지에 깊게 뿌리를 내린다.

　　그런데 인도에서 석가의 입멸을 테마로 하는 열반미술은, 그 출발부터
후대에 이르기까지 스투파 신앙과 밀접한 관계를 맺으며 전개된다. 초기불
교미술에서 열반도는 스투파도로 표현되었는데, 이 전통은 인도에서 상당
히 오래 존속한다. 간다라 미술에서는 '석가의 죽음'으로서의 열반도가 성립
되지만, 인도 내에서는 '인간의 죽음'을 상기시키는 열반도가 그다지 선호되
지 못하고, 그 후 인도미술에서는 간다라의 열반도상이 간략화되어 답습될
뿐 설화적인 발전을 보이지 않는다. 그것은 석가의 '죽음'이 불교의 이상인
열반의 실현이며, 스투파야말로 열반을 표현하기에 어울린다고 생각했기
때문임이 틀림없다.

　　이 같은 견해를 토대로, 본 장에서는 열반도상과 관계가 깊으며 인도 불
교미술 전체의 중심적 위치를 점하는 스투파에 대해, 고고학적 견지를 고려
하면서도 그 형태를 통해 본 상징성과 스투파의 장식미술의 양상을 고찰하
고자 한다. 여기서는 간다라를 중심으로 하는 서북인도의 예에 대해서는 그

양상이 다르기 때문에 군이 고찰의 대상으로 삼지 않고, 오로지 중인도·남인도·서인도 등의 인도 내부의 초기 스투파와 그 장식미술을 대상으로 함으로써, 인도적인 양상을 밝히는 데 힘쓰고자 한다.

　　스투파의 형태와 그 상징성에 관한 연구는, P. 뮤스,[1] G. 콤바즈,[2] J. 프실스키,[3] F. D. K. 보쉬,[4] M. 베니스티,[5] L. A. 고빈다,[6] G. 투치,[7] P. 하베이[8] 등에 의해 흥미로운 견해가 발표되어 있다. 근년에는 J. 아윈의 기둥의 상징성에 기초한 참신한 해석이 주목되는데,[9] 그에 대한 G. 후스만의 비판도 있다.[10] 또 하이델베르크대학 남아시아연구소에서 개최된 스투파에 관한 심포지엄의 보고서, A. L. 달라피콜라 편 『스투파 — 그 종교적·역사적·구조적 의의』가 출판되어 다각적인 연구 성과가 거두어졌다.[11] 일본에서는 스기모토 타쿠슈杉本卓洲교수의 문헌학적 그리고 고고학적 성과를 가득 담아 낸 대저『인도불탑의 연구』가 간행되어, 이 방면의 연구는 현저한 진전을 보이는 데 이르렀다.[12] 게다가 최근에는 A. 스노드그래스에 의해『스투파의 상징성』이라는 제목의 시사점이 풍부하고 포괄적인 저작이 출판되어,[13] 스투파의 연구는 계속해서 새로운 단계를 맞이하고 있다.

　　본고는 인도 열반도상연구의 서론으로서, 최근의 연구 성과를 참조해 가며 초기 스투파의 형태를 통해 본 그 상징성에 초점을 맞추고, 그와 관련된 스투파의 장식원리에 대해 고찰한다. 스투파는 석가의 열반을 상징하는 것을 시작으로, 여러 수준의 우주론적 의미를 갖는 복합적인 상징성을 포함하고 있다. 이 같은 시점에 입각하여, (1) 스투파와 성수 차이티야, (2) 스투파와 기둥·우주축, (2) 스투파와 자궁·알·항아리, (4) 스투파와 사당·천궁·낙원이라고 하는 네 가지 축을 바탕으로, 형태를 통해 본 초기 스투파의 상징성을 고찰한 후에 스투파의 장식원리에 대해 개관하고, 끝으로 스투파의 상징성을 열반의 양의성이라고 하는 관점에서 고찰해 보고자 한다.

2. 스투파와 성수聖樹 차이티야

스투파의 조성과 그에 대한 신앙은 석가의 열반을 상징하는 사리에 대한 숭배에서 시작되고 있는데, 스투파 신앙이 널리 인도의 토양에 받아들여지고 뿌리내렸다는 것은, 단순히 열반의 상징이라고 하는 교의적인 측면뿐 아니라, 스투파가 '성스러운 것'으로서 사람들의 상상력 속으로 침투해 나갔음을 의미한다. 불교의 스투파가 바라문계의 묘墓인 슈마샤나śmaśāna와 그 양상을 근본적으로 달리하고 있음은 이를 여실히 말해 주고 있다. 즉, 슈마샤나는 사체가 매장되는 꺼림칙한 장소로 마을에서 보이지 않는 곳에 만들어졌고, 마을과 묘지 사이에는 경계를 표시하는 흙덩이가 놓였다고 한다.[14] 이에 반해 스투파는 열반경에도 기록된 바와 같이 마을의 사거리에 세워졌다. 사거리는 사람들이 왕래하는 장소인 동시에, 지모신이나 촌락신 등이 모셔지는 신들의 집합장이기도 했다.[15] 또 바라문계에서는 화장터나 묘지에 대하여 더럽고 흉한 것에 대한 의례행위인 좌요左繞 prasavya가 행해졌던 것에 반해, 스투파에 대해서는 청정하고 상서로운 것에 대한 의례행위인 우요右繞 pradakṣiṇa가 행해졌다. 열반경 자체에도 붓다의 화장용 땔감을 대가섭이 우요했던 일이 기록되어 있다.[16] 이처럼 '석가의 묘'라고도 할 수 있는 스투파는, 다른 바라문계의 묘와는 달리 길상의 '성스러운 것'으로서 사람들의 신앙을 모았던 것이다. 이 '성스러운 것'은 베다 이래의 바라문교적인 상상력에 의한 것이기보다는, 오히려 토착적·민간적인 신앙형태 속에서 그 발전의 토양을 구축했다. 불교가 흥기하고 점차 확장되어 가던 시대에, 토착적·민간적 신앙으로서 유력했던 것은 차이티야caitya 신앙이었다. 신흥 스투파stūpa 신앙은 이 차이티야 신앙과 깊은 관계를 맺고, 이를 흡수, 융합시키는 형태로 인도세계에 뿌리내려 갔던 것이다.

그런데 차이티야는 후세 스투파와 동의어로 쓰여 스투파를 모시는 석굴을 차이티야굴이라 부르거나, 남인도의 아마라바티와 나가르주나콘다의 봉헌명에서는 스투파 대신 차이티야라는 말을 사용하고 있다.[17] 그러나 차이티야와 스투파는 원래 별개의 개념으로, 예를 들면 열반경에서도 석가의 시신이 운반되어, 다비에 모셔진 장소를 마크다반다나 차이티야(s.makuṭabandhana caitya, p. makuṭabandhana cetiya)라 부르고 있어, 화장 후에 사리를 모셨던 스투파(s. stūpa, p. thūpa)와는 명확히 구별하고 있다.[18] 스투파라는 말은 이미 『리그 베다』에 자주 등장하지만, 그 어의가 명료하지는 않은 것 같다.[19] 그러나 불교에서 스투파는 사리 혹은 그것을 대신하는 것을 모신 분묘墳墓적 구축물을 가리켰다.

이에 반해 차이티야라는 말은 두 대서사시에서 표현되고 있어, 비불교적인 용어로서 널리 쓰이고 있었음은 확실하다. 스기모토 타쿠슈 교수는 어학자들의 견해를 정리하는 형태로, 차이티야라는 말의 용례를 이하의 여섯 가지로 분류하여 고찰하고 있다.[20] 즉, (1) 성화단, (2) 제주祭柱 · 제의의 장, (3) 성수, (4) 정령의 머무는 곳棲處 · 신사, (5) 화장장 · 분묘, (6) 기억 · 기념해야 하는 장소 및 건축물이다. 이러한 차이티야의 용례들을 살펴보면, 특히 약샤나 락샤스 등이 깃든 성수, 혹은 제주나 성단 등의 신령이 강림하는 매개체를 의미하는 경우가 가장 많아, 그것이 차이티야의 원의原意였다고 추측된다. 차이티야가 화장터나 분묘를 가리키는 뜻으로 쓰일 때에는 스투파와의 관계를 시사하는데, 그 경우에도 유골은 수목 아래에 묻혔다. 차이티야는 성수신앙聖樹信仰과 깊이 관련되어 있는 것이다. 신령 · 정령이 머무는 성수나, 성단이 갖추어진 성수가 차이티야라고 불렸던 것은, 초기불교미술 속에서 분명하게 그 자취를 더듬어 볼 수 있다.

아마라바티 출토의 '석가의 마지막 여행'을 나타내는 부조에, 열반경에서 언급하는 바이샬리의 바흐푸트라 차이티야가 각명 'bahuputa chetiya'와 함께 표현되어 있다(도판8, 제1부 제2장 참조). 또 바르후트의 부조에도 각문과 함께 표현된 차이티야의 두 예가 있다.[21] 한 예는 성단이 있는 나무 주변을 여섯 마리의 영양과 두 마리의 사자가 둘러싸며 쉬고 있는 그림으로, '영양들이 낮잠을 자는 곳인 차이티야(migasamadakaṃ chetaya)'라는 각문이 있다. 또 한 예는 산과 강 주변의 성단이 갖춰진 나무(망고나무)를 두 마리의 코끼리가 코로 화만을 바치는 등의 모습으로 공양하는 그림으로, '망고나무 산 위의 차이티야(abode chātiyaṃ)'라고 새겨져 있다(도1). 둘 다 설화적인 내용을 갖는 그림일 수도 있으나 확실하지 않다. 어쨌든 여기서는 성단이 있는 성수를 차이티야라 부르고 있다. 이 부조들의 예를 통해 알 수 있듯이, 차이티야는 불교 이전부터의 성수신앙과 깊이 관련되어 있다. 아마도 차이티야라는 말의 가장 일반적인 쓰임은, 차이티야 브리크샤caitya-vṛkṣa, 차이티야 두르마chaitya-druma, 즉 '차이티야인 나무'라는 말이 보여주는 것처럼, 그중에서도 특히 신령이나 정령이 머무는 성수를 의미했던 것이라고 생각할 수 있을 것이다.

도1. 차이티야의 예배. 바르후트. 기원전 100년경. 캘커타인도박물관[Coomaraswamy 2, fig. 173-4]

이 성수 차이티야에 대한 신앙이 다양한 형태로 스투파 신앙과 결부되고 융합해 간다. 우선 형태상의 문제를 고찰해 보자. 바르후트와 산치의 부조 스투파도를 보면, 스투파의 복발 정부丁圈部에 반드시 평두harmikā가 설치되어 있다. 평두에는 몇 가지의 형태가 있는데, 기본형이라고 할 수 있는 가장 단순한 타입은 정사각형의 난순형으로, 그 중앙에 지주가 세워지고, 산개가 설치되었다. 지주와 산개를 수목이라 가정한다면, 평두·지주·산개는 마치 난순으로 둘러싸인 성수를 표현한 것이라고 볼 수 있을 것이다. 실제로 평두의 명확한 기능은 분명하지 않아, 다분히 상징적인 것 내지는 불교 이전 신앙 형태의 잔재라고 해석된다. 정사각형의 울타리로 이루어진 평두의 기본형은 그 형태로 미루어 원래는 난순을 표현했던 것으로 보는 것이 타당한 견해일 것이다. G. 콤바즈의 지적과 같이 평두의 기본형은 산개가 있는 지주로 모방한 수목을 둘러싼 난순, 즉 성수신앙의 자취로 보는 것이 형태상 가장 납득이 간다.²²

성수신앙은 이미 인더스문명의 유물에서 보이고, 그 이후에도 인도에서 토착적·민간적 신앙으로서 뿌리 깊게 존속하여 인도문화의 기층을 형성하고 있다고까지 할 수 있다. 불교설화나 불교미술은 이 성수신앙과 깊은 관계를 이루고 있다. 한 예로 불전의 네 가지 이야기四大事(탄생·성도·초설법·열반)가 모두 성수 밑에서 일어나고 있다는 것을 상기해보는 것만으로도²³ 성수신앙의 뿌리가 깊다는 것은 쉽게 추측할 수 있을 것이다. 성수는 재생을 반복하기 때문에 영원한 생명력을 지니고 있는 것이자 무진장한 풍요다산의 원천으로 여겨져, 거기에 깃든 성령이 병을 고치고 자손과 재산을 주며 번영과 호운好運을 주는 것으로서 사람들에게 신앙되었다. 자타카 문헌에도 이같은 성수에 관한 언급이 다수 엿보이고 있어 당시 민간에서 널리 성수신앙이 행해졌음을 알 수 있다.

그런데 성수에 깃들어 있는 약샤, 락샤스, 부타 등의 정령은 생명력 자체를 지배하기 때문에, 한편으로는 풍요다산의 은혜를 베풀어주는 존재로서 사람들의 기원을 모았지만, 다른 한편으로는 생명을 멸하고 사멸시키는 무서운 힘을 지녔다고 믿어져, 두려움의 대상이기도 했다. 성수에 대한 사람들의 관념·감정에는 양면성이 보이는데, 그곳에 머무는 정령의 은혜로운 힘에 대해서는 소망과 기원을 담아서, 그리고 악령의 공포, 외포에 대해서는 위안과 유화宥和를 목적으로 하여 다양한 성수공양(차이티야 푸쟈)이 행해졌다.²⁴ 예를 들면 성수의 은혜로운 힘에 대한 차이티야 푸쟈로서『파라사 자타카』(J. No. 307)의 예를 인용할 수 있다. 가난한 바라문이 파라사 나무에 대해 제초·울타리 설치·모래 뿌리기·청소·장인掌印·화환·각종 향·등불 켜기·우요 등의 공양을 행한 결과, 수신樹神은 바라문에게 피락크 나무의 뿌리에 보물이 있다는 것을 알려주었다고 한다.[25]

성수에 깃든 두려운 악령, 귀신에 대한 차이티야 푸쟈의 예로서는 『아르타샤스트라』(4,3,41)를 인용하겠다. '나찰羅刹(락샤스)이 두려울 때에는 아타르바 베다의 전문가나 마술사가 나찰을 없애는 의식을 행해야 한다. 그리고 절일節日에는 제단·산개·식물·장인·기·산양을 공양함으로써, 차이티야 푸쟈를 행해야 한다.'[26]

실은 이러한 차이티야 푸쟈(성수공양)의 모습은 열반경에 기록되어 있으며, 또 초기불교미술의 스투파도에서 보이는 스투파 푸쟈(불탑공양)의 형태와도 한층 닮아있다. 성수 차이티야의 신앙과 스투파 신앙이 혼효하는 양상은 그 공양법에 있어서도 두드러지게 엿보인다. 열반경에는 석가가 입멸 전에 아난의 물음에 답하여, 입멸 후 석가의 장법에 대해서는 전륜성왕의 경우와 같이 행해야 함을 설하는, 스투파의 공양법에 대해 언급하고 있는 부분이 있다. 이와 관련하여 열반경전들에서 보이는 공양의 용어를 정리해서 열거해 보면,[27] 향류(향·분향)·화류(꽃·꽃장식·산화)·도료류(도말)·연등류(연등·연촉)·당번류(번·당번·비단)·산개류(개·산개)·음악류(기악·십이부악·북)·예배(예배·예경·예사·찬탄·공경)·청소가 있다. 이밖에도 범본에는 비불교적인 산 제물도 열거되고 있음이 눈길을 끈다. 이 같은 스투파의 공양법은 전술한 차이티야 푸쟈(성수공양)를 거의 그대로 수용하고 있음을 알 수 있다.

바르후트와 산치의 부조 스투파도에는 사람들이 스투파 공양을 행하고 있는 모습이 표현되어 있어, 문헌에 기술된 공양의 실제를 알 수 있어 흥미롭다. 예를 들어 바르후트의 '스투파 공양도'(도2)[28]를 보면 우선 스투파의 복발부에 꽃이 뿌려져 있고, 또 고리형 유구가 달려 있는데 그곳에 꽃그물이 물결 모양으로 걸려 있는 점이 주목된다. 부조의 위쪽 향좌측에는 비천이 왼손에 꽃접시를 들고 오른손으로 산화하며, 향우측에는 반인반조半人半鳥의 신이 긴 화환을 양손으로 들고 있다. 스투파의 좌우로는 각각 남녀가 서서 합장하거나 꿇어앉아 예배드리고 있다. 그리고 스투파 주위를 합장하고 순회

도2. 스투파 공양도. 바르후트. 기원전 100년경. 프리어미술관[Coomaraswamy 2, fig. 65]

하는, 아마도 동일 인물이 등을 돌린 자세와 정면을 향한 자세로 두 번 등장하고 있어 우요예배를 표현한 것으로 보인다. 이 부조에서 또 한 가지 놓칠수 없는 공양으로서, 스투파 기단부에 문양처럼 나란히 표현되어 있는 오른손의 장인掌印이 있다. 이것은 전술한『파라사 자타카』에서 "손바닥을 펴고향을 발라 장인을 찍는다"라고 하는 내용에 해당하는 것으로,『마하바스투』에는 오지인五指印, pañca-aṅgulika이라 하며, 『아르타샤스트라』에서는 장인/hasta이라고 기술하고 있다. 이것은 오른손의 수형을 찍는 공양으로, 악령으로부터의 수호라는 의미를 지닌 매우 오래된 기원을 갖는 주술적 표현으로여겨지고 있다.[29]

산치 제1탑 북문 기둥에서 볼 수 있는 '스투파 공양도'[30](도판1)는 문과난순이 있는 당당한 스투파를 총 18인의 인물과 4인의 반인반수의 신들이 떠들썩하게 찬탄, 공양하는 장면을 표현한다. 우선 맨 앞의 첫째 열에서는 각각 악기를 연주하는 7인의 인물이 있다. 향우측부터 궁형 하프, 이름을 알 수 없는 악기, 원통형 드럼, 타원형 드럼과 두 개의 파이프를 각각 연주하고 있고, 왼쪽 끝의 2인은 끝에 뱀장식이 있는 트럼펫을 불고 있다. 두 번째 열의 7인의 인물은 깃발을 손에 든 자와 꽃접시를 든 자, 꽃접시에서 화환을 꺼내는 자, 합장하는 자(3인), 꽃접시와 화환을 바치는 자로 구성되어 있다. 스투파 가까이에 있는 4인은 화환을 손에 들거나 산화하고 있으며, 난순 안의 2인은 우요하고 있는 모습이다. 상단에서 킨나라로 보이는 4인의 신들은 모두 꽃그물華網을 바치고 있다. 스투파 복발부에는 바르후트 부조와 마찬가지로 고리형 유구에 꽃그물이 걸려 있고, 평두의 정부에는 세 개의 산개 이외에 번幡이 세워져 있다.

분향이나 연등공양은 표현이 어려웠기 때문인지 잘 보이지 않는데, 서인도의 바자나 카를라 등의 석굴 안에 있는 스투파에는 종종 분향이나 연등공양을 행했던 것으로 추측되는 흔적이 확인된다. 또 꽃그물을 걸었던 것으로 보이는 장부머리가 남아있는 경우도 있다. 열반경을 시작으로 문헌에 기록되고, 또 부조에서 표현되고 있는 향료·화류·장인을 포함한 도료류·연등류·당번류·음악류 등의 공양(푸쟈)이 야외나 석굴 내부의 스투파에 대해 실제로 행해져, 우요·찬탄 등의 예배가 일찍이 행해졌음이 틀림없다. 이 같은 스투파 푸쟈(불탑공양)는 전술한 바와 같이 차이티야 푸쟈(성수공양)와 밀접한 관계를 맺고 있는 것이다. 불교예배로서 산 제물을 꺼려 향화나 연등을 선호하고, 증·번·개 등의 장엄구가 빠지지 않는다는 점에서 불교적인 경향이 엿보이기는 하지만, 스투파 푸쟈는 차이티야 푸쟈를 대부분 그대로 계승하고 섭취하여 성립되고 있는 것이다.

이상과 같이 스투파에는 평두·지주·산개라고 하는 형태에 난순으로 둘러싸인 성수의 흔적이 확인될 뿐 아니라, 공양법에 있어서도 성수 차이티야 신앙과 깊은 관계가 있어, 스투파 신앙은 그것을 흡수함으로써 인도세계로 확대되어 갔음을 알 수 있다. 스투파 신앙은 원래 석가의 사리에 대한 숭배로부터 시작되었음은 틀림없지만, 인도 토양에 뿌리내릴 때 성수 차이티야 신앙이 그 매개 역할을 담당했던 것이다. 성수는 수직으로 뻗어나고 자라나며, 잎이 지고 또 다시 원래대로 돌아간다. 따라서 몇 번이나 무한히 재생하기 때문에 고대인의 종교의식에 있어서는 '우주 전체인 것'의 반복이 된다. 성수는 세계를 상징함과 동시에 그것을 요약하고 있다.[31] 이처럼 오래된 종교관념을 반영하는 성수 차이티야 신앙이 불교의 스투파와 깊이 결부되어 있음으로 인해, 역으로 스투파는 복합적인 우주론적 상징성을 갖게 된다.

3. 스투파와 기둥·우주축宇宙軸

스투파와 성수신앙의 혼효에 관련해서, 기둥에 대한 고전적인 신앙이 스투파 신앙에 큰 영향을 미치고 있다. 기둥신앙은 수목의 수직성에 기초하였다는 점에서, 성수신앙의 한 형태라고도 할 수 있다. 베다에서 말하는 제주祭柱 유파를 '차이티야 유파caitya-yūpa'라 하여, 차이티야로 보는 용례도 지적되고 있다.[32] 제주 유파는 그곳에 희생물을 엮어두고 희생제를 행했던 의례의 기둥이지만, 성스러운 천상세계와 지상세계를 잇는 '우주축', '우주목'의 관념을 반영하고 있어, 세계의 지주인 스칸바skambha와도 관계가 있다.[33] 제주 유파는 차이티야의 하나로 손꼽히는데, 성수신앙이 죽음과 재생, 풍요 다산의 신앙과 깊이 관련되어 있는 것에 반해, 기둥은 특히 하늘과 땅을 연결하는 축으로서의 신앙과 관련되어 있다.

기둥과 스투파의 관계는 중국과 일본이 탑에서 찰剎·心柱을 중시하는 것을 상기한다면, 얼마나 중요하고 밀접한 관계가 있는가를 쉽게 상상할 수 있을 것이다. 코스기 카즈오小杉一雄 교수가 밝힌 바와 같이,[34] 육조시대의 중국에서는 탑을 조성할 때 찰이라고 불렸던 작은 나무기둥을 세워 탑기塔基, 즉 탑이 조성된 장소를 표시하는 관습이 있었다. 이것은 목주로 탑을 대표했음을 의미할 것이다. 일본에서도 탑의 건립에 있어 심주가 중요한 의미를 갖고 있었음은, 일본 최초의 본격적 사찰인 법흥사의 탑을 건립하던 모습에서도 그 예를 찾아볼 수 있다. 『일본서기』의 스이코推古 천황 원년조에,

원년元年의 춘정월春正月 임인壬寅 삭병진朔丙辰(15일)에, 부처의 사리를 법흥사 찰의 심초 안에 두다. 정사丁巳(16일)에 찰의 기둥을 세우다.[35]

라고 하여, 탑의 건립에 있어 우선 사리를 심초에 두고 심주를 세우는 것에서 부터 공사가 시작되었음을 알 수 있다. 게다가 심주는 사천주가 있다면 구조 적으로는 꼭 필요하지도 않음을 생각한다면, 지극히 상징적인 의미를 갖고 있었음을 추측할 수 있다.

이렇게 탑＝스투파에서 차지하는 기둥의 필수적인 위치는 과연 인도 까지 거슬러 올라가는 것일까. 스투파 복발 정부의 중앙에 세워진, 산개가 설치된 장대를 기둥 신앙의 흔적으로 보는 견해도 있다. 산개가 있던 장대는 평두의 중앙, 복발 정부의 중심에 한 자루를 세워 두는 것이 가장 보편적인 형식으로, 바르후트와 산치의 부조 스투파도에서 다수 확인할 수 있다. 바르 후트의 '스투파 공양도'[36](도15)에서는 산개가 있는 장대를 2단으로 쌓고 있 어, 이러한 것들이 수직으로 뻗은 지주로서의 조형을 느끼게 해 준다. 특히 준나르 제48굴이나 카네리의 제36굴(도3)에서는 스투파의 장대와 산개도 바 위에 새겨놓았는데, 평두부에서 장대를 뻗고 천장에 부조로 산개를 표현하 고 있기 때문에 스투파는 기단에서 산개까지 하나로 이어지고 있어, 전체적 으로 하늘과 땅을 연결하는 축과 같은 인상을 준다.[37] 또 남인도의 아마라바 티 부조에서는 산개를 달기 위함이 아닌, 단독의 작은 기둥이 복발 정부의 평 두 중앙에 세워져 있다.[38] 분명 이러한 스투파 정부의 장대나 작은 기둥을, 중 심주의 일부 혹은 흔적이라 볼 수도 있을 것이다.

그러나 중요한 것은 스투파의 본체인 복발 내부에 기둥이 세워져 있었 는가의 여부일 것이다. 그래서 초기 스투파에 대한 그 중축부中軸部의 양상에 주목하고, 또 사리용기의 위치에도 주의를 기울이면서 고고학적으로 검토

하고자 한다.

우선 북인도의 예로서, 아쇼카왕 기둥의 현존하는 것 중에서도 유명한 로리야 난단가르Lauriyā-Nandangaṛh에는 약 20기의 마운드가 있어, 그중 몇 기가 1904~1905년에 T. 브로크에 의해 조사되었다.[39] 그중 마운드M과 N은 각각 직경 약 70m의 연와煉瓦를 쌓아올린 기단(현존부의 높이 약2.4m)에, 높이 12m 정도의 흙으로 만

도3. 스투파. 카네리 제36굴. 2세기경.

든 마운드로 이루어져, 그 중심부의 작은 매장소에서 태워진 인골조각, 목탄, 그리고 피프라와Piprāhwā의 스투파에서 발견된 것과 유사한 나신의 여신상을 새긴 작은 금박 조각이 발굴되었다. 흥미로운 점은 이 작은 매장소 아래에 파이프 형태의 구멍이 있어, 마운드N의 지평면을 파 보니 구멍 밑으로 땅속에 묻혀 있던 목주의 일부가 발견되었다. 로리야 난단가르의 마운드는 선대 마우리야 왕조의 왕묘로 여겨지기도 했지만, 현재에는 그보다 훨씬 이른 시기의 스투파지址였을 것으로 상정되고 있다.[40]

1897~1898년에 W. C. 페페에 의해 발굴된 피프라와의 스투파는 석가의 진사리를 모셨을 가능성이 제기되며 주목받은 것으로 유명한데, 그 중심부에 파이프 형태의 구멍(점토로 채워져 있었다)이 발견되었다(도4). 이 스투파는 1971~1974년에 K. M. 슈리와스타와에 의해 재조사되었다. 피프라와의 스투파에 대해서는 잘 알려져 있다.[41]

피프라와 스투파의 중축부를 관통하는 파이프 형태의 구멍에 대해 발굴자는 그 목적이나 기능에 대해 언급하고 있지 않으나, 같은 형태의 파이프 구멍이 있는 예가 다른 곳에서도 보고되고 있다. 남인도의 예로, 밧티프로루 Bhaṭṭiprolu의 스투파를 보자.[42] 이 스투파지는 1870년대에 알려져 수정제의 사리용기가 출토되고 있었는데, 1892년에 A. 리의 발굴을 통해 대부분의 구조가 알려졌다(도5). 그것은 연와를 쌓은 스투파로, 복발의 직경이 40.2m, 원통기단의 폭이 2.4m이며 기단의 사방에 아야카 기둥Ayaka Pillars이 설치되어 있었다. 기단 외측으로 폭 2.5m의 요도가 있는데 이를 둘러싼 석회암제 난순의 일부가 매우 단편적으로 원래 위치

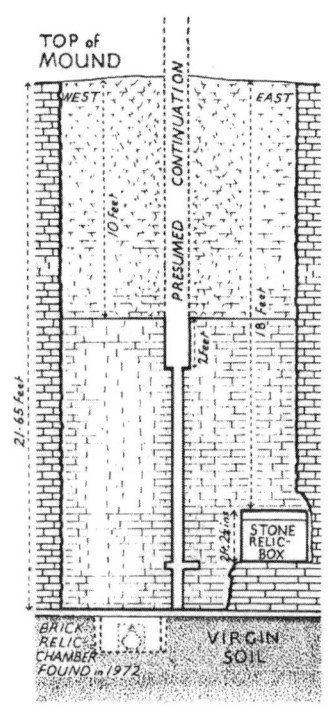

도4. 스투파 중축부 단면도.
피프라와[Irwin, fig. 7]

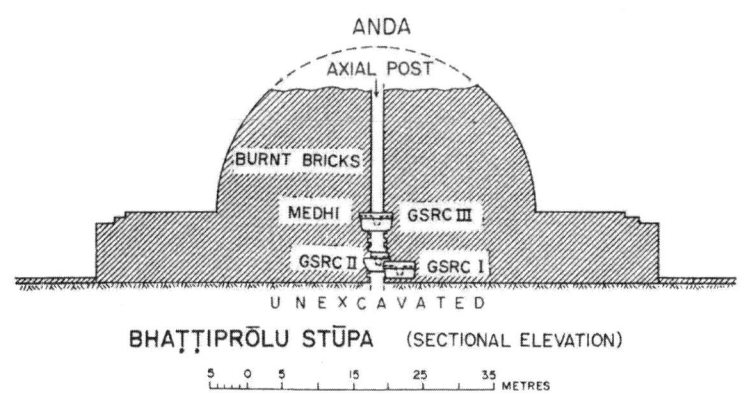

BHAṬṬIPRŌLU STŪPA   (SECTIONAL ELEVATION)

도5. 스투파 단면도. 밧티프로루[Sarma, fig. 2]

에서 발견되었다. 조탑법은 연와를 삼중 원주로 구획하고 방사형으로 쌓은 구축법을 취하고 있다는 점이 흥미롭다.

주목되는 것은 여기서도 복발 중축부에 파이프 형태의 구멍이 지평면까지 관통하고 있다는 점이다. 구멍의 직경은 24cm인데, 기단부에 해당하는 파이프 구멍의 아래쪽에는 직경이 각각 24cm와 38cm의 원통형이 교차적으로 반복되어 단계 형태를 이루고 있음이 주의된다. 이 파이프 구멍의 아래쪽과 접하여 세 개의 화강암제 사리함이 발견되었다. 모두 중앙에 사리구멍을 뚫은 두꺼운 석판과 그 위에 올려 두었던 덮개 석판으로 이루어진 것으로, 첫 번째 사리함은 가장 아래쪽에서 파이프 구멍과 접하여 놓여 있었던 것에 반해, 밑에서부터 두 번째와 세 번째 사리함은 파이프 구멍의 축 위에 놓여 있었다. 이 사리함들에는 수정제, 황금제, 동제 등의 사리용기가 납입되어, 뼛조각 이외에 금제식품, 진주, 비즈 등의 많은 납입품이 포함되어 있었다. 사리함에는 브라흐미 문자로 많은 기진자의 이름이 새겨져 있고, 세 번째 함에는 불사리를 담아 두었음이 기록되어 있다.

밧티프로루 스투파의 조성연대는 분명하지 않으며, 일반적으로는 기원전 200년경으로 보고 있는데, 최근 I. K. 샤르마의 연구에 따르면, 주로 각 문의 서체를 근거로 선대의 아쇼카왕 시대까지 거슬러 올라가는 것이라고 한다.[43] 그런데 스투파의 중심을 관통하는 직경 24cm의 파이프 구멍에 대해서, 최초 발굴자인 노리스는 그곳에 당초 산개를 설치하기 위한 목주가 세워져 있었던 것은 아닐까 추측하였다. 산개를 위한 장대라고 보는 견해는 차치하더라도, 파이프 구멍에 목주가 있었다고 보는 견해는 최근 지지받는 경향이 있다. 그러나 어떠한 목적으로 목주가 세워졌는가에 대해서는 여러 의견이 있다. 이 파이프 구멍이야말로 스투파에 있어 기둥의 상징성을 생각하는 데 중요한 문제로 남아있다.

중인도의 예로서, 1969~1970년에 발굴된 파우니Pauni의 스투파를 들어 보겠다. 이는 최근에 발굴된 스투파의 예로서 중요하다. 파우니에서는 세 곳의 스투파지가 알려져 조사되었는데, 스투파의 중심부가 발굴된 찬다카

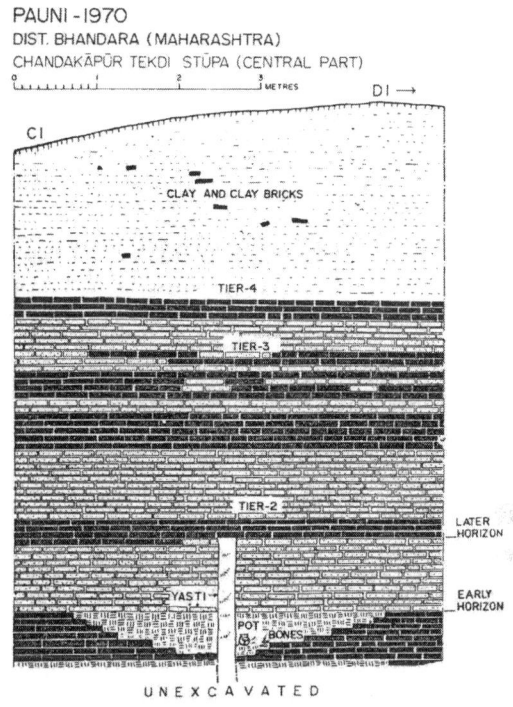

PAUNI - 1970
DIST. BHANDARA (MAHARASHTRA)
CHANDAKĀPŪR TEKDI STŪPA (CENTRAL PART)

도6. 스투파 중앙부 단면도. 파우니. 찬다카푸르 텍디[Sarma, fig. 4]

푸르 텍디Chāṇḍakāpur tekḍī에 주목하고자 한다(도6).**44** 기단부의 직경이 41.6m,
현존부의 높이가 7.5m의 규모를 갖는 스투파로, 발굴 결과 높이 1.25m의 기
단은 구운 연와로 건축되었으며, 그 위의 복발부는 밑에서부터 순서대로 11
단의 일건日乾연와, 4단의 구운 연와, 11단의 일건연와, 5단의 구운 연와로 정
연히 층을 이루며 구축되고 있는데, 이보다 위층은 매우 불규칙하게 일건연
와와 구운 연와가 병용되며, 상부는 점토와 일건연와로 쌓아올려져 있다.

스투파의 중축부 가까이에, 위에서부터 6.8m 지점에서 인골조각이 들
어 있는 호형 사리용기가 발견되었다. 발굴자는 덧붙여 다음과 같이 기술하
였다. "사리용기 가까이에 나무 장대 yaṣti가 설치되어 있었다고 생각된다. 장
대의 직경은 26cm이며, 높이는 1.8m까지 더듬어 볼 수 있음을 단면도는 보여

주고 있다. 산산조각 난 많은 나무 조각이 발견되었다. 그 때문에 사리용기와 가깝게 사리를 모시기 위한 장대(아마도 산개가 달린)가 세워져 있었다고 생각하는 것이 합리적일 것이다. 사리용기와 장대가 설치된 후에 첫 번째 일건연와의 층이 축조되었고, 다음으로 구운 연와의 두 번째 층이 봉안된 사리를 마지막으로 밀봉하였을 것이다."[45] 발굴자는 이같이 보고하고 있는데, 첫 번째 일건연와의 층과 두 번째 구운 연와의 층의 연대에 대해서는 아무것도 기술하고 있지 않아, 이 스투파지의 연대에 대해서는 출토된 화폐와 토기를 바탕으로 약 기원전 1세기～기원후 2세기로 추정하고 있다.

이상 초기 스투파지에서 중축부의 양상이 알려진 대표적인 예를 관찰했다. 목주 자체가 남아 있는 것은 로리야 난단가르의 마운드N에서 땅 속에 묻혔던 목주의 하단부로 추측되는 일부가 발굴된 예가 알려져 있을 뿐이지만, 파이프 형태의 구멍이 스투파의 중축부를 통하고 있음은 지금까지 관찰해 왔던 로리야 난단가르, 피프라와, 밧티프로루, 파우니의 스투파에서 확인되었다. 이들 파이프 구멍의 형태는 각각의 스투파에 따라 다양한 양상을 보이며 여러 문제들을 내포하는데, 당초에 그곳에는 장대나 목주가 설치되어 있었다고 하는 견해가 유력시되고 있다.[46]

J. 아윈은 이 견해를 적극적으로 추진하였다.[47] 그는 초기 스투파의 내부에서 보이는 파이프 구멍은 목주의 흔적임이 틀림없다고 하며, 『디비야아바다나』(No. 18)에 스투파의 조성에 대하여, "반구형 복발aṇḍa이 만들어지고, 그 안에 기둥과 장대yūpa-yaṣṭi가 설치되었다"라고 하는 내용이 있음도 그 근거로 보고 있다.[48] 더욱이 아마라바티의 부조 스투파나 스리랑카 폴론나루와의 실제 스투파에는, 정부에 산개를 위한 장대가 아닌 석제石製의 두꺼운 기둥이 있는 예를 지적하며, 그것이 복발 내부를 관통하고 있다고 보았다. 실제로 일찍이 P. 뮤스에 의해 소개된 간타샤라의 스투파는, 구운 연와와 진흙을 병용하여 쌓고 격자형과 방사형을 조합시킨 흥미로운 연와의 구축법을 보이는데, 중축부에 연와로 된 사각형의 두꺼운 기둥을 지평면부터 쌓아 올리고 있어, 스투파를 우주축의 표현이라고 보았던 뮤스의 중요한 근거가

되고 있다. [49]

　P. 뮤스의 우주축이라는 생각을 발전시켜, 아윈은 스투파의 중축부에 원래 기둥이 관통하고 있었고 기둥의 설치가 스투파 조성에서 필수적인 것이었다고 주장하고 있다.[50] 스투파는 기둥의 상징성에 기초한 고전적인 '우주생성의 이미지'를 표현하고 있다고 하는 생각에 기초하여, 아윈은 다음과 같이 말하였다. 우주생성 이미지의 시작은 '원수原水'이며, 스투파의 조형은 세계와 모든 생명이 발생하는 근원인 '원수' 위에 자리하고 있는 것으로서 신화적으로 여겨져 왔다. 산치나 아마라바티 등의 초기불교미술의 스투파를 표현한 부조를 보면, 종종 연꽃이나 물과 관계된 '생명의 나무'가 그 밑에 표현되어 있는데,[51] 그것은 분명 '원수'를 상징한다. 또한 탁실라의 달마라지카 탑이나 스와트의 붓카라 대탑에서 발굴되었던, 스투파를 순회하는 요도 pradakṣiṇa-patha에 진청색 유리타일이 깔려 있었던[52] 것도, 스투파가 그 위에 떠 있다고 하는 '원수'의 이미지에 기초했었음이 틀림없다. 그런데 스투파의 중축을 관통하는 기둥은 우주가 생성할 때 하늘과 땅을 떼어놓고 다시 이어주는 역할을 수행했던 우주목과 동일시된다. 즉, 스투파가 조성될 때 우선 최초로 기둥 유파가 세워졌다. 그것은 대지의 배꼽에 우주축이 세워지고 그 장소에서 세계가 생성되었음을 상징적으로 의미한다. 이 기둥은 베다에서 말하는 바나스파티vanaspati(숲의 지배자)라 알려져 있는 우주목의 줄기에서 만들어졌다고 여겨져, 인드라가 천지를 나누기 위해 사용한 나무못indrakīla과도 동일시된다. 인드라는 그 나무못으로 원수인 우주해 밑에 원초의 산을 세우고, 이리하여 세계를 고정시킨 것이다.

　아윈은 이처럼 스투파가 천지를 분리시키는 동시에 천지를 이어주는 우주축으로서의 기둥 신앙으로 발전하고 있다고 하는 가설을 바탕으로, 다음과 같은 스투파의 변천도식을 제시하였다.[53] 우선 스투파의 조성은 기둥의 설립에 기원하며, 그 다음에는 기둥 주위에 마운드를 쌓아 올리게 된다. 마침내 기둥이 묻힐 정도로 연와나 절석으로 반구형을 이루며 마운드를 높이 쌓아 올리게 되고, 그 기둥의 상단에 접하여 장대가 세워지고 산개가 설치되었다. 마지막으로 내부의 기둥이 생략되고, 장대와 산개를 스투파의 정부에 설치하게 되었다.

이처럼 스투파를 신화적인 우주생성론에 기초하여 해석한 아윈의 시각은 매우 흥미롭지만,[54] 후스만이 비판한 것처럼 스투파 내부에 목주가 실제로 확인된 예는 거의 없으며, 고고학적·역사적으로는 아윈의 이론이 설득력을 갖는다고 생각되지 않는다. 그러나 인도의 스투파가 기둥·우주축의 상징성과 관련되어 있음은 부정할 수 없다고 생각된다. 여기서는 전술한 파이프 구멍이 있는 스투파의 발굴 예에 대해, 기둥·우주축의 상징성이라는 관점에서 생각해 보고자 한다.

우선, 초기 스투파의 중축부에서 발견된 파이프 구멍에 원래 목주가 세워져 있었다고 보는 견해는 일부에서 유력시되고 있지만, 목주가 세워져 있었다고 해서 그것이 우주축으로서의 상징적인 기능을 위해 세워졌다고 하는 견해에 대한 반론이 있다. 예를 들면 피프라와 스투파의 중축부를 관통하는 파이프 구멍에 대해, D. 미트라는 "아마도 둥근 고리형태로 연와를 쌓아 올리는 작업을 용이하게 하기 위해, 의도적으로 중심을 만들었을 것이다"[55]라고 하여, 구축상의 실제적 측면에서 해석하고 있다. 미트라는 파이프 구멍에 목주가 있었다고는 생각하지 않는다. 이에 대해 밧티프로루의 스투파를 재검토한 I. K. 샤르마는, 중축부에 목주가 세워져 있었음을 인정하지만 그 것은 스투파의 구축상의 문제에 유래한다고 본다.[56] 즉, 스투파의 중심에 목주를 세워둠으로 인해 원형의 연와를 쉽게 쌓도록 하기 위한 것으로 추측하고 있다.

이 문제에 관해서는 나중에 되돌아오기로 하고, 필자가 문제 삼고자 하는 것은 모든 파이프 구멍에 과연 목주에 세워져 있었는가의 여부에 대한 점이다. 파우니와 같이 나무조각이 발견된 것도 있지만(파우니의 경우에도 나무조각이 파이프 구멍 속에서 출토되었는지의 여부는 명확하지 않다), 그 같은 보고가 없는 경우가 많아 완전히 썩어 소멸되었다고 보는 것도 부자연스럽게 여겨진다. 또한 파이프 구멍의 형태 변화가 다양하다는 점도 주의된다. 예를 들면, 피프라와에서는 파이프 구멍의 직경이 도중에서 변화하고 있고(도4), 파우니에서는 파이프 구멍이 도중에 멈춰 있어 정부까지 관통하고 있지 않다. 아윈이 말한 바와 같이 목주yūpa와 장대yaṣṭi를 연결하기 위함이라고 해석하지 못할 것도 없지만, 피프라와의 파이프 구멍은 아래쪽이 가늘고(직경 10cm), 위쪽이 두껍다(직경 30cm). 또한 밧티프로루의 스투파에서는 파이프 구멍의 아래쪽에서 직경이 다른 원통형이 교차적으로 반복되는 단계형을 띠고 있다는 점도, 단순히 목주가 세워졌던 흔적이라고는 말할 수 없음을 시사한다(도5). 단계형 파이프 구멍의 축 위에 제2와 제3의 사리함이 안치되어 있었음을 생각하면, 아마 단계형 파이프 구멍은 쌓아올린 사리함에 파이프 구멍이 붕괴되지 않도록 강고하게 하기 위한 배려에 의한 것은 아니었을까.

이상과 같이 생각하면 스투파의 중축부에 실제 목주가 세워진 경우도 있었을지 모르지만, 오히려 파이프 구멍 그 자체를 만드는 것이 목적인 경우가 많았다고 생각하는 것이 보다 타당성 있다. 그러나 그 경우 파이프 구멍의 설치는, 미트라가 말한 바와 같이 연와쌓기의 구축상의 문제에 의한 것이었다고는 생각되지 않는다. 단순히 구축상의 문제만이라면 일부러 복잡한 단계형의 파이프 구멍을 만들 필요는 없으며, 또 연와를 도려내어 정연한 파이프 구멍을 뚫을 필요도 없었을 것이다. 실제로 파우니의 스투파에서 발굴된 연와쌓기를 보면 상당히 불규칙한 적재방식을 보이고 있어, 파이프 구멍과 연와쌓기와는 관계가 있었다고 생각되지 않는다.

결국 스투파 내부의 파이프 구멍은 목주를 세우는 대용으로서 뚫린 것은 아니었을까. 실제로 목주를 세운 경우도 있었겠지만, 스투파의 복발 내부에 파이프 구멍을 뚫음으로써 기둥이 설치되었음을 상징하기 위해 의도되었을 것이다. 파이프 구멍의 다양한 양상은 목주의 흔적으로 보기보다는, 파이프 구멍 자체를 만드는 것이 목적이었다고 생각한다면 이해가 될 것이다. 연와·흙·돌 등으로 복발 내부가 채워진 인도의 스투파에 있어서는, 오히려 파이프 구멍을 뚫는 편이 보다 확실하게 축의 관념을 표현할 수 있었을 것이다.

파이프 구멍의 양상은 사리용기·사리함의 안치 문제와 밀접하게 관계되어 있다. 아윈은 스투파를 우주축의 설립에서 시발하는 것으로 보지만, 스투파는 역시 사리의 매장에 기원하는 것으로 보아야 할 것으로, 기둥(파이프 구멍)도 사리안치의 문제와 깊이 관련되어 있다. 예를 들면 피프라와의 스투파에서는 사암제 사리함의 저면 수준에서 중축의 파이프 구멍이 좌우로 확장되는 것이 보이는데(도4), 그것은 아마 사리함의 위치를 가리키기 위한 것이었을 것이다. 또 밧티프로루의 스투파에서는 단계형으로 된 파이프 구멍의 아래쪽에 제2와 제3의 사리함이 놓여 있었다(도5)는 점에서는, 스투파의 중축상에 사리를 안치하려는 의도가 있었음이 명확하게 엿보인다. 게다가 세 번째 사리함의 윗면이 복발의 바닥면에 대응하도록 설치되어, 그 함의 위쪽으로 중축을 따라 파이프 구멍이 있었던 것이다(거기에는 목주가 있었을지도 모른다).

이 같은 파이프 구멍의 형태는 사리함·사리용기를 스투파의 중심축상, 혹은 그와 가까운 곳에 안치하고 있다[57]는 점으로 보아, 안쪽에 안치되었던 사리와 그것을 관통하는 중심축에 대해 깊은 관심이 있었음을 말해준다. 사리를 안치하고, 그곳에 실제로 목주를 세워두거나 혹은 파이프 구멍을 설치하여 중심축을 관통한다고 하는 의식이 강하게 작용하고 있었음은 우선 틀림없을 것이다. "사리의 금단지를 정중앙에 두고, 탑을 세워서 찰을 짓는다"라고 하는 백법조본 열반경의 기술[58]은, 스투파의 옛 조립법을 전해주고 있다고 보아도 좋을 것이다.

그러나 이미 초기 스투파에서 실제로 목주를 세우는 대신 파이프 구멍으로 대용된 경우가 많았다는 점을 통해서도 추측되는 바와 같이, 결국 인도에서는 스투파에 있어 기둥의 설립과 그 상징성이 역사적으로 볼 때 그다지 강한 전통이 되지는 못했으며, 형태상으로 보아도 큰 발전을 보이지는 않았을 것이다. 즉, 스투파를 형태적으로 본 경우, 기단 및 산개를 다수 쌓아올려 상승성의 강조를 지향하는 것과, 어디까지나 복발을 중시하고 그 둥근 형태의 강조를 지향하는 것으로 나뉘는데, 전자인 상승성의 지향이 서북인도·아프가니스탄에서 전개를 보이는 것에 반해 인도 내에서는 복발을 스투파

본체로 보아 그 둥근 형태를 고집하고 있는 것이다. 서북인도·아프가니스탄 스투파의 양상이나 그와 중국 중층탑과의 관계, 나아가서는 그들에 있어 기둥의 상징성 문제는 본고의 범위를 벗어나지만, 그들이 초기 스투파에서 관찰되었던 기둥·축의 우주론적 상징성과 관계가 있음은 충분히 예상할 수 있을 것이다. 한편 복발에 있어 반구형·난형卵形의 둥근 형태에 대한 지향이 우위를 보이는 인도 세계에서는, 다음 절에서 고찰할 바와 같이 스투파는 '사리를 담고 있는 것'으로서 복발에 둥근 모태적인 이미지가 강하게 작용한다. 아마도 이러한 점이야말로 인도 스투파에서 수직방향의 기둥·우주축 이미지가 발전하지 않았던 이유일 것이다.

4. 스투파와 자궁胎·알卵·항아리壺

인도에서는 초기 스투파 이래로 복발이 가장 중시되었다. 앞서 보았듯이 아윈은 스투파에 대한 우주축으로서의 기둥의 상징성을 강조한 끝에, 스투파 신앙은 기둥 신앙에서 파생되었다고 하는 가설을 세우고 그 변천도식을 제시하였지만, 거기에는 사리안치라고 하는 시점이 결여되어 있었다. 역시 스투파 신앙은 복발에 안치한 불사리를 모시는 것에서 기원했다고 보아야 할 것이다. 사리를 용기에 넣어 안치하고, 그것을 연와·흙·돌 등으로 쌓아올리는 것이 인도 스투파의 큰 특징이라고 할 수 있다. 앞 절에서 본 초기 스투파는 복발의 직경에 비해 현존부의 높이가 낮지만, 모두 심하게 붕괴되어 복발의 당초 형태는 파악하기 어렵다. 어쩌면 최초기 스투파는 직경에 비해 높이가 낮은 편평형 원분 형태를 취하고 있었는지도 모른다. 그러나 바르후트와 산치의 현존 예나 부조도의 스투파에서 볼 수 있는 것처럼, 슝가조·사타바하나조 이후의 현존 최고最古의 유례를 보면, 모두 그 복발은 반구형 혹은 난형卵形의 형태를 명확하게 보여주고 있어, 이 둥근 형태야말로 스투파의 본체라고 여겨졌다(도판1, 도2, 3, 12, 13, 15). 그렇다면 이미 초기불교미술의 단계에서 스투파는 단순한 무덤과는 다른 우주론적 상징성을 갖고 있었다고 추측된다. 이러한 견해는 복발이 산스크리트문헌에서 가르바garbha, 胎 혹은 안다aṇḍa, 卵라 불리고 있어, 둥근 형태가 마치 자궁胎이나 알卵의 이미지를 조형화한 것으로 생각되기 때문이다.[59] 인도에서 자궁이나 알의 이미지는 오래 전부터 우주론(코스모로지) 혹은 오히려 우주생성론(코스모로니)과 깊이 결부되어 있는 것이다.

가르바garbha라는 말은 인도의 종교사상에 있어 중요한 개념이다. 가르바의 어의는 집다(grbh = grh)라는 의미의 어근에 유래한다고 하며, 첫째로는 '안에 무언가를 집어넣고 있는 것'으로서 자궁胎 · 저장藏 등을 의미한다. 한편 두 번째로는 어떠한 가능성을 간직하고 있는 것으로서 태아 · 동자를 의미한다.[60] 즉, 가르바는 무언가의 가능성을 '간직한 것'으로서의 모태이며, 동시에 장래 그것이 현현한다고 하는 의미에서 태아이기도 하다. 가르바는 실로 무언가가 발생하는 장이라고 할 수 있을 것이다.

『리그 베다』(10,121)에는 유명한 히라니야 가르바hiranya-garbha의 찬가가 있다.[61] 그에 따르면 태초의 원수 속에서 히라니야 가르바(황금의 태아)가 나타나, 그것이 만물의 유일한 주재자가 되었다. 그는 대지를 견고하게 했으며, 하늘을 안립安立하고 궁륭穹隆을 지지했다. 또한 그는 생명을 부여하고 힘을 부여했다. 그 때문에 그는 모든 신들과 살아있는 것들을 지배한다. 그 위력에 의해 산도 바다도 그에게 종속된다. 히라니야 가르바는 원수 속에서 잉태되어 현현한 배아이지만, 그것은 생명력 그 자체이기 때문에, 만물의 주재자가 되어 천지 · 산해의 우주를 유지하는 것이다. 이러한 발아력을 갖는 생명 발생의 장으로서의 가르바의 관념 및 이미지는 인도 미술의 조형에 큰 영향을 주며, 인도의 조형미술을 해석하는 하나의 열쇠이기도 하다.[62]

석가의 시신인 사리를 종자種子, bīja라고 부르며, 그것을 보관하는 스투파의 복발을 태 · 자궁garbha이라고 부르는[63] 것은, 분명 고대 인도의 태생학적 상징성에 뿌리를 두고 있다. 석가의 죽음은 반열반에의 도달로, 더 이상 생사와 윤회전행이 없는 적멸의 세계, 이른바 제로세계의 실현이며, 스투파는 그것을 상징했다. 아마도 그 제로세계를 상징하는 스투파가 역설적으로 생명이 발생하는 장이 된 것이다. 아무튼 스투파의 본체는 가르바와 동일시 되고, 전술한 성수 차이티야 신앙과의 혼효와도 맞물려 생명의 근원, 풍요다 산의 원천으로서의 상징성이 강화되며 스투파 신앙은 사람들 사이에 뿌리 내린다. 인도 내에서 반구형의 둥근 형태가 뿌리 깊게 존속하게 된 것도 우연 한 것은 아니다.

이 점과 관련하여 흥미로운 것은 스투파의 납입물과 사리용기의 형태 이다.[64] 스투파에는 본래 사리가 안치되며, 발굴된 예에서도 사리용기 속에 화장된 뼛조각만을 납입한 경우도 있다(산치 제2탑, 소나리 제2탑, 사트다라 제2 탑, 안데르 제3탑 등). 그러나 이 같은 예는 오히려 드물고, 화장된 뼛조각이나 뼛가루 이외에 각종 납입물이 들어 있는 것이 보통이다. 수정, 가네트, 토파 즈, 진주, 산호 등 각종 보석류, 비즈, 화문, 스와스티카, 삼보표三寶標 등의 도 형이나 문양을 표현한 금박조각, 금은의 고리, 화폐 등이 출토된 사례가 많 은 것이다. 이들을 단순한 공양품으로 해석할 수도 있겠지만 신두의 밀푸르 하스탑, 서인도의 소파라탑, 남인도의 밧티프로루탑 등을 보면 모두 수백 점 에 달하는 납입물이 발견되며, 피프라와탑에서는 천 점이 넘는 납입물이 출 토되고 있다(도7).[65] 이는 이 납입물들이 단순한 공양품이라기보다는, 재생 이나 풍요다산의 상징성과 관계된 것임을 시사한다. 진주와 수정을 비롯한 보석류는 고대에서 종종 주술적인 힘, 불사의 힘을 갖는 것으로 믿어졌으며, 금박조각에 표현된 스와스티카(卍)·와문 등의 도문도 태양신앙과 관계된 영원한 생명력을 상징하는 표현으로 볼 수 있다. 특히 로리야 난단가르의 마 운드N과 피프라와탑에서 지모신 계통에 속하는 나체의 여신상을 표현한 금 박조각이 납입되고 있었다는 것은, 스투파가 재생·풍요다산의 신앙과 깊 이 관련되어 있었음을 말해준다.[66]

그런데 사리용기는 통례적으로 스투파의 복발 중심축을 따른 부분에 묻혀 있었다. 사리용기의 형태에는 여러 가지 타입이 있는데, 크게 구별하면 손잡이가 달린 구형합자형·스투파형·통형·평형 등이다.[67] 그중에서 특징

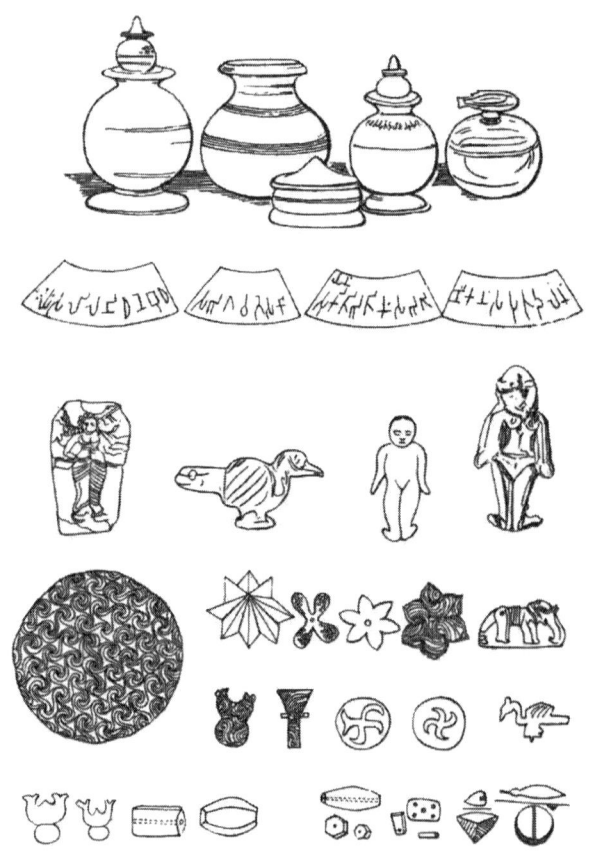

도7. 피플라와 스투파의 출토품[Agrawala, pl. 16]

적인 것은 손잡이가 달린 구형합자형으로, 몸통과 뚜껑이 중앙부에서 만나는 합자형식을 취하며, 전체적으로 구형 혹은 호형壺形을 띤다. 스투파 복발의 둥근 형태와도 호응하며, 뚜껑의 손잡이 부분에 종종 소스투파형의 장식을 얹어, 둥근 용기를 이중으로 쌓아올린 형태를 취한다. 또한 스투파형은 스투파의 미니어처라고 할 수 있다. 이들 사리용기는 가르바(모태)인 스투파 중앙 내부에 묻혀 있으며 그 핵이 되는 것으로, 그 때문에 스투파의 형태를 의식한 구형이나 호형, 혹은 스투파형 그 자체가 반복되어 사용되었을 것이다.

실제로 사리용기가 단독인 경우는 오히려 적고, 2중, 3중, 4중으로 포개

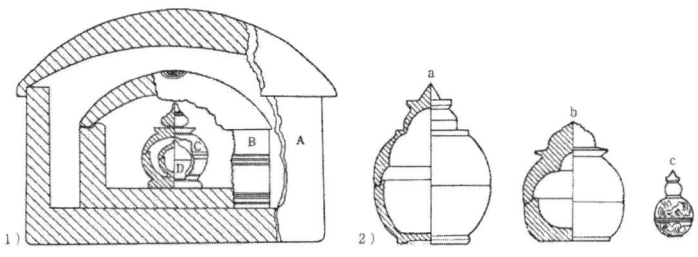

도8. 다중의 사리용기.
  1) 소나리 제1스투파 출토.
  2) 소팔라 스투파 출토[타카타 오사무, 삽도46, 47]

어 넣은 형식으로 수납하는 것이 일반적인데, 소팔라탑과 같이 6중으로 한 예도 있다(도8).**68** 용기를 포개놓은 경우, 석제 혹은 토기 용기를 가장 외측으로 하고 동제나 은제를 다음에 두며, 수정제나 금제를 가장 안쪽에 두는 것이 보통이다. 이처럼 몇 중으로 용기를 포개어 스투파 내부에 안치하는 것은, 마치 태아가 모태에 머무는 이미지를 반복하는 듯하여 지극히 태생학적인 발상에 기초하고 있다. 가르바가 모태와 태아의 양자를 의미하는 것처럼, 스투파의 복발과 사리용기는 모두 가르바의 이미지에 기초하였을 것이다. 사리용기 가장 안쪽의 용기가 수정제나 금제라는 것도, 원수(수정으로 표현된다)에서 최초로 탄생하는 '황금의 태아'(히라니야 가르바)의 이미지와 이어지는 것이라고 생각된다. 이와 관련하여 피프라와에서 출토된 사리용기 중 하나는 수정제로, 뚜껑의 정부에 물고기가 조형되어 있고, 물고기 내부의 빈 공간에는 금박조각이 들어 있다(도9).**69** 수정은 원수의 이미지를 환기시키고, 물고기는 물과 관계되는 동시에 생명력의 상징이기도 하다. 이 수정제의 물고기 장식이 있는 사리용기도 특히 생명발아의 상징성과 관련되어 있다고 할 수 있다. 한편 스투파의 복발 조형으로 돌아오면, 가르바의 모태·자궁의 이미지가 복발의 둥근 형태를 창출시켰다고 할 수 있는데, 이 둥근 형태는 알의 이미지와도 융합된다. 특히 석굴사원의 챠이티야굴의 스투파에는 단순히 반구형이 아닌, 분명한 난형 복발이 종종 확인된다. 아잔타 제9굴이나

도9. 수정제 사리용기. 기원전 3세기.　　　　도10. 스투파. 아잔타 제26굴. 6세기.
　　피플라와 출토[『캘커타미술관』, 도9]

아우랑가바드 제4굴의 스투파는 하단이 오므라드는 경향을 보이는 정도이
지만, 카네리 제36굴(도3)이나 준나르 제48굴의 스투파는 난형에 가깝다.[70]
보다 확실한 예는 나식 제3굴 내벽이나 아잔타 제9굴 정면에 부조된 스투파
로, 분명 난형의 복발을 표현하고 있다.[71] 후기 석굴사원에서는 이러한 경향
이 보다 현저해져, 아잔타 제19굴, 제26굴(도10), 엘로라 제10굴 등이 모두 스
투파의 기단이 높아지고 그 정면에 불상을 고부조하고 있는데, 복발 자체는
단순한 반구형이 아닌 명확한 난형을 이루고 있다.[72] 이러한 난형의 조형이
우연이라고는 생각하기 어렵다.

　　스투파의 난형에는 '황금의 알' 혹은 '우주의 알'이라고 하는 신화적 이
미지가 투영되어 있음이 틀림없다. 즉, 『샤타파타 브라흐마나』(11, 6, 1-3)에서
말하고 있는 우주의 창조신화에 따르면, 태초의 우주는 물뿐으로 물이 고행
을 하여 세력을 발했을 때 '황금의 알'이 생겨났다. 그리고 1년 후에 거기에서
프라자파티(창조주)가 태어났다고 한다.[73] 『찬도기야 우파니샤드』(3, 19, 1-4)
에도 "태초에 무無만이 존재하였고, 그것이 전개하여 알이 발생했다"라고 하

며, 그 알에서 대지, 하늘, 산, 구름, 안개, 하천, 대해 등이 발생했음을 설하고 있다.[74] 이처럼 '황금의 알', '우주의 알'의 신화적 이미지는 『리그 베다』의 '황금의 태아'에 선구를 두는 우주생성론으로, 스투파가 본래 가르바(모태, 태아)의 이미지를 함축한다고 한다면 복발이 난형卵形을 띠는 것도 가르바의 한 가지 발전 형태로서 쉽게 이해할 수 있을 것이다.

그런데 자궁—알의 이미지와 함께 스투파의 형태는 항아리의 이미지와도 관계된다. 호형의 사리용기가 있음은 이미 지적하였는데, 스투파의 형태 자체가 항아리 형태와의 유사점을 보이기 시작한다. 예를 들어 산치 제1탑의 탑문부조에 표현된 스투파는 복발의 둥근 형태가 강조되어, 공처럼 팽창감이 있는 그 조형이 고대 인도에서 인기 있던 모티브인 항아리ghata의 형태를 상기시킨다. 또 서인도 석굴사원의 차이티야굴, 예를 들면 준나르 제6굴이나 나식 제18굴(도판2)를 보면, 예배의 중심이 되는 스투파의 복발은 구형을 띠고 평두의 정부가 역피라미드형으로 판형을 쌓아올린 형식을 취하고 있는데, 그 굴과 근처에 있는 굴의 열주列柱의 호형 주초 및 주두와 흥미로운 유사점을 보이고 있다(도11).[75] 즉, 열주의 주초는 계단 모양의 피라미드형으로 그 위의 팽창감 있는 호형을 지지하고 있는데, 그것을 거꾸로 하면 스투파와 거의 같은 형태가 되며, 열주의 주두장식 자체도 거꾸로 된 호형 + 아마라카형 + 계단형의 역피라미드형으로 이루어져 있어 스투파 형태와의 혼효가 엿보인다.

이처럼 스투파는 항아리의 형태와 융합하는데, 이와 관련하여 『마하방사』의 조탑에 관한 기록이 주목된

도11. 열주. 나식 제20굴 정면부. 2세기.

다. 즉, 스투파를 만들 때 물을 가득 채운 여덟 개의 금항아리와 여덟 개의 은 항아리를 중심에 두고, 그들 주위에 천팔 개의 새로운 항아리를 두었다고 한 다(30, 57-58). 또 건축사가 '황금의 주발'에 물을 가득 채워서, 손으로 수면을 때려 만들어 낸 '수정구슬처럼 커다란 수포'를 모방하여 스투파를 만들었음 이 보인다(30, 11-30).[76] 스기모토 타쿠슈 교수가 적확하게 지적한 것처럼, 여 기서는 분명히 스투파가 '물-항아리-황금의 주발'의 이미지와 중첩되어 있 다.[77] 스투파와 항아리의 관계는 단순한 형태상의 문제뿐 아니라 의미상으 로도 밀접하게 관련되어 있다. 항아리에는 그 안에 물이 저장되어 있어 형태 가 없는 물은 항아리에 의해 표현된다. 항아리 속의 물은 원초의 물인 원수를 나타내며 그곳이 생명 발생의 원천임이 틀림없다. 고대 인도미술에서 특히 애호되었던 '만병滿甁'(pūrṇa-ghaṭa)의 모티브는 항아리로 표현된 어머니로서 의 물에서, 형태라고 하는 개념 그 자체이자 발생의 최초 이미지인 연꽃이 생 출하는 모습을 표현하고 있다(도판4).[78] 이리하여 항아리는 발생의 근원으로,

고대 인도에서 그 둥근 형태와 함께 특히 인기를 얻었음이 이해 될 것이다. 스투파의 가르바, 복 발 = 자궁의 이미지와 항아리의 이미지는, 발생학·태생학적인 의미에서도 호응하고 있는 것이 다. 사실 남인도의 아마라바티 에서 출토된 부조의 스투파도에 는 항아리처럼 복발이 둥글고 크 게 표현되고, 평두부터는 산개 가 마치 연꽃이 무성한 것처럼 표현된 몇 개의 예가 있어,[79] '만 병'의 표현과 혼효하는 양상을 엿볼 수 있다(도12). 게다가 스투

도12. 스투파도. 아마라바티. 2세기.
대영박물관[Barrett, pl. 1(b)]

파의 기단 정면에는 종종 물의 수호신인 뱀 나가가 표현되어 있어, 스투파와 항아리가 동일시되어 물을 저장하고 있음을 암시한다.

이상과 같이 인도에서는 스투파 복발의 둥근 형태가 뿌리 깊게 존속하는데, 거기에는 고대 인도의 우주생성(코스모고니)론인 태생학과 결부된 자궁-알-항아리라고 하는 이미지가 반영되어 있는 것이다.

5. 스투파와 사당·천궁·낙원

인도의 초기 스투파에서 형태상 복발과 함께 중시되고 있는 것은 평두(하르미카harmikā)이다. 초기의 실제 야외 스투파의 상부 구조는 대부분 모두 붕괴되어 남아있지 않기 때문에, 초기불교미술의 부조조각에서 보이는 스투파도, 그리고 서인도 전기불교석굴의 차이티야굴에 남아있는 스투파를 들어 관찰하겠다. 평두는 스투파의 구성요소 중 가장 변형이 커서 스투파의 상징성을 보다 풍부하게 하고 있다. 초기 스투파의 평두는 크게 세 가지 형식으로 나눌 수 있다.

가장 간소한 제1형식은 산치 제3탑의 난순부조에서 볼 수 있는 것으로, 평두는 단순한 사각형의 난순형 울타리를 보여주고 있다.[80] 산치 제1탑 및 제3탑에 복원되어 있는 평두도 이 같은 단순한 사각의 난순형이다. 이 형식은 혹시 평두의 원초적인 형태가 아니었을까. 아마라바티의 부조에도 이 형식이 보이는데, 게다가 거기에는 스투파를 둘러싼 난순과 같은 원형구획(메다이연) 장식이 시문되어 있다(도13).[81] 서인도 바자의 차이티야굴에 남아있는 스투파의 평두도 이 형식인데, 다만 사각형의 난순형을 2단으로 쌓아 올린 형태를 취하고 있어 높이를 높게 하고 있다(도35).[82]

이에 반해 평두의 제2의 형식은, 바르후트의 난순부조, 보드가야의 난순부조, 산치의 2탑 난순부조, 제1탑 탑문부조, 제3탑 탑문부조 등에서 다수 보이고 있는 가장 일반적인 것으로, 난순형 울타리 위에 점차 더 커지는 사각형의 두꺼운 판형을 여러 단에 걸쳐 쌓아 올려, 역사다리 형태를 취한 것이다(도판1). 바르후트와 산치의 부조에서는 그 최상단에 성새문城塞文의 장식이 달려 있음에도 주의된다.[83] 난순형 + 계단 모양의 역사다리꼴로 이루어진 이 평두 형식은, 바자, 아잔타 제9굴, 나식, 카를라의 차이티야굴 등 서인도 석굴의 스투파에도 다수 현존하여(도판2, 도3),[84] 부조 스투파도에서만 볼

도13. 스투파도. 아마라바티. 2세기. 뉴델리국립박물관.

수 있는 장식적 모티브가 아님을 알 수 있다. 이 형식은 간다라의 봉헌소탑이나 부조 스투파도 혹은 남인도 아마라바티의 부조에도 엿보여, 인도까지 널리 전해지고 있다. 다만 아마라바티의 부조에서는 난순형과 역사다리꼴 사이에 두 개(실제로는 네 개를 의도하고 있을 것이다)의 지주를 둔 예가 적지 않다(도12).[85]

평두의 제3형식으로서 제2형식에서 보았던 난순형과 역사다리꼴을 분리시키고, 그 사이에 우주를 세워 그 정면에 차이티야 아치를 表現한 것이 있다. 이 형식은 작례가 그다지 많지 않으나, 바르후트의 난순부조에 2개의 작례가 있고(도2, 15),[86] 아잔타 제10굴의 스투파에도 그 흔적을 볼 수 있다.[87] 바자 제20굴의 스투파에서는 차이티야 아치를 2층으로 하여 호화롭게 하고 있다.[88] 이 형식의 평두는 난순형 울타리 위에 차이티야 아치의 입구가 있는 사당건축이 세워진 양상을 보인다. 실제로 그 구조물은 바르후트의 부조에

서 볼 수 있는 사당건축과 닮은 외관을 보이고 있는 것이다.

이상으로 세 종류의 평두 형식을 보았는데, 그 기본이 되고 있는 것은 사각형의 난순형 울타리. 이 난순형 울타리 위에 계단 모양을 이루는 역사다리꼴이 올려져 있거나, 혹은 추가로 그 사이에 건축구조가 더해지기도 한다.

이 평두는 무엇을 표현하는 것일까. 첫 번째 난순의 형식은 예배대상을 구획하고 둘러싸는 가장 간소한 형태를 보이는 것으로, 이미 소개한 성수의 울타리 흔적으로 보는 것이 설득력이 있지만, 두 번째와 세 번째의 형식은 건축적 구축물을 예상하게 한다. 그 건축적 기능, 혹은 상징적 의미에 대해서는 다양한 설이 있다. 실제로 기능을 갖고 있었던 건축요소라고 본 것은 J. 퍼거슨으로, 그는 산치 제1탑의 복발정부에 석조의 난순형이 있고, 그 중앙에 일찍이 사리안치용 석함이 올려져 있었다고 생각했다.[89] 실제로 난순형을 만들고 있던 석재가 부분적으로 남아있고, 또 이전에는 산개의 단편으로 여겨져 왔던 석함의 개석도 그 후 J. 마샬의 조사에 의해 발견되었다.[90] 평두를 사리안치소로 보는 이 견해는 산치 제1탑의 복발 내부에서 사리가 발견되지 않았던 것의 방증도 될 수 있을 것이다. 또 서인도 석굴사원의 차이티야굴의 스투파에서는 종종 상자형 평두부 안쪽에 구멍이 뚫리거나 도려내어져 있어서 그곳에 사리를 모셨을 가능성도 제기되고 있다.[91] 하지만 평두부에 실제로 사리를 모셨던 예는 보고되지 않았다.

사리를 어떻게 모셨는지에 대한 문제는 스투파나 사당건축의 형태와도 관계되어 중요하다. 인도에서는 사리를 스투파 내부에 묻어두는 것이 보통으로, 발굴된 사리는 모두 스투파의 내부에서 발견되고 있다.[92] 그러나 사리를 쉽게 꺼낼 수 있도록 설치하여, 날마다 혹은 법회 시에 꺼내어 공양했던 예가 있다는 것은 중국 구법승의 견문을 통해 알 수 있다. 법현은 아프가니스탄의 나갈국那竭國 혜라성醯羅城에서 붓다의 두정골을 모셨던 불정골정사佛頂骨精舍를 참배하고, 매일 아침 이 부처의 두정골이 꺼내어져 정사 밖의 고좌 위에 놓이며 국왕이 이를 참예參詣하고 공양함을 기록하고 있다.[93] 이 두정골은 높이 5척 정도의 칠보로 된 '해탈탑'에 봉납되었으며 그것은 개폐가 자유로웠다고 한다. 또 나갈국의 성 안에는 불치탑(佛齒塔)이 있어, 두정골의 경우와 같은 방법으로 공양을 행했다고도 전하고 있다. 현장의 『대당서역기』에도 역시 혜라성의 성 안에 중층의 건물이 있는데, 2층에는 칠보로 된 세 개의 '소솔도파小窣堵波'가 있어, 각각 여래의 두정골, 촉루골, 안구를 보함에 넣고 안치시켜 모셨다는 내용이 보인다.[94]

이 같은 사리 숭배·성유물 숭배의 모습은 서북인도·아프가니스탄에서 특히 두드러져, 아마도 구체성·현실성을 중시하는 이 지방의 풍토와 관계 있을 것이다.[95] 그러나 인도 내에서도 서북인도와는 그 양상이 다르겠지만, 스투파 내부에 사리를 매장하는 형식과는 다른 형식의 사리 숭배가 있었던 것은 아닐까. 실제로 남인도의 나가르주나콘다에서 출토된 부조에는 사리를 모신 사당건축을 표현한 것이 있다.[96]

일찍이 무라타 지로村田治郎 교수는 사리를 모신 구축물로서 인도에서는 스투파와 사당건축의 두 종류가 있으며, 스투파와 사리 및 불상을 모시는 사당건축의 두 종류가 다양하게 결합했었음을 논했다.[97] 사리를 모신 사당건축의 실제 발굴 사례는 듣지 못했지만, 스투파와 사당건축과의 혼효 문제에 대해서는 시사하는 바가 많다. 즉, 쿰라하르 출토의 봉납판[98](도14)에서 볼 수 있는 것처럼 고탑형 불전(사당)건축의 정부에 소스투파가 놓여 있는 예가 있음에 주목하고, 또한 이른바 작리부도지雀離浮圖址로 알려진 샤지키데리도 스투파가 아닌, 이 같은 소스투파가 정부에 놓인 고탑식 사당건축이었을 것이라고 추측하며, 중국의 누각형 고탑

도14. 봉헌판. 쿰라하르 출토. 파트나박물관.

은 원래 불전(사당)이었지만 4세기 이후 스투파와 결합하여 '탑'이 되었다고 기술하고 있다.[99]

필자는 여기에서 사리 공양을 위한 사당과 스투파와의 결합이라는 관점을 통해, 인도 스투파의 형태를 고찰해 보고자 한다. 즉, 기원적으로 볼 때 스투파의 평두 자체가 사리 공양의 사당적 성격을 상징적으로 표현한 것이 아닌가 추측한다.

애초에 스투파 자체의 무덤에 수목을 세우는 형식을 가진 분묘적 성격과, 사리를 봉안하여 공양하는 형식을 가진 사당적 성격의 양자가 결부되어 성립하고 있던 것은 아니었을까. 일반적으로 사리는 안치소에 납입하여 스투파의 내부에 묻어두기 때문에 오로지 분묘적 성격만이 강조되었는데, 스투파는 단순한 무덤이 아닌 사리 숭배를 위한 사당적 구축물이라고 하는 생각도 저변에 깔려 있었다고 생각된다. 그럴 경우 평두부가 실제로 사리안치를 위한 구축물에서 유래했는가에 대해서는 오히려 의문점이 많은데, 사리를 스투파 내부에 묻어 두는 경우도 그 정부에 난순형 울타리(평두)를 쌓아 둠으로써, 사리 공양의 뜻을 표현한 것은 아니었을까. 사리의 안치함 혹은 안치실이 사각형인 것에 맞추어 평두도 사각형을 취한다. 또 스투파 내부에 세워져 있는 기둥이나 구멍 뚫린 파이프 구멍으로 사리와 평두부를 연결하고, 이리하여 평두는 사리 공양을 위한 구축물로서, 이른바 표식처럼 설치되었을 것으로 추측되는 것이다.

이와 같이 생각한다면, 평두는 실제 그곳에 사리가 없다고 하더라도 그 아래쪽에 사리를 납입하고 있다는 의미로, 상징적으로 사리안치를 표시하고 있는 사당적인 구축물로 볼 수 있을 것이다. 평두의 세 형식 가운데 제3의 형식은 난순형 위에 차이티야 아치의 입구를 갖춘 사당건축을 표현하고, 그 위에 역사다리꼴 모양의 판형을 중첩시킨 지붕부를 지니고 있다(도15). 콤바가 제시한 바와 같이[100] 그것은 마투라에서 출토된 보리수를 모신 사당건축(도16)과도 유사하므로, 제3형식은 사당형이라고 이름 붙여도 좋을 것이다. 제2형식은 차이티야 아치가 있는 중앙부를 생략한 형식으로, 제1과 제3의

도15. 스투파 공양도. 바르후트.
기원전 100년경. 캘커타인도박물관.

도16. 보리수를 모신 사당도. 마투라.
보스턴미술관[Vogel, pl. 14]

중간적인 형태라고 할 수 있다.

초기불교미술에 나타나는 스투파도를 보면 반드시 평두가 표현되어 있을 뿐 아니라, 복발의 크기와 비교했을 때 평두가 그와 거의 대등한 크기로 표현되고 있는 것이 특징으로, 평두가 장식적, 부속적인 것이 아니라 복발과 함께 스투파에서 중요한 구성요소를 이루는 것임을 보여주고 있다. 통상 복발의 중축선상의 아래쪽에 안치되는 사리를 납입한 사리 안치함과 난순형 혹은 사당형의 평두는, 복발 내부의 기둥과 파이프 구멍의 중축에 의해 연결되어 서로 대응하는 관계에 있다. 복발이 사리를 싸서 감추어 두는 기능을 갖는다고 한다면 평두는 그 존재를 표시하는 기능을 갖고 있다고 할 수 있을 것이다.

그런데 스투파는 우주축의 이미지와 자궁(가르바)의 이미지를 포섭한 우주론적 의미를 갖고 있음을 이미 고찰했다. 난순형에서 사당형까지를 포함하는 평두도 이미 초기 스투파에 있어서 단순히 사리 공양을 위한 구축물이라고 하는 기능적 측면만이 아니라, 거기에는 우주의 정부에 우뚝 솟은, 신들의 궁전이라는 상징적인 이미지가 내포되어 있다고 해석하는 학자도 있다. 즉, P. 뮤스[101]나 B. 로울랜드는 스투파를 우주산 수메르(미륵산)와 동일시하고, 평두를 그 산정에 있는 천계天界의 궁전을 상징하는 것으로 해석했다. 예를 들면 로울랜드는 다음과 같이 말한다.[102]

> 스투파의 기본적인 개념은 메소포타미아의 지구라트와 같이 우주의 건축적인 도형이다. 스투파의 기단에는 반구형의 복발이 있는데, 그것은 땅에서 하늘로 솟아오른 우주산을 덮는 하늘의 돔이라는 건축적 모형을 의도하고 있었다. 스투파에서 이 우주산은 그 정상에 있는 도리천의 천계를 모방하고 있는 평두에 의해 시사되고 있다. 이 상징성은 돔의 정상에서 우뚝 솟은 지주(야슈티)에 의해 완성된다. 그것은 지하의 수계水界에서 천계로 뻗어 올라가는 우주축을 표현하고 있다. 또한 이 지주는 산개를 지탱하고 있는데 그것은 최고 천인 범천이 주재하는 신들의 세계를 상징하고 있다.

분명 우주축과 자궁의 이미지를 통합하는 복발은 우주산 바로 그것, 혹은 그것을 둘러싼 돔으로 보이며, 그 정상에 설치된 평두는 우주산의 정상에 있는 천궁의 이미지를 상기시킨다.[103] 난순형이나 특히 사당형의 평두 형태는 궁전의 모습에 가깝다. 실제로 성유물을 모신 사당건축 자체는 원래 궁전의 이미지에서 출발했을 것이다. 난순은 도성의 이미지와 겹쳐진다. 『장아함경長阿含經』 「세기경도리천품世記經忉利天品」[104]에 의하면 수미산의 정상에 있는 삼십삼천(도리천)의 중앙에는 정사각형을 한 선견성善見城이라고 하는 제석천의 도성이 있어, 그 속에 제석천의 주거지인 제석궁전殊勝殿이 있다고 한다. 제석궁전은 정사각형의 궁전으로, 각종 보석으로 장엄되고 있는 모습을 설하고 있다.

부조 스투파도와 서인도의 석굴에 남아있는 스투파는, 난순형이나 사당형의 평두 위에 층형을 이루는 역사다리꼴이 부가되어(제2, 제3 형식), 아래쪽의 복발 형태와 어울려 전체적으로 중앙이 잘록한 수미산과 천계天界의 형태를 띠고 있다. 경전에 도리천의 선견성도, 제석천이 사는 수승전도 정사각형이라는 기록이 있는 것처럼, 수미산을 시사하는 스투파의 복발 정부에 설치된 난순형이나 사당형을 취한 정사각형의 평두는 수미산의 정상에 있는 천계, 그곳에 자리 잡은 제석천의 궁전 이미지와 융합하고 있는 것이다.

더욱 흥미로운 것은 평두 상부에 빈번하게 나타나는 두꺼운 판형을 쌓아올린 역사다리꼴로, 이것은 경전에서 설하는 도리천보다 위쪽에 있는 야마천·도솔천·천변화천·타화자재천 등의 천계를 시사한다. 이렇게 보는 이유는, 수미산보다 위에 있는 모든 천계가 층형으로 위를 향해 이어진다고 여겨져, 동대사 대불의 연잎에 선각된 수미산 세계도를 시작으로 후세 수미산 세계도의 천계를 보면 평행선을 그은 역사다리꼴에 의해 표현되고 있기 때문이다. 둔황 수대의 제303굴의 방 중앙에 만들어진 수미산은 사각형에 역원추형을 얹어 놓은 형태인데, 역시 중앙이 잘록하며 천상계는 층형을 이루고 있다(도17).[105] 천상세계가 층을 이룬다고 하는 생각은 아마도 고대 인도에서 유래했을 것으로, 평두 위에 얹혀진 역사다리꼴의 두꺼운 판형은 이 층형을 이룬 천계를 상징했을 것이다. 게다가 두꺼운 판형의 최상부에는 종종 성새문城塞文이 표현되어 있는데 이는 하늘의 도성을 상기시킨다. 성새문은 서아시아에서 기원하는 모티브로 성벽이나 궁전의 벽화 상단에 표현되어 도성의 이미지와 깊은 관련성을 갖고 있다.[106]

이상으로 평두가 사리 공양을 표시하는 사당적 형태에서 출발하면서, 수미산의 정상에 있는 천상계의 궁전이나 도성의 이미지와 혼효하는 것을 확인해 왔다. 여기에서 평두를 포함한 난순과 문으로 둘러싸인 스투파 전체의 상징성 문제에 입각하게 된다. 평두가 수미산의 천궁 이미지와 융합할 뿐 아니라, 스기모토 타쿠슈 교수가 적확하게 지적한 바와 같이,[107] 풍부하게 장식된 난순과 문으로 둘러싸여 각종 공양이 이루어지는 스투파의 양상은 특

도17. 수미산을 본뜬 중심주. 둔황 모가오굴 제303굴 내.
수隨[『둔황모가오굴敦煌莫高窟』 2, 도13]

히 전륜성왕의 낙원적인 도성의 모습을 방불케 한다. 스투파 자체가 바야흐로 낙원으로서 그 모습을 나타내는 것이다.

전륜성왕의 도성의 모습에 대해서는, 열반경 중 하나인『장아함경』권3『유행경流行經』을 시작으로 한역 열반경에 기술된 내용들을 상기시킨다.[108] 아난이 왜 구시성拘尸城(쿠시나가라)과 같은 변두리의 쇠퇴한 토지에서 멸도를 얻었는지에 대한 질문에 대하여, 석가는 일찍이 이 땅은 대선견大善見이라고 하는 전륜성왕의 도성이었다고 하며 그 훌륭함을 설한다. 그 모습에 대한 묘사가 너무 상세해서 열반경의 전체 흐름에 영향을 끼칠 것을 염려했기 때문인지, 팔리본 열반경에서는 이 부분이 간략하게 언급될 뿐이다.[109] 열반경에 이어서 수록되고 있는『마하수닷사나 숫탄다』(DN. II. 169-99)에는 한역 열반경의 기술과 대응하는 내용이 담겨 있다. 이 이야기는 석가가 열반한 땅과 전륜성왕의 도성을 동일시하고 있다는 점에서 한층 주목된다. 쿠사바티라고 이름 붙은 전륜성왕의 도성을『유행경』은 대략 다음과 같이 서술하고 있다.

그 도성은 크고 곡물이 풍부하며 인구가 많고 사람들은 부유하며 번영하고 있다. 그 성은 칠보로 이루어졌으며 성을 둘러싼 난순 또한 일곱 겹으로, 거기에는 각종 조각이 장식되어 있으며 보배방울이 드리워져 있다. 그 성은 높고 성 위에는 누각이 솟아 있으며, 성 주위는 금, 은, 유리, 수정의 네 가지 보배로 장엄되고, 난순도 네 가지 보배로 꾸며져 있다. 일곱 겹의 해자에는 각종 연꽃이 자라고, 타라나무의 가로수가 있어 각각의 잎과 과실 또한 네 가지 보배로 이루어져 있다. 타라나무 사이에는 여러 연못이 있는데 그 주위와 계단은 네 가지 보배의 연와로 이루어져 있고 난순으로 둘러싸여 있다. 또 성의 곳곳에도 네 가지 보배의 타라나무가 있으며 그 나무 사이에는 네 가지의 보배연못이 있고, 네 가지의 꽃이 자라고 있다. 보배나무에 바람이 불어오면 천상의 음악처럼 유연한 소리를 낸다. 사람들은 모두 나무 사이에서 노닐며 즐긴다.

이 같은 전륜성왕의 도성 모습은 제석천의 도성과 궁전의 모습과도 상통하고 있다. 아마도 '제왕의 왕'인 전륜성왕은 '세속계의 지극히 높은 자'로서, '신들의 왕'인 제석천과 공통되는 이미지가 있기 때문일 것이다. 대선견이라고 하는 전륜성왕의 이름과 제석천의 선견이라고 하는 도성 이름의 공통성도 우연이라고는 생각되지 않는다. 그중에서도 바르후트와 산치의 스투파를 전륜성왕의 도성으로 보는 것은 가능할 것이다. 예를 들면 전륜성왕의 도성에 대해, 다양한 조각이 장식되고 보배방울을 드리운 일곱 겹의 난순으로 둘러싸여 있다고 하는 기술 내용은 바르후트 난순장식의 양상을 상기시킨다(도18). 바르후트의 난순 지붕돌 부조에는 안팎으로 모두 상단 가장자리를 따라 성새문과 측면관의 연화문을 병치하고, 하연부에는 방울을 드리

도18. 스투파를 둘러싼 문과 난순. 바르후트. 기원전 200년경. 캘커타인도박물관.

운 그물망의 흥미로운 표현이 있다(도판3). 현재는 과반수가 소실되었으나, 당초에는 성새문과 방울을 드리운 그물이 스투파 주변 전체를 두르고 있었을 것으로, 전륜성왕의 도성 묘사를 방불케 한다.[110]

또한 바르후트의 지붕돌 부조를 보면, 외면 중앙대에는 코끼리의 입에서 물결 모양으로 뻗어나가는 연화만초가 표현되며, 빈 공간은 만개한 연화문으로 가득 메워져 있다. 내면의 중앙대에는 물결 모양의 연화만초로 이루어진 구획에, 본생도를 주제로 하는 설화도와 '여의如意의 덩굴'이라고 불리는 장식 모티브가 표현되어 있다(도판3).[111] '여의의 덩굴'은 연화만초의 마디마디에서 다양한 과실, 귀걸이 · 목걸이 · 영락 등의 장신구, 혹은 방울 · 화만 · 종 등의 공양구가 잇달아 생겨난다고 하는, 이루 다 쓸 수 없는 풍요의 원천을 상징한다. 이는 곡물이 풍부하며 번영하고, 각종 연꽃으로 가득한 보배 연못이 있는 전륜성왕의 도성을 상기시킨다. 또 난순 우주隅柱에 성수 아래에 서 있는 약샤와 약시의 수신樹神이 표현되는 것도, 낙원의 보배 나무와 그 아래에서의 풍요와 번영을 암시하고 있다.

스투파가 최종적으로 전륜성왕의 도성으로 대표되는 낙원의 양상을 띠고 있음을 고찰하였는데, 실은 열반경 자체가 이 점을 명확하게 언급하고 있다. 앞서 인용한 대선견왕의 도성 모습에 이어, 전륜성왕에게는 윤보輪寶·상보象寶·마보馬寶·신주보神珠寶·옥녀보玉女寶·거사보居士寶·주병보主兵寶의 칠보가 갖춰져 있음을 상세히 설하고, 아울러 선견왕이 주재하는 정법전의 호화로운 모습을 설한 후에 다음과 같이 기술한다.

대선견왕은 보시·지계·선정을 행한 인연에 의해 이 복보福報를 얻었음을 생각하고, 왕은 정법전에 올라 은으로 된 어상에 앉아 사선四禪을 수행한다. 또 네 가지 보배로 된 누관의 보좌에 앉아, 각각 자심慈心·비심悲心·희심喜心·사심捨心을 갈고 닦아, 홀연히 명이 다하여 제7범천(계)으로 환생하였다. 대왕의 사후 칠일이 되자 칠보는 소멸하고, 성·연못·법전·누관·보식·타라나무 동산은 모두 변하여 토목이 되었다. 마지막으로 붓다는 아난에게 이렇게 고한다. "일찍이 이 땅에서 여섯 번 태어나 (이와 같이) 전륜성왕이 되어 뼈를 이곳에 내려놓았다. 이제 무상정각을 이루어 성명性命을 버리고 여기에 몸을 내려놓았으니, 이후로는 삶과 죽음이 없이 이로써 마지막이다."[112]

열반경에 따르면 석가가 입멸했던 땅 자체가 일찍이 번영했던 전륜성왕의 도성이었기 때문에 그곳에 사리를 두도록 했다고 한다. 석가의 '묘'인 스투파가 '낙원'의 이미지와 깊이 관련되어 있음을 경전상에서도 간취할 수 있을 것이다.

6. 스투파의 장식원리

스투파의 둥근 복발은 사리라는 종자를 내부에 보관한 것으로서, 인도에서는 자궁·알·항아리의 이미지와 동화됨을 이미 고찰했다. 그것은 마치 종자가 모태에서 길러지고, 그곳에서 만물이 성장하는 생명의 원천과 같은 양상을 띤다. 한편 스투파의 사각형 평두는 사리의 존재를 표시하는 것으로서 사당, 나아가서는 제석천의 천궁이나 전륜성왕의 도성 이미지와 동화되는데, 그것은 왕자의 낙원이기도 하다. 전자가 식물적인 생명력의 이미지에 기초한 낙원인 것에 반해, 후자는 인공적인 도성의 이미지에 기초한 낙원이라고 할 수 있다. 스투파는 이들 두 종류의 이미지를 통합한 낙원으로서의 모습을 띠고 있다. 다만 인도에서는 인공적인 도성이 그다지 발전을 보이지 않고, 결국에는 무진장의 식물적 생명력에 기초한 '풍요다산'의 낙원이라는 이미지가 우세한다.

바르후트와 산치에서 볼 수 있는 바와 같이 스투파의 주변을 둘러싼 난순과 문에는 다양한 '장식'이 표현되는데, 그것은 단순히 시각적으로 아름다운 장식이 아니라 '풍요다산'의 낙원의 핵인 스투파에서 생명이 발아하고 전개하는 양상으로 읽을 수 있다고 필자는 생각한다. 이 같은 시점을 통해 스투파의 장식원리를 밝혀낼 수 있을 것이다. 즉, 초기의 인도 스투파 장식은 원리적으로 (1) 물, (2) 식물, (3) 동물, (4) 신들, (5) 여신과 미투나라고 하는 5단계의 전개로 이해할 수 있다. 그것은 생명의 모태인 물에서 식물이 자라나, 다양한 동물과 인간의 모습을 한 신들의 세계가 출현하고, 여신과 미투나의 세계로 회귀하는 과정이기도 하다. 그 조형표현의 양상들을 아래에서 개관하고자 한다.

(1) 물

물은 '무無'인 동시에 만물을 생성시키는 발아력을 갖고 있기 때문에, 생명을 발생시키는 원전, 생명의 근원으로 여겨신나. 물은 보동 항아리(물로 가득 차 있는)로 표현된다. 물로 가득 채워진 항아리에서 연꽃이 자라나 번성하는 표현은 '만병滿瓶(pūrṇa-ghaṭa)이라 불리며 생명의 풍요, 영원의 풍요로움을 상징한다(도판4).[113] '만병'은 초기불교미술에서 한층 선호되었던 모티브이다.

(2) 식물

(a) 연蓮

연은 물에서 자라난다. '물에서 자라나는 연꽃'의 이미지는 '무無'인 물에서 최초의 형태인 연꽃이 발생한다는 점에서, 인도에서는 우주생성의 조형이 되고 그것은 동시에 풍요의 상징이기도 하다. '만병'은 간소한 도상이지만, 바르후트, 산치 제2탑, 아마라바티 등의 스투파의 난순에는 활짝 핀 연꽃, 피지 않은 연꽃, 꽃잎이

도19. 연화만초문. 바르후트. 기원전 100년경. 캘커타인도박물관.

나 연잎의 여러 가지 조합 등 연꽃의 다채로운 의장을 보여 초기불교미술 장식의 기본이 되고 있다(도19).[114] 이렇듯 다양하게 변화하는 연꽃의 표현들은 그 자체로 식물 생명력의 풍요롭고 다양한 개화의 모습을 보여준다. 연꽃은 흙탕물에서 자라더라도 더럽혀지지 않는 아름다움을 보여준다는 점에서 '청정'을, 태양이 떠오름과 함께 꽃이 핌과 그 방광형 꽃잎의 이미지에서 '광휘'를, 물속에 잠겨 있는 줄기의 마디마디에서 잇달아 가지가 자란다는 점에서 '다산'을 표현하는 등의 여러 가지 상징적 의미를 지니는데, 그중에서도 인도 연꽃의 표현에는 특히 풍요다산의 이미지가 우세하다.[115]

(b) 연화만초蓮華蔓草

연꽃의 풍요로움을 그대로 표현한 것은 연화만초이다. 연꽃의 줄기를 물결 모양으로 표현하고 마디마다 새로운 줄기를 뻗으며, 빈 공간은 활짝 핀 연꽃·피지 않은 연꽃·하엽 등으로 채우는데, 거기에는 종종 물새가 노니는 표현을 보여준다. 연화만초는 코끼리나 마카라의 입, 혹은 약샤의 입이나 배

꼽에서 자라는 경우도 많다(컬러 도판1, 도판5, 6).

연화만초의 발전된 도상으로는 '여의의 덩굴^{kalpa-latā}'이 있다. 줄기가 둘로 갈라지는 '마디^{parvan}'에서 다시 새로운 줄기가 뻗어 나온다는 점에서, 거기에는 만물을 산출하는 놀라운 힘이 있다고 여겨졌다.[116] '여의의 덩굴'은 단순히 새로운 줄기일 뿐 아니라, 사람들의 현세적 바람願望의 대상물, 즉 귀걸이, 목걸이, 비천, 완천 등의 장신구류, 스카프, 사리,* 치마 등의 의류, 방울, 화만, 증繒 등의 공양구, 나아가서는 과실, 용기에 들어있는 술 등의 음식류 등이 '마디'에서 갈라져 나온 줄기에서 돋아나온다고 하는 표현을 의미하여, 마치 요술방망이처럼 바라는 것을 무엇이든 내어 준다는 것이다(도판3). 바르후트 난순 지붕돌의 부조에는 수미산 북쪽에 있다고 하는 낙원인 우타라쿠루의 묘사가 있어,[117] 그것은 연화만초의 물결 모양 구획 속에 표현되는데, 흥미로운 점은 그 땅에서 무진장으로 자라난다고 하는 벼를 연화만초의 '마디'에서 돋아나게 하고 있다(도24). 설화적인 낙원표현과 동화한 '여의의 덩굴'의 표현이다.

연화만초나 여의의 덩굴은 코끼리나 마카라의 입에서 자라는 경우가 많은데, 그것은 코끼리나 마카라가 물과 관계 깊다는 점과 동시에, 입의 형태가 연꽃의 '마디'와 비슷하게 두 갈래로 갈라져 있다는 점과도 관련된다.[118] 바르후트 난순기둥의 원형 구획 외연부에 발생한 두 갈래꼴의 모퉁이 공간조차도 '마디'로 판단하여, 거기에서 연꽃가지가 나오고 있는 것이다(도22).[119] 그 연꽃가지에서 피어난 꽃에는 물새나 작은 동물들이 머물기도 하고, 때로는 꽃이 약샤와 코끼리의 대좌가 되기도 한다는 점도 재미있다. 또한 이 모퉁이의 '마디'도 '여의의 덩굴'이 되어, 다양한 과실, 혹은 수목, 나가** 등을 산출하고 있다.

---

*   사리: 몸을 감아 위쪽 끝을 어깨에 걸치는 인도의 전통 여성복.
**   나가: 인도 불교에서 등장하는 뱀의 신.

(c) 수목

연꽃이 물에서 자라는 것에 반해, 땅에서 자라는 수목의 표현도 스투파의 난순이나 물의 부조에서 다수 보인다. 수목은 겨울에 잎이 떨어져서 '죽음'에 이르더라도, 봄에 새롭게 잎이 돋아나 '다시 살아난다'는 점에서, 그 자체로 재생의 힘이 있고 신비로운 생명력을 갖고 있는 것으로 여겨졌다.[120] 특히 번식력이 왕성한 특정 수목은 성수로서 숭배되어, 부조에서도 사람들이나 동물들의 공양을 받는 성수의 표현이 적지 않다. 특히 니구율수尼拘律樹(냐그로다nyagrodha)는, 기근氣根*이 가지에서 나와 땅에 도달하고 거기에서 다시 싹이 자라나 큰 나무가 되는 수령이 매우 긴 신령한 나무로서 숭배되어, 니구율수를 표현한 '성수공양도'를 자주 볼 수 있다.[121]

성수의 흥미로운 한 형태로는 '여의수如意樹'(kalpa-vṛkṣa)가 있다. 바라는 것과 원하는 것을 내어 준다고 하는 신령한 나무로, 연화만초에 있어서의 '여의의 덩굴'에 대응한다. 바르후트나 보드가야의 부조에는 성수에 깃든 수신이 줄기에서 양손을 내밀어, 발우나 그릇에 담긴 식물을 예배자에게 주고 있는 표현이 있어, '여의수'와 밀접하게 관계된다.[122] '여의수'는 제석천이 있는 도리천의 천상세계에 있다고 여겨지며, 영원히 다 쓸 수 없는 풍요를 사람들에게 약속하는 성수이다.[123]

성수의 표현은 초기불교미술 속에 깊숙히 파고들어와, 붓다의 존재를 상징하거나 불전도 속에서 큰 역할을 담당한다. 성수 혹은 성단이 그 앞에 설치된 성수에 의하여 붓다의 존재를 상징하는 표현은 고대초기의 불교미술에 빈번히 나타난다. 또 과거칠불은 각각의 보리수에 의해 표현되어 있다(도 22). 불전도에서도 많은 불설법도에서 주인공인 붓다가 성수로 표현되는 것 이외에, '탄생'의 사라수śāla 혹은 무우수無憂樹(aśoka), '수하사유'의 염부수 jambu, '성도'의 보리수aśvattha, '열반'의 사라수 등 수목이 장면의 중요한 무대

---

* 기근氣根: 땅에 노출되어 있는 뿌리. 공기뿌리.

가 되는 것도 적지 않다.[124]

불전도와 본생도 등의 설화도에서 배경이 되는 자연 풍경은 대부분 장면에 수목이 묘사되고, 그것이 주요한 배경이 되고 있다. 중국 및 일본의 자연경과 풍경이 산악을 주체로 하는 것과는 달리, 인도에서는 수목이 배경이 되고 무대가 된다. 덧붙이자면 인도에서 원근 표현을 동반한 풍경화가 성립하지 않은 것도, 수목을 자연 풍경의 기본으로 한 고대 인도의 전통과 관계가 없지는 않을 것이다. 인도에서 동물, 인간, 신들의 삶은 문 밖으로 나갈 경우 원림이나 숲 속에서, 혹은 수목 아래에서 이루어지는 것이다.

(3) 동물

스투파의 장식에는 식물과 함께 동물 표현도 눈에 띈다. 고대 인도인에게 친숙한 동물들이 많은데, 특히 물과 관계 깊은 동물이 장식 모티브로서 선호된다. 마카라摩竭魚는 공상 속의 바다 짐승으로, 바르후트의 '상주본생商主本生'도[125]에서 보이는 것처럼 대해에 숨어 배를 집어 삼키거나 난파시킨다는 이야기가 유명한데, 마카라는 악어의 머리와 물고기의 꼬리를 혼효시켜 표현된다. 마카라는 에너지를 간직한 물을 상징하여 원수原水와도 대등한 존재이다(도20).[126] 마카라는 '물을 저장하는 것'으로서, 항아리·코끼리·약샤 등과 마찬가지로 그 입에서 연화만초를 뿜어낸다(도판5). 특히 아마라바티에서는 마카라의 입에서 만초나 꽃그물을 뿜어내는 표현이 많다.[127] 또한 바르후트의 동문 횡량에서 볼 수 있는 것처럼, 마카라는 들보 끝의 원형부에 꼬리를 와문형渦紋形*으로 휘감으며 표현된다.[128] 산치 제1탑의 탑문에서 횡량의 양 끝은 단순한 와권문渦卷文**으로 표현되어 있는데, 북문을 제외하면 와문의 끝은 연꽃이나 아칸서스의 식물문을 뻗어내는 만초로 변화하고 있다.

---

* 와문渦紋: 소용돌이 모양 무늬.

** 와권문渦卷紋: 여러 겹으로 감은 곡선 모양의 무늬.

도20. 마카라. 바르후트. 기원전 100년경.
캘커타인도박물관.

도21. 나가(용신). 산치 제2탑.
기원전 2세기 말.

산치 제3탑의 탑문 횡량에서는 와권문이 나가(뱀)의 똬리와 동화된다.[129] 이처럼 생명의 발아를 상징하는 와권문·나선문은 만초·나가·마카라와 혼효하는데, 그것은 원수에서 생명이 식물의 만초나 마카라, 나가가 되어 발생하는 양상이기도 하다. 마카라는 나가와 함께 가장 원초적인 동물적 생명력을 나타내고 있다.

나가는 용개龍蓋를 지닌 뱀(코브라) 혹은 인간의 모습을 하고 머리 위에 용개를 쓴 용신으로 표현된다. 나가는 강, 연못, 호수, 바다 등의 바닥에 잠겨서 보석, 재보를 저장하고 구름을 불러 비를 내리게 한다고 믿어져 특히 물과 관계 깊지만, 동시에 몸을 구부려서 빠른 움직임을 보인다는 점에서 불과 동일시되어, 생명에너지의 원천으로 여겨졌다.[130] 또 탈피하여 젊게 변태한다는 점에서 불사성의 상징이기도 했다. 똬리를 틀거나 뱀의 몸통을 구부리는 나가의 표현은 마치 생명력의 발현을 나타내는 듯하다(도23). 특히 아마라바티의 부조에는 나가의 표현이 많고, 스투파 앞에서 뱀이 몸통을 구부리거나 복발을 휘감는 등의 표현이 자주 눈에 띄어 스투파와 나가의 특별한 관련성을 보여 준다(도23).[131] '알'로서의 복발을 뱀이 휘감으며 생명발현의 장이 되고 있는 것이다. '엘라파트라 용왕의 예불', '무챠린다 용왕의 호불'을 비롯하

도22. 비사부불(사라수)의 예배. 바르후트　　도23. 나가에게 수호받는 스투파. 아마라바
　　　기원전 100년경. 캘커타인도박물관.　　　　 티. 2세기. 마드라스박물관[Stern et Bénisti,
　　　　　　　　　　　　　　　　　　　　　　 pl. 68a]

여 나가가 불전도나 본생도 속에서 표현되는 예는 다수 있는데, 수호신으로
서 스투파의 난순 기둥에 고부조되는 용신상도 적지 않다.

　　코끼리의 표현도 많다. 코끼리는 일찍이 천상에서 구름을 벗고 있었
는데, 현재는 지상에 생식하며 옛 친구인 비구름을 끌어오는 힘을 갖고 있다
고 한다.[132] 아마도 코끼리의 큰 잿빛 몸통이 비구름을 연상시켰을 것이다.
'비슈반타라 본생'에도 보이는 바와 같이, 코끼리는 비를 내리게 하는 힘을
갖는다고 믿어져왔던 것이다. 바르후트와 산치 제2탑의 난순부조에는 코끼
리의 입에서 연화만초를 뿜어내거나 코끼리의 코에서 물과 연꽃을 내뿜는
표현이 보인다. 두 코끼리가 여신에게 관수하는 '가쟈 락슈미'의 도상에서도
물을 저장한 코끼리의 이미지가 두드러진다. 코끼리가 코로 연꽃을 들고 스
투파나 성수, 성단을 공양하는 모습도 있다. 또 코끼리는 강력하게 세계를
수호하고 지탱하는 이미지에서, 산치 제1탑의 탑문에서 보이는 것처럼 문의

도24. 연화만초와 우타라쿠루. 바르후트. 기원전 100년경. 캘커타인도박물관.

정부에 걸린 법륜을 떠받치거나 주두 위에 표현된 횡량을 지지하기도 한다. 횡량의 양 끝에는 사자와 함께 코끼리의 환조가 놓여, 외계로부터 스투파를 수호하는 역할을 하고 있다.

이 밖에도 몸의 양감표현에서 생명력이 넘치는 제부,* 움직임이 준민하여 감관感官을 상징하기도 하는 말, 위엄과 강함의 상징인 사자 등의 동물이 스투파의 장식에서 선호되고 있다. 공작이나 킨나라 등의 조류도 엿보인다.[133]

이상의 동물들은 스투파의 난순과 문 등에 '장식'으로서 표현되고 있는데, 불교설화 속에 편입되어 본생도나 불전도 안에 등장하는 새와 짐승은 셀수 없이 많다. 예를 들면 바르후트의 본생도에는 코끼리 · 말 · 제부 · 사슴 · 영양 · 원숭이 · 산양 · 자칼 · 고양이 · 개 · 토끼 · 거북이 · 개구리 · 닭 · 공작 · 거위 · 앵무 · 메추라기 · 딱따구리 · 킨나라 등 많은 짐승들이 각각의 개성을 갖고 인간들과 함께 등장하며, 석가 자신이 전생에서 코끼리 · 사슴 · 원숭이 등의 동물인 경우도 적지 않다. 불전도에서도 '탁태영몽'의 코끼리, '출가유성'의 말, '초설법'의 녹야원 사슴, '미후봉밀'의 원숭이 등 동물이 중요한 역할을 담당한다.

스투파 주위로 연꽃 · 연화만초 · 수목이 무성한 가운데, 동물들이 인간이나 신들과 대등하게 생명의 다양한 모습이 되어 가득 채우고 있다는 느낌

---

* 제부Zebu: 동남아의 혹이 있는 소.

을 준다.

(4) 신들

바르후트 난순의 우주나 산치 제1탑의 기둥 등에서 볼 수 있는 것처럼, 인간상으로 표현된 신들이 스투파를 수호한다. 이 신들은 남신과 여신이 있는데, 모두 베다의 신들이 아니라 비非아리아적인 토착적 민간신앙의 신들이다.[134] 바르후트의 우주에 고부조된 신들의 상은 각문에 이름이 기록되어 있기 때문에 귀중하다. 여기서는 우선 남신상을 보고자 한다. 이미 동물 항목에서 서술한 것처럼, 나가(용신)는 뱀으로서뿐만 아니라 인간상으로 머리에 용개를 쓴 모습으로 표현되는데, Cakravāka nāgarāja (Cakra-vāka nāgarāha)라는 명문을 동반한 수호신으로 표현된 용왕상이 있다(도25).[135] 합장하는 귀인의 모습으로 머리에 다섯 개의 용개를 지니고 대좌에는 암산과 샘의 표현 등이 있어, 용신이라는 신분을 말해주고 있다.

도25. 차크라바카 용왕상. 바르후트. 기원전 200년경. 캘커타인도박물관
[Coomaraswamy 2, fig. 17]

신들의 대부분은 약샤상으로, 명문을 통해 다양한 고유의 이름을 가진 약샤임을 알 수 있다.[136] 이들 약샤상의 각각의 성격에 대해서는 명확하지 않은 것이 많지만, 원래 약샤는 성수에 깃든 정령으로 살아있는 것의 생명을 관장하고 때로는 사멸시키는 두려운 힘을 지님과 동시에, 자보와 재산을 주고 병을 치료해 주는 은혜로운 신이기도 하다. 바르후트의 약샤상은 머리에 터번을 쓰고 귀걸이·목걸이·비천·완천 등으로 몸을 장식한 귀인의 모습이다. 그들 중 다수는 불교로 귀의한 듯 합장하

여 표현되었는데, 손에 연꽃을 들어 풍요신으로서의 신분을 보여주는 신도 있다(Ajakālakoyakho).

이들 약샤상은 모두 입상으로, 주목되는 것은 발밑 대좌의 표현이다. 즉 그들은 웅크린 난쟁이, 마카라, 코끼리, 암산, 수목과 코끼리, 난순 등 다양한 '탈 것vāhana' 위에 서 있다. 이들 '탈 것'은 단순한 좌坐가 아닌, 위에 태우고 있는 신을 지지하며 그 활동을 돕는 동시에, 신의 속성屬性적인 의미도 갖는다.[137] 약샤상은 수목·암산·마카라·코끼리·난쟁이 등과 관련되어, 자연이나 동물의 생명력을 표현함과 동시에 그 지배자임을 암시한다. 그리고 이들 약샤상 중에는 북문에 다문천에 상응하는 쿠베라 약샤(도26)가, 남문에 증장천인 빌다카 약샤가 포함되어 있다.[138] 쿠베라 약샤는 웅크린 난쟁이 위에, 빌다카 약샤는 암산 위에 서 있다. 현재 전하진 않지만 당초에는 사천왕 이외에 이천도 존재했음이 틀림없다. 이를 통해 사천왕이 약샤에 출자를 갖고 있음을 알 수 있다.

도26. 쿠베라 약샤(다문천)상. 바르후트 기원전 100년경. 캘커타인도박물관[Coomaraswamy 2, fig. 20]

산치 제1탑 서문의 입구기둥 안쪽에 각각 대응하는 형태로 표현된 수문신 8구의 약샤도 있기 때문에 사천왕이라고는 할 수 없지만, 그 계통에 속할 것이다.[139] 이들 약샤상(남문의 좌우 기둥, 서문의 좌측 기둥은 결손)은 역시 귀인의 모습으로 표현되어 있다. '탈 것'은 없으나, 등 뒤로 망고나무나 비그노니아나무의 수목을 표현하고, 종종 꽃이나 화만을 손에 들고 있다. 서문 우측 기둥의 약샤상은 손에 창을 들고 등 뒤의 망고나무에 큰 칼을 매달아 놓은 것이 이색적으로, 약샤의 장군인 세나파티를 표현한 것인지도 모른다.

약샤상은 이같은 수문신, 수호신으로서뿐만 아니라 다양한 모습으로 스

투파 주변에 표현된다.[140]
우선 약샤는 연꽃과 관련
성이 있다. 바르후트 난순
의 원형구획에 표현된 만
개한 연화문에는 그 중심
에 연의 정령으로 보이는
인물이 상반신을 드러낸
표현이 있다. 터번과 장신
구를 착용한 귀인(귀부인
의 모습을 한 여성상도 있다)
인데 손에 꽃을 드는 경우
가 많고, 등 뒤의 방사형 꽃

도27. 연꽃의 정령. 바르후트. 기원전 100년경. 캘커타
인도박물관.

쟁반이나 주위의 연꽃잎 표현이 광배와도 같은 인상을 주어, 마치 연의 정령
이 꽃에서 출현한 듯한 모습을 연출한다(도27).[141]

　　연의 정령으로서의 약샤상을 보다 명확하게 표현하는 것은, 입과 배꼽
에서 연화만초를 내는 모습이다. 바르후트의 난순 기둥이나 원형구획의 하
단에 허리를 땅에 대고 발을 구르는 모습의 약샤가 연화만초를 입에서 내뿜
거나 혹은 배꼽에서 자라게 하고 있다(도판6). 단지 양손에 연화만초의 밑부
분을 쥐고 있는 경우도 있지만, 모두 약샤가 식물적 생명의 근원임을 상징하
는 도상이다(컬러 도판1).[142] 이 같은 표현은 산치 제2탑의 난순기둥, 제1탑의
남문횡량 이외에 아마라바티의 난순 지붕돌에서도 적지 않게 확인된다.[143]
이들 약샤상의 얼굴은 이목구비가 큰 이국적인 모습이고, 머리는 나발형 곱
슬머리나 길게 풀어헤친 머리를 한 경우가 많으며, 몸은 배불뚝이를 한 유머
러스한 모습을 보이고 있어 자못 연의 정령으로서의 생명력을 고무시키는
듯하다.

　　다음으로 건물과 신들 등을 지지하고 있는 아틀라스형의 약샤상이 있
다.[144] 바르후트 난순 우주의 하단에는 양손을 벌리고 양발을 힘껏 내딛고 서

서, 위의 난순형을 지지하
는 포즈의 약샤상이 많이
보인다.[145] 그들의 등 뒤로
는 암산이 표현되고 곳곳
에는 수목도 보여, 약샤의
주거지임을 암시한다. 또
한 다른 한 우주에는 수레
를 짊어지고 배불뚝이를
한 약샤상도 있다(도28).[146]
산치 제1탑의 서문과 제3
탑의 문에는 횡량을 양손
으로 지지하는 형태로 주

도28. 수레를 짊어진 약샤. 바르후트. 기원전 200년경.
캘커타인도박물관.

두에 네 구씩의 이국적인 얼굴상·배불뚝이의 약샤상이 표현되어 있다.[147]
이들 약샤상은 머리가 큰 난쟁이형을 취하는 경우가 많다.

　　신들을 떠받치는 형식의 약샤상도 있다. 바르후트의 난순 기둥에 표현
된 쿠베라·약샤 및 약시에는 그 발밑에 약샤상이 표현되어 '탈 것'으로서 신
을 지지하고 있다.[148] 전자에서는 법륭사法隆寺 금당 사천왕의 사귀邪鬼와 같
이 엎드려서 위의 신을 양 어깨로 지지하며(도26), 후자에서는 타마무시노즈
시玉虫厨子*의 궁전 정면문에 그려진 천부상의 사귀처럼, 두 팔을 벌려서 각
각 신들의 발을 떠받치고 있다. 그들은 치켜올린 눈과 끝이 뾰족한 귀 등 사
귀의 성격을 띠고 있지만, 어디까지나 위로 신을 지지하고 있으므로 적대하
는 것은 아니다. 위쪽의 약샤나 약시에 대해 그 분신이라고도 할 수 있는 '퇴
락한' 약샤가 그 활동을 돕고 있다고 할 수 있을 것이다.

　　난쟁이 형상의 이국적인 모습이나 배불뚝이로 표현된 나쁜 장난을 좋

---

*　　타마무시노즈시玉虫厨子: 비단벌레의 날개를 박아 장식한 궁전형 감실을 말함.

아하는 '퇴락한' 약샤상은 특히 아마라바티의 부조에서 많이 표현된다. 간다
라에서 선호된 '꽃그물을 짊어진 풋토'의 모티브도 아마라바티에서는 '꽃그
물을 짊어진 난쟁이형 약샤'가 되어, 동작이 풍부하고 유머러스한 모습으로
표현된다.[149] 때로는 꽃그물을 뿜어내거나 잡아당기기도 한다. 난쟁이형 약
샤의 머리가 코끼리의 모습을 하고 있어서, 가네샤의 조형組型이 아마라바티
에서 엿보인다는 점도 흥미롭다.[150] 난쟁이형 약샤의 표현에는 마카라와의
관련성이 두드러지게 나타난다. 마카라의 입을 약샤가 손이나 발로 눌러 열
어서 마카라가 저장하고 있는 보물을 꺼내려 하거나, 토해내는 만초와 꽃그
물을 잡아당기거나, 혹은 약샤가 마카라의 등을 타고 노니는 모티브는 보드
가야, 마투라, 아마라바티 등의 부조에서 보인다.[151]

　　난쟁이형 약샤는 하반신이 마카라의 꼬리로 표현되기도 하며, 트리튼
처럼 두 발이 뱀 혹은 물고기 꼬리인 표현도 있다.[152] 아마라바티에서 난쟁이
형 약샤는 종종 독립된 가나(소인)가 되어, 북을 치고 소라고둥을 불며 손발
을 들어 춤추거나, 혹은 공양물 그릇을 받들고 합장하며 부조의 빈 공간에 배
치된다(도29).[153]

도29. 춤추는 가나. 아마라바티. 3세기 초. 대영박물관[Barrett, pl. 23]

난쟁이형 약샤는 불전도 속에서도 나타난다. 아마라바티에서는 보살이 도솔천에서 하생하는 '백상강하白象降下'의 장면에서 흰코끼리의 수레를 난쟁이형 약샤들이 들고 있으며, '출가유성'의 장면에서도 보살을 태운 애마인 칸타카를 약샤들이 짊어지고 있다.[154] 또한 산치 제1탑 북문 제2횡량을 시작으로 아마라바티에 다수 보이는 '항마성도도'의 마귀들 표현에는 간다라 도상에서 볼 수 없는 난쟁이형 약샤가 빈번히 출현한다. 머리가 크고 배불뚝이에 짧은 다리의 난쟁이형 약샤는 마귀들로서 석가를 위협하는 모습이긴 하나, 그 모습은 익살스럽고 움직임이 풍부하여 생명력을 고무시키는 듯한 표현이다. 거기서는 석가를 멸해야 할 마귀들이 현세적인 생명력 그 자체임을 암시하고 있다.[155]

(5) 여신과 미투나

초기 스투파의 장식에 있어 여신이 점하는 위치는 매우 크다. 가장 많은 것은 락슈미(길상천)의 상으로, 만병에서 자라난 연화대좌 위에 앉거나 혹은 서서 두 마리의 코끼리에게 관수를 받는 '가쟈 락슈미'의 도상은 초기불교미술에 널리 펴져 있다. 연꽃이 나타내는 '풍요와 길상과 미'의 관념과 깊이 관련된 락슈미는 인도의 비너스로, 손으로 유방을 들고 있는 포즈나 풍만한 유방과 허리의 표현 등 매력적인 여신의 모습을 취하며 스투파 주위에 다수 표현되었다(도판7a·b).[156]

바르후트 난순 우주의 명문을 동반한 여신상에는 약샤의 여성형인 약시(약시니) 혹은 데바타가 여러 가지 고유한 이름으로 표현되어 있고,[157] 무명의 여신상도 적지 않다. 그녀들은 모두 귀걸이·목걸이·비천·완천·족환 등으로 호화롭게 몸을 장식한 귀부인의 모습인데, 남신과 마찬가지로 지물이나 좌에 특징이 있다. 지물로는 꽃봉오리, 화만, 꽃가지 등을 들고, 마카라·코끼리·말·난쟁이형 약샤·난순 등의 좌 위에 서 있다. 연화좌 위에 서서 겨드랑이에는 궁형 하프를 끼운 사라스바티sarasvatī(변재천)로 보이는 여신상도 있다.[158]

여신상 중에서 특징적인 것은 나무 밑에 서서 오른손을 들어 가지를 쥐고 왼손과 왼발을 나무 기둥에 휘감은, 이른바 샤라반지카śālabhañjikā의 포즈를 취한 상이다. 샤라반지카는 사라수의 가지를 손으로 꺾고 그 꽃을 따서 그것을 처녀들이 서로 던지고 노는 데에 유래하는데, 아마도 원래는 곡물의 열매나 자식을 바라는 풍요다산을 기원하는 민간신앙적인 의례와 관계될 것이다. 미술 모티브로서 나무에 몸을 기댄 포즈의 샤라반지카의 형식이 한층 선호되었다(도30).**159** 바르후트의 난순기둥 조각에는 사라수로 단정할 수는 없으나, 나무밑의 수좌獸座 위에 서서 나무에 손발을 감아 몸을 굴곡시킨 여신상의 포즈가 리드미컬하게 표현되어 있다. 생명의 나무와 생명을 낳는 여신을 결합시킨 오래된 종교성을 가진 수하여신상으로, '수하미인'의 원형이라

도30. 샤라반지카(약시상). 바르후트. 기원전 100년경. 캘커타인도박물관.

할 수 있다. 이 샤라반지카의 표현형식은 마야부인이 오른손으로 사라수의 가지를 잡았을 때 부인의 오른쪽 겨드랑이에서 탄생했다고 하는 석가 탄생의 표현형식에도 모델이 되어주고 있다.

수하여신의 표현은 스투파의 난순기둥뿐 아니라 탑문의 횡량부에서도 보여 흥미로운 표현형식을 만들고 있다. 산치 제1탑의 북문에 그 전형적인 예가 있어, 당초의 양상을 알 수 있다. 즉 세 개의 횡량 사이 공간을 이용하여 횡량 양 끝에 있는 각각의 수목을 지주 삼아, 그 나무 밑에 서서 다리로 나무줄기의 아래쪽을 감고 손에는 가지를 든 여신상이 표현되어 있다. 또한 특징적인 것으로 최하단의 횡량 끝과 기둥을 연결하는 까치발 부분에 표현된 수하여신상이 있다. 후자의 예로서 동문에 현존하는 망고나무 아래의 여신상은 특히 뛰어난데, 삼각형 공간을 탁월하게 이용하여 한 손은 나무기둥을

감싸고 다른 한 손은 가지를 잡아 풍부한 신체를 대담하게 굴곡시킨 모습은 풍요와 관능을 바탕으로 하는 고대 인도의 성숙한 여신상의 한 정점에 위치한다.[160] 마투라의 칸카리티라와 손크에서 출토한, 문의 횡량 끝을 지지하는 완목에 고부조된 수하여신상 역시 완목의 커브와 손발을 굴곡시킨 여신상의 리듬이 조화롭고 아름답다.[161] 이처럼 스투파의 주변을 둘러싸는 수하여신상은 신체의 풍부함과 손발·몸을 굴곡시킨 표현에 특징이 있다.

여신상과 함께 미투나상의 표현도 눈에 띈다.[162] 바르후트, 보드가야, 산치 등에는 단지 남녀가 서로 바싹 붙어 있거나, 남자가 여자의 어깨나 허리에 손을 감고 있는 미투나가 많은데, 보드가야의 부조에서는 남자가 여자의 옷을 벗기려 하는 광경도 있다(도31). 또한 나가르주나콘다에는 다양한 포즈를 취하고 노니며, 특히 여성이 대담하게 신체를 과시하는 매혹적인 미투나상이 다수 존재한다(도32).[163]

도31. 미투나상. 보드가야. 기원전 1세기.

도32. 미투나상. 나가르주나콘다. 3세기 후반. 나가르주나콘다박물관[Rao, pl. 34]

언뜻 보면 불교의 스투파 장식과는 어울리지 않는 이들 여신상이나 미투나상은 아마 오랜 지모신 신앙의 그림자를 계승하고 있는 것일 것이다. 옛 인더스문명의 유품인 지모신 신앙이 보여, 베다시대에는 표면으로 나오지는 않으나 불교가 흥기하는 시대에 이르러 여신신앙은 다시 대두하고 있다.[164] 고온다습한 농경국가인 인도에서는 대지와 수목이 갖는 생명력이 여신과 호응하여, 여신이 '멸망시키고' '소생시키는' 생명력을 갖고 있다고 믿어졌는데, 그 때문에 악함·병·죽음·불행을 막고, 선함·건강·삶·행운을 가져다주며 촉진시켜 준다고 여겨졌던 것이다. 스투파 주위에 여신이나 미투나의 상을 표현함으로 인해, 삿된 기운을 막고 길상의 증진을 서원한다고 하는 고전적인 신앙이 이 같은 표현의 저류에 있음이 틀림없다.

이 같은 고전적인 신앙은 문화적 세련을 거치며 낙원·천국에 있어서의 천녀나 미투나의 이미지를 낳게 된다. 산치 제1탑의 남문서주에는 '여의의 덩굴'의 물결 모양 공간에, 미투나들이 덩굴의 마디마디에서 나오는 장신구와 의복에 둘러싸여 새들과 함께 노닐며 즐기고 있는 그림이 있어, 우타라쿠루의 낙원을 표현한 것이라고 해석되고 있다.[165] 우타라쿠루에는 많은 성수가 있어, 그곳에는 사람들이 원하는 모든 과실이 열리고, (불사의 영약인) 감로와도 같은 젖이 나오며, 많은 의복과 장식품을 만들어 낸다. 또한 그곳에는 여러 명의 미투나가 태어나며 여성들은 천녀와 같다. 그들은 그 감로와도 같은 젖을 마시고 서로 사랑하는데, 그 모습은 차크라바카(부부애가 강한 것으로 알려져 있는 새)와 같다. 산치의 부조도상은 분명 『마하바라타』(6. 8. 2-12)에서 이같이 묘사하고 있는 우타라쿠루의 낙원을 방불케 한다.[166]

산치에는 북문의 동주와 서문의 북주에도 연못과 나무, 암산·폭포 등이 있는 동산에서 여러 쌍의 커플이 즐겁게 마주 이야기하고 몸을 기대거나, 혹은 남자가 무릎 위에서 여자를 끌어안는 그림이 있다(도33).[167] 도리천상의 인드라(제석천)의 낙원을 표현한 것 같다. 경전에 의하면 도리천에는 선견대성善見大城을 중심으로 하여, 그 사방으로 네 개의 원림(중차원衆車園·추악원麤惡園·잡림원雜林園·환희원歡喜園)이 있다고 한다.[168] 예를 들면 환희원에는 천수

天水로 가득 찬 연못이 있고, 각종 보화寶花와 보배나무寶樹가 나열하며, 보전寶殿에는 여러 남녀의 천들이 살고 있는 모습이 기록되어 있다. 제천들이 그 원에 들어가면 크게 환희하게 되고, 모두 서로 희락하게 되어 희락원이라 한다고 적혀 있어, 연못이나 수목이 있는 자연 풍경에서 미투나가 즐겁게 노니는 그림을 상기시킨다.

도33. 인드라의 낙원. 산치 제1탑 서문. 1세기 초.

이 같은 천상적 낙원에서의 미투나와 여신상은 한편으로 산스크리트 서정시의 묘사와도 상통하여, 세속적 양상이 짙게 반영된 미술표현을 낳게 된다.[169] 인도에서는 달마(법), 아르타(실리)와 함께, 카마(성애)가 인생의 3대 목표 중 하나로 여겨지는 것과 연관되어, 극히 현세적인 성애의 구가와 남녀의 정감 추구가 문학과 미술의 중요한 테마가 되었다. 특히 쿠샨조의 마투라와 이크슈바크조朝의 나가르주나콘다에 있어서 여신상이나 미투나상의 '세속적인' 양상이 현저하게 엿보인다.

마투라의 난순기둥의 여신상을 보면, 아슈바고샤와 카리다사의 시문이나 『카마수트라』에서 묘사하는 여자들의 유희하는 모습을 떠오르게 한다. 왼다리로 아쇼카나무의 기둥을 차는 처녀, 공놀이를 하는 소녀, 새와 노니는 부인, 애타게 그리워하는 처녀, 술잔을 든 여자, 춤추는 여자, 화장을 고치는 부인, 봉사하는 여인, 목욕하는 여인 등 고대 인도 여신의 잔상을 남기

면서도 산스크리트 문자에서 보이는
당시 인도 귀족의 처녀와 귀부인, 혹은
유녀들의 모습을 묘사하고 있다.[170]

특히 마투라의 부티슈와르 출토
의 난순기둥에 고부조된 풍만하고 매
혹적인 여성들은, 남성이 애무하여 뺨
에 난 손톱자국을 거울로 보거나(도34)
남자를 그리워하며 화장에 열중하고,
또는 기둥 위의 발코니에서 남녀가 노
니는 장면을 표현하고 있어, 『카마수
트라』에 묘사된 가니카(유녀)나 나가
라카(시민, 멋진 남성)의 모습을 떠올리
게 한다.[171] 또 나가르주나콘다의 부조
에는 술잔을 주고받으며 점차 욕정이
고조되는 남녀(도32), 다정하게 나눈 이

도34. 거울을 보는 여성상. 부티슈와르.
2세기. 마투라박물관.

야기를 흉내 내는 앵무를 손으로 막으며 부끄러워하는 여성과 그를 지켜보
는 남자, 목걸이를 벗고 긴 머리를 묶어 남성을 도발하는 여자 등 다양한 미
투나의 포즈가 표현되어 산스크리트 연애시의 묘사와 호응한다.[172] 이렇게
스투파의 주위는 세속적인 양상이 두드러지는 미투나와 여성상으로 둘러
싸여 있는 것이다.

이상으로 스투파의 '장식'이 물-식물-신들-여신과 미투나라는 대상을
통해, 생명의 발생과 전개의 과정과, 그것이 번성하고 번영하여 풍요의 낙원
을 이루는 과정을 어떻게 표현하는가를 모티브·도상·표현형식상에서 읽
어내고자 하였다. 이 같은 '장식'의 양상은 스투파 자체의 상징성과 깊은 관
련성을 갖고 있다. 끝으로 '죽음'의 상징과 '삶'의 상징이 교차하는 스투파의
불교적 의미에 대해 고찰해 보고자 한다.

7. 스투파 = 열반의 양의성

앞 절에서 스투파의 '장식'에는 매혹적인 여신과 미투나의 상이 선호되었고 또한 세속적인 모습까지 표현되었음을 관찰했다. 스투파가 낙원적인 이미지를 갖는다고 한다면, 그 장식이 에로스적인 양상을 보인다 하더라고 크게 이상하지는 않다. 그러나 두말할 것도 없이 불교는 욕망, 번뇌를 초월한 경지에서 열반을 이룬다. 이제까지 스투파에 에로틱한 조각이 표현되었던 것에 대해 미심쩍어하는 시선이 있었던 것도 당연한 일이다. 스투파에 교태로운 여신이나 미투나가 표현되는 것의 '불교적인' 의미는 어떻게 생각할 수 있을 것인가.

우리는 우선 인도의 불교설화나 미술이 얼마나 성애의 테마와 깊이 관계되어 왔었는가를 상기할 필요가 있다. 예를 들면 파리 『자타카』의 내용을 검토한 스기모토 타쿠슈 교수는 '아름다운 여성을 보고는 그 여성에게 연정이 일어나 출가 생활에 염증이 생겨 의욕을 잃은 비구'의 이야기가 31개, '출가 이전 아내의 유혹으로 인해 번뇌하는 비구'의 이야기가 16개나 됨을 지적하고, "자타카는 여성의 유혹을 주요한 테마의 하나로 삼고 있다고 할 수 있을 정도이다"라고 기술하고 있다.[173] 미술 테마로서도 바르후트에는 50점 가까이의 본생도가 있는데, 거기서는 석가 전생의 보살의 위업을 찬양하는 이야기는 적고, 동물이 등장하는 우화적, 교훈적인 이야기가 많으며, 연애 · 성애를 테마로 한 이야기도 적지 않다.[174] 예를 들면 여성의 순결을 쉽게 믿기 어려움을 깨우치는 '바라문주락본생婆羅門奏樂本生',[175] 유혹에 지지 않은 정숙하고 현명한 아내의 행실을 찬탄한 '야바마쟈카본생'[176] 등에서 볼 수 있는 것처럼 분명 교훈적인 색채를 지니고 있음이 엿보인다. 여성의 유혹을 테마로 한 『자타카』 자체는 붓다가 옛 현자(보살)들도 부녀자의 유혹에 의해 정력을 잃고 파멸에 빠진 적이 있음을 성에 관해 번뇌하는 비구들에게 고백하며, 과거세의 이야기를 설하는 형식으로 되어 있다.[177]

그러나 성애를 테마로 하는 설화가 반드시 교훈적인 것은 아닐뿐더러 오히려 에로틱한 면을 강조하는 경우까지 드물지 않다. 예를 들면 선인의 정액이 섞인 소변을 핥아먹고 임신한 암사슴에게서 태어난 일각선인의 출생담이나, 그 선인이 여자를 모른 채 성장했다가 여색에 빠져 신통력을 잃게 되는 이야기를 표현한 '일각선인본생도'의 부조는 바르후트, 산치, 마투라 등에서 볼 수 있는데 교훈적인 내용과는 거리가 멀다.[178] 이 설화는 『마하바라타』, 『라마야나』에서도 볼 수 있기 때문에 불교가 그것을 차용했다고 할 수 있는데,[179] 불교미술이 즐겨 이 테마를 채택한 이유는 어디에 있을까. 또 석가에 의해 무리하게 출가한 난다가 아름다운 아내에 대한 그리움을 쉽게 끊어내지 못하는 것을 보고, 석가는 한 가지 계책을 고안하여 난다를 천상에 데리고 가서 원숭이와 천녀를 보여주고 자신의 아내와 견주어보게 한다는 '난다의 출가' 설화도도 아마라바티나 나가르주나콘다에 표현되어 있어,[180] 이 설화 또한 교훈적이라고 하기보다는 오히려 불교가 얼마나 깊이 성애와 관련되어 있는가를 역으로 암시하고 있다.

스투파 주위로 이 같은 연애·성애를 테마로 하는 설화도를 즐겨 채택하고, 여신이나 미투나의 에로틱한 조각상을 활발히 표현한 것의 심층적인 의미를 생각하기 위해서는 스투파의 상징성으로 되돌아갈 필요가 있다. 스투파가 붓다의 사리를 모시는 '묘'에서 출발하여 성수 차이티야와 혼효하고, 기둥·우주축이라는 하늘과 땅을 연결하는 축으로서의 관념을 포함하면서 자궁·알·항아리라고 하는 구형의 우주생성 이미지와 동화하는 것을 고찰했다. 또한 천궁과 도성의 낙원을 포섭하며 생명발생의 장으로서의 낙원적인 양상을 취하는 것도 이미 확인해 왔다. 스투파에는 우주의 생성, 생명의 발생과 풍요의 이미지가 깊게 스며들어 번지고 있는 것이다.

스투파의 난순이나 문에 표현된 '장식'도 물·식물·동물·신들·여신과 미투나인 것처럼, 생명이 발아·전개하고 번식하여 풍요의 세계가 현출하는 양상을 원리적으로 표현한 것이었다. 여신이나 미투나, 또 성애와 관련된 설화도 이 같은 '생명발생'의 장으로서의 스투파의 상징성과 밀접하게 관계되어 있다. 에로틱한 이미지가 실은 생명의 발생을 촉진하고 고무시키는 표현인 것이다. 석가의 '죽음'의 상징이라고도 할 수 있는 스투파가 이처럼 '생'이 발현하는 장으로 여겨진 것은 불교 자체의 사상성과 무관하지는 않을 것이며, 오히려 깊은 연관성이 추측되는 것이다.

　우리는 여기에서 불교 사고방식의 근간 혹은 출발점이 생존의 기저에 있는 성애에 뿌리내린 욕망을 직시하고 그것을 얼마나 초월하는가에 있다는 것을 상기할 필요가 있다. 십이연기十二緣起 가운데 '갈애연기渴愛緣起'라고 불리는 '애愛'에서 '노사老死'까지의 5지五支는 갈애가 생존의 근저에 있고, 그것이 윤회세계를 발생시키고 있음을 보여주고 있다.[181] 즉, 성적 욕망인 갈애('愛', taṇhā)에 의해, 집착('取', jarāmaraṇa)이 있고, 집착에 의해 생존('有', bhava)이 있으며, 생존에 의해 출생('生', jāti)이 있고, 출생에 의해 늙고 죽음('老死', jarāmaraṇa)이 있어, 그 때문에 괴롭기만 한 윤회가 발생함을 관찰하고 있다. 이른바 성적 욕망이 생을 지지하고 있어, 그것이 한없는 윤회의 생존을 존속시키고 있다고 할 수 있다. 성적 욕망~생~윤회라고 하는 순환에 대한 직관적인 관찰이 불교 사고방식의 근저를 관통하고 있는 것이다.

　이 같은 불교의 관점은 실은 인도의 오랜 전통에 뿌리하고 있다. 예를 들어 『리그 베다』(10, 129)의 우주개벽의 노래는 그 내용이 논리정연하지는 않지만, 골자는 대략 다음과 같이 해석할 수 있다. 즉, "태초에 있어 일체는 어둠으로 뒤덮여, 빛이 없는 물이었다. 거기에서 열력熱力, tapas에 의해 유일물 tad ekam이 생겨나, 그것만이 바람 없이 호흡하고 있었다. 이 유일물에 욕망 kāma(성적 욕망)이 나타났고, 그것은 사고력manas, 意의 첫 번째 종자였다".[182] 이리하여 현상계가 생겨나는 양상이 『리그 베다』의 우주개벽의 노래에 기술되어 있다. 태초의 원수에서 열력에 의해 '유일물'이라고 불리는 최초의 생명체가 발생하고, 그것이 성적 욕망을 일으킨 것에서 생존이 발생한다고 하는 이 생각은 불교의 '갈애연기'에 의한 윤회관과 상통하고 있다.

　불교는 무한정한 생존인 윤회를 벗어나는 것, 즉 열반을 목표로 삼았는데 열반과 윤회는 표리를 이루고 있다. 열반은 윤회가 있기 때문에 성립한다는, 환언하면 윤회는 열반의 근거가 되고 있다고도 할 수 있다. 윤회는 개개의 생존에서 본다면 끊을 수 없는 생사의 반복이지만, 개개의 생존을 초월한 시점에서 본다면 생사를 관장하는 생명의 원동력에 대한 신앙으로 볼 수 있다. 그것은 성수의 생명력에 대한 신앙과도 닮아있다. 실제로 생사를 반복하는 윤회는, 성수가 죽음과 재생을 반복하는 영원의 생명력을 갖는 것에 비견될 것이다. 이같이 본다면 석가의 '죽음'의 상징이라고도 할 수 있는 스투파가 윤회의 근원인 '생'이 발현하는 장으로 여겨지는 것은, 불교의 열반-윤회에 대한 사고방식과 깊이 관련되어 있음을 이해할 수 있을 것이다.

이러한 스투파의 모습은 그 형태와 함께 힌두교의 링가에 비교할 수 있다.[183] 원통형의 동부에 반구형 복발을 올려놓은 스투파의 형태는 링가와 유사할 뿐 아니라, 스투파가 '생'이 발현하는 장으로 여겨진다고 한다면, 곧 '생'의 상징인 링가와 흥미로운 유사점을 보이게 된다. 게다가 스투파가 불교도의 예배의 중심적 위치를 점하는 것과 마찬가지로, 링가는 힌두교도의 중심적인 숭배대상이다. 서인도 샤이라루와디의 석굴처럼 원래 스투파가 모셔지고 있었으나 후에 힌두교도가 그것을 링가로 개조한 예도 보고되고 있어,[184] 스투파와 링가의 병렬적인 관계가 엿보인다.

그러나 링가는 '생'의 힘 그 자체를 상징하는 것에 반해, 스투파는 최종적으로는 '죽음'의 상징에 귀착한다. 타치가와 무사시立川武藏 교수는 양자의 상위를 다음과 같이 적확하게 지적하고 있다. "차이티야(스투파)와 링가, 이 양자만큼 불교와 힌두이즘의 대립을 단적으로 말해주는 한 쌍의 심벌은 없을 것이다. 한쪽은 생명 활동의 적정寂靜, 즉 열반, 죽음을 나타내고, 한쪽은 만물이 작용하는 근원적 에너지, 활동, 생을 나타낸다. 이 차이는 실로 불교와 힌두이즘이 결국에는 무엇을 궁극적인 것으로 생각하는지를 여실히 반영하고 있다고 생각한다."[185]

불교는 생의 근저에 있는 욕망, 번뇌를 직시하면서, 그것을 초월하고 멸함으로 인해 궁극의 경지, 열반의 세계에 도달하고자 하였다. 석가는 욕망의 기체基體인 육체가 소멸하였을 때, 즉 '죽음'에 이르렀을 때에 완전한 소멸, 열반을 달성한 것이다. 그 때문에 석가의 '죽음'은 불교의 이상인 열반을 의

미하고, 석가의 '묘'인 스투파는 석가가 추구한 열반의 상징이 되었다. 게다가 열반은 석가의 개인적 해탈의 완성일 뿐 아니라 불교의 보편적인 이상의 실현을 의미했기 때문에, 스투파는 단순한 석가의 묘가 아닌, 불교의 이상으로서의 열반을 상징한 것이다. 이는 스투파의 조형상에서도 분명하게 엿볼 수 있다.

우리는 스투파가 석가의 사리를 모신 '묘'에서 출발함과 동시에, 그것이 '생'이 발현하는 장으로서의 상징성을 지니며, 스투파 주위의 장식에는 생명의 풍요에 관련된 모티브와 표현이 가득 채워져 낙원적인 모습을 보이고 있음을 고찰했다. 그러나 스투파 자체의 조형은 이 같은 '생'의 전개를 사멸시키는 방향으로 회귀한다. 즉, 스투파의 본체라고도 할 수 있는 복발은 커다란 구형을 띠고 있어 어디서 보아도 둥그런 단순명쾌한 형태로, 불교의 이상인 열반적정의 조형으로서 매우 잘 어울린다. 원이나 구의 형태는 완전함과 영원함의 상징성을 갖고 있어,[186] 스투파가 '죽음'을 표현하는 무덤인 동시에 생사의 윤회세계를 초월하고 소멸시킨 '위대한 죽음'의 상징으로서 다시 그 모습을 드러낸다(도35).

스투파를 성역으로서 구획하고 있는 난순과 문의 부조조각에는, 근원을 상징하는 자궁과 알에서 식물과 동물이 발생하고 번식하는 풍요다산의 양상을 보이며 다채로운 '장식'이 표현되어 있었는데, 이들 '장식'미술과 아울러 석가의 본생도와 불전도도 다수 표현되어 있다. 이러한 초기 인도의 본생도와 불전도는 난순과 문의 이곳저곳에 잡다하게 배치되어 있어, 간다라의 불전도에서 자주 보이는 시간축을 기준으로 정연히 전개되는 통시적 전기 표현과는 큰 차이를 보이고 있다. 초기 인도의 스투파에 표현된 본생도·불전도는 석가가 얼마나 다종다양한 윤회를 순회했는지 그 생존의 다양함 자체에 큰 주안점을 두었기 때문에, 통시적인 시간축에 대한 관심은 희박해져 본생도·불전도는 여기저기 뿔뿔이 배치되게 되었을 것이다.[187] 그러한 양상은 스투파의 '장식'미술이 '생'의 다양한 전개를 표현하는 것과 알맞게 호응하고 있어, 석가의 본생도·불전도는 식물적 생명력의 표현들 틈에 끼

도35. 스투파. 바자르의 차이티야굴. 기원전 2～기원전 1세기.

어 윤회 세계를 벗어나는 모습을 표현하고 있다.

　불교도들은 스투파 주위를 우요하면서 난순과 문에 표현된 석가에 관한 많은 설화도를 보며, 석가가 전생에 얼마나 다양한 공덕을 쌓았고 또 이 세계에서 기적적인 행위를 이룩하였는지를 상기한 다음 최종적으로 윤회를 벗어난 궁극의 모습으로서 우요의 중심에 위치하는 간명한 스투파의 형태에 마음을 모으게 되는 것이다. 동물이나 인간으로 태어나는 끝없는 석가의 생존과 경험에 관한 이야기를 통해 열반으로의 회로가 밝혀진다. 어디서 보아도 같은 모습으로 구축물로서 이 이상 단순할 수 없으리라 생각되는 구형의 스투파는, 윤회를 벗어난 석가의 열반, 나아가서는 불교의 이상으로서의 열반을 조형으로써 명확하게 보여주고 있다고 할 수 있을 것이다.

이상으로 석가의 '죽음'에서 출발하여 '생'의 전개 양상이 나타나고, 다시 열반의 '죽음'으로 회귀하는 스투파의 상징성을 고찰했는데, 실제로 스투파에는 '생'과 '사'의 상징이 양의적이며 또한 중층적인 의미를 갖고 있다고 보아야 할 것이다. 스투파의 둥근 형태는 우주의 시작인 자궁, 알의 상징임과 동시에 사멸이며, 그 종국인 열반을 함께 상징하기 때문이다. 또한 보통 스투파의 복발에 매장되는 사리는 뼈로서 '죽음'의 상징인 동시에, '종자bīja'라고도 불려 '생'의 상징이기도 하다. 시대가 내려오면서 스투파에 사리뿐 아니라 연기법송이나 경전, 혹은 불상까지도 납입하게 되는 것은[188] 스투파가 법(달마)의 상징으로서, 이른바 불교적 의미가 부여된 '생'의 상징이 됨을 말해주고 있다(도36).

도36. 스투파 내부에 매납되었던 불상. 사르나트의 봉헌탑.
5～6세기[Ghosh ed., pl. 56]

이리하여 스투파는 '생'과 '사'의 양의적 상징으로 인도에서 불교미술의 핵심적 존재로서 존속하며, 한편에서 열반경에 기록된 석가의 열반과 사리에 관한 설화표현에 대한 관심이 고양될 때에도, 이 스투파의 상징성이 인도 열반미술의 기저를 형성하게 된다. 게다가 스투파가 상징하는 열반세계는 차안세계와 표리를 이룬 피안세계이기 때문에, 인도에서는 사후에 재생하기를 바라는 정토세계를 이 세상과 분리시켜 별개로 구축하고 조형하고 자 하는 예술의지는 끝까지 전개를 보이지 않았다. 그것은 간다라에서 싹을 틔워, 중앙아시아에서 그 윤곽을 나타내게 된다.

[미주]

1   P. Mus, "Barabuḍur. Les origines du stūpa et la transmigration", *Bulletin de l'École Française de l'Extrême-Orient* (이하 BEFEO로 줄임), 32 (1921, 1), pp. 269-439; 33 (1932, 2), pp. 577-982, do., Barabuḍur, 2vols (Hanoi-Paris, 1935).

2   G. Combaz, "L'évolution du stūpa en Asie, I. Étude d'architecture bouddhique", *Mélanges Chinois et Bouddhiques* (이하 MCB로 줄임) (1933), pp. 163-305; "II. Contributions nouvelles, vue d'ensemble", *MCB* (1937), pp. 1-125.

3   J. Przyluski, "The Harmikā and the Oringin of the Buddhist Stūpa", *Indian Historical Quartery,* 11, 2, pp. 190-210.

4   F. D. K. Bosch, *The Golden Germ : An Introduction to Indian Symbolism,* (S-Gravenhage, 1960).

5   M. Bénisti, "Étude sur le stūpa dans l'Inde ancienne", *BEFEO*, Tome 50. Fasc. 1, (1960), pp. 37-116.

6   L. A. Govinda, *Psycho-cosmic Symbolism of the Buddhist Stupa* (California, 1976).

7   G. Tucci, *Stupa : Art, Architectonics and Symbolism*, Indo-Tibetica 1 (New Delhi, 1988) (First published in Italian, 1932).

8   P. Harvey, "The Symbolism of the Early Stūpa", *Journal of International Association of Buddhist Studies*, vol. 7, No. 2 (1984), pp. 67-93; do., "Venerated Objects and Symbols of Early Buddhism", *Symbols in Art and Religion* (University of Durham, ed., by K. Werner, 1990), pp. 68-102.

9   J. Irwin, "The Stūpa and the Cosmic Axis: The Archaeological Evidence", *South Asian Archaeology* (1977), ed. by M. Taddei (Naples, 1979), pp. 799-845.

10 G. Fussman, "Symbolism of the Buddhist Stūpa", *Journal of the International Association of Buddhist Studies*, vol. 9, No. 2 (1986), pp. 37-53.

11 A. L. Dallapiccola ed., *The Stūpa. its Religious, Historical and Architectural Significance* (Wiesbaden, 1980).

12 三本卓洲,『インド仏塔の研究ー仏塔崇拝の生成と基盤ー』(平樂寺書店, 1984).

13 A. Snodgrass, *The Symbolism of the Stupa*, Cornell University (New York, 1985), (2nd printing 1988).

14 三本卓洲, 앞 책, pp. 141-175.

15 D. D. Kosambi, *Myth and Reality* (Bombay, 1962), pp. 82-109.

16 Mahāparinibbāna-suttanta, 6. 23. 中村元 역,『ブッダ最後の旅』(岩波文庫), p. 172. 또한 우ㆍ좌와 정ㆍ부정관에 관련하여, 다음의 논고가 흥미롭다. 重松伸

司,「南インドの右手・左手集団と祭礼騒擾」,『國立民俗學博物館研究報告』7-2 (1982).

17 J. Burgess, *The Buddhist Stupas of Amaravati and Jaggayyapeta* (1887), pp. 100-106.

18 Mahāparinibbāna-suttanta, 6. 15-16. Mahāparinirvāṇa-sūtra, 47. 12-23. 마크다반다나 차이티야를『장아함』「유행경」은 '天冠寺'라고 하는데, 이는 차이티야의 나중의 해석이다. 법현 역,『대반열반경』은 '寶冠支提', 의정 역『근본설일체유부비나야잡사』에서는 '繁冠制底'라고 번역하고 있다. 화장장에 절이나 사당이 있었다고는 생각하기 어렵다.

19 杉本卓洲, 앞 책, pp. 47-48.

20 杉本卓洲, 앞 책, pp. 84-108.

21 H. Lüders ed., *Bharhut Inscriptions, Corpus Inscriptionum Indicarum,* vol. 2, pt. 2, (Ootacamund, 1963), pp. 164-66, pls. 42. 69, 47. 68; A. K. Coomaraswamy, *La Sculpture de Bharhut* (1956), Paris, Figs. 153, 174; 杉本卓洲, 앞 책, pp. 91-92.

22 G. Combaz, 앞 책, *MCB* (1933), pp. 194-202.

23 A. Breau, *"Le Prinivāṇa du Buddha et la Naissance de la Religion Bouddhique"*, *BEFEO*, 61 (1974), pp. 293-95.

24 杉本卓洲, 앞 책, pp. 118-140.

25 杉本卓洲, 앞 책, p. 133. 中村元 감수,『ジャータカ全集4』, 春秋社, pp. 14-26 참조.

26 杉本卓洲, 앞 책, p. 119.

27 宮治昭,「ストゥーパの意味と涅槃の図像ー仏教美術の起原に関連してー」,『仏教芸術』122 (1979), 참조.

28 A. K. Coomaraswamy, 앞 책, p. 68, fig. 65; A. Lippe, *The Freer Indian Sculpture* (Washington, 1970), pp. 9-11, fig. 7.

29 J. Auboyer, *Introduction à l'étude de l'art de l'Inde* (Rome, 1965), p. 5; 高原信一,「ヴァスツにみられえる塔崇拝」,『宗教研究』188, pp. 9-10; 三本卓洲, 앞 책, pp. 119-120, 참조.

30 J. Marshall and A. Foucher, *The Monuments of Sāñchī, 3* (1940), pp. 212-3, 참조.

31 M. Eliade, *Patterns in Comparative Religion* (London-New York, 1958), pp. 265-74. 久米博 역,『豊饒と再生』エリアーデ著作集2, (せりか書房, 1974), pp. 175-189.

32 杉本卓洲, 앞 책, pp. 87-90.

33 辻直四郎,『ヴェーダとウパニシャッド』(創元社, 1953), pp. 82-87; 같은 책 역,『リグ・ヴェーダ讚歌』(岩波文庫, 1970), pp. 270-272; V. S. Agrawala, *Indian Art* (Varanasi, 1965), p. 52, pp. 121-2; 杉本卓洲, 앞 책, pp. 87-90.

34 小杉一雄,「仏塔の研究」,『中国仏教美術史の研究』(新樹社, 1980).

35 　日本古典文學大系本 (岩波文庫, 1959), p. 172.

36 　A. K. Coomaraswamy, 앞 책, fig. 24.

37 　V. Dehejia, *Early Buddhist Rock Temples* (London, 1972), pl. 67; M. Taddei, *India (Archaeologia Mvndi)* (Geneva, 1970), pl. 117.

38 　D. Barrett, *Sculptures from Amaravati in the British Museum* (London, 1954), pls. 2. 4.

39 　T. Bloch, *Excavations at Lauriya*, ASI, An. Rep. (1906-7), pp. 118-26; J. Irwin, 앞 책 (1979), pp. 815-18.

40 　D. Mitra, *Buddhist Monuments* (Calcutta, 1971), pp. 83-85.

41 　W. C. Peppé, "The Piprāhwā Stūpa, containing relics of the Buddha", *Journal Royal Asiatic Society* (1898), pp. 573-88; D. Mitra, 앞 책, pp. 79-82; 曽野寿彦 · 西川幸治, 『死者の丘 · 涅槃の塔』(新潮社, 1970), pp. 192-195; 中村元 편, 『ブッダの世界』 (学習研究社, 1980), pp. 142-143; 杉本卓洲, 앞 책, p. 238, pp. 345-356; J. Irwin, 앞 책 (1979), pp. 810-13.

42 　A. Rea, *South Indian Buddhist Antiquities,* Archaeological Survey of India, (Madras, 1984); D. Mitra, 앞 책, pp. 213-15; J. Irwin, 앞 책 (1979), p. 810; I. K. Sarma, *Studies in Early Buddhist Monuments and Brāhmī Inscriptions of Āndradeśa* (Nagpur, 1988), pp. 30-56.

43 　I. K. Sarma, 앞 책, pp. 48-51.

44 　S. B. Deo and N. P. Joshi, *Pauni Excavation 1969-70* (Nagpur, 1972), pp. 93-107.

45 　S. B. Deo and N. P. Joshi, 앞 책, p. 95.

46 　네팔에서는 현재 초르텐(불탑)을 조성할 때, 중심부에 한 자루의 각기둥을 세우고 있다. 立川武藏, 「ネパールにおける塔崇拜」, 前田惠學 편, 『現代南アジアにおける仏教を囲む社会的文化的環境の研究』(愛知学院大学, 1984), 참조.

47 　J. Iwin, 앞 책 (1979), pp. 805-28.

48 　Divyāvadāna, Cowell and Neil ed,. p. 244. Vaidya ed., pp. 150-1; J. Irwin. "The Axial symbolism of the early stūpa: An exgesis", in A. L. Dallapiccola ed., *The Stūpa. its Religious, Historical and Architectural Significance*, pp. 12-13; 杉本卓洲, 앞 책, pp. 212-213.

49 　A. Rea, 앞 책, ch. 13, pl. 14; P. Mus, 앞 책, pp. 387-89.

50 　J. Irwin, 앞 책 (1979), pp. 828-43.

51 　J. Irwin, 앞 책 (1979), figs. 19-21.

52 　J. Marshall (Taxila, 1951), vol. 1, pp. 238-9, vol. 2, p. 689; D. Faccenna, *Reports on the Campaigns 1956-1958 in swat* (Roma, 1962), pp. 13-15, figs. 20.

53 　J. Irwin, "The Metaphysical Origin of the stūpa", *Afghanistan*, vol. 31, No. 3 (1978),

pp. 31-37.

54 주 10) 참조.

55 D. Mitra, 앞 책, p. 79.

56 I. K. Sarma, 앞 책, pp. 32-37.

57 高田修, 「インドの佛塔と舍利安置法」, 『仏教美術史論考』 수록(中央公論美術出版, 1969).

58 T.01, p. 174a.

59 H. Zimmer, *The Art of Indian Asia* (New York, 1955), vol. 1, pp. 233-4; 杉本卓洲, 앞 책, pp. 59-66.

60 高崎直道, 「如来蔵思想の歴史と文献」, 『講座・大乗仏教 6』 (春秋社, 1982), pp. 17-18.

61 辻直四郎 역, 『リグ・ヴェーダ讚歌』 (岩波文庫, 1970), pp. 316-318.

62 F. D. K. Bosch, *The Golden Germ: An Introduction to Indian Symbolism*, 'S-Gravenhage, (1960).

63 주 59) 참조.

64 주 57) 참조.

65 주 41) 참조. V. S. Agrawala, *Indian Art* (Varanasi, 1965), pp. 82-83.

66 H. Zimmer, 앞 책, pp. 68-69.

67 山田明爾, 「インドおよび周辺の舍利容器」, 『仏教美術』 188 (1990) 참조.

68 高田修, 주 57) 앞 논문, 참조.

69 上野照夫 편, 『カルカッタ美術館』 (講談社, 1980), 도판9.

70 V. Dehejia, *Early Buddhist Rock Temples*, pls. 35, 37, 67; M. Taddei, *India* (1970), pl. 117.

71 V. Dehejia, 앞 책, pl. 50; 高田修・田枝幹宏, 『アジャンタ』 (平凡社, 1971), 도판 10, 11. 다만 아잔타 제9굴의 조각은 후기의 것으로 보인다.

72 高田修・田枝幹宏, 앞 책, 도판148, 167; H. Zimmer, *The Art of Indian Asia*, vol. 2, pls. 196, 197.

73 辻直四郎, 『ヴェーダとウパニシャッド』, pp. 88-89; 杉本卓洲 앞 책, pp. 64-65.

74 S. Radhakrishnan, *The Principal Upaniṣads* (London, 4th impression, 1974), pp. 399-400. 岩本裕 역, 「ウパニシャッド」, 『ヴェーダ・アヴェスター』 (世界古典文学全集3), (筑摩書房, 1967), p. 194.

75 V. Dehejia, 앞 책, pls. 62-63.

76 Mahāvaṃsa, tr. by G. Wilhelm, PTS (London, 1912). pp. 195-6. pp. 199-200.

77 杉本卓洲, 앞 책, p. 66.

78   A. K. Coomaraswary, *Yakṣas*, pt. 2 (1931). rep. (New Delhi, 1971), pp. 61-64; F. D. K. Bosch, *The Golden Germ*, pp. 110-13.

79   D. Barrett, *Sculptures from Amaravati in the British Museum* (London, 1954), pls. 1(a)(b), 14(b), 22; Ph. Stern et M. Bénisti, *Évolution du Style Indien d'Amaravatī* (Paris, 1961), pl. 37a, 68a.

80   J. Marshall and A. Foucher, 앞 책, 3, pl. 93i.

81   J. Burgess, *The Buddhist Stupas of Amaravati and Jaggayyapeta*, pls. 1, 16-3, 36-2; D. Barrett, 앞 책, pls. 2, 4, 8a.

82   V. Dehejia, 앞 책, pl. 6.

83   A. K. Coomaraswamy, *La Sculture de Bharhut,* figs 12, 64; J. Marshall and A. Foucher, 앞 책, 2, pls. 11, 12, 15, 22, 24, 26, 32, 40, 41 etc.

84   V. Dehejia, 앞 책, pls. 6, 35; S. Nagaraju, *Buddhist Archithecture of Western India* (Delhi, 1981), pls. 129, 193.

85   J. Burgess, 앞 책, pls. 28-2, 40-2, 41-2, D. Barrett, 앞 책, pls. 1(a)(b), 14(b).

86   A. K. Coomaraswamy, 앞 책, figs. 24, 65.

87   V. Dehejia. 앞 책, pl. 36.

88   S. Nagaraju, 앞 책, pl. 47.

89   J. Fergusson, *History of Indian and Eastern Architecture* (London, 1910), p. 70.

90   J. Marshall and A. Foucher, 앞 책 1, p. 32, pl. 4.

91   高田修, 주 57) 앞 논문, 참조.

92   高田修, 주 57) 앞 논문, 참조.

93   T.51, p. 858c.

94   T.51, p. 879b. 水谷眞成 역주, 『大唐西域記』 (中國古典文學大系22), 平凡社, pp. 80-81; 桑山正進 역주, 『大唐西域記』 (大乘佛典 中國・日本篇9) (中央公論社, 1987), pp. 37-38, p. 189.

95   山田明爾, 「インダスからパミールへ」, 『アジア仏教史 中国篇5』 (佼成出版社, 1975) 참조.

96   D. L. Snellgrove ed., *The Image of the Buddha* (Tokyo, 1978), pl. 18; 岩宮武二写真集, 『アジアの仏像』 (上), 小学館, 1989, 도판 113 (肥塚隆 해설).

97   村田治郎, 「仏舎利をまつる建築」, 『仏教藝術』 38 (1959).

98   樋口隆康, 『インドの佛跡』 (朝日新聞社, 1969), 도33.

99   최근 프란츠는 베트남 출토 테라코타제 고탑의 모델을 소개하고 있는데, 거기에는 누각형 고탑의 정부에 소스투파를 올린 예가 있다. H. G. Franz, "Remarks on some Terracotta Models in the Collection of the Musée Royaux d'Art

et d'Histoire, Brussels", *South Asian Archaeology* (1983) (Naples. 1985), vol. 2, pp. 941-64.

100 G. Combaz, 앞 책, *MCB* (1933), pp. 196-7; J. Ph. Vogel, *La Sculpture de Mathurā*, pl. 14a.

101 P. Mus, 앞 책, *BEFEO*, 32 (1932), 1, pp. 381ff.

102 B. Rowland, *The Art and Architecture fo India*, 3rd ed. (1967), p. 49.

103 杉本卓洲, 앞 책, pp. 205-212; A. Snodgrass, *The Symbolism of the Stupa*, pp. 246-73.

104 T.01, p. 131; 定方晟,『須弥山と極楽』講談社現代新書, 참조.

105 『中國石窟 敦煌莫高窟』2, 平凡社, 도13.

106 G. Combaz, *L'Inde et l'Orient classique* (Paris, 1937), pp. 38-40, pls. 13-16.

107 杉本卓洲, 앞 책, pp. 216-219.

108 T.01, pp. 21b-24b; 동권, pp. 169c-171a; 동권, pp. 185b-186c, 동권, pp. 200c-203a.

109 Mahāparinibbāna-suttanta, 5. 17-18. 中村元 역,『ブッダ最後の旅』, pp. 140-141.

110 平岡昇修・平岡三保子,「インドにみる仏具」, 關根俊一 편,『佛・菩薩と堂内の荘嚴』에 수록됨, 日本の美術281 (至文堂, 1989) 참조.

111 A. K. Coomaswamy, *La Sculpture de Bharhut*, pls. 1, 41-51.

112 T.01, p. 24b.

113 주78) 참조. K. Gairola, "Évolution du pūrṇaghaṭa dans l'Inde et l'Inde extérieure", *Art Asiatique*, Tome 1, 3, (1955), pp. 209-26; A. Roṣu, "Pūrṇaghaṭa et le symbolisme du lotus dans l'Inde", *Arts Asiatique*, Tome 8, 3 (1961), pp. 163-94.

114 M. Bénisti, *Le Médaillon lotiforme dans la sculpture indienne* (Paris, 1952).

115 M. Bénisti, 앞 책, pp. 5-9.

116 F. D. K. Bosch, *The Golden Germ*, pp. 23-27.

117 A. Foucher, "Sur l'interprétation de quatre bas-reliefs de Barhut", *Revue des Arts Asiatique*, 13 (1, 1939), pp. 1-9; A. K. Coomaraswamy, *La Sculpture de Bharut*, p. 84, pl. 41.

118 F. D. K. Bosch, *The Golden Germ*, pp. 29-34.

119 A. K. Coomaraswamy, *La Sculpture de Bharhut*, pls. 22-24, 26, 27, 36 etc.

120 M. Eliade, *Patterns in Comparative Religion* (London-New York, 1958), pp. 265-74; 久米博 역,『豊饒と再生』(セリカ書房), pp. 175-189.

121 cf. M. S. Randhawa, *The Cult of trees and tree-wirship in Buddhist-Hindu Sculpture*, (New Delhi, 1964); S. M. Gupta, *Plant Myths and Tradition in India* (Leiden, 1971).

122 A. K. Coomaraswamy, *Yakṣas*, part 2, p. 77, pl. 25, 1, 3.

123 V. S. Agrawala, *Indian Art*, pp. 144-46.

124 불교미술에 나타나는 성수에 관해서는, cf. O. Viennot, *Le Culte de l'arbre dans l'inde ancienne* (Paris, 1954).

125 A. Cunningham, *The Stūpa of Bharhut,* (London, 1879), rep (Varanasi, 1962), pl. 34 2; 逸見梅榮,『インド古代美術 資料と解説』(第一靑年社, 1941), 도238, p. 206.

126 마카라에 대해서는 이하를 참조. J. Ph. Vogel, "*Le makara dans la sculpture de l'Inde*", Revue des Arts Asiatique, 6 (1929-30), pp. 133-47; A. K. Coomaraswamy, *Yakṣas*, part 2, pp. 47-56; O. Viennot, "*Typologie du makara et essai de chronologie*", Arts Asiatique, Tome 1, 3 (1955), pp. 189-208.

127 D. Barrett, *Sculptures form Amaravati in the British Museum*, pls. 22, 25, 26, 30, 3; Ph. Stern et M. Bénisti, *Évolution du Style Indien d'Amaravatī*, pls. 3, Viagra, 22, 36b, 32b, 33-35 etc.

128 A. Cunningham, 앞 책, pls. 6, 9.

129 J. Marshall and A. Foucher, 앞 책, 2, pls. 10, 12, 13, 16, 17, 21, 24-28, 30-33, 39, 41-45, 47, 48, 54, 56-59, 62, 63; 3, pls. 95, 97-99, 101, 102.

130 cf. J. Ph. Vogel, *Indian Serpent-lore,* rep. (Varanasi-Delhi, 1972); H. Zimmer, *Myths and Symbols in Indian Art and Civilization* (New York, 1962), pp. 59-90; 宮元啓一 역,『インド・アート』(せりか書房, 1988), pp. 85-124.

131 D. Barrett, 앞 책, pls. 1(a)(b), 3(a)(b), 14(b), 22; Ph. Stern et M. Bénisti, 앞 책, pls. 8a, 10b, 15b, 40ab, 68a.

132 코끼리의 상징과 표현에 대해서는 이하를 참조. H. Zimmer, 앞 책, pp. 102-109; 宮元啓一 역, 앞 책, pp. 141-149; A. Sen, *Animal Motifs in Ancient Indian Art* (Calcutta, 1972), pp. 9-17; 上野照夫,「インドの宗教美術における象の表現」,『インド美術論考』(平凡社, 1973) 수록; S. K. Gupta, *Elephant in Indian Art and Mythology* (New Delhi, 1983).

133 cf. A. Sen, *Animal motifs in Ancient Indian Art*, C. Sivaramamurti, *Birds and Animals in Indian Sculpture* (New Delhi, 1974).

134 예외적으로 아리야계의 신으로서 태양신 스리야상이 있다. 스리야상에 대해서는 宮治昭,「古代インドにおけるスーリヤの図像について」,『仏教藝術』 156 (1984) 참조.

135 A. K. Coomaraswary, *La Sculpture de Bharhut*, fig. 17. p. 41.

136 Kupiro Yakho (Kubera Yakṣa), Ajakālako Yakho (Ajakāla Yakṣa), Viruḍako Yakho (Virūḍhaka Yakṣa), Gaṃgito Yakho (Gaṃgita Yakṣa), Supāvaso Yakho (Suprāvṛṣa Yakṣa), Suchilomo Yakho (Sūchiloma Yakṣa) 등이 알려져 있다. H. Lüders, *Bharhut Inscirp*

tions (Ootacamund, 1963), B1(794), B3 (795), B4(736), B5(737), B7(726), B9(771).

137 H. Zimmer, *The Art of Indian Asia*, vol. 1, pp. 42-48.

138 A. K. Coomaraswamy, 앞 책, figs. 20, 28.

139 J. Marshall and A. Foucher, 앞 책, 2, pls. 36, 50, 52, 66.

140 약샤에 관해서는 다음의 책을 참조. A. K. Coomaraswamy, *Yakṣas*, 2, parts (Washington, 1928-31). rep. (New Delhi, 1971); R. M. Misra, *Yakṣa Cult and Iconography* (Delhi, 1979).

141 A. K. Coomaraswamy, *La Sculpture de Bharhut*, figs. 110-15.

142 A. K. Coomaraswamy, 앞 책, figs. 98-101.

143 J. Marshall and A. Foucher, 앞 책, vol. 3, pls. 78(23a), 83(49b). vol. 2, pl. 11; D. Brrett, 앞 책, pls. 78(23a), 83(49b). vol. 2, pl. 11; D. Barrett, 앞 책, pls. 40(c), 47; Ph. Stern et M. Bénisti, 앞 책, pls. 1c, 58a etc.

144 C. K. Cairola, *"Atlantes in Early Indian Art"*, Oriental Art, vol. 2, No. 4 (1956), pp. 138-42.

145 A. K. Coomaraswamy, 앞 책, figs. 23-25, 30, 31, 39.

146 A. K. Coomaraswamy, fig. 15.

147 J. Marshall and A. Foucher, 앞 책, vol. 2, pls. 57, 59.

148 A. K. Coomaraswamy, figs. 20, 47.

149 J. Burgess, 앞 책, pls. 25-1, 28-6, 29-1, 3, 31-1, 3; D. Barrett, 앞 책, pls. 39; Ph. Stern et M. Bénisti, 앞 책, pls. 5b, 6, 27a.

150 J. Burgess, 앞 책, pls. 30-1.

151 A. K. Coomaraswamy, *La Sculpture de Bodhgaya Paris*, (1935), pl. 42-3; J. Ph. Vogel, *La Sculpture de Mathura* (Paris, 1930), pl. 10 2; Ph. Stern et M. Bénisti, 앞 책, pl. 20 etc.

152 A. K. Coomaraswamy, *La Sculpture de Bodhgaya*, pls. 42-1, 2; J. Ph. Vogel, *La Sculpture de Mathura*, pls. 9ab. 59d.

153 J. Burgess, *The Buddhist Stupas of Amaravati and Jaggayyapeta*, pls. 5-1, 6-1, 7-2, 8-1, 4-1; D. Barrett, 앞 책, pls. 21, 23; Ph. Stern et M. Bénisti, 앞 책, pls. 22b, 48.

154 Ph. Stern et M. Bénisti, 앞 책, pls. 46, 53, 54a, 60b; 宮治昭,「インド仏伝図像の研究(一)」,『名古屋大学文学部研究論集』909, (1987), 참조.

155 宮治昭,「敦煌美術とガンダーラの美術─初期敦煌美術における西方影響の二, 三の問題一」,『東洋学術 研究』24-1 (1985); 中川原育子,「降魔成道図の図像学的考察─インド古代初期からグプタ朝まで一」,『密教図像』6 (1988) 참조.

156 락슈미에 대해서는 이하를 참조. Coomaraswamy, *"Early Indian Iconography*, 2,

Śrī-Lakṣmī", Eastern Art, No. 3 (1929), pp. 175-89; C. Sivaramamurti, *Śrī-Lakṣmī in Indian Art and Thought* (New Delhi, 1982).

157 Chadā Yakhi (Chandrā Yakshī), Yakhini Sudasana (Sudarśanā Yakshiṇī), Sirimā devata (Śrī devatā), Chulakokā devatā (Chulakokā devatā) 등이 알려져 있다. cf H. Lüders, *Bharhut Inscriptions*, B2(793), B10(790), B8(770), B11(717).

158 A. K. Coomaraswamy, *La Sculpture de Bharhut*, fig. 45, p. 63.

159 cf. J. Ph. Vogel, "The Woman and Tree, or Śālabhañjikā in Early Indian Literature and Art", *Acta Orientalia*, 7 (1929), pp. 201-31; U. N. Roy, Śālabhañjikā (Allahabad, 1979).

160 cf. B. Rowland, *The Art and Architecture of India*, 3rd (1967), pp. 60-61, note. 2.

161 V. A. Smith, *The Jain Stupa and other antiquities of Mathura* (Allahabad, 1901), rep. (Varanasi, 1969), pls. 24, 35, 37; H. Härtel, *The Excavations at Sonkh* (New Delhi, 1976), fig. 46.

162 미투나에 대해서는, 杉本卓洲, 「ミトゥナと仏塔」, 『インド仏塔の研究』, pp. 438-472; P. K. Agrawala, *Mithuna: The Male-Female Symbol in Indian Art and Thought* (New Delhi, 1983) 참조.

163 木村秀雄, 「ナーガールジュニコンダのミトゥナ芸術」, 『仏教芸術』 49 (1962) 참조.

164 cf. H. Zimmer, *The Art of Indian Asia*, vol. 1, pp. 21-22, 68-90.

165 J. Marshall and A. Foucher, 앞 책, vol. 2, pl. 19a; V. S. Agrawala, *Indian Art,* pp. 155-6.

166 杉本卓洲, 앞 책, pp. 463-465, 참조.

167 J. Marshall and A. Foucher, 앞 책, vol. 2, pls. 34b, 64c.

168 『長阿含經』 「世記經忉利天品」 T.01, pp. 131-137; 小野玄妙, 『佛敎の世界觀』 (大東出版社, 1936) 참조.

169 cf. C. Sivaramamurti, *Sanskrit Literature and Art-Mirrors of Indian Culture* (New Delhi, 1970), pp. 13-54.

170 U. N. Roy, *Śālabhañjikā* (Allahabad, 1979), pp. 15-38. Dohada, Kanduka-krīḍā, Pakṣī-krīḍā, Niṣābhisārikā, Surā-sundarī, Nṛtyābhinaya, Paribhoga-maṇḍanā, Prasā-dhikā, Snāna-sundarī 등.

171 杉本卓洲, 「ブーテーーサル出土の欄楯柱彫刻の一考察」, 『密敎文化』 103 (1973); 동 저자, 『インド仏塔の研究』, pp. 430-434, 참조.

172 주 163) 木村秀雄 논문, 참조.

173 杉本卓洲, 「菩薩の捨身行ージャータカと法華経の交渉の一側面ー」, 塚本啓祥

편,『法華経の文化と基盤』수록 (平樂寺書店, 1982), pp. 39-75.

174 高田修,「バールフット仏教説話図」,『美術研究』242 (1965) 참조.

175 A. K. Coomaraswamy, *La sculpture de Bharhut,* fig. 69. p. 70. Jātaka 62.「卵のまま
の女前生物語」(中村元 감수,『ジャータカ全集 1』, 春秋社), pp. 339-435, 참조.

176 A. K. Coomaraswamy, 앞 책, fig. 80, p. 74. Jātaka 546.

177 주 172) 杉本卓洲 논문, 참조.

178 A. K. Coomaraswamy, 앞 책, fig. 85; J. Marshall and A. Foucher. 앞 책, 2. pl. 27; R.
C. Sharma, *Buddhist Art of Mathura* (Delhi, 1984), pl. 14; J. Ph. Vogel, *La Sculpture
de Mathura* (Delhi, 1984), pl. 14; J. Ph. Vogel, *La Sculpture de Mathura*, pl. 20d. 또
한 cf. K. Fischer, "Hidden Symbolism in Stūpa-Railing Reliefs: Coincidentia
Oppositorum of Māra and Kāma", in A. L. Dallapiccola ed, *The Stūpa. its Religions,
Historical and Architectural Significance*, pp. 90-99.

179 岩本裕,『仏教説話』(筑摩書房, 1964), pp. 171-190.

180 D. Mitra, *Buddhist Monuments* (Calcutta, 1971), pl. 128; J. Ph. Vogel, "The Man in
the Well and some other subjects illustrated at Nāgārjunikonda", *Revue des Arts
Asiatique*, 2 (1937), pp. 109-21. pls. 34-35; Ph. Stern et M. Bénisti, 앞 책, pl. 67b; D.
Schlingloff, *Studies in the Ajanta Paintings* (Delhi, 1988), pp. 47-58.

181 平川彰,『インド仏教史』上卷 (春秋社, 1974), pp. 72-76, 참조.

182 辻直四郎 역,『リグ・ヴェーダ讚歌』, (岩波文庫), pp. 322-324; 金倉圓照,『イン
ド哲学史』(平楽寺書店, 1963), pp. 14-15, 참조.

183 H. Zimmer, *Myths and Symbols in Indian Art and Civilization*, pp. 197-202; 宮元啓
一 역, pp. 260-266.

184 立川武藏,「リンガとストゥーパー生のシンボルと死のシンボル」,『生と死
の人類学』(講談社, 1985), pp. 126-141, 참조.

185 立川武藏, 앞 논문.

186 P. Fingesten, *The Eclipse of Symbolism* (Columbia, 1970), pp. 129-48.

187 푸셰는 산치 제1탑 탑문부조의 불전도에서, 석가의 사적을 시간축이 아닌
장소별로 정리해 두고자 하려는 의도가 있음을 지적하며 토포그래픽地誌的
이라 부르고 있다(J. Marshall and A. Foucher, 앞 책, 1, p. 201). 인도의 본생도나
불전도의 각각의 설화표현에서도 일이 일어난 통시적인 시간축이 아닌, 일
어난 장소별로 정리하려는 경향이 강하다(高田修,「アジャンターー壁画の仏
教説話とその描写形式について」,『仏教美術史論考』수록(中央公論美術出版,
1969) 참조). 아마 설화표현에 있어서도 윤회의 관념과 관련이 있을 것이다
(宮治昭,『アジャンターー窟院』(講談社, 1981) 참조).

188 중세 이후 스투파 내부에 불상을 납입하는 경우가 매우 많아지는데, 산치, 사르나트, 사헤트마헤트 등에서 그와 같은 예가 있음을 J. 마샬이 기록하고 있다(J. Marshall and A. Foucher, 앞 책, 1, p. 47). 산치 제12스투파에서는 쿠샨조 마투라제로 보이는 조상대좌 단편(재명미륵보살), 산치 제14스투파에서는 굽타조 초기의 마투라제로 보이는 불좌상이 각각 사리 안치실에서 발견되었다. 둘 다 스투파가 조성된 것은 6~7세기로 여겨지고 있다(J. Marshall and A. Foucher, 앞 책, 1, p. 47, pls. 124d, 105b). 사르나트의 한 봉헌스투파에서는 4구의 굽타조 및 그 이후의 불상이 발굴되었는데 그중 1구는 특히 뛰어난 굽타조 사르나트의 불입상으로, 스투파 중앙에 가로누워 안치되어 있다(*Indian Archaeology (1963~1964)*, A. Review, ASI, (1967), pp. 92, 107, pl. 61 = 본서 도36). 또 최근 간다라의 2점의 청동제 스투파 모델이 쿠와야마 쇼신桑山正進 교수에 의해 소개되었다. 이 스투파 모델들의 복발 내부에 촉지인을 결한 불좌상이 설치되어 있어, 복발부를 분리할 수 있도록 되어 있다(1989년 여름에 파리에서 개최된 남아시아고고학회, 그리고 1990년 2월 21일 교토의 건조아시아담화회에서 발표되었다). 남인도 나가팟티남 출토의 청동제 스투파 모델도 복발부를 분리하는 것이 가능하며, 안에 촉지인의 불좌상이 조성되어 있다. 이것은 촐라조인 13세기경에 제작된 것으로 보인다(D. L. Snellgrove ed., *The Image of the Buddha* (Tokyo, 1978), p. 295, pl. 225). 좌불을 안에 안치하고 스투파로 덮은 구조로서, 보로부트르의 예가 유명하다.

제2장

남인도·아마라바티의 열반설화도

— '석가의 마지막 여행'의 설화도 —

1. 서론

남인도에서 열반관계의 설화도를 표현한 작품은 적지만 아마라바티에서 출토된 부조 중에 흥미로운 작례가 있다. 그것은 간다라 이전의, 혹은 적어도 간다라의 도상과는 별개의 것이며, 게다가 그 도상이나 각문을 통해 소승열반경과 밀접한 관계를 갖고 있음을 알 수 있어 인도 열반도상을 고찰하는 데 귀중한 작품이라 할 수 있다. 이에 대해서는 연구를 포함한 소개가되어 있지만 이제껏 그다지 관심을 끌지 못했다. 그러나 흥미로울 뿐 아니라열반설화를 표현한 귀중한 작품이기 때문에, 설화도상과 한역 경전을 포함한 모든 텍스트와의 조합을 상세히 진행하여 재검토하고, 도상표현의 특징을 고찰하고자 한다. 또 그것을 기초로 남인도 열반도상의 양상을 함께 고찰해 보고자 한다.

여기에서 다루는 것은, 1958~1959년에 아마라바티의 유명한 대탑지 주변지역을 인도 고고국이 발굴했을 때 출토한 조각류, 건축재 중의 하나로, 1967년에 A. 고슈와 H. 사르칼에 의해 상세히 소개되었다.[1] 우선 그에 의거하여 개략적으로 기술해 보겠다.

이 석주의 부조조각은 현재 아마라바티 박물관에 소장되어 있으며, 아마라바티 조각에서 일반적으로 쓰이는 녹색을 띤 석회암제이다(도37). 한 변이 52cm인 사각형 기둥인데, 상부는 결손되고 또한 비스듬히 갈라져 있기 때문에 사면에 있던 부조조각도 한 면은 완전히 사라지고, 두 면은 삼각형태를 띠고 있다. 석주의 현존부의 높이는 184cm, 부조면의 최대 높이는 98cm이다.

삼면(A·B·C면)에 남은 부조는 모두 불교설화도를 표현하고 있고, 각각 주제에 관한 각문을 동반하고 있다. 부조면의 하단에는 난순문양이 석주를 두르며 부조를 구획하고 있다. 부조면의 좌우 양 끝은 가장 잘 남아있는 B면을 통해 추측되는 것처럼, 무장식 띠와 연주의 구슬장식으로 이루어진 이중 장식대가 테두리를 구성하고 있다. A면에 열반설화의 화면, B면에 기원보시 祇園布施의 화면이 있고, C면은 어떤 화면인지 명확하진 않지만 Dhaṃñekaḍa (Dhānyakaṭaka)라고 하는 지명의 각문을 통해 아마라바티의 승원에 관한 설화를 표현한 것으로 생각된다. B면의 기원보시의 화면을 보면 윗부분에는 대지 전체에 금화가 깔린 곳을, 아랫부분에는 완성된 기원정사를 표현하고 있

도37. 석주 부조. 아마라바티 출토. 1
세기 전반. 아마라바티박물관
[Ghosh and Sarkar, pl. 39]

도38. 기원보시. 도37 석주 부조 부분[Ghosh and
Sarkar, pl. 41]

으며, '슈라바스티', '제타바나의 아나타핀디카의 동산'이라는 각문도 있다 (도38). 이 화면은 바르후트의 '기원보시'와 비교할 수 있는 흥미로운 설화표현이다.

2. 설화도 6장면의 해석

여기에서 고찰할 것은 A면으로, 석가가 바이샬리에서 쿠시나가라로 향하는 마지막 여행, 그리고 입멸을 다루고 있어 열반경의 기술과 밀접하게 관계된 설화도이다(도판8). 후세에 열반도는 오로지 입멸이나 사리에 관한 설화만을 다루게 되며, 쿠시나가라로 향하는 길에서 일어난 일에 대한 묘사는 사라지고 만다. 그런 의미에서도 이 부조는 보다 흥미로운 것이며, 또한 각 장면마다 주제에 관한 명문이 새겨져 있어 텍스트와의 조합도 가능하다. 안타깝게도 우측 상부에서부터 비스듬하게 결손되었지만 여섯 개의 장면을 확인할 수 있다. 각문에 따라 순서대로 장면을 살펴보겠다.

(1) 제1 장면 '바흐푸트라 성수'

화면의 좌측 하단 구석에 난순으로 둘러싸인 세 그루의 성수(한 그루는 난순이 보이지 않는다)가 있고, 그중 우측 한 그루의 성수를 향해 두 명의 인물이 예배하고 있다(도39). 한 사람은 합장하고, 또 한 사람은 몸을 굽혀 아기를 안고 있다. 두 사람 모두 머리카락을 길게 늘어트리고, 상반신은 나형에 도티를 걸치고 연주의 요대를 묶었는데, 장신구류는 보이지 않는다. 민간의 성수 신앙을 표현한 것이라고도 할 수 있겠다. 장면 하단에는 2행의 각문이 있다.[2]

(1. 1) Bahuputa-chetiya Vesālakāni (1. 2) chetiyāni
(역) 바흐푸트라 성수, 바이샬리의 성수들

열반경에서 석가는 라지기르의 영취산으로 유행을 나왔다가 바이샬리에 머물렀던 것이 기록되어 있는데, 부조는 그 땅에서 유명했던 성수를 표현하며 그곳에서 시작하고 있는 것이다. 열반경들 가운데 P본·S본·한漢D본에 이 각문과 조합되는 부분이 있다. P본에 의하면, 석가가 바이샬리(p. Vesārī)의 챠팔라 성수에서 휴식할 때 석가는 바이샬리와 그곳에 있던 여섯 그루의 성수를 찬탄하는데, 그중에 이 바라푸트라성수(p. Bahuputta cetiya)가 포함되어 있다.[3]

우선 문제는 여기에서 성수로 번역된 원어 차이티야(p. cetiya, 각문 chetiya)로, 이 말의 의미에 대해서는 다양한 의논이 있다.[4] 이미 한역 단계에서 견해가 갈리는데 석가가 휴식했던 차팔라 차이티야에 대응하는 한역어를 조사해 보면, 遮婆羅塔(한A본, T.01, No. 01, p. 15b), 神樹(한B본, T.01, No. 05, p. 164c), 神地(한C본, T.01, No. 06, p. 180b), 遮波羅支提(한D본, T.01, No. 07, p. 191b), 取弓制底樹(한E본, T.24, No.1451, p. 397c)라고 되어 있다.[5] '탑'이나 '사당'의 건물을 가리키는 것이라고 보는 견해도 있어, 분명 후세에 차이티야는 탑(스투파)과 동의어가 되지만, 적어도 당초에는 차이티야가 성수를 의미했었음이 이 부조도상을 통해 명백해진다. 그것을 증명하는 것으로서 이 부조는 중요하다.

한편 '바흐푸트라 성수'는 어떤 성수일까. P본은 Bahuputta cetiya라고 하며[6] 한D본도 '多子支提'라고 번역하고 있다.[7] 다만 S본은 Bahupattraka caitya라고 한다.[8] P본과 한D본은 석가가 찬탄한 여섯 그루의 성수의 이름이 열거된 순서도 포함하여 일치하는[9] 것에 반해, S본에서는 일곱 개를 들어 그중 네 개가 대응할 뿐으로[10] 그 순서도 다르다. A. 바로의 지적[11]과 같이 이 부분은 P본과 한D본이 가장 오래된 전승을 전하고 있다고 생각된다. '많은 자손을 둔자'라는 뜻인 바흐푸트라 성수는 아마도 자손을 주는 성수로서 신앙되고 있었을 것이다. 열반경 텍스트에는 이 성수의 구체적인 신앙에 대해서 기술된 부분은 없지만, 부조에서는 성수에 대한 기원과 예배를 표현하고 있으며, 특히 성수 앞에서 아기를 안고 있는 인물은 아이를 받았음을 표현하고 있음이 틀림없다. 바흐푸트라 성수의 특징을 잘 보여주고 있다.

부조의 각문에 '바이샬리의 성수들'이라고 되어 있으며, 부조에도 바흐푸트라 성수를 포함하여 세 그루의 성수가 보인다. P본과 한D본의 텍스트에는 여섯 그루의 성수가 열거되고 있으며, 바이샬리의 동서남북에 있었다고 여겨지는 네 그루의 성수는 유명한데, 우다야나 성수(동), 가우타마카 성수(남), 사푸타아무라카 성수(서 혹은 북), 그리고 바흐푸트라 성수(북 혹은 서)가 모든 텍스트에서 언급되고 있다.[12] 부조 속 세 그루의 성수도 이들 중 세 그루를 표현했을 것이다.

그런데 바흐푸트라 성수는 나중에 흥미로운 설화를 낳게 되며, 법현과 현장이 그것을 기록하고 있다. 둘이 전하는 설화에는 약간의 차이가 있지만 모두 현겁천불의 본생담으로 천자千子의 출생과 그 모친과의 재회가 주제를 이루고 있다.[13] 법현은 그 설화[14]와 관련하여 '방궁장탑放弓仗塔'이라 하고 있는데 그 이름은 Cāpāla caitya에 기초한 것이겠으나, 천자출생의 내용을 보면 원래 Bahuputra caitya에서 유래했음이 틀림없다. 한역에서는 '多子塔', '千子塔'이라는 이름이 보인다.[15] 흥미로운 점으로 현장은 천자출생의 모습을 '日月旣滿, 生一蓮花, 花有千葉, 葉坐一子'라고 기술하고 있어, 각 꽃잎마다 한 명씩 아기가 앉아 있는 천엽연화가 생겨났다고 말하고 있다.[16] 마쓰모토 에이치 교수는 스타인컬렉션 가운데 둔황敦煌에서 가져온 한 백묘화가 이 다자탑을 표현한 것으로 해석했다.[17] 그것은 육각형 기단 위에서 원추형을 이루면서 총 47구의 보살형 존상을 모두 연꽃 위에 표현한 것으로, 연꽃은 긴 줄기가 있어 각각으로 연계되며 하나의 근간으로 모으고 있다. 여기서 차이티야는 탑을 표현하고 있는데, '천자탑', '다자탑'의 설화와 도상은 '많은 자손을 갖는다' 혹은 '많은 자손을 얻는다'라는 바흐푸트라 성수에 대한 전승이 뿌리 깊음을 말해주고 있다.

(2) 제2 장면 '차팔라 성수'

제1 장면의 오른쪽(하부)으로 낮은 대좌 위에 표현된 불족적을 앞에 두고 꿇어앉아 합장하는 인물이 있다(도39). 머리를 둥글게 묶고 귀걸이를 찬 왕후의 모습으로, 얼굴 표정은 다소 경직되어 있다. 불족적 뒤로 대臺와 같은 것이 일부 보이는데 크게 결손되어 있다. 하단에는 1행의 각문이 있다.

CāPāla-chetiya yāchate osaṭh-ita(ti)
(역) 차팔라 성수 아래에서 악마(마라)는 (수명을) 버리기를 청하다.

열반경에 따르면 석가가 차팔라 성수에서 휴식하고 있을 때 여래는 아난에게 만일 원한다면 일겁까지도 계속 살게 할 수 있다고 말하지만, 아난이 그 뜻을 이해하지 못하여 침묵하고 있었기 때문에 마왕의 반열반 요청을 받아들인다. P본은 다음과 같이 기록하고 있다.[18]

도39. '석가 최후의 여행'의 설화도 부분(1)[마루야마 이사무 촬영]

악마(마라)는 세존에게 다가갔고, 가까워지자 한편에 머물렀다.[19] 한편에 머무른 악마는 세존에게 이렇게 말했다.

"존귀한 분이시여. 세존은 지금 열반에 드실(般涅槃) 때입니다."

각문과 텍스트를 통해 마왕 마라가 석가에게 반열반을 청하는 장면임이 분명해진다. 부조의 꿇어앉아 합장하는 인물은, 석가의 입멸을 요청하는 마왕 마라임이 틀림없다. 고대 인도에서는 바르후트와 산치에서도 볼 수 있는 것처럼, 마왕은 왕후의 모습으로 표현된다.[20]

도상과 텍스트의 관계에 대해서 본다면 P본과 한E본을 제외한 모든 한역본에서는 마왕이 석가에게 다가가 반열반을 요청한 일을 기술하고 있을 뿐으로 그 모습을 특별히 기록하지는 않는데, S본에서는 "악마(마라)는 세존에게 다가갔다. 다가가 세존의 두 발을 머리에 올려 예배하고, 세존의 앞에 머물렀다"[21]라고 하며, 한E본에서도 "악마 파비波卑가 부처님 처소로 와서 부처님 발에 절하고 한쪽에 서서 합장 공경하면서"*[22] 열반에 들기를 간절히 원하고 있다. 마왕이 불족을 예배하는 부조의 도상은 S본과 한E본에 가깝다고 할 수 있겠다. 한편 각문에서 수명의 방기放棄에 관한 osaṭha라는 말은, P본에서 석가가 아난에 대해 수명의 소인素因(생명의 근원)을 마왕에게 버렸음을 고했다는 부분에서 사용된 ossaṭṭha와 대응하여[23] P본과의 특별한 관련성을 시사한다.[24]

부조의 장면에서는 오른쪽이 결실되었으나, 아마도 합장한 마왕의 앞에는 차팔라 성수가 묘사되었고 그 밑에 성단과 불족적이 표현되어 있었던 것으로 생각된다. 성단의 극히 일부와 불족적이 보인다. 바르후트의 유사한 예를 통해 볼 수 있듯이, 성단과 불족적이 붓다의 존재를 상징했을 것이다. 그런데 석가가 차팔라 성수 밑에서 원한다면 수명을 일겁까지도 계속되게

---

*   불교기록문화유산 아카이브(https://kabc.dongguk.edu/) 우리말 번역문 인용. 惡魔
     波卑, 來詣佛所頂禮佛足, 在一面立, 合掌恭敬. 『근본설일체유부비나야잡사』 36권
     (ABC, K0893 v22, p. 868c18-c20)

할 수 있다고 말하고, 또한 그 자리에서 마왕이 요청한 대로 그것을 방기한 것은, 차팔라 성수가 생명의 근원을 상징하는 것으로 여겨졌음을 시사하여 흥미롭다. 전술한 바흐푸트라 성수와 함께 고대 인도의 '생명의 나무'로서 성수신앙을 말해주는 것으로, 부조의 도상표현에 있어서도 이 성수신앙이 축이 되어 전개되고 있다고 할 수 있다. 간다라에서는 이 같은 표현이 사라져 버리게 된다.

또한 법현과 현장도 이 차팔라 차이티야에 대해 기술하고 있는데, 전술한 바흐푸트라 차이티야와 마찬가지로, 그 시대에는 이미 성수가 아닌 탑이 모셔지고 있었다. 법현[25]이 '放弓仗塔'이라고 기록한 것이 Cāpāla caitya에 해당하는 것임은 틀림없으나, 그 인연설화는 전술한 바와 같이 Bahuputra caitya와의 혼동이 있다. 법현은 "부처는 방궁장탑 옆에서 목숨을 버렸다"라고 기록한다.[26] 현장은 Bahuputra caitya의 천자탑과는 별도로, "암몰라원菴沒羅園의 옆에 스투파窣堵波가 있다. 이것은 여래의 열반을 말해주는 곳이다"[27]라고 하며 올바른 전승을 전해주고 있다. 아무튼 열반경에 기록되고 이 부조에 표현된 바이샬리의 Bahuputra caitya와 Cāpāla caitya는, 중국의 구법승에게까지 그 존재가 알려졌다는 점에서 중요한 불적이었음을 알 수 있다.

(3) 제3 장면 '대숲의 쿠타가라 강당'

제2 장면의 마왕 위로 차이티야 아치의 입구에 볼트형 천장이 있는 건물이 있다(도39). 입구의 장식은 차이티야당 입구, 예를 들면 바르후트 부조에서 보이는 입구장식,[28] 혹은 나식의 차이티야굴(제18굴) 입구[29]와 같이 첨탑아치형 지붕이 있고, 그 밑으로 아래를 향하는 초승달형 아치를 이중으로 표현하여 처마 밑을 장식하는데, 그것이 좌우 기둥으로 연결되고 있다. 입구는 정면향으로 표현되었고, 세 개의 첨봉을 갖는 볼트천장은 측면향에 가깝게 표현되어 있는데, 아마 전체적으로 경사진 당사를 의도하고 있는 것 같다. 입구를 통해 하단으로 불족적이 있고, 그 상단에 가장자리가 구슬로 장식된

성단이 표현되며, 그 위에는 산개가 걸려 있다. 볼트천장에는 2행에 걸친 각
문이 있다.

(l. 1) [Vesa]liya(ye) Viharati Mahāvana Kuḍāgā[ra]-(l. 2) [sā]lāya
(역) (세존은) 바이샬리의 대숲 쿠타가라 강당에 머무르다.

S본과 D본에 의하면 석가는 차팔라 성수를 향하기 전에 대숲Mahāvana
속의 쿠타가라重閣 강당Kūṭāgāra-śālā에 체재하고 있었다. 또 차팔라 성수 아래
에서 마왕에게 3개월 후 반열반할 것을 약속한 뒤, 석가는 강당으로 향하여
비구들에게 그것을 이야기하고, 수행에 힘쓰도록 훈계하는 것이 열반경 제본
에서 보인다.[30] 이 강당은 한D본에서 "나는 이제 중각 강당으로 돌아가고자 한
다"*라고 하며, P본에 "대숲Mahāvana에 있는 쿠타가라(중각) 강당으로 가자"
라고 하는 것을 통해, 같은 건물을 가리키는 것임이 틀림없다. 비구들에게
훈계를 했던 강당은 P본에서 Upaṭṭhāna-sālā, S본에서 Upasthāna-śālā로 기록되
며, 한역본에서는 '講堂'(한A·한C본), '大會堂'(한B본), '食堂'(한E본)이라고 되어
있다.

각문과 P본·S본에서 말하는 쿠타가라 강당은 한D본에 '重閣講堂'이라
고 번역되어 있는 것처럼 위층에 홀이 있는 건물을 의미하는데, 석가가 바이
샬리에 체재할 때 자주 머물렀던 곳으로서 유명하다. 문제는 부조의 건물이
'중각'으로는 보이지 않는다는 것이다. 사각기둥 부조의 B면 '기원보시'의 화
면(도2)에 표현되어 있는 정사는 높은 기둥 위에 세워져 있어,[31] 이 같은 건물
을 '중각'이라고 함에 틀림없다. 이 부조의 쿠타가라 강당은 그러한 기둥을
생략하여 표현한 것일까. 혹은 쿠타가라 강당이 그저 고유명사로서, 건물 구
조와 관계없는 호칭이었던 것일까. 후자의 가능성은, 석가가 비구에게 훈계

---

* 　我今欲還, 重閣講堂『대반열반경』1권(ABC, K0652 v19, p. 159a16)

를 했던 곳과 같은 건물의 홀을 일반적인 '강당'(p. Upaṭṭhāna-sālā)이라고 부르고 있다는 것으로도 미루어 생각해 볼 수 있다.

또한 쿠타가라 강당은 바이샬리의 중요한 불적이어서, 법현은 "毘舍離(바이샬리)성의 북쪽에 대림중각정사大林重閣精舍가 있다"[32]라고 간략히 기록해 놓았을 뿐이지만, 현장은 "본생담을 말씀하신 곳에서 동쪽으로 오래된 기단이 있는데 위에는 스투파가 세워져 있다. 이곳에서는 밝은 빛이 이따금 환히 비치는데 이곳으로 와서 기도하고 청하면 이루어지는 일도 있다. 이곳이 바로 여래께서 『보문다라니普門陀羅尼』 등의 경을 설하신 중각 강당의 터이다"*[33]라고 기록하고 있어, 당시에 이미 폐허가 되어 있었지만 오래된 기초 위에 스투파가 세워져 있었음을 알 수 있다.

부조의 장면으로 되돌아가 보면, 각문에서도 밝히고 있는 것처럼 세존이 쿠타가라 강당에 머무르고 있는 장면임이 틀림없는데, 아마도 석가가 차팔라 성수 아래에서 마왕의 요청을 받아들인 뒤, 그 강당에서 비구들에게 삼개월 후 반열반할 것임을 말하며 훈계를 전하는 모습일 것이다. 석가는 성단과 불족적에 의해 상징적으로 표현되어 있는데, 성단 위에 산개가 걸려 있고, 불족적과 함께 마치 투명인간처럼 석가가 성단에 앉아있는 듯이 표현되어 있다. 한편으로 불타불표현佛陀不表現의 초월적인 불타관을 관철하면서도, 다른 한편으로는 붓다를 인격화하여 설화적으로 표현하고자 하는 양의적인 표현형식이 엿보인다. 이 같은 표현은 바르후트의 부조에서도 볼 수 있다.[34]

(4) 제4 장면 '코끼리의 바라봄'

제1 장면의 아기를 안은 인물 위로 1행의 각문이 있는데, 이 장면은 각문 외에 도상은 표현되지 않은 것 같다(도39). 그런데 각문 좌측의 성수를 제1 장면 속 '바이샬리의 성수들' 중 하나로 보지 않고, 붓다의 존재를 표현한 것

---

* 김규현 역주, 『대당서역기』 (글로벌콘텐츠, 2013), pp. 330-331 참조

으로 생각하는 것도 가능하다.[35] 그렇게 볼 경우 각문과 성수로 표현된 석가가 제4 장면을 형성하게 된다. 각문은 다음과 같이 기록한다.

> nāg-ā[pa]lokna
> (역) 코끼리의 바라봄

각문과 텍스트와의 조합을 통해, 이는 석가가 바이샬리를 떠날 때의 마지막 바라봄을 의미하는 것임을 알 수 있다.[36] P본에는, 마침내 바이샬리를 출발할 때 "코끼리가 바라보듯 바이샬리를 바라보며(nāgāpalokitaṃ Vesālimapaloketvā)", 아난에게 "이는 여래가 바이샬리를 보는 마지막 바라봄이 될 것이다"라고 말했다고 한다. S본에는 다음과 같이 보다 상세한 기록이 있다. "세존은 바이샬리의 근처를 지나가자 코끼리와 같이 오른쪽을 향해 전신을 돌리며 (dakṣinena sarva-kāyena nāgāvalokitenāvalok(ayati))" 바이샬리를 바라보았다. 아난이 그 뜻을 묻자, 석가는 "아난이여, 여래가 바이샬리를 바라보는 것은 이것이 마지막이며, 붓다는 두 번 다시 바이샬리에는 오지 않을 것이다. 나는 말라족의 나라에 있는 사라쌍수의 원림에 가서 입멸할 것이다"라고 대답했다고 한다. 석가가 "코끼리와 같이 오른쪽을 향해 전신을 돌리다"라는 것은, 바이샬리에의 이별을 의미하고 있다는 것을 알 수 있다. 한역된 본들은 '廻身視城'(한B본), '廻身右轉視門而笑'(한C본), '廻顧向城而笑'(한D본)라고 하여 단순히 몸을 돌려서 보았다는 것과 웃었다는 것이 기록되었을 뿐이지만, 한E본에는 "큰 코끼리 왕大象王과 같이 온몸으로 광엄성廣嚴城(바이샬리)을 오른쪽으로 바라보셨다."*라고 하여 S본에 가깝다.

'코끼리와 같이 오른쪽을 향해 전신을 돌리다'라는 것은 어떤 의미일까.

---

* 불교기록문화유산 아카이브(https://kabc.dongguk.edu/) 우리말 번역문 인용 및 참조. 如大象王全身右顧望廣嚴城. 『근본설일체유부비나야잡사』 36권(ABC, K0893 v22, p. 870b12)

이 문헌들에는 그에 대한 설명은 없다. 나카무라 하지메林元 교수는 Suma-ngala-Vilāsinī(p. 564)의 주해를 들고 있다.[37] 그에 따르면 "모든 붓다의 뼈는 사슬처럼 단단하게 연결되어 있다. 그 때문에 (붓다가) 뒤를 보고자 할 때에는, 목 전체를 돌리지 않으면 안 되는 것이다". 이와모토 유타카岩本裕 교수도 전거를 들고 있지는 않지만, "코끼리는 고개를 좌우로 돌려 뒤를 볼 수가 없다. 반드시 전신으로 방향전환을 한다. 이 경우 붓다는 발을 멈추고 오른쪽으로 돌아, 원래 왔던 길 쪽을 바라보았음을 뜻한다"라고 해석하고 있다.[38]

부조에서는 쿠타가라 강당의 좌측에 각문이 있을 뿐으로 아마 각문과 성수로 표현된 석가로 보이는데, 그 각문의 위치를 통해 보더라도 거기에서 석가가 바이샬리에서의 마지막 바라봄을 하고 있는 장면으로 해석할 수가 있다. 간단한 표현이면서도, '석가의 마지막 여행'이라는 요점을 텍스트에 충실하게 따르고자 하는 의도를 읽을 수 있다.

(5) 제5 장면 '석가의 휴식과 강의 기적'

부조화면의 중앙부, 쿠타가라 강당의 위쪽으로 물줄기로 표현된 강의 묘사가 있고, 그 오른쪽 기슭 근처에 발우가 보인다(도40). 강기슭에는 나무 아래로 직사각형 판 형태의 물건이 표현되어 있고, 그 왼쪽에 또 한 그루의 나무가 있다. 판 형태의 물건에는 네 가닥의 줄이 놓여 있고, 강에는 물고기 혹은 악어로 보이는 것의 표현도 보인다.

이 장면에는 각문이 없어서 텍스트를 통해 해석할 수밖에 없다.[39] 우선 P본 열반경의 줄거리를 보자. 석가가 바이샬리를 떠나 몇 곳의 땅을 지나고 파파마을에 체재했을 때, 대장장이의 아들 춘다의 식사공양을 받고 병에 걸린다. 파파에서 쿠시나가라로 향하는 도중에 석가는 피로하여 한 그루의 나무 밑에서 쉬어야 했을 때 아난이 대의를 네 번 접어 깔아주자, 그 위에 앉아 휴식을 취하고, 갈증을 느껴 아난에게 근처의 강에서 물을 떠다 달라고 부탁한다. 아난이 그 강은 오백 대의 수레가 지나간 직후여서 탁하니, 저쪽에 있는 맑은 카쿠타강으로 가기를 권한다. 그러나 석가가 세 번이나 말했기 때문에 할 수 없이 아난이 발우를 챙겨서 가 보자, 놀랍게도 탁했던 강물은 깨끗하게 흐르고 있었다. 그는 발우에 물을 떠 석가가 있는 곳으로 가지고 가 여래의 대신통을 찬탄하였고, 석가는 그 물을 마셨다.

부조의 장면은 열반설화의 순서를 통해 보아도, 춘다의 식사공양에 이어서 일어난 이 석가의 휴식과 아난의 물 떠옴을 표현한 것임이 틀림없다. 그러나 기록마다 이 이야기에 관해 상당한 차이가 있어, 과연 어느 텍스트에 의거할 것인지가 문제가 된다. 여러 열반경들에서 '석가의 휴식과 아난의 물 떠옴'에 대해서는 공통적이지만, 이야기의 내용·성격은 각 본에 따라 크게 달라진다. 가장 다른 것은 P본과 한D본이 탁했던 강물이 맑아지는 기적이 발생했음을 기록한 것에 반해, S본과 한B·한C·한E본은 아난이 가지고 온 물이 탁했기 때문에 얼굴이나 발을 씻었을 뿐 마시지는 않았다고 기록하여, 강물이 맑아지는 기적은 일어나지 않는다. 한A본은 귀신이 정수를 발우에 담아 석가에게 헌상한 내용이 보여, 다른 본들과 다르다.

또 기적이 일어난 강의 이름을 P본은 기록하지 않고 석가가 목욕한 강을 카쿠타강이라 하고 있는데, 한D본은 모두 가굴차迦屈嗟강이라 하고 있다. S본과 한역본은 아난이 물을 떴던 강을 쿠쿠스타kukustā, 鳩對村, 拘遺, 脚俱多강이라고 기록하고 있다.

부조의 장면에서 주목되는 것은, 강기슭에 두 그루의 나무가 있고 그중 한 그루의 나무 밑에 네 가닥 줄이 있는 직사각형 모양의 물건이 표현되어 있다는 것이다. 이는 P본·S본·한D·한E본에서 기록하는, 대의(승가리Saṅghāṭī)를 네 겹으로 하여 깔고, 거기에서 석가가 쉬었음을 표현한 것임에 틀림없다. 게다가 P본과 한D본에서는 석가가 한 그루의 나무 밑에서 쉬었음을 명시하고 있어, 이 텍스트들은 부조도상과 더욱 가까운 관계에 있다. 또한 P본, S본, 한E본에서는 석가가 그 위에 가로 누웠다(橫臥)는 내용도 보인다. 나무 아래에 깔린 대의를 통해, 단순히 대의가 깔렸을 뿐 아니라 석가 자신이 그 위에 누웠음을 표현한 것이 틀림없다. 그 오른쪽으로는 흐르는 물로 표현된 강이 있고 강변에는 발우가 보이는데, 발우 안에도 물의 표현이 있는 듯하다. 이는 아난이 강에 가서 발우에 물을 담는 장면으로 볼 수 있다. 인도 고대 초기에는 석가뿐 아니라 불제자와 비구도 인간의 모습으로 표현되는 일이 없었다. 여기서도 발우만으로 아난이 물을 뜨고 있음을 표현하고 있다.

전술한 바와 같이, S본과 한B·한C·한E본은 탁한 강물을 발우에 그대로 떴다고 하고 있는데, P본과 한D본은 강물이 정화된 기적을 기술하고 있다. 부조도상의 강과 발우 표현만으로는 두 경우에 모두 해당되지만, 나무 아래에서 휴식하는 도상이 P본·한D본과 밀접한 관계가 있다고 본다면, 아난이 물을 뜨는 도상도 단순히 탁한 물을 석가에게 가져다 준 것이 아니라, 오백 대의 수레가 지나서 탁해진 물이 홀연히 맑아지고, 아난이 그 기적에 놀랐음을 표현하고 있다고 해석할 수 있다. 석가의 마지막 여행을 표현하는 열반도상 전체 중에서도 기적을 표현한 이야기야말로 한 장면을 구성하는 중요한 의미를 갖는다. 게다가 탁했던 물이 '정화'되는 기적을 표현한 이 장면은 화면 전체의 거의 중앙을 차지하고 있어, 아래쪽의 바이샬리에서의 모든 장면과 위쪽의 쿠시나가라에서의 반열반 장면과의 전환점이 되며, 반열반으로 향하는 정신적인 '정화'를 화면구성 속에서 읽어 낼 수도 있을 것이다.

(6) 제6 장면 '반열반般涅槃'

마지막의 제6 장면은 화면의 정상부에 있는데, 안타깝게도 단편으로 남아있다(도40). 이쪽을 향해 안락한 좌세로 앉아 합장하는 인물과, 등에서 허리까지가 부분적으로 남아있는 인물의 두 명이 겨우 구분될 뿐이다. 그러나 잔존하는 부조화면의 가장 위쪽에 2행의 각문이 있어 어떤 장면인가를 알 수 있다.

(l. 1) [sā]lavane bhagavato (l. 2) parinivute
(역) 사라숲에서의 세존의 반열반

도40. '석가 최후의 여행'의 설화도 부분(2)[마루야마 이사무 촬영]

　　이 각문을 통해 석가의 반열반 장면이었음이 판명된다. 부조에 남은 두 인물은 석가가 반열반을 한곳에 입회했던 인물임이 틀림없으며, 불제자는 표현하지 않는다는 점을 고려할 때 아마도 쿠시나가라의 말라족을 표현했을 것이다. 석가의 반열반에 대하여 합장, 찬탄하고 있는 장면이라 해석할 수 있다. 이 장면의 중심은 두 인물의 우측에 있었는데, 그곳에는 열반한 상좌가 표현되어 있었거나, 혹은 바르후트의 부조(도15)에서 보이는 것처럼 스투파로써 석가의 반열반이 표현되어 있었을 것이라는 둘 중 하나일 것이다. 바르후트와 산치에서는 석가의 입멸 장면이 오로지 스투파를 통해서 이른바 대용적으로 표현되어 있는데, 아마라바티에서는 열반한 상좌를 통해 보다 직접적인 형태로 석가의 입멸을 표현했을 가능성도 있다(부론 참조). 만일 그렇다고 한다면, 북인도·중인도와 다른 남인도 반열반 도상의 특징이 될 것이다.

3. 설화도의 특징

부조의 장면들을 열반경 제본과 조합시켜가며 장면 해석을 시도해 보았다. 경전들의 설화적 내용이 기본적으로는 공통되며 부조도상과도 대응하지만, 세부적으로 검토해보면 부조도상 및 그에 딸린 각문과 특히 밀접한 관계를 갖는 텍스트가 무엇인지 명확히 알 수 있다.

첫 번째의 '바흐푸트라 성수' 장면은 바이샬리에 있던 유명한 성수(차이티야)를 표현한 것으로, P본과 한D본의 내용과 잘 조합된다. 다만 아기를 얻고자 예배하는 성수신앙에 대한 구체적 기술은 텍스트에 없고, 오히려 고대 초기의 부조에서 자주 보이는 성수신앙의 도상[40] 전통을 엿볼 수 있다.

두 번째인 '차팔라 성수' 장면에서는, 마왕의 요청을 받고 석가가 수명을 버릴 것을 약속한다. 불족에 합장예배하는 도상에 대해서는 S본과 한E본에 대응하는 기술이 있는데, 각문상으로는 P본과의 특별한 관련성이 시사된다. 세 번째의 '대숲의 쿠타가라 강당' 장면은, 석가가 그곳에 머물면서 비구들에게 3개월 후 열반에 들 것을 알리며 훈계하는 것으로 해석된다. 각문은 P본, S본, 한D본의 용어와 일치한다. 석가의 존재는 산개·성단·불족적에 의해 상징적으로 표현되어, 강당의 건축표현과 함께 바르후트 부조와 유사한 표현이 엿보인다. 네 번째의 '코끼리의 바라봄' 장면, 석가가 바이샬리를 떠날 때 마지막으로 코끼리처럼 뒤돌아 바라본 일을 보여준다. 각문의 글은 P본과 S본에 같은 말이 쓰이며, 그 내용은 한E본에도 보인다.

다섯 번째의 '석가의 휴식과 강의 기적' 장면에 있어서는, 춘다의 식사 공양을 받은 후 병에 걸려, P본과 한D본에 기록된 바와 같이 강변의 나무 아래에서 대의를 네 겹으로 접어 깔고, 그 위에 석가가 옆으로 누워서 휴식한다. 나무 아래의 네 가닥의 줄이 담긴 직사각형의 물건은, 네 겹으로 접은 대의 위에서 휴식하는 석가 자신을 표현하고 있다. 오른쪽으로 강이 흐르고 발우가 있다. 역시 P본과 한D본의 기록처럼 아난이 탁한 물을 발우에 뜨자 맑아졌던 기적을 표현한 것으로 해석된다.[41] 마지막의 여섯 번째 장면은 단편이지만, 각문을 통해 석가의 '반열반'을 표현한 것임을 알 수 있다. 그러나 합장하는 인물 등 2인이 구별되는 정도일 뿐이다.

이상의 검토를 통해 밝혀진 바와 같이, 텍스트와 관련시켜 본다면 현존하는 텍스트 중 어느 한 가지에만 의거하고 있다고는 말하기 어렵다. 종합적으로 본다면 P본과 한D본과의 관계가 가장 가깝다고 이해할 수 있을 것이다. 부분적으로는 S본의 내용에 보다 가까운 도상도 확인되지만, 특히 각문은 P본의 용어와 밀접한 조합을 보이는 것이 적지 않다. 한D본은 아마 원본이 P본에 가까운 것이었으리라 추측된다. 이 부조열반도상이 P본을 전거로 하고 있다고까지는 단정하기 어려울지라도, 양자는 거의 평행한 관계에 있다고 할 수 있을 것이다.

도상 모티브와 표현의 특징에 대해 보면, 우선 고대초기 미술에 공통되는 '불타불표현', 혹은 석가의 '상징적 표현'이 있다. 특히 쿠타가라 강당 내에서 볼 수 있는 산개·성단·불족적을 조합시킨 '상징적 표현'은, 전술한 바와 같이 바르후트 부조, 예를 들면 '신들의 찬탄'이나 '아잔타 샤트르왕의 예불'에서 한층 유사한 표현이 엿보인다. 초월적인 불타관에 기초하면서 인격화한 석가의 존재를 예상시키는 독특한 표현으로, 그 후 북인도·중인도에서는 이러한 표현의 전통은 소실되어 버리지만, 남인도에서는 불상을 표현하게 된 이후에도 옥좌와 불족적을 조합시킨 형태로 그 전통이 한편에서 뿌리 깊게 존속한다는 점이 흥미롭다.[42]

'코끼리의 바라봄' 및 '석가의 휴식과 강의 기적'의 장면은 오히려 '불타불표현'이라 할 만한 표현으로, 전자에서는 아마도 오직 각문으로서, 후자에서는 대의가 깔린 것만으로 석가의 존재를 암시하고 있다. 오직 각문에 의한 표현은 다른 예를 찾아볼 수 없지만, 후자와 같이 굳이 석가를 표현하지 않는 예는 바르후트와 산치의 '출가유성' 장면[43] 등에서 볼 수 있다. 불제자의 모습도 바르후트와 산치 등의 고대초기 미술에서는 표현되지 않지만, 그렇다고 해서 '상징적 표현'이나 '불표현'으로서 불제자가 표현되는 경우도 없어, 이른바 설화표현에서 배제되고 있다. 그에 반해 이 부조에서는 '강의 기적'의 장면에서 아난이 물을 뜨는 표현을 발우만으로 표현하고 있는 것은, 이른바 아난의 '불표현'으로 한층 보기 드문 표현이라 할 수 있다.

건물과 인물 표현에 주목해 보자. 쿠타가라 강당의 입구 장식은 나식 제18굴 등에서 볼 수 있는 차이티야굴의 입구와도 비슷한데, 첨봉이 있는 볼트 천장의 표현과 함께 역시 바르후트 부조와 유사한 건물의 표현이 있다. 인물의 표현도 기본적으로는 얼굴이나 몸을 표현할 때 측면관과 정면관을 조합시키는 초기적 기법이 다소 남아 있는데, 특히 합장하는 손을 측면 묘사로 표현하는 수법 등이 바르후트 부조의 인물 묘사와 비교할 만하다. 그러나 바르후트 부조와 비교할 때 인물의 측면 묘사 표현도 어느 정도 달성되고 있어 그보다 진보된 단계에 있다. 이 점은 원근법 표현에 주목하면 보다 명료해진다. 즉, 첫 번째 장면에서는 바이샬리의 세 그루의 성수를 둥근 고리 형태로 배치하여 공간을 주고, 두 번째 장면에서는 불족적이 표현된 판을 비스듬히 묘사하여 원근을 주고 있다. 또한 세 번째 장면의 쿠타가라 강당에 있어서도, 볼트천장의 표현은 바르후트의 건축표현과 달리 측면 묘사가 고려되어 있다. 다섯 번째 장면의 직사각형의 대의 표현도, 역원근의 사선을 사용하여 원근 묘사가 이루어지고 있다. 끝으로 여섯 번째 장면에서는, 정면향과 후면향의 인물을 조합시키는 한편 둘 사이에 공극을 마련함으로써 원근감이 표출되고 있다. 이상과 같이 시행착오적인 형태이면서도 다양한 묘사법이 사용된 각각의 미묘한 원근 표현이 확인된다.

화면 전체의 구성을 보면 언뜻 무작위의 장면배치와 구도법으로 보이지만, 역시 바르후트의 작례보다 한층 진보되어 있다. 장면의 전개는, 화면 좌측 하단에서 시작하여 우측으로, 그리고 좌상, 우상으로 진행되는, 밑에서 위로 지그재그를 그리며 전개된다. 화면 전체의 공간파악은 대략적으로는 바르후트의 부조와 같이 대지가 무한히 위를 향해 이어져 관자의 시점이 화면과 병행하는 표현법에서 완전히 벗어나지 못했지만, 보다 자연스러운 현실감을 갖는 쪽으로 한발 나아가 있다. 즉 화면 중앙으로 평온하게 굽이치는 물줄기가 그려지고, 두 그루의 나무가 그 강의 기슭을 따라 표현되며, 또한 나무 아래로 역원근법으로 표현된 직사각형 모양의 대의가 표현되어 있어, 그를 통해 관자의 시점은 이미 화면과 병행하지 않고, 굽이치는 물줄기와 함께 우측 상단으로 이동해 간다. 이 강은 기적이 일어난 '정화'의 강으로, 아래쪽의 바이샬리에서의 일화와 위쪽의 쿠시나가라에서의 반열반을 나누는 역할도 하고 있다.

이처럼 전체적인 화면구성은 장면 전개가 밑에서부터 지그재그 운동을 하며 진행되며, 또한 통일성 있는 자연공간 속에 배치하고자 하는 의도를 읽을 수 있다. 통일성 있는 자연공간의 표현은 바르후트의 '루루사슴 본생' 부조도[44] 등에서 다소 엿볼 수는 있지만, 전체적으로 본다면 이 부조의 구도법은 분명 바르후트보다 진전된 단계에 있다. 게다가 이 같은 공간표현은 바르후트를 계승한 산치부조에서는 발전을 보이지 않는다. 산치에서는 배경에 공간을 남기지 않고, 인물·동물·경물로 여백 없이 채우고자 하는 경향이 강하다. 그러한 점에서 오히려 이후 아마라바티 미술에서 발전하게 되는 삼차원적 입체 표현의 맹아를 이 부조를 통해 확인할 수 있을 것이다.

4. 설화도의 제작연대와 위치 지정

끝으로 이 부조의 제작연대와 아마라바티 조각 속에서의 위치에 대해 다루지 않을 수 없다. 그러나 사실 아마라바티 조각 중에서도 상당히 독특한 이 작품의 위치를 파악하기란 쉽지 않다. 보고자인 A. 고수와 H. 사르칼은, 바르후트 부조과 비교하여 그보다 조금 이른 기원전 2세기 말경으로 기술하며, 그것은 부조의 각문 서체와도 모순되지 않는다고 한다. 그러나 앞서 바르후트 부조와 비교해 본 바와 같이, 우리가 고찰한 내용을 통해 보면 바르후트 부조보다 거슬러 올라간다고는 생각하기 어렵다. 이 부조는 아마라바티의 공인들이 직접 제작에 참여했음이 틀림없지만, 바르후트에서 볼 수 있는 북인도 설화표현의 전통을 받아들였고, 그에 더하여 독자적 특색을 발휘하고 있음을 엿볼 수 있다. 문제는 이 부조의 설화표현을 이후 아마라바티 조각의 전개와 직접적으로 관련시키기 어렵다는 점이다.

아마라바티 조각의 편년, 특히 그 초기 양상에 대해서는 분명하지 않는 부분이 많다. 아마라바티 조각의 전성기가 2세기 중엽～3세기 초경이라는 점에는 견해가 거의 일치하고 있고, 시바스칸다 샤타카르니(167～174년)로 추정되는 왕의 각문이 있는 부조의 양식 등을 통해서도 수긍이 되지만,[45] 그 시작이나 초기의 양상에 대해서는 의논이 있다. 예를 들면 마드라스박물관 소장의 작품을 연구한 C. 시바라마무르티는 아마라바티 미술을 기원전 2세기에서 기원후 3세기 중엽까지의 긴 기간 동안 존속했다고 생각하여 전체를 4기로 분류하고,[46] 얕게 파내어 양식적으로 초기적인 작품을 제1기의 기원전 2세기에 제작된 것으로 보고 있다. 이에 반해 대영박물관 소장의 아마라바티 조각을 중심으로 연구한 D. 바렛은 전체 연대를 기원전 125～240년이라는 짧은 기간으로 생각하고, 그것을 3기(초기·중기·후기)로 구분하고 있다.[47] 초기는 2세기 중엽에 행해졌다고 보며, 연화문이나 연화만초 등의 장식문을 주된 모티브로 삼고 얕게 파는 간소한 양식을 보이는 것을 그 시기에 포함하고 있다.

시바라마무르티와 바렛이 든 작품은 각각 다른 것도 있어 양자의 타당성을 논하기란 쉽지 않다. 시바라마무르티는 제1기를 기원전 200～기원전 100년경, 제2기를 기원후 100년경으로 한다. 이에 반해 바렛은 안드라 지방이 사타바하나조의 푸루마비(130～158년경) 시기에 그 지배하에 들어와, 이 왕조에서의 경제적 번영이 아마라바티 미술의 개화를 초래했다고 생각하였고, 또한 산치나 카를라 석굴의 부조양식과의 비교를 통해, 이 미술의 시작을 기원후 2세기의 제2사반기로 보고 있다.

시바라마무르티설은 아마라바티미술의 개시를 기원전으로 보는 전통적인 설[48]을 계승하고 있는데, 현재로서는 역사적 고찰을 토대로 한 바렛의 설이 설득력이 있어 유력시되고 있다. 그러나 바렛이 초기로 분류한 부조조각은 양식적으로 일관되지 않는 경우가 있다. 중기 것보다 오래된 양식이면서도 거기에서 연속적으로 발전하는 요소를 가진 양식의 부조 이외에, 바르후트 부조 혹은 산치 부조와 비교할 만한 오래된 양식을 보이는 부조[49]도 있어서, 후자는 연대적으로 거슬러 올라갈 가능성이 있을 것이다. 우리의 열반설화부조도 바르후트부조보다 나아간 단계에 있지만 그와 비교할 만한 요소도 있어서, 그 제작연대는 기원후 1세기 전반까지 거슬러 올라갈 가능성이 있을 것이다.[50] 아무튼 아마라바티 미술의 개시기에 대해서는 이후의 연구가 필요하다.

바르후트와 산치 등 북·중인도의 고대초기 미술에서는 열반도가 오로지 스투파로서만 표현되며, 열반관계의 설화부조로는 석가 열반 후 다비를 마친 뒤의 '사리 쟁탈전', '분사리', '사리운반' 등의 사리에 관한 설화 장면이 알려져 있을 뿐이다. 본고에서 살폈던 아마라바티부조는 열반경의 전승을 따라 열반 전후의 모든 장면을 표현한, 상당히 주목해야 할 작례라고 할 수 있다. 간다라에서도 '열반'에서 '기탑起塔'에 이르기까지의 열반에 관한 설화도상이 성행하지만 아마라바티부조의 '석가의 마지막 여행'의 도상과는 완전히 다르기에, 이 같은 열반설화도는 간다라에서 전혀 유례를 찾아볼 수 없다. 후대 열반도상의 기본형이 되는 간다라의 열반도상은 남인도와는 별개로 성립한 것임을 말해준다.

한편 아마라바티에서의 그 후의 전개를 보면, 이상하게도 열반의 설화도상은 고작 '사리 쟁탈전'을 표현한 부조단편(도64)과, '사리 공양', '분사리', '사리운반'을 연속하여 표현한 부조(도65) 각 1점이 있을[51] 뿐으로, 여기서 본 열반설화의 전개는 전혀 찾아볼 수 없다. 게다가 사라쌍수 아래에서의 석가 입멸을 표현한 열반도는 한 점도 보이지 않고, 열반 장면은 고대초기 이래의 스투파도가 대용되고 있다. 아마라바티에서는 석가의 주요한 사적을 몇 장

면으로 정리한 삼상도三相圖, 사상도四相圖 등의
표현에서조차 열반도는 반드시 스투파 예배도
로 표현되고 있는 것이다. 아마라바티에서는
이미 불상을 표현하기 시작한 뒤에도, 한편에
서는 '붓다의 상징적 표현' 혹은 '불타불표현'의
전통이 뿌리 깊게 이어져, 성도를 보리수, 초설
법을 법륜, 열반을 스투파로써 표현하고 있다.
그뿐 아니라 열반 장면 이외는 붓다를 인간상으
로 표현하는 설화표현을 취하면서도, 열반 장
면만은 스투파 예배도(스투파의 정면에 불입상을
표현하는 장면도 있다)로써 표현하고 있는 예도
적지 않다(도41, 59).[52] 석가가 평상 위에 가로 누
운 모습의 열반도를 남인도에서는 전혀 찾아볼
수 없다. 이는 남인도에서 '열반'이 얼마나 인간
의 죽음과는 다른 '불교의 이상'의 실현을 의미
하고 있었는가를 말해주고 있어, 열반의 설화
도상이 큰 발전을 이루지 못했던 사정을 추측할
수 있다.

　　본고에서 살핀 열반의 설화도상을 표현한
아마라바티 부조는 이러한 의미에서도 무척 특
이한 작품이라고 할 수 있다. 이 흥미로운 열반
도상은 남인도는 물론 그 후의 인도 열반도상에
대하여 거의 아무런 영향력을 미치지 못한 채
소멸하고 만다. 아마라바티 부조미술의 최초기
양상을 보여주는 작품이자 열반 설화도상의 몇
점 안 되는 사례의 작품으로서 중요하다.

도41. 사상도(아래부터 '마부
　　애마와의 이별', '성도',
　　'초설법', '열반'). 아마라
　　바티. 3세기 초. 대영박
　　물관[Barrett, pl. 8(a)]

[부론] 아마라바티출토 팔각기둥 부조의 장례설화도

남인도의 열반관계 설화 장면을 표현했을 가능성이 있는 또 하나의 부조가 있다. 그것은 이미 반세기 이상 전에 A. K. 쿠마라스와미가 소개한 것이다. 이 부조가 있던 팔각의 석주단편은 J. 바제스가 1881~82년에 아마라바티대탑을 발굴했을 때 출토된 삼백 점 이상의 부조 중 하나이다.[53] 마두라스박물관에 소장되고 있으며, C. 시바라마무르티의 카탈로그를 겸한 저서에도 수록되어 있다.[54]

바제스에 따르면 이 팔각기둥 단편은 대탑지의 동문 근처에서 발견되었다. 하단에 난순장식이 시문되어 있고, 그 부분의 직경은 46cm 정도이다. 난순장식 위쪽에는 위로 갈수록 점점 가늘어지는 팔각기둥의 짧은 주신柱身

도42. 장례설화도. 아마라바티. 1세기 후반. 마드라스박물관[Coomaraswamy 1, fig. 1]

이 있고, 상단에는 두께 약 10cm, 직경 51cm의 연잎문양을 시문한 정판頂板이 있다. 난순장식 아래쪽에 대한 바제스의 기록은 인물과 동물이 표현된 부조가 있다는 데 그치고 있다.

이 부조(도42)를 추가적으로 검토하여 열반관계 설화도로 본 것이 쿠마라스와미이다.[55] 이부조의 도상해석에 대해서는 T. N. 라마찬드란[56]과 B. 켐퍼즈[57]에 의해 이론異論이 제기되었고, 시바라마무르티[58]도 비판적으로 그것을 계승하고 있다. 그러나 열반설화로 본 쿠마라스와미설이 보다 타당하다고 생각되었기에, 아래에서 검토해 보고자 한다.

팔각기둥의 두 면에 열반관계 설화 장면의 부조가 남아있다. 중앙면은 크게 마멸되어 있고, 그 좌우면에 각각 부조가 보인다. 우측 기둥 반대쪽의 다른 면에는 아무것도 조각되어 있지 않았다고 한다. 향좌측을 제1 장면, 우측을 제2 장면으로 하고, 쿠마라스와미의 고찰과 최근 재검토를 행했던 J. 에베르트의 고찰[59]을 참조해 가며 검토해 보고자 한다.

(1) 제1 장면

세로로 긴 구획의 중앙에는 다리가 달린 침대가 세로로 표현되고, 네 명의 인물이 그것을 둘러싸고 있다. 침대에는 베개가 표현되어 있는데, 인물의 모습은 없이 세로로 음각한 다수의 선들이 보일 뿐이다. 네 인물 모두 손을 침대 가장자리에 대고 있어서 그것을 들어 올리려 하는 듯 보인다. 우측에는 또 한 명의 인물이 있는데 무언가를 들어 올리고 있는 모습이지만 세부는 분명하지 않다. 아래쪽에는 사라로 추측되는 나무가 몇 그루 보인다. 위쪽으로는 난간이 있는 건축물이 있는데, 파손된 부분도 있어 그 전체 모습은 알 수 없다.

쿠마라스와미는 하단의 나무를 사라숲으로 보고, 베개가 있는 침대를 통해 분명 석가의 입멸을 표현하고 있다고 해석했다. 고대초기 미술의 습관으로, 석가는 표현되지 않고 침대와 그 위의 베개를 통해 입멸한 석가를 표현하고 있다고 고찰하여, 열반 장면 그 자체라는 해석을 이끌었다. 이에 반해 에베르토는 '쿠시나가라로의 시신의 운반'의 장면으로 해석하고 있다. 그녀는 그 이상의 고찰을 더하지는 않았지만, 아마도 네 명의 인물이 침대를 들어 올리는 동작을 하고 있다는 것을 중시한 것이라고 생각된다. 쿠마라스와미도 침대를 둘러싼 네 명의 인물이 그것을 들어 올리고 있는 듯 보인다고 기록하고 있지만 그 이상의 해석은 하지 않았다.

텍스트에서 하나의 흥미로운 에피소드가 주목된다. P본에는 대략 다음과 같이 기록되어 있다.[60] 석가 입멸 후 7일째 날 8명의 말라족 수장들은 머리를 감고 새 옷을 입고 남쪽으로 난 길을 통해 시신을 성시의 남쪽으로 운반하여 화장하고자 했다. 그런데 그것은 신들의 의향에 반하는 것이었기 때문에, 그들은 들어 올려서 운반할 수가 없었다. 그래서 신들의 의향에 따라 북쪽으로 난 길을 통해 시신을 성시의 북쪽으로 운반하고, 북문에서 성시로 들어가 그 중앙으로 옮겨, 동문으로 나와 성시의 동쪽에 있는 화장장(마크다반다나 체티야)으로 운반했다.

이 에피소드는 열반경마다 세부적인 내용에 상당한 차이가 있다. 그렇다고 해도 이 에피소드의 주안점은, 석가의 시신을 운반할 때 신들의 의향에 따라 처음 생각대로 할 수 없었다고 하는 일종의 기적담이다. 문제의 부조 장면은 그 그림을 통해 볼 때, 석가 입멸 후 그 시신을 들어 올려 옮기고자 했지만 들어 올릴 수 없었다고 하는, 열반경들이 전하는 기적을 표현한 것은 아니었을까. 옮기려 했던 인물에 대해서는, P본에선 '말라족의 8인의 수장들', 다른 본에서는 인원수를 기술하지 않고 옮기는 인물도 '童子'(한A[61] · 한C본[62]), '逝心理家(長者)'(한B본[63]), '諸力士'(한D본[64]), '諸壯士'(한E본[65]), '男'(S본[66]) 등이 있다. 운반 대상도 불사리(시신)의 '牀', '床'이라 하는 텍스트(한A · 한B · 한3본)와, 부처의 '관棺'이라고 한 텍스트(S본, 한D · 한E본)가 있다. 특히 한A본에는 '末羅童子'가 석가의 시신을 안치한 침대의 네 귀퉁이를 들어 올리려 했다는 내용이 보여 부조의 도상과 가깝다.

부조화면 우측의 인물은 무언가를 들어 올려 게양하는 듯한 모습을 하고 있어, 어쩌면 한A본의 '번당을 받쳐들다'*라는 내용을 표현한 것인지도 모른다. 다른 본에서도 각종 공양이 이루어졌음이 언급되어 있다. 다만 한E본에는 "여인은 당기·번기를 들고 남자는 상여를 메시오"**라고 하였고, S본에서는 "말라족의 여자들은 천막을 펼쳐 관 위를 장식하고, 남자들은 관을 짊어지려고 했다"라고 하는데, 부조에서는 모두 남성들인 것 같다. 이 또한 한A본의 "말라족 동자들에게 평상의 네 귀를 들게 하고 번당을 받쳐들게 하여"***라고 하는 기술이 부조 장면을 상기시킨다.

또한 화면 위쪽의 난간이 있는 건축물은 쿠시나가라의 성벽을 표현한 것이 아니었을까. P본에서는 성시의 북문으로 들어와 중앙으로 옮기고, 동문으로 나와 화장터로 옮겼다는 내용이 보인다. 시신을 운반한 방법에 대해서는 여러 이전異傳이 있지만, 모두 성시의 한 문으로 들어가고 다른 문으로 나와 화장터로 옮겼다는 것은 공통된다. 시신을 화장터로 옮길 때 쿠시나가라의 성시를 통했던 것이 이 에피소드의 요점이 되고 있다는 점으로 미루어 볼 때, 난간이 있는 건축물은 쿠시나가라의 성벽을 표현한 것이라고 추측된다.

이상으로 팔각기둥 부조의 좌측 장면에 대해 검토했다. 석가가 사라숲에서 입멸한 후 말라족 사람들이 그 시신이 있는 침대를 들어 올려 운반하려고 했는데, 처음에는 신들의 의향으로 들어 올릴 수가 없었다. 그러나 신들의 의향에 따라 성내로 옮기고, 거기에서 화장터로 옮겼다고 하는 에피소드를 표현한 것으로 해석된다.

---

* 擎持幡蓋『불설장아함경』4권(ABC, K0647 v17, p. 850a05-a06)
** 불교기록문화유산 아카이브(https://kabc.dongguk.edu/) 우리말 번역문 인용. 女持幢幡, 男可擎輿.『근본설일체유부비나야잡사』38권(ABC, K0893 v22, p. 888a04-a05)
*** 使末羅童子, 擧牀四角, 擎持幡蓋.『불설장아함경』4권(ABC, K0647 v17, p. 849c16-c17)

(2) 제2 장면

팔각기둥 부조의 우측 화면에서는 우측 하단으로 줄이 있는 큰 직사각형이 있고, 그 안에 무지無地의 작은 직사각형이 있다. 쿠마라스와미는 이것을 화장터에 쌓아 놓은 땔감 위에 천으로 감싸진 석가의 시신이 안치되어 있는 표현으로 보았다. 땔감을 쌓아 놓은 곳의 한쪽 끝(위쪽)에는 한 인물이 오른손을 펴서 시신을 만지고, 왼손은 턱에 댄 모습을 하고 있다. 이 인물에 대해서는, 처음에는 화장터 땔감에 불이 붙지 않았지만 대가섭이 도착하여 쌓아놓은 땔감을 우요하고 세존의 두 발을 예배하자 불이 타올랐다고 하는 이야기를 통해, 언뜻 대가섭은 아닐까 생각하게 된다. 그러나 잘 보면 이 인물은 승의를 입고 있지 않으며, 터번관식을 쓰고 도티를 걸치고 있다는 점에서, 말라족의 수장일 것으로 쿠마라스와미는 고찰했다.

열반경마다 세부적인 차이는 있지만 시신을 천으로 감싸고 입관하여 땔감더미 위에 올려 화장하려고 했으나, 신들의 의향으로 대가섭이 도착할 때까지 점화되지 않았음이 기록되어 있다. 부조는 이 장면을 표현했을 것이다. 화장 땔감 끝에 있는 인물은 오른손을 뻗어서 점화하려 하고 있는 것이 아닐까. 왼손을 턱에 대고 있는 모습은 어쩌면 불이 붙지 않는 것을 기이하게 생각하고 있는 것인지도 모른다. 화장 땔감에 불을 붙이려고 했던 인물에 대해, P본은 '말라족의 네 명의 수장'이라 하였고[67] 다른 본도 복수로 되어 있는 것이 많은데, 한A본은 '로이路夷라고 하는 말라족의 대신',*[68] 한C본에는 '구소漚蘇 대신'**[69]이라는 특정 이름을 들고 있어 부조의 표현과 가깝다.

부조 속 땔감의 다른 쪽 끝에는 한 명의 여성이 춤을 추고 그 옆의 또 한명(남성?)은 오른손을 뺨에 댄 모습이다. 여성의 무용은 쿠마라스와미가 고찰한 것처럼 석가의 시신에 대한 공양을 표현했을 것이다. P본에는 신들과

---

*   有末羅大臣, 名曰路夷. 『불설장아함경』 4권(ABC, K0647 v17, p. 850c16-c17)

**   漚蘇大臣. 『반니원경』 2권(ABC, K0654 v19, p. 224a14)

말라족 사람들이 무용·가요·음악·화륜·향료로써 석가의 시신에 공양했음이 보인다.[70] 바르후트[71]나 산치[72]의 '부처의 머리카락(佛髮)공양(cūḍāmaha)'의 장면에도 여성의 춤 공양(푸샤)이 표현되어 있는데, 산치부조의 경우는 춤의 포즈 자체도 이 부조와 일치하고 있다. 춤추는 여성 옆의 인물에 대해서는 쿠마라스와미는 다른 말라족의 수장으로, 석가의 죽음을 슬퍼하고 있다고 보았는데 확실하지 않다. 어쩌면 마찬가지로 춤추는 인물인지도 모른다.

부조화면의 좌측 상단에는 문에서 말이 나와 화장터 쪽으로 향하고 있다. 말 위에는 아무도 타고 있지 않지만, 산개를 든 인물이 선도하고 있다. 쿠마라스와미는 석가의 말이 화장터 주위를 우요하고 있는 것으로 보았는데, 에베르트가 말한 것처럼 석가의 시신을 화장터로 옮기는 모습일 것이다. 다만 텍스트에는 말이 선도하여 시신이 운반되었던 내용은 보이지 않는다. 화면의 좌측이 결손되어 있기 때문에 명확하지 않지만, 문의 일부가 있다는 점에서 시신이 쿠시나가라의 마을을 지나 성 내에서 나와 화장터로 향하는 장면으로 생각된다. 화면 우측 하단의 화장터 장면보다 앞서는 장면인 것이다.

화면 위쪽으로 물결이 표현된 삼각형 구획이 있다. 쿠마라스와미는 이것을 '저수지'로 보며, P본의 약간 난해한 문장의 의미를 분명하게 하고자 했다. 즉, P본에는 화장터 불의 소멸에 대해, '허공에서 물줄기가 나타나 내려오고', 'udaka-sālaka에서도 물줄기가 샘솟아 나와서', 석가의 화장 불을 끄는 내용이 보인다.[73] udaka-sālaka는 연구가 필요하겠지만 이 부조의 도안을 통해 벽으로 물을 막고 있는 '저수지'라는 것으로 이해된다고 본 것이다. 다만 이 에피소드에 대해서는 다른 본이 전하는 내용과 다르다. 한D본에서는 신들이 비를 내려 껐다고 하며, 한A본에서는 사라수신이 신력으로 껐다고 한다. 한편 한B본에서는 사람들이 향유를 부어 껐다고 하고, S본은 향유를 부은 후 거기에 네 종의 수목이 자라났다고 하며, 한E본에서는 그 수목들이 유액을 내어 껐다고 하고 있다. 이 전승들과 P본을 비교한다면 P본이 독특하지만, udaka-sālaka라는 말이 사라수나 유액을 낸 수목과 관계가 있을지도 모른다.[74] 이 에피소드가 기적담으로서도 의미가 명료하지 않은 부분이 많아 쿠마라스와미가 추정한 바와 같이 부조의 도안과 연관시킨다고 한다면, udaka-sālaka의 원의가 '저수지'로 해석되어 중요한 증언이 된다. 다만 부조의 도안에서는 강을 표현한 것처럼 보이기도 하여, 쿠시나가라 근처를 흐르는 히라니야바티강을 표현했을 가능성도 없지는 않음을 부언해 두고자 한다.[75]

이상의 검토를 통해 이 화면은 다음과 같이 해석된다. ① (좌측) 산개를 든 시종에게 선도되어 말이 쿠시나가라의 문으로 나와, 석가의 시신을 화장터로 옮긴다. ② (우측 하단) 화장할 땔나무를 쌓고 천으로 감싼 시신이 그 위에 안치되며, 무용으로 공양을 받다. 말라족의 대신이 땔나무에 불을 붙이려고 하지만, 신들의 의향으로 점화할 수 없다. ③ (상단) 근처에 물의 표현이 있는데, 그것은 화장 후에 '저수지'에서 물이 넘쳐 흘러나와 불을 끈 것을 표현한 것이거나, 혹은 근처의 히라니야바티강을 표현한 것이다.

이 팔각기둥 부조는 중앙면이 결손되어 전체의 모습을 알 수 없지만, 열반 후의 장면들을 연속하여 표현한 흥미롭고 유례를 찾아볼 수 없는 설화표현으로서 주목된다. 간다라부조에도 '상여의 운반', '염', '입관', '다비'의 장면이 보이지만 이 부조의 표현과는 완전히 달라, 남인도 특유의 설화도상이라고 할 수 있다.

이 부조의 특징으로서 구도와 원근법의 문제를 지적해 두겠다. 수목과 건물 등은 명확한 정면향 시점을 통해 개념적으로 표현하고 있는데, 인물은 측면향, 정면향을 주로 하면서도 그 포즈 등은 비교적 자유롭다. 원근 표현에 대해서는 먼 곳에 있는 것을 위쪽에 같은 크기로 묘사하며 밑에서 위로 쌓아 올라가는 표현법으로, 바르후트의 표현과 매우 유사하다. 그러나 큰 차이는 화면 중앙에 침대나 화장터를 위에서 내려다 본 시점으로 표현하고 있는 것으로, 그로 인해 화면 전체가 부감俯瞰시되는 양상을 보이고 있다는 점이다. 이 부감시적 묘사가 화면 전체를 통일하는 강한 구도상의 효과를 주고 있어, 그 후에 아마라바티에서 발전하는 삼차원적인 오행 묘사에 적지 않은 영향을 미쳤던 것으로 생각된다.

이 부조의 제작연대에 대해서, 쿠마라스와미는 부조의 양식과 인물의 터번형식을 통해 기원 후 100년 이전의 것으로 보았고, 에베르트도 기원후 1세기 중경 혹은 말엽의 것으로 추측하고 있다. 이미 기술한 바와 같이 아마라바티 미술의 연대에 대한 정설은 아직 없으며, 특히 초기상에 관해서는 불명확한 부분이 많다. 이 부조의 연대도 분명하지 않아, 시바라마무르티는 그의 4기 구분 중 제1기의 기원전 1세기로 보고 있는데, 바르후트 부조와의 비교, 바렛이 2세기 중엽으로 추측하고 있는 초기 부조와의 비교를 통해 생각하더라도, 지금으로서는 1세기 후반경의 아마라바티 부조의 최초기 작품 중 하나라고 생각하는 것이 타당할 것이다.

[미주]

1   A. Ghosh and H. Sarkar, "*Beginnings of Sculptural Art in South-East India: A Stele from Amaravati*", Ancient India, nos. (20&21. 1964-65), pp. 168-77. pl. 39-44. 또한 肥塚隆,「インドの涅槃図」(元興寺文化財研究所 편,『涅槃会の研究』수록) (綜芸舎, 1981), pp. 12-13, 및 J. Ebert, "Parinirvāṇa and Stūpa", *The Stūpa. its Religious Historical and Architectural Significance*, ed. by A. L. Dallapiccola (Wiesbaden, 1980), p. 221; do., Parinirvāṇa: Untersuchungen zur ikonographischen Entwicklung vonden indischen Anfängen bis nach China, (Stuttgart, 1985), pp. 46-50에 언급되어 있다.

2   이하의 각문은 모두 A. Ghosh and H. Sarkar에 의한다.

3   Mahāparinibbāna-suttanta, 3. 1-2. 中村元 역, pp. 65-66.

4   杉本卓洲,『インド仏塔の研究』(平樂寺書店, 1984), pp. 84-141; 宮治昭,「ストゥーパの意味と涅槃の図像」,『仏教芸術』122 (1979), pp. 96-105 참조.

5   中村元 역,「靈域」의 주, pp. 193-196 참조.

6   Mahāparinibbāna-suttanta, 3. 2. 中村元 역, p. 66.

7   T.01, p. 191b.

8   Mahāparinibbāna-suttanta, 15. 9. 岩本裕 역, p. 78. 그러나 이것은 Bahuputraka caitya 의 오기로 보인다. cf. F. Edgerton, *Buddhist Hybrid Sanskrit Dictionary*, p. 399.

9   Udena cetiya (優陀延支提), Gotamaka cetiya (瞿曇支提), Sattambaka cetiya (菴羅支提), Bahuputta cetiya (多子支提), Sārandada cetiya (娑羅支提), CāPāla cetiya (遮波羅支提)

10 cāpāla caitya, saptāmraka, bahupattraka, gautamanyagrodha, śālavana, dhurānikṣepana, mallānāṃ makuṭabandhana caitya.

11 A. Bareau, *Recherches sur la biographie du Buddha dans les sūtrapiṭaka anciens*, Tome 1, Paris, 1970, p. 149.

12 杉本卓洲,『インド仏塔の研究』, pp. 367-370에서 정리하여 고찰하고 있다. 또한『장아함경』11에는 '毗舍離有四石塔, 東名憂園塔, 南名象塔, 西名多子塔, 北名七聚塔' (T.01, p. 66c)라고 한다.

13 이 설화는『잡보장경』1 (T.04, pp. 451c-453b),『대방편불보은경』3 (T.03, pp. 140c-142c) 등에서도 보인다.

14 『법현전』(T. 41, pp. 861a-862a)에는 갠지스강 상류에 있는 국왕의 소부인이 육태肉胎를 낳게 되어 그것을 목함에 넣어 갠지스강에 던져 버리자, 하류의 국왕이 그것을 주워 열어 보니 안에 천자千子가 있어 그들을 길렀는데, 이후에 두 나라의 왕이 서로 싸우려고 할 때 천 명의 아이들이 모친과 재회하여

화해한다는 이야기가 있다.

15 『장아함경』 권11 (T.01, p. 66c), 『불소행찬』 권4 (T.04, p. 33c)

16 『대당서역기』 (T.51, pp. 908c-909a)에 따르면 수컷 사슴과 선인과의 사이에서 태어난 딸을 범예왕이 데리고 가 천자子子가 앉아있는 천엽연화를 낳게 되는데, 갠지스강에 던져 버려지게 된다. 그것을 주운 오기연왕이 천자를 기르게 되며, 이후에 범예왕과 서로 싸우려 할 때 천자들이 모친인 녹녀鹿女와 재회하고 화해한다는 이야기. 水谷眞成 역주, 『大唐西域記』 (中國古典文學大系 22) (平凡社, 1971), pp. 233-234 참조.

17 松本栄一, 『敦煌画の研究』 (東方文化學院東京研究所, 1937), pp. 480-490. 도판 126a.

18 Mahāparinibbāna-suttanta, 3. 7. 中村元 역, p. 69.

19 텍스트의 ekamantaṃ aṭṭhāsi는 '한편에 섰다'라 하고(나카무라 하지메中村元 역) 있는데, tiṭṭhati(skt. sthā)는 반드시 '서다'를 의미하는 것이 아니라, 여기서는 '머무르다', 혹은 오히려 '앉다'의 의미로 이해할 수 있을 것이다.

20 A. K. Coomaraswamy, *La Sculpture de Bharhut* (Paris, 1956), pp. 43-46, fig. 23, 26; J. Marshall and A. Foucher, *The Monuments of Sāñchī*, 1, pp. 116-7, 2, pl. 29.

21 Mahāparinirvāṇa-sūtra, 16. 1. 岩本裕 역, p. 80.

22 T.24, p. 387c.

23 Mahāparinibbāna-suttanta, 3. 37.

24 S본에서는 utsṛṣṭa가 사용되고 있다. Mahāparinirvāṇa-sūtra, 18. 3.

25 cāpa는 '활'이라는 뜻. 長澤和俊 역주, 『法華經 · 宋雲行紀』 (東洋文庫, 平凡社, 1971), p. 90에는 '放弓仗塔'을 '바후프트라카 차이티야'의 번역이라 하고 있으나 오역.

26 T.51, p. 862a.

27 T.51, p. 908c. 水谷眞成 역, 앞 책, pp. 232-233.

28 A. K. Coomaraswamy, 앞 책, figs. 27, 32, 35, 36, 67, etc.

29 J. Fergusson and J. Burgess, *The Cave Temples of India* (London, 1880), rep. ed., (Delhi,1969), pl. 25.

30 이 부분의 모든 텍스트는 다음과 같다. P본…Text, 3. 48-49. 中村元 역, pp. 94-95. S본…Text, 19. 1-4. 岩本裕 역, p. 8. 한A본…T.01, p. 16c. 한B본…T.01, p. 165b. 한C본…T.01, p. 181a, T.01, p. 388c.

31 A. Ghosh and H. Sarkar, 앞 책, pl. 41.

32 T.51, p. 861c.

33 T.51, p. 909a. 水谷眞成 역, p. 234.

34   A. K. Coomaraswamy, 앞 책, figs, 30, 33.

35   D. Schlingloff, *Studies in the Ajanta Paintings : Identifi-cations and Interpretaions* (Delhi, 1988), pl. 247.

36   이 부분의 모든 텍스트는 다음과 같다. P본⋯Text, 4. 1. 中村元 역, p. 99. S본⋯Text, 20. 1-10. 岩本裕 역, pp. 86-87. 한C본⋯T.01, p. 181c. 한D본⋯T.01, p. 193b. 한E본⋯T.24, pp. 388c-389a.

37   中村元 역, p. 252, 주 99).

38   岩本裕 역, p. 385, 주 51).

39   이 부분의 모든 텍스트는 다음과 같다. P본⋯Text, 4. 1. 39-41. 中村元 역, pp. 121-122. S본⋯Text, 27. 1-16. 岩本裕 역, pp. 100-101. 한B본⋯T.01, p. 168ab. 한C본⋯T.01, p. 183c. 한D본⋯T.01, p. 197bc. 한E본⋯T.24, pp. 390c-391a.

40   cf. O. Viennot, *Le Culte de l'arbre dans l'inde ancienne* (Paris, 1954), pp. 120-24, pls. 2-5.

41   肥塚隆, 앞 논문에서는, '석가의 휴식과 강의 기적'의 장면에 대해 '산스크리트문『대반열반경』의 한 절을 상당히 충실하게 도시한 장면'이라고 하였으나, 이미 고찰한 바와 같이 옳지 않다.

42   D. Barrett, *Sculptures from Amaravati in the British Museum* (London, 1954), pls. 8(b), 9(a), 20(a), 34, 35: C. Sivaramamurti, *Amaravati Sculptures in the Madras Museum* (Madras, 1942), pls. 20-2, 21-1, 24-4, 24-2, 37-3; Ph. Strern et M. Bénisti, *Évolution du style Indien d'Amaravati* (Paris, 1961), pls. 21, 30-a, 38-b, 39-b, 40-a.

43   J. Marshall and A. Foucher, 앞 책, 2, pl. 40.

44   A. K. Coomaraswamy, 앞 책, fig. 73; 宮治昭,「インド美術にみる時間と空間の表現」,『愛知県文化会館ニュース』310 (1986, 1) 참조.

45   J. Burgess, *The Buddhist Stupas of Amaravati and Jaggayyapeta* (1887), pp. 61-62, pl. 26, 1; C. Sivaramamurti, 앞 책, pp. 215-6, 291, pl. 48-2; D. Barrett, 앞 책, pp. 43-44.

46   C. Sivaramamurti, 앞 책, pp. 27-32.

47   D. Barrett, 앞 책, pp. 40-56.

48   A. K. Coomaraswamy, *History of Indian and Indonestian Art* (London, 1927); L. Bachhoger, *Early Indian Sculpture* (Paris, 1929).

49   D. Barrett, 앞 책, pls. 5, 9(b)(c)(d).

50   肥塚隆 · 田枝幹宏,『美術に見る釈尊の生涯』(平凡社, 1979), p. 175 참조. 코에즈카肥塚 교수는 기원 후 1세기경을 시사하고 있다. cf. J. Ebert, 앞 책, p. 221.

51   C. Sivaramamurti, 앞 책, pls. 14-2, 43-1.

52   D. Barrett, 앞 책, pls. 8(a), 20(a); Ph, Stern et M. Bénisti, 앞 책, pls. 42-a, 37-a, 40-a,

70-b.

53 J. Burgess, 앞 책, p. 86, pl. 44, fig. 4.

54 C. Sivaramamurti, 앞 책, pp. 151-55, pl. 17, 1-3.

55 A. K. Coomaraswamy, "Notes sur la Sculpture Boudhi-que", *Revue des Arts Asiatiques*. 5. (4, 1928), pp. 244-47, fig. 1.

56 T. N. Ramachandran, "An inscribed pillar carving from Amaravati", *Acta Orientalia*, (10, 1932), pp. 135-53, fig. 2.

57 B. Kempers, "Note on an ancient sculpture from Amaravati", *Acta Oreintalia* (10, 1932), pp. 364-71, pl. 1.

58 주 54) 참조.

59 J. Ebert, "parinirvāṇa de stūpa", (1980), p. 221; do. *parinirvāṇa*, 1985, pp. 46-50.

60 Mahāparinibbāna-suttanta, 6. 14-16. 中村元 역, pp. 166-168.

61 T.01, pp. 27c-28a.

62 T.01, p. 189ab.

63 T.01, p. 173abc.

64 T.01, p. 206b.

65 T.25, p. 400c.

66 Mahāparinirvāṇa-sūtra, 47. 1-23. 岩本裕 역, pp. 136-139.

67 Mahāparinibbāna-suttanta, 6. 21. 中村元 역, p. 171.

68 T.01, p. 28b.

69 T.01, p. 189b.

70 Mahāparinibbāna-suttanta, 6. 16. 中村元 역, p. 167.

71 A. K. Coomaraswamy, *La Sculpture de Bharhut*, fig. 32.

72 J. Marshall and A. Foucher, 앞 책 2, pl. 18, b3.

73 Mahāparinibbāna-suttanta, 6. 23. 中村元 역, p. 173.

74 부다고사Buddhaghosa에도 P본의 이 부분에 대해, 수목의 안쪽에서 물줄기가 나와 불을 껐다고 해석하고 있다. 中村元 역, p. 308, 주173, 참조.

75 이 물결이 나타난 삼각형상 표현 밑에 Naranjarā라고 기록된 각문이 있어, 이 제2 장면을 해석하는 경우에 문제가 된다. 라마찬드란은 각문을 바탕으로 제2 장면을 (1) 보살의 승의 세탁, (2) 수자타의 보살에의 향유 죽 공양, (3) 항마성도의 세 가지 가능성을 지적하고, 특히 (1)일 것으로 생각했다(주 56) 논문 참조). 그러나 라마찬드란과 시바라마무르티의 해석은 도안을 충분히 설명할 수 없다고 생각된다. 한편 켐퍼즈는 각문을 소멸된 윗부분의 장면에 관한 것으로 보았으며, 이 제2 장면에 대해서는 보살의 출가 전 궁정생활을 표

현한 것이라고 한다(주 57) 논문 참조). 그러나 이 해석도 충분한 설득력을 갖지 못한다. Naranjarā라는 각문은 분명 문제를 내포하고 있지만, 어쩌면 각문한 자가 단순히 Hiranyavatī를 착오한 것으로도 생각할 수 있다.

제3장

간다라 열반도의 독해
— '석가의 죽음'을 주제로 한 설화도의 출현 —

I. 서론

간다라의 열반설화를 표현한 부조는 이른바 '열반' 장면 이외에 열반 후의 장례에 관한 '시신의 염습', '시신의 운반', '입관', '다비'의 장면들과, 더하여 다비 후의 사리에 관한 '사리입성', '사리수호', '사리 쟁탈전', '분사리', '사리운반', '기탑'의 장면들을 들 수 있다. 특히 봉헌소탑의 기단 주위에는 석가의 탄생부터 소년시절, 그리고 궁정생활부터 출가에 이르는 전반생과, 생애의 마지막에 관한 열반관계 설화를 연속하여 표현한 것이 많아, 간다라의 연대기적인 불전도의 특징이 두드러지게 엿보인다. 그러나 간다라에 있어서도 열반관계의 장면들 중에는 석가 입멸을 표현한 '열반'이 가장 중시되어, 그 작례도 현재 70점에 이르는 많은 수가 알려져 있다(표1 참조). 간다라의 열반도(모두 부조)는 이후 인도뿐 아니라 중앙아시아·동아시아 열반도의 기본이 되는 도상형식을 제시했다는 점에서도 중요하다.

간다라 열반도상의 연구는 A. 푸세의 고전적 연구[1]가 출발점이 되는데, 본고에서는 팔리본(P본) 외에 산스크리트본(S본), 한역5본(한A·한B·한C·한D·한E본)을 참조하면서(여기서는 모두 소승계열반경) 열반도의 세부에 걸쳐 도상을 독해하고자 한다. A. 바로의 문헌학상의 열반경 연구[2]는 본고에서 꾸준히 참조하고 있다. 열반도의 도상학적연구에 관해서는 최근 J. 에베르트의 연구[3]를 들 수 있고, 또 최근 출판된 쿠리타 이사오栗田功의 간다라불전도도록⁴에는 미출간된 다수의 작품이 수록되어 도움이 된다.

간다라의 도상은 개개의 작례에 있어 많은 변형이 있기는 하지만 표현형식의 틀은 공통된다. 즉, 가로로 긴 부조화면의 양 끝에 사라쌍수를 배치하고, 화면 중앙의 큰 침대 위에 옆으로 누운 석가를 표현하며, 그 주위로 열반경에 기록된 에피소드를 삽입하면서 비탄에 빠진 세속의 인간들·신들·출가한 불제자들을 표현하고 있다. 우선 사라쌍수 사이의 침대에 옆으로 누운 석가의 모습부터 고찰하고, 이어서 열반에 참여한 인물들의 설화적 표현에 대해 도상과 텍스트의 관계가 어떠한지를 고찰해 가며 해석해 보고자 한다.

2. 옆으로 누운 석가

열반경의 해석본들에서 쿠시나가라의 사라쌍수(p. yamaka-sāla, s. yamaka-śāla) 사이에 상좌를 마련했다고 기록되는 바와 같이, 화면의 양 끝에 사라쌍수를 한 그루씩 배치하고 있다(작은 화면의 경우는 드물게 생략된 경우도 있다). 사라수shorea robusta는 히말라야 산록에서부터 인도 전역으로 자주 볼 수 있는 반낙엽성半落葉性의 고목으로, 3월경 희고 작은 꽃이 많이 피고, 잎이 말의 귀와 닮았다고 하여 마이수馬耳樹, aśvakarṇa라고도 불린다. 부조의 나뭇잎도 모두 약간 끝이 뾰족한 마이형을 하고 있어, 분명 사라수를 표현하고 있다(도44, 49, 50). 사라쌍수에 관해서는 P본의 주석서(Sumangala-vilāsinī)에서 말하는 것처럼, 뿌리·줄기·가지·잎이 서로 얽혀 마치 한 그루의 큰 나무의 모습을 하고 있는 두 그루의 사라수라고 해석하는 견해도 있지만,⁵ 간다라의 열반도는 석가의 베개 부근과 발 근처에 각 한 그루씩의 두 그루의 사라수로 표현된다.⁶ 드물게 쌍수가 아닌, 배후로 세 그루 이상의 사라수를 표현하여, 경전에서 말하는 '사라림娑羅林', '사라원娑羅園'을 표현한 것도 있다(도56).

도43. 열반. 사리바롤(간다라) 출토. 2~3세기. 페샤와르박물관.

도44. 열반. 탁티바히(간다라) 출토. 2~3세기. 대영박물관[Marshall, fig. 129]

도45. 열반과 다비. 간다라. 2~3세기. 빅토리아&앨버트미술관[Ackermann, pl. 15a]

한편 사라쌍수 사이의 석가는 다리가 있는 침대 위에 옆으로 눕는다. 침대는 정측면으로 표현되어 두 개의 다리만이 보인다. 다리에는 사자나 코끼리 등 짐승의 머리와 다리를 혼합시킨 기묘한 형식(도판9, 도51)과, 몰딩형식의 두 종류가 있는데 후자가 압도적으로 많다. 몰딩형식의 다리는 헬레니즘 및 로마에서 전래된 것이고, 짐승의 다리는 서아시아에서 기원했을 것이다. 침대 위에는 종종 두꺼운 매트리스가 깔리고, 그 위로 덮인 천이 침대 앞으로 드리워져 있다. 드리워진 천에는 주름이 새겨지고 양 끝에는 삼각형 모양으로 되접어 꺾인 모습이 묘사되어 있다. 덮여진 천에는 화문이나 팔메트문의 문양이 장식된 것도 있다. 이 같은 침대의 표현은 '탁태영몽', '궁정생활', '출가결의' 등의 장면에도 보인다.[7]

열반경을 보면 P본과 S본에는 석가가 아난에게 "사라쌍수 사이에 와상 臥床(p. mañcaka, s. mañca)을 준비하라"고 말하자, 아난이 그대로 하였다고 기록되어 있다. 여기에서 와상으로 번역한 mañcaka(mañca)는 대臺의 형태를 갖춘 좌座나 평상을 의미하는데, 한A본에서는 '牀座', 한B본에서는 '牀'으로 되어 있어, 다리가 있는 침대를 시사하고 있다. 한C·한D본에서는 '繩床'이라 하는데, 이것은 나무나 대나무로 만든 침대의 상면을 끈으로 엮은 것으로, 현재까지도 인도 및 파키스탄에서 사용되고 있는 차르파이čār-pai일 것이다.[8]

간다라의 열반도는 경전에서 말하는 상좌牀座, mañcaka에 석가가 횡와하고, 바야흐로 입멸하는 모습을 중앙에 크게 표현한다. 이는 인도에서 '석가의 죽음'을 표현한 최초의 열반도이다. 간다라 이전에는 열반도상이 스투파로 표현되었고, 남인도에서는 불상을 표현하게 된 이후에도 이 전통이 뿌리깊게 존속하여 이른바 '열반도'는 표현되지 않았다. 인도에서는 석가의 입멸이 인간의 죽음과는 다른, 이상理想의 경지인 반열반의 달성이라고 보는 관념이 강하게 작용했기 때문일 것이다(제1부 제4장 참조). 그 때문에 간다라의 열반도는 최초로 '석가의 죽음'의 도상을 창시했다는 점에서 획기적이었다.

그런데 간다라에서 열반도가 창시된 배경에는, 간다라의 설화도상에 대한 강한 애착에 기초함과 동시에, 헬레니즘·로마세계에서 전래된 장례에 관한 도상이 영향을 미치고 있었다고 생각된다. 불교의 이상인 반열반의 달성을 굳이 석가의 죽음이라는 장면으로서 표현했던 것에는, 인도와는 다른 간다라의 문화적 상황을 생각하게 한다. 일찍이 V. 스미스는 그리스·로마의 석관부조에 표현된 죽은 사람의 장면이 침대 위에 횡와한 붓다의 열반도에 큰 영향을 미쳤음을 시사했고, 최근 에베르트의 연구도 그 점을 강조하고 있다.[9] 분명 종종 석관에 표현된 '죽은 사람의 향연'의 도상이나 석관조각의 옆으로 누운 인물상(도46, 47)은, 석가의 죽음에 관한 열반도에 하나의 모델을 제공했을 것임을 충분히 생각할 수 있다. 이렇게 보는 것은 손베개를 하고 옆으로 누운 죽은 사람, 몰딩형식의 다리나 매트리스를 깐 침대, 혹은 침대 아래에 놓인 발판의 표현 등 석관조각과 열반부조에 공통된 요소가 있기 때문이다. 게다가 사카 파르티아기를 중심으로 다수 제작되었던 이른바 화장용 접시에서도 '죽은 사람의 향연'의 도상이 적지 않게 보이고 있어(도48),[10] 이 도상이 간다라 지방에서 쿠샨조 이전부터 유포되고 있었음을 알 수 있다.

간다라의 스투파를 장식했던 모티브와 불전도상에는 헬레니즘·로마세계의 묘나 석관 등의 장례미술도상과 모티브가 적지 않은 영향을 주고 있어,[11] 간다라 열반설화도도 그 큰 흐름 속에서 이해할 필요가 있을 것이다. 그러나 옆으로 누운 도상의 세부를 검토하면, 간다라 열반부조의 작례와 반드시 일치하는 것은 아닐뿐더러 오히려 상위하고 있음이 눈에 띈다. 헬레니즘

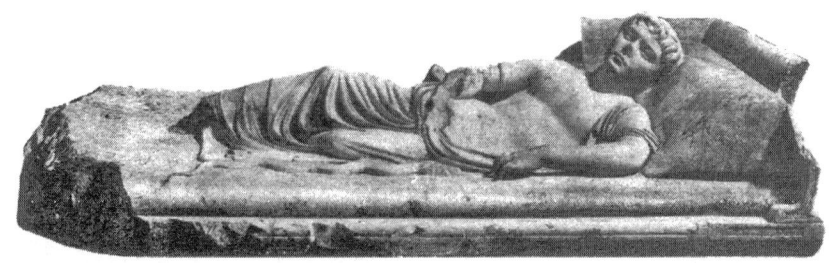

도46. 석관조각. 테르메미술관[Cumont, pl. 89]

도47. 석관조각. 카피트리노미술관[Panofsky, pl. 89]

· 로마의 석관 뚜껑에 표현된 '죽은 사람의 휴식'의 조각[12]은 거의 모두 향우
측의 베개 위에 머리를 누이고, 왼쪽 겨드랑이를 밑으로 하여 옆으로 눕거나
혹은 위를 향해 눕는다(도46, 47). 손의 위치는 비교적 자유로워서 왼손은 베
개와 머리 사이에 두어 손베개를 하거나, 그대로 몸을 따라 내려두기도 한다.
오른손은 팔꿈치를 굽혀 앞에 두는 경우가 많다. 다리는 종종 오른쪽 무릎을
세운 자세이다. 요약하면 휴식을 취하는 자연스러운 포즈가 '죽은 사람의 휴
식'이라는 조각상의 기본이 되고 있다. '죽은 사람의 향연'의 도상도, 침대 위
에 옆으로 누운 인물은 머리를 향우측에 두고, 왼쪽 팔꿈치를 쿠션이나 베개

위에 두어 상반신은 일으키
며, 왼쪽 겨드랑이와 왼쪽 허
리를 붙여 옆으로 누운 자세
이다. 탁실라·간다라에서 출
토된 화장용 접시의 '죽은 사
람의 향연'의 도상도 이 전통을
계승하고 있다(도48).

도48. 화장용 접시(죽은 사람의 향연). 시르캅(탁실라)
출토. 기원전 1세기. 카라치국립박물관.

이에 반해 열반도의 석
가는 반드시 침대 위에 향좌
측으로 머리를 향하고, 오른
쪽 겨드랑이를 아래로 하여
발을 겹쳐 옆으로 눕는다(도

43-45, 49-51, 54-57). 이 옆으로 누운 자세는 간다라열반도의 특징으로, 경전의
내용에 의거하여 표현된 것임에 틀림없다. P본에서 아난은 "사라쌍수 사이
에, 머리가 북쪽으로 향하게 상좌를 놓았다. 그곳에서 존사는 오른쪽 겨드랑
이를 바닥에 대고, 발 위에 발을 포갰다"라는 것이 보이며, S본에도 같은 기
록이 있다. 문헌에 명시된 붓다의 누운 모습은 머리를 북쪽으로 향했다는 것,
오른쪽 겨드랑이를 아래로 하여 발을 포갰다는 것의 두 가지이다. 한역 열반
경도 모두 상좌는 북수北首하며, 붓다는 "오른쪽 겨드랑이를 침상에 대고, 발
을 포개어 눕는다"[13](한D본)라고 한다.

부조에서 석가의 옆으로 누운 모습은, 모두 경전에서 말하는 대로 오른
쪽 겨드랑이를 아래로 하고 발을 포개어 눕고 있어, 경전의 전승과 강한 관련
성을 보인다. 다만 한B·한C본에서는 붓다가 '무릎을 굽혀 다리를 포개고'
눕는다고 하여[14] 자못 병든 모습을 연상하게 하는데, 부조의 붓다는 모두 무
릎을 펴 자세를 바르게 하고 있다. 불열반에 모인 주위 사람들의 비탄에 빠진
모습이 사실적인 표현을 보여주는 것에 반해, 중심의 석가는 자연스럽게 누
운 자세로 표현되는 것이 아니라, 마치 단독의 불입상을 그대로 눕혀 놓은 것

도49. 열반. 간다라. 2~3세기. 아리아미술관[Lippe, fig. 16]

도50. 열반. 나투(간다라) 출토. 2~3세기. 캘커타인도박물관.

처럼 매우 정적으로 표현되어 있다. 옆으로 누운 붓다의 의문衣文은 주름이 아래를 향해 물결치거나, 침대 위에서 아래로 드리워지는 경우가 없이 가슴에서 다리를 향해 U자형의 주름이 반복되며, 게다가 붓다는 두광이 있는 경우가 많아, 부조를 한 장인은 불입상을 의식하여 조형했었음을 말해준다. 다만 석가의 눈은 예외 없이 감고 있어, 석가는 선정의 가장 높은 경지인 멸진정滅盡定에 도달하고 — 아난은 이때 돌아가셨다고 착각했다 —, 마지막으로 제4선에 들어 '눈이 조용히 움직이지 않게 되며 부처인 세존은 입멸하였다'[15] (S본)는 것을 표현한 것이었을 것이다. 석가는 머리를 베개에 누이고 오른손은 베개와 뺨 사이에 끼워 넣어 손베개를 했으며, 왼손은 몸을 따라 펴고 있다. 열반경 제본에서는 손베개에 대한 내용은 보이지 않지만, 『불소행찬佛所行讚』에 "여래께서는 승상에 나가시어 북쪽으로 머리 두고 오른쪽으로 누웠네. 팔을 베개 삼고 두 발을 포개셨는데"*(T.04, No. 192, p. 46b)라고 한다. 이 기록은 손베개뿐 아니라, 간다라 부조에서의 붓다가 옆으로 누운 모습에 매우 가까워 양자의 특별한 관련성을 시사한다.

열반하는 석가의 자세가 경전에서 전승되는 내용과 많은 관련성을 갖고 있음을 살펴보았다. '오른쪽 겨드랑이로 눕는' 자세는 간다라 열반도의 큰 특징이지만 고대 인도에는 누운 자세로 위를 향하는 와법, 왼쪽 겨드랑이가 아래로 가는 와법, 오른쪽 겨드랑이를 아래로 하는 와법이 있었다.[16] 『앙굿타라 니카야Aṅguttara-Nikāya』(2, 244)에 따르면, 위를 향하는 와법은 '죽은 사람의 와법petaseyyā'이지만, 왼쪽 겨드랑이를 아래로 하는 와법은 '애욕자의 와법kāmabhogiseyyā'이라고 불리는 것에 반해, 오른쪽 겨드랑이를 아래로 하는 와법은 '사자의 와법sīhaseyyā'으로 불리고 있다. 왼쪽 겨드랑이를 아래로 하는 와법이 사랑을 성취하는 자의 와법인 것에 반해, 오른쪽 겨드랑이를 아래로 하는 와법은 안식에 어울리는 휴식의 와법이라 할 수 있다. 사실 P본에는 "그

---

* 불교기록문화유산 아카이브(https://kabc.dongguk.edu/) 우리말 번역문 인용. 如來就繩牀, 北首右脅臥. 枕手累雙足. 『불소행찬』 5권(ABC, K0980 v29, p. 677b03)

곳에서 존사는 우협을 아래로 하여 발 위에 발을 겹치고, 사자의 와법을 하시어 sīhaseyyaṃ kappesi 바르게 생각하고, 바르게 마음을 멈추고 있었다"라고 하여, '사자의 와법'이 불열반의 와법임을 설하고 있다.[17] 간다라 미술뿐 아니라 인도에서는 팔라조에 이르기까지 불열반의 모습은 반드시 우협을 아래로 하는 '사자의 와법'을 취하며, 결코 위를 향하여 눕는 '죽은 사람의 와법'은 취하지 않는다. 이 점은 석가가 입멸하는 도상이 헬레니즘 로마의 '죽은 사람의 휴식'의 도상에서 시사를 얻으면서도, 단순한 인간의 죽음이 아니라 반열반의 달성임을 강하게 의식해 왔음을 말해주고 있다.

그런데 경전은 한결같이 북쪽으로 머리를 두고 누웠음을 기술하고 있었다. 머리를 북으로 향하는 것은 세계의 중심이자 우주축인 수미산의 방위를 향함으로써, 열반의 영원불변성을 암시하고 있다.[18] 죽은 사람이 가는 산이 있는 나라는 남쪽에 있다고 믿어져 고대 인도에서는 죽은 사람의 머리를 남쪽으로 향하게 하는 것이 일반적이었던 것 같은데,[19] 이 점을 통해서도 석가의 열반이 죽음과는 다른 것이었음을 시사한다. 부조에서 옆으로 누운 석가의 머리가 향좌측을 향하는 것은 인도인이 좌측을 북쪽 방향이라고 생각했던 것에 기초함과 동시에, 만일 머리가 향우측에 향하며 오른쪽이 아래로 향하게 눕는다면 관자에게 등을 보이는 자세가 되어 버리기 때문이기도 하다.[20] 경전상에서는 한A본에서 붓다는 "머리를 북수하고, 얼굴을 서쪽으로 향하여"*라고 얼굴의 방향을 명기하고 있어, 얼굴을 서면하는 것이 여기에서 강조되어 있다. 일본의 아미타 내영신앙에 있어서 왕생자가 취하는 '두북면서頭北面西'의 모습을 상기시키는데, 그것도 불전의 전통에 기초하고 있는 것은 아닐까. 물론 왕생자의 '두북면서'는 서방 아미타정토의 방향을 보는 것을 의미하는데, 거기에는 불전과 마찬가지로 고대적인 태양신앙의 영향이 미치고 있다고 생각되기 때문이다. 불전에서 석가는 성도할 때 보리수 밑

---

* 　使頭北首面向西方. 『불설장아함경』 3권(ABC, K0647 v17, p. 839c18)

에서 동쪽을 면하고 앉아, 바로 태양이 떠오를 때에 깨달음을 얻었던 것이었다. 한편 입멸에 있어서는 사라쌍수 밑에서 서쪽을 면하였고, 시각은 P본·한 D본의 '後夜分(pacchima yāma)', S본·한A·한B·한C본의 '夜半(madhyama yāma)' 이라는 내용과 같이 한밤중이었다.[21] 석가는 동쪽을 면하여 새벽녘에 붓다가 되고, 서쪽을 면하여 한밤중에 열반에 들어갔다는 내용을 통해, 불전설화의 성립에는 태양신앙이 적잖이 관련되어 있음을 분명히 알 수 있다.[22]

3. 세속의 사람들(말라족)

이상으로 사라쌍수 아래에서 옆으로 누운 석가의 모습에 대해 고찰했다. 다음으로 석가를 둘러싼 세속의 사람들·불제자·신들에 대해 검토해 보겠다. 우선 열반의 장소에 입회한 세속의 인물은 말라末羅족의 사람들이다. 열반경에 따르면 석가가 입멸하기 직전에 아난은 쿠시나가라의 주민인 말라족 사람들에게 알리고, 또 열반 후에도 아난은 말라족 사람들에게 가서 석가의 입멸을 전했다. 실제로 입멸 후 석가의 장의를 집행한 것은 말라족 사람들이다. 아난의 말을 듣고 '말라족의 사람들, 말라족의 아이들, 말라족의 며느리들, 말라족의 아내들은' 슬퍼하며, 사라숲이 있는 곳으로 다가갔다(P본).[23] S 본에서도 말라족 사람들은 가족들뿐 아니라 친구·대신·친족인 자들과 함께 갔다고 한다.[24] 한역본에서는 단순히 '諸末羅(華氏, 力士, 壯士)'라고 하는 경우가 많으며, 단지 한C본에서 "모두 가족을 이끌고 함께 쌍수를 참배했다"*[25] 는 내용이 보이는 정도이다.

부조의 도상에서 석가를 둘러싼 비탄에 빠진 인물들을 비구와 세속의 사람들로 구분하는 것은 그 복장을 통해 쉽게 알 수 있다. 한편 세속의 인간과 신들에 대해서는 양자 모두 일반적으로 장신구나 터번관식을 한 귀인의

---

* 各將家屬俱詣雙. 『반니원경』 2권(ABC, K0654 v19, p. 220c10-c11)

모습으로 표현되기 때문에 쉽게 구별하기 어렵지만, 푸셰가 지적한 것처럼[26] 빅토리아&앨버트 미술관의 한 부조(도51)에서, 석가의 등 뒤에서 생생하게 비통한 표정을 보이는 5인의 남성 인물은 아난의 부름으로 찾아 온 말라족 사람들임이 틀림없다. 그들은 많은 사람들을 인솔하고 쌍수가 있는 곳으로 온 것이다. 이 부조의 인물들은 모두 슬픈 얼굴을 하며, 얼굴에 손을 대거나 손을 앞으로 내밀고 있다. 간다라 열반도 중에서도 특히 현실주의적으로 비탄에 잠긴 표현을 보여준다. 이 표현은 열반경 중에서도 특히 P본의 내용을 상기시킨다. 즉, 말라족 사람들은 "고뇌하고, 슬퍼하며, 마음의 고통에 짓눌려, 어떤 사람들은 머리를 풀어헤치며 울고, 두 팔을 앞으로 뻗으며 울고, 부서진 바위처럼 쓰러져 몸을 가누지 못한다. '존사의 돌아가심이 너무나 빠르다 …'라고 하며."[27]

구 마르단 소재의 부조(도판9)는 자연스러운 인체표현과 공간파악이 이루어져 있는데, 간다라 열반부조 중에서도 가장 오래된 것으로 손꼽히고 있다.[28] 이 열반도에는 석가의 등 위로 4인의 속형으로 표현된 남성 인물이 있어 역시 쿠시나가라의 말라족 사람들로 보인다. 그들은 비통에 찬 표정을 하며 손을 머리 위로 높이 들어 울고 있다. 이 애도를 표하는 몸짓은 특히 주목되는데, 두 손 혹은 한쪽 손을 머리 위에 올리거나 높이 들며, 또는 손으로 가슴을 치는 동작은 간다라 열반도에서 곧잘 표현된다. 이 같은 몸짓은 한D본의 "손을 들어 머리를 쥐어박기도 하고 가슴을 치며 크게 외치기도 하고"* (T.12, No.374, p. 205a)라는 기술과 합치힐 뿐이니리, 로마 미술이나 초기 그리스트교 미술의 장례 장면에서 보이는 것과 같은 애도의 도상표현이 전승되고 있음을 생각하게 한다.[29] 말라족 사람들은 이처럼 석가의 뒤에서 손을 드는 등의 큰 몸짓을 보이며 화면의 극적 효과를 높이고 있다.

한편 경전에는 말라족 사람들이 딸들, 아내들과 함께 왔다는 내용이 있

---

* 불교기록문화유산 아카이브(https://kabc.dongguk.edu/) 우리말 번역문 인용. 擧手拍頭, 搥胸叫喚.『대반열반경』1권(ABC, K0105 v9, p. 1a20-a21)

는데, 간다라 열반도에는 세속 여성의 모습을 찾아볼 수 없다. 푸셰는 로리
얀탕가이에서 출토된 부조(도판10)의 오른쪽 끝에 표현된 한 쌍의 남녀상을
말라족 남자와 아내 혹은 딸로 해석했는데, 후술하는 바와 같이 마왕과 그 딸
의 표현일 것이다. 간다라의 열반도에 세속 여성이 등장하지 않는 것은, 열
반경 속에서 보이는 여성에 대한 '불신의 마음'과 관계가 있을지도 모른다.[30]
석가가 입멸하는 사이에 아난이 석가에게 여러 질문을 하는데, 그중에서 당
돌하게 "세존이시여. 저희들은 여인에 대해 어떻게 하면 좋겠습니까"라고
묻자, 그에 대하여 석가는 보지 않도록, 말하지 않도록, 삼가도록 하라고 대
답했다(P본)[31]는 것을 상기시킨다. 한A·한D본에도 같은 내용이 기록되어
있다.[32] 이는 석가의 유훈의 하나로 볼 수 있지만, 석가의 이 같은 여성관—
욕망에 대한 계戒이지만— 으로 인해 열반 장면에서 세속의 여성을 생략시
키게 된 것은 아닐까.

4. 신들(마왕과 그 딸·범천과 제석천·집금강신·수신·마을의 여신·찬탄하는 신들)

한편 간다라의 열반부조에 나타나는 신들로는 마왕·범천·제석천·집
금강신·수신·비천 등이 있다. 열반경에 등장하는 신은 사실 그리 많지 않다.

마왕과 그 딸

열반경 속에서 먼저 등장하는 신은 마왕(p. Māra Pāpimant, s. Māra Pāpīyas, 魔
波旬)이다. 마왕은 석가에게 "세존이시여, 입멸하소서. 부처께서 입멸하실
때입니다"(S본)[33]라고 요청한다. 마왕의 요청은 여러 경전에서 보이며, 간다
라부조에서는 그 예가 적지만 로리얀탕가이 출토 부조(도판10), 타레리 출토
부조,[34] 개인 소장 부조[35] 등에서 보인다.

로리얀탕가이 출토 부조에서는 화면의 우측 끝에 표현된 한 쌍의 남녀
가 마왕 마라와 그 딸로 추측된다(도판10).[36] 열반경에 따르면 석가는 바이샬

리의 성수에서 마왕의 요청을 받아들였고, 그에 따라 쿠시나가라에서 입멸하기로 결의했다.[37] 불전 속에서 출성·성도라고 하는 중대한 때에 마왕의 유혹이 있어,[38] 끝내 석가는 그를 받아들이고 쿠시나가라로 향한 것이다. 부조의 남녀상은 성도 직전의 '마왕과 그 딸의 유혹'의 장면에 나타난 마왕과 그 딸의 표현[39]과 상당히 유사하다. 양자 모두 마왕은 왼손을 딸의 어깨 위에 올리고, 서로 얼굴을 마주보는 듯한 포즈를 보이고 있기 때문이다. 아마도 '마왕과 그 딸의 유혹'의 장면에서 도상이 차용되어, 열반 장면에 삽입되었을 것이다. 로리얀탕가이의 부조에서는, 좌측 끝으로 후술하게 될 대가섭과 나형裸形 외도外道의 대화 장면이 표현되는데, 이것이 우측 끝의 마왕과 그 딸의 표현과 대응하듯 표현되어 있는 것도, 두 이야기 모두 쿠시나가라 이외의 땅에서 일어났던 일을 화면 양 끝에 배치했기 때문임이 틀림없다. 타레리 출토 부조나 개인 소장 부조에서도 마왕과 그 딸은 화면의 끝에서 팔짱을 낀 남녀의 모습으로 표현되어 있다.

다만 다른 많은 열반부조에서는 마왕과 그 딸의 모습을 찾아볼 수 없다. 석가가 마왕의 요청을 받아들여 3개월 후에 입멸할 것을 전하자, 마왕은 "기쁘고, 만족하여, 그곳에서 모습을 감추었던"(S본)[40] 것이다. 한역된 모든 본들도 마왕이 환희하며 떠난 일을 기록하고 있는데, 특히 한D본은 "뛸 듯이 기뻐하며 천궁으로 되돌아갔다"[*41]라고 한다. 일반적으로 마왕이 쿠시나가라의 석가 입멸 장면에서 떠났던 것으로 여겨졌던 것이다.

범천과 제석천

열반경에서 다음으로 고유명사를 갖는 신이 나타나는 것은 석가가 입멸했을 때이다. 즉, 열반경은 석가의 입멸을 애도하며 신들과 불제자가 시송을 노래했음을 기록하고 있다.[42] 누가 노래했는가에 대해서는 열반경의 모

---

* 歡喜踊躍, 還歸天宮. 『대반열반경』1권(ABC, K0652 v19, p.157b17-b18)

든 본에서 다르게 전하는 바가 있지만, 공통적으로 등장하는 신은 범천 Brahmā과 제석천Indra이다. 범천은 살아있는 것들의 무상을 노래하고, 제석천(석제환인)은 제행諸行의 무상과 적멸寂滅의 즐거움을 노래한다. 간다라의 도상학에서 범천은 권발卷髮이나 속발束髮에 장신구로 장식하지 않고, 종종 물병을 손에 든 모습, 제석천은 보관 혹은 터번관식을 쓰고 장신구로 장식하며, 종종 금강저를 손에 든 모습으로 표현되는데, 석가의 수호신으로서 일반적으로 쌍을 이루어 표현된다.[43] 간다라 열반도에서는 범천·제석천이 표현되는 예가 많지 않지만, A. 푸셰는 쟈말가리 출토의 열반부조(라호르박물관 소장)에서, 화면의 오른쪽에 보관을 쓴 제석천, 왼쪽에 권발형의 범천을 지적하고 있다.[44] 나투 출토의 부조(도56)에서는 화면의 왼쪽 끝, 석가의 베개 부근에 터번관식형의 제석천과 속발형의 범천으로 해석되는 상이 나열되어 있다. 후자는 오른손 손바닥을 안으로 향하여 오른쪽 어깨 높이로 들어 올린 독특한 손짓을 보여, 간다라 범천 도상의 한 타입을 보여주고 있다.[45] 또한 최근 소개된 개인 소장 부조에서는 석가의 등 뒤에 보관을 쓴 제석천과 속발의 범천이 집금강신의 양쪽에 합장하는 모습으로 표현되어 있다(도55).[46]

집금강신

간다라의 열반도에서 반드시 나타나는 신은 금강저를 든 집금강신 Vajrapāṇi, 金剛手이다. 열반경에서는 집금강신에 대한 기록은 거의 없으며, 단지 한A본에서 부처가 열반할 때 비사문·금비라·사천왕·도리천왕·염천왕·도솔타천왕 등의 신들이 불제자들과 함께 시송을 노래했던 중에 밀적역사密迹力士가 언급되고 있을 뿐이다.[47] 거기서 그는 "범천梵天세계의 모든 하늘사람도 사람 중의 영웅, 석가의 사자師子를 다시는 뵐 수 없게 되었네"*라며

---

* 불교기록문화유산 아카이브(https://kabc.dongguk.edu/) 우리말 번역문 인용. 梵世諸天人; 不復睹見, 人雄釋師子.『불설장아함경』4권(ABC, K0647 v17, p. 848c12-c13)

한탄하는 정도에 불과하다. 그렇지만 간다라 열반도에서 집금강신이 수행하는 역할은 크다. 실은 열반도뿐 아니라 간다라의 불전도에서는 '출성' 이후의 장면에서 집금강신이 빈번히 모습을 드러낸다.

집금강신은 그 이름대로 '금강저를 든 자'이지만, 마찬가지로 금강저를 드는 모습으로 표현되기도 하는 제석천과는 구별된다.[48] 제석천은 신들의 왕으로서 관식과 장신구로 몸을 꾸미는 것에 반해, 집금강신은 후술하는 내용과 같이 '힘'이 있는 수호신으로서의 출신을 보여주고 있다. 간다라 열반도 안에서 집금강신이 차지하는 장소와 그 표현을 보면, 석가의 베개 부근에 서거나 혹은 뒤에 있으면서 비탄에 잠긴 형식과, 상좌 앞에서 쓰러진 형식의 두 가지로 크게 구분된다.

석가의 베개 부근에 서 있는 집금강신은 가장 일반적이다. 많은 열반부조에서 화면의 좌측 끝에 서서 석가의 얼굴을 엿보거나, 한 손으로 금강저를 들고 다른 손은 머리에 대거나, 혹은 크게 펴서 애도의 몸짓을 보인다(도43-45, 49, 50). 석가의 등 뒤, 혹은 발 가까이에 서는 경우에도 마찬가지의 표현을 취한다. 흥미로운 것은 집금강신의 모습이 일관되지 않고 다양한 타입이 보인다는 점이다(도53). 우선 복장을 살펴보면 나형으로 짧은 요포를 두른 자, 요포를 입고 그 위에 넉넉한 옷을 걸친 자, 키톤과 같은 원피스를 입은 자, 혹은 유목민이 입는 통소매의 옷을 입은 자 등이 있다. 얼굴이나 몸의 표현도 다양하다. 두발은 곱슬머리와 나발형으로, 구불거리거나 헝클어진 머리를 하는 경우가 많다. 또 콧수염이나 턱수염을 기른 늙은 모습을 한 자나 수염이 없는 젊은 얼굴을 한 자도 있으며, 나형의 몸에는 근육이 융륭한 자, 비만형인 자, 혹은 동자형인 자가 보인다. 반드시 손에 드는 금강저는, 중앙이 잘록한 형태의 봉형인 것과 아래가 뚱뚱하고 둥근 모습을 한 봉형이 있어, 전자는 중앙부를 쥐는 것에 반해 후자는 아래를 손바닥으로 지지하여 가슴에 안아 드는 방식이 일반적이다.

이 같은 집금강신의 다양한 표현에는 헬레니즘·로마계의 헤라클레스, 디오니소스, 풋토, 인도계의 약샤, 나아가서는 중앙아시아계의 왕후상 등의 조형에서 많은 영향을 받고 있다. 이는 당시 간다라의 이문화가 혼효하던 상황을 여실히 말해줄 뿐만 아니라, 이교의 신격을 다양한 형태로 섭취하며 성립하고 있는 집금강신 자신의 아이덴티티가 어떠한 것인가를 시사한다. 여기에서 주의할 점은, 불전문헌과 열반경 모두 집금강신에 대한 언급은 거의 없지만 그럼에도 불구하고 간다라의 도상 속에서 집금강신이 극히 중요한 위치를 점하고 있다는 것으로, 이러한 갭은 다른 도상에서는 나타나지 않는다는 점이다. 이를 고려한다면 상좌 앞에서 쓰러진 집금강신의 두 번째 형식은 시사적이다.

석가의 상좌 앞에서 쓰러진 집금강신의 도상은 매우 특징적으로, 몇 가지 작례에서 엿보인다(도51, 52, 54). 빅토리아&앨버트미술관 소장의 부조(도51)에서는 집금강신이 상좌 앞에 가로로 쓰러져 왼손에 든 금강저를 손에서 내려놓고, 오른손을 머리에 대고 고뇌하는 모습을 보여준다. 로리얀탕가이 출토 부조(도판10)에서도 석가의 바로 앞에서 엉덩방아를 찧으며 오른손을 들고, 올려다보며 통곡하는 모습을 보이는 집금강신이 표현되어 있다. 얼굴에는 콧수염이 있고 근육이 풍부한 헤라클레스형의 집금강신이다. 모든 것을 깨부순다고 하는 금강저를 든 힘의 권화權化라고도 할 수 있는 집금강신이, 금강저를 손에서 내려놓고 쓰러지거나 하는 것은 그 자체가 역설적인 표현으로 재미있으며, 그 후의 중국 및 일본의 열반도에도 계승된다.

빅토리아&앨버트미술관 소장의 다른 열반부조는 안타깝게도 상좌의 앞부분밖에 남아있지 않은 단편이지만, 작품의 우수성과 희소한 도상표현 때문에 특히 주목된다(도52).[49] 상좌에 깔린 천을 뒤로 하고 다섯 명의 인물이 표현되어 있다. 오른쪽 끝의 정면향을 한 선정승은 후술하게 될 마지막 불제자인 수발須跋이고, 그 외의 통곡하며 슬퍼하는 4인이 있다. 향우측부터 보면 우선 다리를 꼬고 엎드려 오른손으로 눈물을 닦는 동작의 인물이 있다. 이 첫 번째 인물은 건강해 보이는 반라의 상반신을 보이며, 물결 모양의 두발을 육계처럼 묶고 있다. 두 번째 인물은 오른쪽 무릎을 세우고 왼손으로 가슴을 누르며, 오른손을 들어 위의 붓다를 올려다보는 포즈를 취한다. 그 역시 듬직

도51. 열반. 간다라. 2~3세기. 빅토리아&앨버트미술관[Ackermann, pl. 41]

도52. 열반(단편). 간다라. 2~3세기. 빅토리아&앨버트미술관[Deydier, planche]

도53. 간다라의 열반부조에서 보이는 집금강신의 여러 상[타카스 준純 작도]

도54. 열반. 간다라. 2~3세기. 라호르박물관.

한 육체를 보여주지만 얼굴은 슬픔으로 일그러졌다. 두발은 소용돌이와 같은 모양이다. 세 번째 인물은 쓰러진 왼쪽 끝의 인물의 허리에 오른발을 걸치고 오른손으로 머리를, 왼손으로 복부를 안아 일으키려고 하고 있다. 이 인물은 남들과는 달리 긴 통소매의 옷과 망토형의 어깨 걸침을 두르고 긴 턱수염을 길렀다. 두발은 첫 번째 인물과 같은 물결 모양으로 머리 위에서 묶고 있다. 네 번째의 쓰러진 인물은 왼손은 머리 위로 들고 오른손은 땅에 대며, 금강저를 손에서 내려놓아 버린 모습이다. 두 번째 인물과 마찬가지로 와문형의 두발을 하고 듬직한 상반신을 보이는데, 얼굴은 역시 고통으로 일그러져 있다. 이 4인의 인물 표현이 매우 생동감 있어, 간다라 미술 중에서도 우수한 작품이라 할 수 있다.

그렇다면 이 인물들의 존격은 각각 무엇일까. 왼쪽 끝의 인물이 금강저를 들고 있다는 점과 또 그 용모로 미루어 집금강신임에 틀림없다. 다른 3인도 그 모습을 볼 때 세속의 인물이나 불제자도 아니며, 특히 두 번째 인물은 왼쪽 끝의 집금강신과 같은 용모를 하고 있다는 점으로 보아, 금강저는 없지만 동일한 존격이라고 생각할 수 있을 것이다. 다른 두 명은 용모가 다르지만 서로를 돌보거나 함께 울고 있다는 점에서 같은 무리임에 틀림없다. 집금강신의 이러한 다채로운 표현에는 설화적 배경이 있을 것 같지만 열반경에는 나오지 않는다. 여기서 상기되는 것은 석가가 입멸할 때 밀적금강역사가 비탄하는 모습을 기술한 『불입열반밀적금강역사애련경佛入涅槃密迹 金剛力士哀戀經』[50]이다. 이 경전은 진秦대(385~431년)에 번역된 것으로 전해질 뿐이지만, 집금강신의 격렬한 비애에 관한 묘사는 부조 도상과 잘 합치된다. 즉, "밀적금강역사가 부처님께서 멸도하심을 보고 슬퍼서 한탄하고 애태우며 이와 같이 말하였다. '… 여래께서 나를 버리고 적멸에 드시다니, 나는 오늘부터는 돌아갈 곳이 없고 의지할 데가 없고 덮어줄 이 없고 보호해줄 이 없다. … 근심의 독화살이 깊이 나의 마음속에 들어오는구나.' 이렇게 말한 밀적금강은 세존을 연모하는 수심의 불꽃이 더욱 치성하여 오장육부가 찢어지고 가슴이 갈라지고 부서지며 펄쩍펄쩍 뛰다 기절하였다. … 땅에 떨어지는 것과 같이 오랜 후에 깨어나 일어나 앉아 목메어 울면서 탄식하였다."*

『불입열반밀적금강역사애련경』에서 볼 수 있는 금강역사가 슬퍼하며 우는 에피소드는, 열반경과는 다르게 전승되어 간다라 도상과 밀접한 관련을 맺고 있음을 알 수 있는데, 이 이야기는 법현과 현장도 기록하고 있다. 『법현전』은 구시나갈성拘夷那竭城의 조에서 "금강역사가 금강저를 내버린 곳"** 이라고 간략하게 언급할 뿐이지만,[51] 현장의 『대당서역기』의 구시나게라국拘尸那揭羅國 조에서는 다음과 같이 말하고 있다. "선현이 적멸한 곳 옆에 솔도파窣堵波(탑)가 있는데 이곳은 집금강執金剛이 넘어진 곳이다. (중략) 집금강신執金剛神과 밀적역사密迹力士가 부처님의 멸도를 보고 비탄에 젖어 이렇게 울부짖었다. '여래께서 우리를 버리시고 대열반에 드셨도다. 이제 우리는 귀의할 곳이 없어졌고 보호받을 곳이 없어졌다. 독화살이 깊게 박히고 근심의 불길이 맹렬하게 솟게 되었구나.' 그리고 나서 금강저金剛杵를 내던지고 기절하여 땅에 쓰러졌다. 한참이 지나 일어나서는 또다시 슬퍼하고 애통해 하며 부처님을 그리워하면서 이렇게 서로 말하였다. '생사의 넓은 바다를 이제 누가 노를 저어 건넬 것이며, 무명의 길고 긴 밤에 누가 등불이 되어 주겠는가?'***[52]

현장의 기록은 『불입열반밀적금강역사애련경』의 내용과 상당히 유사

---

*　불교기록문화유산 아카이브(https://kabc.dongguk.edu/) 우리말 번역문 인용 및 참조. 時密迹金剛力士見佛滅度, 悲哀懊惱作如是言: "…如來捨我入于寂滅. 我從今日無歸, 無依, 無覆, 無護, 衰惱災患一旦頓集, 憂愁毒箭深入我心." 密迹金剛作是語已, 戀慕世尊愁火轉熾. 五內抽割, 心脊磨碎, 躄踊悶絕. 譬如巖崩, 顚墮于地久乃醒悟. 卽起而坐, 涕哭哽噎. 『불입열반밀적금강역사애련경』 1권(ABC, K0997 v30, p. 164a13)

**　金剛力士放金杵處. 『고승법현전』 1권(ABC, K1073 v32, p. 756c02)

***　불교기록문화유산 아카이브(https://kabc.dongguk.edu/) 우리말 번역문 인용. 善賢寂滅側, 有窣堵波, 是執金剛躄地之處. … 化功已畢, 入寂滅樂, 於雙樹閒北首而臥. 執金剛神密迹力士見佛滅度, 悲慟唱言: "如來捨我入大涅槃, 無歸依, 無覆護, 毒箭深入, 愁火熾盛!" 捨金剛杵, 悶絕躄地. 久而又起, 悲哀戀慕, 互相謂曰: "生死大海, 誰作舟楫? 無明長夜, 誰爲燈炬?"『대당서역기』 6권(ABC, K1065 v32, p. 419b14-b22)

해서 그 경전을 토대로 글을 작성한 것으로 여겨지고 있다.[53] 아무튼 이 에피소드에 관해 뿌리 깊은 전승이 있었음을 엿볼 수 있다. 그것이 정통의 열반경과 별개로 전승된 것은 아마도 집금강신의 출처와 관계가 있을 것이다. 현장은 집금강신밀적역사가 '함께互 서로 일러相謂'라고 했다는 점에서 분명 집금강신과 밀적역사의 두 사람을 상정하고 있는 것에 반해, 『불입열반밀적금강역사애련경』에서는 금강역사가 복수임을 시사하는 내용이 없다. 그러나 원래 집금강신Vajrapāṇi은 Ambaṭṭha Sutta(Dīgha-Nikāya), Cūḷasaccaka Sutta(Majjhima-Nikāya), 『장아함경』 제13 『아마주경阿摩晝經』, 『증일아함경』 제22 등에서 Vajrapāṇi Yakkha, Guhyaka, 密迹力士, 密迹金剛力士라고 하는 것처럼[54] 그 출자는 약사藥叉, 혹은 구햐카密迹라고 불린 하급 귀신 = 풍요신이다. 약샤와 구햐카는 『마하바라타』 등에서 복수로 등장한다.[55] 약샤와 구햐카는 모두 부를 저장하며 부를 감추는 점,[56] 또 쿠베라를 모신다는 점에서 종종 동일시되었던 것이다.[57] 이 신들이 집금강신으로서 불교에 받아들여졌을 때, 그 명칭과 수의 혼란이 발생한 것임에 틀림없다.

이렇게 생각해보면 빅토리아&앨버트미술관 소장의 부조 단편에서 표현된 상좌 앞에서 쓰러져 슬퍼하며 우는 네 명의 인물은 복수형으로 표현된 밀적금강역사들이라고 볼 수 있을 것이다. 두 번째와 네 번째 역사는 모두 와문형 두발과 비통에 찬 얼굴표정을 한 것으로 미루어 한 쌍으로 보이며, 첫 번째와 세 번째의 역사는 그들의 동료 혹은 시자인 것이 아닐까. 중인도·마투라 출토의 열반부조(도판18)에도, 상자 앞에는 명상에 든 수반 외에 쓰러진 두 명의 금강역사(한 명만 금강저를 들고 있지만 둘 다 약샤처럼 살이 쪄 있다)가 표현되어 있다.[58] 간다라와 마투라의 열반도에서 보이는 두 명의 금강역사가 과연 집금강신과 밀적역사인지 아닌지는 확실하지 않다. 오히려 단순히 복수의 금강역사가 표현된 것으로 보아야 할 것이다.[59]

간다라의 열반도에서 집금강신(금강역사)은 중요한 위치를 점하지만, 처음부터 하급 귀신 = 풍요신인 약샤와 구햐카에서 기원했기 때문에 정통 열반경에서 받아들여지지 않았던 것은 아닐까. 그러나 간다라 미술에서 빈번히 등장한다는 점을 통해 알 수 있듯이, 집금강신에 대한 신앙은 간다라에서 특히 강했다. 게다가 '힘과 풍요'를 담당하는 이 신의 성격으로 미루어, 당시 이문화 혼효의 상황 속에서 인도뿐 아니라 헬레니즘·로마, 중앙아시아의 동종의 모든 신격도 흡수하고 있었을 것이다. 간다라 집금강신 도상의 다양함은 이 같은 사정을 반영하는 것이라고 생각된다.

수신

한편 간다라 열반경에 나타나는 신으로서, 범천·제석천·집금강신 이외에 사라쌍수의 나뭇잎에서 상반신을 보이고 있는 수신樹神이 있다. 수신에 대해서도 열반경에는 거의 다루어지는 바가 없으나, 역시 한A본 속에서 부처가 멸도에 든 후에 시송을 노래한 신들 중 한명으로 언급되고 있다. 즉,

사라쌍수의 신도 게송을 지어 말했다.

어느 때라야 또 다시 때 아닌 꽃을 부처님께 흩뿌릴까. 10력의 공덕을 두루 갖추신 여래께서 멸도하시고 말았으니.*[60]

구 마르단 소재 부조(도판9), 로리얀탕가이 출토 부조(도판10), 빅토리아&앨버트미술관 소장 부조(도51) 등의 대표적인 열반도(그 외 도43, 49)에는, 사라쌍수의 각각의 나뭇잎에서 상반신을 드러낸 수신樹神이 표현되어 있다. 수신은 두식·복장·가슴의 볼륨감 등으로 보아 여신임이 틀림없다. 그녀들은 한A본의 시송 내용과 같이 손을 들어 석가의 위에 꽃을 뿌리려고 하거나, 혹은 조용히 합장하고 있다. 흥미로운 점으로 손수건에 얼굴을 묻고 우는 수신도 보여, '나키온나'**의 전승을 엿보게 한다(도51). 인도에서는 수녀신樹女神

---

*　불교기록문화유산 아카이브(https://kabc.dongguk.edu/) 우리말 번역문 인용 및 참조. 雙樹神復作頌曰：何時當復以, 非時花散佛；十力功德具, 如來取滅度.『불설장아함경』 4권(ABC, K0647 v17, p. 848c18-c19)

인 약시의 조형이 많은데, 일반적으로 나무 아래에 서 있는 자세로 표현되며, 이처럼 나뭇잎에서 상반신을 드러낸 약시의 표현은 보이지 않는다. 아마도 간다라 도상의 창시라고 생각되는데,[61] 키질이나 바미얀 등의 중앙아시아 벽화에서는 이러한 형식의 수녀신을 볼 수 있다.[62] 수녀신은 집금강신과 마찬가지로 원래 열반경에는 기록되어 있지 않았던 하급 신이지만, 간다라 열반도의 특징적인 도상이 되고 있다.

마을의 여신

그런데 최근 쿠리타 이사오에 의해 소개된 개인 소장 열반부조[63]에서 이제까지 알려지지 않았던 한층 흥미로운 여신상이 확인된다(도55). 석가의 베개 주변에서 약간 허리를 굽힌 자세로 왼손을 뺨에 대고 생각에 잠긴 듯한 모습이다. 머리에 성새관城塞冠을 쓰고, 어깨에도 성새 장식을 달고 있다. 이 여신상은 쿠리타가 지적한 것처럼 '출성'의 장면에서 나타나는 마을의 여신 nagara-devatā과 동일한 자세를 하고 있어,[64] 여기서는 아마도 쿠시나가라 마을의 여신을 표현하고 있는 것은 아니었을까. 열반경에는 쿠시나가라 마을의 여신에 대한 직접적인 언급은 보이지 않지만, 아난이 석가에게 왜 대도시가 아닌 이러한 벽촌에서 돌아가시는지를 물었던 일이 상기된다. 석가는 이곳이 일찍이 쿠사바티拘舍婆提, 拘那越, 鳩尸婆帝라고 하는 이상적인 큰 도성이었음을 말해준다.[65] 한역본에는 그 모습이 상세히 기술되어 있어, 열반도에 마을의 여신이 등장하는 것은 번영의 여신의 슬픔을 추측하게 한다. 간다라 열반도의 이 여성상은 바미얀과 둔황 수대의 열반도에서 표현되는 마야부인으로 추정되는 여성상과 관련해서도 주목되지만, 현재로서 이 도상의 작례로 알려진 바는 하나뿐이다.

**　나키온나: 일본에서 장례의식에 고용되어 큰 소리로 우는 역할의 여자를 가리키는 말로, 哭き女, 哭女라고도 표기한다.

도55. 열반. 간다라. 2~3세기. 일본 개인 소장[쿠리타 이사오 1, P4-1]

찬탄하는 신들

마지막으로 로리얀탕가이 출토의 부조(도판10)에 표현된 많은 신들에 대하여 기술해 보겠다. 석가를 둘러싼 많은 회중은 간다라에서 이 부조 외에 다른 예를 찾아볼 수 없다. 석가의 뒤로는 상반신을 보이며 2열로 늘어선 많은 사람들과 신들이 있다. 앞 열 사람들은 두 명의 합장하는 수녀신을 제외하면 대부분 손을 머리에 올리거나 높이 들어 슬퍼하는 몸짓을 보이고 있다. 터번관식과 장신구로 장식하고 있는 이들은 다른 예들로 미루어 말라족의 귀족들일 것이다. 이에 반해 뒤 열에는 오른손을 들고 있는 자들도 있는데, 그 손에 꽃을 들고 있어 석가를 향해 산화하는 신들은 아닐까 생각된다. 최상단에도 일렬로 8체의 비천이 표현되어, 합장하거나 혹은 왼손으로 천의의 끝자락을 들고 천의에 담은 꽃을 오른손으로 흩뿌리고 있다. 부조의 위쪽은 이 신들로 가득 메워져 있다.

간다라 열반도에서 이처럼 많은 신들의 모습은 예외적인데, 아마 열반경에서 언급되는 석가가 입멸한 장소에 모여든 많은 신들을 표현한 것으로 생각된다. P본에서는 석가가 아난을 향해 이렇게 말하고 있다. "십만 세계의 신들이 수행완성자와 만나기 위해 여럿이 모여들고 있다. … 주위를 12요자나에 걸쳐 둘러 싸며, … 토끼털 끝이 들어갈 정도의 틈도 없을 정도이다."**66** 로리얀탕가이에서 출토된 부조의 표현은 이처럼 운집한 신들을 상기시킨다. 이 신들은 P본·S본에서는 devatā, 한역본에서는 諸大神(한A본), 諸天(한B·한C본), 諸王龍八部之衆(한D본)으로 번역되어 있는데, 일반적인 신들을 가리켰을 것이다.**67**

석가가 입멸할 때, "사라쌍수가 때 없는 꽃을 피우고 만개하였다. … 또 하늘의 만다라바화는 허공에서 내려와 수행완성자에게 공양하기 위하여 수행완성자의 몸에 내리덮이고 내리쏟아지며 흩뿌려졌다(P본)".**68** 간다라 부조에서 사라쌍수에 꽃이 피는 표현은 보이지 않지만, 로리얀탕가이 출토 부조의 천인 산화는 이같은 열반경의 기록을 표현한 것으로 생각된다. 한역본에서는, "그때 도리천의 모든 하늘은 문다라꽃·우발라꽃·파두마꽃·구물두꽃·분다리꽃과 하늘의 전단향 가루를 사리 위에 흩뿌려"*(한A본)라고 하거나, 혹은 "제천들은 꽃과 향을 뿌려"**(한B본)라고 기술하여,**69** 신들이 직접 산화했음을 분명하게 말해주고 있다. 열반도에서 이 천인찬탄의 도상은 특히 중앙아시아에서 주목된다.

5. 비구들(슬퍼하며 눈물을 흘리는 비구들·아난과 아나율·수파마나·수발·대가섭)

열반경 속에 그 이름이 등장하는 출가한 불제자, 즉 비구들로는 처음부터 끝까지 석가를 모셨던 아난, 석가가 입멸할 때 냉정을 유지했던 아나율,

---

* 불교기록문화유산 아카이브(https://kabc.dongguk.edu/) 우리말 번역문 인용. 時, 忉利諸天以文陁羅花, 優鉢羅花, 波頭摩花, 拘物頭花, 分陁利花, 天末栴檀散舍利上 …. 『불설장아함경』 4권(ABC, K0647 v17, p. 850b02-b04)

** 諸天散華香. 『불반니원경』 2권(ABC, K0653 v19, p. 200b13-b14)

석가의 앞에 서 있던 우파마나, 입멸 직전에 찾아와 마지막 불제자가 된 수발, 입멸한 때에는 함께 있지 않았지만 급히 달려 왔던 대가섭이 있다.

슬피 우는 비구들

P본은 부처가 열반할 때 비구들의 모습을 다음과 같이 기록하고 있다.

> 아직 애집을 버리지 못한 몇몇 비구는 두 팔을 뻗으며 울고, 깨진 바위처럼 쓰러지며, 몸부림치며 뒹굴었다. "존사는 너무 빨리 돌아가시게 되었습니다…"라고 말하며. 그러나 애집을 버린 비구들은 생각을 바로잡고, 정신을 똑바로 차리며 참아내고 있었다. "무릇 만들어진 것은 무상하다. 어찌 (멸하지 않기를) 구할 수 있겠는가"라고 말하며.[70]

간다라 열반부조 중 가장 오래된 것으로 손꼽히는 구 마르단 소재의 부조(도판9)에서는, 붓다의 상좌 앞에 체발하고 승의를 입은 세 명의 비구가 표현되어 있다. 좌측 끝의 비구는 비스듬히 등을 보인 채 웅크리고 슬퍼하며 흐느껴 운다. 중앙의 옆을 향한 비구는 왼 무릎을 세워 손을 올리고, 오른손은 뺨에 대어 옆쪽 비구에게 슬픔을 전하는 듯한 몸짓이다. 뒤를 향한 우측 끝의 비구는 가만히 그 말을 들으며 참아내고 있는 모습이다. 이 비구들의 표현은 거리감 있는 인물 배치, 생생한 인물묘사에서 헬레니즘·로마미술의 고전적 전통을 전해주고 있는 동시에, P본 열반경에 기록된 비구의 비탄하는 모습을 솜씨 좋게 조형화한 작품이라 할 수 있다. 이러한 작품은 간다라 열반도에서 오히려 드문 편이다. 도상적으로도 상좌 앞에서 슬픔에 잠긴 세 비구의 도상은 알려진 예가 없다. 그들의 이름을 특정할 수 없으며, 작자도 비구들이 눈물 흘리며 슬퍼하는 모습을 사실적으로 표현하는 데에 중점을 두었던 것이라고 생각된다(다만, 당초에는 석가의 발주위에 대가섭이 표현되어 있었던 것 같다).

아난과 아나율

이에 반해 다른 많은 열반부조는 되도록 열반경 속의 이야기를 도상으로 담아내고자 했다. 비구들 중에 격한 슬픔을 드러낸 것이 아난Ānanda, 阿難陀이었음은 쉽게 상상할 수 있다. 아난은 석가를 가장 오랫동안 모시고 있었는데, 아직 완전히 애집을 버리지는 못하고 있었다. 아난이 석가가 입멸하시는 것을 알고 비탄에 잠겨, 석가로부터 위로받았던 이야기를 열반경은 전하고 있다. 이에 반해 아나율(p. Anuruddha, s. Aniruddha, 阿㝹樓馱, 阿尼盧陀)은 이미 애집에서 벗어나, 석가가 입멸할 때 가장 냉정히 대처했다.[71] 열반경에서는 아난과 아나율이 대비적으로 다루어지고 있어 이 두 사람의 대조는 재미있다. 예를 들면 마지막에 석가가 선정에 들어 입멸하는데, 그 선정의 도중에 아난이 석가가 열반에 들었다고 말하지만, 아나율은 열반에 든 것이 아니라 멸진정滅盡定(멸상정滅想定)에 드셨다고 충고한다.[72] 또 석가가 입멸할 때 아나율과 아난은 시송을 노래하는데, 두 사람의 시송 내용도 대조적이다. 아나율이 체념하는 마음으로 석가의 입멸을 "마치 등불이 꺼져 사라지는 것처럼, 마음이 해탈하였다"라고 노래한 것에 반해, 아난은 놀라며, "그때 이 두려운 일이 있었다. 그때 머리털이 곤두서는 일이 있었다"(P본)라고 노래한 것이다.[73]

열반경은 붓다가 열반에 들었을 때 아난이 어떤 모습이었는지를 명확히 언급하지는 않지만, "모든 비구들은 구슬피 통곡하고 기운을 잃어 몸을 땅에 던져 뒹굴고 부르짖으면서 스스로 억제하지 못했다…"*[74](한A본)라는 내용에서 엿볼 수 있다. 그러사 아나율은 비구들에게 그러지 말 것을 충고하고 있다. "멈추거라, 벗이여. 슬퍼하지 마라. 탄식하지 마라. 존사께서 일찍이 말씀하지 않으셨는가. '모든 사랑하고 좋아하는 사람들과, 생별하고, 사별하고, 사후에는 경계를 달리한다'라고."[75] 이처럼 열반경 속에서 아난과 아나

---

* 불교기록문화유산 아카이브(https://kabc.dongguk.edu/) 우리말 번역문 인용. 諸比丘悲慟殞絕, 自投於地, 宛轉號咷, 不能自勝. 『불설장아함경』 4권(ABC, K0647 v17, p. 849a 22-a23)

율은 대비적인 존재로 그려지고 있어, 입멸 장면에서는 '망연자실한 아난'과 '충고하는 아나율'의 모습이 떠오르게 된다.

간다라의 열반도 중에서 나투 출토 부조(도56), 타레리 출토 부조(도57) 등에는 석가의 베개쪽 상좌 앞에서 땅에 쓰러진 비구와 그 손을 잡아 일으키려하는 비구가 표현되어 있다.[76] A. 푸셰는 티베트 전승을 바탕으로 이 두 사람을 아난과 아나율로 판단했는데,[77] 전술한 열반경의 검토를 통해서도 이 해석은 타당하다고 볼 수 있겠다. 열반 장면 중에서 쓰러진 비구와 그를 일으키는 비구가 눈에 띄는데, 그들은 열반경에서 보이는 '망연자실한 아난'과 '충고하는 아나율'로 해석해도 틀림이 없을 것이다. 아난은 슬픔과 놀라움에 한쪽 무릎(때로는 양무릎)을 땅에 대고 오른손을 앞으로 내미는 포즈이며, 아나율은 서서 오른손을 뻗어 아난의 손목을 잡아 진정시키며 일으키고 있다. 이 '망연자실한 아난'과 '충고하는 아나율'의 도상은 정식화되어, 간다라 열반도 속에 종종 삽입되고 있다. 로리얀탕가이 출토 부조(도판10)에서는 다른 작례들과 달리 석가의 베개쪽이 아닌 발쪽에 이 도상이 배치되어 있다. 또한 상좌 앞에서 땅에 쓰러진 비구만이 표현된 예도 소수 있다(도판11, 도55).[78] 그 또한 아난으로 볼 수 있을 것이다.

우파마나

한편 이미 열반의 장소에 많은 신들이 모여든 것을 보았는데, 여기에는 다음과 같은 이야기가 있다. 즉, 우파마나(p. Upamāna, s. Upavāna, 梵摩那, 優和洹)가 석가의 앞에 서 있었을 때, 석가가 약간 불퉁스럽게 "물러가거라, 비구여. 내 앞에서 서 있으면 안 된다"라고 우파마나를 쫓아냈다. 아난이 그 이유를 묻자, 석가는 신들이 많이 모여 있어, "이 대위력을 지닌 비구가 존사 앞에 서서 가로막고 있기 때문에, '우리는 마지막 시간에 수행 완성자를 뵐 수가 없다'고 하며, 신들이 한탄하고 있기 때문이다"[79](P본)라고 말하였다. 이 일화는 S본과 한역 경전들에도 기록되어, P본·S본·한A본에서는 우파마나가 세존 앞에 서서 세존에게 부채질을 하고 있는 것에 반해, 한B·한C·한D본에서

도56. 열반. 나투(간다라) 출토. 2~3세기. 라호르박물관[Foucher 1, fig. 281]

도57. 열반. 타레리(간다라) 출토. 2~3세기. 교토대학 조사대에 의해 발굴[『타레리』 pl. 107-2]

는 그저 부처 앞에 서 있었음이 언급될 뿐이다.[80]

　로리얀탕가이 출토 부조(도판10)에서는 석가의 침대 가까이에서 불자를 들고 선 한 명의 비구가 표현되어 있다. A. 푸셰는 조심스럽게 우파마나가 아닐까 추측하였다.[81] 이 비구는 부채가 아닌 불자를 들고 있는데, 단지 서 있었다고 하는 전승이 한역 열반경에 많다는 점, 또한 석가의 베개 곁이라고 하는 중요한 위치를 이 비구가 차지하고 있다는 점을 생각해 볼 때, 역시 우파마나라고 해석하는 것이 타당할 것이다. 이와 관련하여 중인도 사르나트의 열반도에는 석가의 베개 옆에 부채를 든 우파마나의 도상이 보여[82] P본·S본과의 관련성을 엿볼 수 있다. 간다라에서는 석가의 베개 부근에 선 우파마나 도상의 작례가 많지 않다.[83]

수발

　출가한 제자들 중에서, 부처가 열반할 때에 특히 중요한 역할을 담당하는 것은 수발과 대가섭이다. 우선 수발(p. Subhadda, s. Subhadra, 須拔, 須跋陀羅, 善賢)은, 열반경에 따르면 불열반 직전에 붓다를 찾아 온 유행자로, 붓다의 설법을 듣고 출가하여 홀연히 깨달아 마지막 불제자가 되었다고 한다.[84] 열반경의 골자는 열반경 제본에 공통되는데, 세부적으로 다른 부분도 적지 않다. 수발의 출신에 대해서는 遊行者(parivrājaka, P·S본), 梵志(한A본), 異學(한C본), 外道(한D·한E본) 등 다양하게 기록되는데, 한마디로 말해서 이교異敎의 탁발유행자일 것이다. 경전들은 그가 쿠시나가라에 있었다고 전하며, S본·한E본은 말라족 사람들이 그를 존경하여 공양했다고 기록한다. 또 P본에는 단순히 "연로하여 출가했다"라고 하는데, 다른 경전들은 그가 120세였다고 전한다.

　간다라 열반도에는 붓다의 상좌 앞에서 거의 항상 승의를 입고 결가부좌하여 선정인을 결한 정면향의 상이 표현되어 있다(도판10, 11, 도44, 49, 51, 52). 혹은 완전히 뒤를 향하게 표현된 상도 있는데, 역시 결가부좌의 자세이다(도판12, 도43, 45, 50, 55-57). 그륀베델은 일찍이 이 상을 붓다가 입멸 전에 선정에 든 그 모습을 표현한 것으로 해석했다.[85] 그러나 이 인물은 정수리에 두발이 남아있지만 나머지는 체발한 비구의 모습으로 표현되어 있어, A. 푸셰는 마지막 불제자인 수발로 정의했다.[86] 다음과 같은 점은 이 해석을 뒷받침할 수 있을 것이다. 우선 P본은 수발이 석가에게 찾아와 "한편에 앉았다"라고 기록하며, 한역본에도 수발이 "한 면에 앉다"(한A*· 한D본), "한 면에 머무르다"(한C본)라고 하여, 상좌 앞에서 결가부좌한 부조의 도상에 합치된다. 게다가 출가하여 비구가 된 수발은 S본에 따르면 "홀연히 아라한이 되어, 해탈에 도달했다. 수발존자는 거기에서 이같이 생각했다. '스승이 입멸하심을 보는 것은 나로서는 견딜 수 없다. 나는 차라리 스승보다 먼저 입멸하고 싶다.' 그리고 수발존자는 세존보다 먼저 입멸했다."[87] P본에는 이것이 암시되었을 뿐이며, 한A본은 수발이 붓다보다 먼저 입멸했음을 간략히 기록하고 있는데, 한B · 한C · 한D · 한E본의 경전들은 S본과 거의 같은 내용을 전하고 있다. 수발은 "앉아서 스스로 염불하고는, … 먼저 멸도하다"**[88](한C본), "부처의 앞에서 화계삼매火界三昧에 들어 반열반하다"***[89](한D본)라는 내용과 같이 선정에 들어 입멸한 것이다.

이렇게 생각한다면 간다라의 상좌 앞에서 결가부좌한 비구는, 마지막 불제자인 수발이 홀연히 아라한계를 얻어, 세존의 입멸을 지켜봐야 함을 견디지 못하고, 선정에 들어 먼저 멸도하는 모습으로 해석할 수 있을 것이다. 구 마르단 소재의 부조(도판9)에는 이 같은 수발의 도상은 표현되어 있지 않지만, 다른 열반부조에서는 소부조여서 생략됐을 것으로 보이는 것 이외에는 모두 선정한 수발을 표현하고 있다. 결가부좌하는 선정의 모습은 통곡하며 슬피 우는 회중들 가운데 특히 눈에 띄는 존재이다. 체발하고 승의를 입고

---

*　一面坐. 『불설장아함경』 4권(ABC, K0647 v17, p. 846a11)

**　坐自念 … 便先滅度. 『반니원경』 2권(ABC, K0654 v19, p. 222a14-a15)
　　불교기록문화유산 아카이브(https://kabc.dongguk.edu/) 우리말 번역문에서는 坐自念을 '앉아서 조용히 생각하다'로 번역하고 있다.

***　卽於佛前入火界三昧而般涅槃. 『대반열반경』 3권(ABC, K0652 v19, p. 176b11-b12)

있지만 거의 모두 정면향이나 뒤를 향하여(거의 반반의 비율로) 표현되며, 드물게 측면을 향하는 경우도 있다. 뒤돌아 있는 것은 석가를 향하고 있어 보다 설화에 합리적인 해석이라고 할 수 있는데, 표현 방식에 있어 대부분은 정면향의 경우와 함께 상좌 높이보다 작게 유형화하고 있다.

수발의 착의 표현에서 흥미로운 점은, 종종 승의를 머리까지 감싸는, 이른바 복두의覆頭衣를 입고 있다는 것이다(도판11, 12, 도43, 49-51). 이는 탁발유행자로서의 변변치 못한 옷차림을 표현한 것으로 생각된다. 복두의를 입은 수발의 도상은 바미얀, 키질, 둔황의 열반도에도 계승되고 있다.[90] 또한 윈강(도58)·둔황·법륭사法隆寺 타마무시노즈시玉虫厨子 이타에板繪*·법륭사 금당의 구 벽화에 표현된 '산속의 선정승'의 도상에도 이 복두의가 확인되어,[91] 수행자 복장의 한 특징이었음을 엿볼 수 있다. 특히 선정승의 도상으로서, 이 복두의가 즐겨 사용되었음이 주목된다. 복두의와 관련하여 탁발유행자의 지물에 주의할 필요가 있다. 간다라의 열반부조에서, 선정한 수발의 곁에는 다수의 경우 목제 삼각대가 놓여 있고, 거기에는 가죽 부대로 된 물병이 매달려 있다. 푸셰는 이 삼각대에 매달린 가죽 부대에 대해

도58. 선정승. 윈강 제7굴 명창 동측. 5세기 후반[『윈강석굴』 4, pl. 23]

---

* 이타에板繪: 널빤지에 그린 판벽그림 기법.

처음에는 석가가 병으로 쓰러져 고열을 내리기 위해 물을 넣은 것으로 해석했는데,[92] 이후에 유행자의 지물인 삼장三杖 tridaṇḍa에 가죽 부대의 물병이 달린 것으로 보았다.[93] 실제로 이 삼각대에 매달린 물병은 선정의 수발과 세트로 표현되어 있어, 삼장을 든 자tridaṇḍin라고도 불리는 바라문유행자로서의 수발의 신분을 말해주고 있다. 삼각대에 달려 있는 가죽 부대의 물병은 인도에서는 수발의 지물로서 오래 존속하지만(예를 들면 아잔타 제26굴 열반부조), 이 전통이 없는 중앙아시아·중국에서는 소실되어 버린다. 다만 전술한 '산속의 선정승'의 도상에는 가죽 부대제의 물병 대신에, 도기제(?)의 물병이 역시 수행자의 지물로서 가까이 놓여 있다는 것은 흥미롭다.[94]

그런데 나투 출토 부조(도56), 르콕크가 가지고 온 부조, 타레리 출토 부조(도57), 탁실라박물관 소장 부조(도판11) 등[95]에는 화면의 우측 끝, 석가의 발 근처에 복두의를 입고 어깨에 삼각대를 짊어진 인물이 등장하며, 옆에 있는 비구가 그를 향해 말을 걸고 있는 모습이다. 이 인물에 대해서 A. 푸셰는 그 해석을 매우 어려워했다.[96] 처음에는 어깨에 짊어진 삼각대가 가위일 수도 있다고 보아 대장장이인 춘다를 상상했다. 석가는 춘다가 공양한 음식을 먹고 병으로 쓰러지는데, 석가는 아난에게 춘다의 공덕을 설했던 것이다. 그러나 삼각대가 가위로는 보이지 않았으므로, 다음으로 푸셰는 장의葬儀에 사용되는 횃불은 아닐까 생각했다. 말라족의 수장들이 화장용 땔감에 불을 붙이려 했지만 끝내 붙지 않았다. 아나율은 대가섭이 석가의 발에 예배할 때까지 불이 붙지 않을 것이라고 그들에게 말한다. 푸셰는 이 화장의 횃불을 든 말라족의 수장과 아나율은 아닐까 상상했다. 그러나 결국 어깨에 짊어진 것은 삼장으로, 탁발유행자인 수발 혹은 후술하는 사명邪命 외도外道(아지비카)일 것이라고 했다. 대가섭에게 석가의 입멸을 알리는 사명 외도는 나형으로 표현되는 경우와, 복두의를 입고 삼장을 든 모습으로 표현되는 경우가 있다고 본 것이다. 그러나 탁실라박물관 소장의 부조(도판11)에서는 양자가 함께 표현되고 있기 때문에, 역시 탁발유행자인 수발이 석가 열반의 장소에 찾아온 순간으로 보아야 할 것이다.[97]

열반경에는 수발이 석가 입멸 직후에 찾아와 면회하기를 청하는데, 아난은 석가의 병을 염려하여 세존과 만나게 해주려 하지 않았다는 일화가 기록되어 있다.[98] 부조에서는 화면의 우측 끝에서, 어깨에 삼장을 메고 찾아 온 수발이 아난에게 제지되고 있는 모습으로 해석된다. 또한 아난은 표현되지 않고, 복두의를 입고 삼장을 짊어 진 수발만을 표현하는 경우도 있다.[99] 삼장에 매달린 가죽 부대제의 물병은 확실하게 밝혀지진 않았지만, 최근 소개된 개인 소장의 열반도 단편에서 분명하게 구분할 수 있는 예가 있다.[100] 나투 출토의 부조를 시작으로 하는 열반부조(도판11, 도50, 56, 57)에서는 수발이 사라쌍수 아래에 찾아 온 장면과, 석가의 허락을 얻어 상좌 앞에 결가부좌하는 장면의 두 장면이 표현되어 있다. 아난도 수발과 상대하는 장면과, 석가가 입멸할 때 상좌 앞에서 쓰러지는 장면의 두 장면이 표현되고 있다. 이처럼 간다라의 열반도에는 석가의 입멸에 얽힌 일화를 많이 담아내려는 특징이 엿보인다.

대가섭

대가섭(p. Mahākassapa, s. Mahākāśyapa, 摩訶迦葉, 摩訶迦攝波)은 석가가 입멸할 때 쿠시나가라에 없었지만, 열반도 속에 등장할 뿐 아니라 불가결한 역할을 담당한다. 대가섭의 석가 예배를 통해 열반 설화가 완결되기 때문이다.

바로 그때 대가섭은 오백 명의 제자를 이끌고, 파파(p. Pāvā, s. Pāpā, 波婆國, 波旬)에서 쿠시나가라로 향하고 있었다(한B본에는 대가섭이 있던 곳을 언급하지 않고, 한D본에는 '탁차나기리국鐸又那耆利國'이라 하고 있다). 그곳에서 대가섭은 쿠시나가라에서 온 한 외도와 만나고, 그와의 짧은 대화 중에 석가가 7일 전에 입멸했음을 알게 된다. 이 이야기는 열반경 제본에 기록되어 있다.[101] 대가섭이 만났던 외도는, P본·S본에서는 아지비카(p. Ājīvaka, s. Ājīvika)라고 하며, 한역본들에서는 '尼乾子'(한A본), '優爲'라는 이름의 異學者(한B본), '阿夷維'라는 이름의 異道士'(한C본), '外道'(한D본), 外道梵志(한E본)라고 되어 있다. 아지비카邪命外道는 '생활규율을 엄수하는 자'라는 의미로 고행을 중시했던 교단으로 알려지며,[102] 한B・한C본은 아지비카를 이름(優爲, 阿夷維)으로 해석한 것 같다. 이에 반해 한A본의 '尼乾子'는 Nirgranthaputra로 자이나교도를 의미하고 있으며, 한D・한E본은 일반적으로 이교의 행자라고 하고 있다. 아지비카 교도라고 하는 것이 가장 유력한 전승이었을 것으로 생각되는데, 이 교단은 자이나교와 가까운 관계에 있었다고 여겨진다. 간다라 열반부조에서는 대가섭의 표현에 있어 세 가지 도상형식이 보인다.

우선, 탁티바히 출토의 부조(도44)를 보면, 화면 우측 끝에 대가섭과 나형의 외도가 이야기하는 모습을 표현하고 있다. 나형 외도가 오른손에 꽃을 들고, 얼굴을 대가섭에게 향하여 말을 걸고 있다. 대가섭은 그것을 듣고 있는 모습이다.

> "벗이여, 당신은 우리의 스승을 알고 계십니까?"
> "그렇습니다, 벗이여. 저는 알고 있습니다. 오늘로부터 7일 전에 수
> 행자 고타마는 돌아가셨습니다. 그렇기 때문에 저는 이 만다라꽃을
> 손에 들고 있는 것입니다."[103]

P본은 대가섭과 외도의 대화를 이렇게 기록하고 있어, 부조의 도상과 잘 조합된다. 이렇게 대가섭과 외도의 이야기를 표현한 형식을 제1도상형식으로 한다. 외도는 완전한 나형이며 자이나교도라고도 해석되는데, 아지비카 행자를 표현했을 것이다. 외도의 손에 있는 만다라꽃(p. mandāra, mandāraka, 萬陀羅華)에 대해서는 P본에 설명이 없지만, S본에 따르면 '사문 가우타마의 장의를 치를 때 하늘에서 떨어진'[104] 것이라고 아지비카 자신이 말하고 있으며, 한역본들에도 '天華'(한A・한B・한D본), '天曼那羅華'(한C본)라고 하고 있다. 외도가 꽃을 들어 보임으로써, 쿠시나가라의 중대한 사건을 대가섭에게 보여주고 있는 것이다.

프리어미술관의 부조(도49)에서는 화면의 좌측 끝에 두 사람의 중대한 대화가 표현되어 있다. 외도는 언제나 석가 쪽에 있으면서 쿠시나가라에서

파파로 나오고, 대가섭은 화면 끝에 있으면서 쿠시나가라를 향하고 있음을 암시한다. 여기서도 나신의 외도가 오른손에 한 줄기의 꽃을 들고, 대가섭에게 말하고 있다. 대가섭은 석장을 왼손에 들어 유행중임을 보여주며, 외도의 이야기를 조용히 듣고 있다. 로리얀탕가이 출토의 회중이 많은 열반부조(도판10)에서도 좌측 끝에 이와 같은 표현형식의 외도와 대가섭을 찾아볼 수 있으며, 그 밖에도 작례가 있다(도판11).[105] 다만 빅토리아&앨버트미술관 소장의 부조(도51)에서는 화면의 우측 끝에 표현된 나신의 외도와 대가섭의 표현을 보면 석가의 옆에 석장을 든 대가섭이 있으며, 게다가 두 사람은 대화를 하는 것이 아니라 대가섭이 얼굴을 뒤로하여 고개를 떨군 모습이다. 이는 외도로부터 석가의 입멸을 듣고 비탄에 잠김과 동시에, 급히 쿠시나가라로 향하는 것을 암시하고 있는 것은 아닐까.[106]

사리바롤 출토의 부조(도43)에서는 이미 외도의 모습은 생략되고, 석가의 발 근처에, 왼손에 석장을 들고 찾아 온 대가섭이 표현되어 있다. 여기서는 이미 대가섭이 쿠시나가라에 도착한 것이다. 대가섭은 오른손으로 석가의 발을 만지고 있다(결손 있음). 대가섭과 외도의 대화를 표현한 제1도상형식에 이어서, 이처럼 석가의 발을 오른손으로 만지는 대가섭의 도상을 제2도상형식으로 한다. 이 제2형식은 그 밖에 쟈말가리 출토 부조(라호르박물관 소장), 탁티바히 출토 부조(페샤와르박물관 소장), 동일 출토 부조(빅토리아&앨버트미술관 소장) 등 상당한 작례가 있다.[107] 여기에서 대가섭은 석장을 드는 경우와 아무것도 들지 않는 경우가 있다. 후자의 경우는 약간 허리를 굽혀 왼손을 내리고 오른손으로 석가의 발을 만지고 있다. 이 제2의 도상형식은 대가섭이 쿠시나가라에서 급히 달려온 모습과, 석가의 시신에 예배하는 모습을 동시에 표현하고자 하고 있다.

이에 반해 석가의 두 발을 향하여 두 손을 모아 예배하는 제3 도상형식이 있다. 호티마르단 출토 부조(빅토리아&앨버트미술관 소장), 차트파트 출토 부조(도판12) 이외에 몇 개의 작례가 보인다(도45, 55).[108] 이 형식은 오로지 대가섭이 석가에 대한 예배를 표하는 도상이지만, 이는 열반경에 기록된 유명한 '대가섭의 접족예배'의 일화를 상기시킨다.

열반경에 따르면 석가의 입멸 후 아난이 말라족 사람들에게 그 사실을 알리고, 찾아온 그들은 존사의 시신을 공양한 뒤에 화장터로 운반한다. 그곳에서 말라족 사람들은 석가의 시신을 천으로 감싸 입관하고, 땔감을 쌓아 놓은 곳 위에 올려서 불을 붙이려 하는데 불이 붙지 않는 것이다. 아나율은 그것을 천인들의 의향이 작용하고 있기 때문이라고 말하며, "대가섭이 머리를 대어 존사의 발에 예배하기 전에는, 존사의 화장터의 땔감이 타지 않을 것이다"라고 하는 의향을 사람들에게 전한다. 화장터로 나아 간 대가섭은 "합장하고 화장터의 땔감 더미 주위를 오른쪽 어깨를 향하여 세 번 돌고, 발에 덮인 천을 걷어 존사의 발에 머리를 대고 예배했다", "예배를 마치자 존사의 화장터의 땔감 더미는 스스로 타올랐다"(P본).[109]

제3 도상형식은 대가섭이 "머리를 불족에 대자"(한B본) 처음으로 다비의 불이 타올랐다고 하는 이 에피소드를 표현한 것임에 틀림없다. 특히 열반경에서는 이 이야기가 화장터에서 입관한 후의 이야기로, S본·한E본에서는 대가섭이 관을 열고, 천을 거두어 시신에 참배했다고 하며, 한A·한C·한D본에서는 관에서 석가의 "두 발이 쌍으로 나왔다", 혹은 "두 발이 나왔다"라고 한다. 간다라의 '다비'의 장면 중에 타오른 관에서 석가가 발을 내밀자, 대가섭이 그것을 예배하는 희귀한 도상이 최근 소개되었는데(도판16),[110] 일반적으로 간다라에서는 '열반'에 이어 '염', '입관'의 장면을 표현하면서, '대가섭의 접족예배'를 표현할 때에는 '열반' 속에 함께 등장시키고 있다. 아마 대가섭의 예배야말로 석가의 열반설화를 완결시키는 것으로 여겨져, 열반도에 삽입된 것으로 생각된다. '대가섭의 접족예배' 도상은 석가의 유법을 계승할 자로서의 대가섭의 역할이 증대됨과 함께, 중앙아시아에서 특히 중요성을 띠게 된다. 아마 이 대가섭의 제3 도상형식은 간다라 미술의 후기에 선호되었을 것이다.

6. 결론

간다라의 열반도(부조)는 불교세계에 있어 최초의 열반도로서 주목된다. 간다라 이전에는 열반 도상이 오로지 스투파에 의해서만 표현되었다. '석가의 죽음'으로서의 열반도의 출현은 헬레니즘·로마 세계의 장례미술에서 발상을 얻었을 것이라고 생각된다. 그러나 한편으로 간다라 열반도는 소승열반경과 밀접한 관계를 맺고 있어 전체적으로 볼 때 텍스트와 도상은 잘 조합된다. 다만 주목할 것으로, 2세기 초경 제작된 것으로 보이며 최고最古의 열반도라 여겨지는 구 마르단 소재의 부조(도판9)는 리얼한 인물묘사, 자연스러운 원근 표현이라는 조형성에 있어서 헬레니즘·로마의 서방 전통이 짙게 엿보임과 동시에, 도상적으로는 '사라쌍수의 상좌에서 머리를 북쪽으로 하고, 발을 포개어 옆으로 누운 석가' 이외에는 열반경의 에피소드에 거의 무관심하며, 오로지 불제자나 말라족 사람들이 비탄에 빠진 표현에만 관심이 향하고 있다. 가장 초기의 열반도는 텍스트에서 전하는 내용과 거리감이 느껴지는 것이다.

이에 반해 다른 대부분의 열반도는 열반경의 몇 가지 특징적인 에피소드를 담아내고 있다. 말라족의 비탄이나 신들의 찬탄이라는 일반적인 표현 이외에, 다음과 같은 에피소드의 표현이 있다. 즉, '마왕과 그 딸의 유혹', '사라쌍수 아래에서 옆으로 누운 석가', '석가의 앞에 선 우파마나', '아난과 만난 유행자 수발', '멸진정에 든 마지막 불제자 수발', '비애의 집금강신', '쓰러지는 집금강신', '망연자실한 아난', '충고하는 아나율', '사명 외도로부터 석가의 입멸을 듣는 대가섭', '석가의 발을 예배하는 대가섭' 등이다. 이 이야기들은 집금강신에 관한 것을 제외하면, 소승열반경에 기록되어 있어 그 텍스트들과의 강한 관련성을 보여주고 있다. P본·S본·한역5본은 각각 세부적으로 상위한 점이 있어, 이들 중에 특히 어느 한 가지 텍스트와 간다라 도상이 결부되고 있다고는 단정하기 어려우나, P본에는 언급되지 않았으나 한역본을 통해 적확하게 해석되는 도상도 있다는 점은 주의된다. 간다라 열반도는 먼저 열반경의 내용에 정통하면 해석할 수 있는 것이지만, 또한 '비애의 집금 강신', '쓰러진 집금강신', '슬퍼서 우는 수녀신' 등 열반경에는 거의 언급되지 않는 에피소드도 있다는 점을 생각해보면, 열반경을 윤색한 구승口承 전통의 존재도 있었을 것으로 추측된다. 간다라의 이러한 열반도는 2~3세기에 성행하여, 그 후 4~5세기 무렵까지 행해졌을 것이다.

일본의 대승열반도에서는 희련강熙連河가의 사라쌍수 아래서 석가가 열반하는 정경묘사와, 많은 보살·비구·천인·대신부인·동물 등이 모여들어 비탄에 빠진 모습에 대한 묘사에 집중했던 것에 반해, 간다라의 열반도는 사라쌍수 이외의 풍경묘사는 없이 오로지 석가의 입멸을 둘러싼 불제자와 신들의 이야기에 관심을 기울이고 있어, 또 하나의 설화 텍스트라고도 할 수 있는 서술적 성격이 두드러진다.

이 간다라 열반도의 설화도상 중에, '멸진정에 든 수발', '쓰러진 집금강신', '석가의 발을 예배하는 대가섭', '천인의 찬탄' 등의 도상이 중앙아시아에서 주목되어 큰 전개를 보인다. 한편 인도 내부에서는 불열반의 상징성과 다투는 형태로, 열반도의 설화적 요소를 급속히 잃어 가게 된다.

[미주]

1 A. Foucher, *L'art gréco-bouddhique Gandhāra*, Tome 1 (Paris, 1905), pp. 554-73.

2 A. Bareau, *Recherches sur la biographie du Buddha dans les Sūtrapiiṭaka et les Vinayapiṭaka ancien*, Tome 2 (Paris, 1971).

3 J. Ebert, *Parinirvāṇa, Untersuhuhgen zur ikonographischen Entwicklung vor den indischen Anfängen vis nach China* (Stuttgart, 1985).

4 栗田功,『ガンダーラ美術1 佛伝』(이하 1로 줄임) (二玄社, 1988).

5 中村元 역,『ブッダ最後の旅』(岩波文庫), p. 274.

6 대승열반경에서는 사라수가 동서남북의 네 방위에 각 2그루씩 있음을 설하고 있으며, 일본의 열반도에도 네 방위에 각각 한 그루의 근원에서 두 개의 가지로 나뉘거나(應德涅槃圖), 네 방위에 2그루씩의 나무를 그리는데, 간다라뿐 아니라 인도에 있어서도 모두 화면의 양 끝에 한 그루씩의 사라수를 표현하여 쌍수를 이루고 있다.

7 H. Ingholt and I. Lyons, *Gandhāran Art in Pakistan* (Connecticut, 1971), pls. 9, 10, 38, 39, 44 etc.

8 A. Bareau, 앞 책, Tome 2, p. 9.

9 V. Smith, *Journal of the Asiatic Society of Bengal* (Calcutta, 1989), p. 126; A. Foucher, 앞 책, pp. 557-8; J. Ebert, "Parinirvāṇa and Stūpa", *The Stūpa. Its Religions, Historical and Architectural Significance* (Wiesbaden, 1980), pp. 219-25; do., *Parinirvāṇa*, pp. 53-54.

10 サイフール・ラフマン＝ダール, 桑山正進 역,「ガンダーラ"化粧皿"とパーキスタンにおけるヘレニズムの始まり」,『佛敎藝術』327 (1981). Henri-paul Francfort, "Les Palettes du Gahdhāra", *MDAFA*, Tome 23 (Paris, 1979).

11 cf. H. Buchthal, "The Western Aspects of Gahdhara Sculpture", *Proveedings of the British Academy*, vol. 31 (1945); 桑山正進,「ストゥーパ方形基台の由来」,『足利惇氏敎授喜壽記念インドオリエント学論叢』(1978).

12 cf. F. Cumont, *Recherches sur le Symbolisme Funéraire des Romains* (Paris, 1942), réimpression (1966); E. Panofsky, *Tomb Sculpture*, (New York)

13 T.01, p. 199a.

14 T.01, p. 168c, p. 184b.

15 Mahāparinirvāṇa-sūtra, 42. 18. 岩本裕 역, p. 130. 또한, cf. A. Foucher, 앞 책, p. 560.

16 宮治昭,「托胎靈夢-インド佛伝図像の研究(2)1」,『名古屋大学文学部研究論集』102 (1988), pp. 255-293.

17 Mahāparinibbāna-suttanta, 5. 1. 中村元 역, p. 126, 참조. 다만, 나카무라 역본에서는 "그곳에서 존사는 우협을 밑에 붙이고, 발 위에 발을 포개어 **사자좌를 하시어, …**"라 하고 있는데, 필자의 견해와는 다르다.

18 A. Bareau, 앞 책, Tome2, pp. 10-11.

19 J. Przyluski, "Le parinirvāṇa et les funérailles du Buddha," *Journal Asiatique* (Paris, 1920), pp. 180-1.

20 A. Foucher, 앞 책, p. 656.

21 불교에서는 밤의 시간을 셋으로 나눈다. 초야 paṭhama yāma, 중야 majdhajjhima yāma, 후야 pacchima yāma.

22 cf. É. Senart, *Essai sur la légende du Buddha* (Paris, 1882).

23 Mahāparinibbāna-suttanta, 5. 19-22. 中村元 역, pp. 143-145.

24 Mahāparinirvāṇa-sūtra,, 37. 1-38. 6. 岩本裕 역, pp. 116-119.

25 T.01, p. 187a.

26 A. Foucher, 앞 책, pp. 560-62.

27 Mahāparinibbāna-suttanta, 5. 21. 中村元 역, p. 144.

28 J. Marshall, *The Buddhist Art of Gandhāra* (Cambridge, 1960), pp. 49-50, pl. 44; 肥塚隆, 「インドの涅槃図」, 『涅槃会の研究』元興寺文化財研究所 편 (綜藝舍, 1981), p. 14, 도1, 참조.

29 E. Panofsky, 앞 책, pl. 99; 『ローマ美術』, pl. 60. 『古代末期の美術』 pls. 12, 48; 『ユスティニアヌス黄金時代』 pls. 210, 220, 221 (이상 人類の美術叢書, 新潮社).

30 A. Foucher, 앞 책, pp. 561-2.

31 Mahāparinibbāna-suttanta, 5. 9. 中村元 역, p. 13.

32 T.01, p. 26a, p. 199c.

33 Mahāparinirvāṇa-sūtra,, 16. 1-15. 岩本裕 역, pp. 80-82.

34 水野淸一・樋口隆康 편, 『タレリ』 (同朋舍, 1978), pl. 107-3.

35 栗田功, 앞 책 1, pl. 490.

36 栗田功, 앞 책 1, p. 311.

37 A. Bareau, 앞 책, Tome 1 (Paris, 1970), pp. 156-71.

38 H. Ingholt and I. Lyons, 앞 책, pls. 40, 45, 48, 61, 62. etc.

39 H. Ingholt and I. Lyons, 앞 책, pls. 61, 62; 栗田功, 앞 책 1, pls. 211, 212, 214, 216-23.

40 Mahāparinirvāṇa-sūtra,, 16. 12. 岩本裕 역, p. 81.

41 T.01, p. 191b.

42 cf. A. Bareau, 앞 책, Tome 2, pp. 157-71.

43 본서 제2부 제1장, 참조.

44 A. Foucher, 앞 책, p. 563, fig. 280.

45 M. Taddei, "Harpocrates-Brahmā-Maitreya: A Tentative Interpretation of a Gahdharan Rellief from Swāt", *Dialoghi di Archeologia*, Anno 3-Numero 3 (1969), pp. 364-90.

46 栗田功, 앞 책 1, pl. 04-I. 이 밖에 *Gandhara Sculpture in the National Museum of Pakistan* (Karachi, 1956), pl. 28.에도 범천과 제석천으로 보이는 인물이 석가의 뒤쪽에 있다.

47 T.01, p. 27a.

48 집금강신에 대해서는, A. Foucher, 앞 책, Tome 2 (Paris, 1918), pp. 48-64. 이 밖에, 頼富本宏,「金剛薩埵図像覚え書き」(上),『密教図像』創刊号 (1982); 石黑淳,「金剛手の系譜」『密教美術大觀』第3卷 (朝日新聞社, 1984); 入澤崇,「ヴァジュラパーニをめぐる諸問題」『密教圖像』第4号 (1986) 참조.

49 H. Deydier, *Contribution à l'étude de l'art du Gandhāra* (Paris, 1950), planche; H. C. Ackermann, *Narrative stone reliefs from Gandhāra in the Victoria and Alvert Museum in London* (Rome, 1975), pl. 52.

50 T.12, pp. 1116-1118.

51 T.51, p. 861b.

52 T.51, p. 904a.

53 堀謙德,『解說西域記』(前川文榮閣, 1912), p. 472.

54 Ambaṭṭha-sutta, DN, 1, p. 95; Cūḷasaccaka Sutta, MN, 1, p. 231.『阿摩晝經』(T.01, p. 83a),『增一阿含經(第22)』(T.02, p. 663b).

55 Mahābhārata, 3, 273, 9-11 ; 6, 7. 32.

56 구햐카의 어원 guh는 '감추다'는 뜻이다. '부를 감추다'라는 것이 원의일 것이다. '밀적'으로 번역되었다.

57 R. M. Misra, *Yaksha Cult and Iconography* (Delhi, 1981), p. 5, p. 19.

58 A. Foucher, 앞 책, p. 565, fig. 282; J. Ph. Vogel, *La Sculpture de Mathura* (Paris, 1930), p. 121, pl. 53a.

59 중국과 인도의 인왕仁王은, 금강역사를 수문신으로서 한 쌍으로 한 것에 기원할 것이다.

60 T.01, p. 27a.

61 간다라의 성도 직전 '보리좌에 앉은 석가'의 장면에서는, 나무 아래의 보리좌에서 상반신을 드러낸 모습의 수녀신樹女神이 많이 보이는데, 최근 소개된 부조(개인 소장)에서는 열반도와 마찬가지로 나뭇잎에서 상반신을 드러내

고 찬탄하는 수녀신의 예가 있다. 栗田功, 앞 책 1, pl. 219.

62 A. Grünwedel, *Altbuddhistische Kultstätten in Chinesisch-Turkistan* (Berlin, 1912), p. 144, fig. 322; 樋口隆康 편, 『バーミヤーン』(同朋舍, 1983-84), 1, pl. 82-1, 3, p. 107.

63 栗田功, 앞 책 1, pl. P4-I.

64 A. Foucher, 앞 책, pp. 360-61, figs. 183, 184; 栗田功, 앞 책 1, pls. 144, 146, 149, 151, 152, 156.

65 cf. A. Bareau, 앞 책, Tome 2, pp. 72-76.

66 Mahāparinibbāna-suttanta, 5. 5. 中村元 역, p. 128.

67 T.01, p. 26c, p. 169a, p. 185b, p. 199b.

68 Mahāparinibbāna-suttanta, 5. 3. 中村元 역, p. 126.

69 T.01, p. 26c, p. 172c.

70 Mahāparinibbāna-suttanta, 6. 10. 中村元 역, p. 161.

71 cf. A. Bareau, 앞 책, Tome 2, pp. 171-74.

72 cf. A. Bareau, 앞 책, Tome 2, pp. 150-56.

73 Mahāparinibbāna-suttanta, 6. 10. 中村元 역, p. 161. cf. A. Bareau, 앞 책, Tome 2, pp. 157-71.

74 T.01, p. 28b.

75 Mahāparinibbāna-suttanta, 6. 11. 中村元 역, p. 162.

76 A. Foucher, 앞 책, figs. 277, 281, 284; H. Ingholt and I. Lyons, 앞 책, pls. 139, 141; 栗田功, 앞 책 1, pls. 481, 489, 492, 494, 496, 497.

77 A. Foucher, 앞 책, pp. 565-6.

78 栗田功, 앞 책 1, pl. P4-1, 484, 487.

79 Mahāparinibbāna-suttanta, 5. 5. 中村元 역, p. 128.

80 cf. A. Bareau, 앞 책, Tome 2, pp. 21-29.

81 A. Foucher, 앞 책, p. 566.

82 肥塚隆, 주 28) 논문, p. 15, 도7, 참조.

83 '염'의 장면에 불자를 든 인물이 보인다. A. Foucher, 앞 책, fig. 284; 栗田功, 앞 책 1, pl. 498.

84 cf. A. Bareau, 앞 책, Tome 2, pp. 92-131.

85 A. Grünwedel, *Sitzungberichte der K. p. Akademie der Wissenschaften* (Berlin, 1901), 9, p. 214, cf. A. Foucher, 앞 책, p. 566.

86 A. Foucher, 앞 책, pp. 566-7.

87 Mahāparinirvāṇa-sūtra,, 40. 46-49. 岩本裕 역, p. 124.

88   T.01, pp. 187c-188a.

89   T.01, p. 204b.

90   樋口隆康 편,『バーミヤーン』1, pl. 7;『中国石窟 キジル石窟』一, (平凡社, 1983), pl. 144;『中国石窟 敦煌石窟』2 (平凡社, 1981), pls. 42, 114.

91   須藤弘敏,「禅定比丘図像と敦煌第二八五窟」,『佛教藝術』183, (1989).

92   A. Foucher, 앞 책, Troisème Fascicule, Addtion et Corrections (Paris, 1951), p. 849.

93   A. Foucher, 앞 책, Tome 2, pp. 21-29.

94   간다라 열반부조에는 수발 옆에 가죽 부대가 아닌, 주둥이가 달린 물주전자가 놓여 있는 드문 예도 소개되어 있다. 栗田功, 앞 책 1, pls. 491, 507.

95   A. Foucher, 앞 책, fig. 281; Le. Coq, "Die Buddhistische Spätantike in Mittelasien", Postancient Buddhist Culture in Central Asia : vol.1 (Berlin, 1922), taf. 15b; 水野清一・樋口隆康 편,『タレリ』, pl. 107-1; 栗田功, 앞 책 1, pls. 491-507.

96   A. Foucher, 앞 책, Tome 1, pp. 576-81; Tome 2, pp. 262-3; Troisème Fascicule, 1951, p. 850.

97   복두의를 입고 어깨에 봉형의 물건을 짊어진 인물은 열반도 외에 '염'과 '입관'의 장면에도 보여 한층 해석을 복잡하게 한다. '염'의 장면은 석가의 시신이 천으로 감싸여 있는 것 외에는 열반도와 완전히 동일한 구도를 취하기 때문에, 문제의 인물은 수발이라고 생각할 수 있을 것이다. 그러나 '입관'의 장면에서는 수발이 석가보다 먼저 입멸했기 때문에, 이미 수발로는 생각할 수 없다. 푸셰는 사명 외도가 열반의 모습을 마주한 장면으로 해석했다. 본서 제1부 제4장 제2절, 참조.

98   A. Bareau, 앞 책, Tome 2, pp. 92-114.

99   J. Marshall, *The Buddhist Art of Gandhāra* (Cambridge, 1960), fig. 87; 水野清一・樋口隆康 편,『タレリ』, pl. 107-2.

100   栗田功, 앞 책 1, pl. 500; A. Grünwedel, *Buddhust Art in India*, fig. 77에 실린 열반도 단편의 선도에도 삼각대에 매달린 가죽 부대를 짊어진 인물이 보인다. 또한, 바르후트의 '마하보디 본생도'에도 가죽 부대(파손 있음)를 늘어트린 삼각대를 짊어진 출가자의 도상이 있어, 인도에서 전래한 것임을 알 수 있다. A. K. Coomaraswamy, *La Sculpture de Bharhut* (Paris, 1956), fig. 137.

101   cf. A. Bareau, 앞 책, Tome 2, pp. 215-22.

102   早島・高崎・原・前田,『インド思想史』(東京大学出版会, 1982), p. 32.

103   Mahāparinibbāna-suttanta, 6. 19. 中村元 역, p. 170.

104   Mahāparinirvāṇa-sūtra, 48. 8. 岩本裕 역, p. 140.

105   栗田功, 앞 책 1, pl. 484.

106 栗田功, 앞 책 1, pl. 487의 열반도에서는, 오른쪽 끝에 나형 외도를 표현하고 그 옆의 대가섭은 석가에게 접족예배하고 있다.

107 A. Foucher, 앞 책, fig. 208; H. Ingholt and I. Lyons, 앞 책, pls. 139, 141, 166(E), 167(B); H. C. Ackermann, 앞 책, pls. 37b, 45; *Gandhara Sculpture in the National Museum of Pakistan* (Karachi, 1956), pl. 28; M. Chandra, *Stone Sculpture in the Prince of Wales Museum* (Bombay, 1974), pl. 42; 栗田功, 앞 책 1, pls. 487, 493.

108 A. Foucher, 앞 책, fig. 208d; H. C. Ackermann, 앞 책, pls. 15a, 43b, 44b; 栗田功, 앞 책 1, pls. P4-1, 488, 497.

109 Mahāparinibbāna-suttanta, 6. 12-22. 中村元 역, pp. 165-172. cf. A. Bareau, 앞 책, Tome 2, pp. 175-222.

110 J. Sherrier, "Iconography of the Mahāparinibbāna", p. 212, pl. 15-7 in *The Stūpa. its Religious, Historical and Architectural Significance* (Wiesbaden, 1980); 栗田功, 앞 책 1, pl. 506.

표 1 간다라 '열반도' 작례 일람

	출토지	소장지	도판	비고
1	Gandhāra 지방	Peshawar M. 2084	도판9, Foucher fig. 276, Ingholt pl. 137	구 마르단 소재
2	Loriyan-Tangai	Calcutta M. 5147	도판10, Foucher fig. 277, Marshall fig. 128, 쿠리타 pl. 481.	
3	Takht-i-Bahī	British M.	도44, Foucher fig. 278, Marshall fig. 129	
4	Gandhāra 지방	Victoria&Albert M. 247-1927	도51, Foucher fig. 279, Marshall fig. 127, Ackermann pl. 41, 쿠리타 pl. 482.	
5	Jamāl-Garhī	Lahore M. 916	Foucher fig. 280	불입상의 대좌 부조
6	Nathu	Lahore M. 1043	도56, Foucher fig. 281, Marshall fig. 72	
7	Gandhāra 지방	Lahore M. 264	Foucher fig. 208 d	사각기단 (네 면 중)
8	Sahri-Bahlol	Peshawar M. 130	도43, Ingholt pl. 138	
9	Takht-i-Bahī	Peshawar M. 775	도66, Ingholt pl. 139	사각기단 (네 면 중)
10	Takht-i-Bahī	Peshawar M. 1319 L. A.	Ingholt pl. 140	사각기단 (네 면 중)
11	Gandhāra 지방	Lahore M. 224	도54, Ingholt pl. 141	
12	Gandhāra 지방	Peshawar M. 697 M. H.	Ingholt pl. 142	왼쪽에 '다비', 원형기단
13	Sikri	Lahore M. 2030	Foucher fig. 300, Ingholt pl. 145	왼쪽에 '사리운반' '스투파공양', 원형기단
14	Takht-i-Bahī	Peshawar M. 1844	Ingholt pl. 166	파풍장식과 여러 불전이 있음

	출토지	소장지	도판	비고
15	Takht-i-Bahī	Peshawar M. 1846	Ingholt pl. 167	파풍장식과 여러 불전이 있음
16	Nathu	Calcutta M.	도50, Marshall fig. 87, 쿠리타 pl. 485	
17	Afrido-Dherī?	Peshawar M.	Marshall fig. 150	위쪽에 '사천왕봉발'
18	Gandhāra 지방	Victoria&Albert M. IS 7-1948	도52, Ackermann pl. 52, Deydier pl., 쿠리타 pl. P4-3	상좌의 앞면 뿐임
19	Gandhāra 지방	Freer Gallary 49. 9 G	도49, Lippe pl. 16, 쿠리타 pl. 483	
20	Gandhāra 지방	British M.	Zwalf pl. 20	
21	Gandhāra 지방	M. Guimet 17843	기메 pl. 6	
22	Gandhāra 지방		Le Coq, Taf. 15 b	
23	Gandhāra 지방		Le Coq, Taf. 15 c	
24	Gandhāra 지방	Victoria&Albert M. IM 215-1921	도45, Ackermann pl. 15 a	왼쪽에 '다비', 원형기단
25	Takht-i-Bahī	Victoria&Albert M. 3306-1883 IS	Ackermann pl. 37 b	
26	Hoti Mardān	Victoria&Albert M. IM 307-1920	Ackermann pl. 44 b	
27	Gandhāra 지방	Taxila M.	도판11, 쿠리타 pl. 484	오른쪽에 '도솔천상의 미륵보살?'
28	Mekhasanda		메하산다 pl. 484	
29	Thareli		타레리 pl. 107-1	
30	Thareli		타레리 pl. 107-2	
31	Thareli		타레리 pl. 107-3	
32	Thareli		타레리 pl. 107-4	

	출토지	소장지	도판	비고
33	Thareli		타레리 pl. 137-40	
34	Thareli		타레리 pl. 137-16	
35	Gandhāra 지방	개인 소장 (일본)	도55, 쿠리타 pl. P4-1	오른쪽에 '데바닷다의 뇌우침?'
36	Gandhāra 지방	개인 소장 (일본)	쿠리타 pl. 487	
37	Gandhāra 지방	개인 소장 (영국)	쿠리타 pl. 488	왼쪽에 '아이의 흙보시'
38	Gandhāra 지방	Royal Ontario M. 85 Fae 772	쿠리타 pl. 489	
39	Gandhāra 지방	개인 소장 (일본)	쿠리타 pl. 490	
40	Gandhāra 지방	개인 소장 (Pakistan)	쿠리타 pl. 492	
41	Gandhāra 지방	개인 소장 (일본)	쿠리타 pl. 493	
42	Gandhāra 지방	개인 소장 (일본)	쿠리타 pl. 500	'수발과 아난'의 단편
43	Gandhāra 지방	개인 소장 (일본)	쿠리타 pl. 507	왼쪽에 '다비'
44	Gandhāra 지방	개인 소장 (일본)	쿠리타 pl. 534	오른쪽에 '보살', '스투파', '부처', '보살'
45	Gandhāra 지방	개인 소장 (일본)	쿠리타 삽도31	수신 등의 단편
46	Gandhāra 지방	Karachi M. P 1978	Gandhara Sculpture pl. 28	
47	Gandhāra 지방	Art Institute, Detroit	Coomaraswamy fig. 91	파풍장식과 여러 불전 있음
48	Gandhāra 지방	Prince of Wales M. 23	Chandra pl. 42	

	출토지	소장지	도판	비고
49	Gandhāra 지방	State M., Lucknow, G 261	Joshi & Sharma fig. 26	
50	Gandhāra 지방		Grünwedel, pl. 77	단편, 선도만 남음
51	Gandhāra 지방		Burgess, pl. 11-4	
52	Gandhāra 지방		Burgess, pl. 98(R5)	
53	Gandhāra 지방	奈良國立博物館	붓다석가 pl. 52	
54	Gandhāra 지방	개인 소장	코에즈카 삽도52 f	'연등불수기' 부터 '기탑'까지의 20장면이 있음
55	Gandhāra 지방	松岡美術館		'연등불수기' 부터 '기탑'까지의 22장면이 있음
56	Bhamāla, Taxila	Taxila M.	Taxila pl. 118 a, b, 161 m	스투코제
57	Chatpat, Dīr	Dīr M. 235	도판12, Ancient Pakistan pl. 44 b	오른쪽에 '제석굴 설법'
58	Chatpat, Dīr	Dīr M. 118	Ancient Pakistan pl. 61 a	
59	Swāt	Victoria&Albert M. IM 297-1921	Ackermann pl. 43 b	사각기단의 네 면에 '탄생', '출성', '초설법', '열반'
60	Swāt	Victoria&Albert M. 344-1967	Ackermann pl. 45	
61	Swāt	개인 소장	Faccenna pl. 389	왼쪽에 '다비'

	출토지	소장지	도판	비고
62	Swāt	개인 소장	Faccenna pl. 537 b	사각기단의 네 면에 '탄생', '법륜예배'. '열반', '부처와 예배자'
63	Swāt?	개인 소장	쿠리타 pl. 491	
64	Gandhāra 지방	de young M.	Ebert Taf. 10. 16	
65	Gandhāra 지방	개인 소장	Ebert Taf. 12. 21	
66	Gandhāra 지방	M. für Indische Kunst, Berlin	Ebert Taf. 14. 24	
67	Gandhāra 지방	M. für Indische Kunst, Berlin	Ebert Taf. 14. 25	
68	Gandhāra 지방	개인 소장	Ebert Taf. 17. 30	
69	Gandhāra 지방	Kabul M.	Ebert Taf. 21. 38	오른쪽에 '데바닷다의 반역'
70	Gandhāra 지방	개인 소장	Ebert Taf. 23. 43	구 마르단 소재

[도판의 약어]

Ackermann : H. C. Ackermann, *Narrative Stone Reliefs from Ghandhara in the Victoria and Albert Museum in London* (Rome, 1975)

Ancient Pakistan : A. H. Dani, "Excaviton at Chatpat", *Ancient Pakistan*, 4 (1968-69)

Burgess : J. Burgess, *The Anctient Monuments, Temples and Sculptures of India* (1897).

Chandra : M. Chandra, *Stone Sculpture in the Prince of Wales Museum* (Bombay, 1974)

Coomaraswamy : A. K. Coomaraswamy, *History of Indian and Indonesian Art* (New York, 1927)

Deydier : H. Deydier, *Contribution à l'Étude de l'Art du Gandhāra* (Paris, 1950)

Ebert : J. Ebert, Parinirvāṇa : *Untersuchungen zur ikonographischen Entwicklung von den indischen Anfängen bis nach China* (Stuttgart, 1985)

Faccenna : D. Faccenna, *Sculptures from the Sacred Area of Butkara I* (Swat, W. Pakistan), 2 parts (Roma, 1962-64)

Foucher : A. Foucher, *L'art gréco-bouddhique du Gandhāra*, Tome 1 (Paris, 1905)

Gandhara Sculpture : Department of Archaeology, Pakistan, *Gandhara Sculpture in the National Museum of Pakistan* (Karachi, 1956)

Grünwedel : A. Grünwedel, *Buddhust Art in India* (London, 1901)

Ingholt : H. Ingholt and I. Lyons, *Gandhāran Art in Pakistan* (Connecticut, 1971)

Joshi & Sharma : N. P. Joshi and R. C. Sharma, *Catalogue of Ghandhāra Sculptures in the State Museum, Lucknow* (Lucknow, 1969)

Le coq : Albert von Le coq, Die *Buddhistische Spätantike Mittelasien*, Bd 1 (Berlin, 1922)

Lippe : A. Lippe, *The Freer Indian Sculptures* (Washington, 1970)

Marshall : J. Marshall, *The Buddhist Art of Ghandhāra* (Cambridge, 1960)

Taxila : J. Marshall, *Taxila, An Illustrated Accout of Archaological Excavations* (Cambridge, 1951)

Zwalf : W. Zwalf, *The Shrines of Ghandhara* (London, 1979)

기메(ギメ) : 京都國立博物館 編, 『パリ・ギメ博物館東洋美術の秘宝』(京都, 京都国立博物館, 1979)

쿠리타(栗田) : 栗田功, 『ガンダーラ美術I仏伝』(古代佛教美術叢刊) (二玄社, 1988)

코에즈카(肥塚) : 肥塚隆・田枝幹宏, 『美術に見る釈迦の生涯』(平凡社, 1979)

타레리(タレリ) : 水野清一, 樋口隆康編, 『タレリ』(京都大学イラン・アフガニスタン・パキスタン学術調査報告) (同朋舎, 1978)

붓다석가(ブッダ釈尊) : 奈良國立博物館, 『特別展 ブッダ釈尊――その生涯と造形――』(奈良國立博物館, 1984)

메하산다(メハサンダ) : 水野清一 編, 『メハサンダ』(京都大学イラン・アフガニスタン・パキスタン学術調査報告) (京都大学, 1969)

제4장

인도 열반미술의 변천
—열반의 상징주의와 설화주의의 상극—

본 장에서는 인도의 열반미술에 관계되는 작례를 가능한 망라적으로 검토하여 인도 열반미술의 특징을 밝히고자 한다. 그러기 위해서는 인도의 열반미술을 (1) 간다라 이전의 고대초기 불교미술 및 남인도의 초기불교미술, (2) 간다라 미술, (3) 간다라 이후의 전개, 이상의 3기로 나누어 그 양상을 고찰하는 것이 적절하다고 생각한다. 인도의 열반미술은 간다라 미술에서 큰 변혁을 이루므로 이를 전후하여 그 양상이 크게 달라지기 때문이다.

1. 초기불교미술에 있어서의 열반미술

(1) 열반도의 금기

우선, 인도의 초기불교미술에서는 '열반'이 어떻게 표현되었는가에 대하여 크게 두 가지 관점으로 볼 수 있다. 첫 번째는 '열반도의 금기' 현상이고, 두 번째는 그와 표리를 이루는 형태로, '사리설화도'의 성행이 있다.

슝가조와 사타바하나조의 고대초기(기원전 2~기원후 1세기 중경) 시대에는, 바르후트, 보드가야, 산치 등에서 볼 수 있듯이 이미 불전에 관한 매우 풍부한 설화표현이 이루어지고 있었음에도 불구하고, 주인공인 석가의 모습을 인간상으로 표현하는 경우가 없이 성수·성단·법륜·경행석經行石 등을 통해 그 존재를 나타내곤 했다. 열반도에 대해서도 사라수 아래에 옆으로 누운 도상이 이 시대에는 보이지 않는다. 그렇다면 이 시대에 '열반'은 표현되지 않았던 것일까.

불전 속에서 '탄생', '성도', '초설법', '열반'의 네 가지 이야기(사대사四大事)는 특히 중시된다. 그래서 열반경에서는 석가 입멸 후 4대 성지 순례와 네 가지 이야기를 추념追念하는 것이 사리를 모신 스투파에 대한 예배와 함께 매우 중요함을 석가가 재속신자들에게 직접 말하고 있다.[1] 한편 고대초기의 불교미술에는 매우 풍부한 불전 장면들이 표현되어 있음에도 불구하고, 산치의 '항마성도' 장면 등을 제외하면 불전 중 네 가지 이야기의 설화적 표현은 거의 보이지 않는다. 이 같은 상황을 고려하면 일찍이 푸셰가 말했던 것처럼,[2] 고대초기시대에는 '탄생', '성도', '초설법', '열반'의 네 가지 이야기를 각각 '두 마리 코끼리가 관수하는 연꽃 위의 여성상'(혹은 '연꽃'으로 대용), '성수', '법륜', '스투파'로써 표현했다고 하는 해석은 타당성이 있을 것이다.

그런데 '두 마리 코끼리가 관수하는 연꽃 위의 여성상'이 락슈미의 도상이라는 것은 쿠마라스와미가 줄곧 지적한 부분이며,[3] 또한 아마라바티의 부조에서는 '성수', '법륜', '스투파'의 셋을 조합시킨 예가 적지 않다[4]는 점, 사상도四相圖에서는 '두 마리 코끼리가 관수하는 연꽃 위의 여성상'에서 '탄생'을 표현한 예는 없고, '탄생' 대신에 '출성' 등을 표현하고 있는 것[5]을 생각하면, 적어도 '탄생'의 도상에 관해서는 문제가 제기됨을 알 수 있다. 고대초기시대에는 '탄생'의 도상이 표현되지 않았다고 보는 견해도 있다.[6] 그러나 락슈미의 도상인 '두 마리 코끼리가 관수하는 연꽃 위의 여성상'뿐 아니라, 성도를 표현한 '성수', 초설법을 표현한 '법륜(윤보)'도 실은 불교 이전의 도상을 도입하여 거기에 불교적 의미를 부여하고 있는 것으로, 적어도 산치 제1탑탑문의 횡량과 기둥 사이의 사각형 구획 부조와 같이, '두 마리 코끼리가 관수하는 연꽃 위의 여성상'(혹은 '연꽃'), '성수', '법륜', '스투파'의 네 가지 모티브가 세트가 되어 표현되고 있는 경우는, 역시 석가의 네 가지 이야기를 의미하고 있을 가능성이 크다고 할 수 있겠다.[7] 이 은 모티브에 의한 상징적 표현은, 설화적인 불전도가 전개하기 이전의 불전 표현의 초기적 양상을 암시하는 것은 아닐까. 불전의 설화표현이 고양되는 가운데 네 가지 이야기의 설화표현에 관한 전개가 늦어진 것은, 이 같은 상징적인 표현에 의한 불전 표현의 전통이 있었기 때문이라고 추측되는 것이다.

그런데 바르후트, 보드가야, 산치 등의 난순이나 탑문의 부조에는, 사람들에게 찬탄, 공양 받는 '스투파'가 다수 표현되어 있다. '스투파'를 통해 과거칠불의 붓다 혹은 석가의 '열반'이 표현되었던 것이다. 고대초기 미술에서 과거칠불은 '성수' 혹은 '스투파'로 표현되고 있는데, 불전의 설화 장면에 있어서는 오로지 '성수'로써 석가의 존재를 나타내며, '스투파'가 쓰이는 경우는 없다. '성수'는 이른바 '살아계신 석가'를 나타내는데, '스투파'는 '돌아가신 석가'를 암시하기 때문일 것이다. 원래 스투파는 석가의 열반으로 인해 조성되었기 때문에, '스투파'를 통해 석가의 '열반'이 표현되었다고 해도 이상하지는 않다.

그렇지만 열반경에는 석가의 입멸에 얽힌 다양한 에피소드가 전해지고 있어, 고대초기 미술에 상당히 풍부한 불전설화의 표현이 보인다는 것을 생각하면, 열반설화에 관한 표현도 기대가 되는 것이다. 그러나 고대초기 미술에는 사라수 밑에서의 석가의 죽음을 나타내고자 했던 표현은 찾아볼 수 없고, 열반 장면은 오로지 스투파로만 대용되고 있다. '열반'은 석가가 추구한 이상의 달성으로 죽음의 장면과는 다르다는 의식이 강하게 작용하여, '열반'을 설화적으로 표현하고자 하는 의욕을 저지하였기 때문일 것이다. 이른바 석가의 죽음 장면에 대한 금기, 즉 열반도의 금기라고도 할 수 있는 현상이 고대초기 미술에서 엿보이는 것이다.

이와 같은 열반도의 금기 현상은 남인도의 불교미술에도 두드러지게 나타난다. 제2장에서 검토한 바와 같이, 아마라바티의 초기 부조에는 '석가의 마지막 여행' 및 '석가의 장례'를 표현한 열반관계의 희귀한 설화도가 있고, 석가가 누운 모습을 암시하는 대의나 침대의 표현이 있어 주목되는데, 이 같은 표현은 그 후 남인도의 열반미술에 계승되지 않을 뿐 아니라, 역으로 서북인도·중인도에서 쿠샨조 시대에 석가의 죽음을 표현한 장면으로서의 열반도가 제작되게 된 다음에도, 남인도에서는 완고하게 열반도의 표현을 거부하는 것이다.

남인도에서는 사타바하나조하의 기원후 2~3세기에 아마라바티를 중심으로 불교미술이 융성하는데, 그 시대에 속하는 석가 사상도의 부조가 4점 정도 알려졌다.[8] 모두 기둥의 세로로 긴 화면으로, 가장 높은 구획에 배치된 '열반'은 반드시 '스투파'로 표현되며, 사라수 밑에 누운 우리에게 친숙한 열반 구도는 어디에도 보이지 않는다.

이 아마라바티의 사상도들은 아래에서 위로, '마부ㆍ애마와의 이별'(혹은 '출성'), '초설법', '성도', '열반'을 표현하고 있어, 가장 아래의 구획에 '탄생'의 도상표현 대신 종교자로서의 정신적 탄생인 '마부ㆍ애마와의 이별'이나 '출성'을 표현하고 있는 것도 이 지역 사상도의 특징인데, '열반' 이익익 장면에서는 모두 서가를 인간상으로 표현하면서 '열반' 장면만은 '스투파'를 통해 표현하고 있음이 특히 주목된다. 다른 장면이 불전설화도로서의 표현을 확립하고 있으면서, '열반'의 장면만은 비천과 사람들에게 찬탄, 예배 받는 '스투파'로 대용하고 있는 것이다(도59). 게다가 스투파의 앞에는 옆으로 누운 석가가 아

도59. 사상도(아래부터 '출성', '성도', '초설법', '열반'). 아마라바티. 3세기 초. 마드라스박물관[Stern et Bénisti, pl. 52b]

닌 불입상이나 불좌상을 표현하고 있다. 이러한 점은 아마라바티에서 얼마나 열반도가 금기시되었는가를 말해주고 있다. 실제로 아마라바티뿐 아니라 남인도에서도, 사라수 아래에 석가가 누워 있고 사람들이 비탄에 빠진 열반도는 한 예도 보이지 않는다.

이처럼 숭가조·사타바하나조를 중심으로 하는 시대에 번영했던 중인도·남인도의 초기불교미술에서는, 석가의 죽음을 표현하는 열반도를 기피하는 경향이 현저했던 것과 동시에, 불전의 '열반'을 표현하는 경우 대부분 오직 '스투파'로써 표현하고 있다. 그것은 열반 후 석가가 다비에 부쳐 스투파가 조성되었기 때문이라고 할 수 있을 뿐 아니라, '석가의 죽음'은 불교 이상으로서의 열반의 실현이며, '스투파'는 바로 그것을 상징했기 때문임이 틀림없다. '열반'에는 불전설화에서의 '석가의 죽음'과, 그로 인해 달성된 '이상의 경역'이라는 두 가지 의미가 포함되는데, 미술표현상에서 전자를 금기하는 경향이 강했기 때문에, 후자의 상징적 표현인 '스투파'를 통해 전자도 대용적으로 표현했던 것이다.

그런데 왜 '석가의 죽음'의 표현을 피하고 열반도를 표현하려 하지 않던 것일까. 그것은 아마도 '석가의 죽음'은 윤회를 벗어난 영원의 적멸세계를 달성했기 때문으로, 일반 인간의 죽음과는 완전히 차원을 달리하는 것으로 보았기 때문일 것이다. 죽은 사람을 상기시키는 옆으로 누운 모습은 불결함과 윤회세계를 연상시키기 때문에, 군이 옆으로 누운 석가를 표현하고자 하지 않고 '스투파'로 대용시켰음이 틀림없다. 인도의 초기불교미술에서는 석가의 열반에 대한 설화적 관심보다도 석가의 죽음을 통해 실현된 '열반'의 관념 쪽에 훨씬 밀착하고 있어, '열반'의 상징인 스투파의 상징성이 뿌리 깊었다는 사실과 표리를 이루고 있다.

그런데 초기불교미술에 있어서도 석가의 열반에 관한 설화적 관심이 전혀 없었던 것은 아니다. 예를 들면 바르후트의 '스투파 공양도' 부조(도15)[9]를 관찰하면, 동일 인물로 보이는 왕인 듯한 공양자가 비와 시자들을 데리고 스투파의 뒤에 서서 합장하는 모습으로 두 번, 앞에 꿇어앉은 모습으로 한 번으로 총 세 번 표현되어 열심히 공양과 예배를 반복하고 있고, 또한 천상에서는 비천과 반인반조의 킨나라가 꽃을 뿌리며 꽃그물을 들고 공양하고 있다. 스투파의 뒤쪽에 사자 주두가 얹힌 기둥이 세워져 있는데, 현장의 『대당서역기』에 의하면 부처가 입멸한 곳인 사라숲 부근에 아쇼카왕이 세운 스투파와 석주가 있음이 기록되어 있어, 쿠시나가라임을 명시하는 것이라고 할 수 있을 것이다.[10] 부조에는 스투파 주위에 세 그루의 사라수가 표현되어 있어, 열반경에서 말하는 '沙羅園', '沙羅林'이라는 것을 보여주고 있다. 위쪽으로 나란히 있는 두 그루가 '사라쌍수'를 의도한 것인지도 모른다. 그중 한 그루는 꽃이 달려 있어, 석가가 사라쌍수 사이에 눕자 "사라쌍수가 때가 아님에도 꽃을 피워, 만개하였다"라고 하는 열반경의 기록을 상기시킨다. 이 부조는 단순한 '스투파 공양도'가 아닌, 쿠시나가라에서의 석가 입멸에 대한 비유적인 표현이 포함되어 있는 것으로 보인다.

바르후트의 또 다른 '스투파 공양도' 부조(도2)[11]도 이 도상에 가깝다. 스투파의 복발은 화만으로 가득 장식되고, 그 주위에 여섯 명의 인물(네 명의 남자와 두 명의 여자)이 예배공양을 올리고 있는데, 그중 스투파 뒤쪽 좌우로 표현된 두 명(한 명은 뒤를 향함)은 아마도 동일인물로 보이며, 우요의례를 하고 있는 것으로 보인다. 위쪽에는 천인과 킨나라가 축복의 꽃을 뿌리고, 꽃그물을 받들고 있다. 여기에도 네 그루의 사라수가 표현되어 있는데다가, 그중 스투파의 양쪽에는 꽃이 핀 두 그루의 성수가 보여, 사라숲에서의 희유한 사건을 암시하고 있다.

바르후트의 이들 두 작례의 표현은 언뜻 보면 단순한 '스투파 공양도'이면서, 지극히 암시적인 방식이기는 하지만 쿠시나가라의 사라쌍수 아래에서의 석가의 입멸이라고 하는 불전의 사건을 말해주는 것이라고 할 수 있다. 그러나 바꿔 말하면, 여기서는 결코 옆으로 누운 모습을 암시하는 상좌가 표현되어 있지 않을뿐더러, 열반 당시의 비탄에 찬 사람들의 모습을 표현하고자 하는 설화적 표현도 보이지 않고, 오로지 '스투파 공양도'를 통해 겨우 사라수를 표현하는 것으로, 불전으로서의 석가 열반까지 교묘하게 나타내고 있다. 환언하자면 한편으로 석가 열반의 불전설화에 대한 관심이 고조되면서도, 인간의 죽음을 상기시키는 듯한 표현을 완강히 거부하였던 것이다.

이처럼 초기불교미술에서 열반도의 금기라고 할 수 있는 현상이 두드러지는데, 석가의 열반에 관계된 설화로서 사리에 얽힌 설화 표현이, 열반도를 대신하는 형태로 초기불교미술에 적지 않게 나타나고 있다. 사리 숭배에 관한 사리설화도가 '스투파 공양도'와 나란히 초기불교미술 속에서 중요한 위치를 점하고 있는 것이다.

(2) 사리설화도

여기서 사리설화도라 하는 것은 다비 후 석가의 사리에 관한 다양한 에피소드를 나타낸 설화표현을 말하는 것으로, 슝가조·사타바하나조의 초기불교미술에는 '사리 공양', '사리 쟁탈전', '분사리', '사리운반' 등의 장면이 보인다. 지역별로 그 사리설화들의 양상을 관찰해 보겠다.

① 바르후트

원래 바르후트의 난순 지붕돌의 일부를 구성하고 있던 부조(도60)**12** 중 '사리운반'의 도상이 있다. 화면 좌측 끝의 코끼리의 입에서 여의덩굴이 뿜어지고, 그 물결 모양 덩굴 사이로 세 구획에 걸쳐 각 한 마리씩 총 네 마리의 코끼리가 머리에 사리용기를 이고 오른쪽으로 나아가는 모습이 표현된다. 우측 끝의 구획에는 두 명의 무희와, 앉아서 북을 치는 여섯 명의 악녀樂女로 구성된 진악 그룹이 표현되는데 안타깝게도 화면은 거기에서 절단되어 있다. 네 마리의 코끼리에는 각각 사리용기가 마치 모자처럼 소중히 머리 위에 놓여져, 코끼리의 목 부근에 앉은 왕후풍 인물이 오른손에는 코끼리의 다짐봉(앙쿠샤)을 들고, 왼손으로 사리용기를 견실하게 받쳐 들고 있으며, 코끼리의 등 뒤쪽으로는 깃발을 든 인물이 따르고 있다. 이 네 마리의 코끼리들은 교차적으로 코를 들거나 내리며, 또한 발을 들어 걸어가는 모습을 보여준다.

도60. 사리의 운반. 바르후트. 기원전 200년경. 뉴델리국립박물관.

얼핏 보면 동일한 코끼리가 행진하고 있는 것처럼 보이는데, 코끼리의 등에 걸쳐진 융단의 문양이 명확하게 다르므로 각각 다른 코끼리가 사리를 운반하는 그림으로 보아야 할 것이다. 알라하바드박물관에 '사리운반'을 표현한 바르후트 난순 지붕돌의 다른 단편이 있다.[13] 여기서는 사리용기를 머리 위에 이고 왼쪽을 향해 걷는 코끼리가 꽃봉오리 사이에 표현되어 있는데 한 마리는 절단되어 있다. V. P. 드비베디는 이 부조 단편이 전술한 뉴델리국립박물관 소장의 부조와 하나로 이어지는 것으로, 처음 사리 공양을 표현했던 진악 장면을 중심으로 하여 좌우에 네 마리씩 중심 장면을 향하는 형태로 총 8마리의 코끼리에 의해 '사리운반'이 표현되어 있었을 것으로 추측했다.[14] 무희와 악녀樂女에 의한 진악 장면이 사리 공양을 표현했을 가능성이 높은데, 코끼리에 의한 '사리운반'이 과연 '사리팔분' 후에 그것을 설화적으로 표현한 것인지에 대해서는 의문점이 많다. 이러한 것도 열반경에 따르면 불사리는 쿠시나가라의 말라족을 포함하여 8국의 종족에 분배된 것으로, 아마라바티의 부조(도65)에서 보이는 것처럼,[15] '사리운반'의 설화 표현에서는 통상 쿠시나가라의 인물을 제외한 7인의 사람들이 각각 코끼리의 머리 위에 사리용기를 올려서 운반하는 것이다.

바르후트의 지붕돌 부조에는 또 한 점의 '사리운반'의 도상이 있다.[16] 역시 여의의 덩굴 사이에 표현된 코끼리에 의한 사리운반으로, 코끼리, 사리용기, 두 명의 인물 표현 등은 앞 도상과 같지만, 여기서는 '사리운반'이 한 구획뿐으로 좌우로는 미상의 설화도 혹은 덩굴의 마디에서 나온 연꽃이나 과실 등의 모티브로 둘러싸여 독립적으로 표현되어 있다.

이상의 바르후트 지붕돌 부조에 표현된 '사리운반'은 그 도상으로 미루어 불전설화의 일환으로서 표현된 것이라고 보기는 어렵다. 열반경에는 석가의 시신을 다비한 후, 그 소식을 들은 각 나라 사람들이 쿠시나가라에 찾아와 사리 쟁탈전이 시작되려고 할 때 한 바라문이 조정에 나서 사리를 팔분하였고, 8국의 사람들은 각자 자국에 불사리를 위한 스투파를 만들어 공양하였다. 또 조정한 바라문은 사리를 넣었던 병을, 나중에 찾아 온 한 명은 재를 들고 돌아가 각각 스투파를 지었던 일이 기록되어 있다.[17] 이 같은 사리에 관한 설화 중에서 '사리운반'이 점하는 위치는 작을 뿐 아니라, P본·S본의 열반경에는 사리의 운반에 대한 언급조차 없으며, 한역본에서도 모든 나라의 사람들이 "사리의 일부를 얻어 각각 그 나라로 돌아가 탑을 세우고 공양했다"[18](한A본)라고 간단하게 서술하고 있을 뿐이다. 그럼에도 불구하고 '사리운반'의 도상이 중시되었던 것은 왜일까.

바르후트 지붕돌의 '사리운반'의 표현은 사리에 얽힌 설화적인 관심에 의한 것이 아니라, 가로로 긴 프리즈**에 '사리운반' 그 자체를 시각화 한 표현이라고 할 수 있다. 아마 유서 있는 석가의 사리가 '이렇게 옮겨졌다'라고 하는 것을 알리기 위한 도상이 아닐까. 사리신앙은 미술표현상에서 자칫 스투파로만 집약되기 십상이지만, 오히려 '스투파 공양도'와 함께 '사리운반'은 스투파 이상으로 직접 사리의 숭배를 말해주고 있다. 난순 지붕돌에는 이밖에 다른 불전도가 보이지 않는다는 것으로 미루어 보아도, 이 '사리운반'은 불전설화라고 하기보다는 석가의 사리가 이렇게 운반되었음을 명시하는 사리 숭배의 도상이라고 할 수 있겠다.

---

* 불교기록문화유산 아카이브(https://kabc.dongguk.edu/) 우리말 번역문 인용. 得舍利分已, 各歸其國, 起塔供養.『불설장아함경』4권(ABC, K0647 v17, p. 852c01)

** 프리즈friez: 그림이나 조각으로 장식된 건축물의 외면이나 내면, 기구 외면의 연속적인 띠 모양의 부분(출처: 세계미술용어사전, 1999. 월간미술).

이와 관련하여, 바르후트 동문 입구의 난순 동남쪽 우주隅柱에 표현된 사리운반의 인물상은 흥미롭다(도61).[19] 우주 북면에 있는 머리에 사리용기를 올린 코끼리에 앉아 오른손에 앙쿠샤aṅkuśa를 들고 왼손에는 사리용기를 떠받드는 왕후풍의 인물상이, 코끼리와 함께 정면향의 고부조로 표현되어 있다. 사리용기의 형태는 원통형의 용기에 손잡이로서의 돌기가 있는 뚜껑이 달린 것으로, 당시의 사리용기를 묘사한 것임에 틀림없다. 중심 상의 양쪽에 역시 코끼리를 탄 시자가 표현되어 정면성이 강한 삼존형식 구성을 이룬다. 바루아는 이 사리를 운반하는

도61. 사리운반상. 바르후트. 기원전 100년 경. 캘커타인도박물관.

인물상을 아쇼카왕으로 보며, 아쇼카왕의 사리재배분 전설과 관련시키고 있다.[20] 이 인물을 아쇼카왕으로 보는 데에는 의문이 남지만, 입구의 우주라는 중요한 위치로 미루어 보아도 아마 사리가 이 땅에 옮겨졌던 일을 시각화한 표현이라 할 수 있을 것이다. 세 마리 코끼리 밑으로 난순형 수레가 있는데, 머리에 천을 두르고 배가 불룩한 두 명의 약샤가 그것을 짊어지고 있다(도28). 사리의 운반과 봉안奉安을 신성시하는 표현이다. 또한 이 기둥과 이웃한 서면에는 가루다의 깃발을 손에 든 기마인물상이 고부조되어 있는데, 아마도 북면의 코끼리를 탄 사리운반상을 선도하는(혹은 뒤따르는) 역할을 담당하고 있었을 것이다.

② 베이스나가르

　　베이스나가르에서 가지고 온 것으로 전해지는 2점의 지붕돌(도62a · b)[21]
에도 역시 '사리운반' 도상이 보여, 양식적으로나 도상적으로도 바르후트의
지붕돌 부조와 유사하다. 즉, 오른손에 공물그릇으로 보이는 물건을 든 기마
騎馬인물과, 사리용기를 코끼리의 머리 위에 올리고 운반하는 기상騎象인물
이 모두 오른쪽을 향하며 표현되고, 기마와 기상의 사이에는 깃발과 공물을
손에 들고 선 인물이 정면 향으로 표현되어 있다. 2점의 지붕돌은 하나로 연
결되어 있지만 원래는 별개였던 부분이 현재 접합되어 있는 것으로, 기마7
기, 기상6기에 달한다. 기상의 표현은 바르후트 지붕돌의 경우와 마찬지로
코끼리의 목덜미에 사리용기를 손에 든 인물이 타고, 엉덩이쪽에 깃발을 든
인물이 따르고 있으며, 손잡이가 달린 낮은 원통형 사리용기의 형태도 근사
하다. 이 베이스나가르의 지붕돌 부조는 기마 · 기상이 완전한 측면 묘사로
표현되었고, 모두 독립하여 행진하는 모습으로 표현되는 것도 바르후트의
경우와 공통적인데, '사리팔분' 후의 설화적인 '사리운반'을 표현했다기보

a

b

도62. a. 사리의 운반(1). 베이스나가르. 기원전 1세기. 구와리오르박물관.
　　 b. 사리의 운반(2). 위와 동일.

다는, 유서 깊은 석가의 사리가 운반되었던 일 자체를 보여주는 의례성 강한 표현이다.

③ 산치

이에 반해 산치 제1탑문의 부조에는 바르후트나 베이스나가르의 부조 표현과는 달리, 사리에 관한 설화적인 관심이 급속히 높아지고 있다. 초기불교미술에서 불전설화의 마지막 사이클은 열반 장면이 상징성 강한 스투파로 표현되었기 때문에, 사리에 관한 설화표현에서 그 활로를 찾았던 것이다. 특히 산치 제1탑 남문 제3횡량 뒷면의 부조는[22] 이제까지 단순히 사리쟁탈 장면으로 여겨졌으나, 잘 관찰해 보면 '사리 쟁탈전', '분사리', '사리운반'이라는 일련의 설화장면을, 빼어난 구도를 바탕으로 직사각형의 대화면 속에 훌륭하게 채워 넣고 있다.

이 부조는 중앙에 성벽으로 보호되었던 쿠시나가라의 도성을 표현하고, 그 좌우에서 코끼리를 탄 6인과 마차를 탄 1인, 총 7인의 사리요구자가, 시종들을 데리고 쿠시나가라를 향하는 모습을 나타낸다(도63a). 성벽 부근에는 이미 병사들이 활을 쏘려 하고 있으며, 성벽 위에서는 쿠시나가라의 사람들이 방어전을 하는 모습이 보인다. 도성의 상단과 중앙의 건물에는 슈링로프가 명확히 관찰한 바와 같이[23] 옥좌형 울타리에 사리가 봉안되어 있고 그 좌우로 4명씩 총 8인의 인물 모습이 표현되어 있다(도63b). 이는 사리분배가 무사히 조정되어 '사리팔부'가 이루어진 일을 암시한 것임에 틀림없다. 사리의 우측 하단, 도성의 거의 중앙에 해당되는 아치 아래 선 인물은 전투를 끝내라고 외치는 듯 보여, 조정자인 드로나 바라문이 아닐까 추측된다.

화면의 좌우 상단에는 각 1명씩 사리의 분배에 참여했던 자가 코끼리를 타고 나라로 돌아가는 모습이 보인다. 그들은 다른 작례와 마찬가지로 코끼리 머리 위에 사리용기를 올리고 깃발을 든 자가 뒤따르고 있다. 이 '사리운반' 장면은 제3횡량의 양쪽 끝 돌출부로 이어지는데, 향우측에는 코끼리의 2인과 마차의 1인, 좌측에는 코끼리와 마차의 각 1인으로 총 5인의 귀환하

도63. a. 사리설화도('사리 쟁탈전', '분사리', '사리의 운반'). 산치 제1탑 남문. 1세기 초.
　　　b. 동 윗부분.

는 인물이 표현되며, 중앙 화면의 2인과 합쳐 7인이 된다. 쿠시나가라의 인
물을 제외한 7국의 인물이 각각 사리를 들고 돌아갔는데, 마차의 두 인물에
게는 사리용기를 표현하기 어려웠기 때문인지 보이지 않는다. 그러나 문의
의주두擬柱頭 부분에 표현된, 등을 마주한 두 마리의 코끼리에게 각각 사리용
기가 실려 있어, 마차로 돌아가는 두 명을 대신하게끔 했던 조각가의 빛나는
솜씨가 엿보인다.[24] 이처럼 남문 제3횡량의 부조는 화면의 좌우에서 중앙의
쿠시나가라 도성을 향하는 7국의 요구자들, 전투가 실제로 개시되려 하는
모습, 전쟁이 끝남을 알리는 바라문, 봉안한 사리의 분배를 기다리는 8국의

사람들, 그리고 다시 중앙의 도성에서 좌우로 사리를 얻어 귀국하는 7국의 사람들이 표현되어, 가로로 긴 화면을 솜씨 좋게 활용한 하나의 큰 두루마리가 펼쳐져 있다. '사리 쟁탈전', '분사리', '사리운반'의 이야기를 축으로 한, 설화성이 풍부한 표현을 달성하고 있는 것이다.

산치 서문 제2횡량 뒷면에도 '사리 쟁탈전'의 장면[25]이 있는데, 남문의 부조에 비해 표현이 느슨해지고, 인물의 움직임도 단조로워지고 있다. 여기서는 화면 좌측 끝에 쿠시나가라의 도성이 표현되어, 화면 우측에서 횡량의 우측 끝 돌출부를 포함하여 7국의 요구자가 시종들을 거느리고 마차, 말, 코끼리를 타고 쿠시나가라로 공격해 오려고 하는 모습을 나타내고 있다. 또 같은 서문의 제1횡량 뒷면[26]에도 코끼리에 타고 사리용기를 운반하는 '사리운반'의 장면이 확인된다. 화면 좌측 끝에 도성이 있어, 그곳을 향해 많은 시자를 데리고 사람들에게 찬탄 받으며 사리를 봉안하는 모습이 표현되어 있는데, 여기서는 사리를 운반하는 자가 한 명이며 도성 앞 사라수의 표현이 보인다는 점에서 이 장면은 분사리보다 먼저인, 화장터에서 쿠시나가라 성내로의 '사리운반'을 표현한 것으로 여겨지고 있다.[27]

④ 아잔타

이처럼 산치에는 사리에 관한 설화표현의 증대가 엿보이는데, 아잔타 전기에 속하는 제10굴에는 '도솔천상의 보살'에서 '사리운반'까지를 표현한 일관된 불전 장면의 마지막 두 장면으로, '분사리'와 '사리운반'을 표현한 벽화가 있음이 최근 슈링로프의 연구를 통해 밝혀지게 되었다.[28] 그의 흥미로운 연구에 따르면, 차이티야굴에 있는 제10굴의 좌측벽에는 가장 앞쪽부터 뒤쪽을 향해 불전의 8장면이 장대한 프리즈 화면을 이루며 표현되어 있다. 즉, '도솔천상의 보살', '탄생', '칠보', '수하관경', '성도', '초설법', '분사리', '사리운반'의 모든 장면이다. 슈링로프는 이 굴의 개굴을 기원전 2세기경으로 보고, 벽화의 제작도 개굴 후 잇따라 행해졌음을 시사하고 있다. 과연 벽화가 기원전 2세기까지 올라가는지에 대해서는 문제가 남아있지만 아마 산치 제1탑의 탑문부조와 가까운 시대의 것으로 추측되는데, 붓다의 상징적 표현으로 보아도 고대초기 미술에 속하는 것임은 틀림없다.

아잔타의 이 벽화는 고대초기의 불교미술로서 처음으로 통시적이며 일관된 불전도를 표현한 예로서도 주목되지만, 여덟 장면 중 '성도'까지의 전반생이 다섯 장면을 점하며, '초설법'에 이어서 바로 '분사리'와 '사리운반'으로 이어지는 점이 눈길을 끈다. '초설법'부터 '열반'까지가 전혀 표현되어 있지 않는 것은 분명 붓다의 상징적 표현의 제약이 크게 작용하고 있기 때문일 것으로, 여기서도 '열반도의 금기' 현상이 두드러지게 확인된다.

'분사리' 장면은 손상이 심하여 명확하지는 않지만, 무대는 원림이며 화면 우측으로 문이 있어 성역임을 보여주는데 중앙의 산개 아래에 옥좌가 놓여 있는 듯하다.[29] 문과 옥좌(?)의 사이에 다섯 명 정도의 인물이 있고 한 명이 사리용기를 들고 있다. 좌측에는 무장한 남성들이 이곳을 지키고 있다. 도성의 건물 내부에서 분사리가 행해지는 산치, 아마라바티, 간다라의 표현과는 다른데, 슈링로프는 이 장면을 '분사리'로 추정하고 있다. 다비 후 쿠시나가라의 사람들이 사리를 수호하고 공양했던 이야기를 표현한 '사리의 수호'로 해석할 여지도 있지만, 다음에 '사리운반'으로 이어지는 것을 고려하면 '분사리'로 보는 것이 타당할 것 같다.

마지막의 '사리운반'은 초기불교미술 중에서 대중적인 테마이지만, 아잔타 벽화는 산치 제1탑 남문의 부조와 마찬가지로 설화성 풍부한 표현을 보여준다.[30] 가로로 긴 화면의 좌측 끝에는 그다지 명확하지는 않으나 성벽이 있고, 그 뒤로 무장한 남성들이 있어 쿠시나가라의 도성을 표현하고 있는 듯하다. 화면 상단에는 우측에서 좌측의 성벽을 향하여, 코끼리를 탄 7국의 왕들이 산개와 불자를 든 시종들과 함께 나아간다. 하단에는 이번엔 우측을 향하여 코끼리를 타고 사리용기를 들어 올리는 왕들의 모습이 표현된다. 슈링로프는 좌측 성벽 속의 한 인물을 조정자인 드로나로 보고 있는데 명확하진 않다. 그러나 코끼리나 인물의 생동감 넘치는 표현뿐 아니라, 사리를 요구하며 밀어 닥치는 7국 왕들의 장면, 사리를 얻고 돌아가는 '사리운반'을 가로로 긴 화면의 대구도에 채워 넣은 표현법은 산치 남문의 그것에 한층 가깝다.

⑤ 아마라바티

아잔타 제10굴의 불전벽화는 통시적通時的인 불전 사이클 속에 편입된 사리의 설화표현으로서 흥미로운데, 남인도의 아마라바티에서도 사리설화를 표현한 작례가 있어, 인도 초기불교미술에서 '열반도의 금기'와 표리를 이루는 형태로 사리에 관한 설화표현이 무르익어가고 있었음을 알 수 있다. 아마라바티는 열반설화에 관한 부조로서 '석가의 마지막 여행'을 표현한 여섯 장면으로 이루어진 부조, 그리고 '석가의 장례'를 표현한 두 장면으로 이루어진 부조가 알려져 있어, 초기불교미술의 보기 드문 작례로서 제2장에서 상세히 고찰했다. 여기서는 사리설화를 표현한 부조인 다른 두 점을 다루어 보겠다.

첫 번째는 양식적으로도 평면성 강한 초기적 특징을 보이는 부조단편(도64)으로, 시바라마무르티는 그 연대를 기원전 2세기경으로 보고 있다.[31] 부조 좌측은 장식대로 테두리를 둘렀으며, 설화 장면은 크게 둘로 나뉘

도64. 사리설화도(1). 아마라바티. 기원전 1세기경(?). 마드라스박물관[Sivara- mamūti, pl. 14-2]

어 있는데 모두 심하게 파손되었다. 특히 상단의 구획은 두 명의 인물이 남아 있을 뿐으로, 한 명은 꿇어앉아 탄식하는 포즈, 한 명은 서서 오른손으로 천을 잡고 찬탄하는 모습을 보여준다. 이 장면이 하단의 장면과 관련되어 있었다면 열반에 관한 장면이 표현되어 있었을지도 모른다(다만 꿇어앉은 인물의 몸짓은 '항마성도'의 마왕을 상기시킨다). 꽃그물을 입에 문 새로 구성된 장식대를 사이에 두고, 아래쪽의 구획도 단편이지만 '사리의 공양', '사리 쟁탈전', '사리운반'의 장면들이 하나의 건축구조 안에 기하학적으로 배치되어 있는 것이 흥미롭다. 이 구획의 위쪽으로 반원형 지붕의 건물이 있고, 그 밑의 난간에는 창과 같은 무기를 든 남성들이 열 지어 서며, 우측 하단의 건물 중앙부에는 하프를 연주하거나 춤을 추는 여성들의 모습이 단편적으로 남아 있다. 이 진악 장면이 '사리의 공양'을 표현하고 있었음은, 하단에는 성벽이 표현되고 바깥에는 활을 당기는 인물이 있다는 것, 좌측 성 밖으로 두 명씩 태운 세 마리의 코끼리가 표현되고, 모두 선두에 선 사람은 코끼리의 머리 위에 올린 사리용기를 떠받치며 뒤따르는 사람은 깃발을 들고 있는 표현 등을 통해, '사리운반'을 나타내고 있음이 판명된다. 성벽 밖에서 활시위를 당기는 사람은 밀어닥치는 요구자의 군대 세력 중 한 명이며, 건물 위쪽의 난간에서 무기를 든 남자들은 쿠시나가라의 사람들임에 틀림없으므로 '사리 쟁탈전'을 나타내고 있다.

이 부조는 설화성 강한 표현이면서, 양식적으로는 얕게 조각했을 뿐 아니라 건축의 기하학적인 구조 속에 설화표현을 이입하여 평면성 강한 구도를 보이고 있다. 이에 반해 두 번째 부조는 공간표현에 큰 진전을 보인다. 가로로 긴 화면의 이 프리즈는 중앙의 성문 표현을 통해 둘로 나뉘는데, 우측의 반은 '사리 공양', '말라족의 사리에 관한 토의', '분사리'의 세 장면이, 좌측의 반은 '사리운반'이 표현되어, 전체적으로 사리에 관한 설화를 빼어난 솜씨로 채우고 있다(도65).[32] 우선 화면 우측의 반은 전체적으로 쿠시나가라 도성 내의 건물을 표현한다. 건물 하단에서 많은 여성들이 악기를 연주하고 춤을 추는 장면은 '사리의 공양'일 것이다. P본 열반경에는 다음과 같이 되어 있다.

도65. 사리설화도(2). 아마라바티. 2세기 후반. 마드라스박물관[Sivaramamūti, pl. 43-1]

"쿠시나가라의 주민인 말라족은 존사의 유골을 7일간 공회당 안에 두고 …
무용, 가요, 음악, 화륜, 향화로써 귀중히 여기고, 섬기고, 공경하고, 공양하
였다."[33]

　'사리의 공양' 위쪽의 건물 내부는 두 개의 방으로 나뉘는데, 향우측에
서 사람들이 원진圓陣을 이루듯 표현되어 있는 것은, 쿠시나가라의 말라족
사람들이 7국의 요구자들에게 "존사는 우리 마을의 토지에서 돌아가시게
되었다. 우리는 존사의 일부분도 내어줄 수 없다"[34](P본 열반경)라며 '사리에
관한 토의'를 하고 있는 장면일 것이다. 그러나 향좌측의 방에서는 드로나 바
라문이 "우리의 붓다는 <참아 내는 것>을 말씀하신 분이셨습니다. 가장 높은
분의 유골을 분배하기 위해 싸우는 것은 좋지 않습니다"(동일 경전)라고 하
며, 사리를 분배하는 장면이 보인다. 이 '분사리'의 장면에서는 중앙에 원근
표현으로 파악된 직사각형의 책상이 있고, 그 안쪽 정면에는 드로나로 보이
는 인물이 위치하며, 7국의 사람들과 말라족들이 팔분된 사리가 놓인 책상
을 둘러싼다.

이어지는 장면은 쿠시나가라의 당당한 성문을 나와 좌측으로 전개된다. '사리운반'의 장면이다. 일곱 마리의 코끼리가 전후 2층을 이루면서 실로 생동감 넘치는 기세로 행진하는 모습이 묘사된다. 각각 코끼리의 등에 올라탄 인물이 머리 위의 사리용기를 소중히 지지하며, 자국으로 들고 돌아가려고 한다.

이 아마라바티의 두 번째 부조는 첫 번째 부조에서 보았던, 건축구조를 설화표현 속에 이입한 구도법을 적극적으로 살리고 있고, 또한 비스듬한 성문의 묘사나 인물들의 원진형 배치, 코끼리의 자유로운 방향 등의 표현을 통해 입체감을 뛰어나게 묘출하고 있다. 시바라마무르티는 제작연대를 2세기 후반으로 보고 있는데, 분명 이 부조는 사리에 관한 설화표현에 있어서 남인도의 대표작이라 할 뿐 아니라, 간다라와 그 밖의 인도 초기불교미술 중 하나의 완성된 사리설화 도상표현을 보여주는 것이라고 할 수 있을 것이다.

2. 간다라의 열반설화도

앞 절에서 초기불교미술의 '열반도의 금기'의 현상과, 그것을 대신하는 형태로서의 사리설화도의 양상을 고찰했다. 1세기 후반 이후의 쿠샨조하의 간다라 미술에서, 불상의 제작과 불전미술의 혁신적인 전개가 엿보이고, 열반에 관한 설화도상도 초기불교미술의 양상을 한층 새롭게 한다. 즉, 첫 번째는 '석가의 죽음'의 장면으로서의 열반도의 출현이며, 두 번째는 열반에서 다비, 분사리, 기탑이라고 하는 연속되고 일관된 불전의 열반 사이클이 표현된다는 것이다. 이들 설화도상의 성립에는 인도 내의 초기불교미술로부터의 영향도 무시할 수 없겠지만, 쿠샨조하의 동서교류에 기반한 이문화와의 접촉이 큰 역할을 담당했을 것이라는 점은 상상하기 어렵지 않다.

(1) 열반

'석가의 죽음'을 불교의 이상인 열반의 실현으로 보고, 그것을 스투파로써 상징적으로 표현해 왔던 초기불교미술의 뿌리깊은 전통을 타파하고, 처음으로 옆으로 누운 모습의 '석가의 죽음'을 표현한 것은, 아마도 2세기 이후의 간다라 미술이었다. 간다라 열반도상의 양상에 대해서는 제3장에서 상세히 고찰했는데, 논술의 형편상 여기서 요점만을 간단히 기록해 두겠다.

화면의 양측에 두 그루의 사라수가 배치되고, 그 사이에 있는 상좌 위의 석가는 '머리를 북쪽에 두고 오른쪽으로 누워, 손으로 베개를 하고 두 발을 포개어'(『불소행찬(佛所行讚)』)* 옆으로 누웠다(도66). 초기불교미술에 뿌리 깊은 '열반도의 금기'를 생각한다면, 이 '석가의 죽음'의 도상은 인도 내에서 시작된 내재적인 전개라고 생각하기는 어렵고, 간다라 미술이 그 대부분을 차지하고 있는 헬레니즘·로마 미술에서 그 모범을 찾아야 할 것으로, 아마도 로마세계의 망자를 표현하는 석관조각에서 시사를 얻었을 것으로 생각된다.[35] 그러나 한편으로 인도의 '죽은 사람의 와법'인 위를 향하는 와법을 거부하고 안식에 어울리도록 우측을 아래로 하는 '사자의 와법'을 취하고 있는 것

도66. 열반. 탁티바히(간다라) 출토. 2~3세기. 페샤와르박물관.

---

* 北首右脅臥, 枕手累雙足『불소행찬』5권(ABC, K0980 v29, p. 677b04)

은, 열반경의 기술에 기초한 것임과 동시에, 열반은 죽음과는 다르다고 하는 인도의 전통을 말해준다.

간다라 최고最古의 열반도라 할 수 있는 구 마르단 소재의 부조(도판9)를 제외하고, 다른 대부분의 간다라 열반도에는 열반경에 기록된 몇 가지 특징적인 이야기가 담겨 있어, 시각적인 설화서술이라 할 만한 특색이 엿보인다. 말라족의 비탄이나 신들의 찬탄이라고 기록하는 일반적인 표현 이외에, 다음과 같은 이야기가 표현되어 있다. 우선 작례는 많지 않지만, 마왕이 석가에게 입멸을 요청하는 '마왕과 그 딸의 유혹'의 정경이 화면 우측에 삽입된다. 신들 중에서 범천과 제석천은 석가가 입멸하자 제행무상의 게를 암송한 일이 열반경에 보여, 이 두 신도 때때로 열반도 속에서 엿보인다. 간다라 열반도에 반드시 등장하는 것은 집금강신으로, 석가의 베개 부근이나 등 뒤에서 비탄에 잠긴 '비애의 집금강신', 혹은 상좌 앞에서 슬픔을 이기지 못하고 '쓰러지는 집금강신'의 모습이 보인다. 집금강신에 대해서는 열반경에 거의 언급되지 않으며, 그 모습도 헬레니즘·로마계의 헤라클레스, 디오니소스, 풋토, 인도계의 약샤, 나아가서는 중앙아시아계의 왕후상 등의 조형이 이입되어, 다양한 표현을 보이는 것이 주목된다. '쓰러지는 집금강신'의 모습에는, 『불입열반밀적금강역사애련경』의 기술[36]이 참조된다. 또한 사라쌍수에 종종 여신이 나타나, 산화하거나 혹은 눈물을 흘리는 모습을 보인다. 수녀신의 비탄에 대해서는 한A본 열반경에 언급된 바가 있다.[37]

간다라 열반도에서 확인되는 불제자로는 아난·아나율·우파마나·수발·대가섭 등이 있다. 석가가 입멸할 때의 그들의 모습은 열반경에 기록되어 있는데, 간다라 열반도의 불제자들의 표현을 보면 단순한 불제자의 슬픔이 아닌, 그들의 이야기 자체를 표현하고 있음을 알 수 있다. 즉 옆으로 누운 석가 앞에 선 우파마나를 향해 석가가 꾸짖는 '석가의 앞에 선 우파마나', 석가의 입멸을 알고 아난이 졸도해 버리는 '망연자실한 아난', 그에게 선배 아나율이 주의를 주는 '충고하는 아나율', 석가가 입멸하기 직전에 찾아와 면회하기를 요청하는 수발을 아난이 막는 '아난과 만난 유행자 수발', 석가에게 면회를 허락 받은 수발이 설법을 듣고 홀연 깨달아, 석가의 입멸을 차마 다 보지 못하고 먼저 멸도를 얻는 '멸진정에 든 마지막 불제자 수발', 석가가 입멸할 때 그곳에 없던 장로 대가섭이 외도에게 그를 듣고 급히 달려와 '사명 외도에게 석가의 입멸을 들은 대가섭', 대가섭이 시신의 두 발에 예배하자 처음으로 다비의 불이 타올랐던 '석가의 발을 예배하는 대가섭', 이 이야기들이 열반도 안에 삽입되어 있는 것이다.

이처럼 간다라의 열반도는 옆으로 누운 석가를 중심으로, 석가의 입멸에 얽힌 다양한 이야기를 서술적으로 담고 있다. 이 이야기의 대부분은 소승 열반경에 기록되어 있는 것인데, P본에는 언급되지 않지만 한역본을 통해 적확하게 해석된 도상도 있는 한편, 집금강신의 이야기 등 열반경 외에 출전이 있는 경우도 있음은 주의된다. 어찌됐든 간다라의 열반도는 극히 설화성 강한 표현에 그 특색이 있다. 거기에는 열반의 장소임을 보여주는 사라수 이외의 정경묘사는 없다. 옆으로 누운 석가와 상좌는 화면 중앙에 정면향으로 크게 표현되어, 그와 직접 대치하는 관자로 하여금 석가의 열반 장면을 직접 마주하는 기분이 들게 한다. 그와 동시에 석가의 주위를 둘러싸듯 신들과 불제자들의 이야기가 표현되어, 석가의 열반에 얽힌 설화를 보여주고 있는 것이다. 초기불교미술에서 보였던 '열반도의 금기'는 간다라의 설화표현에 의해 타파되고, 이후 인도 및 중앙아시아의 열반도 모델로서 큰 영향력을 갖게 된다.

(2) 장례('시신의 염습' ·· '다비')

간다라에서는 열반도뿐 아니라, 열반에 이후의 장례 및 사리에 관한 설화도 표현되어, 종종 연속하는 불전의 열반 사이클을 형성한다. 장례에 관한 장면으로는 '시신의 염습', '입관', '장송', '다비'의 장면들이 있다. 석가의 입멸 후 집행되었던 장례에 대해서는, 석가 자신이 입멸 전에 아난의 질문에 답하여, 전륜성왕의 시신을 처리한 것과 같게 해야 한다고 말했던 것이 상기된다.

① 시신의 염습

열반경에는 석가의 입멸 후 말라족 사람들이 일주일 간 시신에 공양하고, 그 후 화장터로 옮겨 시신을 염습하여 관에 넣었던 일화가 보인다. 그런데 '시신의 염습' 장면에는 모두 사라쌍수가 표현되며, 게다가 거의 모두 열반도와 동일한 이야기를 표현하고 있다. 부조의 작자作者는 열반에 이어 같은 장소에서 시신의 염습이 행해졌다고 해석하여 열반설화의 일환으로 보고 있었음을 말해준다. '시신의 염습' 도상은 열반 장면에서 본 상좌 위에 옆으로 누운 석가의 모습이, 얼굴을 포함하여 전신이 포대형 천으로 몇 겹으로 싸여 있는 것처럼 표현되어 있다(도67). 이는 열반경의, 전륜성왕의 장법과 같이 "세존의 유해를 잘 두드려 풀어낸 면으로 싸고, 오백척 길이의 천으로 감쌌다"[38](S본)라는 기록을 의도했을 것이다. 이와 동시에 이 특이한 표현에는 당시의 실제 습속이 짙게 반영되어 있던 것은 아닐까 생각된다. 인도에서는 현재까지도 시신을 머리부터 발끝까지 감싸서 냇가의 화장터로 운반하는 풍습을 볼 수 있다.[39] 이 장면은 상좌도 열반도의 경우와 같고, 우파마나 · 아난 · 아나율 · 수발 · 대가섭 등의 불제자들의 설화표현도 보이며, 게다가 염습한 석가의 시신도 오른손으로 손베개를 한 모습으로 표현되어 열반도

도67. 시신의 염습. 간다라. 2~3세기. 개인 소장
[Foucher 1, Tome 1, fig. 284]

와 다른 점이 없다. 겨우 한두 작례[40]에서만 불제자나 신들과 같은 인물이 표현되지 않고, 상좌 위로 석가의 시신만이 표현되어 있다.

'시신의 염습'의 부조는 작례가 현재 10점[41] 정도 알려져 있는데 그 대부분은 스와트 지방의 작품인 듯하며, 간다라 도상 중에서도 특별한 위치를 점한다. 시신의 염습이라고 하는 이 특이한 도상은 석가의 열반을 특히 석가의 '죽음', 시신으로 보는 의식이 작용하고 있음을 말해준다.

② 입관

석가의 시신을 염한 뒤 입관했던 일화가 열반경에 보인다.[42] S본에서는 "향유를 가득 채운 철제 용기에 넣고, 다른 철제 용기로 뚜껑을 삼았다"라고 하며, P본에도 거의 같은 내용이 있다. 한역본들에서는 한B본에 '仮棺'이라고 한 것 이외에, '金棺' 혹은 그것을 다시 '鐵槨' 속에 넣었다는 내용이 보인다.

'입관'의 작례는 네 개가 있는데, 세 개는 열반의 상좌와 같이 몰딩형식의 다리가 있는 깔개를 깔아놓은 상좌 위에, 다른 한 개는 석제로 보이는 대좌 위에 관이 놓여 있다(도판13, 도68).[43] 상좌 앞에는 열반도에도 보였던 발판

도68. 입관. 산가오(간다라). 2~3세기. 라호르박물관.

이 있는 예도 있어, 사라쌍수의 표현과 함께 염과 마찬가지로 열반의 장소에서 입관이 행해졌던 일을 작자는 암시한다. 그러나 발판 대신에 향로를 크게 표현하여 장례 장면임을 시사하는 작례도 있다. 흥미로운 것은 관의 형태인데, 양 끝이 둥글고 위아래가 같은 모양을 합쳐 놓은 형태로, 이미 덮개는 닫혀 있으며 잠금 장치가 세 군데 설치되어 있다. 열반경에서 말하는 철제관인 것일까.[44] 관은 꽃그물로 감싸여 있거나 꽃이 뿌려진 예도 있다.

석가의 관 주위에는 비구가 많은데 관에 손을 뻗거나 머리에 손을 대며 탄식하기도 하고, 혹은 조용히 합장기도 한다. 팔을 들며 슬퍼하는 말라족 사람들이나 집금강신이 보이는 경우도 있다. 화면 우측 끝에 옷을 머리까지 쓰고, 왼손에 지팡이와 같은 것을 든 인물이 두 작례에 등장하여 어떠한 특정 삽화를 표현하고 있는 듯한데, 이 인물의 정체는 판단하기 어렵다(도68). 푸셰는 옷을 머리까지 쓴 복장은 낮은 신분을 나타낸다는 점에서 처음에 두 가지 가능성을 생각했다.[45] 첫 번째는 대장장이 춘다로, 어깨에 짊어진 것은 그의 도구인 가위일 것이라는 것, 두 번째는 '다비' 장면에 나오는 화장 인부와 복장이 유사하므로 화장 인부일 것이며, 지물은 불을 붙이기 위한 관솔불일 것이라는 고찰이다. 푸셰는 후자가 더 타당성이 있는 것으로 처음에는 생각했으나, 나중에 생각을 고쳐 이 인물의 지물은 삼장tridaṇḍa으로 그가 이교의 탁발유행자parivrājaka일 것으로 추측하며, 열반도에 나오는 수발의 모습과 동일하여(수발은 석가보다 먼저 입멸했기 때문에 여기서는 수발일 리가 없다) 아마도 수발의 모습을 잘못 차용하여 사명 외도Ājīvika를 표현한 것으로 추측하며 결론짓고 있다.[46] 사명 외도는 석가의 입멸을 목격하고는 대가섭과 만났을 때 이 일을 알려준다. 그러나 열반도 속에 표현된 '대가섭과 대화하는 사명 외도'는 모두 나형의 모습이어서 이후의 연구를 필요로 한다.

또한 '입관'의 한 부조에는 관을 들어 올리려 하는 비구형의 인물 표현이 있다(도판13). 이는 석가의 시신을 사람들이 운반하려고 했을 때, 처음 화장터로 가는 길의 순서나 장소가 신들의 의향과 달랐기 때문에 관이 들어 올려지지 않았다고 하는 기적적인 에피소드를 표현했을 것이다.[47] 다만 열반경에서는 관이나 시신이 올려진 상좌를 들어 올린 이들에 대해 말라족, 남성들, 동자, 서심과 이가들,* 역사들 등으로 기록되는데, 부조에서는 비구가 표현되고 있다.

③ 장송

석가의 시신을 마크다반다나의 화장터로 운반하는 '장송'의 장면은 겨우 두 예만이 알려져 있을 뿐이다. 하나는 이탈리아 군대가 발굴에 참여한 붓카라 출토 부조로, 석가의 시신이 널로 된 수레에 실리고, 그 (수레의)다리를 두 명의 약샤형 동자가 지고 있는 도상이다.[48] 널에는 뚜껑이 없고, '시신의 염습'의 장면에서 본 것과 같이 염습한 석가의 시신이 보인다. 널의 뒤쪽에는 산화하는 두 인물이 있고, 부조의 빈 공간 전체가 꽃문양으로 채워져 있다. 한A본에는 "부처님 몸(시신)을 평상 위에 안치하고 말라족 동자들이 네 귀를 받들어 들었다. 깃발과 일산幡蓋을 받쳐 들고 향을 피우고 꽃을 뿌리고 여러 가지 음악을 연주하며 앞뒤에서 인도하고 따라 편안하고 조용하게 행진했다. 그때 도리천의 모든 하늘은 문다라꽃·우발라꽃·파두마꽃·구물두꽃·분다리꽃과 하늘의 전단향 가루를 사리 위에 흩뿌려 온 거리에 가득 차게 하였다."**[49]라고 하여, 부조의 도상에 가깝다.

'장송'을 표현하는 또 하나의 예(도69)는 부조단편으로, 시신의 부분은 파손하였으나 막이 쳐진 널의 수레 다리를 남성이 들고, 한 명은 정면향, 또 한 명은 후면향의 두 여성이 양손을 들며 올고 있다.[50] S본의 "말라족의 여성

---

* 원서에서는 '逝心理家'였으나, 불교기록문화유산 아카이브(https://kabc.dongguk.edu/) 우리말 번역문을 인용함. 逝心理家卽曰: "擧佛舍利牀, 欲從城西門入, 牀爲不擧. 『불반니원경』 2권(ABC, K0653 v19, p. 201b07-b08)

** 불교기록문화유산 아카이브(https://kabc.dongguk.edu/) 우리말 번역문 인용. 擧佛舍利於牀上, 末羅童子奉擧四角, 擎持幡蓋, 燒香散花, 作衆伎樂, 前後導從, 安詳而行. 時, 忉利諸天以文陁羅花, 優鉢羅花, 波頭摩花, 拘物頭花, 分陁利花, 天末栴檀散舍利上, 充滿街路. 『불설장아함경』 4권(ABC, K0647 v17, p. 850a22-b04)

도69. 장송. 간다라. 2～3세기. 페샤와르박물관.

들은 천막을 드리워 세존의 널 위를 장식하고, 남성들은 널을 짊어졌다"[51]라고 하는 기술을 상기시키는데, 열반 장소에는 표현되지 않았던 세속의 여성이 '나키온나'로서 '장송'의 장면에 등장하는 것이 주목된다.

'시신의 염습', '입관', '장송'이라고 하는 장례에 관한 도상은, 열반경의 전승과 아울러 당시의 실제 장례 습속이 스며들었을 가능성을 상상하게끔한다. 텍스트의 전승과 실제 습속을 모두 시사하는 이 같은 도상표현의 양상은 '다비'에서도 확인된다.

④ 다비

열반경에 따르면 석가의 시신이 마크다반다나의 화장터로 옮겨진 후, 말라족 사람들이 다비의 불을 붙이려고 하나, 천인들의 의향이 작용하여 불이 붙지 않는다. 일주일이 지나 마침 늦게 도착한 대가섭이 석가의 화장용 땔감을 우요하고, "존사의 발에 머리를 대고 예배했다.…예배를 마치자 존사의 시신을 화장하기 위한 땔감 더미가 스스로 타올랐다"[52](P본)라고 한다. '석가의 발을 예배하는 대가섭'의 이야기는, 이미 기술한 바와 같이 간다라에서는 열반도 속에 편입되어 표현되는 것이 보통이다. 그러나 최근 소개된 한 부조(도판16)[53]에서는, '다비'의 장면 속에 이 이야기가 표현되어, 열반경의 서술에 충실한 표현으로 주목된다.

이 부조에서는 대좌 위에 관이 안치되고 다비의 불이 크게 타오르며, 좌우로 터번관식을 쓴 두 인물이 물독이 달린 봉을 높이 들어올린다. 대좌와 관에 많은 화문이 표현되고 관의 형태가 명확하게 표현되어 있음이 눈길을 끈다. 이 부조에서 주목되는 것은 관 끝에서 석가의 발이 나와 있는 것으로, 그 앞에 한 비구가 꿇어앉아 오른손을 이마에 대고 예배하는 모습이다. 이는 열반경에서 말하는, 대가섭이 마지막에 석가의 발을 예배하고 예배가 끝나자 다비의 불이 타올랐다는 것을 표현한 것임에 틀림없다. 특히 한A본에는 "그 때 부처님께서 겹곽(重槨) 속에서 두 발을 나란히 내미셨"*고, 그 발은 한 노파가 흘린 슬픔의 눈물로 인해 이상한 빛을 내었음이 보인다. 한C·한D본에도 같은 이야기가 기록되어 있지만 P본·S본에는 이에 대한 언급이 없다.[54] 관에서 석가의 두 발이 나왔던 일에 대한 한역본의 기록은 이 부조의 도상과 특별한 관계를 보인다.

마쓰오카미술관 소장의 소개되지 않은 '다비'의 부조도 이 도상에 한층 가까운데, 역시 관에서 나와 있는 석가의 발을 대가섭이 꿇어앉아 예배한다. 다만 이 부조에서는 두 명의 불을 끄는 사람이 머리에 천을 뒤집어 쓴 낮은 계층의 신분이다. 또한 관에서 발이 나온 표현은 없으나, 다비의 불이 타오르는 관을 향해 예배하는 대가섭을 표현한 부조도 최근 확인되고 있다.[55]

또한 최근 소개된 다른 '다비'의 부조(도70)[56]를 보면, 대좌 위에 놓인 관은 이미 불꽃에 둘러싸여 있고, 좌우에는 땔나무를 운반하는 사람, 물독을 어깨에 짊어진 사람이 표현되며, 화면 우측 하단에는 관에서 나온 석가의 두

---

* 불교기록문화유산 아카이브(https://kabc.dongguk.edu/) 『불설장아함경』 우리말 번역문 인용. 於時, 佛身從重槨內雙出兩足. 『불설장아함경』 4권(ABC, K0647 v17, p. 851b07-b08)

도70. 다비. 간다라. 2~3세기. 일본 개인 소장[쿠리타 이사오 1, P4-5]

발을 예배하는 대가섭이 표현되어 있었던 것 같지만 안타깝게도 파손되어 명확하지 않다. 땔나무를 운반하는 표현은, 말라족의 사람들이 "모든 향료를 머금은 땔감 더미를 만들어, 존사의 시신을 땔감 더미 위에 올렸다"[57](P본)는 것을 표현했을 것이다. 물독을 운반하는 표현은, 후술하는 것과 같이 다비의 불을 끄는 이야기를 표현한 것으로 생각되는데 다른 예와는 달리 물독을 직접 어깨에 멘 모습이 주목된다. 화면 좌우 뒤쪽에는 두 그루의 수목 표현이 있다. 여기서도 열반의 장소와 혼동되어 사라쌍수를 표현한 것이겠지만, 어쩌면 S본·한C·한E본의 내용과 같이 다비의 불이 꺼진 뒤에 네 그루의 나무가 자라났던 것을 암시하고 있는 것인지도 모른다.[58]

　이상으로 최근 소개된 흥미로운 '다비'의 도상을 관찰했는데, 이 외의 대부분의 작례에서는 그 표현형식이 거의 일정하다. 즉 화면 중앙에 '입관'의 장면에서 본 것과 마찬가지로 석재 대좌 위에 관이 놓이고, 다비의 불이 관을 거의 보이지 않게끔 둘러싸며 타오르며, 좌우로 한 명씩의 불을 끄는 사람이 물독이 달린 봉을 들고 불을 끄려고 하는 것이 기본 구성으로, 정경묘사 등은 없다(도71).[59] 자연스레 타올랐던 다비의 불이 쉽게 꺼지지 않았던 일이 암시되어, P본·한D본에서는 하늘에서 물줄기와 비가 내려 불을 껐다고 하며, S본에서는 "쿠시나가라의 말라족 사람들은 우유로 불을 껐다"라고 기술하는데 한B본에도 이와 같은 내용이 있다. P본에는 물줄기뿐 아니라 말라족 사람들도 향수로 불을 껐다는 내용이 보인다.[60] 봉 끝에 달린 물독에서 물(우유)이 흘러나오는 표현도 있어, '다비'의 장면은 불을 끄는 이러한 광경을 표현한 것임을 알 수 있다.

도71. 다비. 탁티바히(산다라) 출토. 2~3세기. 페샤와르박물관.

여기서 주목되는 것은 불을 끄는 인물의 모습으로, 거기에는 두 계열이 있다. 첫 번째는 머리에서 목까지 천을 둘러 이깨에 드리우고, 히반신에는 길이가 짧은 요포를 둘러 사타구니에서 걷어 올린 모습이다. 두 번째는 머리에 터번관식을 쓰고 목걸이나 완천으로 몸을 장식하며, 치마를 입은 모습이다. 작례 중 두 번째 타입은 적은 편이며, 아마 말라족의 귀인을 표현했을 것이다. 이 귀인의 표현은 처음 다비의 불을 붙이려고 했던 것이 말라족의 수장들(P본), 혹은 대신(한A·한C본)이었던 것과 관련이 있을 것이다.[61] 그러나 작례상에서는 머리에 천을 두른 첫 번째 타입이 압도적으로 많은데, 그 모습은 하층계급의 화장인을 표현한 것임에 틀림없다. 경전들에는 모두 화장인에 대한 언급이 없으므로, 텍스트의 전승보다도 당시의 실제 화장터 모습을 엿보게 해 주는 것이라고 할 수 있을 것이다.

(3) 사리('사리의 입성' ~ '기탑')

열반과 장례에 관한 설화도에 이어서, '다비' 후의 사리에 관한 설화도, 즉 '사리의 입성', '사리의 수호·예배', '사리 쟁탈전', '분사리', '사리운반', '기탑'의 장면들이 표현된다. 초기불교미술에서도 사리에 관한 설화는 '사리 쟁탈전', '분사리', '사리운반' 등이 미술 테마로 다루어졌지만, 간다라에서는 '다비'에 이어지는 연속된 사리설화도를 구성한다는 점에 특징이 있다.

① 사리의 입성

S본에 의하면 다비 후에 "쿠시나가라의 말라족 사람들은 그 뼈를 황금제 단지에 모아 넣고 황금제의 대 위에 올려, 향화·화만 등을 공양하며 악기를 연주하고 기도 드리면서, 쿠시나가라의 성 내에 들어와 그것을 성 내 첫 번째 회당의 대제단에 안치하였다"라는 내용이 보이는데, 한A본을 제외한 다른 열반경들에도 같은 기술이 있다.[62]

화장터에서 쿠시나가라로의 '사리의 입성'을 표현한 부조로는 우선 푸셰가 도상을 정의했던 작례(도72)[63]가 있다. 화면에는 좌우 대칭의 성벽이 있고 그 중앙에 문이 있다. 문 좌우로 한 명씩 상반신을 드러낸 정면향의 문지기가 오른손에 창을 들고, 왼손은 허리에 대고 지키고 있다. 문은 열려 있으며 그 앞으로 한 남성이 왼쪽 어깨에 단지를 이고, 오른손으로 그것을 받치며 안으로 들어가려 하는 모습이다. 이 단지의 형태는 실제로 발굴된 사리단지에도 보이는 것이며, 부조의 성벽은 쿠시나가라의 성벽을 표현한 것임에 틀림없다. 문제는 사리단지를 운반하는 인물이 발달된 근육을 갖고 있고, 겨우 요대를 두르고 있는 정도여서 마치 레슬러처럼 표현되어 있다는 점이다. 푸셰는 이 인물 표현에 관해, 말라족 사람을 범어 Malla라는 의미인 '굳세고 씩

씩한 사람'으로 해석한 표현으로 보며 이 장면을 해석하는 하나의 근거로 삼았다. 분명 말라족은 한역본에서도 '力士', '壯士'라고 해석되고 있어, 쿠시나가라로의 입성을 암시하고 있는 것으로 보인다.

도72. 사리의 입성. 간다라. 2~3세기. 라호르박물관[Ingholt and Lyons, pl. 151]

그런데 이 장면의 성벽 표현과 거의 동일한 구도의 두 세 개의 작례가 있다. 시크리 출토 부조[64](라호르박물관소장)에서는 중앙에 문이 있는 좌우대칭의 성벽 표현뿐 아니라 상반신을 드러내고 창을 든 두 명의 문지기의 표현까지 앞의 부조와 거의 다름이 없다. 그러나 여기서는 문 앞에서 사리단지를 들고 입성하려 하고 있는 남성의 표현은 없고, 대신 문이 반쯤 열려 있다. 페샤와르박물관 소장의 부조[65] 또한 이와 동종의 성벽을 표현한 구도로, 다만 문지기가 갑옷을 입었다는 점이 다르다(도73). 이 같은 문지기가 있는 성벽의 구도 역시 '사리의 입성'을 암시했던 것은 아닐까. 이렇게 생각하는 이유는 '분사리'의 장면에서는 성 내를 표현한 화면 뒤쪽으로 사리의 분배가 행해지고, 성벽을 표현한 화면 앞쪽에는 중앙의 문 양쪽에 문지기가 서 있는 구도[66]가 있는데, 그 전방부의 표현은 '사리의 입성'의 구도와 거의 동일하기 때문이다. 문지기가 있는 성벽의 구도는 아마도 단독으로 표현되는 경우는 없고, 당초에는 '다비'와 '분사리' 등의 장면과 조합되어 나열되었음에 틀림없다는

도73. 사리의 입성. 간다라. 2~3세기. 페샤와르박물관.

점에서도, 굳이 사리단지를 든 남성을 표현하지 않고서도 문이 반쯤 열린 것으로써 사리가 입성했다는 것을 관자로 하여금 충분히 이해시켰을 것이다.

② 사리의 수호·예배

쿠시나가라의 성 내로 옮겨진 사리는 대회당의 제단 위에 안치되어 사람들에게 공양을 받고 수호되었다. 푸셰가 소개한 '사리의 수호'의 부조(도74)[67]는, 역시 화면 앞쪽에 문이 있는 성벽이 표현되고, 뒤쪽으로는 대좌 위의 천으로 덮인 사리를 무장한 여성이 수호하는 모습을 보인다. 여기서는 성문이 굳게 닫혀 있고 그 앞에는 기마인물

도74. 사리의 수호. 간다라. 2~3세기.
라호르박물관[Foucher 1, Tome 1, fig. 289]

이 있다. 푸셰는 이 기마인물에 대해 마을의 야경꾼이거나, 혹은 세존이 입멸했다는 소식을 전하는 사자使者라고 생각했지만, 결국에는 산치 남문 부조와의 비교를 통해 사리의 분배를 받으러 찾아 온

도75. 사리의 수호. 탁티바히(간다라) 출토. 2~3세기. 페샤와르박물관.

요구자 중 한 명일 것으로 추측했다. 최근 간다라의 '사리 쟁탈전'의 도상이 알려지게 되었는데(후술), 이 부조의 기마상은 전투를 하려는 움직임이 없어, 한D본에서 "사리를 누각 위에 모시고 군장을 갖춘 4병兵들이 방위하고 수호하게 하여"*68라는 내용과 같이 경비를 서고 있는 모습을 표현한 것은 아닐까.

'사리의 수호'의 일반적인 구도는 성벽 표현이 없이 대좌 위에 사리를 안치하고, 그 좌우로 호위하는 인물이 서 있는 구도이다(도75).69 호위하는 인물은 창이나 방패, 혹은 불자를 든 여성이 많은데 남성의 경우도 있으며, 모두 관자를 보며 사리를 수호하고 있다. '사리의 수호' 대신에, 말라족의 세속인들이나 비구들이 사리를 향해 합장예배하고, 공양을 바치는 '사리의 예배' 장면도 있다.70 바르후트나 아마라바티에도 사리 공양도가 있지만, 여기서는 여성들의 진악이나 춤에 의한 공양이 주를 이루고 있었다.71 간다라에서는 인물들이 단순한 예배자에 불과하며, 사리 자체가 표현의 중심이 된다.

'사리의 수호·예배'의 장면에서는 사리의 표현이 주목된다. 몰딩형 다

---

*   불교기록문화유산 아카이브(https://kabc.dongguk.edu/)『불설장아함경』우리말 번역문 인용. 置於樓上, 卽嚴四兵, 防衛守護.『대반열반경』3권(ABC, K0652 v19, p. 180a14)

리를 가진 대좌에 천이 깔리고, 그 위에 안치된 사리는 천 덮개를 덮었으며, 범종형의 정부頂部에는 산개가 얹혀 있다. 이 도상은 스투파와 달리 실제 육안으로 확인 가능한 형태로서의 사리 숭배의 모습을 표현한 것으로서 주목된다. 이 같은 사리 공양의 도상은 법현·송운·현장 등이 나게나갈국那揭羅曷國의 혜라성醯羅城에서 본 불정골공양佛頂骨供養의 모습을 상기시킨다. 예를 들면 법현은 다음과 같이 기록한다. "성 내에 불정골정사가 있다. 국왕은 두정골을 깊이 공경해서 사람들에게 빼앗길 것을 두려워하여, 나라 안의 호성豪姓 8인을 선발하여 엄중히 봉인, 수호하고 있다. 국왕은 그들과 함께 정사의 문을 열고서, 향물로 손을 씻고 불정골을 꺼내 그것을 고좌 위에 둔다. 불정골 밑에는 칠보의 원대圓臺를 놓고, 위는 유리종으로 덮는다"(대략의 내용).[72] 또한 공양의 모습도 기록되어 있는데, 대좌 위에 두정골을 두고 그것을 유리종으로 덮은 모습은 간다라의 사리안치 도상을 떠올리게 한다. 열반경에는 사리가 단지에 담겨 대회당에 모셔진 일이 기록되어 있을 뿐으로 사리안치의 구체적인 기록이 없다는 점을 생각해 보면, 어쩌면 서북인도에서 실제로 사리 공양이 행해져 부조의 도상은 그것을 바탕으로 하고 있을 가능성도 있을 것이다.

최근 소개된 일본 개인 소장의 '사리의 수호·예배'의 부조[73]에서는, 창을 들고 무장한 두 여성, 뒤쪽을 향해 양손을 높이 들어 합장하는 예배자에게 둘러싸인 사리안치의 표현이 색다르다(도판17). 여기서는 천으로 덮이지 않고, 마치 경단처럼 사리가 높이 쌓아 올려져 있는 것이다. '분사리' 장면에서의 사리 표현과 같은데, 여기서는 경단 모양이 여덟 개가 아니라 한층 더 많다는 것이 눈길을 끈다. 이 같은 사리의 표현도 당시 장례의식에 기초한 사리 숭배를 암시한다.

③ 사리 쟁탈전

열반경에 따르면 쿠시나가라의 말라족이 공양을 행하고 있을 때, 석가의 입멸을 들은 7국의 부족과 왕들이 사자를 보내 사리를 분배받고자 찾아 왔는데, 쿠시나가라의 말라족은 우리의 토지에서 존사가 돌아가셨기 때문이라고 주장하며 사리의 분배를 거부한다. P본에는 암시되어 있을 뿐이지만, S본과 한역본에는 4병(상군, 마군, 전차대, 보병대)이 계속 투입되어 전투가 일어나려고 했다는 일이 기록되어 있다.[74] 거기서 한 바라문이 중재하여 전투로 이어지지 않고 무사히 끝난다.

이 유명한 '사리 쟁탈전'을 표현한 부조는 이제껏 간다라에 알려지지 않았었지만 최근 다섯 예 정도가 소개되었다.[75] 그 대부분은 무장한 병사들이 단순히 싸우려 하고 있는 장면이지만, 그 장면의 양쪽에는 '사리의 수호·예배'와 '분사리'가 표현되어 있기 때문에 '사리 쟁탈전'을 표현한 것임은 틀림없다(도76). '사리 쟁탈전'은 산치와 아마라바티에서도 보이는데 거기서는 성벽을 설치한 구도로 표현되었지만, 간다라에서는 검을 들고 갑옷 등을 입은 병사가 좌우에 표현되어, 당장이라도 결투가 시작되려고 하는 표현이다. 그중에는 검을 든 두 사람을 각각 뒤쪽에서 만류하려 하는 조합의 두 쌍의 인물을 표현한 예,[76] 혹은 싸우는 두 인물 사이에 들어가 제지하고자 말을 거는 모습의, 콧수염이 있고 물병을 든 바라문의 표현[77]도 보인다. 후자는 분명 사리쟁탈의 중재에 들어간 바라문임에 틀림없다.

도76. 사리의 수호(향우)와 사리 쟁탈전(향좌). 간다라. 2~3세기. 일본 개인 소장[쿠리타 이사오 1, pl. 518]

결투 장면과도 같은 간다라의 '사리 쟁탈전'의 표현은, 중인도·남인도에서 본 활과 4병으로 구성된 전쟁 장면과는 다르다는 점이 흥미로운데, 간다라에서도 기마인물에 의한 전투를 표현한 부조가 한 예 있다.[78] 거기에는 질주하는 말을 타고 활을 당기는 인물이 보인다. 간다라의 '사리 쟁탈전'은 모두 움직임이 있는 실제 전투 장면을 방불케 하는 점에 특색이 있다.

④ 분사리

사리 쟁탈전은 한 바라문의 중재로 인해 제지되고, 사리는 평등히 8분되어 각국의 사람들에게 분배되었다는 이야기를 통해 사리설화는 클라이맥스를 향한다. 간다라의 '분사리' 장면의 구도에는 두 종류가 있다. 첫 번째는 화면 바로 앞에 쿠시나가라의 성벽을 표현하고, 성 내를 의도한 뒤쪽으로 분사리의 모습을 표현하는 타입이며, 두 번째는 성벽표현은 없이 오직 평상을 앞에 두고 사리를 분배하는 광경을 그린 타입이다.

첫 번째의 성벽을 표현한 구도는, '사리의 입성'에서 본 중앙에 문이 있는 도성의 표현이 여기서도 반복되어, 사리의 분배가 쿠시나가라의 성 내에

도77. 분사리. 간다라. 2~3세기. 라호르박물관
[Foucher 1, Tome 1, fig. 292]

도78. 분사리. 간다라. 2~3세기. 페샤와르박물관.

서 행해졌던 것을 강조한다.[79] 문은 닫혀 있으며, 푸셰가 소개했던 부조(도77)
에서는 문 옆에 창과 방패를 든 병사가 서서 지키고 있다. 이 타입의 '분사리'
는 화면 하반부에 정면성 강한 성벽을 당당하게 표현했다는 점에 특징이 있
는데 이는 화면의 과반을 점한다. 산치 남문에서 본 성벽을 중심에 둔 '사리
쟁탈전'에 포함된 '분사리'의 구도(도63b)와 관련성을 엿보게 한다. 성벽 내에
서 행해지고 있는 분사리의 광경은, 경단 모양의 사리가 열 지어 있는 평상을
중앙에 두고, 그것을 둘러싸듯 조정의 바라문과 각국 사자들이 표현되는데,
그들은 성 내에 있는 것처럼 상반신이 표현되어 있는 경우와, 발까지 전신이
표현되는 경우가 있어, 후자에서는 마치 성벽 위에서 분사리가 행해지고 있
는 것 같은 표현이 된다(도78). 어찌됐든 분사리의 모습을 관자에게 보여주는
정면성 강한 표현이다. 분사리의 광경은 두 번째 타입을 통해 상세히 구분할
수 있다.

　　두 번째 타입의 '분사리' 구도에서는, 사리를 나열한 평상 중앙에 콧수
염이 있는 바라문이 자리를 차지하고, 그 좌우로 네 명 혹은 여덟 명의 인물
이 배치되어, 사리의 분배에 참여하려 하고 있다(도판14).[80] 중재하는 바라문
의 이름은 경전에 따라 다르게 전하는 바가 있으나, '되'를 의미하는 드로나徒
盧那, 突路拏, 香姓가 일반적이다. 그는 종종 단지를 손에 들고 있거나, 혹은 평상
중앙에 단지를 두고 거기에서 사리를 분배하는 모습이다. 몰딩형 다리가 달
린 평상에는 천이 깔려 있고, 경단 모양의 사리(여덟 개 이하)가 그 위에 열 지
어 있으며, 평상 앞에는 향로가 놓인다. 분배에 참여한 인물은 8명 전원이 표
현되는 경우도 있고, 4~7인으로 대표되는 경우도 있다. 그들 가운에 몇 사
람은 이미 분배를 받고 사리용기를 손에 든 경우도 있다. 주목되는 것은 그들
중에는 튜닉과 바지를 입은 유목민이 표현되는 경우도 있다는 것이다.[81] 그
런데 열반경에는 사리분배를 요구한 7국의 부족이나 왕이 모두 인도 내의
사람들이라 전하고 있다.[82] 후술할 내용과 같이 간다라의 '사리운반'에 낙타
가 표현되는 경우도 함께 고려한다면, 열반경의 전승과는 별개로 사리팔분
중 하나가 서북인도 혹은 중앙아시아로 옮겨졌음을 굳이 선전하고자 했던

의도가 있었던 것은 아닐까.

간다라의 '분사리' 도상에서 특히 눈길을 끄는 것은 경단 모양으로 표현되었던 사리의 표현일 것이다. 경단 모양에는 세세한 격자형 선이 새겨져 있다는 점으로 미루어, 아마도 유골을 갈아서 만두형으로 만든 것으로 보인다. 푸셰는 인도, 특히 카슈미르에서 현재까지도 행해지고 있다고 하는 '유골 던져넣기asthikṣepa' 의례와 연관시키고 있다.[83] 그것은 유골의 재를 점토로 반죽하여 만두형으로 만들고, 그것을 성스러운 강이나 기념물 속에 던져 넣는 의례라고 한다(안타깝게도 푸셰는 그 근거가 되는 출처를 제시하지 않았다). 푸셰는 실제로 스투파 내부에서 발굴된 사리와도 관련짓고 있는데, 이 만두형 사리는 아마도 당시 서북 인도에서 행해졌던 장례와 관련된 것으로 보인다. 타치가와 무사시 교수에 의하면 네팔의 보드나트 — 원래는 묘지였던 — 의 불탑에는, 다비 후에 남겨진 재와 흙을 섞은 '짜짜'라 불리는 흙경단이 현재도 티베트의 전통을 따라 만들어져, 초르텐 옆이나 때로는 그 내부에 놓인다고 한다.[84] 간다라의 만두형 사리도 아마 이 같은 전통과 연관된 실제 장례에 기초했을 것이다. 열반경에는 사리 자체에 대한 어떠한 기재도 없을 뿐 아니라, 간다라 이외에는 인도에서 사리의 구체적인 표현이 보이지 않는다[85]는 점을 고려하면, 서북인도의 뿌리 깊은 사리 숭배의 실태가 엿보여 흥미롭다.

⑤ 사리운반

열반경에는 '사리운반'에 대한 언급이 거의 없지만, 인도의 초기불교미술에서는 사리의 분배에 참여했던 사람들은 모두 코끼리를 타고, 코끼리의 머리에 사리용기를 올려 운반하는 도상을 취한다. 그러나 간다라의 '사리운반'에서는 코끼리뿐 아니라 말 혹은 낙타를 타고 사리용기를 든 인물이 표현되어 있다(도판15, 도79, 80).[86] 낙타는 박트리아산으로 알려진 쌍봉낙타로, 사리를 운반하는 인물 중에는 '분사리' 장면에서 보았던 유목민 복장을 입은 자도 적지 않다. '사리운반'의 도상은 사리를 '우리의 땅에도 가지고 왔었음'을 은근히 보여주는 것이기도 하여, 말과 낙타, 혹은 유목민을 표현함으로써 서

도79. 사리의 운반(향우)과 기탑(향좌). 시크리(간다라) 출토. 2~3세기. 라호르박물관.

도80. 사리의 운반. 간다라. 2~3세기. 나라국립박물관[나라국립박물관 제공]

북인도나 중앙아시아로 사리가 운반되었음을 사실로서 보여주려 했던 것
은 아니었을까.

열반경은 사리의 분배에 참여했던 인물 중에서 서북인도 출신자를 전
하고 있지 않다. 그러나 현장은 오장나국烏仗那國의 조에서 상군왕上軍王이 쿠
시나가라에서의 석가의 사리분배에 참여하고, 이 땅으로 가지고 돌아와 스
투파를 건립했다고 하는 전설을 기록하고 있는데,[87] 그 스투파는 스와트의

제4장 인도 열반미술의 변천　231

샹가르다르의 스투파로 판단되고 있다.[88] 상군왕은 흰 코끼리에 실어 사리를 운반했는데, 코끼리가 쓰러져서 죽자 그대로 돌이 되었다고 하는 전설도 현장은 전하고 있다. 또, P본 열반경의 말미에는 부처의 치아 중 하나가 간다라성에서 공양되었던 일이 언급된다.[89] 서북인도는 변방의 땅이었기 때문에 석가의 성聖유해와 성유물에 대한 숭배가 특히 강하여,[90] 정통성 있는 전승과는 별도로 이 땅에 사리를 가지고 왔다고 하는 전승이 형성되었을 것으로 생각된다. 간다라의 '분사리', '사리운반'의 도상은 석가의 전기임과 동시에, 실제로 사리가 이 땅에 운반되었던 일을 사람들에게 알리는 효과가 있었을 것이다.

⑥ 기탑

열반경에 따르면, 사리팔분에 의한 여덟 개의 불사리탑, 조정했던 바라문이 병을 받들어 세웠던 병탑瓶塔, 늦게 찾아 온 마우리아족(P본에 의거함. 경전에 따라 다름)의 사자가 들고 돌아와 세웠던 탑炭塔, 이상의 10기의 스투파가 최초로 건립되었다고 한다.[91] 간다라 미술에 '스투파도'나 '스투파 예배도'가 적지 않게 확인되지만, 이들이 초기불교미술처럼 사리팔분 설화와 관련되었는가의 여부는 이것만으로 판단할 수 없다(예배자가 없는 '스투파도'는 설화 장면과 무관한 것인지도 모른다). 그러나 간다라에서는 종종 '분사리'나 '사리운반'에 이어서 '스투파 예배도'가 표현되고 있어, 적어도 그것들은 불전의 열반 사이클을 완결시키는 '기탑'을 표현한 것임을 알 수 있다(도79).[92]

'기탑'의 장면에 있어서도 여덟 개의 스투파를 나열하여 표현한 것은 없고, 하나의 스투파로 대표시키는 것이 통례이다. 그 때문에 단순한 '스투파 예배도'나 '스투파도'라 하더라도 불전 가운데 '기탑'을 표현한 경우인 것이 적지 않을 것이다.[93] 복수의 '스투파 예배도'를 표현한 것도 소수 있다. 스투파의 좌우에는 각각 한 명 혹은 그 이상의 예배자를 배치하는 경우가 많아, 그 땅에 세워진 스투파가 사람들에게 찬탄받는 모습을 표현한다. 스투파의 형태는 사각기단에 1, 2단의 원통부와 복발을 올리고 평두와 여러 단의 산개를 씌우는데, 이 지방의 특징이다. 스투파의 좌우(원래는 사방을 의도했을 것이다)로 사자주두장식이 있는 기둥이 표현되는 것도 있다. 간다라에 세워진 스투파와 같은 형태의 스투파를 1기만 '기탑'의 장면에 표현함으로써, '분사리'와 '사리운반' 장면에서 서북인도로 사리를 가지고 들어 왔었음을 암시함과 동시에, 관자로 하여금 이 땅의 불교신앙의 정당성과 현실성에 대한 인상을 전하고자 했었을 것이다.

(4) 열반설화도의 특징

이상으로 간다라의 열반·예배·장례·사리에 관한 설화도의 양상을 하나씩 관찰했다. 간다라의 열반도는 이제까지의 '열반도의 금기'를 타파하고, 처음으로 석가의 현실적인 죽음의 장면을 표현했다는 점에서 획기적이다. 본래 열반이란 불교의 이상적 경역의 달성 그 자체를 의미하는 것이었는데, 간다라에서는 명확하게 석가의 죽음의 장면으로 이해되었다. 그것을 통해 탄생(혹은 연등불수기, 탁태영몽)에서 죽음에 이르기까지의 다양한 설화를 포함한 석가의 생애를 미술로 이야기하는 것이 가능해졌다. 열반도는 간다라에서 불전의 가장 중요한 마지막 장면으로 많이 제작되었다. 그런데 봉헌소탑의 원통부에 새겨졌던 일련의 소부조에는 불전의 탄생에서 성도에 이르는 반생과, 열반에서 기탑에 이르는 마지막이 세트를 이루어, 통시적이며 일관된 전기적 불전이 구성되는 경우가 많다. 실은 장례와 사리에 관한 장면들의 대부분은 열반의 장면과 조합되어 이 봉헌소탑들을 장식했던 것이라고 추측된다.

'열반'에 이어 장례에 관한 '시신의 염습', '입관', '장송', '다비', 사리에 관한 '사리의 입성', '사리의 수호·예배', '사리 쟁탈전', '분사리', '사리운반', '기탑'의 장면들을, 그 전부는 아니더라도 그중 몇 장면을 선택하여 연속시킴으로써, 석가의 마지막 설화가 완결되는 것이다. 이 모든 장면들이 소승열반경의 전승과 밀접한 관계를 갖고 제작되었다는 점은 의심의 여지가 없으나, 단순히 경전의 전승만을 기초로 하여 제작된 것은 아님에 주의하지 않으면 안 된다. 이 말은, 만일 열반경의 전승에 충실히 따른다고 한다면, 아마라바티의 한 부조에서 본 것과 같이(제2장 참조) 바이샬리에서 쿠시나가라로의 '석가의 마지막 여행'을 테마로 해도 좋았을 터인데, 간다라에서는 오직 석가의 열반 이후에 관심이 집중되어 있는 것이다.

특히 석가의 죽음 장면과 아울러, 시신의 염습·입관·장송·다비라고 하는 장례에 관한 테마를 다루고 있는 것은 인도 내에서는 볼 수 없는 현상이다. 죽음이나 장례는 인도에서 불결하게 여겨져 금기하고 꺼려하므로 미술의 주제가 되는 경우가 우선은 없다. 당시 장례에 관한 실제 습속이 간다라 열반미술에 큰 영향을 주었던 것으로 추측된다. 간다라는 석가의 실제 성적聖蹟을 갖지 못한 변두리 지역이라는 점을 통해, 역으로 석가의 현실성에 대한 강한 희구가 있었다. 석가의 죽음이 이상의 실현이라 하더라도, 간다라 사람들에 있어서는 그것이 신화적인 일일 뿐 아니라 역사적인 일이기도 하여, 죽음의 광경과 장례, 유골숭배의 구체성에 강하게 사로잡혔다.

산치나 아마라바티에도 '사리 쟁탈전', '분사리', '사리운반'을 연속적으로 표현한 구도가 있었는데, 거기에서는 쿠시나가라의 도성 표현을 크게 중심에 두고, 그 건축공간에 집어넣는 형태로 이야기를 표현하며, 게다가 설화 내용과 직접 관계되지 않은 사람들의 모습을 많이 표현함으로 인해 설화성이 풍부한 묘사를 이루고 있다. 이에 반해 간다라에서는 한 화면에 한 장면으로 한정하고, 설화의 내용과 서술성에 관심이 집중되어 석가의 죽음과 그 후의 장례, 사리 숭배가 어떻게 행해졌는가를 한 장면 한 장면 현실성을 가지고 표현하고 있다는 점에 그 특징이 있다. 그 때문에 구도 또한 관자가 화면에 직접 대치하도록 시점을 고정시켜 사건의 내용이 명료하게 파악되도록 묘사하고 있는 것이다.

3. 인도에서의 열반도의 전개

간다라에서 성립된 열반미술은 그 후 인도 내에 큰 영향을 준다. 특히 열반도의 도상과 표현형식에 관해서는 결정적인 영향을 미치고 있어, 그 후 인도의 열반도는 대부분 간다라의 열반도상을 간략화하고 답습하는 것에 불과하다고 할 수 있다. 열반도의 작례 자체도 적은데 그 예로 포스트굽타조 까지의 작례는 현재 확인할 수 있는 것을 모두 합해도 15점 정도에 불과하다. 간다라에서는 열반도의 부조만으로 현재 70점이 알려져 있는 것을 생각하면, 인도 내에서는 열반도가 오히려 그다지 선호되지 않았음을 알 수 있다. 간다라에서는 열반 이외에 장례나 사리에 관한 설화도도 성행하게 되는데, 그 후의 인도 내에서는 쿠시나가라에서 출토된 종이에 '사라쌍수 밑의 관'과 '다비'의 도식적인 표현이 있기는 하지만,[94] 장례와 사리설화도는 전무하다고 할 수 있다.

그러나 쿠샨조 이후의 인도 내에서 열반미술의 새로운 전개가 전혀 없었느냐고 한다면 그렇지는 않다. 게다가 굽타조 이후로 '열반'에 대한 상징주의적 해석이 부흥하게 되며, 새로운 인도적인 열반미술이 탄생하게 된다. 아래에서 그 양상을 역사적으로 살펴보며 고찰하고자 한다.

(1) 쿠샨조 마투라

우선, 쿠샨조 마투라 미술에서 볼 수 있는 열반도상을 관찰해 보자. 5점 정도가 알려져 있는데, 도상적으로 가장 상세하며 아마도 연대적으로 가장 오래된 작례는, 마투라박물관 소장의 한 부조이다(도판18).[95] 이 부조에는 당초에 열반도 외의 장면도 있었던 것 같지만 현재는 파손되어 있다. 두 그루의 사라수(한 그루는 결실) 사이에 간소한 몰딩형 다리가 달린 상좌를 설치하고, 석가는 그 위에 오른손을 뺨에 대고 오른쪽 겨드랑이를 밑으로 하여 옆으로 눕는다. 두 다리를 모아서 포개고, 왼팔은 몸을 따라 편 자세 등이 간다라의 석가열반 자세와 동일하다. 다만 머리에는 나발이 표현되며, 두광에는 마투라 특유의 연호문連瓜文이 확인된다.

　상좌 앞에는 향우측으로 물이 들어있는 가죽 부대를 매단 삼각대와, 그 옆으로 선정에 든 수발이 정면향으로 표현되며, 왼쪽에는 슬픔에 찬 나머지 땅을 뒹구르는 모습의 두 사람이 있다. 그중 왼쪽 끝의 인물은 오른손에 금강저를 들고 약샤처럼 뚱뚱한 것이 분명 집금강신이다. 오른쪽의 인물도 배가 불룩한데, 간다라에서 그 예(도52)[96]를 찾아볼 수 있는 복수의 집금강신을 표현한 것은 아닐까. 석가의 베개 부근에는 관식을 하고 합장하는 인물, 그와 대칭형으로 발쪽에도 합장으로 예배를 드리는 비구형 인물이 표현되어 있다. 후자는 늦게 도착하여 석가의 발을 예배했던 대가섭임에 틀림없다. 석가 뒤쪽으로 두광과 접하는 곳에 오른손을 머리에 대고 탄식하는 비구형 인물이 있는데, 왼손에 사각형 지물을 들고 있으며 아마도 부채를 표현한 것인 듯하다. 간다라에서는 석가의 머리 가까이에 있는 불자를 든 비구가 우파마나로 여겨지고 있는데, 예를 들어 P본에서 "우파바나는 존사의 앞에 서서, 존사에게 부채질을 하고 있었다"[97]라고 하여 우파마나의 지물로서 부채는 어울린다. 우파마나의 우측에는 양손을 높이 들어 슬픔을 표시하거나, 또는 손수건에 얼굴을 묻고 우는 말라족 사람들이 표현된다. 간다라에도 보였던 그들의 애도하는 몸짓이 매우 흥미롭다. 사라수의 나뭇잎에서는 남성의 수신이 모습을 드러내어 석가를 향해 꽃을 뿌린다.

　이 마투라의 열반부조에서 세부적으로는 마투라 미술의 개혁적 변화가 엿보이긴 하지만, 전체적으로 간다라의 도상과 공통되는 요소가 상당히 많다. 이 부조조각은 석가의 두부頭部의 나발과 얼굴 표현 등으로 미루어 보아도 2세기 이전으로 거슬러 올라가기는 어렵고, 3세기에 들어와 제작되었을 것이다. 마투라의 열반도상이 간다라 도상의 영향하에서 형성된 것임은 틀림없다.

　야마모토 치쿄 교수가 소개한 마투라시의 어느 당에 모셔져 있다고 하는 열반부조[98]도 이 도상과 많이 유사한 듯한데, 유감스럽게도 스케치한 그림밖에 없다. 쿠샨조 마투라의 열반도는 이 밖에 라지가트 출토의 '탄생·관

도81. 오상도(향우측부터 '탄생', '성도', '종도리천강하', '초설법', '열반'). 라지가트(마투라) 출토. 2~3세기. 마투라박물관[『인도고대조각전』 도31]

수', '항마성도', '종도리천강하從[切利天降下]', '초설법', '열반'을 表現한 오상도 부조(도81)[99] 속의 장면, '항마성도'와 '열반'이 잔존하는 원래 사상도를 표현 하였던 것으로 추측되는 부조(마투라박물관 소장)[100] 속의 장면이 알려져 있 다. 두 열반도 모두 오른쪽 겨드랑이를 아래로 하여 옆으로 누운 석가, 상좌 앞에서 선정에 든 정면향의 수발, 쓰러지고 웅크리는 1명 내지 2명의 집금강 신으로 보이는 인물, 석가의 뒤편으로 머리에 손을 올리거나 양손을 높이 들 며 슬퍼하는 말라족 사람들과 비구의 모습이 보여 전술한 부조의 도상과 가 까우며, 그것을 간략화하고 있다. 또한 두르브티라 출토 소스투파의 원통기 단에는, '탄생·관수', '항마성도', '초설법', '열반', '기당 내의 붓다(사위성의 신변?)', '종도리천강하', '사천왕봉발', '제석굴 설법'의 팔상도가 표현되는데, 그중 열반도에서는 상좌 앞의 인물이 생략되고, 석가의 침대와 발 주변에 한 명씩의 인물, 뒤쪽으로는 양손을 든 한 인물이 보일 뿐이다.[101]

　　이 쿠샨조 마투라의 열반부조들은 모두 3세기에 제작되었을 것으로 추 측되며, 간다라의 도상전통을 계승하면서도 그것을 간략화하고 있음을 알 수 있다. 게다가 상좌의 앞에 표현된 선정에 든 수발과 쓰러지는 집금강신, 뒤쪽에서 팔을 들며 슬퍼하는 말라족과 부채를 든 비구, 베개와 발 근처에 배치된 인물 등 인물의 배치와 표현에 패턴화 현상이 엿보여 간다라 열반도에서 보였던 설화성은 점차 옅어져 가는 것을 알 수 있다. 또한 간다라에서는 석가의 생애를 연대기적으로 거슬러 올라가는 경향이 강했는데, 마투라에서는 사상도·오상도·팔상도 등의 주요한 불전 장면을 세트로 표현하는 방법이 두드러지며 열반도는 그 속에 표현된다. 마투라에서는 석가의 전기적인 설화 자체보다도 석가의 주요한 사적을 담는 데에 관심이 향하게 된다. 이같이 석가사적도라고 할 수 있는 경향은 굽타조에도 받아들여지고, 팔라조에는 거의 정식화된다.

(2) 굽타조 마투라와 사르나트

굽타조 마투라의 열반도 작례로는 2점이 알려져 있다. 바레리현 라무나가르 출토의 사상도 부조(도82)[102]는 마투라에서 제작된 것으로 판단되어 이제껏 쿠샨조 후기의 작품으로 여겨졌지만, 풍부한 양감의 인물 표현 등을 보아도 4세기 후반 굽타조 초기에 속하는 것으로 보인다. 그러나 우측 끝에 표현된 열반도의 도상은 상좌 앞의 수발과 집금강신, 배후에서 애도하고 있는 3인의 인물 표현 등 쿠샨조 마투라의 작례와 다름이 없다. 또한 건축부재에 '항마성도'와 쌍을 이루며 표현된 '열반'(도83)[103]은, 좁은 화면의 제약도 있어 옆으로 누운 석가 외에는 선정한 수발과 애도하는 두 속형의 인물이 보일 뿐이다.

굽타조의 사르나트 미술에서 인도 불전미술의 하나의 완성된 모습을 확인할 수 있다. 현재 4점의 열반도가 알려지는데, 그들은 모두 사상도·오상도 혹은 팔상도의 하나로서 표현되고 있다(도84, 85).[104] 이 열반도들의 특징을 정리해 보자. 두 그루의 사라수(생략되는 것도 있다) 사이의 범종형 다리를 한 상좌 위에, 석가는 오른쪽 겨드랑이를 아래로 하고 다리를 포개어 옆으로

도82. 사상도(향좌부터 '탄생', '성도', '초설법', '열반'). 라무나가르. 4세기 후반. 러크나우박물관.

도83. 항마성도(향우)와 열반(향좌). 마투라. 4세기 후반~5세기. 마투라박물관.

눕고 왼손은 몸을 따라 펼친다. 이 석가열반의 모습은 모두 인도의 강한 전통이 되고 있다. 회중으로는 우선 화면의 양 끝에 각 한 명의 인물이 보이고, 석가의 베개 부근에는 부채를 든 비구, 발쪽에는 합장 예배하는 비구가 각각 서거나 꿇어앉아 있다. 전자는 우파마나, 후자는 대가섭일 것이다. 상좌 앞에는 선정에 든 수발이 뒤를 향하여 표현되고, 그 밖에 2~4인의 인물이 웅크리며 비탄에 잠겨 있다. 석가의 뒤쪽에도 3~6인의 인물이 손을 들어 비탄에 찬 몸짓을 보인다. 이들 대부분은 비구형으로 이미 집금강신과 말라족 등의 설화적 개성을 상실하고 있어, 단순히 슬퍼하는 사람들로서의 전형적인 인물 표현을 보인다.

사르나트의 이 열반도들을 포함한 사상도·오상도 혹은 팔상도라고 하는 표현법은 쿠샨조 마투라의 불전도와 관계가 깊다. 특히 '탄생', '항마성도',

'초설법', '열반'의 네 장면을 세트로 하는 사상도(도84)는 마투라에서 시작되었다고 보이는데, 오상도·팔상도의 장면에 관해서는 쿠샨조 마투라와 굽타조 사르나트에서 차이가 있다. 마투라에서는 오상도·팔상도의 장면이 반드시 일정하지는 않았던 것 같다(작례도 적다). 사르나트에서는 팔상도가 '탄생', '항마성도', '초설법', '사위성의 신변', '미후봉밀獼猴奉蜜', '취상조복醉象調伏', '종도리천강하', '열반'의 여덟 가지로 확립되고, 이 세트는 팔라조에도 계승된다(도85). 석가의 사적을 세트로 하여 표현한 사상도나 팔상도는, 간다라의 전기적 불전 표현과 달리 성적聖蹟 순례와도 관계되는 인도적인 불전 표현의 양상을 보이는 것이다.[105]

석가의 중요한 사적 — 동시에 그것이 행해졌던 성지 — 에 대한 신앙은 일찍이 열반경에 보이는데, 석가 입멸 후에 세속 신자들이 '탄생', '성도', '초설법', '열반'의 사대사적을 추념하거나, 혹은 그 일들이 행해졌던 사대성지를 순례해야 한다는 내용이 기록되어 있다.[106] 팔대사적과 팔대성지에 대해 경전마다 상위함이 있지만, 미술작품상에서는 최종적으로 사르나트의 석가팔상도에서 볼 수 있듯이, 사대성지에 더하여 미후봉밀의 바이샬리, 취상조복의 라자그리하, 사위성 신변의 슈라바스티, 종도리천강하의 상가샤라는 여덟 곳으로 확립된다.[107] 사르나트의 사상도나 팔상도는 불전의 장면들을 채워 넣었을 뿐 아니라, 석가의 사적을 추념하게 하는 '시각의 순례'라고도 할 수 있는 성격을 가지고 있다.

사르나트의 사상도나 팔상도의 각 장면을 보면, '탄생'을 제외하면 석가가 화면의 중심적 위치를 점할 뿐 아니라 모두 큰 정면향으로 표현되며, 설화적인 내용을 말해주는 다른 등장인물이나 정경은 화면 주위에 부속적으로 작게 표현되어, '열반'에서도 보았던 설화성의 쇠퇴현상이 공통적으로 엿보인다. 중심의 붓다는 명확한 인상을 주며 큰 예배상처럼 표현되고 있는데, 불전설화의 내용보다도 석가가 어떤 성지에서 어떤 기적을 이루었는가를 일목요연하게 보여주는 표현이다(도84, 85). 우리는 사상도나 팔상도 패널의 각 장면을 순차적으로 봄으로써 사대성지 혹은 팔대성지를 시각적으로 순

도84. 사상도(아래부터 '탄생', '성도',
'초설법', '열반'). 사르나트
5세기. 사르나트박물관.

도85. 팔상도. 사르나트. 5세기. 사르나트박물관.

례할 수 있다. 이 '시각의 순례'는 관자가 석가의 열반에 이르는 사적을 더듬
어봄으로써 관자 스스로도 열반으로의 길을 찾게 되는 구조를 가지고 있다.

그런데 간다라의 불전설화도는 횡축으로 전개되었지만 사르나트의
사상도와 팔상도의 패널에서는 불전이 아래에서 위로의 종축으로 전개되
며, '열반'은 반드시 그 최상구획에 표현된다. 이는 아마도 '시각의 순례'가 관
자의 명상과 관련되기 때문일 것이다. 사상도에서는 가장 아래의 '탄생'에서
부터 순차적으로 '성도', '초설법'으로 관자의 시점이 상승하고, 마지막으로

정신의 극한인 '열반'에 도달하는 것이다.[108] 팔상도에서는 좌우 2열에 상하 4구획씩 나뉘고 있는데, '열반'은 역시 향우측 상단에 배치되어 있다. 사르나 트에는 상부가 결손된 불전패널이 몇 개 있는데,[109] 그들의 최상단에도 '열 반'이 표현되어 있었을 가능성이 높다. 그것은 석가의 마지막 도달점인 것과 동시에 관자의 최종목표를 보여주는 것이기도 하다. 사상도와 팔상도의 패 널은 최상단의 '열반'을 통해 완결되는 것이다.

간다라에서 '석가의 죽음'으로서의 열반설화도가 출현하고, 마투라와 사르나트에서도 그것이 받아들여져 불전도 속에 표현되었는데, 굽타조 사 르나트에서 열반의 상징성이 다시 강해졌다고 할 수 있다. 인도 내에서는 인 간의 죽음과는 다른 석가열반을 스투파를 통해 표현하는 전통이 뿌리 깊은 데, 열반도에 있어서도 설화성을 줄이고 중심에 옆으로 누운 석가를 예배상 처럼 표현하며, 이를 석가사적도 패널의 최상단에 표현함으로써 열반에 대 한 경계 구역의 상승성, 정신의 극한을 암시하고 있는 것이다. 사실 사르나 트박물관 소장의 사상도에서는 최상구의 '열반' 위에 더하여 소스투파를 조 형하여, 설화도에서 표현할 수 없는 열반의 상징성을 표현하고 있는 것이다 (도84).[110]

도86. 열반. 사르나트. 7세기. 사르나트박물관.

또한 포스트굽타기의 작품으로 보이는 단독 열반부조(도86)가 있는데, 대좌부에 웅크리거나 서성이며 애도하는 7인이 작게 표현되고, 이와 대조적으로 대좌 위에 옆으로 누운 석가가 예배상처럼 큰 모습으로 표현되어 있어, 굽타조 이후 열반 표현의 한 형태가 암시되어 있다. 석가는 오른쪽 겨드랑이를 아래로 하는데, 오른 팔을 굽혀 손으로 머리를 괴는 듯한 포즈가 주목된다.

(3) 열반대상-쿠시나가라와 아잔타 파쇄

쿠시나가라와 아잔타에서 볼 수 있는 열반대상涅槃大像은 굽타조에서 성행하는 열반도에서의 존상의 예배상화, '열반'의 상징화 문제와 관계가 있을 것이다. 석가가 입멸했던 쿠시나가라에는 주主 스투파와 그 서쪽으로 열반당이 있는데, 그것들은 카닝검의 조수였던 카를레일에 의해 1876년에 그 유구가 발굴된 것으로, 현재의 열반당 건물은 1956에 재건된 것이다.[111] 이 당내에 모셔져 있는 적색사암의 환조 열반상은, 카를레일의 발굴 당시 연와제 대좌 안에서 대부분 깨지고 부스러져 있던 것을 복원한 것으로, 현재는 전면에 후보한 채색이 덧칠되어 있는데, 당초의 조상彫像 양식을 상당히 잘 전하고 있다(도88). 전장 6.1m이다. 대좌는 연와제이지만 네 측면에 석판이 끼

도87. 열반대상. 아잔타 제26굴. 6세기[Fergusson and Burgess, pl. 50에 타카스 쥰이 가필]

도88. 열반당 내의 열반대상. 쿠시나가라. 5세기(보수부분 많음)[『천축에의 여행』도8-26. 마루 야마 이사무 촬영]

워 넣어져 있고, 전면에는 '하리바드라의 기진에 의한 것'이라는 뜻의 명문銘 文이 새겨져 있다. 이 하리바드라라고 하는 이름은 주 스투파의 사리실에서 발견된 동제 용기 위에 놓여 있던 동판의 명문에서도 확인되어, 스투파와 열 반상을 기진한 동일 인물로 판단되고 있다. 그 동제 용기에는 굽타조 쿠마라 굽타 1세(재위 414년~455년경)의 은화가 포함되어 있던 점, 하리바드라의 명 문 서체가 5세기의 것으로 추정된다는 점을 통해 열반상 자체의 제작 또한 5 세기로 여겨지고 있다.

열반상[112]은 오른손으로 손베개를 만들고 오른쪽 겨드랑이를 아래로 하여 다리를 포개며 왼손을 펴는 통유의 자세를 보인다. 몸과 다리가 길어서 전체적으로 화사한 느낌을 주는데, 가슴·팔·다리 등의 양감이 풍부하여 얼 굴과 함께 굽타양식이 엿보인다. 융기한 선조로 정연하게 표현된 의문 표현 에서도 마투라 조각의 영향을 볼 수 있을 것이다. 대좌 앞면의 세 군데에 작 은 감형龕形이 얕게 새겨지고, 그 안에 각 1인의 인물이 부조되어 있다. 향좌 측에는 긴 머리를 흩트리고, 꿇어 앉아 양손을 땅에 대며 슬퍼하는 모습의 여

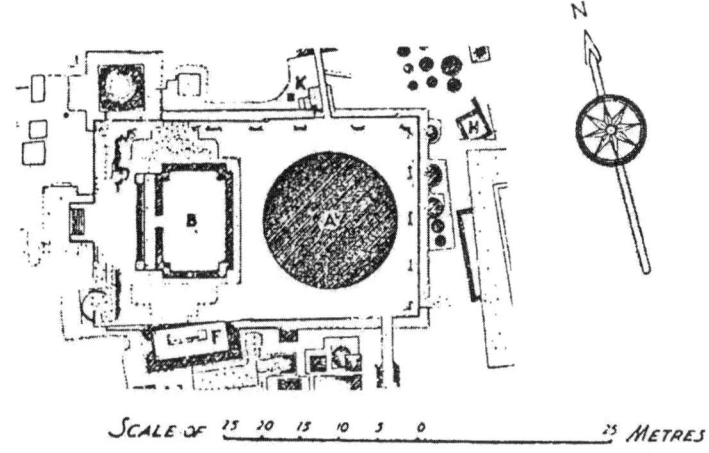

도89. 쿠시나가라 유구 평면도(A. 스투파, B. 열반당)[Patil, pl. 7]

신상, 우측에는 앉아서 고개를 떨군 모습의 비구로 보이는 상(명확하지는 않
다)이 있으며, 중앙의 감형에는 후면향으로 가부좌하고 있는 비구가 표현되
고 그 곁에 삼각대가 보인다. 이 세 사람의 회중들 가운데 중앙의 비구는 마
지막 불제자인 수발임이 틀림없다. 다른 두 명은 명확하지 않은데, 그저 슬
퍼하는 인물로서 표현되어 있었을 것이다.

쿠시나가라의 열반상은 대좌에 수발을 포함한 3인의 회중이 표현되어
있다고는 하지만, 거의 설화적인 묘사를 상실한 대예배상이다. 석가가 입멸
한 땅인 쿠시나가라에 기념비적인 예배상으로서 조영되었을 것이라는 점
은 쉽게 상상되는데, 주목할 점은 여기서 대열반상이 스투파와 세트를 이루
고 있다는 점이다(도89). 쿠시나가라에서 주 스투파가 창건된 시기는 오래전
으로 거슬러 올라갈 것으로 생각되는데, 굽타시대에 세워졌던 스투파와 그
서쪽 옆에 세워졌던 열반당은 서면에 입구의 계단이 있는 동일한 기단 위에
세워져 있어 양자는 한 쌍을 이루고 있다.[113] 당 내의 열반상은 열반경의 내
용과 같이[114] 머리를 북쪽에 두고 얼굴은 서쪽을 향하게 안치되며, 그 뒤로
석가의 열반을 상징하는 것임에 틀림없는 스투파가 조성되어 있는 것이다.

대상으로 표현하여 예배상화시킨 열반상과 스투파를 병치시키는 현상은, 쿠샨조의 설화주의에 대응한 굽타조의 '열반'에 대한 상징주의의 부흥이라고 해석할 수 있을 것이다. 아울러 아프가니스탄의 타파 사르다르[115]와 소련 타지크 공화국*의 아지나 테페[116]에서 보이는 스투파와 병치된 대열반상은, 스투파의 형태나 열반상의 방위 등 그 양상이 다르기는 하지만, 쿠시나가라에서 보았던 굽타조 열반미술의 양상과 궤를 같이하고 있어 아마도 그 영향이 미쳤던 것으로 생각된다.

아잔타 제26굴의 대열반상[117]도 이 같은 양상과 관계가 없지 않다. 이 아잔타의 열반상은 길이 7.3m로 인도 최대이며, 쿠시나가라의 열반상과 함께 인도를 대표하는 열반상이다(도87). 이 굴은 말발굽형 도면의 차이티야굴로, 안쪽 중앙으로 스투파를 파내고 열주를 두른 측랑의 벽면에 열반상이 고부조되어 있다. 좌랑의 가장 앞에 이 '열반'이 있고, 다음으로 '항마성도'가 표현되며, 그 밖에 많은 삼존형식의 불설법도나 단독 불입상의 부조가 측벽에 나열한다. 여기에 선택된 '열반'과 '항마성도'의 두 장면은, 불전 중에서도 특히 석가의 해탈의 본질을 표현한 장면으로 특별한 의미를 갖는다. '열반'은 주위에 설화적인 요소를 포함하면서도 화면 중심에 예배상으로서 대열반상을 설치하고 있다. 이 차이티야굴을 우요예배할 경우, 우선 입구 가까이의 열반상을 예배한 뒤 안쪽으로 이동하고, 신랑身廊의 안쪽 중앙에 안치된 스투파를 예배하는 구조로 되어 있다. 여기서도 열반상과 스투파를 조합시키는 관념이 짙게 반영되어 있다. 아잔타에서는 제1굴의 경우와 같이 비하라굴의 벽화에 '항마성도'가 그려지더라도 '열반'은 그려지지 않아, 열반대상은 차이티야굴의 스투파에서 선호되고 있었다고 할 수 있다.

제26굴의 열반한 석가는 사라쌍수 사이의 상좌 위에서 오른손을 베개와 얼굴 사이에 두고, 양 다리를 포개어 조용히 옆으로 누워 부드럽고 편안한

---

* 현재의 타지키스탄.

표정을 보인다. 상좌의 앞면에는 물이 들어있는 가죽 부대를 늘어뜨린 삼각대 옆으로 뒤돌아 있는 수발의 선정한 자세가 보이는 것 이외에, 전부 16명 정도의 사람들이 꿇어앉거나 몸을 웅크리며, 탄식하거나 혹은 체념하고 예배하는 모습이 표현되어 있다. 그들 중 대부분은 비구형이지만 그중에는 재속 여성도 보여, 이미 간다라의 열반도에서 본 설화적 에피소드를 표현하는 것이 아닌, 중심에 있는 대열반상의 영원적멸의 세계를 두드러지게 하는 역할을 하고 있다.

회중의 인물들 가운데, 석가의 발 가까이에 뒤쪽에서 상반신을 드러낸 비구와 발쪽의 사라수 뒤에서 고개를 숙인 비구가 모두 크게 표현되어 있다. 이들을 특정하기는 어렵지만 앉아서 오른손을 뺨에 대고 고개를 숙인 후자의 비구는 석가가 입멸할 때 아직 애집을 버리지 못하고 가장 슬퍼했던 아난으로 해석하는 것도 가능할 것 같다.[118] 한편 석가의 발목을 왼손으로 쓰다듬는 듯한 전자의 비구는 석가의 의발衣鉢을 계승하는 최장로인 대가섭은 아닐까. 어찌됐든 두 비구의 표현은 석가의 입멸에 관한 설화를 표현했다기보다는 석가가 입멸한 뒤의 승단의 모습을 암시하고 있다.[119]

열반상의 위쪽으로는 이 기적적인 사건을 표현하듯 구름이 용출하며 많은 천인들이 찬탄한다. 즉 화면의 상단에는 큰 북을 치는 두 명의 천인을 중심에 두고, 그 좌우에는 발을 차올리는 모습의 많은 신들이 모두 석가의 머리 쪽을 향해 날아오며, 손에 꽃그물을 들거나 혹은 산화하는 모습으로 석가의 열반을 축복하는 것이다. P본에는 천인의 찬탄을 다음과 같이 기술하고 있다.

"하늘의 만다라바꽃은 허공에서 내려와, 수행완성자에게 공양하기 위해 수행완성자의 몸에 내리덮이고, 내리쏟아지며, 흩뿌려졌다. … 하늘의 악기는 수행완성자에게 공양하기 위해 허공에서 연주되었다."
"존사가 돌아가셨을 때, 입멸과 함께 대지진이 일어났다. 사람들은 두려워서 털이 곤두서고, 또한 하늘의 북이 울렸다."[120]

석가가 열반할 때의 천인찬탄의 도상은 간다라의 한 부조(도판10, 로리 얀탕가이출토)**121**에서 예외적으로 보이기는 하지만 설화성이 강한 열반도에는 보이지 않았던 것으로, 열반상의 예배상화와 함께 열반의 기적적인 모습을 강조하는 모티브로서 떠올랐던 것이다. 특히 구름의 용출과 천인이 북을 울리는 표현은 천변지이天變地異를 암시하고 열반의 희유한 모습을 말해준다. 또한 천인들이 석가에게 날아와 찬탄, 산화하는 표현을 통해 대열반상의 조상과 함께 석가열반의 영원성이 암시되어 설화의 차원을 넘은 상징성 강한 열반도상의 성립을 확인할 수 있을 것이다. 이 같은 열반도의 양상은 제3부 제3장에서 다루는 키질 대상굴의 열반도상의 양상과 상통하는 것이지만 인도에서는 아잔타의 이 열반상을 제외하면 결국 설화도를 지양했던 초월적인 열반도상의 전개는 보이지 않는 것이다.

아잔타석굴 이외에, 나식 제23굴, 아우랑가바드 제9굴 등에도 열반상이 보이는데, 전부 설화적 요소를 모두 상실한 채 단순히 옆으로 누운 석가를 조각했을 뿐인 완전한 예배상이 되어 있다. 게다가 다른 불전 장면은 없이 나식 제23굴에서는 전정前庭의 서벽에 열반 소상이 조각되고, 그와 나란히 삼존형식의 불설법상과 불입상이 표현되어 있어,**122** 아잔타 제26굴의 도상형식을 계승함과 동시에 명확한 존상형식을 하고 있다. 아우랑가바드 제9굴에서는 전정의 서벽에 사당을 설치하는 형식으로 그 안에 열반대상을 고부조하고, 열반상의 발쪽에 해당하는 북벽에는 사비四臂의 관음보살입상을 고부조하고 있는 것이 눈길을 끈다.**123** 열반상과 관음보살상을 조합시킨 의도에 대해서는 명확하지 않지만, 열반상이 불전의 맥락을 완전히 벗어난 예배존상이 되고 있음을 알 수 있다.

(4) 팔라조

이상으로 쿠시나가라의 열반대상과 6~7세기의 서인도 석굴에 부조된 열반상을 보았는데, 마지막으로 비하르 벵갈 지방에서 번영했으며 인도 불교미술의 마지막을 장식하는 팔라조(8~12세기)의 '열반'과 그 양상을 검토하겠다.

팔라조 '열반'의 도상 형식은 크게 '열반'을 단독으로 표현하는 타입과 석가팔상도 안에서 표현하는 타입의 두 가지로 나눌 수 있다. 우선 첫 번째로, '열반'을 단독으로 표현하는 부조패널의 형식에는 많은 작례가 알려져 있는데, 대영박물관 소장의 부조(10세

도90. 열반. 동인도. 10세기. 대영박물관[Snellgrove ed., pl. 223]

기경)[124]를 예로 들어 보자(도90). 패널 아래쪽에 구획을 나누는 형식으로 상좌가 표현되고 그 위에 매트리스를 깔았으며 한층 크게 표현된 석가는 전통적인 와법으로 눕는다. 석가는 머리를 베개 위에 편안히 두었을 뿐 아니라 입상의 경우와 같이 발밑에 세로로 연화대를 두고 있다. 상좌 앞에는 5인의 비구가 있다. 중앙에 석가를 향해 선정하는 모습의 수발로 보이는 비구, 석가의 발쪽에서 대좌에 앉아 합장하는 모습의 대가섭인 듯한 비구가 확인되는데, 다른 3인은 양손을 들거나 얼굴과 가슴에 손을 대며 낙담하는 모습이다. 옆으로 누운 석가와 그 비구들의 표현에는 굽타조 사르나트의 전통이 엿보인다. 석가의 머리와 발의 뒤쪽에서부터 각각 사라수가 자라나, 나뭇잎이 석가를 뒤덮듯이 굽어져 있다. 회중의 인물은 상좌 앞의 비구들 이외에는 없다.

흥미로운 것은 석가의 위쪽으로 스투파의 표현이 있다는 것, 그리고 북이나 심벌즈가 표현되어 손으로 연주되고 있다는 것이다. 악기 표현은 아잔타에서도 보았던 것처럼 석가의 열반을 축복하는 하늘의 악기가 울리는 것을 의미할 것이다. 스투파의 표현은 특히 흥미롭다. 그것은 석가가 입멸한

모습으로 표현된 열반이 결코 단순한 '죽음'이 아닌, 불교의 이상으로서의 '열반'을 의미하는 것임을 표시하기 위해 상징적으로 표현된 것으로 보인다. 사르나트에는 사상도의 '열반' 위에 스투파를 표현한 예가 있어 직접적으로는 그 전통을 계승하는 것이지만, 고대초기 이래로 인도의 '스투파 = 열반'의 상징주의가 얼마나 뿌리 깊게 존속하고 있었는가가 이해된다.

'열반'을 표현하는 단독 석판부조는 이 밖에도 몇 점이 있는데, 비구들 중 수발이나 대가섭이 생략되거나 하늘의 악기가 생략되기는 하지만 그 도상은 크게 변함이 없다.[125] 다만 캘커타 아슈토쉬박물관 소장의 한 부조(카리사디 출토, 11세기 전반경)[126]에서는 오른쪽 팔꿈치를 괴어 손으로 머리를 지지하고, 무릎을 굽혀 옆으로 누운 석가의 자세가 특이하며(아마도 전술한 포스트굽타기의 사르나트 열반부조에서 보았던 석가의 옆으로 누운 포즈에서 유래하였을 것이다), 산개를 받친 왕자풍 인물도 '종도리천강하'의 제석천과 유사한데, 열반 장면에는 유사한 예가 많지 않다. 패널의 위쪽에는 5구의 좌불도 보인다. 이 부조의 도상해석은 이후의 과제이지만, 뒤에서 양손을 들어 애도하는 두 비구 외에 역시 스투파의 표현도 있어, '열반' 장면임에는 틀림없을 것이다.

팔라조 '열반'의 두 번째 타입은 석가팔상도 속에 표현되는 형식이다. 굽타조 사르나트의 팔상도와 달리, 여기서는 중앙에 통상적으로 촉지인을 결하는 '항마성도'의 석가를 예배상적으로 크게 표현하고, 그 주위에 '열반'을 포함한 다른 칠상을 작게 배치하고 있다. 이 타입의 작례는 그 수가 많은데, 대표적인 예로 파트나지구에서 출토된 한 부조(도판19, 11세기)[127]를 들어보자. 석판 부조의 중앙에는 연화좌 위에 결가부좌하고 오른손으로 촉지인을 결한 불상이 크게 표현된다. 이 붓다가 '항마성도'의 석가를 의미한 것이라는 점은, 수인뿐 아니라 대좌 정면에 물병을 들어 올린 대지의 여신이 표현되어 있다는 것, 주위의 작은 장면에 다른 칠상이 표현되어 있다는 것을 통해 분명히 알 수 있다. 석가 주위의 일곱 장면은 좌우에 각 세 장면, 상단에 한 장면으로 배치되어 있다. 향좌측의 아래부터 위로 '탄생', '취상조복', '사위성의 신변', 우측에는 아래부터 '미후봉밀', '종도리천강하', '초설법'이 표현되며, 상단에 '열반'이 있다. '열반'을 제외한 여섯 장면은 좌우에서 붓다의 자세가 대칭이 되도록 배치되어 있다. 즉 하단은 마야부인 입상과 대칭이 되도록 의좌불이 있는데, 중단에는 입불, 상단에는 좌불이 배치되고 있으며, 장면의 배치에는 좌우대칭의 화면구성이 중시되고 있다. 이들이 불전 장면이라는 것은, '탄생'은 마야부인의 오른쪽 겨드랑이에서 강탄誕生하는 것을 통해 알 수 있지만, '취상조복'에서는 발밑의 코끼리, '사위성의 신변'에서는 대좌 앞의 웅크린 외도, '미후봉밀'에서는 꿀을 얻기 위한 발우, '초설법'에서는 대좌의 법륜과 사슴을 통해 이해될 뿐으로('종도리천강하'에서는 아무것도 보이지 않지만, 다른 예에서는 산개를 든 제석천이 표현되고 있다), 지극히 암시적인 표현이다.

　　팔라조 팔상도부조의 대부분은 이 부조와 같이 '항마성도'의 석가를 중심으로 표현되는데,[128] 그중에는 이른바 보관불을 중심상으로 하는 경우도 있다(도91).[129] 그러나 그 장면에서도 보관불은 촉지인을 결한 '항마성도'의 석가가 보통이다.[130] 보관불과 '항마성도'와의 관계나 그 도상적 의미에 대해서는 별도로 고찰이 필요하지만, 굽타조 사르나트의 팔상도는 여덟 장면이 대등한 화면으로써 구성된 반면 팔라조에서는 '항마성도'의 석가를 중심에 두어 성도의 석가를 가장 중시한다. 그리고 '열반'은 반드시 부조패널의 상단, 바로 성도석가의 머리 위에 위치한다. 이 성도석가와 '열반'의 관계는 중요한 의미를 갖고 있는 것으로 생각된다. 즉, 성도와 열반은 석가의 붓다라는 본질을 밝혀주는 두 가지 모습 그 자체로서 불전 속에서 가장 중시되었던 것으로, 전통적인 불교에서는 성도를 유여의열반, 입멸을 무여의열반이라고 하여 후자를 보다 중시하는데, 입멸은 '죽음'으로서의 소극적인 모습이 늘 뒤따른다. 밀교가 융성했던 팔라조에서는 붓다의 본질을 나타낸 적극적인 모습으로서의 성도석가를 중심에 두고, 최종적 경지인 열반을 최상부에 표현하였을 것이다. 이 성도와 열반을 세트로 하는 표현형식은 굽타조 마투라나 아잔타 제26굴에 보였던 것으로, 거기서는 양자가 거의 대등하거나 오히려 열반에 비중을 두어 표현되었는데, 팔라조에서는 성도에 초점이 맞춰

도91. 보관의 성도석가와 칠상도. 동인도. 11세기. 보스턴미술관[Zimmer, pl. 383]

지고 있다.

　'열반' 장면의 표현에 대해서는 첫 번째 타입과 큰 차이가 없다. 상좌위에 옆으로 누운 석가만이 있는 것도 있지만, 대부분은 상좌의 양쪽에 한 명씩의 예배자나 혹은 비탄하는 인물을 표현하고, 석가의 상부에 스투파가 표현된다. 그 밖에 한두 명의 애도하는 인물이 더해지는 경우도 있지만 설화적 요소는 거의 없다. 여기서도 스투파의 표현을 통해, '열반'이 '죽음'과는 다른 이상의 실현임을 보여주고 있다.

성도석가의 주위에 배치된 칠상 중에서 최하단의 우측 혹은 좌측에 '탄생', 최상층에 '열반'이 표현된 것 이외에는 어느 장면을 어디에 배치하는가가 일정하지 않고, 오로지 좌세와 입세에 기초한 좌우대칭성에 신경을 쓰고 있다. 중심의 '항마성도'의 석가를 포함하여, 팔상 장면의 불전으로서의 설화적 요소는 드물게 상세히 표현되는 경우[131]가 있기는 하지만, 일반적으로 말해 극히 생략적이며 대부분 예배상처럼 표현된다. 그러나 입좌立坐의 자세, 수인, 부속되는 소형 인물 등을 통해 어떤 불전 장면인가를 알 수 있다. 팔상의 장면 선택 자체는 굽타조 사르나트에서 보았던 것과 동일하다. 그러나 사르나트에서는 '탁태', '탄생', '관수', '출성', '체발', '수자타의 우유죽 공양', '카리카 용왕의 찬탄' 등의 성도 이전의 설화 장면을 표현한 불전부조도 존재하는 것에 반해, 팔라조에서는 '탄생' 이외에는 성도 이전의 설화 장면은 표현하지 않게 되며, 오로지 석가의 여덟 가지 사적에 관심이 집중된다. 게다가 팔라조의 팔상부조는 붓다의 본질을 표현한 성도석가를 중심으로 하여, 좌우로 셋씩 이 세상에서 이루었던 사적을 밑에서 위로 거슬러 올라가며, 끝으로 성도석가의 머리 위에 배치된 부조 상단의 '열반'에 이르는 구조를 갖고 있다.[132] 이 같은 특징은 밀교가 융성했던 팔라조의 '명상'을 통한 사적의례와 깊은 관련이 있을 것이다.

팔라조의 팔상부조는 성도석가를 예배상과 같이 표현할 뿐 아니라, 그것을 중심으로 하여 주위에 칠상을 배치한 좌우대칭적인 기하학적 구성, 그리고 화면 전체를 관통하고 있는 강한 정면성이라는 특징이 두드러진다. 사르나트의 팔상부조에서 보았던, 팔대사적을 대등하게 배치한 '시각의 순례'를 초월하여, 이미 사전적史傳的인 시간축을 완전히 버리고 '성도'와 '열반'을 중축에 두어 관자 자신에게 해탈로의 길을 환기시켜주는, 이른바 석가의 불전만다라라고도 할 수 있는 양상을 띠고 있는 것이다.

4. 결론

이상으로 인도 열반미술의 변천을 더듬어 보면서 그 도상적 특징에 대해 고찰하였다. 이하에서는 여러 방면에 걸친 문제의 요지들을 기술하며 결론을 정리하고자 한다.

인도의 열반미술은 불교 이상의 실현이라는 열반의 상징주의와, 불전의 열반설화를 이야기하고자 하는 설화주의와의 두 가지 축 아래에서 서로 상극을 이루며 발전하였다. 숭가조와 사타바하나조의 초기불교미술에서는 열반이 이상의 실현이기 때문에 인간의 죽음과는 다르다고 하는 의식이 강하여 '열반도의 금기' 현상이 나타나, 열반 장면은 오로지 스투파를 통해 상징적 혹은 대용적으로 표현되었다. 이러한 상황 속에서 사리에 관한 설화도가 중시되고, 우선 '사리의 운반'이 그 땅에 사리가 운반되었음을 고지하는 도상으로서 일찍부터 다루어졌다. 이윽고 설화표현의 고양과 더불어 산치와 아마라바티에서는 '분사리'와 '사리 쟁탈전' 등 테마가 풍부한 설화표현을 낳게 된다. 그러나 고대초기 미술은 물론이고, 남인도에서도 엄격한 '열반도의 금기'가 이어진다.

이러한 뿌리 깊은 전통을 타파하고, 처음으로 '석가의 죽음'으로서의 열반도를 표현한 것은 간다라 미술이었다. 간다라의 열반도는 헬레니즘·로마의 장례미술의 영향 아래 제작되었던 것으로 추측되는데, 한편으로는 위를 향하여 눕는 죽은 사람의 와법이 아닌, 오른쪽 겨드랑이를 아래로 둔 안식의 와법으로 표현하는 인도적인 전통을 따르고 있음과 동시에, 소승열반경에서 설하는 다양한 에피소드를 담은 열반설화도라는 점에 특징이 있다. 간다라의 열반도는 불전도의 일환으로서 표현되어, 단독으로 예배되는 식의 독립된 열반도가 제작된 형적은 거의 없다.[133] 간다라에서는 '열반'에서 '기탑'에 이르는, 열반·장례·사리에 관한 많은 설화 장면을 봉헌소탑에 표현하고, 석가의 생애의 마지막을 말해주는 열반 사이클을 형성하는 것도 적지 않다. 이 모든 장면은 기본적으로 열반경에 실린 설화이기는 하지만, 그

중에는 그저 암시에 지나지 않는 것도 있으며, 오히려 당시의 장례·사리에 관한 습속이 도상표현에 깊게 영향을 미치고 있어 지극히 구체성, 현실성 강한 장례·사리에 관한 표현을 이루고 있다.

간다라에서 행해졌던 장례·사리에 관한 설화표현은, 그 후의 인도에서는 전개를 보이지 않을 뿐 아니라 수용되지도 않는다. 열반도 자체에 대해 말하자면 쿠샨조 마투라에서 간다라의 열반도가 간략화되며 답습되고 있다. 다만 마투라에서는 간다라의 연대기적인 열반설화도에 대해, 불전 속의 대표적 장면을 한데 모은 사상도·오상도·팔상도 중의 하나로서 열반도가 표현되는 경우가 많다.

간다라와 마투라에서는 불전 사이클의 양상에 있어 상위한 부분도 있지만, 양자 모두 불전 장면은 횡축으로 전개하는 설화성 강한 표현을 보인다. 이에 반해 굽타조 사르나트미술에서는 역시 사상도나 팔상도로서 불전 장면이 정리되어 있는데, 장면은 밑에서부터 위를 향해 종축으로 전개하고, '열반'은 반드시 최상부에 표현된다. '열반'의 도상은 오른쪽 겨드랑이를 아래로 하여 옆으로 누운 석가를 중심으로, 베개 부근과 발 근처에 있는 두 명의 비구 이외에 몇 명의 비탄에 잠긴 인물이 표현되는데, 대부분 설화적 요소를 상실하고 있다. '탄생', '성도', '초설법', '열반'의 사상도, 거기에 '미후봉밀', '취상조복', '사위성의 신변', '종도리천강하'를 더한 팔상도가 확립하고, 그것을 표현한 부조패널을 보면서 관자는 석가의 사대사적 혹은 팔대사적을 상기하는 '시각의 순례'를 할 수 있다. '열반'은 석가의 도달점인 동시에 '시각의 순례'의 종점이다. 이처럼 굽타조 사르나트의 '열반'은 사상도나 팔상도의 한 장면으로서 표현되면서, 불전설화로서의 성격은 희박해지고, 열반에 이르는 길이 석가의 사적을 통해 제시되고 있다.

스투파 신앙과는 다른 열반설화를 바탕으로 한 열반의 상징주의는 굽타조에서 급속히 고양되었다고 추측되며, 종축방향으로 전개되는 사상도·팔상도의 표현도 그 발로임에 틀림없지만, 또 다른 열반의 상징주의는 열반대상으로 나타난다. 석가 입멸의 성지인 쿠시나가라에 기념비적으로 조성되었던 열반대상은, 굽타 시대에 제작된 것으로 설화적 요소가 약간 남아있으면서도 독립된 완전한 예배상이 되고 있다. 게다가 이 열반대상은 스투파와 쌍을 이루며 서면하여 조성되어 있어, '석가의 죽음'이 이상의 실현임을 상징적으로 말해주고 있다. 아잔타 제26굴의 열반대상도 유사한 특징을 보이는데, 여기서는 상좌 앞의 비탄에 빠진 많은 비구, 세속의 남녀 표현과 함께, 석가의 위로 용출하는 구름과 신들이 두드리는 하늘의 큰 북, 참집하여 찬탄, 산화하는 신들의 표현이 열반장면의 대광경을 보여준다.

그러나 이 같은 열반대상도 인도에서는 그다지 발전을 보이지 않고, 오히려 스리랑카, 동남아시아나 중앙아시아에서 흥미로운 전개를 보이게 된다. 불교미술의 종말기인 인도의 팔라조에서는 단독 부조 패널의 열반도도 제작되어, 거의 도상적인 전개는 없으나 옆으로 누운 석가의 위쪽에 반드시 스투파가 표현되는 것이 주목된다. 열반은 이상의 실현이며, 그것은 스투파를 통해 표현할 수 있다고 하는, 초기불교미술 이래로 인도에 뿌리 깊은 스투파의 상징주의가 살아 남아있음을 알 수 있다. 또한 팔라조에서는 '항마성도'의 석가를 크게 중심에 두고, 다른 칠상을 주위에 작게 표현하는 팔상부조가 다수 만들어지며, '열반'은 그 성도석가의 머리 위에 해당하는 부조 상단에 배치된다. 밀교미술이 융성했던 팔라조에서는 '돌아가신 석가'보다도 '살아계신 석가'로서의 성도석가에 초점이 맞추어져 그것을 예배상처럼 중심에 표현한다. 그 좌우에는 대칭적으로 3상씩의 사적, 최상단 중앙에 '열반'을 배치하는 기하학적인 구성을 취하며, '성도'와 '열반'을 중축에 둔 정면성 강한 화면이 성립한다. 여기에 이르러 불전도는 성도-열반의 상징주의를 통해 그 설화성이 완전히 흡수, 탈화脫化되어 스투파의 상징주의에 대응하는 성도석가의 불전만다라고 할 수 있는 세계로 귀결하게 된다.

[미주]

1 宮治昭, 「ストゥーパの意味と涅槃の図像ー仏教美術の起源に関連してー」, 『仏教美術』 123 (1979).

2 A. Foucher, "Les débuts de l'art bouddhique," *Journal Asiatique* (1911), Eng. tr. in *The Beginnings of Buddhist Art* (London, 1971), pp. 1-27.

3 A. K. Coomaraswamy, "Early Indian Iconography, 2, Śrī-Lakṣmī", *Eastern Art*, 1, No. 3 (1929), pp. 174-89.

4 D. Barrett, *Sculptures from Amaravati in the British Museum* (London, 1954), pl. 20(a); 中村元 편, 『ブッタの世界』 (学習研究社、1980), 도7-2(해설은 사상도로 하고 있지만, 탄생이 없는 삼상도이다). 岩宮武二 寫眞集, 『アジャンタの仏像』 (上)(肥塚隆 解說) (小學館, 1988), 도104. 또한 같은 책 도113은 나가르주나콘다 출토의 부조로, '성수', '법륜', '사당 내의 사리 공양'에서 각각 '성도', '초설법', '열반'을 표현하고 있다.

5 肥塚隆 · 田枝幹宏, 『美術に見る釈尊の生涯』 (平凡社, 1979), p. 174 참조. D. Barrett, 앞 책 pls. 8a, 8c; J. Fergusson, *Tree and Serpent Worship* (London, 1868), pl. 75; Ph, Stern et M. Bénisti, *Evolution du style indien d'Amaravati* (Paris, 1961), pl. 52b.

6 肥塚隆, 「インドのおける仏誕生の図像」, 『美術史』 第90-92冊 (1976).

7 宮治昭, 주 1) 참조.

8 주 5) 참조.

9 A. K. Coomaraswamy, *La Sculpture de Bharhut* (Paris, 1956), fig. 24.

10 물론, 아쇼카왕 기둥의 건립은 불멸 이후의 일이지만, 바르후트의 부조가 제작되었던 시대에 스투파 및 비사림과 함께 아쇼카왕 기둥이 쿠시나가라를 가리키는 표식이 되었을 것이다. T.51, p. 903b. 水谷眞成 역주, 『大唐西域記』 (中國古典文學大系22), 平凡社, p. 206, 참조.

11 A. K. Coomaraswamy, 앞 책, fig. 65 = A. Lippe, *The Freer Indian Sculptures* (Washington, 1970), fig. 7.

12 『インド古代彫刻展』 東京国立博物館 · 京都国立博物館, 1984, 도3; 中村元 편, 『ブッタの世界』 学習研究社, 도2-64, 참조.

13 S. C. Kala, *Bharhut Vedikā* (Allahabad, 1951), No. 17.

14 R. C. Agrawala, "A short note on unpublished relidfs from Bharhut", *Lalit Kalā*, No. 14, 1969, p. 55; V. P. Dwivedi, "The Bharhut coping showing elephants caring Buddha's relics", *Journal of Indian Society of Oriental Art*, vol. 6, 1974-75, pp. 5-8.

15 본서, pp. 207-210 참조.

16 A. K. Coomaraswamy, 앞 책, fig. 166.

17 杉本卓洲, 『インド仏塔の研究』(平楽寺書店, 1984), pp. 318-393, 참조.

18 T.01, p. 30a.

19 A. K. Coomaraswamy, 앞 책, p. 40, fig. 15.

20 B. M. Barua, I (Calcutta, 1934), p. 33.

21 R. C. Agrawala, 앞 책, p. 55에서 간략히 언급되었을 뿐이다.

22 J. Marshall and A. Foucher, *The Monuments of Sāñchī*, II (Calcutta, 1940), pl. 25; M. Hallade, *The Gandhara Style* (London, 1968), pl. 80.

23 D. Schlingloff, *Studies in the Ajanta Paingtings* (Delhi, 1988), p. 9. 슈링로프는 옥좌형의 울타리에 스투파가 있다고 했는데, 사리가 봉안되어 있기 때문일 것이다.

24 J. Marshall and A. Foucher, 앞 책, 1, p. 214.

25 J. Marshall and A. Foucher, 앞 책, 2, pl. 61. 2.

26 J. Marshall and A. Foucher, 앞 책, 2, pl. 61. 1.

27 J. Marshall and A. Foucher, 앞 책, 1, p. 215.

28 D. Schlingloff, 앞 책, pp. 1-13, 342-3, fig. 1.

29 D. Schlingloff, 앞 책, pp. 1-13, 342, fig. 1-7.

30 D. Schlingloff, 앞 책, pp. 1-13, 342, fig. 1-8.

31 C. Sivaramamurti, *Amaravati Sculptures in the Madras Museum* (Madras, 1942), p. 157, pl. 14-2; S. Kramrisch, *The Art of India* (London, 3rd ed., 1965). pl. 28.

32 J. Burgess, *The Buddhist Stupas of Amaravati and Jaggayyapeta* (1887), pp. 58-59, pl. 25-2 = C. Sivaramamurti, 앞 책, pp. 204-5, pl. 43-1.

33 Mahāparinibbāna-suttanta, 6. 23. 中村元 역, p. 173.

34 Mahāparinibbāna-suttanta, 6. 23. 中村元 역, p. 177.

35 cf. J. Ebert, "Parinirvāṇa and Stūpa", in *The Stūpa. Its Religions, Historical and Architectural Significance* (Wiesbaden, 1980), pp. 219-25.

36 T.12, pp. 1116-1118.

37 T.01, p. 27a.

38 (S본) Mahāparinirvāṇa-sūtra, 49. 1. 岩本裕 역, p. 141. (P본) Mahāparinibbāna-suttanta, 6. 18. 中村元 역, p. 169. 한역본에서는, (한A본) T.01, p. 28b. (한B본) 동권 p. 173c. (한C본) 동권 p. 189b. (한D본) 동권, p. 206a. (한E본) T.24, p. 401bc. cf. A. Bareau, *Recherches sur la biographie du Buddha dans les Sūtrapiiṭaka et les Vinayapiṭaka ancien*, Tome 2 (Paris, 1971), pp. 209-14.

39 肥塚隆, 「インドの涅槃図」, 『涅槃会の研究』, 元興寺文化財研究所 編 (綜藝舍,

1981), p. 15.

40 栗田功,『ガンダーラ美術1 佛伝』(이하 1로 줄임) (二玄社, 1988年), pl. 495; D. Faccenna, *Sculptures from the Sacred Area of Butkara 1* (Roma, 1962), IsMEO, *Reports and Memoris*, vol.2, 2, pl. 288a. 다만 후자는 단편으로, 상좌 밑에서 몸부림치는 인물을 표현한다.

41 A. Foucher, *L'art gréco-bouddhique Gandhāra*, Tome 1 (Paris, 1905), fig. 284 = 栗田功, 앞 책 1, pl. 496; D. Faccenna, 앞 책, pl. 288a; 栗田功, 앞 책 1, pls. P4-2, 494, 495, 497-99, 501; 肥塚隆, 주 38) 논문, 도4.

42 주 38) 참조.

43 A. Foucher, 앞 책, Figs. 285, 286 = 栗田功, 앞 책 1, pls. 503, 504; 같은 책, pls. p4-4, 502.

44 푸셰는 나무를 파내어 만들었거나, 혹은 금속제일 것이라 하고 있다. A. Foucher, 앞 책, p. 576.

45 A. Foucher, 앞 책, pp. 577-81.

46 A. Foucher, *L'art gréco-bouddhique du Gandhāra*, (Paris, 1865), Tome 2, Troisiéme Fascicule: Aditions et Corrections - Index (Paris, 1951), p. 850.

47 栗田功, 앞 책 1, pl. 502, pp. 313-4.

48 D. Faccenna, 앞 책, p. 73, pl. 288b.

49 T.01, p. 28a.

50 F. Sehrai, *The Buddha Story in Peshawar Museum* (Perhawar, 1978), p. 58, pl. 64.

51 Mahāparinirvāṇa-sūtra,, 47. 19. 岩本裕 역, p. 138.

52 (P본) Mahāparinibbāna-suttanta, 6. 22. 中村元 역, p. 172. (S본) Mahā- parinibbāna-stūra, 49. 15. 岩本裕 역, p. 142. S본에서는 세존의 발이 아닌, 단지 시신을 배알했다고 한다. (한A본) T.01, pp. 28c-29a. (한C본) 동권, pp. 189b-190a. (한D본) 동권, pp. 206c-p. 207a. A. Bareau, 앞 책, pp. 240-53. P본·S본에서는 관을 열거나 덮개를 걷어 석가의 시신을 대가섭이 예배했다고 하는데, 한역본에서는 석가의 기적으로 관에서 두 발이 나와, 그것을 가섭이 예배했다고 하고 있다.

53 J. Sherrier, "Iconography of the Mahāparinirvāṇa", in *The Stūpa. its Religious, Historical and Archiectural, Significance*, pp. 212-3, pl. 40-7 = 栗田功, 앞 책 1, p. 314, pl. 506.

54 주 42) 참조.

55 栗田功, 앞 책 1, pl. 508.

56 栗田功, 앞 책 1, pl. P4-5.

57 Mahāparinibbāna-suttanta, 6. 18. 中村元 역, p. 169.

58 한E본에서는 자라난 네 그루의 나무가 다비의 불을 껐다고 한다. T.24, p. 401b.

59 A. Foucher, 앞 책, figs. 287, 290; H. Ingholt and I. Lyons, *Gahdhāran Art in Pakistan* (Connecticut, 1971), pls. 142, 146, 147; 栗田功, 앞 책 1, pls. P4-6, 505, 507, 509.

60 (P본) Mahāparinibbāna-suttanta, 6. 23. 中村元 역, p. 173. (S본) Mahāparinibbāna-stūra, 49. 25. 岩本裕 역, p. 144. (한A본) T.01, p. 29a. 사라수신이 불을 끄다. (한B본) 동권, p. 174b. 제리가싱諸里家商이 향유로 불을 끄다. (한C본)에는 불을 끄는 내용은 보이지 않는다. (한D본) 동권, p. 207a. 제천이 비를 내려 불을 끄다.

61 (P본) Mahāparinibbāna-suttanta, 6. 21. 中村元 역, p. 171, (한A본) T.01, p. 28b, 路夷라고 하는 末羅大臣. (한C본) 동권, p. 189b, 漚蘇大臣.

62 (P본) Mahāparinibbāna-suttanta, 6. 23. 中村元 역, p. 173, 사리를 항아리에 담는 내용은 나오지 않는다. (S본) Mahāparinibbāna-stūra, 49. 26. 岩本裕 역, p. 144. (한B본) 동권, p. 184b. (한C본) 동권, p. 190a. (한D본) 동권, p. 207a.

63 A. Foucher, 앞 책, fig. 288, pp. 585-6.

64 A. Foucher, 앞 책, fig. 31.

65 F. Sehrai, 앞 책, p. 59, pl. 66.

66 A. Foucher, 앞 책, fig. 292 = 栗田功, 앞 책 1, pl. 521.

67 A. Foucher, 앞 책, pp. 586-89, fig. 289.

68 T.01, p. 207a.

69 A. Foucher, 앞 책, fig. 291; H. Ingholt and I. Lyons, 앞 책, pl. 158; 栗田功, 앞 책 1, pls. P4-7, 512-14, 518, 519.

70 A. Foucher, 앞 책, fig. 290; 栗田功, 앞 책 1, pls. 513, 514.

71 주 12), 주 32) 참조.

72 T.51, p. 858c.

73 栗田功, 앞 책 1, pl. 510.

74 (P본) Mahāparinibbāna-suttanta, 6. 25. 中村元 역, p. 177. (S본) Mahāparinibbāna-stūra, 50. 1-15. 21. 岩本裕 역, pp. 144-149. (한A본) T.01, pp. 29b-30a. (한B본) 동권, p. 175a. (한C본) 동권, p. 190ab. (한D본) 동권, p. 207ab. A. Bareau, 앞 책, pp. 265-88.

75 栗田功, 앞 책 1, pls. 518, 519. 동 저자, 『ガンダーラ美術II 佛陀の世界』(이하 2로 줄임) (二玄社, 1990), pls. 871(?), 872, 873. 이외에 M. Taddei, *India; Archaeologia Mundi* (Geneva, 1970), pl. 61.

76 栗田功, 앞 책 1, pl. 519.

77 栗田功, 앞 책 1, pl. 873.

78 栗田功, 앞 책 1, pl. 872.

79 A. Foucher, 앞 책, fig. 292; H. Ingholt and I. Lyons, 앞 책, pl. 152 = 栗田功, 앞 책 1, pl. 517. 같은 책, pl. 521. 이 외에 마쓰오카미술관 소장의 한 부조도 있다.

80 A. Foucher, 앞 책, Figs. 293, 294, 298c, 299b; H. Ingholt and I. Lyons, 앞 책, pls. 154, 167c; 栗田功, 앞 책 1, pls. P4-8, 519, 522; 동2, pl. 873. W. Zwalf ed., *Buddhism: Art and Faith* (London, 1985), pl. 28.

81 A. Foucher, 앞 책, fig. 294; 栗田功, 앞 책 1, pl. 516. 같은 책, pl. 521; H. Ingholt and I. Lyons, 앞 책, pls. 154, 167c.

82 杉本卓洲,『インド仏塔の研究』, pp. 320-322, 참조.

83 A. Foucher, 앞 책, p. 592.

84 立川武藏,「ネパールにおける塔崇拝」, 前田惠學 편,『現代南アジアにおける仏教を囲む社會的文化的環境の研究』(愛知学院大学, 1984).

85 예외적인 것으로는 아마라바티 출토의 한 부조(도65)에서 보이는 '분사리'의 장면으로, 단순히 작은 원형으로 사리를 표현한 예가 있다.

86 A. Foucher, 앞 책, figs. 295, 297d, 300b; 栗田功, 앞 책 1, pls. 521, 522, 524, 526, 527; 동2, pl. 873. cf. A. Foucher, 앞 책, pp. 592-94.

87 T.51, p. 883b, p. 884ab. 水谷眞成 역주,『大唐西域記』(平凡社, 1971), p. 107, pp. 110-111; 桑山正進 역주,『大唐西域記』(大乘佛典 中國·日本篇9) (中央公論社, 1987), pp. 64-65, p. 69, p. 72, 참조.

88 A. Stein, *On Alexander's Track to the Indus* (London, 1929), pp. 49-50, pl. 21.

89 Mahāparinibbāna-suttanta, 6. 28. 中村元 역, p. 180.

90 桑山正進 역주, 앞 책, pp. 149-150, 참조.

91 杉本卓洲, 앞 책, pp. 149-150, 참조.

92 A. Foucher, 앞 책, Figs. 297e, 299c, 300c; H. Ingholt and I. Lyons, 앞 책, pl. 167D.

93 A. Foucher, 앞 책, fig. 296; H. Ingholt and I. Lyons, 앞 책, pls. 155, 157; 栗田功, 앞 책 1, pls. 528, 529, 531, 532, 536-38.

94 J. Ebert, *Parinirvāṇa: Untersuchungen zur ikonographischen Entwicklung vonden indischen Anfängen bis nach China*, Stuttgart, Abb. 8a, b.

95 J. Ph. Vogel, *La Sculpture de Mathura* (Paris, 1930), pl. 53a. = A. Foucher, 앞 책, fig. 282.

96 H. C. Ackermann, *Narrative stone reliefs from Gandhāra in the Victoria and Alvert Museum in London* (Rome, 1975), pl. 52.

97 Mahāparinibbāna-suttanta, 5. 4. 中村元 역, p. 127.

98 山本智教,『マトゥラの古美術』(私家版, 1955), 도49.

99 J. Ph. Vogel, 앞 책, pl. 51a.『インド古代彫刻展』도31.

100   J. Ph. Vogel, 앞 책, pl. 53c.

101 V. A. Smith, *The Jain Stupa and other antiquities of Mathurā* (Allahabad, 1901), pl. 107 = J. Ph. Vogel, 앞 책, pl. Vlb.

102 J. Williams, "Sārnāth Steles of the Buddha's Life", *Ars Orientalis*, 10 (1975), fig. 13 = 肥塚隆・田枝幹宏,『美術に見る釈尊の生涯』(平凡社, 1979), 삽도55.

103 J. Williams. *The Art of Gupta India* (Princeton, 1982), pl. 71.

104 J. Williams, 앞 책, *Ars Orientalis,* 10, figs. 3-5, 9.

105 cf. P. E. Karetzky. "The Act of Pilgrimage and Guptan Steles with Scenes from the Life of the Buddha", *Oriental Art*, 33 (1987), pp. 268-74.

106 宮治昭, 주 1) 참조.

107 『대승기신론大乘起信論』에서는 하천下天・입태入胎・주태住胎・출태出胎・출가・성도・전법륜・입열반을 팔상으로 하고, 지의智顗『사교의四敎義』에서는 하천・탁태・출생・출가・항마・성도・전법륜・입열반을 팔상으로 한다.『망월불교대사전望月佛敎大辭典』5권, pp. 4215-4216, 참조. 또한『팔대영탑명호경八大靈塔名號經』(T.32, p. 773)에서는 迦毘羅城龍彌勒園是佛生處・摩伽陀國泥連河邊菩堤樹下佛證道果處・迦尸國波羅奈城轉大法輪處・舍衛國祇陀園現大神通處・曲女城從忉利天下降處・王舍城聲聞分別佛爲化度處・廣嚴城靈塔思念壽量處・拘尸那城波羅林內大雙樹間入涅槃處의 팔대 성지를 들고 있어, 사르나트의 팔상도의 성지와 일치한다. 다만 라자그리하(왕사성), 바이샬리(광엄성)에서의 일은 서로 다르다. 中村元 편,『ブッタの世界』(学習研究社, 1980), pp. 464-468, 참조.

108 주 105), P. E. Karetzky 논문, 참조.

109 J. Williams, 앞 책, Ars Orientalis, 10, figs. 1,2.

110 J. Williams, 앞 책, Ars Orientalis, 10, fig. 4 = 肥塚隆・田枝幹宏, 앞 책, 삽도76.

111 cf. D. R. Patil, *Kusīnagara,* (Archaeological Survey of India, 1st ed., 1957, 2nd ed., 1981); D. Mitra, *Buddhist Momments* (Calcutta, 1971), pp. 69-71

112 肥塚隆 편・丸山勇 撮影,『天竺への旅』(学習研究社, 1983), 도8-26.

113 주 111) 참조.

114 한A본, T.01, p. 21a.

115 M. Taddei, "A note on the parinirvāṇa Buddha at Tapa Sardār (Ghazni, Afghanistan)", *South Asian Archaeology 1973*, ed. J. E. van Lohuizen-de Leeuw and J.

M. M. Ubaghs, (Leiden, 1974), pp. 111-15; M. Taddei and G. M. M. Ubaghs (Leiden, 1974), pp. 111-15; M. Taddei and G. Verardi, "Tapa Sardār. Second preliminary report", *East and West*, 28, (1978), pp. 33-135.

116 B. A. Litvinskiy and T. I. Zeimal, *Adjina-Tepa* (Moskva, 1971).

117 J. Fergusson and J. Burgess, *The Cave Temples of India* (London, 1880), rep. ed., (1969), pp. 341-45, pl. 50; 高田修・田枝幹宏,『アジャンタ』(平凡社, 1971), p. 99, 도170, 도171. 澤村專太郎,「アジャンター石窟寺に於ける彫刻」,『国華』 355 (1919), p. 219.

118 柳宗玄・宮治昭,『アジャンター窟院』(講談社, 1981), 서도 2.

119 석가 입멸 후, 대가섭은 왕사성에서 유제遺第를 모아 결집을 행하고, 아난이 교법教法(다르마)을 칭송했다고 한다. 이로 인해 불제자로서 대가섭과 아난 은 특별한 위치를 점하게 된다.

120 Mahāparinibbāna-suttanta, 5. 2, 6. 10. 中村元 역, p. 126, 160.

121 A. Foucher, 앞 책, fig. 277 = 栗田功, 앞 책 1, pl. 481.

122 樋口隆康,『インドの佛蹟』(朝日新聞社, 1969), 도145.

123 C. Berkson, *The Caves at Aurangabad* (New York, 1986), p. 208.

124 D. L. Snellgrove ed., *The Image of the Buddha* (Tokyo, 1978), pl. 223.

125 R. D. Banerii, *Eastern Indian School of Mediaeval Sculpture* (Delhi, 1933), pls. 14d, 31c, 31d.

126 S. L. Huntington, *The "Pāla-Sena" Schools of Sculpture* (Leiden, 1984), pl. 222.

127 R. D. Banerji, 앞 책, pl. 21b.

128 R. D. Banerji, 앞 책, pls. 19b, 19c, 20a, 21a, 21b, 22a, 23a, 23c, 24d, 24e; D. L. Sellgrove ed., 앞 책, pls. 207, 208; S. L. Huntington, 앞 책, pl. 54; 町田甲一 편, 『ニューデリー美術館』(講談社, 1968), 도85.

129 R. D. Banerji, 앞 책, pls. 20c, 21c, 22b, 24c; D. L. Snellgrove ed., 앞 책, pl. 206; S. L. Huntington, 앞 책, pls. 152, 153; H. Zimmer, *The Art of Indian Asia*, (Princeton University Press, 3rd print, 1968) pl. 383.

130 예외적으로 전법륜인을 결하는 좌상 및 입상(손이 결실되어 수인 불명)이 있다. R. D. Banerji, 앞 책, pls. 22c, 23b.

131 R. D. Banerji, 앞 책, pl. 20a; D. L. Snellgrove ed., 앞 책, pl. 205; S. L. Huntington, 앞 책, pl. 131. cf. J. C. Huntington, "Pilgrimage as Image: The Cult of the *Aṣṭamahāprātihārya*", 2 parts, *Orientations*, 18-4, (1987, 4), pp. 55-63; 18-8, (1987), pp. 56-68.

132 팔라조 불전도의 예로서 부조패널 이외에 스투파 모델에 팔상도를 표현한 예가

있는데, 그 경우에는 기단 주위에 여덟 장면이 나열된다. 町田甲一 편,『ニュー
デリー美術館』도120, 참조. 頼富本宏,「仏塔周囲の四尊像について」『密教文化』
150 (1985). 같은 책『密教佛の研究』(法蔵館, 1990), pp. 595-600 참조.

133 간다라 미술의 후기에 속하는 탁실라의 바마라나 핫다의 타파 카란에는, 봉
　　헌스투파의 기단에 단독으로 스투코제 열반상을 표현한 예가 있다. 본서 제
　　3부 제4장 제1절 참조.

제2부

인도 존상의 두 계열과
미륵보살의 도상

제1장

고대 인도의 브라흐마와
인드라의 도상에 대해

— '성자적·행자적 이미지'와 '왕자적·전사적 이미지' —

1. 서론

인도의 고대미술에서 나타나는 브라흐마(범천)와 인드라(제석천)는 베다 우파니샤드에 등장하는 바라문교의 신이지만, 미술상에서는 불교미술에서 먼저 나타난다. 인도 고대미술에서 브라흐마와 인드라가 여러 존상들 중 반드시 중요한 위치를 점한다고는 할 수 없지만, 쿠샨조부터 굽타조의 불교미술, 특히 불전도나 불삼존상, 불오존상 속에서 석가의 한 쌍의 수호신으로서 그 역할을 확립하고 있다. 그 후 일본에까지 이르는 불교미술 속에서, 범천·제석천이 점하는 한 쌍의 수호신으로서의 위치는 그 원류를 이미 이 시대에서 찾을 수 있다. 인도 불교미술에 있어서는 종말기인 팔라조에서조차 이 두 신을 협시로 하는 불삼존상이 조성되고 있다.

이처럼 적어도 불교미술에서는 브라흐마와 인드라가 한 쌍으로 표현되는 경우가 많다. 다만 브라흐마와 인드라는 각각 성립의 기원이 달라서 원래는 한 쌍으로 여겨지지 않았지만, "범계의 주인공", "초세속의 주인공"이라는 범천과, "신들의 왕", "세속의 왕"이라는 제석천과의 성격적 대조가 아마도 점차 한 쌍이라는 관념을 낳게 되었을 것이다. 이후에 상세히 다루어질 내용과 같이 브라흐마와 인드라는 도상적으로 대조적인 특징을 보이며, 또한 이 두 신의 도상적 대조는 힌두교의 시바와 비슈누, 나아가서는 불교의 미륵보살과 관음보살이라고 하는 서로 대립된 존격의 도상 형성에 큰 영향을 미치고 있다고 필자는 추측한다.

본 장에서는 먼저 문헌에 의거하여 브라흐마와 인드라의 성격에 대해 간단히 소개한 후, 다음으로 고대기 불교미술에서 주로 나타나는 브라흐마와 인드라의 도상적 특징을 명확히 하고자 한다. 우리는 도상학의 입장에서, 작품을 제1차 자료로 다룬다는 것에서 출발한다. 그럴 경우 고대 인도의 브라흐마·인드라의 도상을 분류하기 위해서는, 불전도 속에 나타나는 작례를 기준으로 행하는 것이 가장 타당성이 있다. 이런 절차를 통해 브라흐마·인드라를 구분하고, 각각의 발형髮型, 관식, 복장, 장신구, 지물 등의 도상적 특징을 확인하여, 이로써 단독상이나 불삼존상·불오존상 속의 두 신을 탐색할 수가 있다. 나아가 힌두교미술의 브라흐마와 인드라에 대해서도 굽타조-포스트굽타조를 중심으로 도상적 특징을 검토해 보고자 한다. 이 같은 검토에 기초하여 브라흐마와 인드라의 도상을 역사적 흐름에 따라 명확히 함과 동시에, 역사를 초월한 두 신의 성격과 도상적 특질을 고찰한다.

브라흐마와 인드라 존상의 도상상의 두 계열은, 고대 인도의 불교미술에 있어 가장 신앙을 결집시키고 많이 만들어졌던 미륵보살과 관음보살이라는 두 보살상의 성립과 형성에도 중대한 영향을 미쳤으며, 그 도상과도 적지 않은 관계를 갖는다. 그러나 여기서 주목해야 할 점은 미륵과 관음이 각각 일의적으로 브라흐마와 인드라의 도상에 대응하는 것이 아니라, 시대와 지역에 따라 미륵과 관음의 도상적 특징에 전환현상이 일어나고 있다는 점이다.[1] 게다가 브라흐미의 인드라의 특징를 취사선택하여 불교존상으로서의 독자성을 나타내고자 했기 때문에 다소 뒤얽힌 양상을 보인다. 이 때문에 불교의 보살도상은 그렇게 단순한 도식에 의해 파악될 수 있는 것은 아니지만, 이 같은 인도의 도상계열을 무시하고 있다고 생각할 수는 없다. 고대 인도의 보살도상은 경전의 기재에 기초하여 조형된 것이 아니라(고대 경전이 보살의 도상적 특징을 기록하는 경우는 드물다), 바라문교·힌두교의 도상세계와의 교섭에 의해 형성되어 온 것이다. 그러한 의미에서 본 장은 다음 장부터 고찰하게 될 인도의 보살도상 연구의 서장이라 할 수 있다.

2. 브라흐마와 인드라의 신격

브라흐마와 인드라의 도상을 검토하기 전에 베다와 우파니샤드에서 표현되는 두 신의 성격에 대해서, 이제까지의 연구를 참조하여 간략히 기술해 두겠다.

브라흐마는 그 기원이 인드라보다 늦어서 베다에서는 신격화되어 있지 않으며, 원래는 비인격적 중성원리인 브라흐만에 유래한다.[2] 베다에서 브라흐만은 제관祭官이 노래하는 만트라(찬가·제문·주문 등)에 깃든 주력呪力·영력靈力을 가리키고, 나아가서는 만유의 근저에 있는 영적인 힘을 의미하게 된다. 이 주력, 신비로운 힘인 브라흐만을 바라문이 제식祭式으로 지배한다고 여겨져 절대적인 힘을 갖고 있었다. 한편 사변적·사색적 탐구가 이루어짐에 따라, 브라흐만은 우주의 근본원리라고 여겨지게 되어, "태초에 이 우주는 실로 브라흐만이었다. 그것은 신들을 창조했다"(『샤타파타 브라흐마나』)라 찬하고 있다.[3] 우파니샤드에서는 브라흐만의 우주창조설이 유력하게 됨에 따라, 이 중성원리가 신격화되고 의인화되어 남성신 브라흐마(범천)가 되고 창조주(프라쟈파티)와 동일시되었다. 불교가 흥기했던 시기에 브라흐마는 세계의 창조신이자 정신계의 지극히 높은 신至上神으로서 신앙되었다.

한편 인드라는 이미 『리그 베다』 속에서 가장 인기 있는 신으로, 그에 대한 찬가가 전체의 약 4분의 1을 점한다.[4] 『리그 베다』의 신화에서 인드라는 번개신雷霆神으로서의 성격이 두드러지는데, 그 모습은 이상화된 아리아 전사를 방불케 한다. 전신이 다갈색이며 두발과 수염 또한 다갈색으로, 위대한 체구로써 우주를 위압한다. 폭풍신인 마루토 군신群神을 거느리고, 2두의 명마 하리가 끄는 전차를 타고 공중을 달려 적을 물리친다. 영웅신 인드라의 여러 무용담 가운데 악룡 브리트라를 살육하는 이야기는 특히 유명하다. 인드라는 무기인 바즈라(금강저)를 내던져, 물을 막아 멈추게 한 악룡 브리트라를 죽이고 물을 해방시킨다. 브리트라의 살육이 한 번으로 끝나지 않고 반복적으로 행해진다는 점을 통해 이 신화가 주기적 자연현상에 기초한 것이라고 여겨지고 있다. 아무튼 인드라는 물을 해방시킴으로 인해 우주의 질서를 회복한다. 이리하여 인드라는 힘이 넘치는 전사임과 동시에 세계를 지배하는 제왕의 이미지를 갖게 된다. 힌두교의 흥기와 함께 인드라의 지위는 상대적으로 저하되지만, 세속세계를 반영한 '신들의 왕'으로서의 성격은 존속한다. 불교에서 인드라는 Śakro devānām indraḥ(강력한 신들의 왕 샤크라)라고 불리게 되고, 이는 석제환인釋帝桓因으로 차자借字되어 천제석天帝釋으로 번역된다. 천제석을 간추려 제석이라 하며, 일반적으로 제석천이라 불린다.

그런데 불교미술에서 범천(브라흐마)과 제석천(인드라)은 점차 한 쌍의 수호신으로서 표현된다. 그 배후에는 아마도 바르나제도의 확립이라는 고대 인도의 사회적 사정이 크게 작용한 것이 아닐까 추측된다. 왜냐하면 바르나제도의 제1계급인 바라문Brāhmaṇa은 베다를 전승하고 있기 때문에, 우주의 근본원리인 브라흐만을 내재하고 있어 브라흐마의 후예라고 여겨지고, 제2계급인 크샤트리아Kṣatriya는 왕족 및 무사 신분으로 인드라의 신격이 반영되어 있기 때문이다. 바라문과 크샤트리아는 각각 제1과 제2계급을 구성하고 있지만 양자를 단순한 상하관계로 단정할 수는 없다. 『마누법전』은 "바라문 없이 크샤트리아는 번영할 수 없고, 크샤트리아 없이 바라문은 번영할 수 없으며, 바라문과 크샤트리아가 협력하여야만 현세와 내세에 번영할 수 있다"[5]라고 기술하고 있다. 브라흐마와 인드라, 또한 그것을 반영하는 바라문과 크샤트리아는 고대 인도의 세계관 속에서 대립하면서도 상호 보완관계에 있다. 서사시와 푸라니에서는 최종적으로 크샤트리아보다 바라문이 우위에 있음을 설하고 있는데, 바라문과 크샤트리아, 혹은 브라흐마와 인드라의 투쟁에 관한 신화가 상당수 보여 양자의 성격적 대조를 두드러지게 해 주고 있다.[6]

이상과 같이 불교미술이 융성했던 시기에는 브라흐마와 인드라가 고대 인도의 세계관을 반영하는 형태로, 대조적인 성격을 갖는 이대신二大神으로서 숭배되었음을 알 수 있다. 그렇다면 브라흐마와 인드라가 각각 어떻게 표현되었는가에 대해 도상의 형성기인 쿠샨조부터 굽타조의 고대기를 중심으로, 작품에 입각하여 이들의 도상적 특징을 고찰해 보고자 한다.

3. 브라흐마의 도상

(1) 브라흐마 도상의 성립

우선 최초기 불교미술인 고대초기(기원전 3~기원후 1세기 전반)의 시대에 이미 브라흐마·인드라의 도상이 보이지만 아직 반드시 쌍으로 표현되고 있지는 않으며, 두 신의 도상도 명확한 대조를 보이지 않는다. 불전미술 속에서 '종도리천강하從忉利天降下(삼도보계강하三道寶階降下)'는 석가가 좌우에 브라흐마와 인드라를 거느리고 도리천에서 내려오는 유명한 장면으로 바르후트와 산치에 작례가 있는데, 두 신을 구분할 수 있는 특징은 아직 명확하지 않다.[7] 바르후트의 작례에서는 브라흐마와 인드라가 표현되어 있지 않은 것 같다.[7] 산치의 '종도리천강하'에서는 푸셰가 계단의 좌우에서 브라흐마와 인드라의 표현을 확인하고 있는데,[8] 그 도상은 일반적인 신들과 마찬가지로 두 신 모두 터번을 두른 왕후 귀족의 모습으로 표현되고 있다. 또한 바르후트, 보드가야, 산치에서 '범천권청梵天勸請'의 장면으로 판단되는 부조가 있는데, 브라흐마로 여겨지는 상 역시 터번을 두르고 목걸이 등을 착용한 귀족의 모습으로, 다른 신들과 특별히 다른 점은 없다.[9]

쿠샨조의 간다라 미술에 있어 브라흐마와 인드라는 도상상에서 명확히 쌍을 이루는 것으로 표현되어 진다. 간다라의 불전미술에서는 '탄생'(도157), '관수'(도92), '칠보七步', '범천권청'(도93), '종도리천강하', '열반'(도55, 56) 등의 장면에서 점차 브라흐마와 인드라가 쌍을 이루어 표현되며, 게다가 두 신의 대조적인 특징을 보여 도상상의 규칙성이 분명하게 나타난다.[10] 즉, 브라흐마의 두발은 머리 위에서 둥글게 상투를 틀거나 묶으며, 혹은 머리를 풀어 어깨 위에 드리우고 관식을 착용하지 않는다. 지물은 합장하는 경우를 제외하고 한 손에 물병을 들고 있다(도92의 향좌, 도93의 향우). 또한 장신구를 착

도92. 관수. 간다라. 2~3세기. 페샤와르박물관.

도93. 범천권청. 시크리(간다라) 출토. 2~3세기. 라호르박물관.

용하지 않고 콧수염이나 턱수염을 기르는 경우도 있어, 인드라가 머리에 터 번관식이나 보관을 착용하고 장신구로 몸을 꾸미는 것과 대조적이다.

불전미술 이외에 불오존상이나 불삼존상의 협시로서 브라흐마·인드 라가 표현된 예가 있다. 이들 브라흐마와 인드라의 도상도 불전미술 속에서 나타나는 도상과 거의 같은 모습이지만, 보다 명확한 도상상의 대조를 보이고 있다. 불오존상은 붓다를 중심으로 하여 좌우에 2보살과 브라흐마·인드라를 배치하는 형식(도판28, 29)을 가리키며, 불삼존상은 붓다의 좌우에 2보살을 배치하는 형식이 일반적인데, 여기서는 비마란 사리용기와 카니슈카 사리용기(도판20)로 대표되는, 좌우에 브라흐마와 인드라를 배치하는 형식을 가리킨다.[11] 이들 불오존상, 불삼존상 가운데 브라흐마와 인드라는 붓다의 한 쌍의 협시로 표현되고 있으며, 두 신의 도상적 특징이 명료하게 나타나 있다. 즉 인드라는 보관을 쓰고 장신구를 착용하며 왼손에 금강저를 든 것과 대조적으로, 브라흐마는 두발을 묶어 둥근 상투jaṭā를 만들고 장신구를 착용하지 않으며 왼손에는 물병을 든다(도판21a·b). 이러한 특징은 불전미술 속에서의 브라흐마와 동일한데, 특히 주목되는 점은 오른손을 어깨높이로 들고 손바닥을 안쪽으로 향하는 독특한 수인으로, 불전미술 속의 브라흐마에는 이러한 수인이 좀처럼 보이지 않으나 불오존상 속의 협시인 브라흐마에는 일반적이다.

그렇다면 간다라에서 나타나는 브라흐마의 도상적 특징이 의미하는 것은 무엇인가. 이에 대해 약간의 고찰을 해보겠다. 브라흐마가 장신구를 착용하지 않고 두발을 묶어 둥근 상투를 만들거나 모아서 틀어 올리며 혹은 풀어헤치는 특징은 일반적으로 신들이 터번관식을 쓰는 것과는 대조적이다. 또한 손에 물병을 든 것, 혹은 오른손을 들어 손바닥을 안쪽으로 향하는 수인이 브라흐마 도상에서 특징적이다. 이 같은 특징은 바라문 행자의 도상과 밀접한 관계가 있다. 간다라 미술에서 바라문 행자와 선인은 두발로 상투를 틀고 장신구를 착용하지 않으며 종종 수염을 기르고 손에 물병을 든 모습으로 표현되어 있다(도94). 게다가 '점몽占夢', '점상占相', '혼인' 등의 장면에서, 바라문 행자가 이끄는 제자는 오른손을 어깨높이로 들고 손바닥을 안으로 향하게 하는 수인을 보이고 있다(도154).[12] 이 특이한 수인이 의미하는 바가 무엇인지 명확하지는 않지만 브라흐마와 바라문 행자의 도상과 깊은 관련성이 있음을 말해주고 있다.

도94. 선인 방문. 구 마르단 소재(간다라). 2세기. 페샤와르박물관
[Ingholt and Lyons, pl. 54]

이미 기술한 바와 같이 브라흐마는 우주의 근본원리인 브라흐만을 신격화·인격화한 것인데, 이 브라흐만은 베다를 전승하고 만트라의 지식을 소유한 바라문에 내재되어 있다고 하여 바라문이 브라흐마의 후예라고 여겨졌다. 이 점이 브라흐마와 바라문 행자가 도상상에서도 서로 밀접한 관계를 갖는 이유일 것이다. 바르후트와 산치의 고대초기 미술에서 브라흐마는 일반적인 천상계의 신들과 마찬가지로 특별한 개성을 지닌 모습으로 표현되지 않았는데, 간다라에서 명확하게 그 존격이 도상적 특징을 갖게끔 표현된다는 것은, 브라흐마 도상의 성립이라고 하는 점에서 주목해야 할 부분이다. 브라흐마가 두발을 묶고 장신구를 착용하지 않으며, 종종 수염을 기른 용모를 취한다는 것도 브라흐만을 내재하고 있는 바라문 모습을 바탕으로 한 것이리라 생각된다. 지물인 물병kamaṇḍalu에 대해서 말하자면, 바라문의 행자나 선인이 들고 있는 물병이 브라흐마의 지물이 되고 있다. 나아가 이는 단순히 행자의 지물이라는 실용적인 측면뿐만 아니라, 어쩌면 우주의 근본원리인 브라흐만과 동일시 된 불사의 음료 아므리타가 들어있다고 여겼던

것인지도 모른다.[13] 간다라의 브라흐마는 이미 범계·정신계의 주인공으로서 그 위치를 점하고 있어, 물병은 브라흐마의 중요한 지물이 되고 있던 것이다.

　간다라 미술과 병행하여 융성했던 중인도 마투라 미술의 브라흐마에 대해 기술해 보고자 한다. 쿠샨조 마투라에서도 불교조각 속에 브라흐마와 인드라가 나타나고 있는데, 인드라에 비해 브라흐마가 점하는 위치는 작다. 불전미술 자체가 간다라에 비해 그다지 성행하지 않았던 것도 있지만, 브라흐마와 인드라가 하나의 세트로 표현되는 것은 '범천권청'과 '종도리천강하'의 두 장면에 대한 몇 가지 작례뿐이다. 간다라에서는 '탄생'의 장면에도 브라흐마와 인드라가 등장하는 것이 많았지만, 마투라에서는 인드라뿐으로 브라흐마의 모습은 보이지 않는다. 또한 간다라에서는 불오존상이나 불삼존상에도 종종 브라흐마와 인드라가 한 쌍으로 나타났지만, 마투라의 불삼존상(불오존상은 작례가 보이지 않는다)에는 명확한 브라흐마·인드라의 협시상이 보이지 않는다. 게다가 단독상으로 표현된 상들 중에 인드라로 간주할 수 있는 조각이 상당수 존재한다. 이러한 점들을 고려할 때, 마투라에서는 브라흐마와 인드라를 한 쌍으로 보는 견해는 미약했고, 인드라에 대한 신앙이 강했음을 엿볼 수 있다.

　브라흐마의 도상은 '범천권청'과 '종도리천강하'(도95)의 장면에서, 인드라와 함께 중앙의 붓다를 향해 합장하여 예를 갖추는 모습으로 표현되고 있다(도 95의 향좌).[14] 머리 위에 둥근 상투를 틀고 장신구를 착용하지 않았으며, 모두 합장하고 있기 때문에 지물인 물병은 보이지

도95. 종도리천강하. 마투라오상도부조(도81) 부분. 라지가드[마투라] 출토. 2~3세기. 마투라박물관 [『인도고대조각전』도31]

않지만, 간다라의 브라흐마 도상을 답습하고 있다는 것을 알 수 있다. 간다라에서 볼 수 있었던 오른손바닥을 안쪽으로 향한 수인도 보이지 않는다. 마투라에서 브라흐마의 도상은 간다라의 그것을 간략화하여 답습하였을 뿐으로, 새로운 전개는 찾아 볼 수 없다.

(2) 브라흐마 도상의 전개

굽타조 시대에는 불교미술의 번영과 동시에 힌두교미술의 급속한 융성을 볼 수 있다. 브라흐마의 도상이 앞 시대의 것을 어떻게 계승하고 또 새로운 요소를 가미하고 있는지 불교와 힌두교를 각각 검토해 보고자 한다.

굽타조의 불교미술로서 사르나트의 조각 및 그와 관련된 아잔타 벽화를 들 수 있다. 사르나트나 아잔타에서는 브라흐마와 인드라가 이미 불전미술 속에서나 등장하고 있을 뿐이다. 아마도 보살신앙이 성행하게 되며 동시에 불삼존상의 양협시상이라는 위치도 보살에게 내어주게 되고, 또 한편으로는 힌두교의 대두와도 관련하여 두 신의 지위가 저하된 것이 큰 원인이었을 것이다.

사르나트에서는 '종도리천강하'의 불전 장면(여섯 예)에 브라흐마와 인드라가 표현되어 있다(도96).[15] 이들을 보면 브라흐마(도96의 향좌)는 두발을 둥글게 묶어 상투를 틀거나 때로는 남은 머리를 어깨까지 늘어뜨리며, 장신구를 전혀 착용하지 않

도96. 종도리천강하. 사르나트. 6세기[Yazdani, part 2, pl. 22]

는다(드물게 귀걸이를 착용한 경우가 있다). 지물로서는 시자의 지물인 불자 이외에 물병 혹은 염주akṣamālā 등이 확인된다. 두발을 묶고 장신구를 착용하지 않으며 손에 물병을 든 것은 간다라 이래의 브라흐마의 특징인데 새로운 지물로서 염주가 더해지고, 또한 복식의 특징으로 왼쪽 어깨에서 오른쪽 허리로 천 조각을 걸친 상이 엿보인다. 염주와 천 조각은 모두 행자와 선인의 지물과 복장에 상응하는 것으로, 브라흐마의 행자적 이미지를 강조하는 것이라고 할 수 있다.

다음으로 아잔타 벽화의 불전도 중에 브라흐마와 인드라가 명확하게 구분되는 것은 제2굴의 '탄생' 장면이다(도97).[16] 갓난아이인 석가를 브라흐마와 인드라의 두 사람이 받아들고 있는데, 인드라가 호화로운 보관과 장신구를 착용한 것에 반해 브라흐마는 머리를 높이 올리고 장신구를 전혀 착용하지 않으며 흰 옷을 걸치고 있다. 두 사람의 대비가 흥미로운데 브라흐마는 흰 옷을 걸친 행자의 이미지이다.[17] 또한 제17굴의 '종도리천강하'의 장면에는 중앙 계단에 붓다를 표현하고 좌우 계단에 많은 신들이 따르고 있는데, 그중에서 어떤 것이 브라흐마와 인드라인지는 벽화가 퇴색되기도 하여 판단하기 어렵다.[18] 다만 이 신들은 머리를 높이 묶어 올린 타입과 높은 보관을 쓴 타입의 두 종류로 구분할 수 있어, 브라흐마와 인드라의 타입을 구분해서 묘사한 것으

도97. 탄생. 아잔타 제2굴 벽화. 6세기[Yazdani, part 2, pl. 22]

로 추측된다. 이상과 같이 아잔타에서는 간다라에서 볼 수 있었던 브라흐마와 인드라의 대조적 이미지를 짙게 반영하고 있다.

한편 굽타조를 전후해서는 시바와 비슈누의 2대 신으로 대표되는 힌두교 도상이 급속한 진전을 보임에 따라, 브라흐마와 인드라의 지위는 상대적으로 저하되어 힌두교미술에서는 두 신이 한 쌍으로 표현되는 경우가 드물다. 브라흐마는 시바와 비슈누와 함께 힌두교 신학의 삼신일체trimūrti의 하나로서 중시되고는 있으나, 브라흐마를 모시는 사당은 드물고 단독상도 시바나 비슈누에 비해 적은 편이다. 그렇지만 서사시나 푸라나 등에서 보이는 힌두교 신화의 전개를 배경으로, 브라흐마의 존상도 단독으로 표현되거나 혹은 신화장면 속에 등장하게 된다.[19] 이 도상들은 전대 이래의 브라흐마 도상과 밀접한 관계를 맺으면서 새로운 전개도 보인다. 이 전개가 역으로 굽타조에서 팔라조의 불교 도상에 영향을 미치는 것이다.

여기서는 굽타조부터 포스트굽타조(5~7세기)까지의 힌두교 브라흐마 도상으로서 마투라의 조각상,[20] 부마라 차이티야 아치 안의 부조,[21] 데오가리 다샤바타라 사원의 '아난타 용 위의 비슈누'(도112, 도판22), '나라 나라야나'의 장면 속 부조,[22] 그리고 엘레판타의 '춤추는 시바'(도99), '양성구유兩性具有의 시바'(도판23), '갠지스강의 강하降下에 나타난 시바' 등의 대화면 속 브라흐마,[23] 같은 곳의 조각상(Prince of Wales Museum 소장),[24] 그리고 아이호레의 훗챠파야 구디사원에서 가지고 온 '선인들에게 찬탄받는 브라흐마'(도98)[25] 등의 내표적 작품을 들 수 있어, 그 도상적 특징을 지적해 두고자 한다.

우선 굽타시대 브라흐마의 새로운 특징으로는 사면四面(caturmukha)의 등장이다. 완전한 환부조를 제외하면 고부조의 경우 정면과 좌우면의 삼면三面으로 나타나는데, 브라흐마의 사면은 굽타조 이후 일반화되어 앞서 기술한 작품 모두 사면(삼면)으로 표현되고 있다. 브라흐마는 원래 오면五面을 갖고 있었는데, 시바에 의해 한 면이 잘려 나갔다고 하는 이야기도 있다(Brahma-śiraścchedakamūrti).[26] 브라흐마가 사면을 갖는 것은『브리하트 산히타』(57·41)에 기술되어 있는데,[27] 사면의 의미에 관해서는 네 베다, 네 유가, 네 바르나

도98. 선인들에게 찬탄받는 브라흐마. 아이호레. 훗챠파야 구디사원에서 가져옴. 7세기. 프린스오브웨일스박물관[이시구로 쥰 촬영]

를 표현한 것이라는 등 여러 가지로 해석되고 있다.[28] 그러나 『바가바타 푸라나』(3·4)에서는 '브라흐마는 태어나자 바로 사방을 둘러보았기 때문에 네 개의 얼굴을 얻었다'라는 내용이 보인다.[29] 아마 브라흐마의 사면은, 네 방위를 모두 보고 있기 때문에 모든 것을 알며 모든 것을 다스린다고 하는 의미에서 기인한 것은 아닐까.

도99. '춤추는 시바' 부조 중의 브라흐마. 엘레판타. 7~8세기.

브라흐마의 두발은 간다라, 마투라 이래로 머리 위에서 상투나 묶은 머리를 하고 있었는데, 굽타시대에는 이를 계승하여 정연하게 묶어 올린 이른바 발계관髮髻冠 jaṭāmukuṭa이 확립된다. 그 형식은 단순히 묶어 올려 둥근 상투를 틀거나 혹은 묶어서 높이 쌓아올리며, 혹은 남은 머리를 어깨에 늘어뜨리는 등의 변형은 있지만 보관을 쓰는 경우는 없다. 시대가 내려오면서 두발 장식이나 목걸이를 착용하게 되는데, 기본적으로 머리를 묶어 올리는 발계관을 취하는 것에는 변화가 없다. 장신구에 대해서도 시대가 내려오면서 목걸이나 비천, 완천 등을 착용하게 되는데, 역시 행자적 이미지가 브라흐마 도상의 기본을 이루고 있다. 즉, 얼굴은 종종 턱수염을 기르고 왼쪽 어깨에서 오른쪽 허리를 향해 천 조각 혹은 사슴가죽krṣṇājina(흑염소의 가죽)을 걸치고 있는 것이다. 콧수염은 선인의 도상에서 종종 등장하며, 어깨에 걸친 천 조각과 사슴가죽 등도 바라문 행자나 선인과 관계 깊다.³⁰ 예를 들면 불교의 「연등불수기」 설화에서, 석가의 전생이었던 바라문 수행자인 운동자雲童子가 유일한 옷인 사슴가죽을 벗어 진흙길에 깔고, 스스로 머리를 풀고 엎드려 연등불에게 수기를 받았다는 내용이 보인다(『불본행집경』).³¹

브라흐마는 굽타시대 이후, 사면인 동시에 사비상四臂像으로 표현되는 것이 일반적이다. 이들이 손에 든 지물과 수인이 반드시 일정한 것은 아니지만, 지물로써는 물병kamaṇḍalu과 염주akṣamālā를 들고 있는 경우가 많다. 물병과 염주는 원래 행자의 지물로, 브라흐마의 성격을 잘 나타내고 있다. 수인은 여원인을 결하는 경우가 많은데, 그 밖의 지물로는 의례용의 목제 큰 국자 sruk, 혹은 작은 국자sruvā, 또는 지팡이daṇḍa 등을 드는 경우도 있다. 이들은 브라흐마의 제사주로서의 성격, 혹은 세계의 주재자로서의 성격을 상징하는 것이라 생각된다. 그러나 조형작품상에서 이러한 형태들이 판연하게 일치하는 것은 아니어서 구별이 어려운 것도 적지 않다. 굽타시대 이후 중세기가 되면 브라흐마의 제사권·지배권을 상징하는 지물이 추가되는데, 발계관·수염·사슴가죽(천 조각)·물병·염주 등의 특징은 브라흐마의 성자적·행자적 성격과 깊은 관계를 맺고 있다.

브라흐마는 입상 이외에 좌상도 있는데, 앞서 기술한 작례 중에는 오히려 좌상이 많다. 좌상의 경우에는 연화좌 혹은 거위鵝鳥, haṃsa좌 위에 앉아 있다. 연화좌에 관해서는 비슈누가 아난타용(혹은 세샤용) 위에 누워 졸고 있을 때, 그 배꼽에서 자라난 연꽃을 타고 브라흐마가 출현하여 우주를 창조했다는 이야기가 유명한데, 데오가리의 부조는 그 신화를 표현하고 있다(도112). 브라흐마는 '연꽃에서 태어난 자padmaja'라고도 불리며[32] 부마라와 아이호레의 예와 같이 연화좌에 앉은 모습으로 표현되는 것이 적지 않다. 때로는 브라흐마가 연꽃을 손에 든 것도 있는데(부마라의 예), '연꽃에서 태어난 자'를 암시하는 것은 아닐까. 또한 거위좌에 앉은 예로는 엘레판타의 작례가 대표적이다(도판23, 도99). 거위는 지상계와 천상계를 자유롭게 왕래하며 일체의 속박을 벗어난다는 점에서, 범계의 주인공인 브라흐마의 탈 것으로 여겨졌던 것 같다. 엘레판타의 작례에서는 주위에 거위(약7마리?)를 표현한 연화좌에 브라흐마가 앉아있어, 이 신의 천상적, 혹은 우주주적宇宙主的 성격을 보여주고 있다.

또한 지금까지 살펴 본 굽타조 힌두교의 브라흐마의 특징으로 배가 불룩한 표현이 엿보인다. 약샤와 쿠베라와 같이 입상, 좌상 모두 배를 둥글고 크게 표현하고 있는데, 브라흐마가 지닌 풍요신적 성격 때문은 아닐까. 수염 난 얼굴에 불룩한 배의 표현은 화신火神 아구니의 조형과도 상통하는 바가 있다. 불룩한 배의 표현이 지닌 의미에 대해서는 이후에 검토가 요구된다.

이상으로 굽타조-포스트굽타조의 브라흐마의 도상을 검토하였는데, 마지막으로 신두와 카슈미르의 흥미로운 두세 가지 작례를 언급해 두고자 한다. 신두의 브라흐마나바드에서 발견된 놀라운 황동제 브라흐마입상(도156)[33]은 6~7세기에 제작된 것으로 보이며, 사면四面으로 두발은 발계관으로 묶었고, 왼쪽 어깨에 사슴가죽을 걸치고 복부를 과장한 경향이 엿보여 굽타 시대 브라흐마상의 특징을 잘 반영하고 있다. 그러나 이 상은 이비二臂로 성뉴 이외의 장신구를 전혀 착용하지 않으며, 왼손에 물병(결손)을 쥐고 오른손은 손바닥을 안쪽으로 향하는 수인을 결하고 있어, 간다라의 전통이 강하게 남아있음을 알 수 있다.

카슈미르 지방에서 출토된 일면사비一面四臂의 동제 브라흐마입상(도100, 7세기경)[34]은 두발을 묶어 올려 남은 머리를 어깨로 드리우며, 꽃그물花網

을 걸친 것 이외에는 장신구를 착용하지 않고 왼쪽 어깨에 사슴가죽을 두르고 있다. 사비에는 시무외인을 결한 것 이외에 물병·염주·지팡이를 쥐고 있다. 또한 P. 팔이 소개한 브라흐마와 시바 링가와 비슈누를 표현한 카슈미르의 부조(도101, 8세기 초경)[35]에서도 브라흐마 입상은 일면사비로 표현되며 발계관·천 조각·무장신구의 특징을 보이는데, 사비에는 물병·염주·지팡이·연꽃을 든다. 이 브라흐마상의 발밑에는 두 마리의 거위도 보인다. 이 밖에 카슈미르 지방에서 출토된 상아제의 희귀한 브라흐마와 인드라의 부조가 있는데, 이 브라흐마는 수염 난 얼굴에 편단우견의 옷을 입은 승형으로 표현되어 있다(도113, 8세기경).[36] 이처럼 신두와 카슈미르의 브라흐마상은 중인도 굽타조 도상의 영향을 받으면서도 간다라 전통의 색채가 짙게 남아있다.

도100. 브라흐마 입상. 동제. 카시미르. 7세기. 베를린국립인도미술관[Pal 3, pl. 3]

도101. 브라흐마/시바 링가/비슈누를 표현한 부조. 카시미르. 8세기 초. 뉴욕개인소장[Pal 2, fig. 1]

이상으로 브라흐마의 도상 성립과 전개의 양상을 고찰하였다. 쿠샨조의 간다라 미술에서 속발·상투, 수염, 무장신구, 천 조각, 물병을 드는 특징의 성자적·행자적 이미지의 브라흐마 도상이 성립한다. 나아가 굽타조의 힌두교미술에서는 사면사비로, 사비에는 물병·염주·지팡이·국자·연꽃 등을 들고 연화좌나 거위좌를 취하는 도상으로 전개된다. 그러나 이 같은 전개의 기초에도, 발계관, 사슴가죽(천 조각), 적은 장신구, 물병, 염주라고 하는 성자적·행자적 이미지가 브라흐마 도상의 근간을 이루고 있다는 점은 일관적으로 엿보이는 특징이다.

4. 인드라의 도상

(1) 인드라 도상의 성립

브라흐마에 이어 인드라 도상의 양상을 검토해 보자. 고대초기의 시대에는 브라흐마의 도상이 다른 신과 특별히 구별되는 형태를 취하고 있지 않았음을 이미 지적하였는데, 인드라의 도상은 조금 사정이 다르다. 고대초기의 인드라는 브라흐마와 마찬가지로 터번이나 목걸이 등의 장신구를 착용하는 모습이 일반적이었는데, 그중에는 인드라 고유의 도상도 이미 엿보인다. 인드라가 표현된 불전도로는 '제석굴 설법'이 대표적이며 바르후트와 산치에 그 작례가 있는데, 인드라는 다른 신들과 마찬가지로 왕후 귀족의 모습을 취하고 있기 때문에 어느 것이 인드라인지는 구별이 어렵다.

그러나 본생도에서 설화의 결말부에 인드라가 모습을 드러낸 표현이 있어 종종 인드라 고유의 특징을 보여준다. 즉 산치의 '샤마본생'과 '비슈반타라본생'(도102)으로, 인드라는 전자에서는 원통형 보관kikrītamukuṭa을 쓰고, 오른손은 시무외인, 왼손은 물병을 들고 있는 모습으로 표현되며, 후자에서도 마찬가지로 높은 보관을 쓰고, 왼손에 물병을 들고 오른손에 금강저를 쥐고 있다.[37] 원통형 보관과 금강저vajra는 이후의 인드라 도상에서 취하는 중요한 특징이 된다. 다만 물병을 든 인드 라는 오히려 보기 드물다. 여기서 상 기할 것은 산치 동문 오른쪽 기둥에 표현된 육욕천六欲天의 신들로, 그들 은 오른손에 금강저, 왼손에 물병(아 마도 불사의 약 아므리타가 들어 있을 것 이다)을 들고 있는데(도171),[38] 어쩌면 고대초기에는 도리천주인 인드라를 포함하여 육욕천 신들의 특징을 금강 저와 물병을 함께 드는 것이라 여겼 었는지도 모르겠다.

또한 바자석굴에 스리야와 대칭 하는 인드라의 표현이 있다.[39] 인드라 자트라 축제를 표현한 것으로도 해석

도102. '비슈반타라 본생' 부조 중의 인드 라. 산치 제1탑 북문. 1세기 초.

되는[40] 흥미로운 구도로, 인드라는 터번을 두르고 장신구를 착용한 왕후 귀 족의 모습인데 코끼리를 타고 있다는 점이 주목된다.

한편 쿠샨조의 간다라 미술에서 브라흐마는 인드라와 함께 한 쌍으로 서 표현되었다. 간다라의 '탄생'(도157), '관수'(도92), '범천권청'(도93), '도리천 강하' 등의 불전 장면에서는 두 신이 쌍으로 표현되며,[41] 또한 '제석굴 선정 (설법)'(도103, 104)에서는 인드라가 보인다.[42] 이들 불전미술을 보면 브라흐마 가 속발 혹은 상투를 틀며 장신구를 착용하지 않고 물병을 든 것에 반해, 인 드라는 머리에 터번관식 혹은 보관을 쓰고 합장하는 경우를 제외하면, 한쪽 손(왼손이 일반적)에 금강저를 들고 있다. 목걸이나 귀걸이 등의 장신구를 착 용하는 것도 브라흐마와 대조적이다. 또한 불오존상(도판28, 29)이나 불삼존 상(도판20)의 협시상으로서 브라흐마와 대칭하는 인드라는 보관을 쓰고 장 신구를 착용하며 왼손에는 반드시 금강저를 쥐고 있다(도판21a).[43]

간다라의 인드라 도상은 산치를 계승하고 있는데, 보관과 금강저가 인

도103. 제석굴 선정(터번관식의 인드라). 시크리(간다라) 출토. 2~3세기. 라호르박물관.

도104. 제석굴 선정(보관의 인드라). 간다라. 2~3세기.
라호르박물관[Ingholt and Lyons, pl. 128]

드라의 주요한 상징으로 확립되어 있다. 불전 장면에서는 다른 신들과 마찬가지로 터번관식을 취하는 것도 있지만, 보관은 인드라의 중요한 표식이 되고 있다. 불전부조 속에서 보이는 인드라의 보관 형태에는 여러 가지 변형이 있다. 일반적으로 모자와 같은 형태인데 상단은 모두 평탄한 모양이고 동부胴部는 높이가 낮은 편으로, 그 형태로는 팔각기둥형, 원통형, 중앙이 잘록하게 들어가는 실

도105. 원통형 보관을 쓴 인물(인드라). 달마라지카(탁실라) 출토. 3~4세기. 탁실라박물관 [Ingholt and Lyons, pl. 332]

패형 등이 있으며 그곳에 시문되는 문양도 다양하다. 그러나 불오존상 중에서 붓다의 협시로 표현되는 제석천의 보관은 동부가 비교적 높은 원통형을 띠는 이른바 제석관이라 불리는 것으로, 그 형태가 매우 명확하게 나타나 있다. 탁실라 달마라지카 사원지에서 출토된 석주의 네 개의 단편도 원통형 보관을 쓴 인물상으로, 보관의 형식을 통해 인드라라고 추정되고 있다(도105).[44] 아무튼 터번관식이 없는 이 같은 모자형 보관은 인도의 전통과는 별개의 것으로 여겨지며, 서아시아 고대미술, 예를 들면 넴루트산Nemrut Dağ의 왕후조각에서 보이는 보관과의 유사점을 지적하며 그 영향에 따른 성립을 고찰하는 견해도 있다.[45] 그 사실여부를 차치하더라도 장신구로 몸을 장식하고 보관을 쓴 인드라의 모습은 여타 일반의 신들과는 다른 '신들의 왕'으로서 어울리는 도상이다. 쿠샨조 이후 이 보관이 인드라 도상의 중요한 지표가 된다는 점 또한 이 신의 왕자적 이미지를 강조하는 것이라고 할 수 있을 것이다.[46]

인드라의 또 한 가지 특징으로 지물인 금강저에 관해 기술해 보겠다. 인드라가 무기인 금강저vajra를 들고 있다는 점은 이미 『리그 베다』(1·84·13)에

나오고 있는데, 인드라는 이 무기로 악룡 브리트라를 살육하고 브리트라가 저장하고 있던 물을 해방시킨다. 그러나 『리그 베다』에 따르면, 금강저는 기술의 신인 트바슈트리가 성선聖仙 타디야치의 뼈로 만든 것이라고 전하는데, 『마하바라타』에도 성선 다디챠(다디얏치에서 파생)의 뼈로 바즈라가 만들어졌다는 내용이 보인다.[47] 불교에서는 금강저가 '일체를 파쇄하는 견고한 것'의 대명사로 쓰이고 있는데, 실제로 무엇인지는 명확하지 않다. 간다라 미술에서 볼 수 있는 금강저는 인드라의 지물 이외에도 집금강신Vajrapāṇi의 지물로써 빈번히 나타난다(도53).[48] 이들 금강저의 형태를 보면 모두 짧은 봉형으로, 중앙이 잘록한 형태와 하단부가 굵고 둥근 형태를 띤 것으로 대별되는데, 후자는 성선의 뼈를 표현한 것으로 볼 수도 있을 것 같다. 그러나 인드라가 든 금강저는 중앙이 잘록한 봉형으로 상단과 하단이 평탄하여 뼈로는 보이지 않는다. 집금강신과 인드라가 각각 들고 있는 금강저의 공통점과 차이점을 포함한 금강저의 실체에 대해서는 계속적인 검토가 필요하지만 모두 파쇄의 무기로서 여겨졌다는 점은 분명하며, 당시 청동을 대신하여 급속히 그 생산이 진전됐던 철제로 보는 견해[49]가 타당하지 않을까 생각된다. 어찌됐든 풍요의 신인 하급신에서 기원하는 집금강신과는 달리, 보관을 쓴 '신들의 왕'인 제석천이 금강저를 들고 있다는 점을 통해 영웅신으로서의 성격을 확립하고 있다.

다음으로 쿠샨조 마투라의 인드라 조형을 보자. 마투라에서는 브라흐마보다 인드라의 작례가 비교적 많다. '탄생', '범천권청', '제석굴 설법'(도106), '종도리천강하'(도95) 등의 불전 장면 안에서 나타나며,[50] 이들 인드라의 도상은 거의 공통된 특징을 보인다. 즉, 머리에는 대부분 반드시 보관을 쓰고, 귀걸이, 목걸이, 완천 등의 장신구를 착용하고 있다. 손의 표현은 '탄생'에서는 갓난아이를 받아 안고 있으며, 다른 장면에서는 대부분 합장을 하고 있지만 금강저를 든 예도 소수 있다. 이들의 특징은 간다라의 도상과 공통되는데, 마투라 인드라의 특징적인 점은 보관의 형태이다. 간다라에서는 터번관식도 보였지만 마투라에서는 보관으로 거의 통일되며, 그 형태도 모두 긴 원

도106. 제석굴 설법. 자말푸르(마투라) 출토. 2~3세기. 캘커타인도박물관.

통형 보관kirīṭamukuṭa이다. 보관에는 선조문線條文의 문양이 표현되어 있는데,
원통형의 길쭉한 형태라는 특징이 있다.

　　그런데 '제석굴 설법'에서는 인드라가 코끼리와 함께 표현되는 경우가
많다. 서사시에서는 인드라의 승물로써 코끼리 아이라바타airāvata가 기록되
어 있는데, 이 코끼리는 신들과 아스라가 '우유바다 휘젓기乳海攪拌'를 할 때
생겨난 것 중 하나로, 비를 내리게 하는 힘을 갖고 있다고 믿어졌다.[51] 인드라
가 이 코끼리를 타고 활약하는 이야기가 서사시에 보이는데, 마투라의 '제석
굴 설법'에서는 뒤로 아이라바타를 거느리고, 동굴 내의 붓다 앞에서 합장 예
배를 올리는 인드라를 표현하고 있어, 인드라가 도리천에서 아이라바타를
타고 내려왔음을 암시한다.[52] 마투라의 '제석굴 설법'에서는 이처럼 인드라
가 코끼리 아이라바타와 함께 표현되는 것이 일반적이다. 이에 반해 간다라
에서는 그러한 예가 오히려 드물고, 코끼리가 표현된 것은 정면성이 강한 대
화면구도를 취하는 '제석굴 선정(설법)'으로 거의 한정되는데,[53] 아마 시대적
으로도 후기에 이 같은 모티브가 간다라에 들어온 것이라고 생각된다. 인드
라와 코끼리 아이라바타의 관련성은 이미 바자석굴의 부조에서 볼 수 있었

는데, 아마도 중인도에서 흥기하였을 것이다.

한편 쿠샨조의 마투라에서는 단독으로 표현된 인드라상도 몇 가지 예가 알려져 있는데, P. 팔에 의해 소개된 작품은 그 대표적인 예이다(도107).⁵⁴ 세 개의 단편으로 이루어진 이 상은 오른손과 몸통 부분이 상실되었지만, 머리에는 팔메트풍의 장식으로 꾸며진 원통형 보관을 쓰고 있으며, 이마에는 가로로 갈라진 제3안이 있고, 왼손에 물병을 들고 있다. 대좌에는 각문이 있어, '신들의 왕, 인드라Indraḥ devarājā'로 독해된다. 이 상은 아히차트라 출토의 재명 미륵보살입상과 양식적으로 매우 가까워서 같은 지역에서 제작된 것으로 여겨지고 있는데 쿠샨시대의 작품이라는 것은 틀림없다. 이 상에서 보이는 원통형 보관과 함께 특히 주목되는 것은 이마의 제3안이다. 프리어미술관 소장의 '탄생'을 표현한 간다라부조⁵⁵에서도 이마에 세로로 갈라져 있기는 하지만 제3안이 있는 인드라가 있어, 쿠샨시대에는 제3안을 갖는 특징이 출현하고 있었음을 알 수 있다. 베다나 서사시에는

도107. 인드라상(세 단편). 아히차트라 출토(?). 2세기. 뉴욕 개인 소장[Czuma. pl. 57]

인드라가 '천 개의 눈을 가진 자sahasrākṣa'라는 이름으로 불리고 있어 이와 관계가 있을지도 모르지만, 도상적으로는 시바의 제3안과의 관계를 생각해 보아야 할 것이다. 『브리하트 산히타』나 『비슈누달모타라 푸라나』에서는 인드라의 제3안은 이마에 가로로 갈라지게 표현되어야 한다고 쓰여 있어[56] 이상과 대응하지만, 두 문헌 모두 쿠샨시대까지 거슬러 올라가기는 어렵다. 이외에 인드라의 도상적 특징으로서 동부의 장신구는 결손되어 명확하지 않지만, 귀걸이와 완천을 착용하고 왼손에 물병을 들고 있다. 장신구로 몸을 꾸미는 것은 인드라와 어울리지만, 간다라에서 물병은 브라흐마의 지물로 인드라가 드는 경우는 없었다. 이는 산치에서 본 중인도 고대초기 미술의 전통에 의한 것일까, 아니면 후세 인드라가 비의 신으로서 신앙된 것과 관련이 있는 것일까.[57]

인드라의 두드러진 도상적 특징으로서 원통형 보관과 이마의 제3안을 지적하였는데, 쿠샨조 마투라 신상 두부 단편에는 이러한 특징을 보이는 것이 있다.[58] 또한 원통형 보관 대신에 터번관식을 쓰고, 이마에 가로로 갈라진 제3안을 갖고 있는 것도 있다.[59] 이들은 모두 인드라로 볼 수 있을 것이나. 이상의 조각상은 힌두교에 속할 가능성도 있지만, 불교의 수호신으로서 표현된 예도 있다. 예를 들면 난순 기둥에 고부조된 합장하는 상은, 긴 보관(전면에 비스듬한 격자 형태의 문양이 있다), 이마의 제3안, 귀걸이, 목걸이, 완천 등의 장신구를 착용했다는 특징으로 미루어 인드라임이 틀림없다(도108).[60] 또한 과거불과 미륵보살을 병치

도108. 인드라상. 마투라 난순기둥. 2~3세기. 럭크나우박물관.

한 부조판넬에도 미륵보살의 옆에 같은 특징(다만 제3안은 보이지 않는다)을 보이는 교각상이 있어 아마도 역시 인드라일 것이다.[61]

도109. 금강저를 든 상(인드라?). 타르시(마투라) 출토. 2～3세기. 마투라박물관.

인드라의 지물로서는 금강저가 특징적인데, 전술한 단독상에서는 모두 팔이 결손되어 있거나 합장을 하고 있어 금강저가 보이지 않는다. 마투라 출토의 조각상에서 금강저를 든 3구의 상이 있는데(다만, 1구는 금강저가 아닌 지팡이일 가능성도 있다) 모두 머리와 오른손이 없는 토르소로, 인드라인지 집금강신(바즈라파니)인지는 명확하지 않다.[62] 그러나 적어도 마투라박물관 소장의 한 구는 어깨에서 팔까지 두꺼운 꽃그물vanamālā을 걸치고 있어 아마 인드라인 것으로 추측된다(도109).[63] 금강저의 형태가 간다라의 것과는 달리 명확하게 세 갈래로 갈라진 삼고형三鈷形으로, 굽타조 이후의 금강저의 조형祖形이라고 할 수 있다는 점에서 주목된다.

이상으로 쿠샨조 마투라의 인드라 도상을 검토하였다. 도상의 기본은 간다라의 인드라에 대응하지만, 이 지역에서는 장신구를 착용하고 있다는 점 이외에 원통형 보관을 쓰는 것이 거의 정착되고, 이마에 가로로 갈라진 제3안이 표현된다는 점도 있다. 지물로서는 명확한 삼고형의 금강저가 나타난다. 또한 불전 장면 속이기는 하지만, 코끼리 아이라바타를 동반하는 도상이 확인되는 것도 후세의 인드라 도상과의 관련성을 보여준다.

(2) 인드라 도상의 전개

브라흐마의 도상이 굽타조 시대에 큰 전개를 보인 것과는 대조적으로, 인드라의 도상은 고대초기의 산치에서 뚜렷하게 나타나, 쿠샨조의 간다라와 마투라에서 확립된 이래로 굽타조-포스트굽타조에서는 거의 발전을 보이지 않는다. 이는 브라흐마가 불완전하게나마 힌두교의 주요 신으로서 그 지위를 지키고 있던 것에 반해, 인드라는 실추되어 중세기에는 동방을 수호하는 한 방위신의 지위 정도에 머물게 되는 것과 관련지을 수 있을 것이다. 여기서는 굽타조-포스트굽타조의 인드라의 도상을 개관해 보자.

우선 이 시대의 불교미술로서 사르나트와 아잔타의 불전미술 속의 인드라가 있다. 사르나트의 '종도리천강하'의 부조(도96)에서 브라흐마와 대칭하는 인드라는, 전대 이래의 특징, 즉 보관을 쓰고 귀걸이·목걸이·완천 등의 장신구를 착용하는 모습으로 나타나며, 손에는 석가에게 받쳐 드리기 위한 양산을 들고 있다.[64] '탄생'의 장면에서도 갓난아이인 석가를 받아 든 인드라의 도상적 특징은 마찬가지이다.[65] 다만 이 부조들은 화면이 작고 인드라의 보관 형태가 명확하진 않지만, 정면과 좌우에 관식이 있는 삼면보관이 일반적인 것 같다. 또한 사르나트의 불전부조에서 '제석굴 설법'을 단독으로 나타낸 부조(도110)가 있다.[66] 전법륜인을 결한 붓다를 예배상처럼 크게 표현하고, 대좌부에 원통형 보관을 쓰고

도110. 제석굴 설법. 사르나트. 5세기. 로스앤젤레스미술관.

합장하는 인드라와 코끼리 아이라바타가 보인다. 이 인드라는 도상적으로 쿠샨조 마투라의 흐름을 담고 있다.

아잔타 제2굴의 '탄생'과 '칠보七步'의 벽화에서 볼 수 있는 인드라는 보석 장식의 원통형 보관을 쓰고 이마에 가로로 갈라진 제3안이 있으며, 호화로운 장신구로 몸을 장식하고 있다(도97).[67] 옆의 브라흐마가 상투를 틀고 흰 옷을 입은 행자의 이미지인 것과는 대조적으로, 인드라의 왕자적 이미지가 두드러진다.[68] 사르나트나 아잔타의 불교미술에서는 인드라의 지물인 금강저는 보이지 않는다.

끝으로 굽타조~포스트굽타조의 힌두교미술에 나타나는 인드라상을 보겠다.[69] 전술한 바와 같이 힌두교의 인드라에 대한 신앙은 상대적으로 저하되고 그 작례도 많지 않지만, 마투라의 조각상, 데오가리의 부조, 그리고 엘레판타의 부조 등으로 대표되는 인드라의 도상이 확인된다.

굽타조의 인드라 조각상으로서 주목되는 것은 마투라에서 출토된 입상(도111)이다.[70] 소상(높이 23cm)이지만 머리에 삼면보관을 쓰고 이마에 가로로 갈라진 제3안이 있으며 목걸이와 비천을 착용하고, 발밑의 뒤쪽으로 코끼리 아이라바타가 따르고 있다. 오른손은 시무외인을 결했던 것 같은데(마멸), 왼손은 손끝이 상실되어 지물은 불명확하다. 이 상의 보관형태와 아이라바타의 표현이 특히 주목된다.

부마라의 차이티야 아치 속

도111. 인드라상. 마투라. 4세기 후반~5세기. 마투라박물관.

부조에도 인드라로 추정되는 상이 있지만 단정짓기에는 의문점들이 있다.[71] 명확한 것은 데오가리 다샤아바타라 사원의 '아난타용 위의 비슈누'(도112)의 화면에 나타난 인드라이다.[72] 비슈누의 배꼽에서 자라난 연화좌 위의 브라흐마 옆에 인드라가 표현되어 있다(도판22). 대각선 정면향의 코끼리 아이라바타에 올라탄

도112. 아난타용 위의 비슈누. 데오가리 다샤아바타라 사원. 6세기 초.

모습으로, 보관과 목걸이를 착용하고 오른손에 독고형獨鈷形 금강저를 들며, 왼손은 천 조각의 끝자락을 잡고 있는 것 같다. 또한 인드라의 향좌측에는 공작을 탄 카르티케야(혹은 바르나?), 브라흐마의 오른쪽에는 제부를 탄 시바와 파르바티, 또 그 오른쪽으로 바유風天가 표현되어 있다.

엘레핀다의 '앙성구유의 시바', '갠지스강의 강하에 나타난 시바'의 화면 속에서 볼 수 있는 인드라 또한 브라흐마 옆에 함께 자리하고 있어,[73] 간다라 이래로 한 쌍이라는 관념이 생겨나기 시작했다는 점이 흥미롭다(도판23). 엘레판타의 인드라도 정면향의 코끼리 아이라바티에 앉아, 삼면의 관식을 갖는 원통형 보관을 쓰고, 목걸이와 비천을 착용한다. 두 팔의 지물은 분명하지 않으며, 오른손에 금강저를 든 것 같으나 명확하지 않다. 왼손의 지물은 코끼리의 다짐봉인 앙쿠샤aṅkuśa일까. 중세기가 되면 인드라는 코끼리를 타는 것이 정형화됨과 함께 지물로 금강저 외에 앙쿠샤를 든 것이 많다.

도113. 브라흐마(향우)와 인드라(향좌). 상아제. 카시미르. 8세기.

또한 브라흐마의 항목에서 인용한, 카슈미르 지방에서 출토된 상아제 브라흐마 · 인드라 한 쌍의 부조(도113)⁷⁴에서는 승형인 브라흐마와는 대조적으로 인드라는 삼면보관을 시작으로 호화로운 장신구를 착용하고 배 앞의 허리띠에 검을 매달고 있다. 이 인드라상은 다른 예를 찾아볼 수 없는 보기 드문 도상으로 카슈미르의 지방색이 짙은 것인데, 왕자적이면서 전사적인 성격을 두드러지게 보여주고 있다.

이상으로 인드라 도상의 성립과 전개 양상을 고찰하였다. 고대초기의 산치에서 이미 '신들의 왕'으로서 보관을 쓰고 영웅적 무신으로서 금강저를 든 도상이 성립하고 있으나, 간다라에서는 브라흐마와 상대적인 형태로 보관 · 장신구 · 금강저라는 특징을 갖는 왕자적 · 전사적 이미지가 확립된다. 이 도상은 쿠샨조 마투라에서 제3안을 갖고 코끼리를 거느린다는 특징이 더해지는데 굽타조에 이르러서도 큰 변화는 없다. 시대에 따라 보관의 형태에 변화가 있고, 굽타조 이후 힌두교미술에서는 코끼리를 탄 것이 일반화되는데, 호화로운 보관을 쓰고 금강저를 주요한 무기로 하는 왕자적 · 무사적 이미지는 인드라 도상에서 일관되게 나타난다.

5. 결론

고대 인도의 존상에서 도상의 최초 규범이 된 것은 브라흐마와 인드라였다고 필자는 생각한다. 본 장에서는 속발을 하거나 상투를 튼 브라흐마와, 관식 혹은 보관을 쓴 인드라의 도상이 고대 인도인의 세계관을 반영하는 형태로, 각각 '성자적 · 행자적 이미지'와 '왕자적 · 전사적 이미지'에 기초하고 있어, 이 두 계열이 상호 대립하는 동시에 보완 관계에 있으면서 인도 존상의 기본구조를 형성하고 있다고 고찰했다.

브라흐마와 인드라로 대표되는 이 도상상의 두 축은, 힌두교의 2대 신인 시바와 비슈누의 도상과도 흥미로운 대응을 보인다. 쿠샨조경에 흥기하여 굽타조 전후에는 급속한 전개를 보이는 힌두교미술에서는 특히 시바와 비슈누의 조상이 유행하게 된다. 고대에 우위였던 브라흐마와 인드라의 신앙은 저하되고 이와 교체되는 형태로 시바와 비슈누에 대한 신앙이 융성하여 그 조상도 성행하게 된다.

굽타조 초기의 시바상을 대표하는 것으로, 카우샴비에서 출토된 시바파르바티상(캘커타 · 인도박물관 소장),[75] 마투라나 아히차트라에서 출토된 것으로 추정되는 시바상(도114),[76] 라자스탄에서 출토된 난딘을 거느린 사비의 시바상(개인 소장)[77] 등을 들 수 있는데, 이들 시바상을 보면, 머리는 묶어 올려 머리 위로 상투를 틀거나, 머리를 틀어 올려 묶는 이른바 발계관jaṭāmukuṭa을 취하며, 손에는 물병이나 염주를 쥔 특징을 보인다. 이들 특징은 분명 브라흐마의 도상과 동일하다. 또한 브라흐마가 종종 어깨에 영양의 가죽을 걸치는 것도, 시바가 허리에 짐승 가죽을 걸치는 것과 비교할 수 있다. 이 특징들은 브라흐마와 시바의 공통되는 특징으로 행자적 이미지에 기초한 것이라 할 수 있을 것이다.

한편 브라흐마와 다른 시바의 특징으로 이마의 제3안, 발기한 erect 링가, 지물인 삼지창, 제부 난딘을 거느리는 점 등을 들 수 있는데, 도상의 기본구조는 브라흐마와 밀접한 관계를 갖고 있으면서도 시바의 에로스적이고 투쟁적인 성격을 나타내고 있다.[78]

시바는 링가 그 자체로 표현되거나, 얼굴이 있는 링가(무카링가)로 표현되는 경우도 많다. 굽타시대에 속하는 무카링가의 작례도 적지 않은데, 링가에 나타난 얼굴

도114. 시바상. 우타르프라데시. 3~4세기. 로스앤젤레스미술관.

은 머리를 묶는 방식에 변형이 있기는 하나 이른바 발계관을 취한다는 것은 공통되며, 얼굴의 좌우와 귀 뒤로 머리를 길게 늘어트리고 있다(도판24). 발계관의 머리 형식은 머리 위로 큰 상투를 튼 방식과, 머리를 틀어 말아 중앙을 묶는 방식의 두 종류로 대별되어, 간다라 미륵보살에서 보이는 두 종류의 머리 묶는 방식에 대응하는 것이 흥미롭다(제3장 참조). 원칙적으로는 관식이 없이 종종 머리 위에 초승달 장식을 다는 것도 간다라 미륵보살에서 볼 수 있는 점으로, 시바와 간다라 미륵보살과의 관련성이 우연이라고는 생각되지 않는다.[79]

한편 비슈누상의 큰 특징은 머리에 쓰는 관식·보관에 있다. 쿠샨조 마

투라의 비슈누상에는 터번관식형과 원통형 보관형의 두 종류가 있어,[80] 쿠 샨조의 간다라와 마투라의 인드라상에서 본 관식·보관의 두 종류와 대응한 다. 굽타시대에는 이 두 종류의 타입을 계승하면서 서로 융합하며 더욱 호화 로워진다. 예를 들면 마투라, 빈마르, 만다솔의 비슈누상이 쓰는 보관은 쿠 샨시대 이후의 높은 원통형 보관인데, 화문을 비롯한 각종 문양으로 장식되 어 있다(도115).[81] 한편 터번관식은 쿠샨조의 것과는 매우 다른 양상을 보인 다. 원래 터번관식은 쿠샨조의 간다라와 마투라에서 인드라나 보살상이 착 용하고 있었는데, 마투라의 비슈누상에도 채용되었다. 굽타시대 비슈누의 터번관식은 마투라 비슈누의 두부頭部나 비슈발파와 비슈누상에서 볼 수 있 는 것처럼,[82] 정면의 원형 장식에 사자의 얼굴을 표현하고, 그 입의 좌우로 연 주끈이 내려와 각각 좌우 측면에 달린 작은 원형 장식의 중앙부로 연결되는

도115. 비슈누상. 빈마르. 4세기. 바로다박물관
[바로다박물관 제공]

형식으로 삼면보관이라고 불리는 것이다. 게다가 이 삼면관식은 운치디 비슈누상[83]의 관식에서 볼 수 있는 것처럼 보관에 삼면관식을 합체시킨 듯한 형태를 보이는 것도 많은데, 마투라의 유명한 비슈누 상반신상[84](도판25)의 관식도 기본적으로 보관과 터번관식을 합한 형태이다.

　　이처럼 비슈누상은 머리를 묶은 시바상과 대조적으로 관식·보관을 착용한다는 점에 큰 특징이 있어, 인드라의 도상을 계승하는 것이라고 할 수 있다. 아마 비슈누의 세계 지배자, 유지자로서의 성격이 보관을 쓴 '왕자적 이미지'를 성립시켰을 것이다. 인드라가 금강저를 내던져 악룡을 죽이고 우주의 질서를 회복시킨 것처럼, 비슈누는 무기인 윤보輪寶로써 마족 다이티야를 정복한다는 점에서도 알 수 있듯 '전사적 이미지'를 함께 갖는다. 윤보(차크라)는 무기이기도 하지만 원래 태양의 이미지에 기초한 것임에 틀림없으며, 붓다의 법륜, 전륜성왕의 윤보와도 상통하여 세계의 완전한 지배권을 상징하고,[85] 세계에 은혜를 주는 질서의 신으로서의 비슈누의 성격을 두드러지게 하고 있다. 시바가 '브라흐마의 아들'로 여겨지는 것에 반해,[86] 비슈누는 우펜드라(upendra = upa + indra), 즉 '인드라의 아우'로도 불린다는 점에서도 알 수 있는 것처럼,[87] 인드라와 강한 관련성을 갖고 있는 것이다.

　　이상과 같이 인도 고대미술의 대표적인 존상의 도상적 특징을 살펴보면, 크게 두 계열로 나뉘어 이들이 상호 대립하는 동시에 보완관계에 있으면서 인도 도상의 근간을 이루고 있음을 알 수 있다. 즉, 존상은 두발·두식, 복장·장신구, 지물 등에 있어서 각각의 특징을 보이는데, 크게 보면 두발을 묶고 장신구 등을 착용하지 않은 '성자적 이미지'와 보관이나 관식을 착용하고 장신구로 장식하는 '왕자적 이미지'의 두 계열로 나뉜다. 지물은 여러 종류가 있는데, 전자가 종교자에 어울리는 행자의 지물을 든 '행자적 이미지'로 결부되는 것과 대조적으로, 후자는 전사에 어울리는 무기류를 쥔 '전사적 이미지'로 결부된다. 이 때문에 인도의 존상은 존격과 도상적 특징에 있어, '성자적·행자적 이미지'와 '왕자적·전사적 이미지'의 두 계열을 기본으로 하여 구성된다.

이러한 점은 특히 쿠샨조부터 굽타조에 걸친 고대기에서 언급할 수 있는 것으로, 포스트굽타조 이후의 중세기가 되면 힌두교 신화의 전개를 배경으로 다양한 도상표현이 이루어짐과 동시에, 도상 특징 간의 상호 전이현상이 현저해져 점차 복잡한 양상을 띠게 되기 때문에 두 계열의 대립관계가 불명확해져 간다. 그러나 인도 도상의 형성기인 굽타조까지의 도상을 고찰해 보면, 전술한 두 계열 혹은 두 원리가 도상형성에 중요한 작용을 하고 있는 것이다. 고대 인도의 도상을 고찰해 본다면 이 두 계열이 중요한 의미를 갖고 있음은 분명해질 것이다. 불교의 보살상에 대해 말하자면 미륵보살과 관음보살이 고대 인도의 주요한 보살상인데, 이 두 보살의 도상적 특징은 역사적으로 전환현상이 일어나기 때문에 전술한 두 계열에 일의적으로 맞아 떨어지는 것은 아니다. 또한 당연한 말이지만 보살상은 불교존상으로서의 독자적인 성격을 가지고 있어서, 단순히 바라문교와 힌두교의 존격을 반영한 것도 아니다. 그러나 '브라흐마 · 시바'와 '인드라 · 비슈누'의 두 계열의 도상은, 비록 역사적 상황은 다르지만 미륵과 관음이라는 두 보살의 도상에 큰 영향을 끼쳤음이 이하의 장을 통해 밝혀질 것이다.

[미주]

1   본서 제2부 제5장 참조.

2   브라흐만·브라흐마에 대해서는 辻直四郎,『ヴェーダとウパニシャッド』(創元社, 1953); 동 저자,『インド文明の曙』(岩波新書, 1967), pp. 161-169; 服部正明,『古代インドの神秘思想』(講談社現代新書. 1979), pp. 84-89; 上村勝彦,『インド神話』(東京書籍, 1981), pp. 32-34, p. 51, pp. 213-215, 참조.

3   Śatapatha-brāhmaṇa 11, 2,3,1-6.

4   인드라에 대해서는 辻直四郎,『リグ·ヴェータ讚歌』(岩波文庫), pp. 149-185; 동 저자,『ヴェーダとウパニシャッド』; 동 저자,『インド文明の曙』, pp. 46-51; 上村勝彦,『インド神話』, pp. 17-20, pp. 73-76, pp. 89-106, pp. 132-133; 岩本裕,『仏教事典』(読売新聞社,1978), p. 182, 참조.

5   Manusmṛti, 9, 322. 中野義照 譯,『マヌ法典』(日本インド學會, 1951), p. 281; 山崎利男,『悠久のインド』(世界の歴史4), (講談社, 1985), pp. 107-11, 참조.

6   주 4), 上村勝彦,『インド神話』참조.

7   cf. A. K. Coomaraswamy, *La Sculpture de Bharhut* (Paris, 1956), pp. 54-56, fig. 31. 또한 '종도리천강하'의 도상에 대해서는, 肥塚隆,「従三十三天降下図の図像」,『待兼山論叢』11 (大阪大學文學會, 1978), 참조.

8   J. Marshall and A. Foucher, *The monuments of sāñchī* (Calcutta, 1940), vol. 2, pl. 34.

9   A. K. Coomaraswamy, 앞 책, pp. 58-59, fig. 36; A. Foucher; *L'art gréco-bouddhique du Gandhāra,* Tome 1 (Paris, 1905), fig. 214, pp. 425-6; J. Marshall and A. Foucher, 앞 책, vol. 2, pls. 49c, 64a2.

10 A. Foucher, 앞 책, Tome 1, figs. 155, 156, 164a, 215, 264, 265; H. Ingholt and I. Lyons, *Gandhāran Art in Pakistan* (Connectiocut, 1971), pls. 13, 16, 70-73; 栗田功,『ガンダーラ美術1佛伝』(이하 1로 줄임), (二玄社, 1988), pls. P1-5, P1-7, 21, 49, 55, 56, 245, 248, 251, 253-58, 260, 201, 265, 414, 416, 418, 420, 421 etc.

11 본서 제II부 제2장, 참조. 붓다와 브라흐마·인드라의 삼존형식으로서, 栗田功, 앞 책 1, pl. P3-1; H. Ingholt and I. Lyons, 앞 책, pl. 494.

12 H. Ingholt and O. Lyons, 앞 책, pls. 10, 11, 20, 21; 栗田功, 앞 책 1, pls. 22, 67, 69, 70 etc.

13 G. Ledbert, *Iconographic Dictionary of the Indian Religions* (Leiden,1976), pp. 122-3

14 N. P. Joshi, *Mathura Sculptures* (Mathura,1966), p. 61, pl. 27; J. Ph. Vogel, *La Sculpture de Mathura* (Paris, 1930), 51a =『インド古代彫刻展』(東京國立博物館·京都國立博物館, 1984), 도31; V. A. Smith, *The Jain Stupa and Other Antiquites of Mathura* (Allahabad, 1901), pl. 106 = 肥塚隆, 주7) 앞 논문, fig. 6.

15 사상도·팔상도 등의 불전부조 속의 예로서, J. Williams, "Sārnāth Gupta Steles lf the Buddha's Life", *Ars Orientalis*, 10 (1975), figs. 2(k), 3(g), 10(d). 단독 '종도리 천강하' 부조로서는, D. R. Sahni, *Catalogue of the Museum of Archaeology at sarnath* (Calcutta,1914), nos. 100(a)18, 19, 20.

16 G. Yazdani, Ahanta, part 2 (Oxford, 1933), pl. 22; 柳宗玄·宮治昭,『アジャンター 窟院』(講談社,1981), 도49.

17 덧붙이자면 키질 제77굴(조상굴)의 우랑에 그려진 미륵보살의 협시인 브라흐마는 머리를 높이 올리고 흰 옷을 입은 것에 반해 인드라는 보관을 쓰고 장신구를 착용하고 있어, 아잔타 벽화의 브라흐마·인드라와 매우 유사하다.『中國石窟 キジル石窟』2 (平凡社,1984), 도19, 참조.

18 G. Yazdani, *Ajanta,* part 4 (Oxford, 1955), pl. 47; 高田修·田枝幹宏,『アジャンタ』(講談社,1984), 도19, 참조.

19 힌두교의 브라흐마 도상에 대해서는, cf. T. A. Gopinatha Rao, *Elements of Hindu Iconography* (Calcutta, 1956), pp. 510-19.

20 V. S. Agwawala, "A Catalogue of the Brahmanical Images in Mathura Art". *Journal of the U. p. Historical Society* (Lucknow, 1951), pp. 1-3, Nos. 382, 2134, 2481, D20, D22.

21 R. D. Banerji, *The Temple of Śiva at Bhumara,* Memoirs of the Archaeological Survey of India, No. 16 (Calcutta, 1924), pl. 12b.

22 P. M. S. Vats, *The Gupta Temple at Deogarh*, Memoirs of the Archaeological Survey of India, No. 70 (New Delhi, 1952), pls. 10-6, 11a. cf. K. R. van Kooij, "Gods and Attendants in the Relidf of Viṣṇu Anantaśayana at Deogarh," *South Asian Archaeology 1983*, ed. by J. Schotsmans and M. Taddei (Naples, 1985), vol. 2, pp. 679-701.

23 W. D. O'Flaherty, G. Michell and C. Berkson, *Elephanta: The Cave pf Shiva* (Princeton, 1983), pls. 32, 37, 45, 64, 67.

24 M. Chandra, *Stone Sculpture in the Prince of Wales Museum* (Bombay, 1974), pl. 75.

25 M. Chandra, 앞 책, pl. 126.

26 T. A. Gopinatha Rao, 앞 책, vol. 2-Part 1, pp. 174-76.

27 J. N. Banerjea, 앞 책, p. 516.

28 T. A. Gopinatha Rao, 앞 책, vol. 2-Part 2, p. 503.

29 上村勝彦,『インド神話』, pp. 213-214.

30 cf. C. Sivaramamurti, *Rishis in Indian Art and Literature* (New Delhi, 1981), pp. 21-30.

31 T.03, p. 667bc. "그때 나에게는 사슴가죽 한 장뿐이라 나도 그것을 땅에 깔았다."
"내가 그때 즉시 사슴가죽을 깔고 머리를 풀어 헤치고 얼굴을 덮고 엎드려 부처의 다리가 되었다."

32 cf. H. Zimmer, *The Art of Indian Asian Asia*, 3rd printing (New York, 1968), vol. 1, p. 168.

33 T. A. Gopinatha Rao, 앞 책, vol.2-Part2, pl. 148; S. L. Huntington, *The Art of Ancient India* (New York-Tokyo, 1985), pl. 11. 18.

34 P. Pal, *Bronzes of Kashmir* (Graz, 1975), p. 54, pl. 3.

35 P. Pal, "A Brāhmanical Triad from Kashmir and Some Related Icons," *Archives of Asian Art*, 27 (1973-74), pp. 33-34. fig. 1.

36 S. L. Huntington, 앞 책, pl. 17. 20.

37 J. Marshall and A. Foucher, 앞 책, vol. 2, pls. 29, 65al. 또한 초기불교미술에서 나타나는 인드라의 도상에 대해서는, cf. A. K. Coomaraswamy, "Early Indian Iconography," *Eastern Art*, 1, No. 1 (1928), pp. 33-41.

38 J. Marshall and A. Foucher, 앞 책, vol. 2, pl. 49a-b.

39 H. Zimmer, 앞 책, vol. 1, pp. 223-25, vol. 2, pls. 41,42; B. Rowland, *The Art and Architecture of India* (Penguin Books, 3rd ed., 1967), pl. 18.

40 立川武藏·石黑淳·菱田邦男·島岩, 『ヒンドゥーの神々』(せりか書房, 1980), p. 40 참조. 이들 부조의 테마가 『디비야·아바다나』의 '만다타왕 이야기'를 표현한 것이라는 설도 있다. V. S. Agrawala, *Indian Art* (Varanasi, 1965), pp. 191-2.

41 주 10) 참조.

42 A. Foucher, *L'art gréco-bouddhique du Gandhāra*, Tome 1, figs. 426, 427; H. Ingholt and I. Lyons, 앞 책, pls. 128-34; 栗田功, 앞 책 1, pls. 330-36 etc.

43 주 11) 참조.

44 J. Marshall, *Taxila* (Cambridge, 1951), vol. I2, p. 723, Nos. 147-50, vol. 3, pls. 224, No. 148, 225, No. 147; H. ingholt and I. Lyons, 앞 책, pls. 331, 332.

45 P. Pal, "A Kushān Indra and some related Sculptures," *Oriental Art*, 25, No. 2, 1979, pp. 212-25.

46 『마나사라』에 의하면, 보관kirīta은 전륜성왕Cakravartin과 제왕Adhirāja만이 쓴다고 한다. cf. A. K. Coomaraswamy, "Early Indian Iconography," *Eastern Art*, 1, No. 1 (1928), p. 40, note 14.

47 Mahābhārata, 3. 98. 上村勝彦, 『インド神話』, pp. 73-75 참조.

48 cf. A. Foucher, *L'art gréco-bouddhique du Gandhāra*, Tome 2 (Paris, 1918), pp. 48-64.

49 入澤崇,「Vajji族の仏教」,『印度学仏教学研究』32-1, p. 169.

50 J. Ph. Vogel, *La Sculpure de Mathura*, pls. 7 ab, 51ab, 53b; V. A. Smith, *The Jain Stūpa and Other Antiquities of Mathurā*, pls. 105, 106;『インド古代彫刻展』도26, 31.

51 E. W. Hopkins, *Epic Mythology* (Strassburg, 1915), reprint (Delhi, 1974), pp. 126-7.

52 J. Ph. Vogel, 앞 책, pls. 7ab, 51b, 53b;『インド古代彫刻展』도26.

53 H. Ingholt and I. Lyons, 앞 책, pls. 18-3, 130, 131. 그 밖에 소화면의 '제석굴 선정'에서 코끼리를 표현한 예로서, S. D. Nagar, *Gandhāran Srulpture* (Columbia, 1981), pl. 5.

54 주 45) 참조. S. J. Czuma, *Kushan Sculpture: Images from Early India* (Cleveland, 1985), pp. 130-1. No. 57.

55 A. Lippe, *The Freer Indian Sculptures* (Washington, 1970), fig. 8 = 栗田功, 앞 책 1, pl. 31.

56 Bṛhatsaṃhitā, ch. 57, 5, 42; Viṣṇudharmottara-purāṇa, 2, ch. 50, v. 1-13, cf. J. N. Banerjea, 앞 책, p. 523.

57 P. 팔은 인드라가 소마를 받은 자라는 점에서 물병을 든 것이 부적합하지 않다고 보고 있다. cf. P. Pal, 주 45) 논문.

58 P. Pal, 주 45) 논문, fig. 10.

59 P. Pal, 주 45) 논문, fig. 17.

60 P. Pal, 주 45) 논문, fig. 14.

61 『インド古代彫刻展』도26.

62 J. Ph. Vogel, *La Sculpture de Mathurā*, pl. 38b; P. Pal, 주 35) 논문, fig. 20; R. C. Sharma, *Buddhist Art of Mathurā* (Delhi, 1984), pl. 163.

63 J. Ph. Vogel, 앞 책, pl. 38b.

64 J. Williams, 주 15) 논문, figs. 2(k), 3(g), 10(d).

65 J. Williams, 주 15) 논문, figs. 1(b), 5(a), 9(a).

66 P. Pal, *Indian Sculpture, A Catalogue of the Los Angeles County Museum of Art Collection* (Los Angeles, 1986), vol. 1, pp. 248-9, S125. 인도의 제석굴 설법의 도상에 대해서는, 秋山光文,「インドにおける仏教説話図の展開」『人文科學紀要』41 (お茶の水女子大學, 1988) 참조.

67 G. Yaxdani, *Ajanta*, part 2 (Oxford, 1933), pl. 22; 柳宗玄・宮治昭,『アジャンター窟院』도49.

68 G. Yaxdani, *Ajanta*, part 3 (Oxford, 1946), pl. 18a.

69 힌두교의 인드라 도상에 대해서는, cf. T. A. Gopinatha Rao, *Elements of Hindu Iconography*, Vol. 2-Part2, pp. 516-21; J. N. Banerjea, *The Delopment of Hindu Iconography* (1941) pp. 522-25.

70 N. P. Joshi, *Mathura Sculptures* (Mathura, 1966), pl. 77 = R. C. Sharma, *Mathura Museum and Art* (Mathura, 2nd ed., 1976), pl. 68.

71 R. D. Banerji, *The Temple of Śiva at Bhumara*, pl. 14C.

72 P. M. S. Vats, *The Gupta Temple at Deogarh*, pl. 10b. cf. K. R. van Kooij, 주 22) 논문.

73 W. D. O'Flaherty, G. Michell and C. Berkson, *Elephanta: The Cave of Shiva*, pls. 32, 37, 45.

74 S. L. Huntington, *The Art of Ancient India*, pl. 17. 20.

75 上野照夫 편, 『カルカッタ美術館』 (講談社, 1970), 도판41; J. C. Harle, *Gupta Sculpture* (Oxford, 1974), pl. 53, pp. 19, 44-45; S. Kramrisch, *Exploring India's Sacred Art* (Philadelphia, 1983), p. 184; J. C. Williams, *The Art of Gupta India* (Princeton, 1982), pp. 36-37, pl. 31.

76 J. Harle, 앞 책, p. 54, pl. 54; P. Pal, *Indian Sculpture: A Catalogue of the Los Angeles County Museum of Art Collection*, vol. I (1986), p. 199.

77 P. Pal, *The Ideal Image* (New York, 1978), p. 74, pl. 21.

78 브라흐마와 시바의 관계에 대해서는, cf. O'Flaherty, *Asceticism and Eroticism in the Mythology of Śiva* (Oxford, 1973), pp. 111-140.

79 탁실라에서 출토된 것으로 전해지는 소상에, 시바의 도상과 간다라의 미륵보살 도상이 혼효한 작품이 있어 M. 타데이에 의해 소개되고 있다. M. Taddei, "A New Early Śaiva Image from Gandhāra," *South Asian Archaeology 1983*, ed., by J. Schotsmans and M. Taddei (Naples, 1985), pp. 615-28.

80 터번관식형의 예로서, K. Desai, *Iconography of Viṣṇu* (New Delhi, 1973), fig. 3. 원통형 보관형의 예로서는, K. Desai, 앞 책, fig. 1.

81 P. Pal, *The Ideal Image*, pl. 3; J. C. Williams, *The Art of Gupta India*, pls. 218, 222.

82 N. P. Joshi, *Mathura Sculptures*, figs. 84, 88.

83 J. C. Harle, *Gupta Sculpture*, pl. 61.

84 J. C. Harle, 앞 책, pl. 49.

85 G. Liebert, *Iconographic Dictionary of the Indian Religions* (Leiden, 1976), pp. 51-52.

86 E. W. Hopkins, *Epic Mythology* (1915, reprint ed. Delhi, 1974), pp. 198, 219.

87 E. W. Hopkins, 앞 책, p. 204.

제2장

간다라 삼존형식의 양협시보살의 도상

─석가보살·미륵보살·관음보살─

1. 서론

간다라 조각에는 불·보살을 시작으로 하는 단독의 존상과, 불전도·본생도 등의 설화부조 사이의 이른바 중간적 도상구성을 취하는 부조조각이 많이 남아있다. 이들은 좌불과 양협시보살로 구성된 단순한 불삼존상부터, 중앙의 좌불 주위에 많은 불·보살·공양자 등을 배치하는 일종의 정토변상적인 형식까지 몇 가지의 도상형식을 포함하고 있다. 게다가 이들 부조조각은 주존의 좌상·수인·착의법, 보살의 타입, 나아가서는 꽃나무·화불·공양자 등의 다양한 모티브에 있어 공통된 도상요소를 가지고 있어서 간다라 조각 속에서 특별한 그룹을 구성하고 있다.

큰 연화좌 위에 결가부좌하고, 승의를 편단우견으로 입고, 전법륜인을 결한 불상을 중심으로 구성된 이 일군의 부조도상에 대해서, 일찍이 A. 푸셰는 이들이 '사위성의 신변'을 표현한 것으로 해석했다.[1] 즉,『디비야 아바다나』제12장「프라티하르야 시토라(신변경)」[2]에 기록되어 있는, 사위성 밖에서 외도를 격파하기 위해 석가가 이룬 천불현화의 기적을 표현한 것으로 해석한 것이다. 분명 종종 연못에서 자라난 연꽃을 두 용왕이 떠받치고, 그 연화좌 위에 결가부좌한 붓다를 중심으로 하여 주위에 화불이나 예배자를 배치하는 도상구성은, '사위성의 신변' 설화와 상통하는 면이 있다. 그러나 이 그룹의 부조도상에는 보살형 성중이 적지 않게 등장한다. 또한 단순한 불삼존상의 구성도 많아 이 경우의 양협시는 보살형을 취하고 있다. 푸셰는 양협시를 범천과 제석천으로 판단했는데, 붓다의 좌우로 작게 범천·제석천을 표현하고 이에 더하여 양협시로 보살형 인물을 배치한 불오존상의 도상형식도 있다. 이처럼 이들 일군의 부조도상은 불전도 속의 한 가지 기적담으로는 해석될 수 없는 요소를 포함하고 있는 것이다.

푸셰가 '사위성의 신변'으로 판단한 일군의 부조도상에 관해, 그러한 해석에 의문을 제기하며 이를 대승불교미술에 속하는 것으로 해석하는 견해도 적지 않다. 예를 들면, J. M. 로젠필드는 초기 대승경전에 기록되어 있는, 많은 보살이나 천인에게 둘러싸여 붓다가 시현示現하는 기적적인 광경을 표현한 것으로 생각했다.[3] 일본의 연구자들 중에서도, '서방정토의 광경' 혹은 '대승경전 설시說示의 광경'으로 보는 설이 강하다.[4] 그러나 이 설들도 도상구성이 대승경전에 기록된 바와 밀접한 관계가 있다고 대강 간추려 말하는 데 그치며, 개개의 도상요소를 해명하는 데까지는 이르지 못하였다. 최근, J. C. 헌팅턴은 모하마드 나리 출토의 대부조(도판39)를 들어 그것이 아미타정토를 표현한 것임을 적극적으로 제시하는 논고를 발표하면서 간다라미술과 대승불교와의 관계가 다시 클로즈업되고 있는데[5] 이 또한 검토의 여지가 있다.[6] 이 부조도상들의 해석에 관해서는 개개의 도상에 대응하는 경전의 내용을 넓게 탐색해 보는 것이 필수적인 동시에 도상요소의 상호 비교고찰을 행하는 것이 중요할 것이다.

푸셰가 '사위싱의 신변'으로 판단한 일군의 부조는 서로 공통된 도상요소를 갖고 있으면서도 몇 가지의 도상형식을 포함하고 있다. 단독 존상과 설화부조와의 중간에 위치하고 있는 이 일군의 부조들을, 필자는 그 도상형식에서 일단 네 종류의 그룹으로 분류할 수 있다고 생각한다.

(1) 설법불과 다수의 성중

전법륜인을 결한 좌불의 주존을 예배상과 같이 크게 표현하고, 그 주위에는 상하로 층을 이루어 불·보살·예배자들을 배치하고 있다. 일종의 정토도적인 양상을 띠며, 부조판넬의 크기도 다른 것과 비교할 때 큰 것이 많다.[7]

(2) 선정불과 다수의 화불

이 그룹의 주존은 편단우견·전법륜인의 붓다가 아닌, 통견·선정인의 붓다라는 점이 기타 사례들과 다른 특징으로, 주존의 주위에는 방사형으로 몇 구의 화불이 표현된다. 이 도상형식은 전 항의 도상형식 (1)의 일부로 속하는 경우도 있다.[8]

(3) 누각 내의 불삼존과 성중

사다리꼴 박공형 혹은 삼엽형의 아치형 건물 안에 좌불과 양협시보살로 구성된 불삼존상을 표현하고 건물 상부의 난간에 공양자들이 모습을 보이며, 부조판넬 상단에는 불·보살들이 표현된다.[9]

(4) 불삼존상

좌불의 좌우에 협시보살을 배치한 구성을 기본으로 하는데, 여기에 범천·제석천·비구·공양자 등을 추가하는 경우도 많다. 부조판넬 상부에 꽃나무와 천개, 천인이나 소불을 표현한 경우도 있다.[10]

이상으로 도상형식을 네 가지로 분류했는데 이들의 전체적인 도상해석은 나중으로 미루며, 여기에서는 삼존형식을 들어 특히 그 양협시보살에 대한 각각의 특징을 명확히 해 봄으로써 존격을 고찰해 보고자 한다. 네 가지의 도상형식 중 (3)과 (4)는 붓다와 양협시보살로 이루어진 불삼존을 기본으로 하고 있기 때문에 본 고찰의 직접적 대상이 된다. 이에 반해 (2)에는 양협시보살을 취하지 않는 것이 많다. 양손에 긴 꽃그물을 든 보살형 인물이 좌우

대칭형으로 배치되어 있는 것이 있지만, 양협시 인물이 일관된 명확한 특징을 보이고 있는 것이 아니기 때문에 여기에서는 제외한다. 또한 (1)에서도 많은 성중 중에서 양손에 꽃그물을 든 협시풍의 보살형 소상 한 쌍이 표현되어 있지만 마찬가지로 여기에서는 제외하기로 한다. 여기서는 좌우 협시보살이 다른 특징을 보이고 있는 (3)과 (4)의 삼존형식의 두 보살상에 대해 검토해 보기로 한다.

2. 간다라 삼존형식의 양협시보살의 도상분류

필자의 조사에 의해 확인된 삼존형식과 공간公刊된 도판에서 알려진 다른 작례를 합하면, 간다라의 삼존형식은 총 40점이 있다(본 장 뒷부분의 표2 참조). 빠진 것이나 소개되지 않은 것도 분명 존재하게 지만, 이 40점의 작례를 검토함으로써 간다라 삼존형식상의 협시보살의 도상계열을 명확히 할 수 있을 것이다. 아래에서 이들 삼존형식상의 양협시보살의 검토를 시도해 보고자 한다. 여기서는 우협시·좌협시의 호칭은 향하여 본 것을 의미하는 것이 아니라 주존에서 본 의미로써 사용하는 것으로 한다. 또한 이들 작례 중 한 점의 주존만이 좌불이 아닌 입불인데, 그 역시 전형적인 삼존형식을 보이기 때문에 여기에서는 함께 추가해 둔다(No. 38 = 도133).

협시보살의 도상을 특징짓고 있는 것은 두발·관식, 지물·수인, 장신구이다. 그 가운데 보살이 항상 몸에 착용하는 장신구에 대해서는, 귀걸이·비천·완천 외에 목과 신체에 착용하는 것으로써 두 종류의 목걸이, 호부護符 장식, 성뉴聖紐 장식의 네 종류가 있다. 보살의 존격과, 보살이 이 장신구들 중 어느 것(혹은 모든 것)을 착용할지에 대한 것과의 관계에 대해서도 검토해 보았으나 특정한 규칙성은 확인되지 않았다. 이에 반해 두발·관식, 지물·수인은 보살의 존격과 밀접한 관계를 갖고 있음을 알 수 있었다.

양협시보살의 두발·관식의 타입과 지물·수인을 비교 검토해 보면 일정한 규칙성을 갖고 있음이 판명된다. 즉 양협시보살은 각각 두발·관식의 타입, 지물 등을 달리하고 있어 서로 분명히 다른 보살을 형성하고 있다. 게다가 각각의 양협시보살은 좌우의 위치는 일정하지 않지만, 크게 보아 두 가지 도상계열을 구성하고 있다. 지금부터 임시적으로 이들을 A계열보살과 B계열보살로 이름하고, 그 특징을 기술하면 다음과 같다.

A계열보살은 우선 두발을 묶고 있다는 점이 특징으로, 두발을 묶는 두 종류의 방식이 있다. 첫 번째는 머리를 하나로 묶은 뒤 정수리에서 반으로 접어 묶는 방식으로, 한쪽 끝은 고리 모양을 하고 다른 끝은 늘어트린 경우와, 양쪽 끝 모두 고리 모양으로 ∞자형을 이루는 경우가 있는데, 모두 머리다발을 묶은 속발식 발형이다(도116a). 두 번째는 머리를 육계와 같이 정수리에서 둥글게 묶는 방식이다. 둥글게 묶은 상투는 간다라불의 육계와 마찬가지로

도116. 삼존형식상(표2의 No. 2)의 양협시보살. 사리바롤(간다라) 출토. 2〜3세기. 페샤와르박물관. a. 좌협시보살. b. 우협시보살.

a  b

도117. 삼존형식상(표2의 No. 10)의 양협시보살. 사리바롤(간다라) 출토. 3~4세기. 페샤와르박물관. a. 좌협시보살. b. 우협시보살.

물결 모양 두발을 표현하고 있다(도117a). A계열보살에는 첫 번째의 속발형과 두 번째의 상투형의 두 종류의 발형이 있는데, 양쪽 모두 연주장식의 헤어밴드를 착용하였을 뿐 다른 두식을 취하지 않는다는 점을 특징으로 한다(No. 3 및 No. 4 = 도124는 예외적으로 상투의 전방부에 고정용 장식 같은 것을 착용하고 있다). 두발은 어깨까지 늘어뜨리는 것이 많으며, 귀까지 덮는 풍성한 머리를 한 것도 있다.

이에 반해 A계열보살과 대칭하는 B계열보살은 예외 없이 터번관식을 쓰고 있다(도116b, 117b). 여기에서 터번관식이라는 것은 머리에 천을 두르고 호화로운 장식밴드로 조여 매며, 정수리 앞면에 부채꼴 혹은 원형 앞장식*

을 달고, 그 중앙에 쐐기형의 고정용 장식(?)이 달려 있다. 쐐기형의 고정용 장식(?)은 하단에 평상 형태의 것을 두거나, 사다리꼴 정수리에서 장식밴드의 좌우로 가느다란 연주끈 장식을 두르는 경우도 적지 않다. 또한 터번관식의 원형 앞장식에 선정인을 결한 화불을 표현한 예도 한 점 확인된다(No. 29 = 도138).

　간다라 삼존형식상의 양협시보살은 두발·관식의 표현방식에 따라, 우선 크게 속발·상투 타입의 A계열보살과 터번관식 타입의 B계열보살로 명확히 구분된다. 양협시보살이 동일한 두발·관식을 보이는 경우는 없으며, 주존은 모두 A계열과 B계열의 보살을 좌우에 거느리고 있다. 이는 양협시보살이 서로 다른 특정 존격이라는 것을 상정한다. 이 때문에 두 계열의 보살의 지물과 수인에 주목하고 이를 정리함으로써, 협시보살의 분류 단서를 얻을 수 있을 것이다. 별표(표2)에 결과를 정리해 두었으므로 이에 기초하여 고찰해 보겠다.

　A계열보살의 흥미로운 점은, 25점의 작례 중 파손된 것을 제외한 24개의 예에서 왼손에 물병을 들고 있다는 것이다. 예외가 되는 한 점(No. 17 = 도판38)은 왼손은 사유형을 하고, 오른손은 범협을 들고 있어 이후에 고찰하기로 한다. 이를 제외하면 A계열보살은 반드시 왼손에 물병을 드는 한편, B계열보살 중에는 물병을 든 예가 존재하지 않는다는 점을 아울러 생각해보면, A계열보살은 속발·상투형의 두발과 물병을 든다는 특징을 갖는다고 할 수 있다.

　A계열보살의 오른손에 관해 말하자면, 전술한 범협을 쥔 예와 파손된 것을 제외한 21점의 작례 중, 시무외인 다섯 예(Nos. 3, 9, 19, 32, 34), 여원인 두 예(Nos. 4, 38), 손바닥을 안쪽으로 향하는 수인 열두 예(Nos. 2, 8, 15, 20, 23, 24, 25, 31, 33, 37, 39, 40), 그리고 피지 않은 연꽃을 든 두 예(Nos. 4, 38)가 있다. 피지 않은 연꽃

---

* 　원문의 '前立ち飾り'(마에다치카자리)는 일본투구 등의 앞면 장식을 가리키는 용어이다.

을 든 예는 약간 특이하지만 이와 대칭하는 터번관식의 보살이 오른손에 활짝 핀 연꽃, 왼손에 피지 않은 연꽃 혹은 화만을 들고 있다는 점을 고려한다면, 이 보살의 오른손에 든 피지 않은 연꽃은 아마 좌우 두 보살의 지물의 균형을 위해 발생했다고 보아야 할 것으로, 존격과 직접 관련된 지물이라고는 생각되지 않는다. 이 밖의 사례에서는 세 종류의 수인을 보이고 있는데, 시무외인 및 여원인은 간다라에서 일반적인 수인으로, 특별히 특정 존격과 관련되는 것이 아니어서 대칭하는 보살의 수인과의 관계에 대해서도 규칙성은 보이지 않는다. 그러나 오른손을 어깨높이로 올려 손바닥을 안쪽으로 향하게 하는 독특한 수인은 작례 중 과반수를 점하며, 게다가 B계열보살에는 전혀 보이지 않는다는 점을 고려할 때, A계열보살과 특히 관계 깊은 수인이라고 할 수 있다.

이처럼 A계열보살(No. 17을 제외함)은 속발형 혹은 육계 모양의 상투형으로, 왼손에 물병을 들고 오른손은 손바닥을 안쪽으로 향하게 하는 수인(혹은 시무외인 내지 여원인)을 결하는 것을 특징으로 한다. 이 보살은 다음의 근거에 의해 미륵보살로 분류할 수 있다.

우선 첫째로 간다라 부조에서 불상 7구와 보살상 1구를 병치하는 예가 있어, 이는 과거칠불과 미륵보살을 포현한 것임에 틀림없다. 필자가 탐색하여 얻은 작례는 다섯 예가 있고, 그 밖의 단편 한 예(불상6구와 보살상1구)를 더하여 여섯 예가 된다. 이 보살상들의 특징(두발·지물·수인)을 열거하면 다음과 같다.

(1) 페샤와르박물관 소장 Takht-i-Bahai 출토[11]
   속발, 왼손 물병을 듦, 오른손 시무외인.
(2) 페샤와르박물관 소장(단편) No. 2108(도판26)[12]
   육계 모양의 상투, 왼손 물병을 듦, 오른손 시무외인.
(3) 빅토리아&앨버트미술관 소장 I. M. 71-1939, 스와트 지방 출토[13]
   속발, 왼손 물병을 듦, 오른 손바닥을 안쪽으로 향하는 수인.

도118. 과거칠불과 미륵보살. 간다라. 3~4세기. 일본 개인 소장[나라국립박물관 제공]

(4) 빅토리아&앨버트미술관 소장 I. M. 220-1931, 스와트 지방 출토[14]

두부 결손, 왼손 물병을 듦, 오른손 시무외인.

(5) 라호르박물관 소장 Muhammand Nari 출토(삼존형식 판넬의 대좌)[15]

속발, 왼손 물병을 듦, 오른손 불명.

(6) 도쿄 개인 소장, 출토지 불명(도118)(불좌상(원래는 삼존형식인 듯?) 판넬의 대좌)[16]

육계 모양의 상투, 왼손 물병을 듦, 오른손 시무외인.

이들 이외에 과거사불(현재의 현겁4불로 볼 수 있다)과 미륵보살을 병치한 예도 알려져 있다.

(7) 로마 개인 소장, 출토지 불명[17]

속발(?), 왼손 물병을 듦, 오른 손바닥을 안쪽으로 향하는 수인.

이상의 일곱 예의 미륵보살상을 보면 모두 속발형 혹은 육계 모양의 상투형 두발을 보이며, 왼손에 물병을 들고 오른손을 시무외인 혹은 손바닥을 안쪽으로 향하는 수인을 결하고 있다. 예외가 없다는 것은 미륵보살의 도상이 간다라에서 이 같은 특징을 갖는 것으로 확립되어 있었음을 시사한다.

또 한 가지 미륵도상의 확실한 단서는 카니슈카 동화銅貨의 안쪽에 표시된 미륵재명상이다. 카니슈카 (1세)왕의 금화 및 동화에 붓다 Buddha와 석가모니붓다Śākyamuni Buddha 재명상이 표현되어 있다는 것은 잘 알려져 있는데, 최근 미륵불Maitreya Buddha 재명상의 몇 가지 작례가 소개되었다(도119).[18] 지금은 동화에 있는 것만이 알려져 모두 대좌 위에 결가부좌한 상인데, 두 발을 육계 모양의 상투형으로 묶고 귀까지 내려오는 풍성한

도119. 미륵불Maitreya Buddha 좌상. 카니슈카 화폐.
2세기. 일본 개인 소장[나라국립박물관 제공]

머리를 표현하였으며, 왼손에는 물병을 들고 오른손은 시무외인(혹은 손바닥을 안쪽으로 향하는 수인)을 결하여 들고 있다. 보살상은 항상 귀걸이·목걸이·비천·완천 등의 장신구를 착용하고 있다. 상 주위에 Metrago Boudo (Maitreya Buddha)라는 명문이 있다. '미륵보살'이 아닌 '미륵붓다'인 이유를 분명히 알 수는 없으나 도상상으로는 모두 보살형으로, 두발이나 장신구에 각각 크고 작은 변화는 있지만 전술한 간다라부조 속의 과거칠불과 병치된 미륵보살상과 동일한 도상적 특징을 보이고 있다.

이상의 근거에 의해 간다라 삼존형식상에서 A계열보살(No. 17을 제외한)을 미륵보살로 보아도 틀림이 없을 것이다.

그런데 속발(육계 모양의 상투를 포함)·물병을 드는 타입의 미륵보살 도상은 이미 지적된 바와 같이 범천(브라흐마)의 도상에서 유래하고 있다.[19] 미륵은 경전에 따르면, 바라문 학자인 바바리波婆梨의 제자(『Suttanipāta』(pārāyana), 『현우경』 바바리품 제50)나 아들(『관미륵보살상생도솔천경』), 혹은 대바라문의 아들(『Divyāvadāna』(Maitreyasamiti), 『미륵하생성불경』)로 여겨지고 있어, 석가가 크샤트리아 출신이라는 것과 대조적으로 바라문 출신이다. 간다라 부조에

서 바라문은 해탈을 구하는 수행자로서 두발은 묶거나 상투를 틀고 긴 머리를 늘어트리며 종종 물병을 든다.[20] 출가자로서 장신구를 착용하지 않는 것이 일반적이다.

범천의 도상은 이 바라문의 모습과 관계가 있다. 범천은 우주적 원리라고도 할 수 있는 브라흐만을 구현한 신으로, 성세계聖世界의 주인공이다. 바라문은 그것을 추구하는 자로, 범천의 후예로 여겨진다. 범천은 간다라에서는 '탄생'(도157), '관수'(도92), '범천권청'(도93) 등의 불전 장면에서 보이는 것[21] 이외에, 여기서 다루고 있는 오존형식의 부조에도 제석천과 쌍을 이루어 표현되고 있다(Nos. 1 = 도판28, 2 = 도판29, 3·4 = 도124, 11·29 = 도138, 35). 모두 장신구를 착용하지 않고 머리를 묶거나 상투를 결하는 바라문 수행자의 모습으로 물병을 손에 들고 있는 것도 많다. 게다가 바라문이나 범천의 상에는 미륵의 오른손에서 본 손바닥을 안쪽으로 향하는 독특한 수인을 취하는 경우도 적지 않게 확인할 수 있다(도판21b).

미륵의 도상은 이처럼 범천의 도상과 관계 깊은 것이 분명한데 이는 단지 바라문이라는 미륵의 출신에 의한 것뿐만 아니라 보다 본질적으로는 미륵이 장래에 붓다가 되어야만 하기 때문에, 스스로 수행에 힘쓰는 이상적인 수행자로서 이미지화되었기 때문이 아닐까.

이에 반해 터번관식을 쓴 B계열보살은 어떠할까. 터번관식은 불전부조 속에 표현된 싯다르타 태자의 두식에서 보이는데, 이뿐 아니라 정반왕이나 말라족의 귀족 등 크샤트리아의 장신구로써도 일반적이다. 사천왕을 위시한 신들도 터번관식을 쓴 경우가 많으며, 특히 '신들의 왕'인 제석천(인드라)은 보관을 쓰거나 혹은 터번관식을 하고 있다.[22] 이런 점들로 미루어 생각한다면, 터번관식은 원래 세속적인 왕후나 신들에게 통용되는 표식이라고 할 수 있을 것이다. 범천이나 미륵의 속발·상투가 이른바 초세속성, 구도求道성의 표식이라는 것과 대조를 이루고 있다.

그런데 터번관식을 취하는 B계열보살은 지물과 수인이 언제나 단일하지는 않다. 오른손은 시무외인을 결하거나 사유형을 취하는 것 외에 화만 혹은 연꽃(활짝 핀)을 든 예가 있다. 왼손을 허리에 댄 작례 이외에는 화만 혹은 연꽃(피지 않은 것과 활짝 핀 것이 있다)을 들고 있다. 이 때문에 B계열보살은 오른손과 왼손의 수인·지물의 조합에 따라 다양한 변화를 낳게 되는데, 결국에는 (a) 오른손은 시무외인을 결하고, 왼손은 허리에 대고 있는 타입, (b) 오른손이나 왼손, 혹은 양손에 화만·연꽃(피지 않거나 혹은 활짝 핀) 중 어느 한 가지를 들고 있는 타입의 두 종류로 대별할 수 있을 것이다(도116b,117). 오른손을 이마에 대는 사유형 보살은 모두 반가좌를 취하며, 왼손에는 화만·연뢰(?)·연꽃 중 어느 한 가지를 들고 있다(Nos. 9 = 도127, 16 = 도183, 오른손 결손, 17 = 도판38, 30 = 도139). 이른바 반가사유보살로, 후자(b)의 타입에 속한다. 또한 양손에 꽃그물(?)을 든 예(No. 21)는 두부가 파손되어 불명확한데다가 쌍을 이룬 보살도 결손이 현저하여 이들의 타입은 분명하지 않다. 이 예는 도상형식 (1)의 '설법불과 다수의 성중' 속에서 볼 수 있는 양손에 꽃그물을 든 한 쌍의 협시[23]와 같은 타입인지도 모른다. 여기서는 일단 제외하고 생각하기로 한다.

한편 B계열보살로 양손 모두 남아있는 작례는 14점인데, 그중 왼손을 허리에 대고 오른손은 시무외인을 결하는 작례는 2점이다(Nos. 3,5). 이는 이른바 무지물 타입이라 할 수 있다. 왼손을 허리에 대고, 오른손은 결실된 것도 2점이 있지만(Nos. 1 = 도판28, 29 = 도138), 왼손을 허리에 대고 있으면서 오른손에 화만을 든 예(No. 20 = 도128)도 있기 때문에, 이 경우는 무지물 타입으로 단언할 수 없다. 이 무지물 타입의 협시보살은 터번관식의 보살상으로 한정뇌고 있는네, 그 에가 직은 깃도 사실이다.

이에 반해 한 손 혹은 양손 모두 남아있는 31점의 작례 중, 한 손 혹은 양손에 화만·연꽃(피지 않거나 혹은 활짝 핀) 중 어느 한 가지를 든 것은 21점에 달한다(물음표를 단 경우도 포함한다). 과반 이상의 상당수를 점하여, 터번관식의 협시보살이 화만 혹은 연꽃을 지물로 하는 경우가 많음을 알 수 있다. 게다가 터번관식의 협시보살로 이들 이외의 지물을 취하는 예는 알려지지 않았으며, 또한 대칭하는 A계열보살에 화만·연꽃을 취하는 예는 존재하지 않는 것이다(다만, Nos. 4, 38은 물병과 피지 않은 연꽃의 두 가지를 취한다).

도120. 삼불삼보살상 부조. 간다라. 2~3세기. 탁실라박물관.

　　이상의 검토를 토대로 B계열보살의 존명을 생각해 보고자 한다. 여기서 일단 (a) 무지물 타입, 그리고 (b) 화만을 들거나 연꽃을 든 타입을 한층 세분하여, (b1) 화만을 타입, 그리고 (b2) 연꽃(피지 않거나 혹은 활짝 핀)을 든 타입, 이상의 세 종류로 구별할 수 있을 것이다. 우선은 이들이 모두 동일 존인가의 여부가 문제일 것이다. 이를 고찰함에 있어 중요한 부조 판넬이 있다.

　　그것은 간다라 지방에서 출토된 프리즈frieze(도120)로, 양 끝에 공양자를 배치하고 그 사이에 3구의 불입상과 3구의 보살입상을 교차적으로 표현하고 있다.[24] 보살의 타입에 주목해 보면 향좌측 보살(도판27c)은 ∞자형으로 머리를 묶은 속발형으로, 왼손에 물병을 들고 오른손은 결손되었으나 손바닥을 안쪽으로 향하는 수인을 취하고 있었던 것 같다. 전형적인 미륵보살이다. 중앙의 보살과 향우측의 보살은 둘 다 동일한 터번관식을 하고 오른손은 시무외인을 결하고 있는데 왼손은 달리하고 있다. 즉, 전자는 왼손을 허리에 대고 있는 데 반해(도판27b), 후자는 화만을 들고 있는 것이다(도판27a). 이 두 보살은 우리가 말하는 (a) 무지물 타입과 (b1) 화만을 든 타입에 정확히 상응한다. 이 두 보살이 다른 존격을 갖고 있다는 것에는 의심의 여지가 없을 것이다.

　　우선 터번관식을 한 무지물 타입의 보살상(a)의 분류에 관하여, 현재 명

문 이외의 확실한 근거
는 없지만, 간다라 불전
부조 속에 다수 표현되
고 있는 싯다르타(석가)
보살로 보아도 좋을 것
이라 생각한다. 갓난아
이나 유아기의 태자상
은 차치하고, 성도 전
(정확히는 낙식落飾 전)의
싯다르타 태자는 일반
적으로 터번관식을 한
무지물의 모습으로 표
현되고 있다. '혼약'(도

도121. '출가결의'의 싯다르타 태자. 간다라. 2~3세기.
페샤와르박물관.

판36), '수하관경(사유)'(도판35), '궁정생활', '출가결의'(도121), '출성' 등의 장
면[25]에 보이는 예가 대표적이다. 이들 싯다르타 태자의 터번관식은, 우리가
말하는 B계열보살과 마찬가지로 두발에 터번을 쓰고 장식밴드로 조여 매며,
정수리 전면에 선형 혹은 원형의 앞장식(중앙에 쐐기형의 고정용 장식이 있다)
을 다는 형식이다. '부처의 머리카락 공양'은 싯다르타 태자의 낙식落飾* 후
신들이 태자의 부처의 머리카락을 공양한 이야기를 표현하는데, 간다라 부
조에서는 태자가 쓰고 있던 것과 같은 형식의 터번관식을 한 예배 장면을 표
현하고 있어(도122),[26] 싯다르타 태자와 터번관식의 밀접한 관계를 시사하고
있다. 또한 '수하관경'의 장면을 제외하면 다른 불전 장면에서는 일반적으로
싯다르타 태자는 오른손으로 시무외인을 결하고, 왼손을 허리에 대고 있다.
    이같이 생각한다면 B계열의 무지물 타입의 보살상(a)은 싯다르타(석가)

---

* 낙식落飾: 불교에서 머리털과 수염을 깎는 일(표준국어대사전 홈페이지 참조).

도122. 부처의 머리카락 공양. 구 마르단 소재(간다라).
2세기. 페샤와르박물관.

보살로 보는 것이 타당한 해석이라 할 수 있을 것이다. 실제로 보살신앙의 조형상의 모태가 된 것은 해탈에 도달하기 이전의 석가, 즉 싯다르타 태자의 모습이었음은 쉽게 상상할 수 있다. 전술한 삼불삼보살을 표현한 판넬에서 중앙에 싯다르타 보살을 배치하고 있는 것도 근거가 없는 것은 아니다(도120, 도판27b).

그렇다면 삼불삼보살 판넬의 향우측 화만을 든 타입의 보살상(도판27a)은 어떤 존격이었을까. 화만을 든 타입 혹은 연꽃을 든 타입의 보살상은 삼존형식에서도 미륵보살과 대칭하는 경우가 많음은 이미 보았다. 그 때문에 화만을 들거나 연꽃을 든 보살상은 막연히 성격이 없는 보살상인 것이 아니라, 특정 존격을 갖는 보살상이라는 것은 틀림없을 것이다. 화만을 든 타입의 보살상을 무엇으로 판단할 것인가에 대해서는 아직 충분한 근거가 없지만, 연꽃을 든 타입의 보살상과 같은 존격을 갖는 경우가 많았던 것 같다. 화만을 든 타입이 간다라에서 연꽃을 든 타입과 밀접한 관련을 맺고 있다는 것은, 양자 모두 터번관식의 보살상에서 확인되며, 속발·상투를 튼 보살상에서는 보이지 않는다는 점에서 엿볼 수 있다. 또한 간다라의 단독 반가사유보살상은 스무 예 가까이 알려져 있는데, 그 가운데 지물을 들지 않는 예도 소수 있지만, 그 이외에는 몇 예가 화만을, 그 외에는 모두 연꽃(피지않거나 혹은활짝핀)을 손에 들고 있어, 화만은 연꽃과 교환 가능한 지물, 혹은 오히려 화만이 연꽃의 선구적인 지물이라는 것을 추측할 수 있다. 제4장에서 논한 바와 같이, 간다라의 단독반가사유보살은 관음의 계열에 속한다.

또한 단독 보살입상으로, 화불(전법륜인을 결하는 좌불)이 있는 터번관식을 쓰고, 왼손에 화만을 든(오른손 결손) 존상(도123)이 있어 이 상은 관음보살

도123. 화만을 든 터번관식 화불의 보살입상. 사리바롤
(간다라) 출토. 3~4세기. 페샤와르박물관.

로 볼 수 있을 것이다. 화불이 있는 보살상은 경전상에서는『관무량수경』에서 말하는 관음[27]뿐만 아니라,『관미륵보살상생도솔천경』에서 설하는 미륵[28]에도 명확히 언급되어 있기 때문에, 반드시 화불이 관음 고유의 표식이라고 할 수는 없지만, 적어도 간다라에서는 속발(상투)·물병을 드는 타입의 미륵에 화불이 있는 예는 없고, 모두 터번관식의 앞장식에 화불이 달려 있다는 점을 미루어 생각해 보면, 관음으로 보아도 틀림이 없을 것이다. 다만 이 경우에도 화불이 아미타를 표현했을 가능성에 대해서는 다시 논의되어야 할 것이다. 또한, 우리가 살펴 본 삼존형식 상들 중에서도 1구만이 좌협시에 화불이 있는 보살의 예가 있다(No. 29 = 도138).[29] 이는 B계열보살로 화불이 있는 터번관식을 쓰고, 왼손을 허리에 대고, 안타깝게도 오른손은 결실되어 지물이 불명한 것에 반해, 상대하는 우협시는 양손 모두 결실되었지만 속발 타입의 A계열보살이다.

화만을 든 타입(b1)의 보살은 관음일 가능성이 많음을 살펴보았다. 전술한 삼불삼보살 판넬(도120)에 있어, 중앙은 터번관식·무지물 타입의 석가보살(도판27b), 향좌측은 속발·물병을 드는 타입의 미륵보살(도판27c)임에 반해, 향우측은 터번관식·화만을 든 타입의 관음보살(도판27a)로 분류할 수 있을 것이다. 또한 중앙의 석가보살이 두 종류의 목걸이를 착용하고 있는 것에 반해 미륵보살과 관음보살은 두 종류의 목걸이 이외에 호부장식도 갖추었다는 것은, 미륵과 관음이 여기서도 한 쌍으로 여겨지고 있음을 암시한다.

한편, 연꽃을 든 타입(b2)에 대해 기술해 보겠다. 결론적으로 말하자면 터번관식·연꽃을 든 보살은 관음으로 분류할 수 있을 것이다. 이 점에 대해서는 타카타 오사무高田修 교수가 명쾌하게 논한 바 있다.[30] 즉 '연꽃을 든 자'라는 의미인 연화수蓮花手, Padmapāni는 일반적으로 관음의 별호別號로써 이해되었는데 경전상에서 오래된 대승경전에는 보이지 않고 이후 밀교의 경궤(『대일경』, 『대승장엄보왕경』 등)에서만 찾을 수 있다. 그러나 중국 북위시대(기년명으로 470~530년)의 금동상에는 재명 관음상('觀世音' 혹은 '光世音')이 상당수 있는데 이들 대부분은 오른손에 피지 않은 연꽃을 들고 있어서,[31] 중국의 이른 시기에 관음이 연꽃을 든 보살로 정착되었음을 엿볼 수 있다는 내용이다.

타카타 교수의 고찰에 더하여 최근 관음이라는 명문을 포함한 간다라의 불삼존상(No. 30 = 도139)이 소개되어 활발히 논의되고 있는데, 우리의 고찰과 관련해서도 중요하다. 그 관음보살도 터번관식·연꽃을 든 특징을 보이는데, 이 부조 조각에 대해서는 이후에 언급하고자 한다. 이러한 점

도124. 삼존형식상(표 2의 No. 4). 간다라. 3~4세기. 페샤와르박물관.

을 통해 생각해보면, 간다라에서도 연꽃을 든 보살이 관음의 도상으로서 성립되고 있었다고 보아도 틀림이 없을 것이다.

또한 B계열(b1)(b2)의 협시보살로 양손에 각각 피지 않은 연꽃과 활짝 핀 연꽃을 든 예(No. 4 = 도124) 및 화만과 활짝 핀 연꽃을 든 예(No. 38 = 도133)가 있는데, 이 보살들의 오른손의 연꽃은 대칭하는 A계열 협시보살의 오른손 연꽃과 맞춘 짓으로, 보살의 존격과는 직접적인 관계기 없디고 보이도 좋을 것이다.

이상으로 간다라 삼존형식에서 양협시보살의 각각(A계열, B계열(a), B계열(b1)(b2))에 대한 구분을 거의 끝냈는데, 마지막으로 협시보살이 좌세를 취하는 삼존형식에 대해 기술해 두겠다. 대부분의 양협시는 입상이지만 반가 및 교각의 좌세를 취하는 경우가 있다. 이 다섯 작례들 중 한 작례는 한쪽의 협시가 없어졌다(Nos. 18, 30). 남은 셋 중 두 작례는 모두 한 쪽이 교각보살인 것에 반해, 다른 쪽은 반가보살이다(Nos. 9, 16). No. 9(=도127)는 서툰 솜씨의 작

도125. 삼존형식상(표 2의 No. 6). 간다라. 3~4세기. 페샤와르박물관.

도126. 삼존형식상(표 2의 No. 8). 탁티바히(간다라) 출토. 3~4세기. 페샤와르박물관.

도127. 삼존형식상(표 2의 No. 9). 간다라. 3~4세기. 페샤와르박물관.

도128. 삼존형식상(표 2의 No. 20). 간다라. 3~4세기. 캘커타인도박물관.

도129. 삼존형식상(표 2의 No. 32). 간다라. 3～4세기.
일본 개인 소장[호리우치 노리요시堀內紀良
제공]

도130. 삼존형식상(표 2의 No. 31). 사리바롤
(간다라) 출토. 3～4세기. 유럽 개인 소장.

도131. 삼존형식상(표 2의 No. 34). 간다라. 3～4세기.
미주리대학교 소장[Nagar, pl. 14]

도132. 삼존형식상(표 2의 No. 18). 로리얀탕가이
(간다라) 출토. 3-4세기. 캘커타인도박물관.

도133. 삼존형식상(표 2의 No. 38). 간다라. 3~4세기. 오사카 사천왕사보물관
[나라국립박물관 제공]

품이지만, 우협시가 반가보살로 터번관식을 쓰고 오른손은 사유상, 왼손에
는 연뢰와 같은 것을 든다. 좌협시는 교각보살로 두발은 상투를 틀고 있는 듯
한데 쓰개를 쓰고 있는 것처럼 보이기도 한다. 오른손은 시무외인을 결하고
왼손에 물병을 든다. 전자는 관음의 계열, 후자는 두발·두식에 의문이 남지
만 일단은 미륵의 계열로 볼 수 있다. No. 16(= 도183)은 좌우 위치는 다르지만
거의 같은 구성이었다고 생각된다. 즉 좌협시는 터번관식·연꽃을 든 반가
보살로 관음의 계열임을 알 수 있지만, 우협시는 아쉽게도 두부와 양손이 결
실되어 교각보살이라는 것만 알 수 있을 뿐이다.

간다라의 반가보살은 삼존형식의 협시상이나 단독상에서 거의 모두 터번관식을 쓰고 오른손은 사유상, 왼손에 화만 혹은 연꽃을 들고 있어 관음의 계열에 속한다(제4장 참조). 이에 반해 교각보살은 반가사유보살과 대칭하는 경우 속발(상투)·물병을 든 미륵 계열에 속하는 것이 많았다고 볼 수 있는데, No. 18(= 도132)과 같이 교각보살로, 터번관식·화만을 든 타입도 있다(대칭하는 협시 결손의 예). 단독 교각보살의 경우도 항상 속발(상투)·물병을 드는 타입만 있는 것은 아니다. 결국 간다라 보살상에 있어 교각의 좌세가 반드시 미륵의 지표가 된다고 볼 수는 없다.

반가의 좌세는 관음과 깊은 관련을 보이지만 한 가지 예외가 있다. No. 17(도판38)의 불삼존상이 그것으로, 여기서는 양협시가 좌우대칭형을 이루는 반가사유보살상이다. 좌협시는 터번관식·연꽃을 든 통례의 관음타입이지만, 우협시는 두발을 육계형으로 묶고 왼손은 사유상을 취하며, 오른손에 범협을 든 간다라에서는 보기 드문 작례이다.[32] 후대의 도상학으로 보면 범협을 든다는 점으로 미루어 문수보살로 볼 수 있는데, 과연 간다라에서도 이를 적용할 수 있는가에 대해서는 확실한 근거가 없다. 그러나 역으로 이를 부정하고 다른 존으로 정의하는 것은 더욱 곤란하다고 할 수 있겠다.

3. 간다라 보살상의 도상과 존격 – 석가·미륵·관음 –

간다라 삼존형식의 양협시보살의 도상에 대해 앞 절에서 검토한 바를 요약해보면 다음과 같다.

양협시보살은 좌우 위치에 관계없이 두발·관식의 형태에 따라 크게 두 계열로 나눌 수 있다. A계열보살은 두발을 ∞자형으로 묶거나 혹은 육계형으로 상투를 트는 발형이며, 왼손에 물병을 들고 오른손은 손바닥을 안쪽으로 향하는 인을 취하는 경우가 많은데, 시무외인이나 여원인을 취하는 것도 있다. 이 특징을 갖는 A계열보살은 미륵으로 분류할 수 있다. 대부분의 삼존형식의 한쪽 협시는 미륵보살로 추정되는데, 결손부를 갖는 상에 관해서는 당연히 존격을 판단함에 있어 신중을 요한다. 특히 손을 잃은 상에 관해서는 유보하지 않으면 안 된다. 한 점뿐이지만 왼손은 사유형을 취하고 오른손에 범협을 든 보살이 있어 문수의 가능성이 있다.

한편 A계열보살과 대칭하는 터번관식을 쓴 B계열보살에 대해 말하자면, (a) 왼손을 허리에 대고 오른손은 시무외인을 결한 무지물 타입, (b1) 왼손(No. 20만 오른손)에 화만을 든 타입, (b2) 왼손에 연꽃(피지 않거나 혹은 활짝 편)을 든 타입, 이상의 세 종류로 나눌 수 있다. B(a) 무지물 타입은 싯다르타(석가)보살, B(b1)의 화만을 든 타입이나 B(b2)의 연꽃을 든 타입은 관음보살로 추정된다. 물론 여기예서도 손을 잃은 지물불명의 상에 관해서는 유보가 필요하다.

결국 간다라 삼존형식 양협시보살상의 일반적인 조합은 미륵·싯다르타(석가), 혹은 특히 미륵·관음이라고 할 수 있을 것이다. 이 조합은 삼존형식의 양협시보살에서 볼 수 있을 뿐 아니라 이 2존을 병치시킨 부조도 존재한다. 예를 들면 카피시의 쇼토락에서 출토된 대좌의 정면에 표현된 양 끝에 공양자(한 명은 속형, 한 명은 비구형)를 동반한 불삼존상[33]은, 중앙에 있는 입불의 우협시로 상투를 틀고 물병을 든 미륵보살, 좌협시로 터번관식을 쓴 무지물의 싯다르타보살을 동반하고 있다. 이는 간다라 삼존형식 No. 38과 마찬가지인 입상의 불삼존상이라 할 수 있는데, 최근 쿠리타 이사오에 의해 소개된 2구의 보살병치상에서는, 향좌측에 속발·물병을 듦·오른손바닥을 안쪽으로 향하는 수인의 특징을 보이는 미륵보살, 우측에 터번관식·연꽃을 든 특징을 보이는 관음보살이 표현되어 있다(도134).[34] 타데이Taddei에 의해 소개된 부조조상도 이와 마찬가지 형태를 보이는 이보살상이다.[35] 또한 대영박물관 소장 불좌상의 대좌 정면에는 불과 보살을 교차로 배치한 삼불과 이보살을 표현한 예(모두 붓다는 선정인좌불)가 있어, 향우측은 속발·물병을 든 미륵보살, 향좌측은 터번관식·연꽃을 든 관음보살로 정의할 수 있다.[36]

이같이 본다면 간다라에서 미륵과 관음을 쌍으로 하는 방식이 제법 유행했었다고 추측된다. 삼존형식에서도 양협시보살의 조합으로서 미륵·싯

도134. 이보살병치상. 간다라. 3~4세기. 런던 개인 소장
[쿠리타 이사오 1, pl. 84]

다르타로 추정되는 것이 두 점(Nos. 3, 5)인 것에 반해, 미륵·관음으로 보이는
것은 19점(Nos. 2, 4, 6-10, 16, 20, 23-25, 29, 31, 32, 34, 38-40)이나 있어, 삼존형식의 양
협시보살도 미륵과 관음의 조합이 주류였다고 생각된다. 간다라에 있어 보
살신앙과 그 조상造像의 실체에 대해서는 아직 제대로 파악되지 않았지만,
이상의 검토를 통해 간다라 보살상의 양상과 미륵·관음 조합의 도상학적 의
미에 대해 약간의 고찰을 해 보고자 한다.

간다라 삼존형식의 협시보살상은 이미 고찰한 바와 같이 두발·관식의
형태에 따라 크게 두 계열로 나눌 수 있었는데, 이는 다수의 단독 보살상에
대해서도 통용되는 것으로 이 두 계열은 간다라 보살상의 성격을 기본적으

로 규정하고 있다. 간다라 보살상 — 즉 최초기의 보살상 — 은 경전에 기재된 바에 기초하여 조형된 것이 아니라 그 도상의 성립에는 고대 인도의 세계관·종교관이 깊게 관련되어 있다. 앞 장에서 브라흐마/바라문과 인드라/크샤트리아의 대조가 인도 존상의 도상형성에 큰 영향을 미쳤음을 고찰하였는데, 보살의 성격과 도상적 특징에도 이 두 계열이 관계하고 있다고 생각된다.

문제는 이 같은 고대 인도의 세계관·종교관이 불교의 보살신앙과 어떻게 관련되어, 불교존상으로서의 성격을 갖는 보살상을 창출하고 있었는가라는 점이다. 간다라에서 매우 많은 불전부조가 만들어졌다는 것으로 미루어 생각해보면, 간다라의 불교미술은 석가신앙이 주류를 이루고 있었다고 보아도 우선 틀림이 없을 것이다. 이 때문에 보살에 대한 신앙과 조형도 석가 성도 이전의 싯다르타보살에 대한 것이 기초가 되었다고 생각하는 것이 자연스러울 것이다. 성도 이전의 석가, 즉 싯다르타 태자가 일반적으로 터번관식에 지물을 들지 않은 모습으로 표현되어 있다는 것은 이미 지적한 대로이며, 신들이나 왕후의 모습도 거의 다름이 없다. 싯다르타 태자가 왕자로서 크샤트리아의 모습으로 표현된 것은 당연한 것이라 할 수 있다.

그러나 간다라의 출가 직전의 불전 장면을 상세히 검토해 보면, 통례의 싯다르타 태자의 형태와 다른 예가 보여, 간다라 보살에 대한 관념과 조형을 아는 데 있어 중요한 단서가 된다. 우선 자무르드 출토의 '궁정생활'과 '출가결의'의 두 장면을 상하로 표현한 유명한 부조(도135)[37]를 들어보자. 부조 위쪽의 '궁정생활'에서는 침대에 몸을 눕히고, 악녀樂女들에 둘러싸여 비와 즐겁게 이야기하는 싯다르타 태자를 표현하고, 아래쪽의 '출가결의'에서는 취한 모습으로 자고 있는 악녀를 앞에 하며 침대에서 조용히 잠든 비를 두고 마부에게 말을 준비시킬 것을 명하며 결연히 출가 의지를 보이는 싯다르타 태자를 표현하고 있다. 이 구도들은 통유의 특징이지만, 태자의 두발·관식의 표현에 주목해 보면 상하의 장면에서 명확한 구별이 존재함에 주목하게 된다. 즉, '궁정생활'의 태자는 터번관식을 착용하고 있는 데 반해 '출가결의'에

도135. '궁정생활'(위)과 '출가결의'(아래). 자무르드(간다라) 출토. 2세기.
카라치국립박물관.

서 태자는 육계 모양의 둥근 상투를 틀고 있는 것이다. 이는 '출가결의'의 장
면에서 태자가 보리를 구하는 자로서의 성격을 표현하고자 한 것임에 틀림
없다. 상투형 두발의 표현이 출가, 구도의 관념과 깊이 관련되어 있음을 말
해주고 있다.

또한 싯다르타 태자가 터번관식을 착용하는 대신 상투를 틀고, 게다가
물병을 든 모습으로 표현된 불전 장면이 있다. 이는 A. 푸셰에 의해 '신들의

권청'으로 정의된 장면으로,[38] 사다리꼴 박공판 밑의 보살에 대하여 좌우의
왕후풍 인물들이 찬탄하는 구도이다. '신들의 권청'은 『라리타비스타라』(제
13장), 『방광대장엄경』(음악발오품 제13)에 전거를 갖고 있어, 신들이 태자에
게 둔세를 권하는 이야기이다. 부조의 보살은 상투를 틀고 왼손에 물병을 들
고 있어 미륵보살의 모습과 다르지 않다. 실제로 이 같은 구도는 그 후에도
다수 소개되고 있는데,[39] 이들은 '도솔천상의 미륵보살'을 표현했을 가능성

도136. '탄생'부터 '출성'까지를 보여주는 불전부조. 간다라. 2~3세기.
클리블랜드미술관[Czuma, pl. 101]

도 있다. 그러나 그 전부는 아니더라도, 이 같은 구도를 취하는 상투·물병을 드는 타입의 보살이 싯다르타 태자를 표현하였음이 확실한 작례도 있다. 예를 들면 클리블랜드미술관 소장의 박공 형태를 이루는 부조(도136)에서는 위에서 아래로 '탄생', '신들의 권청', '궁정생활', '출가결의', '출성'의 다섯 장면이 이어져 있다.[40] '신들의 권청' 장면에서 상투·물병을 드는 타입의 보살은 분명 싯다르타 태자를 표현하고 있다. '신들의 권청' 이하 '출성'까지의 네 장면은 연속되는 것으로, '궁정생활', '출가결의' 장면의 태자도 터번관식이 아닌 상투를 튼 모습으로 표현되고 있어('출성'의 태자는 두부가 결손), 이 일련의 부조에서는 '신들의 권청'에서 싯다르타 태자의 출가가 확정되었음을 암시하고 있다.

이처럼 불전 장면에서 싯다르타 태자도 통례의 터번관식이 아닌 상투를 틀고 물병을 든 미륵타입의 모습으로 표현된 것이 있는 한편, 싯다르타 태자가 관음 타입의 모습을 취하여 표현된 것도 있다. 그것은 역시 출가 직전의 '궁정생활'의 장면에서 볼 수 있다. 작례가 많다고는 할 수 없지만, 예를 들어 구 가이콜렉션의 부조에서 악녀樂女와 시녀에 둘러싸여 침대 위에 누운 태자는 터번관식을 썼던 것으로 보이는 두부가 결손되었으나, 오른손에는 분명 연꽃padma을 들고 있다(도137).[41] 또 페샤와르박물관 소장의 부조인 '사문출유四門出遊'의 옆에 표현된 '궁정생활'[42]에서도, 터번관식을 한 태자가 연꽃만을 손에 들고 왕비 쪽을 바라보고 있다[43](다만 이 부조에서는 태자뿐 아니라 비도 오른손에 꽃을 들고 있다).

싯다르타 태자가 출가 직전의 '궁정생활' 장면에서 연꽃을 손에 들고 있는 것은 무엇 때문일까. 이제까지 이 점에 관해 살펴봤지만, 불전 장면에서 태자가 연꽃을 든 모습으로 표현된 것은 이 장면에 한정되며, 게다가 몇 개의 작례가 더 있다는 점에서 연꽃을 든 표현이 우연은 아니라고 생각된다. 불전 문헌 속에는 태자 출가의 구제적 측면을 강조하는 내용이 있어, 불교에서 후세에 연꽃이 자비와 구제의 상징이 됨을 아울러 생각해 보면,[44] 싯다르타 태자가 연꽃을 들고 있음으로 인해 중생의 구제가 암시되고 있는 것은 아닐까.

도137. 궁정생활. 구 가이콜렉션(간다라). 2～3세기[Ingholt and Lyons, pl. 38]

『방광대장엄경(음악발오품)』[45]에서는 "중생들의 의지할 이가 없음을 가엾이 여겨 만약 단 이슬의 크신 보리 증득하면 구제하여 고통 떠나게 하리라 했네"*라고 석가의 홍원弘願을 기술하여 출가의 동기를 밝히고 있다. 이는 불전의 대승불교적 해석이라고 할 수 있는데, 간다라의 '출성'에 앞서는 '궁정생활'의 장면에서 연꽃을 든 싯다르타 태자가 표현되어 있는 것은, 태자의 자비심을 암시하고 있는 것으로 생각된다.

　　이상의 고찰에서, 간다라 불전미술에 있어 싯다르타 태자의 보살로서의 성격을 강조하고자 할 경우, 스스로의 보리를 구하는 모습과 중생의 구제를 서원하는 모습의 두 가지 모습이 있었던 것은 아닐까 추측된다. 이 두 가

---

*　　불교기록문화유산 아카이브(https://kabc.dongguk.edu/) 우리말 번역문 인용. 愍諸衆生無依怙, 若證甘露大菩提, 救濟令之離苦惱. 『방광대장엄경』 5권(ABC, K0111 v9, p. 571b17-b18)

지 모습은 바로 미륵보살과 관음보살의 타입에 각각 대응하며, 초기 보살상의 유래에 관해 일단락을 알 수 있다. 즉, 석가 자신의 보리를 구하는 모습이 미륵보살로, 또 석가의 중생구제를 서원하는 모습이 관음보살로 관계를 맺고 있는 것은 아닐까. 물론 보살신앙이 모두 석가신앙에 유래한다는 것은 아니며, 보살사상과 존격에 관해서는 복잡한 역사적 배경이 존재함은 틀림없다. 그러나 초기의 보살사상과 도상의 전개에는 원래 석가가 갖고 있던 이 두 가지 측면이 크게 작용했으리라 생각된다. 이 점과 관련하여 야마다 메이지山田明爾 교수의 흥미로운 지적은 시사하는 바가 있다. 즉, "전개 과정에서 '보살'의 개념은, 미망迷妄에서 해탈하기 위해 스스로의 수행에 힘쓴 수행자에게 있어서의 이상적·'상구보리'의 보살과, 강력한 타자에 의해 고액에서 구원받기를 바라는 재가신자에게 있어서의 현실의 구제자·'하화중생'의 보살이라는 두 가지의 다른 이미지로 나뉘었다"[46]라는 내용이 그것이다.

간다라 삼존형식의 양협시보살은 도상적으로 상이한 대조적 형태를 보인다는 점으로 볼 때, 불교의 이 같은 보살에 대한 두 가지 이미지가 독립된 보살상이 되어, 중심의 붓다를 돕는 상보적인 한 쌍으로서 양협시가 된 것이라고 추측된다. 이는 내재적으로는 석가보살이 갖고 있던, 혹은 역사적으로 갖게 된 두 측면인 동시에, 다른 한편으로는 고대 인도의 세계관·종교관과 뗄 수 없이 결부되어 있다. 즉, 간다라 삼존형식의 양협시 중 한 계열은 속발(상투)·물병을 드는 타입의 '장신구를 착용하지 않은' 보살로, 미륵보살의 계열을 이룬다. 이는 성세계의 주인공인 범천의 성격을 반영하고, 종교세계의 구현자이자 구제자이며, 해탈세계의 이상자를 상징하고 있다. 그는 행자의 지물이자 지혜의 상징이기도 한 물병kamaṇḍalu[47]을 손에 들고 있다. 한편또 하나의 계열은 터번관식 타입의 '장신구를 착용한' 보살로, 화만을 들거나 연꽃을 든 관음보살의 계열을 이룬다. 이 계열은 제석천이 신들의 왕, 세속세계의 왕이며 풍요와 힘이 가득한 지복세계의 구현자, 현실의 해방자를 상징하는 것과 관계되는데, 힘의 상징인 금강저를 대신하여 자비의 상징인 연꽃(혹은 화만)을 손에 듦으로써, 불교적인 구제를 표현한 것으로 볼 수 있을 것이다.

이제까지 간다라 삼존형식의 양협시보살이 미륵과 관음으로 구성된 예가 한층 더 많고, 이것이 간다라의 주류를 이루고 있었으리라는 것을 지적했다. 마지막으로 간다라 삼존형식 가운데 각문이 있는 두 작례가 있어 이에 대해 좀 더 고찰해 보고자 한다. 하나는 연대에 관한 명문, 다른 하나는 존명에 관한 명문을 포함하기 때문에 함께 간다라 삼존형식을 고찰하는 데 중요한 문제를 제기한다.

(1) 연기年記가 있는 불삼존상(브뤼셀 개인 소장)

우선 연기가 있는 불삼존상은, J. C. 할이 최초로 소개한 브뤼셀 개인 소장의 부조 조각이다(도138).[48] 주존의 붓다는 연화좌 위에 결가부좌하고, 승의를 편단우견으로 입고 전법륜인을 결하며, 머리 위를 꽃나무가 뒤덮고 있다. 주존의 오른쪽(향좌)에는 속발·물병을 들고 오른손바닥을 안쪽으로 향하는 수인을 결하는 범천이 상반신을 드러내고, 왼쪽(향우)에는 보관을 쓰고 왼손에 금강저를 든 제석천이 표현되어, 함께 주존인 붓다를 위호하는 모습이다. 게다가 좌우에는 보살입상이 양협시하고 있으며, 우협시는 양손이 결실되어 지물·수인이 불명확하지만 속발타입의 미륵으로 보이는 보살이, 좌협시는 선정의 화불이 있는 터번관식을 쓰고 왼손을 허리에 대고 있는 관음으로 추측되는 보살이 표현되어 있다. 이 부조판넬의 기대부基臺部에 카로슈티의 각문이 있어, 후스만은 다음과 같이 독해하고 있다.[49]

5년, 파르구나phalguna월의 5일에 삼장三藏으로 통하는 부다나다Budhanada가 기진하다. 죽은 부모의 공양을 위하여.

할은 각문의 연기를 카니슈카 1세로 시작하는 카니슈카 기원으로 추정하였고, 후스만도 적극적으로 카니슈카 기원을 주장하였다. 특히 후스만은

도138. 삼존형식상(표 2의 No. 29). 간다라. 2세기(?). 브뤼셀 개인 소장[쿠리타 이사오 1, P3-8]

카니슈카 기원을 샤카 기원과 동일시하는 서력기원 78년, 혹은 늦어도 서력 기원 125년으로 하여, 이 부조의 제작연대를 서력기원 83 + X(X는 42 이하)(기원 후 78+X+5)년으로 보고 있다. 간다라조각에서 연수를 새긴 것은 5점 정도가 알려져 있는데, 무슨 기원인지가 불명하여 제작의 절대연대를 결정하기 어 렵다. 이 부조조각에 관해서도 후스만의 서력기원 83+X년설 이외에, J. 츄마 의 반 로후이젠 데 레우의 100자 생략설을 채용하는 서력기원 182(기원후 78+99+5)년설,[50] K. 칸다라바라의 굽타기원을 채용하는 서력기원 324(기원후 319+5)년설,[51] G. 미텔와르너의 슈베타 후나왕 킹기라기원을 채용하는 서력 기원 453+X(기원후 448+X+5)년설[52] 등의 여러 설이 있다.

간다라 미술의 편년은 이 지방 역사의 복잡함, 절대연대의 불명료함, 조각양식의 다양함 등으로 인해 아직 체계화되어 있지 않다. 대략적으로는 기원전 1~5세기경에 단속적으로 융성했으리라 추정되는데, 이 조각사의 전개와 변천을 더듬는 데 있어 이미 몇 가지 우수한 업적이 있다고는 하지만, 또한 이후에 많은 과제를 남기고 있다. 브뤼셀의 이 삼존형식상도 과연 간다라 미술의 전성기인 카니슈카 시대까지 거슬러 올라갈 수 있는 것일까. 초기의 발랄했던 용모와 비교하면 중존 붓다의 약간 눈을 감은 나른한 표정, 편단우견을 입은 승의를 통해 보이는 몸의 볼륨감, 완만한 곡선을 이루는 의문표현 등으로 볼 때 간다라 미술의 전성기보다 시대가 내려오는 작품으로 보아야 할 것 같다. 그러나 이 부조는 사리바롤에서 출토된 2점의 불삼존상(Nos. 1 = 도판28, 2 = 도판29)[53]과 함께 간다라 삼존형식상 중에서는 양식적으로 오래된 부류에 속하고, 다른 많은 불삼존상은 형식화된 의문의 처리나 두발의 표현 등으로 볼 때, 더욱 시대가 내려오는 간다라 후기의 것이 대부분을 점하고 있다고 생각된다. 불삼존상의 편년에 대해서는 연구가 계속되어야 할 문제로 절대연대는 현 단계에서 단정하기 어렵지만, 도상적·형식적으로 특별한 그룹을 형성하는 이 조각군들은 양식적으로 보아도 간다라 후기에 융성했던 것이리라 예상된다.

브뤼셀의 이 불삼존상의 양협시는 미륵보살과 관음보살로 볼 수 있는데, 주존의 붓다에 대해서는 주존의 좌우에 범천과 제석천이 따르고 있다는 점으로 미루어 석가불로 해석하는 것이 타당할 것이다.

(2) 존명이 있는 불삼존상(로스앤젤레스 개인 소장)

간다라의 각문이 있는 또 하나의 불삼존상은 존명을 동반하고 있어 특히 우리의 관심을 끈다. 그것은 J. 브러프에 의해 소개된 것으로, 일찍이 탁실라의 고미술상에서 발견되어 현재는 미국에서 개인이 소장하고 있다(도139).[54] 이 부조판넬은 안타깝게도 우협시가 완전히 상실되었지만 당초에는 삼존형식을 구성하고 있었음에 틀림없다. 주존은 연화좌 위에 결가부좌하여 편단우견의 승의를 입고 전법륜인을 결하고 있다. 삼존형식의 주존으로서 가장 전형적인 타입이다. 좌협시보살은 왼발은 내려밟고 오른발은 왼쪽 무릎 위에 올린 반가좌세를 취하며, 오른손의 검지를 이마에 댄 사유상을 하고 왼손에 피지 않은

도139. 삼존형식상(표 2의 No. 30). 간다라. 3~4세기. 로스앤젤레스 개인 소장[Mitterwallner, fig. 4]

연꽃을 들고 있다. 머리에는 터번관식을 썼다. 이 부조를 검토한 브러프는 사진도판으로는 잘 보이지 않지만 터번관식에 분명 화불이 있었을 것이라고 하는데, 단순히 쐐기형의 고정용 장식(?)일 것이다. 그야 어찌됐든 이 부조의 대좌에 카로슈티 명문이 새겨져 있는데, 브러프는 "붓다미트라의 관음, 성스러운 기진, 붓다미트라의 아미타…"라고 해석하여, 기진자명은 붓다미트라Buddhamitra, 존명은 관음Avalokeśvara과 아미타Amirtābha로 판단하고 있다. 이에 의하면 중존이 아미타불, 좌협시가 관음보살이라는 것이 된다. 그리고 브러프는 결실된 우협시를 대세지보살Mahāsthānaprāpta로 상정했다. 이 부조는 아미타와 관음의 명문이 있는 것으로서 주목되어, 마투라 출토의 재명 아미타Amitābha불의 대좌55와 함께 인도의 아미타신앙을 증명하는 소수의 작품으로서 중요하다.56

이 각문의 독해에 관해 다소 수정된 후스만의 의견이 있기는 하지만,57 부조조각의 중존을 아미타, 좌협시를 관음으로 보는 것에는 아직 이견이 없

다. 터번관식·연꽃을 든 타입, 그리고 이 경우 반가사유의 형태를 취하는 보살상이 관음이라는 것은 이제껏 고찰한 바와도 일치하며, 브루프의 독해가 이를 뒷받침해 주게 된다. 그러나 중존을 아미타, 나아가서는 우협시를 대세지로 상정하는 것은, 우리가 검토해 온 간다라 삼존형식의 양상과 양립한다고 볼 수는 없다. 중존의 존격에 대해서는 차치하더라도, 관음과 대칭하는 협시보살은 우리의 검토로는 대부분의 경우 미륵이었다. 이 부조에서는 우협시가 결실된 이상 검토가 불가능하지만, 생각해 볼 수 있는 것으로 (1) 이 삼존형식의 우협시는 다른 예와는 다른 특수한 상용像容을 하고 있었는가, 혹은 (2) 이 부조는 통례의 삼존형식의 도상 — 속발·물병을 든 타입과 터번관식·연꽃을 든 타입의 양협시보살 — 을 하고 있었는데 아미타·관음·세지의 도상으로 전용되었는가, 중의 어느 하나일 것이다. 우리는 삼존형식의 작례 40점을 검토했는데, 한쪽의 협시는 다수의 경우 속발 혹은 상투를 틀고 왼손에 물병을 든 타입이었다(한 작례만이 범협을 들고 있었다). 물론 상당수의 결손 혹은 파손된 작품이 있기 때문에, 이 타입과 다른 상용을 보이는 보살상이 있었을 가능성도 없지는 않지만, 현존 작례로 보는 한 역시 (1)의 가능성은 생각하기 어렵다.

　　아미타·관음의 각문이 있는 이 삼존상의 우협시는 아마도 통례의 속발·물병을 드는 타입의 보살상이 아니었을까 추측된다. 만일 그렇다고 한다면 연화좌 위에 결가부좌하는 주존을 중심으로 속발·물병을 드는 보살과 터번관식·연꽃을 든 보살을 양협시로 하는 아미타삼존상이라는 것이 된다. 그렇다면 우리가 검토한 삼존형식의 대부분도 아미타·관음·세지를 표현한 것일까. 필자는 이 견해에 부정적이다. 그 이유는 첫째로, 삼존형식상 중에는 주존의 양측에 범천·제석천을 배치하는 경우가 많고, 이 두 신은 아미타의 수호신이라고는 생각하기 어렵다는 것을 들 수 있다. 두번째로, 굽타조 사르나트의 불전부조(초설법 장면 6점, 사위성의 신변 장면 1점)에서 분명 미륵과 관음의 두 보살이 석가의 협시를 이루고 있으며, 서인도의 석굴이나 팔라조에서도 불삼존상의 양협시로 미륵과 관음이 한 쌍을 이루는 예가 적지 않았음(제5장 참조)을 미루어 생각할 때, 적어도 인도 내부에서는 붓다(아마도 석가)의 좌우에 미륵과 관음을 협시보살로 배치하는 전통이 뿌리 깊었던 것을 들 수 있다. 셋째로, 간다라에서 속발 혹은 상투를 틀고 물병을 든 독존의 보살상이 다수 만들어지고 있어 이는 세지보살이라고는 생각할 수 없고, 독존보살상의 형태를 보더라도 간다라에서 석가보살·미륵보살·관음보살의 신앙이 융성했었다고 생각된다는 것을 이유로 들 수 있겠다.

이상과 같은 점들을 고려한다면 간다라 삼존형식의 대다수는 붓다(아마도 석가)를 중심으로 미륵과 관음의 두 보살을 협시로 한다고 보아도 지장이 없을 것이다. 그렇다고 한다면 아미타신자들이 미륵과 관음을 양협시로 하는 일반적인 불삼존상의 도상을 차용하여 이를 아미타삼존상으로 한 것은 아닐까. 간다라에서 존명이 있는 조상은 극히 드물다는 점을 고려하면 오히려 이를 암시하고 있다고 생각된다. 『관무량수경』에 설하는 머리 위의 보병이 세지보살의 표식인데, 아마도 미륵보살이 들고 있는 물병과 세지보살의 그것이 동일시되어 아미타 신자로 하여금 미륵의 상용이 그대로 세지보살로 보여졌을 것이다. 적어도 간다라에서는 머리 위에 보병을 이고 있는 보살상은 알려져 있지 않기 때문이다.

우리가 검토했던 40점의 삼존형식 가운데 아미타삼존상이 얼마나 포함되어 있는가를 짐작하기는 상당히 어렵다. 전술한 각문이 있는 불삼존상 이외에도 아미타삼존상이 있을 가능성은 있지만, 그다지 많이 만들어지지는 않았으리라고 생각된다. 그러나 이 문제는 최초에 분류한 네 군의 도상형식 가운데, (1) '설법불과 다수의 성중', (2) '선정불과 다수의 화불'에 대한 해석과도 관계있는 것으로 생각되어, 이후의 연구에 맡기지 않을 수 없다.

이상을 요약하면, 간다라 삼존형식의 양협시보살은 브라흐마/바라문과 인드라/크샤트리아라고 하는 고대 인도의 이항대립의 세계관을 배경으로, 석가보살의 보리를 구하는 모습과 중생의 구제를 기원하는 모습의 두 측면, 즉 '상구보리上求菩提'와 '하화중생下化衆生'이라고 하는 보살신앙의 근본적인 두 측면을 각각 미륵보살과 관음보살이라는 존격에 이입한 것으로 생각되며, 양자는 상보적인 기능을 갖고 있다. 아마 석가불을 중존으로 하고 미륵과 관음을 양협시보살로 하는 간다라의 삼존형식은 간다라 미술의 후기에 많이 만들어져 굽타조 이후 인도 내부에서 불삼존상의 기본형으로서 존속하여 발전했을 것이다. 한편 간다라에서는 이 삼존형식이 아미타삼존상의 도상으로 전용된 경우도 있었다고 추측된다.

[미주]

1   A. Foucher, "The Great Miracle at Śrāvastī", *The Beginnings of Buddhist Art* (Paris-London, 1917), pp. 147-84.

2   宮治昭, 「Divyāvadāna 第12章 "Prātihārya-sūtra" 和譯」, 『文化紀要』, 弘前大學敎養部, 第13号 (1979), pp. 117-141, 참조.

3   J. M. Rosefield, *The Dynamic Arts of the Kushans* (Berkeley and Los Angels, 1967), pp. 235-38.

4   源豊宗, 「淨土変の形式」, 『佛敎美術』 7, 1926, pp. 60-73; 樋口隆康, 「阿彌陀三尊仏の源流」, 『佛敎藝術』 7 (1950), pp. 108-113; 小谷仲男, 「ガンダーラ仏敎美術の展開」, 『史林』 50-1 (1967), pp. 88-104; 肥塚隆・田枝幹宏, 『美術に見える釈迦の生涯』 (平凡社, 1979), p. 164.

5   J. C. Huntington, "A Gandhāran Image of Amitāyus' Sukhāvatī", *Annali dell'Istituto Orientale di Napoli*, vol. 40 (N. S. 20) (1980), pp. 651-72.

6   cf. Ju-hyoung Rhi, *Gandhāran Image of the "Śrāvastī miracle": An Iconographic Reassessment*, Ph D. dissertation, University of California (Berkeley, 1991).

7   A. Foucher, 앞 책, pl. 28, 1; H. Ingholt and I. Lyons, *Gandhāran art in Pakistan*, (Connecticut, 1971), pl. 256; J. Marshall, *The Buddhist Art of Gandhāra* (1960), fig. 151; 小谷仲男, 앞 논문, 도판 2, 1.

8   H. Ingholt and I. Lyons, 앞 책, pls. 20-2, 20-12; 栗田功, 『ガンダーラ美術1 佛伝』 (이하 1로 줄임) (二玄社, 1988), pls. 390-93.

9   본 장의 (표 2) Nos. 10, 16, 21, 23, 28, 37, 38 (단, 주존이 입불), 39.

10 본 장의 (표 2) Nos. 1-9, 11-15, 17-20, 22, 24-27, 29-36, 40.

11 A. Foucher, *L'art gréco-bouddhique du Gandhāra*, Tome 2 (Paris, 1918), fig. 457.

12 栗田功, 『ガンダーラ美術2 佛陀の世界』 (이하 2로 줄임) (二玄社, 1990), pl. 289.

13 H. C. Ackermann, *Narrative stone reliefs from Gandhāra in the Victoria and Alvert Museum in London*, IsMEO (Rome, 1975), pl. 84a.

14 H. CH. Ackermann, 앞 책, Tome 1, 1905, fig. 77.

15 A. Foucher, 앞 책, Tome 1, 1905, fig. 77.

16 栗田功, 앞 책 2, pl. 294 = 『特別展菩薩』 (奈良國立博物館, 1987), 도4.

17 M. Taddei, "Harpocrates-Brahmā-Maitreya: A Tentative Interpretation of a Gandharan Relief from Swāt", *Dialoghi di Archeologia*, Anno 3-Numero 3, 1969, fig. 18.

18 J. Cribb, "The Origin of the Buddha image-the numismatic evidence", *South Asian Archaeology 1981* (Cambridge 1984), pp. 231-44; R. Göbl, *Münzprägung des*

Kuśânreiches, (Wien, 1984), pp. 41, 62-63, pl. 79; 『特別展菩薩』(奈良國立博物館, 1987), 도8.

19   A. Foucher, 앞 책, Tome 2, pp. 210-36; A. C. Soper, *Literary Evidence for Early Buddhist Art in China* (Ascona, 1959), pp. 216-7; J. M. Rosenfield, 앞 책, pp. 213-33.

20   H. Ingholt and I. Lyons, 앞 책, pls. 7, 11, 12, 20, 21, 31, 32, 54 etc.

21   H. Ingholt and I. Lyons, 앞 책, pls. 13, 16, 71-73 etc.

22   H. Ingholt and I. Lyons, 앞 책, pls. 13-16, 71-73, 128, 129 etc.

23   주 7) 참조.

24   宮治昭, 『インド・パキスタンの仏教図像調査』(弘前大学, 1985), pls. 13-2, 14-1, 2, 3.

25   H. Ingholt and I. Lyons, 앞 책, pls. 32, 33, 39, 40, 44, 284 etc.

26   H. Ingholt and I. Lyons, 앞 책, pl. 50.

27   T.12, p. 343c.

28   T.14, p. 419c. 이에 관해서는, 上野照夫, 「弥勒像の図像学的考察」, 『塚本博士頌壽記念仏教私学論集』 수록, pp. 101-112; 鄧(東山)健吾, 「敦煌莫高窟彩塑の展開」, 『中國石窟 敦煌莫高窟』 3, (平凡社, 1981), p. 216에서 지적하고 있다.

29   J. C. Harle, "A hitherto Unknown Dated Sculpture from Gandhāra: A preliminary report", *South Asian Archaeology 1973* (Leiden, 1974), pp. 128-35; 栗田功, 앞 책 1, pl. P3-8.

30   高田修, 「ガンダーラ美術における大乘的徴証─彌勒像と觀音像─」, 『佛教美術』125 (1979), pp. 11-30.

31   松原三郎, 『中國佛教彫刻史の研究』增訂版 (吉川弘文館, 1966), 도판23(a), 38(a), 48(a), 48(d). 모두 오른손에 피지 않은 연꽃을 들고 있다. 다만, 왼손에는 동시에 물병을 든 상도 많다.

32   이 밖에 범협을 든 보살상의 예로는, H. Ingholt and I. Lyons, 앞 책, pl. 256.

33   J. Meunié, "Shotorak", *MDAFA,* Tome 10 (Paris, 1942), pl. 23, 72 = 栗田功, 앞 책 2, pl. 75.

34   栗田功, 앞 책 2, pl. 84.

35   M. Taddei, "A New Early Śavia Image from Gandhāra", *South Asian Atcheology 1983*, ed. by J. Schotsmans and M. Taddei (Naples 1985), pp. 615-28, fig. 6.

36   H. Ingholt and I. Lyons, 앞 책, pl. 15-3 = 栗田功, 앞 책 2, pl. 239.

37   H. Ingholt and I. Lyons, 앞 책, pl. 39 = 栗田功, 앞 책 1, pl. P1-12.

38   A. Foucher, 앞 책, Tome 1, fig. 164; Tome 2, p. 88 et pp. 219-20; Troisiéme

Fascicule: Aditions et Corrections - Index (Paris, 1951), p. 838.

39 H. Ingholt and I. Lyons, 앞 책, pl. 15-3 = 栗田功, 앞 책 2, pls. 43, 44, 46-48.

40 S. J. Czuma, *Kushan Sculpture: Images from Early India* (Cleveland, 1985), pp. 188-9, pl. 101.

41 H. Ingholt and I. Lyons, 앞 책, pl. 38.

42 栗田功, 앞 책 1, pl. 135.

43 같은 예로서, H. Ingholt and I. Lyons, 앞 책, pl. 40 = J. Mashall, *The Buddhist Art of Gandhāra*, fig. 114.

44 G. Liebert, *Iconographic Dictionary of the Indian Religions* (Leiden, 1976), p. 202.

45 T.03, p. 566a.

46 山田明爾,「中央アジアとイ―シュヴァラ」,『展望アジアの考古学―樋口隆康教授退官記念論集』(新潮社, 1983), pp. 589-597.

47 G. Liebert, 앞 책, p. 122.

48 주 29) 참조.

49 G. Fussman, "Docyments Épigraphiques Kouchans, 3. -Buddha de l'An 5", *Bulletin de l'Ecole Française d'Extême-Orient* (Paris, vol. 61, 1974), pp. 54-58; do., "Numismatic and Epigraphic Evidence for the Chronology of Early Gandharan Art," in *Investigating Indian Art*, ed. by M. Ualdis and W. Lobo (Berlin, 1987), pp. 67-88.

50 S. J. Czuma, 앞 책, pp. 35, 79, 198.

51 K. Khandalavala, "The Five Dated Gandhāran School Sculptures and their Stylistic Implications", in *Indian Epigraphy. Its Bearing on the History of Art,* ed. by F. M. Asher and G. S. Gai (New Delhi, 1985), pp. 68-69.

52 G. v. Mitterwalner, "The Brussels Buddha from Gandhara of the Year 5", in *Investigating Indian Art*, ed. by M. Yaldiz and W. Lobo (Berlin, 1987), pp. 213-47.

53 H. Ingholt and I. Lyons, 앞 책, pls. 253, 254.

54 J. Brough, "Amitābha and Avalokiteśvara in an inscribed Gandhāran Sculpture", *Indologica Taurinensia*, vol. 10 (Torino, 1982), pp. 65-70. 이에 따르면, 1961년에 Prof. Charles Kieffer가 탁실라의 고미술상에서 발견하여 한 장의 사진을 촬영했고, 브러프는 이 사진에 기초하여 고찰하였다. 이 부조조각은 J. Leroy Davidson, *Art of the Indian Subcontinent from Los Angeles Collections* (1968), fig. 23에 게재되어 있으며, 로스앤젤레스의 George Lehner 부부 소유라고 한다. cf. G. v. Mitterwalner, "The Brussels, Buddha from Gandhara of the Year 5", p. 229, fig. 4.

55 R. C. Sharma, "New Buddhist Sculptures from Mathura", *Lalit Kalā* (Delhi, 1984), p. 28; 中村元 편,『ブッダの世界』(學習研究社, 1980), pp. 493-495; 賴富本宏,『密

教仏教の研究』(法藏館, 1990), pp. 54-56.

56 藤田宏達,『觀無量壽經講究』(昭和59年度 安居本講) (眞宗大谷派宗務出版部, 1985) 참조.

57 후스만은 "Buddhamita의(기진, 여기에) Avalokiteśvara, 성스러운 기진. Buddhamitra 의(기진, 여기에) Amitābha…"라 독해하고 있다. G. Fussman, "Numismatic and Epigraphic Evidence for the Chronology of Early Gandharan Art", in *Investigating Indian Art,* ed. by M. Yaldiz and W. Lobo (Berlin, 1987), p. 73.

[부기]

탈고 후 간다라 삼존형식상의 유루遺漏를 알게 되었다. K. Desai, *Treasures of The Heras Institute* (New Delhi, 1976), pl. 62. 주존은 선정인좌불, 우협시보살은 속발 · 오른손바닥을 안쪽으로 향하는 인 · 왼손 물병을 들고, 좌협시보살은 터번관식 · 오른손 시무외인(왼손 결실)이라는 특징을 보인다.

표 2 간다라 삼존형식의 양협시보살 일람(계속)

No.	소재	출토지	A계열보살				
			협시	자세	두발·두식	오른손	왼손
1	페샤와르	Sahri-Bahlol	좌	입세	속발		물병을 듦
2	페샤와르박물관	Sahri-Bahlol	좌	입세	속발	손바닥을 안쪽으로 향하는 수인	–
3	페샤와르박물관	불명	우	입세	속발 (고정용 장식 있음)	시무외인	물병을 듦
4	페샤와르박물관	불명	좌	입세	육계형 상투	연꽃을 들고 있음(미부)	물병을 듦
5	페샤와르박물관	Sahri-Bahlol	우	입세	속발	–	물병을 듦
6	페샤와르박물관	불명	우	입세	속발	–	물병을 듦
7	페샤와르박물관	불명	좌	입세	육계형 상투	–	물병을 듦
8	페샤와르박물관	불명	우	입세	속발	손바닥을 안쪽으로 향하는 수인	물병을 듦
9	페샤와르박물관	Takhri-Bahai	좌	교각	장식이 있는 상투	시무외인	물병을 듦
10	페샤와르박물관	Sahri-Bahlol	좌	입세	육계형 상투	여원인	물병을 듦
11	페샤와르박물관	Sahri-Bahlol	좌	입세	육계형 상투	–	물병을 듦
12	카라치국립박물관	불명	우	–	–	–	–
13	카라치국립박물관	불명	우	입세	속발	–	물병을 듦
14	카라치국립박물관	불명	좌	입세	육계형 상투	–	물병을 듦
15	카라치국립박물관	불명	우	입세	–	손바닥을 안쪽으로 향하는 수인	물병을 듦

표 2 간다라 삼존형식의 양협시보살 일람(계속)

No.	소재	출토지	A계열보살				
			협시	자세	두발·두식	오른손	왼손
16	펠카타인도박물관	Loriyan-Tangai	우	교각		지념렵	
17	펠카타인도박물관	Loriyan-Tangai	우	반가	육계형 상투	지념렵	시유형
18	펠카타인도박물관	Loriyan-Tangai	좌			시무외인	
19	펠카타인도박물관	Loriyan-Tangai	좌	입세	속발	시무외인	
20	펠카타인도박물관	불명	좌	입세	속발	손바닥을 안쪽으로 향하는 수인	물병을 쥠
21	라호르박물관	Muhammad Nāri	우	입세			
22	라호르박물관	불명	좌	입세	속발		
23	라호르박물관	불명	좌	입세	육계형 상투	손바닥을 안쪽으로 향하는 수인	
24	뉴델리국립박물관	불명	우	입세	육계형 상투	손바닥을 안쪽으로 향하는 수인	물병을 쥠
25	파트나박물관	Sahri-Bahlol	좌	입세	속발	손바닥을 안쪽으로 향하는 수인	물병을 쥠
26	페샤와르박물관	불명	우	입세	속발		물병을 쥠
27	취리히대학 소장	불명	우	입세			물병을 쥠
28	개인소장	불명	좌	입세	육계형 상투	여원인	물병을 쥠
29	브뤼셀 개인 소장	불명	우	입세	속발		물병을 쥠
30	로스앤젤레스 개인 소장	불명	우				

표 2 간다라 삼존형식의 양협시보살 일람(계속)

No.	소재	출토지	협시	자세	두발·두식	A계열보살 오른손	왼손
31	유럽 개인 소장	Ṣahri-Bahlol	좌	입세	속발	손바닥을 안쪽으로 향하는 수인	물병을 듦
32	일본 개인 소장	불명	좌	입세	속발	시무외인	물병을 듦
33	일본 개인 소장	불명	우	입세	육계형 상투	손바닥을 안쪽으로 향하는 수인	물병을 듦
34	미주리대학 소장	불명	우	입세	속발	시무외인	물병을 듦
35	제네바민족학박물관	불명	우	입세	속발	—	물병을 듦
36	도쿄국립박물관	불명	우	입세	속발	손바닥을 안쪽으로 향하는 수인	—
37	마쓰오카미술관	불명	좌	입세	속발	손바닥을 안쪽으로 향하는 수인	—
38	시텐노지보물관	불명	좌	입세	속발	연꽃을 들고 있음(미부)	물병을 듦
39	시애틀미술관	불명	우	입세	속발	손바닥을 안쪽으로 향하는 수인	—
40	대영박물관	불명	좌	입세	육계형 상투	손바닥을 안쪽으로 향하는 수인	물병을 듦

표 2 간다라 삼존형식의 양협시보살상 일람(계속)

A계열보살					도판	No.
협시	자세	두발·두식	오른손	왼손		
우	입세	—	—	허리에 댐	본서 도판28; 栗田 pl. 404; Ingholt pl. 253	1
우	입세	터번관식	—	허리엔 듦	본서 도판29, 도.116; 栗田 pl. 403; Ingholt pl. 254	2
좌	입세	터번관식	시무외인	허리에 댐	『佛敎圖像調査』 pl. 2-2 ; 栗田 pl.413	3
우	입세	터번관식	(왼쪽 편) 연꽃을 듦	(왼쪽 편) 연꽃을 듦	본서 도.124; 栗田 pl. 411	4
좌	입세	터번관식	시무외인	허리에 댐	『佛敎圖像調査』 pl. 3-2; 栗田 pl. 412	5
좌	입세	—	—	허리엔 듦	본서 도.125	6
우	입세	터번관식	—	(피지 않은) 연꽃을 듦	『佛敎圖像調査』 pl. 4-2	7
좌	반가	터번관식	(왼쪽 편) 연꽃을 듦	허리엔 듦	본서 도.126; Foucher fig. 485	8
우	입세	터번관식	사유형	지연뢰	본서 도.127	9
우	입세	터번관식	시무외인	(왼쪽 편) 연꽃을 듦	본서 도판30, 도.117; 栗田 pl. 396; Ingholt pl. 257	10
우	입세	터번관식	연꽃을 듦	—	Marshall fig. 125	11
좌	입세	터번관식	시무외인	—	『佛敎圖像調査』 pl. 7-1 : 栗田 pl. 406	12
좌	—	터번관식	—	—	『佛敎圖像調査』 pl. 7-2	13
우	입세	터번관식	—	—	『佛敎圖像調査』 pl. 8-1	14
좌	입세	터번관식	—	—	『佛敎圖像調査』 pl. 8-2	15
좌	반가	터번관식	—	허리엔 듦	본서 도.183; Marshall fig. 122	16

표 2 간다라 삼존형식의 양협시보살 일람(계속)

| 협시 | A계보살 | | | | 도판 | No. |
	자세	두발·두식	오른손	왼손		
좌	반가	터번관식	사유형	(파지 않은) 연꽃을 듦	본서 도판38; Foucher fig. 408	17
우	교각	터번관식	—	화만을 듦	본서 도132	18
우	입세	터번관식	시무외인	—	『佛敎圖像調査』 pl. 12-1; Foucher fig. 405	19
우	입세	터번관식	화만을 듦	허리에 댐	본서 도128	20
좌	입세	—	양손에 꽃 그릇을 듦.		본서 도182; Marshall fig. 123	21
우	입세	—	—	—	Ingholt pl. 252	22
우	입세	—	—	화만을 듦	Ingholt pl. 258	23
좌	입세	터번관식	시무외인	화만을 듦	『佛敎圖像調査』 pl. 11-2	24
우	입세	터번관식	—	화만을 듦	『佛敎圖像調査』 pl. 11-2	25
좌	입세	터번관식	시무외인	—	Foucher fig. 407	26
우	입세	터번관식	시무외인	—	Ingholt pl. 21,3	27
우	—	—	—	—	Ingholt pl. 16,4	28
좌	입세	터번관식·화불	—	허리에 댐	본서 도138; 栗田 P3-8	29
좌	반가	터번관식	사유형	(파지 않은) 연꽃을 듦	본서 도139; Mitterwallner fig. 4	30
우	입세	터번관식	—	화만을 듦	본서 도130; 栗田 pl. 410	31

표 2 간다라 삼존형식의 양협시보살 일람

협시	자세	A계열보살			도판	No.
		두발·두식	오른손	왼손		
우	입세	터번관식	—	연꽃을 듦	본서 도129; 栗田 pl. 405	32
좌	—	터번관식	—	—	栗田 2 삽도43	33
좌	입세	터번관식	연꽃을 듦	화만을 듦	본서 도131; Nagar pl. 14	34
좌	—	—	—	—	Fussman fig. 6	35
좌	—	터번관식	—	—	栗田 pl. 407	36
좌	입세	터번관식	—	—	본서 도판48; 栗田 pl. 400	37
우	입세	터번관식	(합장 포)연꽃을 듦	화만을 듦	본서 도133; 나라바물관「보살」pl. 16	38
좌	입세	터번관식	시무외인	연꽃을 듦	Taddei fig. 17	39
좌	입세	터번관식	화만을 듦	허리에 댐	Taddei fig. 20	40

[도판의 약어]

Fouche ·········· A. Foucher, L'art gréco-bouddhique du Gandhāra, 2 vols (Paris, 1905), 1918-22.

Marshall ·········· J. Marshall, The Buddhist Art of Gandhāra (Cambridge, 1960).

Taddei ·········· M. Taddei, "Harpocrates-Brahmā-Maitreya: A Tentative Interpretation of a Gandharan Relief from Swāt", Dialoghi di Archeologia, Anno 3-Numero 3 (1969).

Ingholt ‥‥‥‥‥‥‥ H. Ingholt and I. Lyons, *Gandhāran Art on Pakistan* (Connecticut, 1971).

Fussman ‥‥‥‥‥ G. Fussman, "Numismatic and Epigraphic Evidence for the Chronology of Early Gandharan Art", *Investigating Indian Art*, ed. by M. Yaldiz and W. Lobo (Berlin, 1987).

Mitterwallner ‥‥‥‥ G. V. Mitterwallner, "The Brussels Buddha from Gandhara of the Year 5", *Investigating Indian Art* ed. by M. Yaldiz and W. Lobo (Berlin, 1987).

Nagar ‥‥‥‥‥‥ S. D. Nagar, *Gandhāran Sculpture: A Catalogue of the Collection in the Museum of Art and Archaeology*, (University of Missouri-Columbia, 1981)

栗田 ‥‥‥‥‥‥ 栗田功 編著, 『ガンダーラ美術1 佛伝』 (二玄社, 1988)

栗田2 ‥‥‥‥‥ 栗田功 編著, 『ガンダーラ美術2 佛陀の世界』 (二玄社, 1990)

『仏教図像調査』 ‥‥ 宮治昭 編 『インド・パキスタンの仏教図像調査』 (弘前大学, 1985)

奈良博 『菩薩』 ‥‥‥ 『特別展 菩薩』 (奈良国立博物館 1987)

제3장

간다라 미륵보살의 도상

— 범천·바라문 행자 도상과의 혼효混淆에 관하여 —

1. 간다라 미륵보살의 제 특징

간다라에서는 단독 불상과 함께 보살상도 다수 만들어졌다. 이 보살상들은 도상적으로 보면 앞 장에서 삼존형식의 양협시보살에 관해 검토했던 보살상의 특징과 거의 합치한다. 즉, 단독 보살상도 두발을 정수리에서 속발혹은 육계로 묶는 타입과, 머리에 터번관식을 쓰는 타입으로 대별되며, 속발 · 상투형의 보살상은 왼손이 결실되지 않았을 경우 반드시 물병을 드는 것에 반해, 터번관식형 보살은 무지물 혹은 화만이나 연꽃(피지 않거나 활짝 핀)을 든다. 전자의 속발 · 상투형의 물병을 드는 보살을 미륵보살로 판단할 수 있다는 것은 선학들이 지적한 바와 같으며,[1] 앞 장에서 고찰한 것과 같이 카니슈카 화폐에 나타나는 재명의 미륵상, 그리고 과거칠불과 병치된 보살상을 통해 확인할 수 있다.

미륵보살의 지표가 되는 특징은, 속발이나 상투를 튼 발형과 물병을 지물로 한다는 것인데, 이 같은 특징을 지닌 단독 보살상을 새로이 검토하고, 미륵보살의 제 특징에 대해 그 유래와 도상적 의미를 고찰해 보고자 한다. (1) 발형, (2) 물병의 특징이 있는 미륵보살을 조사해 보면, (3) 오른손을 들어 손바닥을 안쪽으로 향하는 수인을 하고, (4) 젊은이의 얼굴이나 자세를 취하는 경우가 있다. (3), (4)의 특징이 모두 미륵보살에 해당된다는 것은 아니지만 간다라 미륵보살에서 특징적으로 나타나기 때문에 도상의 유래와 혼효의 문제, 미륵의 존격·성격에 대해 고찰해 봄에 있어 중요한 의미를 갖는다. 단독 미륵보살상에서는 입상 이외에 좌상[2]이 있는데, 도상의 특징에 관해서는 물병을 드는 방식이나 표현 방식에 변화가 있기는 하지만 상기한 네 가지 특징에서 크게 벗어나지 않는다.

우선 미륵보살의 각각의 특징에 대해 좀 더 검토해 보자.

(1) 발형

미륵보살의 발형을 살펴보면, 모두 두발을 묶고 있지만 머리를 묶는 방법이 두 종류로 대별된다. 즉,

① **속발식** 두발을 머리 위에서 묶은 뒤 반으로 접고 다시 그 중앙을 묶어서, 한쪽 끝은 고리형을 만들고 다른 한쪽 끝은 늘어트리거나, 혹은 양 끝 모두 고리형을 만들어 ∞자형을 만든다.

② **상투식** 두발을 정수리에서 육계처럼 둥글게 상투를 튼다.

①의 속발식의 경우, 반으로 접어서 묶은 머리는 끝이 고리형을 띠게 되는데, 보다 자유롭게 처리된 타입(도판31)[3]과, 나비매듭처럼 정연한 ∞자형을 취하는 타입(도판32, 도140)[4]이 있다. 전자의 자유로운 타입에서는 틀어 올린 머리가 좌우 수평이 아닌 사선으로 묶은 경우도 있다. 어쨌든 반으로 접어 묶은 머리는 중앙부에서 머리다발을 묶거나, 혹은 연주끈으로 묶기도 한다. 두발은 연주의 헤어밴드로 고정되는데, 이 속발식의 경우는 헤어밴드 이외에 거의 두식을 착용하지 않는다.

미륵보살의 속발 형식은 그리스 로마의 아폴론이나 아프로디테의 조각상에서 보이는 속발(크로비로스)에서 유래한 것일지도 모르지만,[5] 간다라의 조각에서 나타나는 바라문 행자(예를 들면 '연등불수기'의 청년 메가, 도142) 혹은 범천(예를 들면 불오존상 속의 제석천과 대칭하는 범천, 도146)의 발형에도

이 속발이 확인된다. 바라문 행자와 범천의 발형에도 여러 가지 타입이 있지만 속발식도 그 하나이다. 바라문 행자와 범천의 속발에는 연주의 헤어밴드는 착용하지 않지만, 속발의 형식은 미륵보살과 공통되고 이 속발의 발형이 쿠샨조 이후 발전하는 시바의 발계관jaṭāmukuṭa의 원형이 되고 있다는 것도 유의된다.

도140. 미륵보살입상. 간다라. 2~3세기.
라호르박물관.

도141. 미륵보살입상. 탁티바히(간다라) 출
토. 2~3세기. 라호르박물관.

②의 상투식은 붓다의 육계처럼 만두형으로 머리를 묶는 타입으로, 속발식과 함께 간다라 미륵보살의 발형으로 자주 표현된다. 이 육계형식은 만두형 상투가 크고 풍부하게 표현되는 타입(도141)[6]과 상투를 작게 묶는 타입

도142. 연등불수기 본생. 범버레이트(디르) 출토. 3~4세기. 디르박물관.

(도145)[7]이 있다. 전자는 특히 간다라불의 육계 표현에 가깝다. 정수리에서 둥근 만두형으로 묶는 표현은 실제 붓다의 육계를 의식한 것이라고 생각된다. 다만 붓다와는 달리 머리카락을 등 뒤로 어깨까지 늘어뜨리고, 연주의 헤어밴드로 상투부분과 함께 두발을 고정시키고 있다. 보다 주목되는 것은 이러한 육계타입 미륵보살에는 상투의 정면이나 하단에 종종 표주박 혹은 서양배 형태의 장식, 혹은 초승달 형태의 장식이 있다는 점으로(도143, 144), 둘이 함께 표현되는 경우도 있다(초승달형 장식은 속발식의 발형에도 보인다).[8] 이 장식들의 의미에 대해서는

도143. 미륵보살 두부
(도141 부분).

도144. 미륵보살 두부. 간다라.
2~3세기. 페샤와르박물관.

고찰이 필요하지만, 미륵보살이 갖춘 이러한 표주박형 장식과 초승달형 장식은 주목할 가치가 있다.

②의 상투식 중에서 후자의 타입은 둥근 상투를 정수리에서 작게 묶어 연주끈으로 묶는 것으로, 남은 머리가 양쪽 귀를 덮듯이 풍부하게 표현된 것이 많다. 이 같은 발형은 바라문 행자의 발형 중 한 가지 타입 — 그것도 젊은 행자, 제자의 발형에 많다

도145. 미륵보살좌상. 카르키(간다라) 출토. 2~3세기. 라호르박물관.

— 과 유사하다. 다만 미륵보살의 둥근 상투는 나발 형태의 곱슬머리로 표현되는 경우가 많다.

이상으로 미륵보살의 발형에 대해 검토했는데, 크게 속발식과 상투식의 두 종류로 나뉘며, 또한 각각 두 가지의 변화형으로 분류되었다. 이처럼 다양한 발형에는 서역 지방의 영향이 있다고는 하지만, 기본적으로는 바라문 행자의 다양한 발형에 유래한다고 추측된다. 예를 들면 탁실라의 시르캅에서 출토된 미상의 설화도를 표현한 부조(도147)[9]에서는, 뒤쪽에 표현된 5인의 바라문 행자(1명은 두부가 결실되었다)의 발형에서 속발식과 상투식이 보이며, 또한 다채롭게 변화하는 자유로움을 보여 실제 행자의 발형을 방불케 한다. 향좌측의 2인은 수염이 없는 젊은이의 얼굴로, 정수리에서 나비매듭 형태로 틀어서 묶는 머리를 한 속발식 발형을 보이며, 또한 풍부한 머리다

도146. 삼존형식상(도판19)의 부분. 사리바롤(간다라) 출토. 2~3세기. 페샤와르박물관.

도147. 미상의 설화도. 시르캅(탁실라) 출토. 1세기. 탁실라박물관.

도148. 미륵보살좌상. 동제. 카시미르. 1000년경.
Pan-Asian콜렉션[Pal 3, pl. 43]

발을 얼굴의 양 옆에서 어깨로 늘어트리고 있다. 좌측 끝의 행자는 오른손을
시무외인처럼 들고, 왼손에 물병을 들고 있음이 주목된다. 턱수염을 기른 세
번째 인물도 머리를 묶은 발형으로, 오른손을 어깨까지 들어올려 손바닥을
안쪽으로 향하는 수인을 취하고 있다. 이 인물들의 속발식에 비해 수염을 기
른 네 번째 인물은 정수리에서 상투를 튼 타입으로, 역시 머리다발을 풍부하
게 늘어트리고 있다. 또한 세 번째와 우측 끝의 인물은 왼 어깨에 사슴가죽으
로 보이는 동물의 가죽을 걸치고 있어, 바라문 행자에 어울리는 모습이다.

　이 부조는 J. 마샬에 의하면 후기 사카 시대에 속하는 것으로 여겨지
며,[10] 간다라의 불상 출현 이전으로 거슬러 올라가는 작품으로 볼 수 있는 점

에서도 중요하다. 간다라 미륵보살의 속발식이나 상투식의 발형은 이 부조에서 보이는 바와 같이 바라문 행자의 그것을 모델로 삼고 있었다고 생각할 수 있다. 간다라 미륵보살상은 장신구를 착용한 왕후 귀족의 모습으로 표현되고, 두발에도 바라문 행자에서는 볼 수 없는 연주끈이나 약간의 두식을 착용하며, 또한 발형도 가지런히 정돈되어 있다. 그러나 이 같은 모습은 보살로서의 성격을 두드러지게 하기 위한 것으로, 미륵보살 발형의 기본은 바라문 행자에서 유래한다고 보아도 틀림이 없을 것이다. 다만 미륵보살의 발형 중에서 큰 만두형으로 표현된 상투식 타입은 바라문 행자의 발형에 유래한다기보다는 붓다의 육계 표현에 직접 관계된 것이라고 생각된다.

(2) 물병

간다라 미륵보살의 지표라고도 할 수 있는 특징은, 발형과 아울러 지물인 물병이다. 입상의 경우는 왼손의 검지와 중지 사이에, 선정인을 결한 좌상의 경우는 양손의 손가락 사이에 물병을 드는데, 이 물병의 형태를 조사해보면 다소의 변형은 있지만 가는 목, 어깨가 약간 팽창되었다가 점차 오므라지는 원통형의 동체, 바닥은 평평한 것이 작례가 많은 일반적인 형태이다(도 149).[11] 이에 반해 동체가 구형을 띠는 둥근 형태의 물병도 다수 존재한다(도150).[12] 모두 단독 미륵보살상의 경우에는 물병에 문양을 새기는 것이 보통이다. 이것이 바라문 행자나 범천의 지물인 물병, 카만다르kamaṇḍalu라고

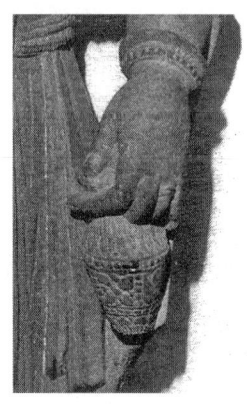

도149. 미륵보살의 물병(1)
(도판31의 부분)

도150. 미륵보살의 물병
(2) (도판32의 부분)

해석한 것은 푸셰이며, 이 고찰은 많은 연구자에 의해 계승되어 정설화되었다.[13] 그런데 최근, 미륵보살이 든 이 소형 용기는 물병이 아니라 향유병이라고 하는 견해가 우에하라 카즈上原和 교수에 의해 제기되었다.[14] 이 견해는 미륵보살이 든 소형용기가 바라문 행자나 범천이 든 물병과는 다른 형태이며, 오히려 그리스의 향유병과 유사하다는 것, 또한 간다라 미륵보살은 '기름 부음을 받은 자'라는 뜻으로 메시아로서의 성격을 갖고 있다는 것을 논지로 하고 있다.

여기서 우선, 바라문 행자가 든 물병의 형체를 살펴보자. 간다라의 '연등불수기', '점몽', '혼약', '선인방문', '화신당에서의 독룡조복', '16행자의 부처방문訪佛' 등의 불전 장면에서 '바라문 행자와 선인'이 보이며, 이들이 든 물병을 관찰하면 그 형태는 두 종류로 대별할 수 있다. 첫 번째는 동체가 구형을 띠는 것으로, 일반적으로 큰 물병이다. 구 마르단 소재의 '점몽'의 경우에서 그 전형적인 예가 보이며, 아시타 선인과 그 제자는 둥근 형태의 동체를 갖는 물병의 목을 손가락 사이에 끼우고 있다(도151).[15] 이 구형 타입의 물병은 목이 긴 플라스크형을 띠는 것이 많으며, 행자가 물병의 바닥과 목을 껴안듯 양손으로 든 것도 있다.[16]

두 번째는 어깨가 팽창했다가 점차 오므라지는 원통형의 동체를 이루는 것으로, 일반적으로 작은 물병이다. '연등불수기' 장면에서 석가 전생의 바라문 청년 메가가 든 물병이 그 대표라 할 수 있다(도142).[17] 이 타입의 물병은 대부분 모두 바라문 행자의 손가락 사이(검지와 중지의 사이)에 끼워서 들고 있다.

바라문 행자와 선인이 든 간다라의 물병은 이처럼 두 종류로 대별되는데, 작례로 말하면 두 번째 타입이 많고, 미륵보살이 든 물병도 대부분은 이 타입이다. 또한 첫 번째 구형 타입의 물병도 그렇게 예가 많지는 않지만, 단독 미륵보살상에서 보인다(도150). 그 때문에 미륵보살의 물병은 바라문 행자와 선인이 드는 물병의 두 가지 타입에 대응한다고 할 수 있다.

그렇다면 간다라에서 보이는 두 종류의 물병에 대해 그 차이와 계통을

도151. 점몽. 구 마르단 소재(간다라). 2세기. 페샤와르박물관.

어떻게 생각해야 할까. 첫 번째인 구형 타입의 물병은 산치의 고대초기 미술[18]을 시작으로, 쿠샨조의 마투라 미술,[19] 굽타조 미술[20] 등의 중인도에서는 불교미술·힌두교미술을 불문하고 지극히 일반적으로 볼 수 있는 형태이다. 인도에서 호리병ghata은 원래 둥근 형태와 구형이 '풍만', '풍요'를 연상시키기 때문에 보다 애호되었으며 그 전통이 뿌리 깊다.

　이에 반해 간다라의 두 번째 타입인 물병은 중인도의 전통과는 달리, 적어도 그 형체는 푸셰가 시사한 바와 같이[21] 서방의 영향이 엿보인다. 우에하라 카즈 교수는 그리스 향유병의 세 가지 종류인 동체가 둥글게 부풀어 오른 아리발로스형, 서양배처럼 동체의 아래쪽이 불룩한 알라바스트론형, 동체의 어깨가 팽창되어 있는 레키토스형을 들며, 간다라 미륵의 물병과 이들의 형태가 상통함을 지적했다. 우에하라 교수는 구체적인 비교 검토는 하지 않았지만 간다라의 두 번째 타입의 물병은 굳이 따지자면 서양배형의 알라바스트론보다는 아리발로스의 한 타입에 가깝다. 그러나 아리발로스에서 볼 수 있는 손잡이는 간다라의 이 타입의 물병에서는 보이지 않는다. 팔미라 출토의 부조[22]에는 손에 병을 든 제사祭司의 상 표현된 예가 있는데, 그 병의 형태는 어깨가 팽창되고 아랫부분이 오므라드는 원통형으로, 간다라의 타입과 유사하다. 그러나 그 병의 바닥에는 다리가 있으며 게다가 이 병은 향유병이 아닌 헌주용이라 여겨지고 있다.

이처럼 다수의 간다라 미륵보살이 손에 든 두 번째 타입의 물병의 기원에 관한 문제는 앞으로도 계속 연구되어야 할 것이다. 향유병의 형체 등 다른 시사점들이 있었을 가능성을 부정할 수는 없지만, 간다라 불전부조 속의 바라문 행자와 선인이 든 물병과 동종의 형태를 보인다는 점에서 미륵보살이 든 호리병은 역시 물병으로 해석해야 할 것이다.

동체의 어깨가 약간 팽창되고 아래쪽이 오므라지는 원통형 물병은 실제로 서북 인도에서 긴 명맥을 잇고 있다. 예를 들면 10∼11기경의 카슈미르의 동제 미륵보살상이나 관음보살은 방추형의 물병을 들고 있어[23] 간다라의 타입을 계승하고 있다(도148). 게다가 카슈미르의 물병에는 간다라의 것과 동류의 연잎문 등의 문양이 보인다. 이상의 검토로 밝혀진 바와 같이, 간다라 미륵보살이 든 물병은 서북인도계와 중인도계의 두 타입의 물병이 반영되어 있으며, 당연하게도 간다라에서는 서북인도계가 우세하지만 중인도계도 받아들여지고 있음이 이해될 것이다. 미륵보살의 물병에 바라문 행자와 선인이 든 물병과 달리 문양이 표현되어 있는 것은, 가지런한 발형과 마찬가지로 보살로서의 성격을 두드러지게 하기 위함일 것이다.

미륵보살의 지물로서 물병의 형태를 검토했는데, 이 물병이 반드시 그저 음료수를 넣기 위한 실용적인 호리병을 의미하는 것은 아니다. 물병은 물을 상징할 뿐이지만, 인도에서 물의 상징성은 다의적이다. 생명의 원천, 만물의 근원으로서의 물이라는 관념에서 발생하여, '발아력', '잠세력潛勢力'의 이미지와 연관된다는 점에서, '불사', '풍요' 혹은 '지혜'의 상징이 된다.[24] 간다라 미륵보살의 물병이 어떤 의미를 갖고 있는지는 미륵보살의 도상적 특징들과 간다라의 다른 보살상과의 관계를 고려하여 다각적으로 검토하지 않으면 안 된다. 우에하라 카즈 교수는 간다라 미륵보살이 든 물병을 향유병이라 판단하고, 그로써 '기름 부음을 받은 자'라는 뜻을 지닌 메시아로서의 성격을 미륵에서 읽어내고자 했다.[25] 그러나 향유병을 드는 것은 '기름을 붓는 자'인 제사이므로, '기름 부음을 받은 자'인 구세주가 향유병을 든다는 것은 모순이 아닐까. 실제로 향유병을 든 구세주에 관한 표현에 대해서 과문한 필자로서는 아는 바가 없다. 중앙아시아에서 미륵보살은 구세주적 성격을 분명히 하는데, 간다라 미륵보살의 성격에 대해서는 검토를 요하므로 나중에 고찰해 보자. 여기서는 미륵보살의 특징에 대해 좀 더 검토해 보겠다.

(3) 오른손을 안쪽으로 향하는 수인

단독 미륵보살 입상에서는 물병을 든 왼손은 비교적 잘 남아있지만 오른손은 대부분의 경우 사라져 있다. 잔존하는 예에서는 시무외인을 결한 것이 있지만, 오른손을 들고 손바닥을 안으로 향한 수인을 취한 상도 있다.[26] 좌상의 미륵보살도 왼손에 물병을 들고, 오른손을 들어 시무외인을 결하거나, 혹은 손바닥을 안쪽으로 향하는 수인을 취한다(도152).[27] 오른손을 어깨까지 들어 가볍게 벌리고 손바닥을 안쪽으로 향하는 독특한 수인은 시무외인만큼 일반적이진 않지만, 터번관식을 쓴 보살상에서는 보이지 않으므로 미륵보살특유의 수인임을 엿보게 한다. 특히 불삼존상이나 불오존상의 협시인 미륵보살에서는 이 수인을 결하는 예가 보다 많다(도146). 과거칠불과 병치된 미륵보살에도 이 수인이 나타나고 있으며, 카니슈카동화의

도152. 미륵보살좌상. 간다라. 3~4세기. 라호르박물관.

재명미륵좌상에도 왼손에 물병을 들고, 오른손을 가슴 앞에서 손바닥을 안으로 향하고 있는 예가 적지 않다.[28]

이 독특한 수인에 대해 이미 B. 바타차르야bhattacharyya는 그 저서인 『인도불교도상학』의 권말 용어해설에서, 나마스카라 무드라namaskāra-mudrā, 즉 귀명인歸命印 이라고도 불리는 수인으로, 보살이 붓다에 대한 경의를 표하는 인, 혹은 이차적인 신이 주신에 대해 경의를 표하는 인이라고 해설했는데, 유감스럽게도 그 출전이나 근거를 제시하고 있지 않다.[29] J. C.

도153. 미륵보살좌상. 동제. 카시미르. 7세기.
봄베이 개인 소장[Pal 3, pl. 39]

헌팅턴은 바타차르야의 학설을 바탕으로; 미술작품의 모든 예를 검색하여 이 수인은 관음보살이 취하는 수인임을 논증하고자 했다.[30] 그러나 헌팅턴에게는 미륵보살과 관음보살의 도상적 특징이 역사적으로 전환된다[31]고 하는 시점이 결여되어 있기 때문에, 후기 관음보살의 특징이 되기도 하는 이 수인으로써 간다라보살상을 구분하는 근거로 삼고자 했다. M. 타데이가 지적한 바와 같이[32] 간다라에서는 오른손을 어깨높이로 들고 손바닥을 안쪽으로 향하는 수인은 바라문 행자, 범천(브라흐마), 그리고 미륵보살이 취하고 있는 것이다.

간다라의 설화 장면에서는 우선 바라문 행자가 이 수인을 취한다. 발형을 비교할 때 들었던 시르캅 출토의 미상 설화도 부조(도147)에 표현된 5인의 바라문 행자 중 양쪽 끝의 인물이 시무외인을 결하는 것에 반해, 중앙의 인물은 오른손을 들고 어깨 높이에서 손바닥을 안쪽으로 향하는 인을 결하고 있어 이 수인의 중요성을 시사한다. 불전부조에서는 '점몽', '점상', '혼약'의 장면 등에서 이 수인이 보인다.[33] 이 표현들에서 주의되는 것은 바라문 행자·젊은 선인, 신참의 제자(novice)가 이 수인을 취하고 있는 것이다. 예를 들면 '점몽'이나 '점상'의 장면을 보면, 왕궁에서 의자에 앉은 정반왕과 마야부인 앞에서 아시타 선인이 스툴에 앉아 점을 치고 있는데, 선인의 뒤에서 그의 조카인 나라닷타가 모시고 서 있다(『라리타비스타라』제7장).[34] 아시타 선인이 턱수염을 기른 노선인인 것에 비해 그의 제자인 조카 나라닷타는 젊은 바라문 행자의 모습으로 표현되며, 왼손에 물병을 들고 오른손은 어깨높이에서 손바닥을 안으로 향하고 있다(도154).

바라문 행자와 범천(브라흐마)은 도상상에서 밀접한 관계가 있는데, 발형과 지물인 물병에 더하여 이 수인에 있어서도 공통되는 특징을 보인다. 불전미술에서 범천은 석가를 합장예배하는 형태로 표현되는 것이 많기 때문에 그 예는 적지만, '탄생', '칠보'의 장면에서 범천이 이 수인을 취하는 예가 확인된다(도157).[35] 한편 붓다·이보살·범천·제석천으로 이루어진 불오존상에 있어서는 범천이 이 수인을 취하는 예가 한층 더 많다(도판21b, 28, 29).[36]

도154. 점상. 간다라. 2~3세기. 캘커타인도박물관.

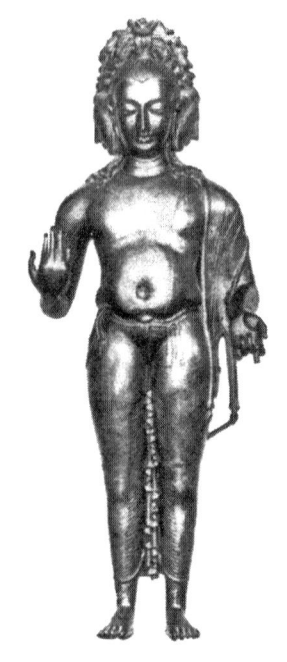

도155. 미륵보살입상. 동제. 카시미르. 6세기. 로스앤젤레스미술관 [Pal 3, pl. 38]

도156. 브라흐마입상. 동제. 황동제. 브라흐마나바드. 6～7세기. 카라치국립박물관.

도157. 탄생. 사리바롤(간다라) 출토. 2～3세기. 페샤와르박물관.

이상과 같이 오른손을 들어 손바닥을 안쪽으로 향하는 수인은 간다라에서 바라문 행자, 범천, 미륵보살이 취하고 있어 이 존재들의 상호 관계를 추측하게 한다. 이 수인은 인도 고대초기 미술에는 보이지 않으며, 전술한 탁실라의 시르캅 출토 부조를 포함하여 간다라 미술에서 창시되었던 것이라고 생각된다. 이 수인은 인도 내부에서는 그다지 영향력을 갖지 않았던 것 같으며 마투라 미술이나 사르나트 미술에서는 이 수인을 찾아보기 어렵다. 굽타 시대 데오가리의 '나라 나라야나'의 부조[37] 및 엘레판타의 '갠지스강의 강하에 나타난 시바'의 부조[38]에서 보이는 브라흐마의 사비 중 오른쪽 첫 번째 손에서 역시 이 수인이 보이지만 오히려 예외적인 경우이다.

이에 반해 서북인도에서는 비교적 늦게까지 이 수인이 존속한다. 신두의 브라흐마나바드에서 가져온 사면이비四面二臂의 훌륭한 진유제 브라흐마입상(도158)은 오른팔을 굽혀 오른손을 가볍게 벌리고 손바닥을 위로 향하고 있어, 간다라의 형식이 약간 변화되면서도 계승되고 있다.[39] 카슈미르의 동제미륵보살입상(도155)도 이와 거의 같은 수인을 보이고 있어[40] 한층 흥미롭다. 카슈미르 동상에는 간다라의 예와 같이 오른손을 어깨높이로 들고 손바닥을 안쪽으로 향하는 미륵보살좌상(도153)도 있다.[41] 이상의 상은 모두 왼손에는 물병을 들고 있어, 오른손의 수인과 함께 신두·카슈미르를 포함한 서북인도에서는 브라흐마(범천)와 미륵보살의 밀접한 관계가 지속되었음을 알 수 있다.

(4) 젊은이형

간다라 미륵보살상의 특징 중 하나로, 젊은이의 얼굴 표현을 들 수 있다. 이 특징은 지금까지 보아 온 다른 특징들과 비교하면 뚜렷하지는 않은 편이며, 또 모두 미륵보살상에 해당되는 것도 아니다. 그러나 간다라 미륵보살상을 통관해 보면, 특히 좌상의 경우 분명 젊은이를 의도했던 표현이 보인다. 보살상의 특징으로서 콧수염을 기르는 경우가 많은데, 그래도 미륵보살좌상은 종종 젊은이, 청년의 용모로 표현된다.[42] 차트파트 출토의 미륵보살좌상(도158)과 같이 동자형 용모와 체구를 보이는 것도 있다.[43] 실제로 미륵보살좌상에는 두부가 크고 체구가 작은 어린이의 비율로 표현된 예가 있다. 이들은 소박한 작품이라기보다는 동자형을 의도한 표현으로 생각된다. 이처럼 젊은이, 청년, 그리고 동자형의 특징은 터번관식형 보살상에서는 찾아보기 힘들다는 점에서 미륵보살의 특

도158. 미륵보살좌상. 차트파트(디르) 출토. 2∼3세기. 디르박물관.

징 중 하나로 들 수 있을 것이다.[44]

간다라 미륵보살의 동자형 표현에 대해서 M. 타데이의 흥미로운 고찰[45] 이외에는 이제까지 문제가 제기된 적이 없었지만, 미륵보살의 성격을 고려해 볼 때 간과할 수 없다. 왜 미륵보살이 동자나 젊은이의 모습으로 표현되었는가라는 중요한 문제를 미륵보살의 도상학 분야에 제시하고 있기 때문이다.

이상으로 간다라 미륵보살의 특징에 대해 (1) 발형, (2) 물병, (3) 오른손의 손바닥을 안쪽으로 향하는 수인, (4) 젊은이형이라는 네 가지를 구체적으로 지적하여 검토해 보았다. 이 같은 특징은 서로 관계되는 것으로, 다음으로 이들을 종합적으로 고찰해 봄으로써 미륵보살 도상의 유래, 다른 존상과의 관계, 혹은 혼효의 문제를 생각해 보고자 한다.

2. 간다라 미륵보살의 도상학

A. 푸셰의 연구 이래로, 간다라 미륵보살이 범천(브라흐마)의 도상과 관계가 깊다는 것은 몇 차례나 지적되어 왔다. 우리의 검토를 통해서도 발형, 물병, 오른손의 수인이라는 세 가지 특징에 대해, 범천과 바라문 행자의 도상과 밀접한 관계를 맺고 있음이 분명해졌다.[46] 즉, 틀어올린 두발을 머리 위에서 묶는 속발식, 혹은 상투를 틀어 머리 위에서 둥글게 묶는 상투식의 두 종류의 발형은 범천과 바라문 행자의 발형과 기본적으로 일치하고(다만 상투식의 발형 중 상투가 둥글고 큰 육계형인 것은 붓다의 육계에 대응한다), 손에 든 물병도 범천과 바라문 행자의 특징적인 지물이다. 또한 오른손을 어깨높이로 들어 손바닥을 안쪽으로 향하는 독특한 수인도 바라문 행자의 젊은이와 범천의 고유한 수인임을 살펴보았다. 간다라 미륵보살상은 다른 보살상과 마찬가지로 귀걸이, 목걸이, 가슴장식, 호부장식, 성뉴장식, 비천, 완천 등의 장신구를 착용하여 보살로서의 모습을 보이는데, 발형·지물·수인에 있어서는 범천 및 바라문 행자의 도상과 합치한다. 미륵보살의 도상이 범천과 바라문 행자의 그것에 대응하는 것은 의심의 여지가 없을 것이다.

그렇다면, 간다라 미륵보살이 범천·바라문 행자의 도상계열에 대응하는 것은 왜일까. 예전부터 이 점에 관해서는 미륵의 출신이 문제시되어 왔다.[47] 즉 석가가 샤카족의 왕자로 태어나 크샤트리아 출신이었던 것에 반해 미륵은 바라문 출신임이 지적되었다. 이제 미륵에 관한 문헌을 새로이 살펴보자. 최초기의 경전인 『수타니파타』에는 바라문 학자인 바바리의 제자로서 틧사 멧테이야(미륵)가 보이고,[48] 『현우경』(바바리품波婆離品)에서 미륵은 바라날왕의 보상輔相의 자식으로 태어났는데, 역시 바라문인 바바리의 제자가 되었음이 보인다.[49] 미륵경전의 하나인 저거경성沮渠京聲 역 『관미륵보살상생도솔천경』에서 미륵은 바라날국波羅㮈國의 바바리대바라문波婆利大婆羅門의 집에서 태어났다고 하여, 바라문인 바바리의 친자로 등장한다.[50] 한편 축법호竺法護 역 『미륵하생경』에서 미륵은 시두성翅頭城의 대신부부, 수범마修梵

摩와 범마월梵摩越을 부모로 하여 태어났다고 하며,[51] 구마라집鳩摩羅什 역『미륵하생성불경』및 동역『미륵대성불경』에서는 시두말성翅頭末城 안에서 대바라문주 부부인 묘범妙梵과 범마바리梵摩波提(修梵摩, 梵摩拔提)를 부모로 하고 있다.[52] 이 부모의 이름은『디바야 아바다나』(제3장「마이트레야아바다나」)에 나오는 바라문 부부, 브라흐마유스Brahmāyus와 브라흐마바티Brahmāvatī와도 대응한다.[53] 또 의정義淨 역『미륵하생성불경』에서는 미륵이 대신인 바라문 선정善淨과 그 부인 정묘淨妙의 아이로 기록되어 있다.[54] 의정역본에 대응하는『마이트레야 비야카라나』에서는 바라문 부부의 이름을 수브라흐만Subrahman과 브라흐마바티Brahmvātī라 하고 있다.[55]

이처럼 미륵의 출신을 경전상에서 확인해 보면, 바라문 학자 바바리의 제자 혹은 아들인 경우와, 또는 먼 장래 케투마티의 도성에서 전륜성왕이 출세했을 때 대바라문 부부 수브라흐만(혹은 브라흐마유스)과 브라흐마바티의 아들로 태어나는 경우의 크게 두 계통으로 나뉜다. 그러나 모두 미륵의 출신이 크샤트리야가 아닌 바라문과 깊은 관련이 있음은 틀림없다. 게다가 미륵의 스승이나 아버지가 종종 대바라문임이 강조되고 있다.『수타니파타』나『현우경』에 나오는 바바리Bāvari, 波婆梨는 유서 깊은 바라문 학자 집안이라고 한다.[56] 또 미륵경 제본에서 미륵의 아버지는 '대바라문주大婆羅門主'이며, 특히『마이트리야 비야카라나』에서는 "네 개의 베다에 통효通曉하고, 국왕의 스승이며, 만트라에 능통하고, 스므리티를 체득"하고 있다고 기술되어 있다.[57]

이상과 같이 미륵의 출신 문제를 검토해 보면, 석가가 크샤트리야 출신임에 비해 바라문 출신으로 여겨지고 있음은 우연이라고 생각하기 어려우며, 미륵의 바라문 출신에 관해서는 고대 인도의 세계관에 근거한 문제가 아닐까 추측된다. 왜냐하면 고대 인도에서는 "바라문 없이는 크샤트리아가 번영할 수 없으며, 크샤트리아 없이는 바라문이 번영할 수 없으니, 바라문과 크샤트리아가 협력해야만 현세와 내세에 번영할 수 있다"(『마누법전』[58])라고 하는 세계관이 있어, 바라문과 크샤트리아는 상보적인 역할을 갖고 있기 때문이다.

바라문과 크샤트리아는 고대 인도의 세계관·가치관을 반영했던 계급으로, 바라문이 우위에 있음을 언급하면서도 양자는 대조적이면서 대등한 존재의의를 갖고 있다고 보았다. 그 때문에 크샤트리아 출신인 석가의 뒤를 잇는 미륵이 바라문 출신인 것은 필연적으로 요청되었던 것일 수도 있다. 이 바라문과 크샤트리아라는 이항대립은 석가와 미륵의 출신 문제에 그치지 않고 고대 인도의 세계관과 관련되었기 때문에, 간다라 보살신앙과 도상 문제에 큰 영향을 미치고 있다. 간다라 미륵보살이 범천·바라문 행자의 도상과 흥미로운 대응을 보이는 것은, 단지 미륵이 바라문 출신이기 때문이 아니라 도상적으로 보다 깊은 수준에서 관련성을 갖고 있는 것이다.

미륵은 석가의 다음에 출세하여 장래에 석가의 뒤를 잇는 붓다가 됨이 확정되어 있는 보살이라고 일반적으로 알려져 있는데, 미륵에 관한 설화나 미륵경전을 검토해보면 미륵의 존격·성격이 반드시 단일한 것은 아니며, 몇 가지의 수준이 존재함을 알 수 있다. 이미 마쓰모토 분자부로松本文三郎 교수는 그 저서인 『미륵정토론』에서 미륵에 관한 다수의 한역 경전을 들어 그 내용을 분류하였는데,[59] 이를 참고로 하여 미륵의 존격·성격을 도상과 관련지어 고찰해 보고자 한다.

미륵에 관한 경전을 도상과 관련지어 분류해보면, 제1~제4류로 나눌 수 있다. 즉, 제1류는 미륵을 불제자로서 설하는 것이고, 제2류는 경전의 전반에서는 불제자, 후반에서는 당래불이 됨을 설하는 것이며, 제3류는 미륵이 출현하는 유토피아적 말내세에 대해 설하는 것으로, 이른바 미륵설화를 실은 경전 및 미륵경 제본(단 『관미륵보살상생도솔천경』은 제외함)이 여기에 속하며, 제4류는 미륵보살이 왕생하는 도솔천 세계를 묘사한 것이다.

이제까지 미륵의 도상은 제3류와 제4류의 문헌을 바탕으로 고찰되어 왔는데, 간다라 미륵보살을 고찰할 경우에는 오히려 제1류와 제2류가 중요시된다. 제3류의 문헌에서는 미륵이 미래의 붓다가 되어 사람들을 교화하게 된다는 내용이 기록되어 있어, 만일 제3류의 경전을 바탕으로 미륵이 도상화되었다고 한다면 보살형이 아닌 불형으로서, 즉 미륵불로서 조형되었을 것이다. 간다라에서 미륵불이 만들어졌을 가능성에 대해서는 [부론1]에서 다루어 보겠다. 제4류에서는 분명 보살로서 표현되는데, 도솔천의 미륵보살과 그 천상세계의 모습에 대해 상술하고 있는 경전은 중앙아시아에서 성립된 것으로 여겨지고 있는『관미륵보살상생도솔천경』뿐으로, 미륵경전 전체 중에서 성격이 다른 경전이다. 이 경전과 관계된 「도솔천상의 미륵보살」의 도상에 대해서는 [부론2]에서 고찰하자. 여기서는 간다라 미륵보살의 도상을 고찰하는 데 임하여, 제1류와 제2류의 경전에 초점을 맞추고자 한다.

우선 제1류의 경전에서는 미륵이 오직 불제자로서 표현된다. 거기에는 당래불로서의 미륵은 기록되어 있지 않다. 초기의『수타니파타』에서는 바라문 학자 바바리의 제자였던 팃사 멧테이야(미륵)가 불제자가 되었음이 기록되어 있을 뿐이다. 대승경전에서도 안세고安世高 역의『대승방등요혜경』, 북위의 보리류지菩提留支 역『대보적경미륵보살문팔법회』, 동 저자 역『미륵보살소문경론』등에서는 붓다가 미륵보살을 위해 법을 설하고 있어, 미륵은 보살이기는 하지만 불제자의 지위에 머물러 있다.[60] 다만 거기서는 반야의 지혜를 설명하는 것에 그 취지가 있다는 점이 주의된다. 실 역『도우경』에서는 자씨(미륵)보살이 사리자를 위해 연기법을 설하고 있는데, 특히 반야바라밀을 설하는 지자智者의 성격을 명확히 하고 있다.[61] 여기서는 이미 사리자와 동렬의 불제자가 아니라 사리자에게 법의 뜻을 설하고 있어, 제2의 붓다라고 할 수 있는 지위로 올라가 있다.

다음 제2류의 경전을 보면 경의 전반에서는 미륵이 단지 불제자로 표현되어 있지만 후반에서는 당래불로 등장하고 있어, 이 단계에서 분명히 미륵은 미래의 붓다로서의 자격을 확립하고 있다. 그러나 미륵불 정토의 장엄 상태 등은 기술되어 있지 않다. 예를 들면 혜각慧覺 등이 번역한『현우경』제12「바라리품」[62]에서는, 경의 전반은『수타니파타』와 마찬가지로 바라리에게 입문한 미륵이 불제자가 된 사정을 기술하는데, 후반에서는 미륵이 장차 여래가 된다는 것을 부처로부터 듣고 있다. 구담승가제바瞿曇僧伽提婆 역『중아함경』권13「설본경」및 그 이역異譯인 실 역『고래세시경』에서는 미륵이 불제자라는 것이 상세히 기록되지는 않았지만, 부처의 설법장에 있었던 미륵비구가, 부처로부터 장래 미륵여래가 된다는 수기를 받는 것이 보인다.[63] 나아가서는 축법호 역『미륵보살소문본원경』, 당보리류지唐菩提流志 역『대보적경미륵보살소문회』에서 부처의 설법장에 있던 미륵보살이 문주問主가 되고 있으며, 경전의 후반에서 미륵이 장래 붓다가 되는 이유를 설명하고 있다.[64]

이 제2류에서 미륵의 성격은 불제자이자, 또한 보살인 미륵이 장래 붓다가 되는 것이 확정된 존재로, 일반적으로 말하는 '석가를 계승하는 당래불'로서의 미륵은 이 단계에 속한다고 할 수 있다. 그렇다면 미륵은 왜 당래불이 될 수 있었는가. 여기서 주목되는 것은 미륵이 범행梵行을 수행한다는 내용이 여러 경전에서 강조되고 있다는 점이다. 예를 들면『설본경』에서는 미륵이 '청정하게 범행을 현현하는 것', 혹은 '범행을 널리 유포하는 것'을 반복적으로 부처가 찬하고 있으며,[65]『미륵보살소문본원경』에서도 미륵은 전생에 현행賢行이라고 하는 범지梵志로, 불기법인不起法忍(무생법인無生法忍)을 얻은 일이 기술되어 있다.[66] 이른바 미륵경전 속에서도 의정 역『미륵하생성불경』에는 자씨천인존(미륵)의 성도 이후 아라한들이 이 세계에 가득 차고, 모든 대중은 청정행을 수행한다고 되어 있다.[67]『마이트레야 비야카라나』에서도 신들과 사람들이 마이트레야의 가르침에 따라 범행梵行, brahmacarya을 행한다고 강조되어 있다.[68]

이같이 석가를 계승하는 당래불로서의 미륵보살은 범행자brahmacārin로서의 성격이 강하다. 범행이란 음욕婬慾을 끊은 청정한 행行을 말하는데, 이는 원래 범천의 행법이라고 한다. 간다라의 미륵보살 도상은 바로 이 제2류의 당래불로서 확정된 미륵보살이 갖는 범행자로서의 성격을 강하게 반영한 것은 아닐까. 단지 미륵의 출신이 바라문이라는 것뿐만 아니라, 미륵은 '청정하게 범행을 현현하고', '범행을 널리 유포'해야 하기 때문에, 간다라에서는 속발·상투형으로 물병을 든 바라문 행자나 범천과 같은 특징으로 표현되었다고 생각할 수 있을 것이다. 간다라의 도상에 있어서 미륵보살과 바라문 행자, 그리고 범천은 깊은 의미에서 서로 관계를 맺고 있는 것이다.

불교는 바라문교와 다투며 발전을 거듭하였는데, 그 관념과 이미지는 바라문교에서 많은 부분을 차용하고 있다. 범행자의 이미지는 엄격한 수행자로서의 '참된 바라문'의 이미지를 간직했을 것이다. 『단마파다』 제26장은 '참된 바라문'에 대해 묻고 있는데, 그것은 불교자에게 있어서도 이상적인 종교자의 모습을 보여준 것임에 틀림없다.

> "상투jatā를 틀고 있기 때문에 바라문인 것은 아니다. 성씨 때문에 바라문인 것도 아니다. 날 때부터 바라문인 것도 아니다. 진실과 이법理法을 지키는 사람은 안락하다. 그야말로 (참된) 바라문인 것이다." (393), "어리석은 자여. 상투螺髻를 틀고 무엇이 되는가. 흑염소의 가죽을 걸치고 무엇이 되는가. 너는 속으로는 밀림密林(= 더러움)을 지닌 채, 겉으로만 꾸미는구나."(394)[69]

미륵보살이 바라문 출신으로 이미 범행자로서 의식되고 있었다면 미륵이 바라문의 모습으로 표현되는 것도 당연하다고 할 수 있다. 『단마파다』는 '참된 바라문'이란 무엇인가를 묻고 있는데, 도상상에서는 상투를 틀고, 흑염소 가죽을 걸친 수행자의 모습이 바로 바라문인 것이다.

그런데 M. 타데이는 「하르포크라테스Harpocrates . 브라흐마Brahmā . 마이트리야Maitreya」라는 제목의 흥미로운 논문[70]에서, 간다라 미술에서 바라문 행자 · 범천, 그리고 미륵의 도상이 하르포크라테스의 도상과 혼효하여 성립되었을 가능성을 제시하며 그에 대해 고찰하고 있다. 이 논고는 간다라 미륵도상을 고찰하는 우리들에게 크게 시사하는 바가 있다. 그는 스와트의 붓카라에서 출토된 흥미로운 부조 4점을 들며, 하르포크라테스와 바라문 행자, 범천과의 도상의 혼효를 설한다. 잠깐 타데이의 고찰을 소개하겠다.

붓카라에서 출토된 문제의 4점의 부조는 모두 활짝 핀 연꽃의 중앙에 인물을 표현한 보기 드문 도상으로, 그중 3점이 특히 중요하다. 첫 번째 부조(도160)는 12개의 연잎을 갖는 활짝 핀 연꽃 중앙에, 두발을 바라문 행자처럼

묶고 얼굴과 다리(한쪽만 표현되어 있다)를 드러
내고, 몸통에만 옷을 걸치고 앉아있는 인물이 표
현되어 있다.[71] 이 인물은 손발이 생략적으로 간
략히 표현되고 두 눈이 이상할 만큼 크게 표현되
어 있는 점이 특이하다. 이에 반해 두 번째와 세
번째 부조[72]는 역시 12개의 잎을 가진 활짝 핀 연
꽃(다만 세 번째 부조는 파손되어 있다) 중앙에 나형
裸形의 동자가 표현되어 있으며, 동자의 장신구
는 족환足環 등에 한정되어 있다. 전자의 동자는
오른쪽 무릎을 굽히고 왼발 뒤에 오른발을 두는
자세로 오른손을 가슴에 대고 있다(도161). 후자
의 동자는 같은 자세로 앉아있으며, 양손을 가슴
에 대고 있다(도162).

도159. 하르포크라테스상.
시르캅(탁실라) 출토
1세기. 카라치국립박
물관『파키스탄·간
다라 미술전』도6-1]

　　　두 번째와 세 번째 부조에서 보이는 활짝 핀
연꽃 안에 앉아있는 나형의 동자 표현은 헬레니
즘·로마의 "잠자는 에로스" 도상의 전통을 떠올
리게 하는데, 특히 알렉산드리아 주변 이집트의 그레코·로마 미술에서 많
이 보이는 하르포크라테스의 표현에 한층 가깝다.[73] 하르포크라테스는 호루
스의 한 변화 형태로, 벌거벗은 유아의 모습이며 손가락을 빠는 동작으로 표
현된다(그리스·로마에서는 이 때문에 침묵의 신으로 여겨졌다). 이 하르포크라
테스 부조들도 연꽃 위에 앉은 모습으로 표현되어 있다. 게다가 베그람과 시
르캅에서는 하르포크라테스의 소상小像이 출토되고 있으며(도159),[74] 또한 시
르캅 출토의 금제 귀걸이와 브로치에는 각각 연꽃 속에 앉아있는 나형의 동자
가 표현되어 있어(도163),[75] 붓카라 부조 도상의 유래를 더듬어 볼 수가 있다.
　　　이같이 활짝 핀 연꽃 속에 앉아있는 벌거벗은 동자의 유례로서, 타데이
의 논고가 발표된 후 새로이 일본 개인 소장의 작례가 소개되었다(도164).[76]
그 부조에서는 연화만초 속에 개연화문(두 개가 남아있다)을 삽입하고, 각각

도160. 활짝 핀 연꽃 속의 춤추는 인물.
　　　 붓카라(스와트) 출토. 1～2세기.
　　　 로마국립동양미술관[Taddei, fig. 1]

도161. 활짝 핀 연꽃 속의 동자. 붓카라(스와
　　　 트) 출토. 1～2세기. 로마국립동양미
　　　 술관[Taddei, fig. 3]

도162. 활짝 핀 연꽃 속의 동자. 붓카라(스와트)
　　　 출토. 1～2세기. 로마국립동양미술관
　　　 [Taddei, fig. 4]

도163. 금제 귀걸이 부분. 키르캅(탁실라)
　　　 출토. 1세기. 탁실라박물관[『실크
　　　 로드박물관』 도76]

도164. 활짝 핀 연꽃 속의 동자. 출토지 불명. 1세기경. 일본 개인 소장 [쿠리타 이사오 2, pl. 651]

의 활짝 핀 연꽃 속에 교각 포즈로 앉아있는 나형의 동자가 표현되어, 한쪽
손으로 꽃봉오리 같은 것을 들고 다른 손은 무릎에 대고 있다. 연화만초 속에
개연화문을 삽입한 표현은 바르후트 부조에 유사한 예가 있어,[77] 간다라의
이 부조는 쿠샨조 이전으로 거슬러 올라갈 가능성이 있다. 또 역시 연화만초
속에서 큰 연화대좌 위에 앉은 날개 달린 동자를 삽입한 흥미로운 작례도 소
개되어 있다[78].

그런데 붓카라에서 출토된 첫 번째 부조의 도상에 대해서는, 활짝 핀 연
꽃 속에 앉아있는 모습은 하르포크라테스와 같지만 바라문 행자의 모습을
하고 있다는 점이 문제가 된다. 여기에서 고대 인도사상에 있어 우주의 근본
원리인 브라흐만과, 그 신격화, 인격화인 브라흐마에 대한 고찰이 중요하다.
H. 짐머가 적확하게 고찰한 바와 같이[79] 문헌상에서는 브라흐마를 '연꽃에
서 태어난 자padma-ja', '연꽃을 모태로 하는 자padma-garbha, padma-yoni'라 하고
있다. 브라흐마는 순수하고 정신적, 초월적인 성격을 갖는 지극히 높은 자이
며, 우주의 근본원리인 브라흐만의 인격적인 상징임이 틀림없다. 그리고 혼
돈이자 무시간적 존재인 물에서부터 발생하는 연꽃은, 우주의 본질을 상징
하는 신적인 실체라 할 수 있는 브라흐만을 간직하고 지켜야 하기 때문에, 연
화좌는 우선 브라흐마의 좌가 된다. 한편 우파니샤드에서는 우주의 근본원
리인 브라흐만이 개인으로서의 자아이자 영혼인 아트만과 동일시되어, 브

라흐만과 아트만의 일체를 설명하고 있다.

우파니샤드는 이 아트만 = 브라흐만이 모두 개인의 심장 속에서 존재한다고 기술하거나, 혹은 심장 자체와 동일시하고 있다. 『찬도기야 우파니샤드』(8, 1, 1ff)는 신체 중심에 작은 연꽃(즉 심장)이 있어 그 속의 작은 공간에 인간이 탐구해야 하는 것(아트만 = 브라흐만)이 존재한다고 설하고 있다.[80] 아트만 = 브라흐만은 쌀알보다도 겨자씨보다도 작고 손도 없고 발도 없으며, 눈 없이도 보고 귀 없이도 듣는다. 저 완전히 평온한 것은 육체에서 밖으로 나와 최고의 광명에 도달하고, 자기의 모습으로 출현한다.

또한 타데이는 범천·바라문 행자와 미륵보살과의 관계를 통해, 하르포크라테스와 미륵보살과의 도상상의 혼효를 고찰한다. 제1장에서 우리가 든 미륵보살의 네 가지 특징 가운데 (3) 오른손을 안으로 향하는 수인과 (4) 젊은이형이라는 두 가지에 대해서는, 그 유래가 명확하지는 않지만 타데이는 이것이 하르포크라테스 도상과 관련이 있을 가능성을 시사한다. 즉, 하르포크라테스는 오른손을 들어 턱이나 입가에 손가락을 대는 동작으로 표현되거나(도159), 혹은 오른손을 어깨높이로 들어 시무외인과 같은 손동작을 취하고, 또는 손바닥을 안쪽으로 향하는 손짓을 하는 표현도 보여,[81] 범천·미륵보살의 수인과 흥미로운 유사점을 보인다. 또 하르포크라테스는 동자신인데, 미륵보살이 젊은이·동자의 용모나 체구를 보이는 것이 있다(도158)는 것 또한 이 하르포크라테스와의 혼효에 의한 것일 수 있음을 지적한다. 하르포크라테스는 미륵보살과 마찬가지로 종종 물병을 들고 있으며, 머리를 묶는 방식도 두 개의 연뢰 사이에 머리장식인 프스켄트pskhent를 지니고 있어, 미륵보살의 ∞자형 속발과 그 앞면에 사다리꼴 혹은 서양배 모양의 장식을 지니는 방식과 두드러지는 유사점을 보이는 점 또한 양자 간의 관련성을 보다 강화시킨다.

이상과 같이 타데이는 하르포크라테스 도상과의 혼효를 통해 미륵보살의 특징을 밝히고자 했다. 베그람과 탁실라에서 하르포크라테스의 조각상이 출토되고 있다고는 하지만, 과연 하르포크라테스의 상이 범천과 미륵보살 도상의 조형이 될 정도로 서북인도에 하르포크라테스의 도상이 널리 퍼져 있었는가라는 문제도 남는다. 그러나 타데이의 주장처럼 도상의 조형이 라는 생각보다도, 오히려 중요한 것은 하르포크라테스와 미륵보살의 존격상 의 구조적인 유사점으로, 그것이 도상의 혼효를 야기했다고 보아야 할 것이다.

미륵보살은 '석가를 계승하는 당래불'이지만, 무엇보다도 붓다가 됨이 정해진 존재이다. 이른바 반드시 붓다가 되는 씨앗을 품은 존재라고 할 수 있 다. 이러한 사고는 대승불교의 여래장사상에도 통하는 것으로, 미륵보살은 제1 여래장이라 할 수 있다. 여래장tathāgata-garbha이란 여래(불)가 되어야 하 는 요인, 즉 불성佛性, Buddhatva이라고도 할 수 있는 여래의 태아를 지니고 있 다고 하는 관념으로, 『여래장경』에는 "모든 중생은 여래를 그 안에 간직하 고 있다(一切衆生如來藏)"고 주장하고 있다.[82] 이 여래장, 즉 여래의 태아가 개 개인 안에 내재되어 있다고 하는 생각은, 우파니샤드의 개인아個人我인 아트 만과 우주의 본질인 브라흐만을 동일시하는 사고방식과 무척 가까운 관계 에 있다. 만약 미륵보살이 뛰어나서 여래장으로서의 성격을 갖고 있다고 한 다면, 전술한 아트만 = 브라흐만과 같이 미륵보살이 여래의 태아로서 표현 된 것이라 해도 이상하지는 않다. 타데이가 고찰한 바와 같이[83] 하르포크라 테스는 동자이며, 게다가 태양신의 후예라고 여겨져 월신月神적 성격을 갖는 경우가 있어 머리에 초승달을 단 예도 지적되고 있는데, 이 같은 특징은 미륵 보살과 평행한 관계에 있다. 미륵은 '일종日種'인 석가의 후계자로, 부살리가 지석한 바와 같이 달의 상징성을 나타내고 있다.[84] 식가가 깨딜음을 입고 보 리를 현재화시킨 존재라고 한다면 미륵보살은 보리의 씨앗을 갖고 있다는 점에서 잠재적이며 달의 상징성을 갖고 있다. 제1장에서 지적한 것처럼 미 륵보살이 초승달형의 두식을 갖춘 예가 있는 것은 이와 관계가 있을 것이다. 하르포크라테스와 미륵보살에 대해서는 이후로도 많은 과제가 남아 있지 만, 양자가 구조적으로 가까운 관계임은 분명하다.

3. 결말

간다라 미륵보살의 특징으로서, (1) 발형, (2) 물병, (3) 오른손을 안쪽으로 향하는 수인, (4) 젊은이형, 이상의 네 가지를 제1절에서 관찰했는데, 그중 (1)과 (2)는 미륵보살의 필수적인 특징임에 반해, (3)과 (4)는 미륵의 필수적인 조건은 아니지만 간다라 미륵보살에서 보이는 특징이다. 이 같은 특징은 범천 및 바라문 행자의 도상과 밀접한 관계가 있다. 간다라의 미륵보살은 석가를 계승하는 당래불이지만, 원래는 바라문 출신이고 현재는 범행을 닦는 지자智者이며, 붓다의 태아가 깃든 자이다. 미륵이 붓다의 본질인 보리의 씨앗 — 불성을 간직한 것은, 범천이 우주의 본질인 브라흐만을 구현하고 그것을 인격화 한 신이라는 것에 비견할 수 있다. 또 바라문 행자는 범행을 닦고 브라흐만을 추구하며 그것을 잠재적으로 체현하고 있는 것처럼, 미륵보살도 범행을 닦고 보리를 추구하며 그것을 잠재적인 형태로 체현하고 있는 것이다. 이 같은 범천·바라문 행자와 미륵보살과의 존격상의 구조적인 유사성이 양자 간의 도상상의 혼효를 낳고 있다고 할 수 있다.

간다라 미륵보살은 두발을 반으로 접어 묶은 속발식의 발형을 하며 오른손에 물병을 든 것이 가장 일반적인 도상인데, 그것은 범천과 바라문 행자의 도상에 대응한다. 한편 두발을 머리 위에서 둥글게 묶은 상투식 발형에는, 작은 상투과 큰 상투의 두 가지 타입이 있다. 작은 상투 타입은 바라문 행자의 발형과 닮았는데, 큰 상투 타입은 붓다의 육계표현에 한층 가깝다. 미륵보살이 머리를 둥글고 큰 육계와 같이 묶는 발형은, 아마도 붓다가 되어야 할 존재로서의 미륵, 붓다를 예상하는 존재로서의 미륵이라는 의미에서 붓다의 육계의 조형을 차용했을 것이다. 속발식이나 육계 타입의 미륵보살에는 종종 상투의 정면이나 하단에 초승달형 장식이 있는 것도, 이 타입의 미륵이 특히 '태양의 씨앗'인 석가를 계승하고, 보리의 씨앗을 품은 '달적' 성격을 갖는 보살로 보았기 때문은 아닐까. 태양이 현재화한 힘을 나타낸다고 한다면, 달은 잠재적인 힘을 나타내기 때문이다.[85]

물병은 범천·바라문 행자·미륵보살의 공통된 지물이지만, 그것은 고행자의 실용적인 지물일 뿐만 아니라 아마 만물의 근원으로 잠재력이 있는 물을 담는다는 점에서 지혜의 상징이 되어, 그것을 갖고 있는 자는 지자로서의 자격을 얻기 때문일 것이다. 범천은 우주의 본질인 브라흐만을 구현하고, 미륵은 보리의 씨앗을 간직한다. 물병은 브라흐만의 지혜, 보리의 지혜를 상징할 것이다.

한편 브라흐만의 구현인 범천, 불성을 품은 미륵보살이라는 존격상의 구조는 하르포크라테스 도상과의 혼효를 야기한다. 연꽃 위에서 잠든 동자신 하르포크라테스는 연꽃에서 태어난 자로, 브라흐만을 구현한 범천과 유사하다. 오른손을 들어 손바닥을 안쪽으로 향하는 수인이 과연 타데이의 말대로 하르포크라테스의 손을 입가로 들어 올린 손동작과 관계가 있는지의 여부는 곧장 납득하기 어렵지만, 그중에서도 특히 바라문 행자의 신참자인 젊은이가 이 수인을 취한다는 것은 분명하다. 이 수인은 원래 동자의 몸짓에서 유래하기 때문에 젊은이의 동작으로 여겨졌는지도 모른다. 범천과 미륵보살이 오른손을 안으로 향하는 수인을 취하는 것은 젊은이·동자형의 조형과도 관계가 있다. 미륵보살은 반드시 오게 될 붓다, 이른바 붓다의 태아로서, 하르포크라테스·범천의 도상과 혼효하여 오른손을 안쪽으로 향하고, 종종 동자·젊은이의 용모를 취하는 것이리라 생각된다. 간다라의 '연꽃에 앉은 동자'의 도상은 불교미술에 있어 '연화화생' 도상의 성립과도 관계되지만, 이 문제에 대해서는 다른 기회로 미루고자 한다.

[부론1] 간다라 미륵불에 대해

　간다라에서 미륵의 하생경, 즉 불형의 미륵이 조형되었는지의 여부에 대해서 약간의 고찰을 첨부해 두겠다. 제2절에서 미륵에 관한 경전을 4류로 분류했는데, 그중 제3류는 미륵의 하생에 대해 설한 경전이다. 이 제3류에는 미륵설화에 대한 경전과, 이른바 미륵육부경 중의 『관미륵보살상생도솔천경』을 제외한 5개의 경전이 이에 속한다. 이 경전들에는 먼 장래에 유토피아적 세계가 달성되어, 그때 미륵이 이 세계에 하생하고 붓다가 되어 설법하여 사람들을 교화한다는 내용이 담겨 있다. 이 경전들의 취지를 고려한다면 당연히 미륵의 성불상成佛像이 예상될 것이다. 게다가 미륵경에는 "바로 그 밤중에 미륵이 출가하고, 곧 그 밤에 무상도를 이루리라"*(T.14, No. 453, p. 421c), 혹은 "곧 출가한 그날로 아뇩다라삼먁삼보리를 성취하니,"**(『미륵하생성불경』T.14, No. 454, p. 424b)라고 하여, 미륵이 출가하고 홀연히 성도를 이루었음이 기록되어 있어, 하생한 미륵의 붓다로서의 성격이 강조되어 있다.

　북위 시대 이래로 중국에서는 미륵보살의 조형과 함께 종종 미륵불도 만들어졌음은 명문으로 미루어 분명하다.[86] 그러나 이 미륵불들의 조형은 석가불과 크게 달라진 점이 없어 명문이 없을 경우 존격을 확정하기 어렵다. 다만 수당隋唐시대에는 미륵불이 의좌불로서 많이 표현되었음은 재명상이나 둔황의 미륵정토도를 통해 추측된다. 이는 북위시대의 교각미륵보살상이 제수齊隋시대에 의좌미륵보살상으로 변화하고, 또한 수당시대에 의좌미

---

*　當其夜半彌勒出家, 即於其夜成無上道. 『불설미륵하생경』 1권(ABC, K0197 v11, p. 210a 14-a15)
　불교기록문화유산 아카이브(https://kabc.dongguk.edu/)『불설미륵하생경』 우리말 번역문에서는 '때에 미륵보살이 그 나무 아래 앉아서 위없는 도과道果를 그 밤중에 이룩하는데(時彌勒菩薩坐彼樹下成無上道果其夜半), 미륵이 출가한 바로 그날 밤에 위없는 도를 이룸으로써(彌勒出家卽於其夜成無上道)'로 번역하고 있다.

**　불교기록문화유산 아카이브(https://kabc.dongguk.edu/) 우리말 번역문 인용. 卽以出家日, 得阿耨多羅三藐三菩提. 『불설미륵하생성불경』 1권(ABC, K0198 v11, p. 214a23-b01)

록불로 발전했었을 것이라 생각되고 있다.[87] 간다라에서 의좌불은 적고, 그것을 미륵불이라고 할 만한 근거가 있다고도 생각되지 않는다. 그러나 중국에서 이른 시기부터 미륵불이 조성되었음을 생각하면 간다라에서 미륵불이 제작되었다고 해도 이상하지 않다.

M. 타데이는 오른손의 손바닥을 안쪽으로 향하는 수인을 취하는 보살상이 간다라 미륵에서 특징적으로 나타남을 고찰했으며, 나아가 이 수인을 취하는 불상에 대해서도 미륵불일 가능성을 지적했다.[88] 분명 간다라에는 오른손을 안으로 향하는 수인을 취하는 불상이 보이는데 이 수인이 미륵보살과 밀접하게 연관되어 있다고 한다면, 그것이 미륵불을 표현한 것임은 충분히 생각할 수 있다. 그러나 타데이가 제시한 작례 중 캘커타인도박물관 소장의 부조는[89] 불전 중에서도 성도 직전의 장면인 '마왕과 그 딸의 유혹'을 표현한 것이라고 필자는 추정한다. 타데이는 이 장면을 단지 '좌불과 공양자들'이라고 했는데, 이 부조에는 향좌측에서 교각좌로 오른손을 안으로 향하는 수인을 취하는 붓다, 중앙 상부의 나무에서 상반신을 드러내고 찬탄하는 수신樹神, 오른쪽으로 어깨를 맞댄 남녀가 표현되어 있는데, 이 남녀의 포즈는 간다라의 '마왕과 그 딸의 유혹' 장면[90]에 나오는 것과 동일하다. 통상 이 장면에서의 붓다는 결가부좌를 취하거나 혹은 보리좌에 향하는 입세立勢의 모습으로 표현되는데, 최근 소개된 카불박물관 소장의 간다라부조[91]에는 향좌측 중간부분에 '보리좌로 향하는 붓다', 오른쪽 중간부분에 '보리좌에 앉은 붓다'가 표현되어, 전자는 입세의 불타, 후자는 교각좌로 오른손을 안으로 향하는 수인을 취하고 있다. 이 부조에도 남자가 왼손을 여자의 어깨에 올리고 오른손을 허리에 대며 다리를 교차시킨 포즈를 취한 남녀상으로, 마왕과 그 딸이 표현되어 있는 것이다. 이를 미루어 고찰하면 캘커타인도박물관의 부조에서 보이는 오른손을 안으로 향하는 수인의 불타는 불전 속의 석가임에 틀림없다.

불전 속의 석가가 이 수인을 취하는 예는 삼가섭귀불三迦葉歸佛 설화에서의 '독룡의 제시' 장면에서도 보인다.[92] 일반적으로 불전 속의 석가는 오른손으로 시무외인을 결하는데, 이 장면에서는 거의 반드시 오른손을 안으로 향하는 수인을 취하고 있다. 이 수인이 불전 장면 속에서 어떤 의미를 갖고 있는지는 연구가 필요하지만, 이 수인을 취하는 불타가 석가불로서 조상된 예가 있음은 이상을 통해 분명할 것이다. 오른손의 손바닥을 안쪽으로 향하는 수인의 불타가 미륵불로서 조상된 경우도 있었겠지만 현재로서는 확증된 바가 없다.

간다라에서 미륵불이 만들어졌음을 다른 시점에서 고찰한 사람은 J. C. 헌팅턴이다.[93] 그는 중국에서 북량·북위의 이른 시대부터 미륵이 보살형과 불형의 두 형식으로 표현되었음을 중시함과 동시에, 중국 초기의 불교미술이 간다라 미술의 강한 영향 아래에 있었음을 지적하며, 간다라에서도 미륵불이 다수 만들어졌다고 추측하고 있다. 그리고 간다라에서는 미륵보살이 도솔천에서 대기하는 모습이며 이 세상에 하생하여 케투마티의 도성에서 출가하고 깨달음을 얻은 모습을 미륵불로서 표현한 것으로, 미륵보살과 미륵불에 대한 일관된 신앙이 간다라에 있었다고 기술하여, 대좌에 물병을 든 미륵보살을 표현한 시무외인의 불입상[94]을 미륵상으로 보고 있다. 헌팅턴의 이러한 이론은 중국에서 조상된 사례를 통해 간다라의 양상을 유추하고, 간다라 미륵신앙이 상생신앙과 하생신앙으로 일관된 것이라고 하는 전제에 입각하여 의논을 진행하고 있다. 그러나 미륵보살을 대좌에 표현한 불상은 미륵불과 미륵보살이라고 하기보다는 오히려 석가불과 그를 계승하는 미륵보살이라고 해석하는 편이 타당하지 않을까.

J. C. 헌팅턴의 학설을 계승하여, 이유민도 간다라에서 미륵불이 제작되었음을 논하고 있다.[95] 이유민 또한 중국에서 조상된 사례를 전제로 하며, 간다라 미륵불의 사례를 네 종류 정도 들고 있다. 하나는 M. 타데이가 지적했던 오른손 손바닥을 안쪽으로 향하는 수인을 취하는 붓다이고, 또 하나는 전법륜인을 결한 의좌의 불상(대표적 사례로서 대영박물관 소장의 불의좌상)[96]을 네팔 및 중국의 재명 작례를 근거로 미륵불이라 하고 있는데, 이미 기술한 바와 같이 양자 모두 이 특징들을 갖고 있다고 하여 이들을 바로 미륵불이라

고 단정할 수는 없다. 가장 설득력 있는 것은 로얄 온타리오박물관 소장의 왼손에 물병을 든 미륵보살입상의 대좌에 부조된, 불발(佛鉢*을 사이에 두고 표현된 2좌불이 석가불과 미륵불일 것이라는 추정이다.[97]『법현전』에 의하면, 석가의 열반 이후 불발은 각지를 전전하다가(현재는 간다라에 있으며 법현도 보았다) 마지막에는 도솔천으로 올라가 미륵보살이 그것을 공양한다고 한다.[98] 불발은 '불법(佛法'의 상징으로, 석가불에서 미륵보살의 손을 거쳐 다시 미륵불에게로 전해진다는 점에서, 미륵보살의 대좌에 표현된 불발을 사이에 둔 2불이 석가불과 미륵불이라고 생각하는 것도 가능할 것이다. 마지막으로 이유민은 시애틀미술관 소장의 좌불[99]을 들며 그 대좌에 3구의 선정 좌불이 표현되어 있는 것에 주목하고, 그들을 삼세의 붓다, 즉 과거불·현세불·미래불로 추측하고, 어느 것인지는 명확하지 않지만 이들 중 1구가 미륵불임에 틀림없다고 보고 있다. 마지막 예는 그러할 가능성이 있지만 역시 추측의 범위를 벗어나지 못한다.

이상과 같이 간다라에서 미륵불이 만들어졌음을 적극적으로 단정할 만한 근거는 없다. 그러나 불발을 사이에 두고 표현된 2불의 예를 석가불과 미륵불로 보는 것은 설득력이 있으며, 다른 예에서도 미륵불일 가능성이 없다고 할 수는 없어, 이들 모두가 미륵불은 아니라 하더라도 그중 미륵불이 포함되어 있을 가능성은 있다고 할 수 있을 것이다. 5세기 초두에 법현이 타림분지에서 카라코름 서쪽 산맥을 넘어, 인도세계로 들어오는 가장 첫 입구에 위치한 타력(陀歷에서 보았던 목조 미륵대불(長八丈은, 제3부 제1장에서 고찰한 바와 같이 미륵의 하생상, 즉 미륵불이었을 것이다. 이 점을 통해서도 간다라에서 미륵불이 만들어졌을 가능성은 충분할 것이다. 미륵은 석가를 계승하기 때문에 조형적으로도 석가불을 모방하여 만들어졌음이 틀림없다. 명문이 없는 간다라 미륵불을 구분해 내기가 어려운 것도 이 때문이다.

---

* 불발(佛鉢: 부처의 발우

[부론2] 간다라 카피시의 '도솔천상의 미륵보살' 도상에 대해

간다라의 설화적인 부조조각 중에서, 화면 중앙에 속발식 혹은 상투식으로 머리를 묶고 손에 물병을 든 보살좌상을 크게 표현하고, 그 주변으로 사람들이 합장하거나 찬탄하는 구도가 보인다. 보살은 대좌 위에서 결가부좌혹은 교각의좌하고, 아마 궁전을 본떴을 감과 상장㡧幜, 천개 등의 아래에서 사람들의 찬탄을 받는 구도이다. 보살의 타입은 미륵보살인데, 이 같은 구도를 취하는 장면으로는 (1) '석가보살에 대한 신들의 권청', (2) '도솔천상의 미륵보살'의 두 가지가 있다.

'석가보살에 대한 신들의 권청'으로는 이미 앞 장에서 든 클리블랜드미술관 소장의 간다라 불전부조**100**가 있다(도136). 그 부조에서는 위에서 아래로 '탄생'에서 '출성'까지의 다섯 장면을 시간 경위에 따라 표현하고 있는데, 그 두 번째 장면은 신들이 석가에게 출가를 권했다고 하는 에피소드(『라리타비스타라』 제13장)를 표현한 것임에 틀림없다. 거기서 싯다르타 태자는 상투를 틀고 오른손은 들어 시무외인을 결하고 왼손에 물병을 들고 있다. 여기서는 감이나 천개의 표현은 없지만 태자의 모습은 미륵보살과 다르지 않다.

기메미술관 소장의 부조(스와트 지방 출토)는 '탄생' 장면의 향좌측에 같은 구도를 취하는 장면이 있는데 푸셰는 이를 '신들의 권청'으로 판단했다.**101** 푸셰는 간다라의 가로로 길고 연속적인 패널이 스투파의 기단에 끼워져 있었기 때문에 우요의례에 맞추어 향우측에서 좌측으로 장면이 전개되는 것임을 지적하고, '탄생' 이후의 불전 장면인 '신들의 권청' 장면이라고 해석한 것이다. 이 석가보살은 역시 상투를 틀고 오른손은 시무외인, 왼손은 물병을 드는 특징을 보이며, 사다리꼴 박공형 감실 아래에서 결가부좌하여 신들의 찬탄을 받고 있다.

이처럼 미륵보살의 타입을 하며 '석가보살에 대한 신들의 권청'을 나타낸 작례가 있는데, 이는 연속한 불전 장면의 전후관계에 의해 파악된다. 부조가 단편 등이며 같은 구도의 한 장면만으로 구성된 경우(실제로는 이 장면이 많다)에는, '도솔천상의 미륵보살'을 표현한 것인지 '석가보살에 대한 신들의 권청'을 표현한 것인지 결정하기 어렵다. 그러나 이 같은 구도를 취한 부조 중에서 '도솔천상의 미륵보살'을 표현하였다고 추정할 수 있는 것도 있다. 그것은 간다라 미륵보살의 특징으로 확인한, 오른손의 손바닥을 안쪽으로 향하는 수인을 보이는 것, 혹은 불전 장면과 따로 분리되어 불상의 대좌에 표현되거나 대신변도의 위쪽에 표현되는 것이 그 단서가 된다.

르콕크가 챠르사다에서 가지고 온 부조(라호르박물관 소장)[102]나 최근 소개된 일본의 개인 소장 부조(도165)[103]에서는, 상투를 튼 보살이 천개 밑에서 등받이가 있는 의자에 교각 좌세로 앉아 오른손바닥을 안으로 향하고 왼손에 물병을 들고 있어 미륵보살임에 틀림없다. 흥미로운 점은 미륵보살의 좌우에 세속의 남녀상이 표현되어, 합장을 하거나 꽃을 뿌리며 미륵보살을 찬탄하고 있다. 전자의 부조에서는 비구의 모습도 볼 수 있는데, 후자의 부조에서는 아마도 쿠샨 민족일 것으로 생각되는 유목민 복장을 한 인물이 표현되어 있다. 이 도상들은 미륵보살이 재속 불교신자들 사이에서 특별한 신앙을 얻고 있었음을 말해준다. 특히 유목민들 사이에서 미륵신앙이 고양된

도165. 미륵보살과 공양자들. 간다라. 3~4세기. 유럽 개인 소장[쿠리타 이사오 2, pl. 47]

것은 아프가니스탄의 카피시 지방에서 출토된 부조에서 유목민 공양자에게 찬탄받는 미륵보살의 도상이 많이 확인되고 있다는 점을 통해서도 추측될 수 있다.[104] 교각의좌라는 독특한 좌세도 쿠샨조 궁전터인 하르챠얀의 왕후상[105]에서 볼 수 있는 것처럼 원래 유목민의 왕자상의 모습이었다고 추측되며, 그것이 미륵보살상에 전용되었던 것은 아닐까.

이렇게 생각한다면 르코크가 가지고 온 부조(원래 불상의 대좌였다고 생각된다)나 일본 개인 소장 부조의 미륵보살은 본 장에서 고찰했던 단순히 해탈을 구하는 행자적 이미지의 미륵보살과는 그 성격을 달리하며, 석가의 다음으로 출세하여 깨달음을 얻은 것이 확정된 당래불로서의 성격을 강하게 지닌 미륵보살로 보아도 틀림이 없을 것이다. 당래불인 미륵보살이 현재 도솔천에 있다는 것은 백법조白法祖 역『불반니원경』이나 실 역『반니원경』등의 소승열반경에도 보여,[106] '도솔천상의 미륵보살' 도상이 당래불로서의 미륵보살 이미지를 가지고 있었음을 알 수 있다. 이 두 예의 부조는 아마도 쿠샨 민족 사이에서 흥기했던 '도솔천상의 미륵보살' 도상의 초기적인 양상을 보여주는 것이라고 생각된다. 해탈을 구하는 행자적 이미지로서의 미륵보살 도상에 기인하면서도 천개 밑의 호화로운 의자에서 교각의 좌세를 보이는 미륵보살은, 도솔천의 주인공으로서의 왕자적 면모를 암시하고 있는 것이다.

이미 푸셰를 통해 '사위성의 신변'으로 정의되었으며 현재 찬디가르박물관에 소장된 부조는, 중앙구획에 '대신변도'를 표현하고, 상단 구획에 '도솔천상의 미륵보살', 하단의 띠형 구획에 '부처의 머리카락 예배'를 표현하고 있다(도166).[107] 중앙구획의 '대신변도'의 해석에 관해서는 이후의 연구로 미루어야 할 점이 많지만,『법화경』과『여래장경』등 대승경전의 첫머리에 기록되어 있는, 붓다가 깊은 삼매에 들어 대광명을 발하여 많은 불국토를 드러내 보인 상서로운 광경과 관계된 것이라고 생각된다(다음 장 참조). 이 같은 붓다(아마도 석가불)의 위대한 법을 보여주는 장면 위쪽의 상단 구획에는 그 법을 계승하게 될, 도솔천에서 대기하며 신들에게 위요되어 찬탄받는 미륵보살을 표현하고 있다. 하단의 띠형 구획에 표현된 불발은 석가의 유법遺法

을 상징하여, 미륵에의 계승
을 보여주는 것이리라 생각
된다. 부조 패널의 반원형을
이루는 상단 구획에 표현된
미륵보살은 전술한 두 예의
경우와 같은 형태를 보이지
만, 이미 여기서는 재속신자
의 모습이 보이지 않는다. 모
두 두광을 갖춘 신들에 의해
찬탄 받고 있어, 구도 전체로
서 '도솔천상의 미륵보살'을
표현한 것이라고 할 수 있겠
다. 구도의 양 끝에 좌우 대칭
적으로 반가사유상을 배치하
고 있는 것도, 종종 한 쌍의 반
가사유상을 양협시로 하는 중
국의 교각미륵보살의 원형을
이루는 것이라고 할 수 있다.

도166. 미륵보살·대신변도·공양자들을 표현한
부조. 간다라. 3~4세기. 챤디가르박물관.

'도솔천상의 미륵보살'로 추정되는 구도의 특징 중 하나로써, 하늘의
궁전을 암시하는 천개가 있는 상장이나 사자좌를 들 수 있다. 유송劉宋의 저
거경성 역 『관미륵보살상생도솔천경』(이하 『관미륵경』으로 줄임)은 미륵보
살이 왕생하는 도솔천의 천궁 모습을 상술한 경전으로 장면 묘사가 과잉한
면은 있지만, 미륵보살은 호화로운 하늘의 궁전에서 휘장이 둘러진 사자좌
에 주재하고 있음을 설하고 있다.[108]

J. 마샬의 발굴에 의한 탁실라의 달마라지카 출토 부조,[109] 그리고 최근
일본의 개인 소장품으로 소개된 네 개의 부조(도판33, 도167)[110]를 보면, 모두
대좌의 양 끝에 사자를 표현한 사자좌 위에서 머리를 묶고 오른손은 시무외

도167. 도솔천상의 미륵보살. 간다라. 2~3세기. 일본 개인 소장.

인으로 들며 왼손에 물병을 든 미륵보살이 결가부좌하고, 주위에는 신들이 합장 찬탄하는 구도를 보인다. 주목되는 점은 사자좌 위에 2기(실제로는 4기를 의도했다)의 기둥과 천개가 있다는 것으로 천개에는 장막이 둘러져 있다. 2기의 기둥에는 각각 나형의 동자가 부채와 같은 것을 들고 시립한다. 『관미륵경』에는 화생한 천자·천녀가 미륵보살의 사자좌의 휘장 안에서 불자를 들고 시립함이 기록되어 있다. 천인이 나형의 동자로 표현되어 있는 것은, 아마도 같은 경전의 천궁에서 많은 천자·천녀가 '화생'한다고 하는 내용과도 관계될 것이다. 천개가 있는 사자좌에 앉은 미륵보살의 이 구도는 간소한 표현 형식이면서도 『관미륵경』에서 말하는 '도솔천상의 미륵보살'을 표현한 간다라의 명확한 도상이라고 할 수 있을 것이다.[111]

그런데 탁실라박물관에 소장된 두 장면으로 이루어진 직사각형 부조(도168)에는[112] 향좌측에 열반 장면이 표현되며, 향우측 장면에는 천개가 결손되었지만 사자좌 형태의 장막 안에 물병을 든 보살이 표현되고 좌우로 사람들이 찬탄하며 발코니에서도 찬탄하는 사람들이 얼굴을 내밀고 있다. 이 장면도 아마 '도솔천상의 미륵보살'을 표현했을 것이다. 문제는 왼쪽에 접하

도168. 도솔천상의 미륵보살(?)과 열반. 간다라. 3~4세기. 탁실라박물관.

여 열반도가 표현되어 있는 것으로, 부조가 스투파 기단에 끼워져 우요의례에 맞추어 장면이 배치되어 있다고 한다면, '열반'의 앞에 '도솔천상의 미륵보살'이 오게 된다. 간다라에서 이 같은 조합은 다른 작례가 없다. 양자는 도상상에서 무관한 표현이었던 것일까. 혹은 『관미륵경』에서 석가가 "이 사람(미륵)이 지금부터 12년 뒤에 목숨이 끝나서는 반드시 도솔타 천상에 왕생할 것이고"*라 말했다는 내용[113]을 통해서도 알 수 있듯이, 미륵의 도솔천 왕생이 석가의 입멸보다 먼저라고 믿어졌기[114] 때문일까. 제3부에서 고찰한 것처럼, 바미얀과 키질에서는 열반도와 '도솔천상의 미륵보살'이 활발히 조합되었음을 생각하면 이 부조는 중요한 작례라고 할 수 있는데, 이 또한 이후의 검토과제로 삼아야 할 것이다.

이 밖에도 전개가 있는 상상이나 사사좌는 보이시 않지만, 호화로운 등받이가 있는 옥좌玉座에 미륵타입의 보살이 앉아 사람들에게 찬탄받는 구도의 부조가 몇 점 있다.[115] 이들도 아마 '도솔천상의 미륵보살'을 표현했을 것이다.

---

* 불교기록문화유산 아카이브(https://kabc.dongguk.edu/) 『불설관미륵보살상생도솔천경』 우리말 번역문 인용. 此人從今十二年後命終, 必得往生兜率陁天上. 『불설관미륵보살상생도솔천경』 1권(ABC, K0194 v11, p. 195b21-b22)

그런데 아프가니스탄 카피시 지방의 쇼토락, 파이타바, 함자르가르 등의 유적에서 출토된 부조는, 간다라 조각과 양식적으로나 도상적으로도 밀접한 관계가 있다고는 하지만, 그것과는 미묘하게 다른 특별한 그룹을 형성한다. 카피시파 불교조각이라 불리는 이 조각들에는 미륵보살의 도상이 한층 많다. 그들 가운데에는 머리를 묶고 물병을 든, 간다라와 같은 형식의 일반적인 미륵보살(입상·좌상)도 적지 않지만,[116] 천개가 있는 사자좌에 앉은 형식의 물병을 든 미륵보살 구도[117]도 보인다. 그 밖에 특히 이 지역의 도상으로서 주목되었던 것은 궁전을 모방한 감실 밑에서 교각의좌하고 전법륜인을 결한 형식의 미륵보살이다.

쇼토락에서 출토된 카불박물관 소장의 부조(도판34)[118]는 불입상의 대좌 정면에 표현된 것으로, 화면 중앙에는 그리폰 주두 장식의 기둥을 갖춘 아치감이 있고, 그 안에는 천개 밑에서 교각의좌한 미륵보살이 보인다. 미륵보살은 합장하는 듯한 동작인데, 간다라의 전법륜인을 형식화한 표현임이 틀림없다. 감실 안의 좌우에는 전술한 달마라지카 출토 부조 등에서 본 화생한 천인이 손에 불자나 부채를 들고 상반신을 드러내고 있어, 그들과의 도상상의 관련성을 엿볼 수 있다. 그러나 여기서는 미륵보살이 전법륜인을 결하고 도솔천의 천궁에서 설법하는 장면을 표현하고 있다. 아치형 감실의 좌우에는 연꽃 위에 서서 합장·산화散華하는 4인의 천인이 보인다. 화면 상단 가장자리에도 난간 형태의 구획을 설치하고, 찬탄하는 천인·천녀가 모습을 드러낸다. 화면 양 끝으로 한 쌍의 수하여신을 표현한 것은, 중인도의 영향임과 동시에 천녀로 가득 차 있다고 하는 도솔천의 낙원을 상징하고 있는 것은 아닐까.[119] 앞쪽의 좌우로는 세속 유목민 남녀의 모습이 보여 그들의 미륵신앙을 암시한다.

이 같은 전법륜인 타입의 '도솔천상의 미륵보살'은 쇼토락 출토 기메미술관 소장의 부조(도169)에서도 볼 수 있다.[120] 거기서는 누각 궁전을 떠올리게 하는 사다리꼴 박공형 감실 밑에서 교각의좌한 미륵보살이 전법륜인을 결하고, 역시 화생한 천인이 불자와 부채를 들고 상반신을 드러내며, 감실

도169. 도솔천상의 미륵보살. 쇼토락(카피시). 3〜4세기. 기메박물관[『실크로드 오아시스와 초원의 길』 도123]

도170. 도솔천상의 미륵보살. 윈강 제10굴 전실 서벽 상층. 5세기 후반[『윈강석굴』 7, pl. 8]

좌우의 위쪽 난간에서는 4인의 공양자가 찬탄한다. 여기서는 화면 양 끝에 창이나 대도를 든 무인이 표현되어 궁전을 호위하고 있다. 흥미로운 것은 교각보살의 양협시로, 향좌측의 협시는 교각좌세를 취하며 오른손에 물병을 들고 왼손을 턱에 댄 사유형 자세를 보인다. 우협시는 양손으로 오른쪽 무릎을 감싸는 포즈이다. 여기서의 양협시는 좌우비대칭이지만, 원강雲岡석굴을 시작으로 북위의 부조(도170)에서는 교각미륵의 양협시로서 한 쌍의 반가사유상을 배치하는 구성이 종종 보이는데,[121] 그 원형은 아마도 이 같은 카피시 불교조각에 있다고 생각된다.

　　이상으로 간다라 및 카피시의 '도솔천상의 미륵보살' 도상을 관찰하였는데, (1) 천개 밑에서 오른손바닥을 안쪽으로 향하는 수인을 취하고 왼손에 물병을 들고 교각의좌하여 유목민의 공양자와 천인들에게 찬탄받는 형식, (2) 천개가 있는 호화로운 사자좌에 결가부좌하고, 오른손은 시무외인으로 들며 왼손에는 물병을 들고 천인들에게 찬탄받는 형식, (3) 아치나 사다리꼴 박공형 감실 안에서 전법륜인을 결하고 교각의좌하여 천인들에게 찬탄받는 형식, 이 세 종류의 도상형식으로 나눌 수 있을 것이다. 특히 첫 번째와 두 번째의 물병을 드는 타입과 세 번째의 전법륜타입 미륵보살의 도상은, 이후에 살펴볼 내용과 같이 키질과 바미얀의 중앙아시아와 중국 북위시대에서 유행하는 미륵보살의 두 가지 도상형식에 대응하여, 그 원류를 이루는 것이라고 할 수 있겠다. 이 두 종류의 도상형식뿐 아니라 미륵보살의 교각의좌 모습, 또한 천궁을 암시하는 상장이나 감실 표현, 양협시로서의 한 쌍의 반가사유상 구성, 또 사자좌의 표현 등, 간다라·카피시에서 성립한 '도솔천상의 미륵보살' 도상표현은 그 후 중앙아시아나 중국, 특히 북위 미륵보살의 도상에 큰 영향을 미쳤다는 점에서도 중요하다.

[미주]

1   A. Foucher, *L'art gréco-bouddhique du Gandhāra*, 2 (Paris, 1918), pp. 230-36; A. C. Soper, *Literary Evidence of Early Buddhist Art in China* (Ascona, 1959), pp. 211-19; J. M. Rosenfield, *The Dynastic Arts of the Kushans* (Berkeley-Los Angeles, 1967), pp. 229-33; 高田修, 「ガンダーラ美術における大乗的徴証-彌勒像と觀音像-」, 『佛教藝術』125 (1979).

2   좌상은 결가부좌가 일반적이지만 교각의좌도 있다. 다만 교각의좌는 후세에 중국에서 미륵의 존격과 깊이 관계되지만, 간다라에서는 반드시 교각의좌 자체가 미륵보살의 특징이 된다고는 하기 어렵다.

3   H. Ingholt and I. Lyons, *Gandhāran Art in Pakistan* (Connecticut, 1971), pls. 291, 294-96, 302, 306, 309, 311 etc.

4   H. Ingholt and I. Lyons, 앞 책, pls. 290, 292, 300-1 etc.

5   A. Foucher, 앞 책, 2, p. 186; M. Hallade, *The Gandhara Style* (London, 1968), pp. 89-90, pl. 65.

6   H. Ingholt and I. Lyons, 앞 책, pls. 288-9, 308; J. Marshall, *The Buddhist Art of Gandhāra* (Cambridge, 1960), fig. 140 etc.

7   H. Ingholt and I. Lyons, 앞 책. pl. 299; J. Marshall, 앞 책, fig. 142 etc.

8   H. Ingholt and I. Lyons, 앞 책. pl. 289; 栗田功, 『ガンダーラ美術2 佛陀の世界』(이하 2로 생략) (二玄社, 1990), pls. 4, 13, 24, 56, 90, 99.

9   H. Ingholt and I. Lyons, 앞 책. pl. 430; J. Marshall, 앞 책, fig. 26.

10   J. Marchall, 앞 책, pp. 23-24.

11   H. Ingholt and I. Lyons, 앞 책. pls. 288-91, 299-302 etc.

12   A. Foucher, 앞 책 2, fig. 420; J. Marshall, 앞 책, fig. 140; 高田修, 앞 논문, 도판 4 등.

13   A. Foucher, 앞 책 2, pp. 218, 234. 주 1) 참조.

14   上原和, 「ガンダーラの彌勒菩薩像をめぐる諸問題」, 『佛教藝術』160, (1985).

15   H. Ingholt and I. Lyons, 앞 책, pl. 12; J. Marchall, 앞 책, figs. 54, 56.

16   H. Ingholt and I. Lyons, 앞 책. pl. 106.

17   H. Ingholt and I. Lyons, 앞 책. pl. 7.

18   A. Foucher and J. Marchall, *The Monuments of Sānchī*, vol. 2 (Calcutta, 1940), pl. 49.

19   J. Ph. Vogel, *La Sculpture de Mathurā* (Paris-Bruxelles, 1930) pl. 35c; J. M. Rosefield, 앞 책, figs. 32, 54 etc.

20   J. C. Harle, *Gupta Sculpture* (Oxford, 1974), figs. 53, 54, 103, 128 etc.

21   A. Foucher, 앞 책 2, p. 217.

22 M. A. R. Colledge, *The Art of Palmyra* (London, 1976), pp. 40-41, fig. 21.

23 P. Pal, *Bronzes of Kashmir* (Graz, 1975), pls. 39, 43, 52, 78 etc.

24 G. Liebert, *Icographic Dictionary of the Indian Religions* (Leiden, 1976), p. 122; M. Stutley, *The Illustrated Dictionary of Hindu Icography* (London-Boston, 1895), p. 66.

25 주 14) 上原 논문, 참조.

26 M. Taddei, "Harpocrates-Brahmā-Maitreya: A Tentative Interpretation of a Gandharan Relief from Swāt", *Dialoghi di Archeologia*, Anno 3, Numero 3 (1969), pp. 364-90, figs. 21-23; 栗田功, 앞 논문 2, pls. 64, 84, 95.

27 H. Ingholt and I. Lyons, 앞 책, pls. 285, 300.

28 본서 제2부 제2장, 참조.

29 B. Bhattacharyya, *The Indian Buddhist Iconography* (Calcutta, 1958), p. 437.

30 J. C. Huntinton, "Avalokuteśvara and the Namaskāra-mudrā in Gandhāra", *Studies in Indo-Asian Art and Culture*, ed. by p. Ratnam, vol. I (New Delhi, 1972), pp. 91-99.

31 본서 제2부 제5장, 참조.

32 주 26) M. Taddei 논문, 참조.

33 H. Ingholt and I. Lyons, 앞 책, pls. 10, 11, 20, 21; M. Taddei, 앞 책, fig. 12; 栗田功, 『ガンダーラ美術1 佛伝』(이하 1로 줄임) (二玄社, 1988), pls. 67, 69, 70.

34 R. Mitra, *Lalita-Vistara*, Bibiliotheca Indica, No. 455 (Calcutta, 1881), p. 139; A. Foucher, 앞 책 1, pp. 296-300.

35 H. Ingholt and I. Lyons, 앞 책, pl. 13; J. Marshall, 앞 책, fig. 57; M. Taddei, 앞 책, figs. 15, 16; 栗田功, 앞 책 1, pl. 35.

36 본서 제2부 제2장, 참조.

37 S. L. Huntington, *The Art of Ancient India* (New York-Tokyo, 1985), fig. 10. 30.

38 C. Berkson, W. D. O'Flaherty and G. Michell, *Elephanta* (Princeton, 1983), pl. 45.

39 S. L. Huntington, 앞 책, fig. 11. 18.

40 P. Pal, *Bronzes of Kashmir* (Graz, 1975), pl. 38.

41 P. Pal, 앞 책, pl. 39.

42 H. Ingholt and I. Lyons, 앞 책, pls. 285, 300-1 etc. cf. M. Taddei, 앞 책, pp. 379-80.

43 A. H. Dani, "Excavation at Chatpat", *Ancient Pakistan*, vol. 4 (1968-69), pp. 94-95, pl. 55b, No. 108.

44 카피시 지방 출토의 불교조각에도 미륵보살상이 많은데, 역시 동자형이라 생각되는 미륵보살상이 있다. [쇼토락 출토] M. Taddei, 앞 책, figs. 29, 30; [파이타바 출토] F. M. Rice and B. Rowland, *Art in Afghanistan* (London, 1971) pl. 108.

45 주 26) M. Taddei 논문, 참조.

46 범천과 바라문 행자와의 관계에 대해서는 본서 제2부 제1장, 참조.

47 주 1) 참조.

48 Sutta-Nipāta, 1006-1010, 中村元 역,『ブッダのことば』(岩波文庫, 1984), pp. 178-179.

49 T.04, p. 432bc.

50 T.14, p. 432bc.

51 T.14, p. 419c.

52 T.14, p. 424b, p. 430a.

53 Divyādāna, ed, by Cowell and Neil, p. 60.

54 T.14, p. 426c.

55 S. Lévi, "Mitreya le Consolateur", Études d'Orientalisme; la Memoire de Roymonde Linossier, Tome 2 (Paris, 1932), pp. 385, 392; 石上善應,「彌勒受記」(Maitreya-vyākaraṇa) 和譯」,『鈴木學術財團研究年報』4号 (1967), p. 37.

56 渡邊照宏,『愛と平和の象徵 彌勒經』(筑摩書房, 1966), pp. 31-33.

57 S. Lévi, 앞 책, pp. 385, 392; 石上善應, 앞 논문.

58 Manusmiti, 9, 322. 中野義照 역,『マヌ法典』,(日本印度学会, 1951), p. 281, 참조.

59 宋本文三郎,『彌勒淨土論』(丙午出版社, 1911), 또 É. Lamotte, Historie du Bouddhisme Indien (Louvain, 1958), pp. 775-88 참조.

60 T.12, p. 186, T.11, pp. 627-628, T.26, pp. 233-273.

61 T.16, pp. 816-818.

62 T.04, pp. 432-436.

63 T.01, pp. 508-511, pp. 829-831.

64 T.12, pp. 186-189, T.11, pp. 628-631.

65 T.01, p. 510c.

66 T.12, p. 186.

67 T.14, p. 428a.

68 S. Lévi, 앞 책, pp. 389-7; 石上善應, 앞 논문, p. 41

69 Dhammapada, 393-4 (中村文庫, 1978), p. 65.

70 주 26) M. Taddei 논문.

71 M. Taddei, 앞 책, fig. 1.

72 M. Taddei, 앞 책, figs. 3, 4.

73 cf. E. Breccia, Terrecotte figurate greche e greco-egiziedel Museo di Alessandria

(Bergamo, 1934), p. 22, No. 53. pl. 30, 88 (필자는 확인하지 못함, Taddei에 의함)

74 J. Hackin, *Nouvelles Recherches Archéologique à Begram* (Paris, 1954), pp. 282 ff., No. 153, fig. 322; J. Marshall, *Taxila* (Cambridge, 1951), vol. 2, p. 605, vol. 3, pl. 186e(No. 417).

75 J. Marshall, *Taxila*, vol. 2, pp. 623-4, vol. 3, pl. 190c (No. 2); vol. 2, p. 632; vol. 3, pl. 191w (No. 99).

76 栗田功, 앞 책 2, pl. 651.

77 A. Cunningham, *The Stūpa of Bharhut*, rep. ed. (Varanasi, 1962) pl. 40.

78 栗田功, 앞 책 2, pl. 650.

79 H. Zimmer, *The Art of Indian Asia* (New York, 1955), p. 168.

80 S. Radhakrishnan, *The Principal Upanisad* (London-New York, 1953), pp. 491-3; 岩本裕 역, 『ヴェーダ・アヴェスター』 (世界文學全集3) (筑摩書房, 1967) 수록, pp. 223-224.

81 cf. W. Weber, *Die ägyptisch-griechischen Terrakotten* (Berlin, 1914), p. 80, nos. 42-43, pl. 4 (필자는 확인하지 못함, Taddei에 의함)

82 高崎直道 역, 『大乘佛典12 如來藏系經典』 (中央公論社, 1975), p. 14.

83 M. Taddei, 앞 책, pp. 370-80.

84 M. Bussagli, "Due statuette di Maitreya", *Annali Lateranensi*, 13 (1949), pp. 355-90.

85 cf. M. Eliade, *Patterns in Comparative Religion* (Cleveland-New York, 1963), pp. 124-87.

86 松原三郎, 『增訂中國佛教彫刻史研究』 (吉川弘文館, 1966), 도판 12, 26, 29(a), 35(b), 38(c), 44(e), 45(c), 46(a), 51, 70(b), 76(a), 105, 113(a), 113(c), 137, 139(a) 등.

87 水野淸一, 「倚坐菩薩像について」, 『中國の佛教美術』 (平凡社, 1968), p. 254.

88 M. Taddei, 앞 책, p. 378.

89 M. Taddei, 앞 책, fig. 28.

90 H. Ingholt and I. Lyons, 앞 책, pls. 61, 62; 栗田功, 앞 책 1, pls. 211, 212, 214-22.

91 『ガンダーラ(犍河萬里寫眞集)』(本文解說 宮治昭) (岩波書店, 1984), 도판 46. 또한 栗田功, 앞 책 1, pl. 219도 붓다는 교각으로 오른손을 안으로 향하는 수인을 보이고 있다.

92 H. Ingholt and I. Lyons, 앞 책, pls. 85-88.

93 J. C. Huntinton, "The Iconography and Iconology of Maitreya Image in Gandhara", *Journal of Central Asia*, vol. 8, No. 1 (1984), pp. 133-78.

94 J. C. Huntinton, 앞 책, fig. 11.

95 Yu-Min Lee, *The Maitreya Cult and its Art in Early China*, ph. D. (The Ohio State

University, 1983), pp. 140-230.

96 J. M. Rosefield, 앞 책, fig. 166.

97 cf. B. Rowland, "Bodhisattva of Deified Kings: A Note on Gandharan Sculpture", *Chinese Art Society of America Archive*, vol. 15 (1961), p. 6, fig. 1.

98 T.50, p. 865c. 또한 불발에 대해서는 桑山正進, 「罽賓と佛鉢」, 『展望アジアの考古学』(樋口隆康敎授 退官記念論集) (新潮社, 1983) 수록 참조.

99 H. Ingholt and I. Lyons, 앞 책, pl. 15-3.

100 S. H. Czuma, *Kushan Sculpture: Images from Early India* (Cleveland, 1985), pp. 188-9, pl. 101.

101 A. Foucher, 앞 책, Tome 1, fig. 164; Tome 2, p. 88 et pp. 219-20; 栗田功, 앞 책 2, pl. 45.

102 A. von Le Coq, *Die Buddhistische Spätantike Mittelasiens*, Bd I (Berlin, 1922), Taf. 13c.

103 栗田功, 앞 책 2, pl. 47.

104 J. Meunié, *Shotorak*, MDAFA, Tome 10 (Paris, 1942), pls. 35, 50, 72 etc; Rosefield, 앞 책, p. 229.

105 M. A. R. Colledge, *Parthian Art* (London, 1977), p. 95, pl. 40.

106 T.01, p. 172c, p. 188b.

107 A. Foucher, *The Beginnings of Buddhist Art*, (Paris-London, 1917), pl. 27; J. C. Huntington, "The Iconography and Iconology of Maitreya Images In Gandhāra", *Journal of Central Asia* (1984), pp. 133-78, fig. 7. 다만 헌팅턴은 중앙구를 '아미타정토도'로 해석한다. 이유민은 『반주삼매경般舟三昧經』에 의거하여, 이 부조의 도상이 '아미타정토도'와 '도솔천상의 미륵보살'로 해석할 수 있다고 보았다. cf. Yu-Min Lee, 앞 책, pp. 211-15.

108 T.14, pp. 418-420.

109 J. Marshall, *Taxila* (Cambridge, 1951), vol. 2, pp. 712-3, vol. 3, pl. 217, No. 93; do., *The Buddhist Art of Gandhāra* (Cambridge, 1960), fig. 102.

110 栗田功, 앞 책 2, pls. 10, 48, 50; 『ガンダーラの彫刻——東洋の古典的人間像の源流——』(大和文華館, 1985), 도67(오사카 사천왕사보물관 소장).

111 스키야마 지로杉山二郎 교수는 '연등불수기'와 조합된 한 부조(도쿄 개인 소장)를 '도솔천상의 미륵보살'로 해석하고 있는데, 터번관식을 하고 연화대좌 위에 결가부좌하여 악사들에게 찬탄 받는 이 보살은 '도솔천상의 미륵보살'일 가능성이 높다. 杉山二郎, 「彌勒菩薩をめぐる諸問題」, 『MUSEUM』 No. 293 (1975), pp. 12-26, pl. 14.

112 栗田功, 앞 책 2, pl. 484.

113 T.14, p. 418c.

114 渡邊照宏, 앞 책, pp. 244-263 참조.

115 A. H. Dani, "Excavation at Chatpat", *Ancient Pakistan*, 4, 1968-69, pl. No. 48; 栗田 功, 앞 책 2, pls. 43, 46.

116 J. Meunié, *Shotorak*, MDAFA, Tome 10 (Paris, 1942), pls. 35, 62, 72; F. M. Rice and B. Rowland, *Art in Afghanistan* (London, 1971), pls. 107, 108.

117 J. Meunié, 앞 책, pl. 45. 므니에는 '석가보살에 대한 신들의 권청'으로 해석하 였는데, 전술한 달마라지카 출토 부조와 같은 구도이므로 '도솔천상의 미륵 보살'이라 생각된다.

118 J. Meunié, 앞 책, pl. 50 = 『ガンダーラ (垃河萬里寫眞集)』 (岩波書店, 1984), 도판 65.

119 『관미륵경』에서는, 도솔천의 천궁에는 구억의 천자에 대해 오백억의 천녀 가 화생한다고 설하고 있다. T.14, p. 419a.

120 J. Meunié, 앞 책, pl. 48.

121 長広敏雄, 『雲岡石窟』 (世界文化社, 1976), pl. 49(제17동), 46(제18동), 12(제19 동)을 시작으로 그 수가 많다. 毛利久, 「半跏思惟像の系譜」, 『大和の古寺』 1 (岩 波書店, 1982) 참조.

제4장

간다라 반가사유의 도상
― 반가사유상의 출현과 관음보살과의 관계성 ―

1. 서론

반가사유상의 기원이 간다라 조각에 있음은 이미 알려져 있지만,[1] 그 자세가 어떠한 장면에서 어떠한 의미를 가지고 또 어떠한 존상으로서 조형되고 있는지에 대해서는 그 실태가 아직 많은 수수께끼에 싸여 있다. 간다라 반가사유상을 상세히 검토해 보면 이 도상의 출현은 의외로 복잡한 배경을 갖고 있다. 원래 '반가사유'는 형태의 문제였으며 처음부터 특정 존상과 결부되어 발생하고 있는 것은 아니다. 그리고 이 점이 오히려 반가사유상의 역사에 매력을 느끼게끔 한다. 우리는 '반가사유'의 출현을 간다라 미술의 문맥 속에서 찾아보고자 한다.

이상하게도 인도 내부의 불교미술에서는, 쿠샨조 마투라의 수 점의 조각상(도194)[2]을 제외하고는 반가사유상이 전혀 만들어지지 않았다. 그러나 이는 인도미술이 존상의 자세에 무관심했음을 의미하는 것은 아니다. 뿐만 아니라 인도미술에서 불·보살·신·왕이라는 성상이 어떤 좌세坐勢를 취하고 어떤 몸짓과 손짓을 보이는지는 그 성상聖像의 성격에 관한 본질적인 문제라고 생각했다. 중세에는 좌세·인계印契·지물 등을 존상별로 세세하게 규정한 경궤가 성립하는데, 고대에도 꼭 문헌을 통해 명시되진 않았다 하더라도 성상이 어떤 자세로 표현되었는가는 한층 중요한 문제였다.

의자나 대좌에 한쪽 다리를 펴고 앉아 다른 쪽 다리를 바깥쪽으로 굽히고, 그 발을 편 다리의 무릎 위에 둔 좌세는 반가좌ardhaparyaṇkāsana라고 불리는데, 인도에서는 한쪽 다리를 다른 쪽 다리의 무릎 위에 두지 않고 대좌 위에 둔 경우가 대부분으로, 그 좌세는 유희좌lalitāsana라고 불린다.[3] 유희좌를 반가좌 속에 포함시켜 부르는 경우도 적지 않으나, 양자는 좌세에 있어 상당히 본질적인 차이가 있다고 생각된다. 다시 말해 유희좌는 인도에서 선호되었던 좌세인데 반가좌는 간다라를 제외하고는 남인도의 중세 힌두교의 다크시나무르티의 시바상에서 보이는[4] 정도로 드문 편이다. 고대 중국·한국·일본에서 보살반가상이 유행했던 점을 생각하면 의외라 느껴지지만, 오히려 거기에 이 상의 성립에 관한 중요한 시사점이 내포되어 있을 것이다.

유희좌를 취하는 인물은 이미 인도 고대초기 미술에서 엿보인다. 예를 들면 산치 제1탑 및 제3탑의 탑문부조(기원전 1세기 초경)에는 육욕천의 신들(도171),[5] 신들의 왕 인드라,[6] 마왕 마라[7] 등의 천상의 신들, 혹은 용왕 나가라쟈,[8] 길상천 락슈미[9] 등의 풍요의 신들이 이 좌세를 취하고 있으며, 게다가 일반의 인간에는 적용되지 않는다. 유희좌는 자유로운 좌법이기 때문에 누구

도171. 육욕천의 신들. 산치 제1탑 동문. 1세기 초.

나 취할 수 있을 것으로 생각되지만, 실제로는 신들의 좌세, 특히 신들 중에서도 '왕'에게 어울리는 특별한 좌세였을 것으로 추측된다.

실제로 쿠샨조 이후의 유희좌를 검토해 보면, '왕'과 '신'에게서 이 좌세가 쓰이고 불교미술과 힌두교미술에서도, 왕이나 신들이 유희좌를 즐겨 취하고 있다. 유희좌는 안락한 휴식을 나타내는 좌세인데, 단순히 왕자의 안락함과 호화로움을 표현한다기보다는 왕이나 신들의 '번영', '풍요'를 관장했던 기능과 관계된 상징적 의미를 갖고 있는 것이다.

그런데 불·보살 등의 불교존상은 이 유희좌와 어떻게 관련되어 있었던 것일까. 불상의 좌세로는 결가부좌가 지극히 일반적이며, 의상倚像이 간혹 보이는 정도이다. 불의상에는 그 발생에 있어 쿠샨왕상의 모습이 다분히 투영되어 있는데, 붓다는 각자覺者로서, 즉 세속계를 초월한 성세계의 존재로서 일반적으로 결가부좌를 취한다. 결가부좌하고 선정에 들어가 깨달음을 획득하기 때문이다.

이에 반해 보살상은 깨달음을 구하는 자인데, 그 모습은 왕이나 신을 모델로 하고 있다. 보살상은 붓다로서의 측면과, 신들 혹은 세속세계의 왕자라는 측면의 양면을 갖추고 있다. 인도 불전도상 속의 보살상, 즉 싯다르타 태자상은 불형으로 표현되는 경우도 있지만, 대부분은 왕자의 모습으로 표현되며 유희좌상도 보인다. 특히 남인도 아마라바티 미술에서는 싯다르타 태자가 종종 유희좌의 좌세로 의자에 앉아 한쪽 팔을 등받이에 걸치는 등으로 왕자의 자세를 보이고 있다(도 172).[10] 인도에서 불전도 속의 싯다르

도172. 불전도 속의 싯다르타 태자. 아마라바티. 3세기 초. 마드라스박물관[Stern et Bénisti, pl. 55c]

타 태자는 세속계의 왕으로서의 이미지가 강하게 표현되어 있어, 고뇌에 빠지거나 사유에 잠긴 모습은 거의 보이지 않는다. 인도에서는 왕이 세속계의 번영을 관장하는 존재로 여겨졌기 때문이다.[11]

한편 불전도 안에서가 아니라 존상으로서 보살이 표현될 경우에는 불삼존상의 양협시나 단독상으로서 조형되는데 입세를 취하는 경우가 많다. 쿠샨조 마투라 및 굽타조에서 좌세를 취한 단독 보살이 조상되고 있는데 그 경우에는 거의 모두 결가부좌를 하고 있다. 엘로라석굴이나 팔라조의 밀교 미술에서는 보살의 존상이 힌두교 신들의 요소를 많이 받아들여, 좌세에서도 유희성을 활발히 수용하며 보살의 관념도 크게 변모한다. 그러나 굽타조 이전에서는 단독 보살상의 조상 자체가 적고, 반가좌는 물론 유희좌도 거의 발전을 보이지 않는다. 인도의 고대세계에서는 보살상이 '왕'의 상징영역과 '붓다'의 상징영역 중 하나로 분화되어 버리는 경향이 강하다. 보살의 존상은 장신구와 지물에 의해 간신히 붓다와는 다른 독자성을 지킬 수 있었다고 여겨진다.

이에 반해 인도의 영향을 강하게 받으면서도 서북인도의 지리적·역사적 환경 속에서 성립한 간다라 미술은, 인도 내부와는 다른 독자적인 도상을 형성했다. 선정과 구별되는 사유 자세의 출현도, 간다라에서의 보살에 대한 새로운 해석과 관계있을 것이다. 여하튼 반가사유상은 간다라 미술에서 출현했으며, 게다가 간다라에서도 그 기원은 단일하지 않아 이미 몇 가지 도상 계열 속에서 엿보인다.

간다라 부조조각 속에서 볼 수 있는 반가사유상을 정리해 보면, 다음의 네 가지 계열 속에서 나타나고 있다. 즉, (1) 불전도 속의 싯다르타 태자상 및 마왕상, (2) 대신변도 속의 보살상, (3) 불삼존상 속의 협시보살상, (4) 단독 보살상, 이상의 네 가지이다. 간다라의 반가사유상에 관해서 이제껏 전체적으로 고찰된 바가 없었기 때문에, 각각의 작례에 입각하여 검토하고 이 도상들에 대해서 약간의 고찰과 해석을 시도해 보겠다.

2. 불전도에서의 반가사유상

　간다라 불전부조에서 보살, 즉 성도 이전의 싯다르타 태자가 앉아있는 자세인 장면 자체도 흔치 않은데, 그중에서도 반가사유 자세를 한 태자를 찾아내기란 쉽지 않을 것이다. 하지만 중국 반가사유상 계열 중 하나가 일찍이 분명 싯다르타 태자상이었음을 고려한다면, 간다라에서 기원했으리라는 것을 상상할 수 있을 것이다.

　종종 인용되는[12] 윈강雲岡 제6굴의 남벽 하층에 표현된 태자의 '출가결의' 장면[13]을 보면, 태자는 비의 침대 곁에 앉아 오른쪽 다리를 유희좌 풍으로 굽히고, 오른손을 뺨에 댄 사유하는 자세로 표현되어 있다. 이 장면에 대응하는 간다라의 '출가결의'의 부조작례는 한층 많다.[14] 그 부조들에서는 태자가 편안히 잠든 비를 남겨두고 일어나서 막 출성하려는 장면이 표현되고, 왕궁 안에는 시녀와 악녀樂女들의 모습이 보이며 마부와 애마가 표현된 경우도 있다. 태자는 침대에 앉아 한쪽 발을 내리고 다른 쪽 발을 족대 위에 두는 것이 일반적인 좌세인데, 통상 왼손은 왼쪽 무릎에 대고, 오른손은 시무외인을 결하거나 혹은 크게 손을 들어 출가의 굳은 결의와 깨달음의 길을 생각하고 있는 듯하다. 이 장면의 작례 중 앉아있는 태자가 한쪽 발을 들어 반가풍 좌세를 하거나[15] 유희좌에 가까운 좌세[16]를 하기도 하는데, 이들 중에는 '사유'의 형상이 보이지 않았다. 그러나 최근 콰리오티의 연구를 통해, 간다라의 '출가결의' 장면에도 반가사유의 태자가 표현되어 있음이 밝혀졌다.[17] 특히 스미스대학미술관 소장의 부조[18]에는 침대에 앉아 오른손을 이마에 댄 사유하는 싯다르타 태자의 모습이 보여, 중국 작례의 조형祖型을 확인할 수 있다.

　중국 보살반가상[19]의 한 전형으로 태자의 '수하사유상'을 들 수 있는데, 이는 본래 불전 속의 한 설화인 '수하관경'의 장면에서 유래한다. 이 장면을 표현한 간다라부조에서는 농부의 경작을 앞에 두고 태자가 손으로 선정을 결하여 결가부좌하고 있는 것이 특징이다(도173).[20] 『붓다차리타』에 의하면,[21] 태자는 밭에 벌레가 죽어 흩어져 있는 것을 보고 마음 아파하며 농부의 노고와 피로하여 헐떡이고 있는 소를 보고 불쌍히 여기는 마음이 일어나, 홀로 나무 밑에서 마음을 안정시키고 명상에 들어 황홀경에 도달했다고 한다. 간다라 부조는 나무 아래에서 명상하는 태자를 주제로 삼고

도173. 수하관경의 싯다르타 태자. 시크리(간다라) 출토. 2~3세기. 라호르박물관.

있다고 할 수 있다.[22] 간다라에서는 '수하관경'의 태자상이 중국의 경우처럼 현세의 근심에 대해 사유하는 모습이 아니라 선정·명상의 모습으로 표현되는 것이 일반적으로, 중국의 수하사유상과는 그 도상을 달리한다.

또한 중국에서는 '마부·애마와의 이별'의 장면에서도 종종 태자는 반가사유의 포즈를 보이는데,[23] 같은 장면의 간다라 부조에서는 무릎 꿇은 애마 칸타카를 앞에 두고 태자가 결연하게 서 있는 모습으로 표현되어 있으며 (도174),[24] 종종 터번이나 장신구를 마부에게 주며 이제부터 홀로 고행의 숲에 들어감을 암시하여 중국 도상과의 단절을 보인다. 가장 최근에 소개된 개인 소장 부조[25]에는 태자가 서 있는 자세로 왼손을 뺨에 대고 사유하는 모습을 보이는 것이 있어, 중국 도상과의 관계를 상상하게 한다.

이처럼 간다라 불전도상과 중국 태자사유상과의 관계를 직접 더듬어보기는 어렵지만, 역시 몇 가지 관련성을 보여주는 부조가 있다. 일찍이 나이토 토이치로内藤藤一郎는 페샤와르박물관에 소장된 간다라의 '수하관경'을 표현한 부조 하나를 제시하였다(도175).[26] 거기에는 화면 중앙에서 나무 밑에 앉아 오른다리를 굽혀 왼 무릎 위에 두고, 왼손은 얼굴에 대고 생각하는 모습

도174. 마부 · 애마와의 이별. 시크리(간다라) 출토. 2~3세기. 라호르박물관[Ingholt and Lyons, pl. 49]

도175. 수하관경의 싯다르타 태자. 간다라. 3~4세기?. 페샤와르박물관[나이토 토이치로內藤藤—郞]

의 태자가 보이며, 그 향좌측에는 농부가 경작하는 장면, 오른쪽에는 마부가 애마 칸타카를 끌고가는 모습이 있다. 이는 간다라 부조 가운데 보기 드문 도 상으로, 『붓다챠리타』에 의하면, '수하관경'의 때에 태자는 애마를 타고 왔 다가 밭에서 벌레 사체나 농부의 노고를 목격하고는 말에서 내려 염부수 아 래에서 쉬었다고 기록되어 있기 때문에, 이 부조는 그것을 표현한 것으로 볼 수 있다. 중국 · 일본에서는 '수하사유'의 장면과 '마부 · 애마와의 이별'의 장 면이 종종 혼효 · 혼동되는데,[27] 그것은 아마도 '수하사유'의 장면에 애마 칸타카가 추가된 이 같은 도상이 있어, 원래 그와는 다른 장면인 '마부 · 애마와의 이별'이 그것으로 바뀌어 들어갔기 때문일 것이다. 중국에서 선호되던 수하사유의 싯다르타 태자상의 기원이 간다라 미술에 있음은 다음의 예에서도 시사된다.

그것은 모하마드 나리 출토의 한 패널(원래 입구의 협주脇柱였던 것 같다)[28] 속에서 보이는 장면이다. 종장형의 패널은 여섯 개의 구획으로 나뉘어 각각에 불전 장면을 나타내고 있는데, 위에서부터 제1, 제2, 제6의 구획은 '붓다와 예배자들', 제3과 제5의 구획에는 각각 '흰 개의 짖음'과 '불신佛身의 계측'의 불전설화를 표현하고 있으며, 문제의 장면은 제4구획에 나타난다(도판35). 거기서는 태자가 나무 밑에서 반가의 좌세로 대좌에 앉아 있는데, 오른손은 결실되었지만 분명 머리를 기울이고 사유하는 모습이다. 태자의 향좌측과 우측 상단으로 예배자의 모습이 보이는데, 흥미로운 것은 우측 하단 구석에서 산개를 들고 웅크린 인물이다. 이 인물은 '출성',[29] '마부 · 애마와의 이별',[30] '애마의 귀환'[31] 등에서 반드시 산개를 들고 표현되는 마부 찬다카일 것이다. 애마 칸타카는 보이지 않지만, 전술한 예와 마찬가지로 '수하관경'의 이야기에서 유래하였을 것이다. 다만 여기서는 농부의 모습도 보이지 않고, 나무도 염부수와 다른 모습이다. 그러나 아마도 이 도상은 불전 설화 중 하나인 '수하관경'의 장면에서 태자가 고뇌하는 모습을 강조했을 것이다. 합장하는 두 명의 예배자가 표현되어 있는 것도 태자의 발심에 대한 예찬을 시사하고 있다.

이 모하마드 나리 출토의 부조도상과 몹시 유사한 작례가 최근 소개되었다(도176).[32] 횡장형의 두 구획으로 이루어졌으며, 향좌측 구획에 '붓다와 예배자들'을 표현하고, 우측 구획에는 나무 밑의 태자가 반가 좌세로 사유하는 포즈를 취하고 있다. 화면 우측 하단에도 역시 산개를 든 마부가 웅크리고 있다. 화면 좌측에는 시자에게 산개를 들게 하고, 태자의 앞에서 무릎 꿇고 합장하는 귀인이 보이는데, 그는 태자의 부왕인 정반왕일 것이다. 불전문헌에 의하면[33] 태자가 쉬었던 나무의 그림자가 움직이지 않았다는 기적을 알게 된 부왕은 태자를 예배했다고 한다. 이들 간다라 불전부조는 중국 도상과

도176. '수하관경의 싯다르타 태자'(향우)와 '부처와 예배자'(향좌). 간다라. 2~3세기. 일본 개인 소장.

의 관련성을 보여주는 것으로 중요하다.[34]

반가사유상의 '사유'는 성도에 도달하는 '명상'과 비교해 보면 그 특징이 잘 이해된다. 불교에서 명상은 깨달음의 세계에 도달하는 중요한 수단인데, 그것은 결가부좌하고 선정인을 결한 모습으로 표현되어, 반가사유의 자세와 본질적으로 다르다. '수하관경'의 설화는 문헌적으로 보면 현실의 모습을 보고 걱정하는 '사유'와, 해탈의 전 단계이기도 한 삼매경의 '명상'이라는 두 가지 측면을 갖고 있다. 『붓다차리타』(제5장)에 의하면, 우선 태자는 경작된 대지의 작은 벌레와 곤충들이 죽어서 흩어져 있는 것을 보고, '마치 자기 자신의 죽음을 보듯 마음 아파하고', 또 농부와 소가 피로하여 숨을 몰아쉬고 있는 것을 보고 '매우 측은히 여기'고 나서 염부수 아래에서 마음을 안정시켜, '조용히 명상황홀경에 달하였다'고 한다.[35] 전자는 이 세상의 생멸, 고통에 대한 근심의 '사유'인 것에 반해, 후자는 오달 세계로의 '명상'이라고 할 수 있을 것이다. 그리고 주목해야 할 것은, 마투라 미술은 물론 간다라 미술에서도 태자의 '수하관경'은 대부분 선정자세로 표현하여 후자의 '명상'을 의도하고 있음을 알 수 있다. 그에 반해 몇 개의 간다라 부조에는 반가사유로써 '수하관경'을 표현하고 있어, 세속계로부터의 이탈을 암시하고 있다.

간다라 불전부조에서 반가사유상은 '출가결의'와 '수하관경' 이외의 다른 한 두 장면에서도 보인다. 그중 하나는 '혼약'의 장면으로, 라호르박물관 소장의 부조(도판36)[36]는 그 대표적인 사례이다. 중앙에 싯다르타 태자가 크게 정면향으로 표현되고, 향우측에는 바라문이 아름다운 딸 야쇼다라(반 결실)를 데려와 태자에게 소개하고 있다. 이 화면의 좌측 하단 구석에는 대좌에 앉아 왼다리를 반가로 굽히고, 왼손을 턱에 대고 생각하는 모습의 인물이 있다. 이 인물의 도상에 관해서는 해석이 어렵다. 『라리타비스타라』(제12장)에 의하면,[37] 정반왕은 태자를 이 세계에 머무르게 하기 위하여 결혼시켜 애욕의 기쁨을 즐기도록 한다. 관능의 쾌락이라는 위험이 태자에게 닥쳐와, 태자는 7일간 생각하게 해 달라고 한다. 결국에는 과거세의 보살도 붓다가 되기 전에 아내를 골랐음을 알고 부왕의 의견을 받아들이게 되는데, 부조의 도상은 어쩌면 태자의 이런 사유를 표현한 것인지도 모른다. 만일 그렇다고 한다면 이 부조 속의 반가사유상은 세속계와 해탈세계 사이에서 흔들리는 태자의 사유를 상징적으로 표현한 것이라고 할 수 있다. 다만 쾌리오티의 최근 연구에서는 '결혼'의 장면에 표현된 반가사유상을, 우리가 이어서 고찰하게 될 '항마성도'의 장면에서도 볼 수 있는 마왕으로 보고 있다.[38] 쾌리오티는 이탈리아 군대에 의해 스와트 붓카라에서 발굴된 '혼약'의 부조[39]에도 역시 화면의 좌측 하단에 반가사유상이 보이고 있는데, 그 상은 아래를 향해 지팡이를 들고 있다는 점, 발밑에 갑옷을 입은 마귀들로 추측되는 난쟁이들이 보인다는 점을 마왕으로 판단하는 근거로 삼고 있다. 이 견해도 시사하는 바가 많지만, 현재로서는 '혼약'의 장면에 마왕이 나오는 경전상의 전거가 확실하지 않아 이후의 문제로 남아있다고 할 수 있다.

그런데 프리어미술관 소장의 '항마성도'의 부조(도177)[40]도 불전도 속의 반가사유 도상을 생각함에 있어 중요한 작품이다. 간다라의 '항마성도'의 작례는 매우 많은데, 이 부조는 반가사유상을 포함하고 있는 독특한 작품이다. 보리수 밑에서 결가부좌한 붓다가 오른손으로 촉지인을 결하고, 공격해 오려고 하는 많은 이형異形의 마귀들과 마군들을 물리치는 구도는 다른 예와 다름없지만, 화면의 향좌측 하단 구석에 반가사유상을 표현하고 있는 것은 이 부조의 특이한 점이다. 나무 밑에서 등나무제로 보이는 대좌에 앉아 오른발

도177. 항마성도. 간다라. 2~3세기. 프리어미술관[Lippe. fig. 11]

을 족대에서 띄워 반가풍 자세를 취하고, 오른손을 이마에 대고 고개를 기울여 사유하는 포즈를 취하고 있다.

J. M. 로젠필드는 이 상에 대해 '살아있는 것들에 대한 연민의 정'을 품은 태자의 모습을 표현한 것이라고 했다. [41] 이 견해는 흥미롭지만 인도에서의 '항마성도' 도상을 검토해 보면, 바르후트(도178),[42] 아마라바티,[43] 간타샤라,[44] 간다라,[45] 사르나트,[46] 아잔타[47] 등 많은 성도 장면의 화면 하단 구석에, 거의 반드시 웅크리고 생각에 잠긴 모습의 인물이 표현되고 있는데, 그것은 마왕 마라로 판단된다. 예를 들면 쿠마라스와미는 바르후트의 성도 장면의 좌측 하단 구석에 표현되는, 다리를 꼬고 왼손을 뺨에 대고 오른손으로 지면에 글을 쓰는 동작의 인물에 주목하여 마왕 마라로 판단했다.[48] 『니다나카타』(1. 78)에 의하면 마왕은 세존을 유혹하는 데 실패하고, "앉아서 열여섯 가지의 (자기 자신이 실패한) 이유를 생각하며, 대지에 열여섯 개의 선을 그었다." 고 한다. 이 같은 내용은 『라리타비스타라』(22)나 『마하바스투』(2. 349)에서도 보인다. 이러한 점을 통해 바르후트의 성도 장면 속에서 생각에 잠긴 인물

도178. a. 신들의 찬탄(항마성도). 바르후트. 기원전 100년경. 캘커타인도박물관.
 b. 같은 부분(생각하는 마왕)

은 마왕이 틀림없다.

마투라, 사르나트, 아잔타 등 다른 예에서는 글을 쓰는 동작이 보이지 않는데, 모두 웅크리고 사색에 잠긴 모습이다. 『붓다차리타』(제13장)에 의하면, 석가가 이제 막 깨달음에 도달하려 할 때 감각세계의 왕 마라는 자신의 세 아들과 세 딸을 보내는데, 성자는 조금도 주저하지 않는다. "마라는 이와 같은 그(석가)를 보고 낙담하여 불안한 생각으로 가득해졌다"라고 한다. 인도의 '항마성도' 장면에는 바르후트 이래로 화면 하단 구석에 생각에 잠긴 마왕 마라를 표현하는 전통이 있었음이 틀림없다. 그렇다면 프리어미술관 소장의 간다라 '항마성도' 부조에서 보이는 반가사유상 또한 마왕 마라를 표현한 것으로 보아야 할 것이다.[49] '항마성도' 장면에 반가사유상을 포함한 간다라 부조는 그 예가 적지만, 프리어미술관 소장의 작례 이외에도 스와트박물관 소장의 작품이 알려져 있다(도판37).

그런데 '항마성도' 장면에서 이 간다라 마왕의 표현과 인도 마왕과의 사이에는 미묘한 차이가 있다. 즉, 인도의 마왕은 어느 하나 반가사유의 자세를 보이지 않고, 웅크린 채 사색에 잠겨 있는 것이다. 세존의 위광 앞에서 주저하며 패배하는 모습이라 할 수 있다. 이에 반해 간다라의 마왕은 평온한 '사유'의 표현이다. 마왕은 불전 속에서 깨달음을 얻을 수 있을 것인가라는 석가의 위기적 상황에 출현하여, 온갖 욕망과 속된 세계를 상징하는 의미를 갖고 있다. 인도 내의 성도 장면에서 마왕의 표현이 '성聖'에 대한 '속俗'의 패퇴라고 한다면, 간다라의 마왕의 반가사유 표현은 '속'에 내재된 '성'의 조짐을 구현한 표현이라고 할 수 있을 것이다.

이같이 생각하면 간다라의 불전부조 가운데 '수하관경', '혼약', '출가결의', '항마성도' 장면에서 보이는 몇 개의 반가사유상은, 싯다르타 태자이자 마왕인 '속'에 몸을 두면서도 '성'과의 사이에서 흔들리는 마음의 상징적 표현이라고 볼 수 있다. 욕망의 세속세계에서 안온한 해탈세계로의 전환을 암시하는 도상으로, 간다라의 정신주의적 불전미술의 측면을 잘 표현하고 있다. 인도 내에서 싯다르타 태자는 해탈에 도달한 붓다에 비견될 선정자로서, 혹은 왕자적·영웅적인 승리자로서 표현되었다. 이에 반해 간다라에서는 속된 이 세계에 몸을 두고 깨달음의 세계를 생각하는, 혹은 깨달음의 빛에 비추어져 이 세상을 불쌍히 여기는 모습, 성속 양계와 관계하는 존재로서 반가사유상이 조형된 것이다. 이 성속 양계에 관계하는 존재로서의 반가사유 표현은, 불전 장면을 넘어 새로운 대신변도 속에서 중요한 위치를 점하게 된다.

3. 대신변도에서의 반가사유상

간다라 부조 중에서 전법륜인을 결하고 연화좌 위에 결가부좌하는 불상이 예배상처럼 크게 표현되고, 그 주위로 불·보살·공양자 등 많은 성중을 배치한 일종의 변상도적 도상을 보이는 일련의 대신변도가 있다. 제2장에서 지적한 것처럼 푸셰에 의해 '사위성의 신변'으로 분류된 이 부조들은 네 종류 정도의 도상형식으로 나눌 수 있는데, 그중 특히 (1) 설법불과 다수의 성중을 표현한 대신변도에는 반가사유상이 거의 반드시 나타난다. 대신변도에 대한 전체적인 해명에는 이후의 연구에 기대해야 할 부분이 많지만, 여기서는 지금까지의 연구를 참조하며 사견을 더하여 약간의 고찰을 행하고, 그 속에서 나타나는 반가사유 도상이 갖는 의미를 생각해 보고자 한다.

이 도상의 대표적인 예로서 모하마드 나리 출토의 부조(도판39)[50]를 들어 보겠다. 부조패널의 최하부에는 물결·물고기·연꽃이 표현된 연못이 있고, 거기에서 용왕의 무리들이 큰 연꽃을 만들어 내며, 그 위로 유독 큰 붓다가 전법륜인을 결하고 앉아 있다. 이 붓다의 주위로 패널 전체에 성중들이 빽빽히 채워져 있다. 간다라의 불전부조에서 일반적으로 보이는 원근법에 대한 고려가 전혀 보이지 않으며, 모든 인물은 중층적으로 5단으로 쌓아 올려 있어 이차원적이고 평면성이 강한 화면구성을 형성하고 있다. 밑에서부터 네 번째 단 향우측 끝의 좌불, 최상단의 양 끝에 각각 방광형放光形의 화불을 발하는 선정의 좌불, 이렇게 총 3구의 붓다가 표현되며, 주존의 머리 위에는 화관을 든 2구의 날개 달린 큐피드, 그 위로 산개를 든 4구의 킨나라가 보이고, 천정天頂에서는 꽃이 뿌려지고 있다. 그 밖에는 연화좌 좌우에서 보이는 세속의 남녀상 이외에는 모두 보살형 혹은 천부형 성중으로 채워져 있다. 특히 세 번째 단의 양 끝에서 보이는 양협시를 거느린 전법륜인의 교각상, 그리고 최상단 좌우에 대칭적으로 표현된 반가사유상은 모두 아치형 건물 안에 배치되어 있어 보살이라 생각된다. 그 밖의 인물 수는 총 20구 이상에 달하는데, 그중 5구는 입상으로 약간 작게 표현되어 그 옆의 인물에게 말을 걸거나 둘이서 꽃을 뿌리려 하고 있지만, 그 외의 좌세坐勢를 취한 성중의 대부분은 연꽃이나 경전과 같은 지물을 손에 들거나, 수인을 결하고 있는 자가 적지 않다는 점에서 보살을 의도하고 있는 듯하다. 이들 모두는 연화좌 위에 살고 있는 것이다. 그런데 모두 변화무쌍한 포즈를 취하고 있어 무언가 이상한 사태와 조우하고 있는 모습이다.

이 부조 도상을 문헌에 입각하여 생각해 보자. 우선 부조 패널의 아래쪽에는 두 쌍의 용왕 부부가 보이고, 이들이 만들어 낸 듯한 커다란 연꽃 위에 붓다가 결가부좌하고 있다. 이 도상은 이른바 '사위성의 신변' 설화를 상기시킨다. 즉, "용왕인 난다와 우파난다는, 크기는 수레바퀴와 같으며 모두 금으로 이루어져 있고, 줄기는 보석으로 만들어진, 천 장의 꽃잎을 가진 연꽃을 만들어 세존에게 바쳤다. 세존은 연꽃의 꽃받침에 앉아 가부좌했다" (Divyāvadāna No. 12 Prātihārya-sūtra)[51]라고 하여, 부조의 도상에 보다 가깝다. J. 오보이어가 논한 바와 같이[52] '물에서 핀 천엽연화'의 이미지는 베다 이래의 인도에 있어, 혼돈(카오스)에서 우주(코스모스)를 발생시키는 우주생성의 조형을 이루고 있다. 연못과 용왕은 원초의 물을 상징하고, 거기에서부터 형태 그 자체이자 태양의 상징이기도 한 큰 연꽃(수레바퀴와 같은 금색의 연화)이 출현한다. 그곳에 앉은 붓다는 우주주로서의 가치를 지니며, 붓다가 결하는 전법륜인은 불교의 진리를 이 세상에 개시함을 나타내고 있다. 실제로 간다라의 불전부조는 매우 많지만 연화좌 위에 앉아 전법륜인을 결하는 도상은 이 일련의 도상에서 집중적으로 표현되어, 붓다의 다른 기적담과는 달리 우주론적 현현의 도상이라 할 만한 구조를 갖고 있다는 점에서[53] 불교도상사상 획기적인 위치를 점하고 있다.

한편 '사위성의 신변'은 세존이 연꽃 위에 앉아 명상에 들고 잇달아 하늘까지 도달하는 화불을 만들어 낸다고 하는 이른바 천불화현千佛化現의 설화를 기록하고 있는데, 이 점은 부조의 도상과 충분한 조합을 이루지는 않는다. 부조에서는 세존이 그 정도로 많은 화불을 만들어내고 있지 않으며, 세존을 둘러싼 많은 보살형 성중이 설명되지 않기 때문이다. 그 점에서 J. M. 로젠필드가 지적한 것처럼 부조에서 볼 수 있는 붓다의 우주론적 현현의 양상은 오히려 대승경전에서 붓다의 기서奇瑞를 묘사한 것과 보다 가까운 관계를 갖고 있다. 『법화경』, 『대품반야경』, 『해심밀경』, 『여래장경』 등의 대승경전에는 각각의 모두 부분에서 붓다가 위대한 삼매에 들어 빛을 발해 불국토를 밝히거나 연꽃과 화불 등을 화현시켜 진실의 법을 시현하는 놀라운 모습, 기서의 광경을 서술하고 있다. 그것은 붓다의 본질이라고도 할 수 있는 초월적 · 신비적인 모습을 개시하는 광경으로 특히 『법화경』에는 이 부조도상에 가까운 묘사가 보인다. 『법화경』 서품에는 세존이 비구 · 보살 · 신들의 대집회에 위요되고 있다는 것으로 시작하고, 그때 세존은 '무량의처삼매無量義處三昧'라는 명상에 들어 백호에서 대광명을 발하는 신변을 표현하고 있다. 즉,

> 세존은 양 눈썹 사이에 있는 털의 환(백호)에서 한줄기 빛을 방사했다. 그 빛은 동방에서 일만팔천 붓다의 국토로 퍼졌다. 그리고 이 붓다의 국토들이 밑으로는 아바치 대지옥에서부터 위로는 우주의 천정에 이르기까지, 그 빛의 광명에 의해 완전히 드러나 보였다.[54]

세존이 방사한 대광명에 의해 불국토가 모두 드러나게 되는데, 거기에는 존귀한 붓다들과 보살들의 모습이 비쳐졌음을 기록하고 있다. 그리고 이 희유한 기적을 찬탄하고, 만다라꽃(만다라바)이나 만수사화(만주샤카) 등의 꽃비가 세존과 대중 위로 흩뿌려졌다고 한다. 부조의 도상은 이러한 '대광명의 신변'의 광경을 상기시킨다. 연화좌 위에 앉은 우주주적인 세존은 많은 성중에게 위요되어 미간에서 대광명을 방사하여, 불 · 보살들이 있는 광대한 불국토를 밝히고 있는 모습이다. 사실 부조에 표현된 많은 성중의 시선은 세존을 향해 모아지고 있어, 세존의 백호에서 찬란한 빛이 발하여지고 있음을

도179. 붓다의 광휘. 도판39의 모식도[타카스 준 작도]

부조의 작자가 조형적으로 의도하였음을 읽어 낼 수 있다(도179). 세존의 머리 위에는 꽃이 뿌려지고 있어, 위없는 신변을 찬탄하고 있다.

　　그런데 부조패널의 세존 주위에 표현된 성중의 모습은 이 '대광명의 신변'에서 놀라고 경이로워하는 장면을 방불케 한다. 『법화경』에 의하면 세존을 향해 모여든 많은 보살·신들·인간들은 세존이 깊은 삼매에 들자마자 천상에서 꽃비가 내리고 대지가 진동하는 것을 보고는, "일동은 세존을 우러러보고 경탄하고 신기로이 여기며 이 같은 기적을 보았음에 크게 기뻐했다".[55] 부조 속의 어떤 자는 세존을 가만히 바라보고, 또는 놀란 나머지 손을 크게 들어 우러러보며, 또 어떤 자는 의아해하며 옆 사람에게 말을 걸거나 팔로 턱을 괴며 생각하고, 혹은 두 손으로 무릎을 감싸 올려다보며, 또 어떤 자는 세존을 향해 손을 모으거나 꽃을 뿌리며 찬탄하고 있다. 세존을 둘러싼 많은 성중은 이제껏 한번도 일어난 적 없었던 세존의 신적 현현에 "환희하고 합장하여 한 마음으로 부처를 바라보았다". 이와 동시에 사람들은 이 경탄할 신변에 "경이로운 마음을 품고 신비로이 여기며 호기심을 일으켜",[56] 희유한 기서의 의미를 이루 다 헤아리지 못하고 있다. 부조에 표현된 성중은 이 같은 '놀라움', '의아함', '사유', '찬탄' 등의 몸짓을 보이는 것으로 해석할 수 있을 것이다.

부조 패널의 최상단에 좌우 대칭적으로 배치된 한 쌍의 반가사유상이 보인다(도180a·b). 모두 아치형 건물 안에서 둥근 대좌에 앉아 한쪽 발을 내려밟고 다른 쪽 발을 들어 반가풍으로 앉아, 한쪽 손을 이마에 대어 사유하는 포즈를 취하고 있다. 이 한 쌍의 반가사유상은 부조 패널의 세 번째 단에 있는 한 쌍의 전법륜인을 결한 교각상과 함께 명확한 자세를 보인다는 것, 그리고 모두 아치형 궁전 건축 안에 배치되어 있다는 것으로 보아, 특별히 신성화

도180. 한 쌍의 반가사유상(도판39의 부분). a. 향우 위쪽, b. 향좌 위쪽.

된 보살임이 틀림없다. 반가사유라는 독특한 자세는 교각의 자세와 함께 붓다의 대광명의 신변을 마주하며 놀라고 있는 사람들 속에 있어, 특히 보살의 성격과 관련되어 있다고 할 수 있을 것이다.

　이 특별히 신성화된 반가사유의 보살이 특정 존명을 갖는 보살로서 표현되었는지의 여부는 분명하지 않다. 그러나 주목해야 할 점으로, 이 한 쌍의 반가사유보살은 좌우 대칭적으로 사유형을 취하고, 1구(향우)는 화만, 다른 쪽(향좌)은 연뢰로 생각되는 것을 손에 들고 있다. 모두 영락을 장식하고, 머리에는 앞장식이 있는 터번관식을 쓰고 있다. 이 2구의 반가사유상은 관식·지물로 보아 동일 계열에 속하는 보살일 것이다. 이 점은 이후에 다시 살펴보게 되는데, 부조 패널에서 반가사유보살상이 전법륜인의 교각보살상과 함께 좌우대칭적인 한 쌍으로 표현되고 있는 것은, 불세계의 깊은 신비함을 강조하는 조형상의 문제에서 출발했을 것으로 생각된다. 가장 아래쪽의 연못에서 자라난 커다란 연꽃의 두꺼운 줄기, 중심에 있는 붓다의 수인과 얼굴, 나아가 위쪽의 화환·산개까지 하늘과 땅을 연결하는 중심축이 구성되어, 전체적으로 정면성·좌우대칭성을 보이고 있는 이 부조의 기하학적 구성은 많은 간다라 불전부조의 구도와 근본적으로 달라서 표현상으로도 붓다의 초월적, 우주론적 성격을 표현한 구도를 이루고 있다. [57]

　세존의 위대한 기서를 표현한 모하마드 나리 출토의 이 부조의 연대는 간다라 미술의 후기작이라고 여겨지고 있다. 이와 거의 같은 도상을 보이는 것으로서, 페샤와르박물관 소장의 한 패널[58]이 있다. 좌측 상단부가 일부 결손되었지만, 연화좌 위의 세존을 중심으로 하는 거의 같은 도상구성으로, 화면 우측의 위쪽으로 역시 아치형 건물 안에 반가사유상이 보인다. 오른손이 결손되어 사유상이었는지의 여부는 명확하지 않지만, 왼손에 화만을 들고 등나무좌에 앉아 오른발을 왼쪽 무릎 위에 올린 반가좌의 보살상이다. 이 보살의 위에는 전법륜인을 결한 교각의 보살상이 건물을 본뜬 테두리 안에 표현되어 있다. 화면의 향좌측에도 이 반가상과 교각상의 쌍을 이루는 보살상이 배치되어 있었다고 생각된다.

이 부조패널들 이외에, 제2장에서 네 종류로 나눈 도상형식 가운데, (3) 누각 내의 불삼존과 성중을 표현한 부조구도에도 반가사유상이 나타난다. 예를 들면 사리바롤 출토의 불설법도부조(도판30)[59]에서 세존은 역시 연화좌상에 결가부좌하고 전법륜인을 결하는데, 좌우에 협시보살을 배치하여 삼존형식을 이루고 전체를 궁전과 같은 아치형 건축구조로 덮고 있다. 여기서는 연못이나 용왕은 보이지 않지만 세존이 앉아 있는 커다란 연꽃은 세 마리의 코끼리로 지탱되고 있어 좌에 우주론적 의미를 부여하고 있으며,[60] 아치형 궁전구조와 함께 붓다의 장엄세계를 형성하고 있다. 건축구조의 위쪽으로는 2열에 걸쳐 총 13구의 불·보살들이 아치열 안에 나열한다. 붓다의 신비로운 삼매에 의해 밝혀진 붓다들일 것이다. 위쪽 두 번째 열의 양 끝에 한 쌍의 반가사유보살상, 그 안쪽으로 한 쌍의 교각보살상으로 총 4구의 보살상이 보인다(도181). 반가사유상은 모두 머리에 터번형 관식을 쓰며, 한쪽 손은 뺨에 대고 다른 쪽 손은 화만을 들고 있음이 주목된다. 교각보살 쪽은 모두 상투를 틀고(묶는방식은 각각 다르지만) 오른손은 시무외인으로 들어 올리며, 왼손에는 물병을 들고 있는 것 같다. 전법륜인을 결한 교각보살상은 최상단의 양 끝에도 보이는데, 여하튼 대신변의 도상에서 반가사유형과 교각형의 보살상이 특별한 의미를 갖고 있는 듯하며, 좌세의 보살에 있어서는 최

도181. 한 쌍의 반가사유상(도판30의 부분). a. 향우 위쪽, b. 향좌 위쪽.

종적으로 이 두 계열의 보살로 수렴되어 간다.

모하마드 나리 출토의 다른 부조패널(도182)⁶¹은 그간의 사정을 잘 말해준다. 여기서는 사다리꼴 박공과 아치를 조합시킨 실내에서 삼존형식을 이루고 있는데, 최상단의 양 끝에는 향우측에 반가상, 좌측에 교각상을 각각 건물 안에 배치하여 특별한 보살의 도상을 형성하고 있다. 반가상은 역시 머리에 터번관식을 쓰고, 오른손을 결손되었으나 사유형으로 보이며, 왼손에는 화만을 들고 있다. 대칭하는 교각상은 손상도 있어 세부를 명확히 알 수

도182. 대신변도. 모하마드 나리(간다라) 출토. 3~4세기. 라호르박물관
[Marshall. fig. 123]

없지만, 반가사유와 교각의 보살이 한 쌍을 이루고 있다는 점에서 크게 주목된다. 붓다의 대신변 도상은 많은 불·보살·성중으로 위요되는 형식부터 삼존형식에 가까운 간략한 형식까지를 포함하는데, 어디서나 반가사유보살은 교각보살과 병행하여 보살의 주요한 두 계열을 이루고 있다. 이 점은 불삼존상에서 한층 명확해질 것이다.

4. 불삼존상에서의 반가사유상

간다라의 불삼존상 부조는 전법륜인을 결하고 연화좌 위에서 결가부좌하는 붓다가 중앙에 위치하고, 그 양쪽으로 보살을 배치하는 형식이 대다수로, 많은 작례가 알려져 있다. 그 대부분은 보살 입상을 양협시로 두고 있지만, 좌상의 보살을 배치하는 사례도 적게나마 존재한다. 도상적으로 보면이 네 종류의 도상형식 중 (4) 불삼존상에서는, 앞 절에서 고찰한 붓다의 대신변의 도상과 공통되는 요소를 가지고 있어 양자 간의 어떠한 관련성이 엿보인다.

반가보살상을 포함한 불삼존상의 예로서 우선 로리얀탕가이 출토의 부조[62]를 들 수 있다(도183). 중앙에는 연화좌 위에서 결가부좌하고 전법륜인을 결한 세존을 크게 표현하고, 그 좌우로 각각 교각 및 반가의 보살상을 배치하고 있다. 이 삼존상은 사다리꼴 박공형의 건축 안에 배치되고 위쪽 난간에서는 공양자가 반신을 드러내고 있으며, 더 위쪽으로는 아치나 사당을 모방하고 있는데 그 속에 붓다의 모습이 보인다. 전체적인 구도는 기하학적 구성을 바탕으로 가지런히 배치되어 있는데, 설화적·정경적 요소를 완전히 잃지는 않고 있다. 연화좌는 여기서도 코끼리가 떠받치고 있다. 코끼리는 용과 마찬가지로 물과 관계 깊은 동물일 뿐 아니라, 세계를 지탱하는 역할을 담당하고 있다. 세존의 머리 위에는 화만이 드리워져 천상의 축복을 나타내고 있다. 난간의 사람들은 세존의 위대한 기서를 찬탄하고, 위쪽에서는 세존의

도183. 삼존형식상(표 2의 No. 16). 로리얀탕가이(간다라) 출토. 3~4세기. 캘커타인도박물관.

대신변에 의해 밝혀진 붓다들이 표현되어 있을 것이다. 불삼존은 사다리꼴 박공형의 궁전을 본뜬 건축 안에 배치되어 있는데, 그것은 정토도의 보배누 각寶樓의 원형이라고도 할 수 있는 조형으로, 특별한 불국토의 표현이라고 생각된다.

그런데 향좌측의 협시보살은 두부와 양 손목이 결실되었지만 교각 좌세를 취하고 있다. 이에 반해 우협시보살은 오른발을 왼쪽 무릎 위에 올린 반가좌를 보이고, 머리에는 터번관식을 쓰며, 왼손에 화만을 들고, 오른손은 파손되었지만 사유하는 포즈를 취하고 있었던 것 같다. 양자 모두 등나무제 원형좌에 앉아있는데, 삼존형식이면서도 양협시보살을 굳이 비대칭형으로 하고 있는 점은, 전술한 대신변도 부조 속의 아치 아래에 배치된 두 쌍의 보살상— 교각상과 반가상—을 상기시켜, 양자의 도상적 관련을 엿보게 한다.

로리얀탕가이 출토의 다른 부조(도판38)[63] 역시 세존의 대신변에 관한 도상이 남아 있는데, 대부분 완전한 불삼존상으로 귀결하고 있다. 전법륜인을 결한 세존이 앉아있는 연화좌는 두 용왕에 의해 만들어지고 있으며(현재 크게 파손되었지만 원래는 두 용왕이 있었다),[64] 좌우의 양협시보살은 모두 반가사유형을 취한다. 삼존의 머리 위에는 아치와 사다리꼴 박공으로 시사되는 궁전건축이 덮이며 화만이 드리워져 있다. 협시보살은 양자 모두 한쪽 발을 반가풍으로 띄워 대좌에 앉아 한 손을 이마에 대고 사유하는 포즈를 취하고 있다. 좌우대칭형을 보이고 있는데 이는 바로 전술한 모하마드 나리 출토 부조의 최상단에 표현된 한 쌍의 반가사유상(도180)을 좌우에 둔 형식으로, 여기서는 완전한 불삼존상을 이루고 있다.

이 같은 삼존형식의 개개의 도상은 붓다의 신적 현현의 도상에서 유래한다고 해노, 이미 특성 신앙을 갖는 불삼존상으로서 만들어졌을 가능성이 크다. 삼존형식은 붓다의 신적 현현을 표현하는 한 형식임이 틀림없으며, 주존인 붓다와 그의 역할을 돕는 두 기능을 가진 양협시라고 하는 3인 구성에서 출발하였을 것이다. 로리얀탕가이 출토의 후자의 부조(도판38)를 보면, 향우측 협시보살은 머리에 앞장식이 있는 터번을 쓰고 왼손에 연꽃을 들고 있으며, 또 좌협시보살은 두발을 장식끈으로 묶어 상투를 틀고 오른손에 범협을 들고 있어, 양자의 특징이 명확하게 구별되어 있음을 알 수 있다. 후세의 도상학에 입각하여 추측한다면, 연꽃을 든 향우측 협시는 파드마파니padmapāṇi(연화수)인 관음보살, 범협을 든 좌협시는 문수보살로 볼 수 있다. 이러한 판단이 과연 간다라 도상과 부합하는지의 여부는 확실치 않지만, 다른 보살로 볼 만한 이유 또한 없다. 간다라의 불삼존상에서 이와 같은 타입의 양협시보살을 취하는 다른 작례가 보이지 않으므로, 이 불삼존은 드문 조합이라 할 수 있다.

이에 반해 로리얀탕가이 출토의 전자의 부조(도183)에서는, 향우측 반가사유형 협시보살이 터번관식을 머리에 쓰고 왼손에는 연꽃은 아니지만 화만을 들고 있다. 화만을 연꽃의 변화형으로 보면 관음의 계열에 속하는 보살이라 생각할 수 있을 것이다. 좌측의 교각형 협시보살은 두부와 양손이 결손되어 명확하지 않지만, 이후에 아프가니스탄과 중앙아시아에서 일반화되는 교각형 미륵보살이 의도되어 있는 것은 아닐까. 전술한 대신변도의 부조에서도 반가사유상과 교각상은 대부분의 경우 쌍으로 표현되어 있었다. 불삼존상의 양협시로서 반가보살상과 교각보살상을 취하는 부조는, 그 밖에 상당히 서투른 솜씨의 한 예(도127, 반가상은 연뢰, 교각상은 물병을 든다)[65]가 알려져 있을 뿐이지만, 불삼존상의 양협시에 관음과 미륵을 배치한 도상은 간다라에서 일반적이었다. 제2장에서 고찰한 바와 같이 입상의 협시를 배치하는 경우, 터번관식·연꽃을 든 타입의 관음과, 속발·물병을 드는 타입의 미륵이 쌍을 이룬 예가 매우 많기 때문이다. 어쨌든 간다라의 대신변도나 불삼존상에서 교각의 자세가 미륵보살에, 반가사유의 자세가 관음보살에 정착하고 있었던 것 같다. 거기에는 보살이 갖는 기본적인 두 가지 기능, 즉 깨달음을 구하는 상구보리로서의 성격과, 중생의 구제를 기원하는 하화중생으로서의 성격, 혹은 지혜prajñā의 기능과 자비karuṇā의 기능이 각각 교각보살과 반가사유보살에 반영되어져 있던 것은 아닐까.[66] 물병을 들거나 전법륜인을 결한 미륵교각상에서는 지혜를 구하고 또 그것을 사람들에게 설하는 모습, 반가사유의 관음상에서는 깨달음의 세계를 생각하고, 또 중생을 측은해 하는 모습을 읽어낼 수 있기 때문이다. 간다라에서 반가사유상이 미륵보살과는 관련성을 보이지 않고 관음보살의 계열과 강한 관련성을 보이고 있음은 주목할 점으로, 그것은 단독상에서 더욱 명료해진다.

5. 단독 반가사유상

간다라의 단독 반가사유상 중 필자가 확인한 작례는 15점 정도로 간다라의 조각 전체에서 본다면 매우 적은 수에 불과하지만, 이들을 통해 간다라에서 이미 단독 반가사유보살에 대한 신앙이 있었음을 추측할 수 있다.

우선 대신변도나 불삼존상의 부조 속에서 보이는 반가상을 그대로 본뜬 형식의 작례가 두세 개 정도 알려져 있다. 르콕크가 가지고 온 탁티바히 출토 반가사유상(도184)[67]은, 대좌와 하체 일부가 결실된 상태임에도 불구하고, 조형적으로 뛰어난 완성도를 지닌 작품이다. 이 상은 오른손으로 팔을 괸 채, 검지를 펴서 이마에 대고 고개를 기울인 전형적인 사유상의 자세를 취하고 있으며, 이는 불상에서 흔히 보이는 사유적인 표현을 잘 나타낸다. 또한, 화려한 앞장식이 있는 터번을 착용하고, 목걸이, 영락, 성뉴 등의 장신구로 몸을 장식하고 있다. 왼손에 화만을 들고 있으며 좌세도 완전한 반가가 아니라 오른발을 밖으로 뻗어서 띄우고 있었다. 대신변도나 불삼존상의 부조 패널 속에서 볼 수 있는 반가풍의 좌세이다. 이 보살상은 간다라 미술의 전기에 속하는 작품으로 보인다. 또 이 상과 가까운 작례로는 페샤와르박물관 소장이 보살사유상[68]이 있다. 역시 하부가 결손되어 있으나 마찬가지의 반가풍 좌세로, 오른쪽 팔꿈치 부분이 결실되었지만 왼손에는 역시 화만을 들었으며, 터번형 관식이나 장신구도 매우 비슷하다. 타카타 오사무 교수는 터번형 보관을 쓰고 손에 화만을 든 상을 연꽃이 관음의 지물로 정착하기 전에 시도되었던, 이른바 과거적인 것이라고 보았다.[69] 분명 이 상들은 지물(화만)과 좌세로 미루어 보아도, 대신변도의 도상과 관련이 깊어 단독상 중에서도 초기적 양상을 보이고 있다. 카라마르산에서 출토되었다고 알려진 대영박물관 소장의 보살반가상(오른손 결손)[70]도 이들과 거의 같은 형태와 지물(어쩌면

도184. 보살반가사유상. 탁티바히(간다라) 출토. 2~3세기. 베를린국립인도미술관 [Le Coq, Tapel 3]

도185. 보살반가사유상. 간다라. 3~4세기. 마쓰오카미술관[마쓰오카미술관 제공]

연뢰)을 보이는데, 터번관식에서 약간의 형식화가 보인다.

단독 반가사유상의 대다수는 지물로써 피지 않은 연꽃이나 활짝 핀 연꽃을 손에 들고 있다. 마쓰오카미술관 소장의 반가사유상(도185)[71]은 그 대표적 작품이라 할 수 있다. 방석을 깔아놓은 등나무제의 대좌에 앉아 오른발은 샌들을 벗어 왼 무릎 위에 올리고, 왼팔은 내려 활짝 핀 연꽃을 가볍게 손에 들며, 오른팔은 팔꿈치를 괴고 가볍게 손을 쥐어 얼굴 가까이 두었는데, 원래는 검지를 펴고 있었던 것 같다. 목걸이·영락을 착용하며, 왼쪽 어깨에서 오른쪽 겨드랑이로 호부(護符)장식을 걸치고 있다. 머리에는 앞장식이 있는 터번관식을 쓰고 있다. 타카타 오사무 교수는 이 상의 제작연대를 양식적으로 보아 간다라 미술의 후기, 3세기 말기경으로 추측하고 있다.[72]

이 반가사유상은 머리에 터번관식을 쓰고 손에 연꽃을 들었다는 특징

도186. 보살반가사유상. 로리얀탕가이(간다라)
출토. 3~4세기. 캘커타인도박물관
[Foucher 1, Tome 2, fig. 428]

도187. 보살반가사유상. 간다라. 4~5세기.
Henry trubner 콜렉션[Pal 3, pl. 93]

이 있는데, 로리얀탕가이에서 출토된 두 작품도 도상적으로 이 상에 가깝다. 1구[73]는 머리와 오른손이 결실되었지만 등나무좌에 반가의 좌세로 앉아 왼손에 앞 예와 같은 활짝 핀 연꽃을 들고, 영락이나 성뉴 등으로 호화롭게 몸을 장식하고 있다. 다른 1구(도186)[74]는 몸딩 형식의 다리가 있는 대좌에 앉아 있다는 점이 다른데, 역시 반가좌로 머리에 터번관식을 쓰고 왼손에 피지 않은 형태의 연꽃을 든다. 오른손은 결실되었지만 고개를 기울이고 있다는 점으로 보아 사유형이었음이 틀림없을 것이다.

애쉬몰린박물관 소장의 반가사유상[75]은 유희좌풍의 반가좌를 취하는 것이 약간 이색적이지만, 팔꿈치를 괸 오른손 검지를 펴서 사유하며 역시 왼손에 피지 않은 연꽃을 쥐고 있다. 또 P. 팔에 의해 소개된 상(도187)[76]도 파손이 적은 귀중한 작례로 손꼽힌다. 등나무제 대좌에 앉아 오른발을 왼 무릎 위에 올리고, 오른팔을 괸 전형적인 사유형 자세를 취한다. 머리에 앞장식이 있는 호화로운 터번을 쓰고, 왼팔을 내려 피지 않은 연꽃을 든 것이 특징적이다. 이 상은 두광의 둘레에 광휘형 문양을 새기고 있다는 점이나 옷 끝자락의 지그재그한 주름 표현, 또 조각상 전체의 경직된 양식으로 미루어 간다라 미술 중에서도 상당히 후기의 작품으로 보이므로, P. 팔은 4~5세기로 연대를 추정하고 있다.

　이상의 반가사유상을 개관해 보면 대다수의 경우 원형 등나무좌에 앉아 모두 왼 무릎 위에 오른발을 올리고, 오른손으로 사유하는 포즈를 취하고 있다. 단독상에서는 왼손으로 사유하는 포즈를 취하는 예는 거의 없으며[77] 독존상으로서 정형화하고 있음을 엿볼 수 있다. 시대적으로는 그렇게 빠른 시기의 작품은 없고 간다라 미술의 후기인 약 3~5세기경에 제작된 것이 많다. 상의 특징에 대해 보면 하반신에 도티를 걸치고 상반신은 나형이며, 영락이나 성뉴의 장신구로 장식하고 있다는 것은 보살의 공통된 특징인데, 주목되는 것은 두식과 지물이다. 두식은 모두 앞장식이 달린 터번형 관식으로 앞장식은 주름이 있는 둥근 부채꼴이며, 중심에 쐐기꼴 고정용 장식이 설치되어 있다. 그리고 지물로는 왼손에 피지 않거나 활짝 핀 연꽃을 든다(지물을 들지 않고 허리에 댄 예도 드물게 보인다).[78] 터번관식과 연꽃 지물이 대부분의 간다라 반가사유상의 공통된 특징이며, 이 타입의 보살상은 제2장에서 검토한 바와 같이 관음보살로 분류한다. 이후 관음은 연화수라고 불릴 뿐 아니라 이미 중국 북위시대에 재명관음상의 대부분이 연꽃을 손에 들고 있다는 것, 또 최근 간다라 재명아미타·관음상이 알려졌는데(도139) 그 관음보살이 반가사유상으로 터번관식을 쓰고 왼손에 피지 않은 연꽃을 들고 있다는 것도 이를 뒷받침한다.[79] 최근 소개된 마투라의 반가사유상은 화불이 있다는 것도 덧붙여 두겠다(도194).[80]

　중국·한국·일본에서 반가사유상은 미륵보살의 한 계보를 형성하고 있는데, 간다라에서는 반가사유상이 모두 터번관식을 쓰고, 대부분의 경우 화만이나 연꽃을 들고 있어 관음보살과 관련을 맺고 있다는 점이 주목된다.

간다라의 미륵보살은 두발을 속
발 혹은 상투로 묶는 발형을 보이
고 손에 물병을 들고 있는데 이 타
입의 반가사유상은 존재하지 않
는 것이다. 상가오 출토의 보살
단편(도188)은 왼손과 하반신이
크게 결실되었지만 오른손 검지
를 뺨에 댄 사유형의 흥미로운 작
품이다. 머리에는 호화로운 앞장
식이 있는 터번을 쓰고, 목걸이와
영락을 착용하고 있다. 주목할 점
은 두광 주위에 많은 연꽃이 자라
나 있고 그 하단의 연뢰에서는 반

도188. 보살사유상 단편. 상가오(간다라) 출토.
3~4세기. 라호르박물관.

신의 작은 인물이 모습을 드러내고 합장하고 있다는 것인데, 이는 연화화생
의 인물일 것이다. 왼손의 지물은 명확하지 않는데, H. 잉고르트는 이 사유
상을 연꽃과 관계 깊은 보살로서 관음을 표현한 것으로 보고 있다.[81] 관음보
살의 존격이 간다라에서 연꽃과 깊은 관련을 맺고 있음을 시사한다.

그런데 관음보살의 기원과 발생의 문제는 보다 어려운 문제이다. 여기
서 그 문제를 논할 수는 없지만 G. 투치의 흥미로운 설[82]을 소개해 두겠다. 투
치에 의하면 관음Avalokiteśvara은 석존의 '시선avalokana' — 즉, 보살이 이 세상
에 하생하기 전에 도솔천상에서 고통스러운 세상을 향해 던지는 '시선'의 신
격화라고 한다. 『라리타비스타라』, 『마하바스투』, 『니다나카타』에는 도솔
천에서 이 세상에 내려오기 전 보살이 이룩한 관찰vilokita에 대해 기록되어 있
고, 『카란다비유하』에는 관음이 '고통스러운 인간들을 자비로써 바라본다'
라고 한다. 이처럼 관음의 기원은 불전 속의 한 이야기인 도솔천상에서의 석
가의 시선이 그 기원이 되고 있으며, 이후에 고통받는 인간들에 대한 자비의
눈길로 발전한 것이라고 투치는 기술하고 있다. 만일 이 설이 맞다고 한다면,

'자비로써 바라보는' 모습을 상기시키는 반가사유와 관음과의 관련성도 증명할 수 있을 것이다. 게다가 그것이 불전 내용의 도솔천상의 보살에 기원한다고 한다면, 아마도 '도솔천상의 미륵보살' 도상과의 혼효 혹은 혼동으로 인해 후세에 동아시아에서 관음이 미륵으로 교체되는 사정도 이해가 된다. 그러나『라리타비스타라』등의 불전에서 보살의 관찰은 하생하는 시기와 국가 혹은 가문 등에 대한 것으로, 이 세상의 중생에 대한 것이 아니라는 점, 그리고 간다라의 도솔천상의 석가보살에 반가사유의 표현이 보이지 않는다는 점은, 관음의 기원 및 관음과 반가사유의 관련성을 해석하는 데에 많은 연구가 필요하다고 할 수 있다. 어쨌든 간다라에서 반가사유상은 동아시아 세계에서와 달리 미륵보살과는 관련성을 보이지 않고 관음보살과 밀접한 관계를 갖고 있음이 틀림없으며, 깨달음의 세계를 생각하고 또 중생을 측은해하는 모습으로서 조형화되었음을 엿볼 수 있다.

이 간다라의 전통은 서북인도지역에서 긴 명맥을 유지했던 것 같다. 스와트 차크다라 지구의 차트파트에서 발굴된 반가사유상[83]은 보관(?)을 쓰고 영락으로 장식하며 오른손으로 사유 포즈를 취하고 있어 간다라의 경우와 크게 다르지 않으나, 오른손에 줄기가 긴 활짝 핀 연꽃을 쥐고 있는 것이 새로우며 관음보살임이 틀림없다. 이 상은 시대적으로는 가장 후기인 제3기(4세기 말~7세기)에 속한다고 발굴자는 보고하고 있다. 스와트에서 이러한 종류의 반가사유상 몇 구가 발견되었다고 하는데 아직 발표되지는 않은 상태이다.[84]

흥미롭게도 스와트 지방의 마애부조에 많은 사유상이 있음이 보고되고 있다. G. 투치는 스와트 계곡에 산재하는 마애부조의 사유형 관음상을 열 점 가까이 소개하고 있다.[85] 대부분 모두 같은 형식으로, 왼 다리를 수직으로 내리고 오른 다리를 굽혀 좌상에 둔 유희좌의 좌세를 취하고 오른쪽 팔꿈치를 괴어 손가락을 편 사유형을 보이며, 왼 무릎에 올린 왼손에는 연꽃의 긴 줄기를 들고 있다(도190). 마멸이 심해 세부까지 명확하게 파악할 수는 없지만 머리에는 보관을 쓰고 있는 것 같다. 반가좌가 아닌 유희좌를 취한다는 점

도189. 보살반가사유상 2구. 바위 부조. 상가르(스와트).
7~8세기.

도190. 보살반가사유상. 바위 부조.
자하나바드(스와트). 7~8세기.

은 간다라의 반가사유상과 달라서 중인도의 영향이 엿보이지만 사유하는
포즈는 간다라의 전통을 보여주고 있다. 스와트에서는 이 형식의 관음사유
보살이 성행하여 만들어졌던 것 같다. 그중에는 2구가 나란히 표현되어 있
는 예도 알려져 있다(도189). 이들 마애부조의 연대는 명확하지 않지만, 투치
는 팔라미술과 대응하는 것으로서 7~10세기경이라 생각하였다. 그 후, H.
다니는 차크다라 지구의 마애부조를 발견하고 새로이 열 개 이상의 사유형
관음상을 소개했다.[86] 모두 투치가 소개한 예와 같은 형식이지만, 일반적으
로 정교하지 못하며 마멸도 진행되어 있다. 다니는 스와트의 이 마애부조들
의 연대에 관해서 투치의 설을 비판하고, 굽타의 영향이 보인다는 점을 지적
하여 6~7세기경으로 추정하고 있다.

　　그런데 최근 카슈미르에서 건너온 많은 동상이 주목되고 있는데, 그 가운
데 반가사유형의 보살상이 보여, 분명 관음의 한 형식으로서 정착하고 있다.

　　예를 들면 록펠러의 수집품인 동상(도191)[87]은, 등나무 형태의 원형좌를
본뜬 연잎이 달린 대좌에 유희좌의 좌세로 앉아서, 왼손에 활짝 핀 연꽃의 긴
줄기를 들고 오른 팔꿈치를 괴어 손을 뺨에 가까이 댄 사유의 모습을 보인다.

도191. 보살반가사유상. 동제.
카시미르. 7~8세기.
J. D. Rockefeller 3rd collection
[Pal 3, pl. 45]

도192. 보살반가사유상. 동제.
스와트. 8~9세기.
카라치국립박물관.

도193. 보살반가사유상. 청동제.
펀자브(?). 6~7세기.
아쉬몰리안박물관.

머리에는 화불을 쓰고 왼 어깨에 사슴가죽을 두르고 성뉴를 걸쳤다. 연꽃·
화불·사슴가죽이라는 특징으로 보아, 포스트·굽타시대에 확립한 관음의
도상[88]을 계승한 것임이 틀림없다. 유희좌라는 점에서도 인도의 영향이 보
이는데, 사유상은 간다라의 전통임에 틀림없다. P. 팔은 제작연대를 7~8세
기로 추정하고 있다. 또한 이 상과 거의 동일 형식의 사유형 관음상으로는 메
트로폴리탄미술관에 소장된 것이 있어 8세기 작으로 여겨진다.[89]

　　그 밖에도 출토지가 불명확한 두세 점의 사유형 동상이 있다. P. 팔이 소
개한 상(로스앤젤레스미술관 소장)[90]은 연화좌에 가부좌하는 것이 특이하며,
화불이나 사슴가죽은 명확하지 않지만 왼손에 활짝 핀 연꽃을 들고 오른손
은 사유의 상을 보인다. 카슈미르 동상과의 관련성도 인정되지만 7세기의
작품이며 출토지는 서북인도로 추정될 뿐이다. 또 카라치국립박물관 소장
의 동상(도192)은 좌우에 작은 협시를 거느리는 형식으로, 암반 위의 연화좌

에 유희좌의 좌세로 앉아 왼손에 활짝 핀 연꽃을 들고 사유한다. 사슴가죽은 없지만 화불을 보관 안에 이고 있다. 상의 양식이나 광배 형식으로 보아 8~9세기의 스와트 작품으로 보인다.[91] 또한 할에 의해 소개된 상(도193)[92] 역시 활짝 핀 연꽃을 들고 유희좌를 취한 전형적인 사유형의 우수한 작품이다. 왼쪽 어깨에 사슴가죽이 아닌 사자의 가죽을 걸치고 있는 점이 보기 드물다. 할은, 언뜻 보면 카슈미르 동상에 가깝지만 아연이 많은(27%) 진유제라는 점, 또 양식적으로도 카슈미르 동상과 달리 굽타양식의 특징인 역강함과 세련된 감각을 모두 갖고 있다는 점에서, 알려진 작례가 많지는 않으나 아마 펀자브 주변에서 6~8세기에 제작된 것이리라고 추정하고 있다.

이 상당수에 달하는 동제·진유상에 대해서는 그 제작지 및 연대에 관해 앞으로도 많은 연구를 필요로 하지만, 대부분 모두 유희좌로 긴 줄기의 활짝 핀 연꽃을 손에 든 사유형보살이라는 점이 공통적이다. 스와트·카슈미르를 포함한 인도 서북부에서 7~8세기를 중심으로 반가사유형 보살이 관음으로서 정착하고 있었다는 것은 틀림없을 것이다.

6. 결론

간다라 미술은 불전미술 및 불·보살의 존상이 주요한 테마가 되고 있는데, 그 안에서 반가사유상이 점하는 위치가 크다고는 할 수 없다. 그러나 몇 가지 계열 속에서 뚜렷하게 이 도상이 출현하고 있어 독자적 의미를 갖고 있음은 다소 분명해졌다고 생각한다.

불전도상 중에서 반가사유상은 한정적이고 특별한 도상이라고 말할 수 있다. '수하관경', '혼약', '출가결의'의 장면 속에 싯다르타 태자의 사유하는 모습으로서 이른바 우발적으로 나타나는데, 이는 태자가 세속세계에서의 위기적 상황을 초극하고, 깨달음의 세계를 예조豫兆하는 모습이라 할 수 있을 것이다. 현재로서는 그 예가 그리 많지 않으나 여하튼 중국 태자사유상의 원형을 확인할 수 있다. 또한 '항마성도'(혹은 '혼약')의 장면에서 마왕이 반가사유형을 취한 예가 있는 것도, 이 도상형식이 성속 양계에 관련된 존재라는 의미로 여겨졌기 때문일 것이다.

이에 반해 붓다의 대광명의 신변을 표현한 큰 구도의 장면에는 많은 성중과 함께 반가사유보살이 교각보살과 쌍을 이룬 형태로 표현된다. 이 대신변도는 단순한 불전 장면과는 달리 이른바 붓다의 깨달음의 본질을 열어 보이는 신적 현현의 도상으로, 그 안에서 교각보살상과 반가사유보살은 특히 보살의 성격을 두드러지게 보여주고 있다. 특징적인 형태를 보이는 이 두 계열의 보살은 지혜를 구하고 또 그것을 설하는 모습으로서의 교각미륵상과, 깨달음의 세계를 생각하고 또 이 세상에 대해 동정하는 모습으로서의 반가사유관음상으로 정착해 왔다고 생각된다. 불삼존상도 붓다의 신적 현현이라는 도상과 밀접한 관계를 갖고 있어 그것을 삼존형식으로 집약시킨 것으로 보이며, 그 협시로서의 교각보살과 반가사유보살상, 혹은 한 쌍의 반가사유보살상을 취하는 것이 소수나마 존재한다.

반가사유상은, 세속 세계에 거하면서 근심하거나 혹은 의아하게 여기는 모습을 보인다. 이는 세속세계를 벗어나 해탈의 성聖세계를 지향하고 암시하는 모습이라고 이해할 수 있다. 이러한 이미지의 도상은 그 발생 초기부터 보살신앙과 깊은 관련을 지며, 일찍이 독립된 존상으로 조상되었다. 이는 간다라에서 연화수(파드마파니)로서의 관음보살과 결부되고 있다. 이는 아마도 불전 속의 '수하관경'이나 '출가결의' 등에 보이는, 반가사유의 자세를 취한 싯다르타 태자가 살아있는 것들에 대해 측은히 여기며 중생 구제를 염원하는 모습에 하나의 원형이 있었던 것은 아닐까 생각된다. 그러나 간다라에서 나타나는 반가사유 도상은, 간다라 도상 전체에서 보편적이라기보다는 오히려 이색적인 일군을 형성하고 있다. 연대적으로 보아도 간다라 미술의 전성기로 거슬러 올라가는 것은 거의 없으며, 3~4세기 이후의 후기가 되어서 이 도상이 확대되었다고 보인다. 그리고 7~8세기경에는 스와트·카슈미르를 중심으로, 유희좌를 취하고 활짝 핀 연꽃을 손에 든 사유형의 관음상(종종 화불·사슴가죽을 갖추고 있다)이 정착되고 있다.

　반가사유라고 하는 매력적인 불교도상의 창조는 간다라의 장인들에게 그 공을 돌릴 수 있다. 이 형태가 완전히 간다라 공인들에 의해 창조된 것인지, 혹은 서아시아·지중해 등 서방의 모델에서 시사를 얻은 것인지는[93] 여전히 이후의 검토에 의지할 수밖에 없지만, 보살신앙과 밀접하게 관계된, 세속세계와 해탈세계의 매개자라는 정신주의적 존재로서 반가사유상을 창출하고, 후세 동아시아에서 전개되는 형태의 대부분을 이미 보여주고 있다는 점에서도 간다라의 반가사유상은 이 도상사 속에서 실로 획기적인 위치를 점한다고 할 수 있다.

[미주]

1 간다라의 반가사유상을 정리한 연구로는 高田修, 「ガンダーラの菩薩思惟像」, 『美術研究』135호 (1965) (동 저자, 『佛教美術史論考』(中央公論美術出版, 1969) 수록) 참조.

2 S. J. Czuma, *Kushan Sculpure: Images from Early India* (Cleveland, 1985), pp. 77-79, figs. 19.1, 19. 2. 특히 최근 소개된 미국 크로노스 콜렉션의 반가사유상(도194)은 조각도 뛰어나 주목해야 할 작품이다(『特別殿菩薩』(奈良國立博物館, 1987), 도판 11). 왼발을 내려밟은 반가의로, 오른손을 뺨에 대고 사유하는 포즈를 취하고 있으며, 왼손은 왼쪽 무릎에 대고 있다. 주목되는 것은 터번관식을 쓰고, 그 원형의 앞장식에 선정의 화불을 두고 있다는 점이다. 쿠샨조의 마투라 관음보살상의 실정이 어떠했는지는 아직 분명하지 않지만, 제5장의 검토로 밝혀진 바와 같이 터번관식 타입은 미륵과 다른 계열을 이루고 있다는 점으로 미루어, 관음보살일 가능성이 높다.

도194. 보살반가사유상. 마투라. 2~3세기. Kronos콜렉션 [나라국립박물관 제공]

3 J. N. Banerjea, *The Development of Hindu Iconography* (Calcutta, 1956), p. 272; J. M. Rosenfield, *The Dynastic Arts of the Kushans* (Berkeley-Los Angeles, 1967), p. 187.

4 T. A. Gopinatha Rao, *Elements of Hindu Iconography* (1914, reprint ed., 1968), vol.2-part 1, pp. 274-92; P. Pal, "The Image of Grace and Wisdom: Dakṣināmūrti of Śiva", *Oriental Art*, 27, 3 (1982), pp. 244-56.

5 제1탑 동문의 오른쪽 기둥. J. Marshall and A. Foucher, *The Monuments of Sāñchīm Calcutta* (1940), vol. 2, pl. 49ab.

6 제3탑문의 제3횡량. J. Marshall and A. Foucher, 앞 책, vol. 2, pl. 906.

7 제1탑의 북문 제2횡량. J. Marshall and A. Foucher, 앞 책, vol. 2, pl. 29.

8 제3탑문의 제3횡량. J. Marshall and A. Foucher, 앞 책, vol. 3, pl. 96.

9 제1탑 및 제3탑의 탑문의 횡량과 기둥이 교차하는 사각구획에 많이 나타난다. J. Marshall and A. Foucher, 앞 책, vol. 2, pls. 25, 30, 41, 44, vol. 3, pls. 98, 102.

10 P. Stern et M. Bénisti, *Évolution du style indien d'Amarāvatī* (1961), pls. 23a, 28b, 45a, 48b, 55 etc.

11 cf. J. Gonda, *Ancient Indian Kingship from the Religious Point of View* (Leiden, 1969).

12 內藤藤一郞, 「夢殿秘仏の中宮寺本尊」其1-4, 『東洋美術』 제4, 5, 6, 8호 (1930-31). 毛利久, 「半跏思惟像の系譜」, 『大和の古寺』 1 (岩波書店, 1982).

13 長廣敏雄, 『雲岡石窟』 (世界文化社, 1976), pl. 233.

14 A. Foucher, *L'art gréco-bouddhuque du Gandhāra*, Tome 1, figs. 178b, 179, 180a, 181a; H. Ingholt and I. Lyons, *Gandhāran Art in Pakistan* (Connecticut, 1971), pls. 39, 40; 栗田功, 『ガンダーラ美術1 佛伝』 (이하 1로 줄임) (二玄社, 1988), pls. Pl-10, 12, 14, 140-43, P2-2, 145, 147.

15 栗田功, 앞 책 1, pls. P1-10, 141, 143, 148. 스와트 붓카라에서 출토된 것으로서, D. Faccenna, *Sculptures from the Sacred Area of Butkara* 1, 2-3 (1964), pl. 460.

16 A. Foucher, 앞 책, Tome 2, fig. 447; 栗田功, 앞 책 1, pl. 141.

17 A. M. Quagliotti, "Mahākāruṇika (Part 1)", *Annali, Istituto Universiario Orientale* (Napoli, vol. 49, Fascicolo 4, 1989), pp. 337-70, pls. 1-12.

18 J. Davidson, "Gandhāran Exhibits at Yale and Harvard", *Artibus Asiae,* 43 (1955), pp. 77-78.

19 水野清一 「半跏思惟像について」 『東洋史研究』 第5卷 第4号, 1940 (같은 책 『中國の佛教美術』 (平凡社, 1968) 수록) 참조.

20 A. Foucher, 앞 책, Tome 1, figs. 175, 176; H. Ingholt and I. Lyons, 앞 책, pl. 284; 栗田功, 앞 책 1, pls. 129-33.

21 E. S. Johnston, *The Buddhacarita or Acts of the Buddha* (1936, reprint ed., 1972), pp. 61-80; 原實 역, 『ブッダ・チャリタ』 (大乘佛典13, 中央公論社) 제5장; 梶山・小林・立川・御牧 역, 『ブッダチャリタ』 (原始佛典10, 講談社) 제5장 참조.

22 이 점은 마투라 조각에서도 확인된다. 산치에서 출토된 한 마투라 보살상은 대좌의 명문을 통해 바시슈카왕 28년에 제작되었으며 염부수 아래의 세존 상임을 알 수 있는데, 선정인을 결한 결가부좌상이다. 山本智教, 『マトゥラの古美術』 (私家版, 1955), pp. 78-79. 동 저자 『佛教美術の原流』 (1981), p. 98 및 靜谷正雄, 『インド佛教碑銘目錄』 (1979), No. 1668 참조.

23 水野清一, 앞 논문, 참조.

24 A. Foucher, 앞 책, Tome 1, figs. 184b, 185; 栗田功, 앞 책 1, pls. 157-63, 168.

25 앞 책 1, pls. 157, 158.

26 주 12) 內藤 논문, pp. 4-5 도판 하.

27 그 예로는, E. Chavannes, *Six monuments de la sculpture*, Ars Asiatica, 11 (1914) pl. 96. 또한 上品蓮臺寺本 繪因果經 제3권(角川版新修日本繪卷物全集1, 도판5) 등.

28 라호르박물관 소장, No. 1139. H. Ingholt and I. Lyons, 앞 책, pl. 161.

29 A. Foucher, 앞 책, Tome 1, figs. 182, 183, 184a etc.

30 A. Foucher, 앞 책, Tome 1, figs. 184b, 185 etc.

31 A. Foucher, 앞 책, Tome 1, figs. 301.

32 栗田功, 『ガンダーラ美術2 佛陀の世界』(이하 2로 줄임) (二玄社, 1990), pl. 146.

33 『ニダーナカター』 藤田宏達 譯, 『ジャータカ全集 1 』 (春秋社, 1984), pp. 66-67. 『佛本行集經』 권 제12 (T.03, No.190, pp. 706-707) 등.

34 이 밖에 '수하관경(사유)'의 반가태자상으로는 A. M. Quagliotti, 앞 책, pl. 2a 가 있다. 또 알친에 의해 소개된 석제 스투파형 소감상(페샤와르박물관 소장)에 '통학', '습학', '수하사유', '궁술', '출성', '애마와의 이별'을 표현한 불전 부조가 있는데, 그중 '수하사유'에는 쟁기를 끄는 소와 농부 앞으로 반가사유의 태자가 표현되어 있다. 이 같은 휴대용 소감상은 간다라에서 중국으로의 도상이 전파되는 데 있어 중요한 역할을 담당했다고 생각된다. cf. F. A. Allchin, "A Cruciform Reliquary from Shaikhan Dheri", *Aspects of Indian Art*, ed. by P. Pal (Leiden, 1972), pp. 15-26, pl. 9. 伊東史朗, 「金剛峯寺諸尊佛龕(枕本尊)について」, 『國華』 1111 (1989), pp. 13-28, 삽도9.

35 原實 역, 앞 책, pp. 92-93.

36 페샤와르박물관 소장 No. 2052. H. Ingholt and I. Lyons, 앞 책, pl. 32; 栗田功, 앞 책 1, pl. 107.

37 벡, 渡邊照宏 역, 『佛教』上 (岩波文庫), p. 54.

38 A. M. Quagliotti, 앞 책, pp. 344-47.

39 D. Faccenna, 앞 책, 2-2, pl. 162; 栗田功, 앞 책 1, pls. 106.

40 J. M. Rosenfield, *The Dynastic Art of the Kushans* (1967), pl. 81; A. Lippe, *The Freer Indian Sculptures* (Washington, 1970), pl. 11.

41 J. M. Rosenfield, 앞 책, pp. 241-2.

42 A. K. Coomaraswamy, *La Sculpture de Bharhut* (Paris, 1956), fig. 26.

43 O. Viennot, *Le Culte de l'Arbre dans l'Inde Ancienne* (Paris, 1954), pl. 13, fig. B.

44 D. Mitra, *Buddhist Monuments* (Calcutta, 1971), pl. 131; H. Zimmer, *The Art of Indian Asia*, pl. 88.

45 高田修 · 上野照夫, 『インド美術』(日本經濟新聞社, 1965), 도7, 144; 肥塚隆 · 田枝幹宏, 『美術に見る釈迦の生涯』(平凡社, 1979), 삽도55, 57.

46 肥塚隆 · 田枝幹宏, 앞 책, 삽도76, 79.

47 高田修 · 田枝幹宏, 『アジャンタ』(平凡社, 1971), pl. 172; A. Lippe, 앞 책, pl. 12.

48 A. K. Coomaraswamy, 앞 책, pp. 43-46.

49 G. H. Malandra, "Māra's Army: Text and Image in Early Indian Art", *East and West*, vol. 31-Nos. 1-4 (1981), pp. 129-30.

50 라호르박물관 소장 No. 1135. h. 117cm. H. Ingholt and I. Lyons, 앞 책, pl. 255; 栗田功, 앞 책 1, pl. 395.

51 宮治昭, 「Divyāvadāna 제12장 "Prātihārya-sūtra" 和驛」弘前大學敎養部『文化紀要』13 (1979), pp. 117-141.

52 J. Auboyer, *Le Trône et son Symbolisme dans l'Inde Ancienne* (1949), pp. 74-104.

53 J. M. Rosenfield, 앞 책, pp. 235-38.

54 岩本裕 역, 『法華經』上 (岩波文庫), p. 19.

55 岩本裕 역, 같은 책, p. 19.

56 岩本裕 역, 같은 책, p. 23.

57 A. F. Howard, *The Imagery of the Cosmological Buddha* (Leiden, 1986), p. 56.

58 小谷仲男, 「ガンダーラ仏敎美術の展開」, 『史林』50-1 (1967), 도판2-1; 栗田功, 앞 책 1, pl. 402.

59 페샤와르박물관 소장 No. 1554. H. Ingholt and I. Lyons, 앞 책, pl. 257; 栗田功, 앞 책1, pl. 396.

60 H. Zimmer, *Myths and Symbols in Indian Art and Civilization* (New York, 1946), (Harper Torchbook, 1962), pp. 102-109.

61 라호르박물관 소장 No. 1134. A. F. Foucher, *The Beginnings of Buddhist Art*, (Paris-London, 1917), pl. 26-1; J. Marshall, *The Buddhist Art of Gandhāra*, (Cambridge, 1960), pl. 88.

62 캘커타인도박물관 소장 No. 421, h. 140cm. A. Foucher, 앞 책, pl. 25-1; J. Marshall, 앞 책, pl. 87.

63 캘커타인도박물관 소장 No. 421, h. 140cm. A. Foucher, 앞 책, pl. 25-2.

64 A. 푸셰의 논문 도편에서 확인된다. 앞 책 논문 참조.

65 페샤와르 박물관 소장 No. 4513. 宮治昭 편, 『インド・パキスタンの仏敎図像調査』(弘前大学, 1985), pl. V-2.

66 보살의 지혜prajñā와 자비karuṇā라는 두 가지 작용과 도상 표현의 문제에 대해서는, cf. J. C. Huntington, "A Gandhāran Image of Amitāyus' Sukhāvatī", *Annali dell' Istituto Orientale de Napoli*, vol. 40 (1980), pp. 651-72.

67 베를린국립인도미술관 소장 IC36836, h. 68cm. A. von Le Coq, *Die Buddhistische Spätantike Mittelasien*, Bd. I (Berlin, 1922), p. 19, Taf. 3.

68 高田修, 「ガンダーラ美術における大乘的徵証」, 『佛敎美術』125 (1979), 도19.

69 高田修, 동 논문, p. 26.

70 栗田功, 앞 책 2, pl. 139. 또한 이 외에 반가풍 좌세로 왼손에 화만을 든 예로서, 栗田, 같은 책, pl. 154가 있다.

71 高田修, 주 1) 논문, 도판 5. 栗田功, 앞 책 2, pl. 151.

72 高田修, 주 1) 논문.

73 캘커타인도박물관 소장 No. 4995, h. 64cm. A. Foucher, *L'art gréco-bouddhique du Gandhāra*, Tome 2, fig. 410; N. G. Majumdar, *A Guide to the Sculpture in the Indian Museum*, 2 (1937), pl. Va.

74 캘커타인도박물관 소장 No. 4993, h. 67cm. A. Foucher, 앞 책, fig. 248.

75 J. C. Harle, "An early brass image of a Bodhisattiva with Kashmiri or Swāt valley affinities," in *South Asian Archaeology 1975* (Leiden, 1979), pl. 64.

76 P. Pal, *Bronzes of Kashmir* (Graz, 1975), p. 234, pl. 93.

77 왼손으로 사유하는 포즈를 취하는 단독상으로서는 栗田功, 앞 책 2, pl. 155 정도를 들 수 있을 뿐이다.

78 栗田功, 앞 책 2, pls. 8, 152.

79 본서 제2부 제3절 참조.

80 주 2) 참조.

81 라호르박물관 소장 No. 969. H. Ingholt and I. Lyons, 앞 책, p. 142, pl. 324.

82 G. Tucci, "Buddhist Notes 1, A propos Avalokiteśvara," *Mélanges Chinois et Bouddhique*, 9 (1948-51), pp. 173-219; do., *Tibetan Painted Scrolls*, p. 388 and p. 612, n. 86.

83 A. H. Dani, "Excavation at Chatpat," *Ancient Pakistan*, vol. 4 (1968-69), p. 95, pl. No. 56a.

84 A. H. Dani, "Introduction," *Ancient Pakistan*, vol. 4 (1968-69), p. 25.

85 G. Tucci, "Preliminary Report on an Archaeological Survey in Swat," *East and West*, n. s. vol. 9-No. 4, 1958, pp. 279-328. 亜樋口隆康, 「ディール、スワートの遺跡」 (『ガンダーラ遺跡の調査』 수록, 京都大學中央アジア學術調査隊) (1982), pp. 12-13 참조.

86 A. J. Dani, "Buddhist Rock Engravings in Dir," *Ancient Pakistan*, vol. 4, 1968-69, pp. 251-57.

87 Mr. and Mrs. John D. Rockefeller 3rd Collection, h. 20cm. P. Pal, *Bronzes of Kashmir*, p. 134, pl. 45.

88 山田耕二, 「ポスト・グプタ時代の西インドにおける観音の図像的特徴とその展開」, 『美術史』 106 (1979), pp. 87-102.

89 Metropolitan Museum of Art, h. 22.5cm. P. Pal, 앞 책, p. 136, pl. 46.

90 Los Angeles Country Museum of Art, h. 8cm. P. Pal, 앞 책, p. 236, pl. 94.

91 예를 들면, P. Pal, 앞 책, pl. 74-76의 스와트에서 건너 온 불·보살 동상과 비교된다.

92 Ashmolean Museum, h. 16cm. J. C. Harle, "An early brass image of a Bodhisattva with Kashmiri or Swāt valley affinities," in *South Asian Archaeology 1975* (Leiden, 1979), pp. 127-34, pl. 61-63.

93 크와리오티는 서양고전의 생각하는 포즈나 멜랑콜리melancholy의 도상 전통과의 관련 속에서 간다라 반가사유의 도상을 파악하고자 하고 있다. A. M. Quagliotti, 앞 책, pp. 357-60.

제5장

인도 미륵도상의 변천

― 미륵보살과 관음보살 도상의 전환 ―

I. 서론

미륵Maitreya은 동양의 불교세계로 널리 신앙되며, 이에 따라 조각상도 시대적·지역적으로 광범위하게 제작되고 있다. 석가를 계승하는 당래불로서의 성격이 미륵신앙의 융성을 촉진한 큰 요인임은 틀림없지만 그 양상도 역사적으로 형성된 것이다. 불교도상은 직·간접적으로 그것을 발생시킨 배후 신앙과 관련되어 있다. 그 때문에 불교도상의 해명은 그러한 배후의 종교세계를 밝혀내는 것이기도 하다. 이제껏 불교도상의 연구는 경전에 기재된 것을 우선적으로 고찰한 뒤 그에 합치되는 조상 사례를 무작위로 추려내어, 역사적·지역적인 문맥을 고려하지 않고 처음부터 완성된 체계가 있었던 것 같은 착각에 기초하여 이루어진 것이 적지 않았다.

본 장에서는 인도에서 미륵보살의 도상이 역사적·지역적으로 어떠한 전개를 이루었는지에 대해 특히 그 변화 양상을 중심으로 살펴보고자 한다. 그럴 경우 문헌은 이차자료로 삼고, 조형작품을 일차자료로 취급하여 도상사를 구성하는 것이 중요하다고 생각한다. 문제는 도상의 정체identity일 것이다. 중세에는 좌세·수인·지물 등을 존상별로 세세하게 규정한 경궤가 성립되는데, 특히 팔라조의 작품(도상)들은 비교적 이에 잘 대응한다. 역사적 상황을 고려한다면 문헌이 도상의 정체를 판단하는 유력한 근거가 되는 것은 말할 것도 없다. 그러나 고대에서는 작품과 문헌과의 관계가 일의적一義的이지 않다. 작품이 반드시 문헌을 회화화·조각화한 것이 아닐뿐더러, 도상의 특징을 기록한 문헌도 좀처럼 드물기 때문이다. 도상 분류의 확실한 근거가 되는 것은 존명이 있는 명문이지만, 이러한 작례도 많지 않다. 여기서 다른 방법을 생각할 수 있다. 즉, 미륵보살상에 대해서는 인도의 과거칠불과 병치되어 표현된 것이 많다는 점에 주목하는 것이다. 7구의 붓다와 1구의 보살로 구성된 열상列像은 과거칠불과 미륵보살이라 생각해도 우선 틀림 없으며 이는 미륵보살의 도상을 분류하는 근거가 된다. 또 역사·지역을 한정하여 각각에 따른 보살의 두발·관식, 장신구, 지물 등 도상의 모든 특징을 망라적으로 검토하고, 그에 기초하여 보살의 계통을 구분해 봄으로써 분류의 단서를 얻는다.

이 같은 확실한 근거를 통해 인도 미륵도상의 역사적·지역적 변화의 양상을 명확히 하고자 한다. 이제까지는 이러한 관점에 입각해서 보살의 도상사가 논하여진 적은 없었다. 이하의 고찰을 통해 밝혀지는 바와 같이, 인도에서 미륵은 관음과 병치되는 보살로서 활발히 만들어졌는데, 이 두 보살은 도상적 특징상에서도 밀접한 관계를 맺고 있어 대립관계인 동시에 상호 혼효하며 전개되어 간다.

2. 쿠샨조 미륵보살상

쿠샨조 이전의 고대초기 미술에는 당연하게도 인간상의 미륵보살은 나타나지 않는다. 바르후트와 산치의 부조에는 과거칠불이 보리수나 스투파에 표현되어 있는데, 미륵에 관한 상징적 도상이 있었는지에 대해서는 확실한 증거가 없다. A. 푸셰는 산치 제1탑의 탑문부조에 3열로 이루어진 용화 nāgapuṣpa의 보리수를 확인하고, 이를 미륵의 상징적 표현이라고 생각했다.[1] 그가 Michelia champaka라고 판단한 용화의 보리수는 버드나무와 같은 잎과 네 장의 꽃잎으로 이루어진 둥글고 작은 꽃이 있는 수목으로, 분명 이후에 팔라조의 미륵이 든 용화의 형태와 상당히 비슷하다. 그러나 미륵과 관계된 용화 혹은 용화수의 표현은 현존 작품에서 찾아볼 때 겨우 굽타조 말기가 되어서야 출현한다.[2] 게다가 후술할 내용과 같이 용화 혹은 용화수는 어떤 꽃나무인가에 대해서도 의문점이 많다. 미륵신앙은 이미 아함경전에서 나오고 있지만, 도상상에서 명확해지는 것은 쿠샨조 이후이다.

(1) 간다라

쿠샨조 간다라조각에는 미륵으로 판단할 수 있는 보살상이 다수 존재한다. 간다라의 미륵보살상이라고 판단되는 그 도상적 특징에 관해서는 제2장에서 고찰하였는데, 미륵보살의 역사적 변천을 고찰하면서 그 요점을 기술해 두고자 한다. 간다라의 미륵도상은 과거칠불과 병치된 보살상 및 카니슈카동화의 재명미륵상에 의해 확정할 수 있다. 즉, 그에 따르면 한번 묶은 머리다발을 반으로 접어 묶거나 혹은 육계 모양으로 상투를 틀고, 다른 보살상과 마찬가지로 귀걸이·목걸이·비천·완천 등의 장신구로 몸을 장식하고 왼손에는 반드시 물병을 들며, 오른손은 시무외인 혹은 어깨높이까지 들어 손바닥을 안쪽으로 향하는 독특한 수인을 결한다. 이 같은 도상적 특징을 갖는 상이 미륵보살로 확인되어, 다른 간다라 보살상에 적용할 수 있다. 간다라 미륵보살은 삼존형식의 한 협시보살로서, 혹은 단독보살상으로서 만들어지는 경우가 많았다.

간다라 전체에서 어떤 종류의 보살이 만들어졌는지 그 전모를 완전하게 알 수는 없지만, 미륵·석가(싯다르타)·관음의 세 보살의 조상이 특히 성행했던 것 같다. 그것도 간다라의 삼존형식에서 양협시보살은 미륵-싯다르타, 혹은 미륵-관음의 조합을 이루는 것이 많았고, 단독보살상의 경우도 대부분 이 세 보살의 타입 중 어느 한 가지에 해당한다. 즉, 간다라의 보살상은 크게 보면 속발(상투)·물병을 드는 형의 미륵보살 계열, 터번관식·무지물형의 싯다르타보살 계열, 터번관식·연꽃을 드는(화만) 형의 관음보살 계열의 3계열로 나뉜다. 탁실라박물관소장의 한 부조(도120)는 3구의 붓다와 3구의 보살을 각각 교차적으로 표현하고 있는데, 보살에는 이 3계열의 타입이 확인되어 향좌측부터 미륵, 싯다르타, 관음으로 파악할 수 있다(도판27). 이 세 보살 이외에는 범협을 든 문수로 추측되는 보살상이 소수 있을 뿐이다(도판38 우협시).[3]

간다라 미륵보살의 대표 작례를 두세 개 들어 그 특징을 확인해 보겠다. 우선 삼존형식의 작례로서 사리바롤 출토의 부조(도판28)가 있다. 전법륜인을 결한 좌불의 좌협시(좌·우는 중존의 시선을 기준으로 함, 이하 동) 보살은 두발을 묶고 왼손에 물병을 든(오른손은 결실) 전형적인 미륵의 타입이다. 우협시보살은 왼손을 허리에 대고 있는데, 아쉽게도 두부와 오른손은 결실되었다. 또 중존의 오른쪽에는 두발을 묶고 왼손에 물병을 들며 오른손은 손바닥을 안쪽으로 향하는 인을 취한 범천이 보이고, 왼쪽에는 보관을 쓰고 금강저를 든 제석천이 보인다. 제석천이 이중 목걸이를 착용한 것에 반해, 범천은 장신구를 착용하지 않았다. 미륵보살은 간다라의 보살상에 통유하는 것으로서 이중 목걸이나 호부장식 등의 장신구를 착용하는데, 두발 타입(속발), 지물(물병), 수인(손바닥을 안쪽으로 향하는 인)에 있어서 범천과 공통된다는 점은 특히 주목된다. 간다라의 삼존형식상은 40점 정도의 작례가 알려져 있는데, 파손되어 불명한 것을 제외하면, 협시보살의 한쪽은 대부분 모두 미륵보살로 판단되는 것이다.

단독 미륵보살상도 상당수에 달한다. 시그리 출토 상(리호르박물관 소장),[4] 탁티바히 출토 상(도141),[5] 뉴델리 국립박물관 소장 상(도195), 네즈미술관 소장 상(출토지 불명)[6] 등이 대표적인 미륵보살 입상이다(도판31, 32).[7] 이 예들을 통해 알 수 있는 것처럼 두발의 처리 방법에 다소의 변용은 있다. 두발을 정수리에서 반으로 접은 경우 한쪽 끝은 고리형을 만들고 다른 쪽 끝은 늘어트리는 방식과, 양 끝 모두 고리형으로 하여 ∞형으로 묶는 방식이 있다. 이들 속발형의 경우 연주 헤어밴드로 두발을 고정하고 있는 것이 많다. 또 두발을 육계처럼 둥글게 묶는 형도 있는데 이 경우 두발을 연주 헤어밴드로 고정하고, 더하여 정수리의 정면에 쐐기꼴 고정용 장식(?)을 다는 것이 있다.[8] 대부분의 경우 오른손은 결실되어 있지만 시무외인을 취한 것이 많았다고 보인다. 이에 반해 왼손에는 반드시 손가락 사이에 물병을 끼워 들고 있고, 물병에는 꽃잎 무늬가 새겨져 있다. 또 풍부한 장신구(이중 목걸이·성뉴장식·호부장식·비천·완천)로 몸을 꾸미고, 천의를 걸치고 도티를 입은 것은 다른 보살상과 다름없지만, 싯다르타보살이나 관음보살과 같이 호화로운 터번관식을 착용하지 않는다는 점에 그 특징이 있다.

도195. 미륵보살입상. 간다라. 2 ~3세기. 뉴델리국립박물관.

미륵보살의 좌상도 적지 않은데, 발형·장신구 등은 입상과 같으며 오른손은 시무외인 혹은 손바닥을 안쪽으로 향하는 수인을 결하고 왼손에 물병을 든 것이 일반적이다(도145, 152).[9] 그 밖에 선정인을 결하고 그 손가락 사이에 물병을 끼워서 든 보살좌상[10]이 있어, 이 또한 미륵으로 판단해도 틀리지 않을 것이다(도196). 문제가 되는 것은 속발 혹은 육계 모양 상투를 틀고 전법륜인을 결한 보살좌상으로, 이 경우 적어도 대좌에 물병의 표현이 있을 때는 미륵일 가능성이 높다. 예를 들면 사리바롤 출토 상(도197)[11]은 육계 모양 상투를 높이 묶어 올리고, 정면에 쐐기형 고정용 장식(?)을 달아 연주끈으로 묶고 있다. 이 상은 전법륜인을 결하고 있는데, 대좌 정면에 사각대좌 위의 물병과 그것을 예배하는 4인의 공양자를 표현하고 있다. 대좌의 물병을 보살상의 존격과 관련지어 생각한다면, 이 전법륜인 보살상도 미륵이라고 볼 수 있을 것이다.

간다라의 미륵보살상은 싯다르타나 관음보살과 마찬가지로 풍부한

도196. 미륵보살좌상. 간다라. 3~4세기.
탁실라박물관.

도197. 보살좌상. 사리바롤(간다라) 출토. 3~4세
기. 페샤와르박물관.

장신구를 착용하고 있는데, 속발·상투형의 두발, 물병을 들거나 손바닥을
안쪽으로 향하는 인을 취한 도상적 특징의 기본은 범천의 수인과 관계 깊다.

(2) 마투라

쿠샨조 시대에 간다라 미술과 함께 번영했던 마투라 미술에서는 미륵
보살이 어떤 도상으로 표현되었을까. 마투라에서는 간다라에 비하면 보살
의 조상은 적지만 미륵으로 판단되는 상은 상당수 있다.

우선 각문을 통해 미륵임이 확실한 상으로는 유명한 아히차트라 출토
상(도198)이 있다. 이 보살입상(높이 76cm)은, 대좌에 "··· 미륵의 상이 조성되었
다. 일체(중생)[의 이익과 안락]를 위하여"라고 하는 브라흐미 명문이 있다.[12]
이 미륵상은 이중 목걸이와 성뉴 등으로 몸을 장식하고, 오른손을 어깨높이

로 들어 시무외인을 결하고, 왼손에는 검지
와 중지 사이에 끼운 형태로 물병을 들고
있다. 두부는 나발형 두발을 표현하였는데,
틀어 올린 머리나 육계가 없다는 점이 주목
된다. 육계를 갖추지 않음으로써 붓다와는
다른 보살의 성격을 표현하고자 했던 것은
아닐까. 이 상은 조형적으로도 뛰어나며 초
기 쿠샨조 마투라 양식을 보여주는 것으로
기원 2세기에 제작된 것으로 보인다. 다만
제작지에 대해서는 마투라가 아닌 아히차
트라로 보는 견해가 유력하다.

　다음으로 미륵보살의 도상을 확정하
는 작례[13]로서, 과거불과 보살을 병치하는
마투라의 부조가 있다. 모두 단편이지만 두
작례가 있어 미륵도상의 좋은 자료가 된다.

도198. 미륵보살입상. 아히차트라.
2세기. 뉴델리국립박물관.

　첫 번째 작례는 불·보살을
병치하는 부조단편(러크나우박물
관 소장)[14]으로, 장식문의 격자 안
에 3구의 좌불, 1구의 좌보살, 1인
의 공양자가 남아 있다. 3구의 좌
불은 승의의 착의법과 수인이 각
각 다른데, 두부는 모두 간다라풍
의 물결 모양 두발로 상투형의 육
계를 갖고 있다. 향우측 끝의 미
륵으로 추정되는 보살(도199)은
오른손을 시무외인으로 들고, 왼

도199. 과거칠불과 병치되었던 미륵보살좌상.
마투라. 2∼3세기. 러크나우박물관.

손은 손바닥을 위로 향하여 손가락 사이에 물병을 끼우고, 두발을 묶어 올린 이른바 발계관을 하고 있다. 간다라 미륵상에 거의 가까운 타입이지만 두발의 처리 방법이 틀어 올린 머리를 반으로 접은 속발과도, 육계 모양 상투와도 다른 점이 주의된다. 굽타조 이후 시바 혹은 보살의 발형으로서 큰 전개를 보이는 발계관jaṭāmukuṭa의 조형祖型이라고도 할 수 있는 형식이다.

두 번째 작례는 불전과 과거불·미륵보살을 표현한 부조(러크나우박물관 소장)[15]이다. 향좌측은 결실되고 당초의 거의 절반만이 남아있는 패널로, 상단에는 세 개의 불전 장면(제석굴 설법, 첫 설법, 항마성도)과 스리야상을 표현하고, 하단에는 과거불 3구와 미륵보살, 아울러 제석천(?)과 수문신이 보인다. 과거불과 미륵은 모두 결가부좌하였으며 불자를 든 양협시를 동반하고 있다. 향좌측 2좌불은 통유의 불상이지만 마지막의 과거불, 즉 석가불(향좌에서 세 번째)은 선정인을 결하고 상반신은 나형으로 장신구를 착용한 보살형인 점이 주의된다(도200, 향좌). 머리에는 터번관식을 쓰고 있어 간다라 석가보살 타입에 호응한다. 한편 미륵보살(도200, 향우)은 이중 목걸이와 성뉴 등 석가와 공통된 장신구를 착용하고, 오른손을 시무외인으로 들며 왼손의 손가락 사이에 물병을 든 점은 전례의 미륵과 같다. 그러나 이 미륵의 두부를 보면 손상은 있지만 분명 장식이 있는 보관형 관식을 착용하고 있음을 알 수 있다. 이 보관형 관식을 착용한 미륵의 출현은 미륵보살의 도상사에 있어 큰

도200. 과거불과 병치되었던 석가보살과 미륵보살. 마투라. 3세기. 러크나우박물관.

의미를 갖고 있다.

이 두 개의 부조는 모두 쿠샨조 후기
(3세기경)의 작품으로 보이는데, 아히챠
트라 출토 상과 함께 이 작례들에 의해 쿠
샨조 마투라의 미륵도상의 특징이 확인
된다. 오른손의 시무외인은 일반적인 수
인이라 하더라도, 왼손에 든 물병은 간다
라와 마찬가지로 미륵보살 고유의 특징
이 되고 있다. 그러나 두부의 표현은 (1)
육계 혹은 나발, (2) 발계관, (3) 보관형 관
식의 세 타입으로 나뉜다. 얼핏 보면 쿠샨
조 마투라의 미륵도상은 여러모로 그 도
상형식이 일정하지 않았다는 느낌을 주
지만, 다른 보살과의 관련을 통해 검토해
면 마투라에서도 보살의 도상은 거의 정
착되어 있었고 그 가운데 미륵보살은 석
가보살과 함께 큰 위치를 점하고 있었다.
석가보살은 전술한 과거불 부조패널 속
의 도상이나 산치 출토의 마투라제 재명
석가좌상(단, 두부 결실)[16]에 의해, 터번관
식을 쓰고 장신구를 착용한 선정인 좌보
살의 형태가 일반적이었음을 알 수 있다.
산치의 선정인 석가보살좌상에는 "바시
슈카왕 28년에 비라의 딸 마드리카가 염
부수 아래의 세존(의 상)을 조성하였다"
라는 뜻의 명문이 있어, 선정인을 결합한 석
가보살좌상이 '염부수 아래의 세존(수하

도201. 석가보살(상단)과 미륵보살(중
단). 마투라 난순기둥. 3세기. 러
크나우박물관.

관경)'에 유래하는 것임을 시사하고 있다.

석가보살과 미륵보살을 조합시켜 표현한 부조는 두 개의 예가 있다. 두 작례 모두 석가보살은 터번관식을 착용하고 선정인을 결하고 있는 것에 반해, 미륵보살에는 전술한 타입에 대응하는 두 개의 도상형식이 보인다. 자말푸르(?) 출토의 아치 부조(뉴델리국립박물관 소장)[17] 속 미륵보살좌상은, 오른손은 시무외인, 왼손에는 물병을 들고 두부는 아히챠트라상과 같이 육계가 없는 나발이다. 또 하나의 난순기둥(도201)에 표현된 미륵보살좌상(중단)은, 오른손 시무외인(반 결실), 왼손에 물병을 드는 것은 마찬가지인데 머리에는 분명 원통형의 보관을 쓰고 있다.

쿠샨조 마투라에서는 육계가 없는 나발형과 보관형의 두 타입의 미륵보살이 특히 애호되었던 것 같으며, 동일한 형식의 단독상이 몇 개 확인된다.

첫 번째의 육계가 없는 나발 타입으로는 샤간지 출토 미륵보살 입상(도202)[18]이 있다. 승의를 편단우견으로 입고 있는 것은 이색적인데, 이중 목걸이를 하고 왼손의 손가락 사이에 물병을 들고 있다(오른손은 결실). 두부는 나발로 덮이고, 정수리가 약간 융기되어 있지만 육계는 없다. 또 난순 기둥에 고부조된 마투라 지구 출토 미륵보살입상(러크나우박물관 소장)[19]은, 오른손은 시무외인, 왼손에 물병을 든다는 것은 변함없지만 두부는 나발이 아닌 체발을 하고 있어 초기 마투라불에 보다 가깝다. 그러나 정수리 부분이 약간 융기되어 있기는 하지만 고둥 형태의 육계는 보이지 않는다. 또 이 상은 머리 위에 지주가 있는 산개가 씌워져 있다는 점이 눈길을 끈다.

이 육계가 없는 나발·체발 타입의 미륵보살들은 물병을 들고 있으며, 두부의 표현은 불상의 형태를 의식하여 조형하고 있음을 엿볼 수 있다. 이에 반해 보관타입의 미륵보살은 마찬가지로 물병을 들고 있으면서도 머리에 호화로운 보관형태의 관식을 착용하고 있다는 점이 특징이다. 마투라 지구 출토 미륵입상(도203)[20]은 그 대표적인 사례인데, 그 밖에 교토 개인 소장의 보살좌상[21]도 왼손은 결실되어 지물을 알 수 없지만 보관형의 호화로운 관식으로 미루어 이 타입의 미륵보살이었을 것이다.

도202. 미륵보살입상. 샤간지 (마투라) 출토. 2~3세기. 마투라박물관[Vogel, pl. 35c]

도203. 미륵보살입상. 마투라. 2~3세기. 마투라박물 관[Vogel, pl. 35a]

도204. 미륵보살입상. 마 투라. 3~4세기. 러크나우박물관.

　　보관 타입의 미륵보살로 볼 수 있는 흥미로운 작품이 또 하나 있다. 마
투라 지구 출토의 난순 기둥의 고부조(도204)[22]가 그것으로, 오른손은 시무외
인으로 들고 왼손에는 물병을 든 미륵보살의 기본형을 보이는데, 머리에는
화불이 있는 원통형 보관을 쓰고 있음이 주목된다. 화불은 오른손을 시무외
인, 왼손은 옷자락 끝을 쥐고 결가부좌하고 있다. 화불의 존재를 통해 이 상
을 관음보살로 보는 설[23]도 있지만, 물병을 든 것과 보관타입으로 미루어 미
륵으로 판단해야 할 것이다. 경전상에서도 『관미륵보살상생도솔천경』(T.14,
No. 452, p. 419c)에는 미륵에 화불이 있음이 확인된다. 이제껏 화불은 관음보살
고유의 표식으로 여겨져 왔지만, 이 상과 같이 미륵보살이 화불을 갖춘 예가
있어 화불의 의미에 대해 다시금 의논할 필요가 있을 것이다.

쿠샨조 마투라에서 석가보살·미륵보살 이외에, 관음보살의 조상도 행해져 왔음은 충분히 생각할 수 있는데, 현재 시점에서 그 실태는 명확하지 않다.[24] 마투라의 불삼존상도 5점 정도의 작례가 있지만, 대부분은 양협시 모두 도상적으로 같은 형식이며 보살인지 아닌지조차 의문스럽다. 다만 아히챠트라 출토의 32년재명불삼존상(뉴델리국립박물관)[25]은 우협시에 집금강신, 좌협시에 연화수를 배치하고 있어, 후자는 관음보살일 가능성이 있다.

간다라와 마투라는 조형양식상에서는 큰 차이를 보이지만, 도상형식에 관해서는 각각의 독자성을 간직하면서도 상호 교류가 있었던 것 같다. 마투라의 보살상도 터번관식을 쓴 석가보살의 계열과 그것을 착용하지 않은 미륵보살의 계열로 대별된다. 미륵보살이 왼손에 물병을 든 점도 두 지역에서 공통된다. 다만 마투라의 미륵보살은 속발형이나 상투형이 아닌, (1) 육계가 없는 나발 혹은 체발형, (2) 발계관형, 내지는 (3) 보관형을 취한다. (1) 육계가 없는 나발 혹은 체발형의 타입은, 이른바 붓다에 준하는 자로서의 구도성求道性·초세속성을 반영하는 것일 것이다. 육계를 갖추지 않음으로써 붓다와 구별하고 있다. (2) 발계관형의 미륵보살은 구도적 성격을 보다 선명하게 한 행자성을 표현한 것으로 해석된다. 그 때문에 (1), (2) 타입의 미륵보살은 두발의 형태가 상위하다고는 하지만, 간다라 미륵보살의 존격과 공통되는 것이다.

한편 (3) 보관형의 미륵보살은 완전히 새로운 타입이라 할 수 있다. 이 미륵보살이 착용한 보관형 관식과 석가보살이 착용한 터번관식과의 차이는 다시 살펴봐야겠지만, 미륵보살이 착용한 보관은 아마도 도솔천상에서 석가보살의 보관이 미륵에게 씌워졌다고 하는 설화[26]에서 유래한 것이거나, 혹은 도솔천주로서의 이미지에 기초한 것은 아닐까. 여하튼 쿠샨조 마투라에서 왕권적 성격을 반영하는 보관형 미륵이 출현한 것은, 미륵보살의 도상사에 있어 획기적인 변화라고 할 수 있다. 미륵보살의 도상은 이후 이 두 가지 타입을 기본형으로 하면서 전개되어 나갔던 것이다.

3. 굽타조-포스트굽타조의 미륵보살상

굽타조 불교미술의 한 중심지인 마투라는 많은 우수한 불상을 배출하고 있는데, 이상한 점은 적어도 현 시점에서 보살상의 작례가 극히 적고, 미륵보살로 확정할 수 있는 작품도 거의 없다는 것이다.[27] 굽타조 마투라에서는 보살신앙이 저조했던 것인지, 혹은 앞으로의 발굴을 통해 상당수의 보살상이 출토될 것인지는 아직 알 수 없으므로[28] 이후의 작품 증가와 연구의 진전이 기대된다.

(1) 사르나트

굽타조 불교미술의 또 하나의 중심지, 사르나트에서는 불상과 함께 보살상도 다수 만들어지고 있다. 사르나트의 보살상은 삼존형식의 양협시보살 및 단독상 중에서 볼 수 있다. 아쉽게도 이 중 각문이 있거나 과거불과 병치되어 미륵보살임을 확인할 수 있는 상은 없다. 그러나 삼존형식의 양협시보살을 검토하면, 사르나트에서도 보살의 계통이 명확하게 구분되어 있었음이 판명되며, 미륵보살로 추정되는 도상이 확인된다.

사르나트의 삼존형식 중에서 필자가 확인한 작례로는 독립된 것이 5점(도205, 206 참조),[29] 불전부조 속에 있는 것이 7점(도207 참조. 그중 6점은 초설법, 1점은 사위성의 신변)[30]으로 총 12점이다. 불전부조 속에서 보살이 협시로 구성된 삼존형식이 보이는 것은 의아스럽지만, 분명 양협시는 보살형으로, 독립된 불삼존상의 형식이 불전도에서 차용된 것으로 생각된다. 이 삼존형식의 양협시보살을 검토해보면 보살의 도상은 거의 일정하다는 것을 알 수 있다. 즉, 한쪽의 협시(좌협시가 많다)는 머리를 묶어 올리고 목걸이를 착용하며 발목 정도까지 오는 길이의 도티를 걸치는 것이 통례로, 오른손은 불자를 들거나 혹은 여원인을 결하고, 왼손은 대지에서 자라난 만개한 연꽃 줄기를 든 타입(도208a)으로 총 9점에 달한다. 이 협시는 관음보살임이 틀림없다. 활짝 핀 연꽃을 들지 않은 3점[31]은 왼손을 허리에 대면서 금강저를 드는 것을 특징으

도205. 양협시보살을 동반한 불입상. 사르나트. 5세기 후반. 사르나트박물관.

도206. 양협시보살을 동반한 불입상. 사르나트. 5세기 후반. 사르나트박물관.

로 한다.

이들과 대칭하는 다른 쪽의 협시(우협시가 많다)는 역시 머리를 묶어 올리고 발목 길이의 도티를 입었는데, 목걸이 등의 장신구는 일체 착용하지 않는 것이 특징으로(1점만 예외), 오른손에 불자를 들고 왼손에는 고리형의 염주

도207. 사상도 중의 '초설법'. 사르나트. 5세기 후반. 사르나트박물관.

를 든 타입(도208b)이 9점에 달한다. 남은 세 개의 작례 중 하나[32]는 오른손에 불자를 쥐고, 왼손은 무지물로 허리에 댄다. 다른 1점(도206)은 오른손에 염

도208. 도207 부분. 양협시보살. a. 관음보살, b. 미륵보살.

주를 쥐는 한편 왼손은 손바닥을 위로 향하여 물병을 받치고 있는 점이 주목
된다. 또 다른 1점[33]은 오른손에 불자를 들었는데 왼손의 지물은 불명확하다.
또한 이 계열의 보살에는 왼쪽 어깨에서 가슴으로 사슴가죽을 걸친 상이 3
점[34] 있다.

　　사르나트 삼존형식의 후자 계열에 속하는 협시보살은 장신구를 착용
한 관음보살 및 금강저를 든 보살과 대존對尊을 이루며, 장신구를 착용하지
않고 지물로서 염주를 든다(1점만 무지물)는 특징이 있고, 또 사슴가죽을 어
깨에 걸치고 물병을 드는 경우도 있다. 필자는 이 계열의 보살을 모두 미륵보
살로 본다. 왜냐하면, 사르나트의 삼존형식은 간다라의 경우와 마찬가지로
'장식한 보살'과 '장식하지 않은 보살'을 양협시로 하고 있어, 전자가 관음(혹
은 금강수)보살의 계열이라고 한다면, 후자는 미륵보살의 계열로 보는 것이
타당한 해석이라고 생각하기 때문이다. 실제로 간다라 미륵보살과 마찬가
지로, 사르나트에서도 미륵보살의 도상은 이 시대의 범천의 양식과 밀접한

관련성을 맺고 있는 것이다. 예를 들면, 사르나트의 불전부조 중에서 종도리 천강하 장면에서 보이는 범천(도209, 붓다의 우협시)은 머리를 묶어 올리고 장신구를 착용하지 않는 것을 특징으로 하며, 손에는 염주 혹은 물병을 든다. 어깨에 사슴가죽을 두른 예는 보이지 않지만 왼쪽 어깨에서 오른쪽 허리로 천 조각을 걸친 예[35]는 있다. 제1장에서 지적한 바와 같이, 굽타조 및 그 이후의 힌두교미술에 있어서도 범천은 사면(부조를 위해 삼면으로 표현한 것이 많다)이면서 두발을 발계관으로 묶어 올리고, 장신구를 착용하지 않고 왼쪽 어깨에 사슴가죽 혹은 천 조각을 걸치며 물병을 필수적인 지물로 삼고 있는 것이다.[36]

도209. 불전부조 중의 '종도리천강하'. 사르나트. 5세기 후반. 캘커타인도박물관.

그런데 사르나트에서는 관음보살의 독존상이 많이 만들어지고 있어,[37] 발계관 앞면에 화불을 달고 장신구로 꾸미고 종종 요대를 두르며, 오른손은 여원인을 결하고 왼손에는 활짝 핀 연꽃 줄기를 드는 것을 특징으로 한다. 한편 미륵보살의 독존상은 명확하지 않다. 뉴델리국립박물관 소장 보살상반신상(도210)은 두발을 높이 묶어 올리고 장신구를 일체 착용하지 않으며, 왼

도210. 보살상반신상. 사르나트. 6세기.
뉴델리국립박물관.

도211. 보살입상. 사르나트. 5세기. 사르나
트박물관.

쪽 어깨에 사슴가죽을 걸치고 있다. 양팔은 결실되었으며 특징 등도 불명하여 확정하기 어려우나, 삼존형식 협시보살의 도상으로 추측한다면 미륵보살일 가능성이 있다. 이 상은 양식적으로 보아 포스트굽타시대에 속한다고 생각된다. 사르나트에서 이 타입에 속하는 단독의 완전한 작례는 보이지 않지만, 6세기로 여겨지는 카슈미르 동제미륵보살입상(도155)[38]에는 이 계통의 도상형식이 보인다. 즉 두발을 나비매듭 형태로 묶고, 왼쪽 어깨에 사슴가죽을 걸치고 왼손에는 손바닥 위에 물병을 쥐고 있다. 오른손의 손바닥을 위로 향하는 수인이나 두발을 묶는 방식 등에서 간다라 형식의 잔존이 보여, 굽타조 사르나트 도상과의 관계가 엿보인다.

사르나트박물관 소장의 보살입상(도211)은 조금 다른 도상요소가 확인되는데 역시 미륵보살일 가능성이 있다. 두발을 발계관으로 높게 묶어 올리고, 또한 풍부한 머리를 양 어깨로 늘어트리며 장신구를 전혀 착용하지 않고 왼쪽 어깨에서 오른쪽 겨드랑이로 천을 걸치고 있다는 점은 바로 미륵 타입과 일치한다. 다만 발계관의 앞면에 화불을 달고 있다는 점, 그리고 왼손에는 무언가의 꽃줄기를 잡고 있던 것으로 추정된다(파손)는 점은 지금까지 본 미륵 타입과 다르다. 왼손에 든 꽃이 중세시기에 미륵의 지물로서 일반화되었던 용화龍華였을 가능성이 있다. 굽타조 사르나트에서는 머리 앞의 화불은 관음보살과의 관련성이 강한데, 적어도 두발이나 복식상의 특징은 미륵보살의 그것으로, 사르나트의 독존 관음보살과는 다른 타입이라고 할 수 있다. 다만 사르나트보살상에서 명확하게 용화를 손에 든 미륵보살은 아직까지 분명하지 않아 이후의 검토를 요한다.

또한 중인도의 산치 주변에도 굽타조-중세기에 걸치는 보살상이 있는데, 미륵보살로 추정되고 있는 상도 있다. 갸라스푸르 · 스투파의 사방에 놓여진 삼존형식의 협시보살, 산치 제45사당에 안치되어 있었던 불삼존상의 협시보살 등이 그것이다. 전자에 대해서는 야마다 코지 교수[39]의, 후자에 대해서는 아원[40]의 상세한 연구가 있기 때문에 그들에게 양보하고자 한다. 갸라스푸르의 보살도상에는 사르나트계와 서인도계가 혼재하고 있는 것 같다. 또 구 산치 제45사당에 안치된 불삼존상은 9세기경에 제작된 것으로 추정되며, 관음 · 미륵의 양협시보살에도 팔라계와 서인도계의 혼효가 엿보인다(양자 모두 같은 장신구를 착용하는데, 관음은 사슴가죽을 걸치고 미륵은 용화를 든다). 그러나 중인도의 보살도상에 관해서는 여전히 자료가 부족하여 그 실정은 아직 파악되지 않은 상태이다.

(2) 서인도 석굴

굽타조 후기부터 포스트 · 굽타시대에 걸쳐 활발히 개굴되었던 서인도 후기불교석굴에는 다수의 보살상이 만들어졌다. 아잔타, 나식, 카를라(카를리), 카네리(칸헤리), 아우랑가바드, 엘로라 등이다. 이들 석굴에는 삼존형식의 협시상, 수문신형식상, 독존상 등의 형식을 취한 보살상이 표현되어 있다. 아직 이 보살도상들의 전모가 충분히 밝혀졌다고 말하기는 어렵지만, 최근 야마다 코지 교수의 연구[41]에 의해 도상의 계통 구분이 상당한 정도까지 명확해졌다. 여기서는 그 연구 성과에 기초하여, 관음보살과 함께 활발히 만들어졌던 미륵보살 도상에 초점을 맞추고자 한다.

(3) 아잔타

우선 아잔타석굴에 대해 살펴보자. 아잔타 미륵도상의 확실한 단서로서 과거칠불과 병치된 보살상이 있다. 이전부터 두세 개의 예는 알려져 있었는데, 필자는 여섯 개의 작례를 수집할 수 있었기에 이를 통해 아잔타 미륵도상을 거의 확정하는 것이 가능해졌다. (1) 제6굴 위층,[42] (2) 제7굴 불당 입구,[43] (3) 제7굴 전랑,[44] (4) 제17굴 전랑 입구(도212), (5) 제22굴 불당 좌벽,[45] (6) 제26굴 우랑(도213), 이상의 여섯 예가 그것으로, (4), (5)가 벽화이며 다른 것은 고부조이다. 과거칠불의 수인은 다양한데(설법인과 선정인이 많다), 모두 통유의 불형을 취한 결가부좌상이다(다만 (1)의 7구와 (5)의 1구만이 의좌상). 이에 반해 여덟 번째로 표현된 미륵은 모두 보살형을 취하며, (6)이 향좌측 끝에 위치한 것 이외에는 모두 향우측 끝을 차지하고 있다. 모두 결가부좌상으로, 수인에 차이는 있지만 관식·복식에 있어 특히 두드러진 공통점이 확인된다.

즉, 두부頭部는 머리를 발계관으로 묶지 않고 모두 호화로운 보관을 쓰며(다만 (2)만이 마멸되어 명료하지 않다), 그 밑으로 흘러넘치듯 드리워진 풍부한 머리가 물결 모양을 이루며 양 어깨를 뒤덮고 있다. 보관의 형태는 (4)와 (6)에 의해 그 세부가 잘 관찰된다(도212, 213). 이른바 삼산형식의 보관으로, 세 개의 전립부는 보석 모양의 장식으로 호화롭게 꾸며져 있으며, 화불이나 불탑 등의 표식은 확인되지 않는다. 이 호화로운 삼산보관에 호응하듯 어느 보살이든 목걸이와 비천으로 화려하게 몸을 장식하고 있다. 이 같은 특징은

도212. 미륵보살좌상. 아잔타 제17굴 정　　도213. 미륵보살좌상. 아잔타 제26굴 좌랑 부조.
　　　면랑 입구 벽화. 5세기 후반.　　　　　　6세기.

간다라와 사르나트의 미륵도상과 완전히 다른 양상으로 마투라의 한 계열
과 관계되는데, 미륵도상사 속에서 큰 전환기에 위치하고 있음을 말해준다.

수인에 대해서 말하자면 선정인((1), (2), (3), (5)) 혹은 시무외인((6))을 취
하는 것이 일반적인데, (4)는 오른손을 내밀고 있는 형태로 손바닥을 위로 향
하는 독특한 수인을 결하여, 전술한 카슈미르의 동제 미륵보살입상(도155)의
수인을 상기시킨다. 주목할 점으로, (4), (5), (6)은 나무 밑에 앉아 있고 그 나
무의 잎은 버드나무 잎 모양을 보이며, 4, 5장의 꽃잎으로 이루어진 둥글고
작은 꽃이 피어 있다. 이는 미륵의 보리수인 용화수를 표현한 것임에 틀림없
다. 이상의 작례를 통해 밝혀진 바와 같이, 아잔타의 미륵보살 도상은 삼산
형식의 보관을 쓰고, 목걸이·비천 등의 장신구를 착용하는 것을 기본형으
로 하며, 선정인이나 시무외인 등을 결하고, 종종 용화수 아래에 앉는다. 이
같은 특징을 갖는 미륵보살은 아잔타의 보살상 전체 중에서 어떤 위치를 점
하고 있었을까.

아잔타의 보살상은 전체적으로 크게 두 계열(A·B)로 나뉜다. 불삼존상

의 경우에는 이 두 계열의 보살을 양협시로 취하는 경우가 많다. A계열보살은 발계관의 발형을 보이며, 발목까지 오는 도티를 걸치고, 장신구를 전혀 착용하지 않는 것을 특징으로 하며, 머리 앞에 화불, 왼쪽 어깨 위에 사슴가죽 혹은 천 조각을 걸치는 경우가 있다. 지물로는 대지에서 자라나는 연꽃, 혹은 물병·염주를 든다(이들을 겹쳐서 드는 경우도 있다). 이 A계열보살은 법화경관세음보살보문품에서 말하는 이른바 제난구제諸難救濟의 관음보살을 표현한 서인도 석굴의 많은 작례(아잔타에 여섯 예)의 도상적 특징에 합치한다는 점에서, 모두 관음보살로 판단된다.

이에 반해 B계열보살은 일산관, 삼산관 혹은 삼면두식을 쓰고 무릎 길이의 반도티 혹은 반바지를 입고, 목걸이·비천·완천 등의 장신구를 착용하고 있는 것이 특징이다. B계열보살은 또한 지물에 의해 (1) 무지물인 것, (2) 꽃 혹은 꽃잎을 든 것, (3) 금강저를 든 것으로 세분할 수 있다. 이 B계열보살은 관식 및 장신구에 있어서 우리가 검토한 미륵보살과 밀접한 관계를 갖고 있음이 쉽게 추측된다. B계열(1)의 무지물 타입은, 종종 수인(시무외인, 여원인, 설법인)을 결하거나, 또는 손을 허리나 요대에 대고 있다. 관식을 쓰고 장신구로 몸을 장식한 이 무지물 타입의 보살상은 과거칠불과 함께 미륵보살의 도상과 조합한다는 점으로 보아 미륵으로 판단할 수 있을 것이다. 실제로 삼존형식의 협시로서 A계열관음보살의 대존에는 이 B계열(1) 무지물 타입의 미륵보살이 많다.

B계열보살 중에서 (3) 금강저를 든 타입에 관해서는, 당연한 말이지만 미륵보살과는 다른 존격을 생각해 보지 않으면 안 될 것이다. (2) 꽃 혹은 꽃잎을 든 타입에 대해서는 미묘한 문제를 내포한다. 정형화된 용화를 든 경우는 미륵보살로 보는 게 확실하지만, 아잔타에서 연꽃padma 이외의 꽃·꽃잎을 든 보살은 그다지 많지 않은데다가 각각에 있어서도 변화가 다양하다. 야마다 코지 교수는 미륵보살이 든 '용화'의 실재성을 의심하는 학설을 소개한 다음, 적어도 팔라조 이전에는 이 꽃이 어떠한 형태를 하고 있었는가에 대한 공통된 인식이 없었기 때문에 그 표현형식에도 큰 혼란이 있었을 것임을 지

적하고, B계열 (2)타입의 보살 가운데 몇 개를 미륵으로 판단했다.[46] 즉, 제1굴 후랑의 전실 입구 좌(향우)수문신형식보살,[47] 같은 전실 내벽의 사당 입구의 좌수문신형식보살,[48] 제11굴 정면랑 입구 우수문신형식보살[49](모두 벽화)을 들며, 그 보살들이 갖춘 호화로운 삼산형식의 보관 및 화려한 장신구의 도상적 특징, 그리고 손에 든 꽃의 형태는 여러 가지이나, 용화 표현의 혼란을 고려하면 미륵보살일 가능성이 크다는 점을 고찰한 것이다.

사실 미륵보살의 손에 든 용화는 미륵이 앉은 용화수에 기초한 것임에 틀림없지만,『미륵대성불경』에는 용화수를 묘사하여 "나뭇가지는 보룡寶龍과 같이 백 가지 보배 꽃을 피우고, 하나하나의 꽃잎은 7보색을 드러내고, 색색이 다른 과일이 중생의 뜻대로 열리니, 천상계에도 인간계에도 이에 비유할 곳이 없을 정도며,"*(T.14, No. 456, p. 430b)고 한다. 굽타조 말기-포스트·굽타시대에 미륵보살의 지물로서 꽃이 등장하였을 때, 어떤 꽃이며 어떻게 표현해야 하는가에 문제가 발생했을 것이다.[50] 특히 서인도 후기석굴의 미륵보살상에는 그간의 사정이 반영되어 있다고 생각된다. 후술하는 바와 같이 팔라조에 이르면 용화의 형태는 거의 정형화된다.『사다나마라』[51] 및『니슈파나 요가바리』[52]에 미륵의 지물로서 용화nāgapuṣpa, nāgakeśara의 꽃 혹은 가지를 드는 것이 명기되어 있어, 존상과 지물의 대응관계에 대한 명확화·고정화 현상과 관련이 있을 것이다.

(4) 카네리

아잔타의 미륵보살상과 도상적인 관련성을 갖는 것은 카네리(칸헤리)석굴의 그것이다. 카네리에는 (1) 제2굴,[53] (2) 제3굴(도214), (3) 제41굴,[54] (4)

* 불교기록문화유산 아카이브(https://kabc.dongguk.edu/) 우리말 번역문 인용. 枝如寶龍, 吐百寶華, 一一花葉作七寶色, 色色異果, 適衆生意, 天上人閒爲無有比.『불설미륵대성불경』1권(ABC, K0195 v11, p. 201c16-c18)

제67굴[55]에서 각각 과거칠불과 병치된 미륵으로 판단할 수 있는 보살상이 있다. 이들 네 예의 미륵보살은 모두 결가부좌하며, 제41굴의 경우는 전체적으로 마멸이 심하여 명료하지 않으나, 다른 것은 모두 보관형 관을 쓰고 있다. 보관의 형태는 반드시 일정하지는 않지만, 제2굴의 예는 분명 삼산형식의 보관이며, 제3굴의 그것은 파손되어 있으나 역시 삼산형식의 보관일 것이다. 제2굴의 예 이외에는 모두 무지물로 선정인을 결하고 있는데, 이 미륵보살들은 일반적으

도214. 미륵보살좌상. 카네리 제3굴. 6세기.

로 목걸이·비천·완천을 착용하여 몸을 장식하고 있다. 다만 제2굴의 예는 삼면보관을 쓰고 있는데, 오른손을 시무외인풍으로 들고 왼손으로 활짝 핀 연꽃으로 보이는 꽃의 줄기를 들고 있다는 특징이 있다. 이 같은 특징을 지닌 보살상은 필자가 조사한 총 161구의 카네리 보살상(삼존형식의 양협시보살 및 독존의 보살상) 중에 한 점도 확인되지 않는다. 조각의 조악하고 서투른 솜씨를 통해 보아도, 아마 작자의 도상에 대한 무지에 기인했을 것이다.

카네리의 보살상을 전체적으로 검토해보면 역시 A·B의 두 계열로 대별된다. A계열보살은 모두 머리를 발계관으로 묶고(다만 발계관에 삼면두식을 장식한 소수의 예가 있다), 극히 소수의 예외를 빼고는 장신구를 착용하지 않으며 도티를 걸치고, 왼손에는 대지에서 자라난 미부 혹은 활짝 핀 연꽃을 들거나 혹은 물병을 든다(물병을 든 예는 적다). 왼쪽 어깨에 사슴가죽을 걸치는 경우도 있다. 이 A계열보살은 삼존형식(도216 참조, 전부 66쌍)의 한쪽 협시(좌협시가 많다)가 되는 것 이외에, 독존의 예(도215 참조)도 있다(25개의 예). 독존상의 경우, 오른손을 시무외인으로 결하고 손에 염주를 차는 것도 있다. 이같은 도상적 특징을 갖는 보살상은 카네리에도 세 개의 예가 있는 제난구제諸難救濟의 관음[56]뿐 아니라, 아잔타의 관음과도 일치하여 관음보살로 보아도 틀

도215. 관음보살입상.
　　　카네리 제3굴. 6세기.

도216. 불삼존상. 카네리 제3굴. 6세기.

림이 없다. 다만 아잔타의 관음보살과 카네리의 것과는 흥미로운 차이가 한 가지 있다. 그것은 카네리의 관음보살이 머리 앞의 표식으로서 화불을 지닌 (7점) 것 이외에, 불탑이 있는 예가 많다(35점)는 것이다(도215 참조). 불탑은 팔 라조에서 미륵보살의 고유한 표식이었는데, 주목할 점으로 여기서는 관음보살에 표현되어 불탑과 화불이 같은 의미를 지니고 있었다고 추정된다.

　　한편 B계열보살은 삼존형식(도216 참조)의 다른 쪽 협시(우협시가 많다)가 되어 또한 과거칠불과 병치되는데 독존상은 보이지 않는다. 이 계열의 보살은 삼면보관이나 삼면두식, 혹은 원통형 보관(세 개의 예뿐)을 쓰고 모두 장신구로 몸을 치장하는데, 일반적으로 반바지 풍의 요포를 입고 요대를 두르며, 지물을 들지 않은 왼손은 그 요대에 대고 있는 것이 보통이다. 보관에는 화불이나 불탑의 표식은 보이지 않는다. B계열보살은 보관·장신구·무지물을 특징으로 하여, 제3굴과 제67굴의 과거칠불과 병치된 미륵보살의 특징과도 일치한다는 점에서 미륵보살로 볼 수 있다. 다만 금강저를 든 협시보살은 3점의 작례가 있어(제67굴 1점, 제90굴 2점), 보관·장신구·의복의 특징은 B

계열과 같지만 다른 존격으로 생각된다. 세 개의 예 중 두 예는 금강저를 든 보살이 미륵보살과 쌍을 이루고 있기 때문이다.

카네리의 미륵보살 도상은 이상의 검토를 통해 밝혀진 바와 같이, 보관 등의 관식을 쓰고 장신구로 몸을 장식한다는 점에 특징이 있다. 아잔타의 미륵보살과 같은 특징을 보이는 것이라고 할 수 있다. 다만 카네리에서는 용화라고 생각되는 꽃을 든 미륵보살의 예가 보이지 않는다. 관음보살이 불탑의 표식을 지닌다는 점과 함께 카네리와 아잔타는 보살도상의 측면에서 대국적으로는 같은 계통에 속하면서도 미묘한 차이를 보이고 있다.

(5) 나식

나식의 후기석굴에도 상당수의 보살상이 있는데, 흥미로운 것으로 아잔타·카네리의 계통과는 전혀 다른 계통을 형성하고 있다. 나식의 보살도상에 대해서는 이미 야마다 코지 교수의 자세한 조사보고[57]가 있기 때문에 상세한 부분을 확인할 수 있으므로, 여기서는 요점만을 기술하겠다.

나식에는 삼존형식의 양협시보살, 한 쌍을 이루는 수문신 형식의 보살상이 총 31쌍 있으며(단 그중 네 쌍은 한쪽 협시보살이 결실됨), 독존 보살상은 보이지 않는다. 과거칠불과 병치된 보살상도 없어서 미륵도상의 단서를 얻기가 어렵지만, 삼존형식의 양협시보살의 도상적 특징을 검토해봄으로써 그 계열을 세워 볼 수 있다. 즉, A, B, C의 세 계열로 분류할 수 있다.

A계열보살(27점, 도판40, 도217a 참조)은 두발을 발계관으로 묶어 올리고, 장신구를 착용하지 않고 도티를 입으며, 왼손에는 대지에서 자라나는 연꽃(활짝 핀 것과 피지 않은 것이 있다)의 줄기를 쥔다. 이 계열의 보살은 발계관의 앞면에 화불(16점) 혹은 광배형 앞장식(5점)을 달고(아무것도 없는 것 1점, 불분명한 것 5점), 또 왼쪽 어깨에 천 조각 혹은 사슴가죽을 걸치는 것이 많다. 이 A계열보살은 관음임이 틀림없다.

B계열보살(17점, 도217b 참조)은 A계열보살과 두발·복식에 있어 동일한

도217. 불삼존상(도판40). 나식 제23굴 제2사당 양협시보살상.
a. 관음보살상, b. 미륵보살상

특징을 보이지만 머리 앞의 표식과 지물이 다르다. 즉, 발계관·무장신구·
도티로, 왼손에는 물병(4점) 혹은 꽃의 줄기와 같은 것(2점)을 들거나 무지물
로 허리에 낸나(3점, ㄱ밖에 불명확한 것8점). B계열보실의 빌계관의 앞면에는
불탑의 표식이 새겨져 있는 경우가 많다(12점). A계열과 B계열의 보살은 두
발이나 복식은 같지만 삼존이나 수문신의 형식에서 서로 대존對尊을 이루고
있다는 점에서 다른 존격으로 보아야 할 것으로, 표식과 지물이 상위한 점도
이를 뒷받침한다. A계열보살이 관음이라고 한다면, B계열보살은 사르나트
의 계통을 이은 미륵으로 보는 것이 타당할 것이다. A계열이 화불을 표식으
로 하는 것에 반해 B계열이 불탑을 표식으로 하고 있다는 것도, 팔라조 도상
학의 선구적 단계로서 전자가 관음보살, 후자가 미륵보살이라는 구분을 확

실시해 준다.

　B계열 미륵보살의 지물을 살펴보면 오른손에 불자를 드는 것 이외에 왼손은 무지물인 경우도 있는데, 종종 물병을 드는 것도 사르나트의 계보에 이어진다. 또 2점뿐이지만 끝이 가느다랗고 줄기뿐인 꽃을 드는 경우가 있어(도217b 참조), 야마다 교수의 지적과 같이 용화일 가능성이 높다.

　한편 C계열보살은 머리에 보관 혹은 두식(일면 혹은 삼면)을 쓰고 장신구류로 장식한다는 것을 특징으로 하며, 복장은 대체로 반바지를 입고 장식적인 요대를 드리운 것이 많다. 이 C계열보살은 또한 지물에 의해 (1) 금강저를 든 것(도판41a), (2) 지물로 허리 혹은 요대에 손을 둔 것으로 나눌 수 있다. 그러나 이들 C(1)과 C(2)의 보살이 과연 동일한 존격인가, 또한 어떤 존격인가 등의 문제는 이후로도 살펴봐야 할 과제이다. 아무튼 C계열보살이 관음도 미륵도 아닌 별개의 존격이라는 점은 틀림없다. 또한 삼존형식 혹은 수문신형식에 있어, 한 쌍의 보살은 A-B(도217), 혹은 A-C(도판41)의 보살 조합이 대부분이다.

　나식의 미륵보살은 아잔타·카네리의 계통과는 달리, 발계관·무장신구·도티라고 하는 '장식이 없는' 보살 계통에 속하고 있다는 점에서 주목된다. 지물로서는 무지물 이외에 물병이나 용화(?)를 들고, 머리 앞의 표식으로서 불탑을 지니는 경우가 많다는 점이 특징이다.

(6) 카를라

　카를라(카를리)의 보살 계통도 나식과 관계 깊다. 과거칠불과 병치되는 미륵보살상은 없지만 삼존형식상의 작례 30점이 있어, 그 양협시보살은 A·B의 두 계통으로 대별된다(도218 참조). 머리를 발계관으로 묶어 올리고 장신구류를 착용하지 않으며 도티를 입는다는 두발·복식상의 특징은 A·B 두 계열에서 공통되지만 지물과 머리 앞의 표식이 다르다. A계열(도218 좌협시) 이 대지에서 자라는 연꽃 줄기를 쥐고 머리 앞에는 앞장식 이외에 화불을 지

도218. 불삼존상. 카를라 제8굴. 6세기.

니는 예가 있는 것에 반해, B계열(도218 우협시)은 무지물로 허리나 요대에 손을 대거나 혹은 물병을 들고, 표식으로는 앞장식 외에 불탑을 지닌 작례가 많다. 이 같은 A·B 두 계열의 도상적 특징은 전술한 나식의 A·B 두 계열의 경우와 거의 일치한다. A계열보살을 관음, B계열보살을 미륵으로 보아도 틀림이 없을 것이다.

카를라의 미륵보살상은 나식의 경우와 마찬가지로 발계관·무장신구·도티라고 하는 '장식하지 않은' 보살의 계통에 속하고 지물로는 무지물 혹은 물병을 들며, 머리 앞의 표식으로서 종종 불탑을 지니고 있다. 또한 카를라 제8굴에서 삼존형식의 관음과 대존을 이루며 머리에 보관을 쓴 듯한 협시보살로 두 점의 작례(세부 불명)가 있다. 한 점은 머리 앞의 표식이 없고 요대에 손을 대고 물병(?)을 드는데, 다른 한 점은 불탑의 표식을 달고 염주(?)를 든다. 이 두 점의 작례는 카를라 보살상 중에서도 이색적인 것으로 이후의 검토가 필요하다.

서인도석굴의 보살로서 이 밖에 아우랑가바드와 엘로라의 작례를 간과해서는 안 되겠지만, 두 굴의 미륵보살 도상에 관해서는 아직 망라적으로 검토되지 않아 이후의 연구과제로 삼고자 한다. 두 굴에서 보이는 보살상은 포스트·굽타기의 일대 전환기를 맞아 종종 도상적 특징이 혼효하는 현상도 엿보여 존격을 파악하는 데 신중함을 요한다.

도219. 미륵보살입상. 동제. 우타르프라데시 혹은 비하르. 600년경. 미국 개인 소장[Pal 4, pl. 59]

이상 서인도의 네 개의 석굴을 통해 미륵보살 도상의 특징을 검토했다. 아잔타·카네리에서는 보관·두식을 쓰고 장신구류로 몸을 꾸미며 일반적으로 무지물인데, 아잔타에서는 용화와 같은 꽃을 손에 든 예가 있다. 이 아잔타·카네리의 계통은 호화로운 보관으로 치장된다는 점이 큰 특징으로 쿠샨조 마투라의 한 계열인 보관 타입과 관련이 있을 것으로 추측되지만, 현재로는 양자의 역사적 맥락이나 이 같은 도상의 출현 의미는 분명하지 않다. 이에 반해 나식·카를라에서는 머리를 발계관으로 묶고 그 앞면에 종종 불탑을 두며, 장신구류를 일체 착용하지 않고 손에는 무지물 혹은 물병을 드는데, 나식에서는 그 이외에 용화로 보아야 할 법한 줄기 형태의 꽃을 든 예도 있다. 이 계통은 대국적으로는 사르나트의 흐름을 잇는 것으로, 인도에서는 이른바 정계正系에 속한다. P. 팔에 의해 소개된 우타르 프라데시주 혹은 비하르주에서 출토된 것으로 전해지는 하나의 소동상(도219, 600년경)[58]은, 발계관의 앞면에 불탑을 갖추고, 오른손은 여원인, 왼손의 손바닥에 물병을 든 귀중한 작례로, 나식·카를라계와 같은 계통의 미륵상이 갠지스 유역에서 만들어졌음을 알 수 있다. 서인도 석굴의 미륵도상은 아잔타·카네리계와 나식·카를라계의 크게 두 계통으로 나눌 수 있음이 분명해졌다.

4. 팔라조의 미륵보살상

비하르 · 벵갈 지방을 중심으로 8~12세기경에 번영한 팔라조 및 세나
조 시기에 불교미술은 마지막 빛을 발한다. 이 시대에는 불교존상의 종류는
증대되고, 밀교도상도 적지 않다. 그러나 전통적인 존상도 많아서 관음 · 미
륵 · 문수 등의 보살도상은 전대의 도상들과 밀접한 관계를 맺고 있다.

팔라조에서도 과거칠불과 미륵보살의 8존이 세트를 이루어 표현된 부
조[59]가 많이 있다(캘커타인도박물관 소장 No. B. G. 83, 133, 6291, 도220 등). 이 미륵
보살상들은 입상과 좌상이 있는데 거의 공통된 도상적 특징을 보인다. 즉,
머리는 발계관으로 묶어 올리고 삼면두식이 있는 관대를 두르고 있으며, 발
계관의 정면에는 불탑의 표식이 있다. 목걸이나 비천으로 몸을 장식하고, 왼
쪽 어깨에서 오른쪽 허리에 걸쳐 연주의 성뉴를 걸치고 있는 것이 많은데, 성
뉴 대신에 천 조각을 두른 예도 있다. 오른손은 모두 여원인을 결하고 왼손에
는 반드시 꽃가지를 들고 있다. 꽃은 모두 네 잎의 둥글고 작은 형태에 버드
나무 형태의 잎을 동반하고 있는 것이 특징이다. 용화를 표현한 것이 틀림없

도220. 과거칠불과 병치된 미륵보살. 봉헌스투파 기단. 비하르. 10~11세기. 캘커타인도
박물관.

도221. 불삼존상(향우측 관음보살, 향좌측 미륵
보살). 보드가야. 9세기. 파트나박물관.

도222. 불삼존상(향우측 미륵보살, 향좌측 관
음보살). 비하르. 10세기. 파트나박
물관.

으며, 아잔타의 과거칠불과 병치된 미륵보살(도212, 213)의 용화수 형태와도
합치된다. 미륵보살의 도상적 특징은 머리 앞쪽의 불탑 및 지물로 용화를 드
는 점 등이 명확하여 팔라조 미륵보살 도상과 일관된 특징을 보인다.

그런데 팔라조의 삼존형식에는 중앙에 주존인 붓다를 크게 표현하고,
양협시로서 관음보살과 미륵보살을 작게 배치하는 비상^{竝像}형식의 예가 많
다(도221, 222).[60] 주존인 붓다는 결가부좌하고 촉지인을 결하는 경우가 적지
않은데 입상의 경우도 있어 오른손을 여원인, 왼손으로 옷자락을 쥐는 상,
혹은 전법륜인을 결한 상 등 다양하다. 협시로서의 관음보살과 미륵보살의
좌우 위치는 정해져 있지 않지만 두 보살의 도상적 특징은 일정하여, 팔라조
에서는 도상이 정형화되고 있음을 엿볼 수 있다.

협시로서의 미륵보살 도상도 전술한 과거칠불과 병치된 미륵보살과
거의 동일하다. 머리의 정면에 불탑을 달고 발계관으로 묶으며 삼면두식을

착용하고, 목걸이·비천·완천·성뉴 등으로 몸을 장식한다. 오른손은 여원인 이외에 시무외인을 결하고, 왼손에는 모두 용화의 가지를 들고 있다. 미륵보살의 대존이 되는 관음보살은 역시 머리를 발계관으로 묶어 올리고 장신구도 미륵보살과 동일하지만, 발계관의 정면에 화불을 달며, 오른손은 여원인 혹은 시무외인을 결하고 왼손에 활짝 핀 연꽃padma을 들고 있다. 발형·장신구·수인은 관음·미륵과 함께 동일한 특징을 보이는데, 머리 앞의 표식과 지물은 대조적으로 보다 명확하게 구별되고 있다. 즉, 관음보살은 화불과 연꽃, 미륵보살은 불탑과 용화에 의해 그 특징이 구별되고 있다. 팔라조에서는 모든 보살이 같은 관식·장신구로 장식되는 반면, 표식·지물이 정식화하여 존격과의 관계가 고정되는 것이다.

비슈누푸르(가야지구)에서 출토된 불삼존상(파트나박물관 소장)[61]은 각각 독립적으로 조상된 삼존이 한 조를 이루고 있는 이색적인 작품이다(도판 42, 10세기경). 주존의 붓다는 결가부좌하여 촉지인을 결하고, 관음·미륵의 두 보살은 대칭형으로 윤왕좌輪王坐, mahārāja-līlā를 취하며, 오른손은 둘 다 시무외인을 결한다. 두 보살 모두 관식·장신구는 완전히 동일한데 머리 앞의 표식과 지물은 명확하게 구별하고 있다. 즉 관음보살(도판42c)은 머리 앞에 선정인을 결한 화불을 지니고 왼손에 한 송이의 크고 만개한 연꽃 줄기를 들고 있는 것에 반해, 미륵보살(도판42b)은 머리 앞에 불탑을 지니고 둥근 네 잎의 작은 꽃과 버드나무 형태의 잎으로 이루어진 용화 줄기를 왼손에 쥐고 있다.

한편 용화의 형태는 비슈누푸르상의 작례와 같이 팔라조에서 거의 정형화되고 있지만 그래도 어느 정도의 변화가 있다. 과거칠불과 병치된 미륵보살과 삼존형식 협시의 미륵보살의 예들을 모두 정리해보면, 둥근 네 잎의 작은 꽃 몇 송이와 버드나무 형태의 잎 몇 장으로 이루어진 다발 형태의 꽃이 기본형을 이루고 있다. 작은 꽃은 정면향의 원형으로 표현되는 것이 통례이지만 측면향으로 표현되는 것도 있는데, 그 경우 중앙의 꽃술을 구형으로 크게 표현하는 경우가 많다. 이러한 기본형에 반해, 줄기 끝의 좌우로 둥글고 작은 꽃 몇 송이 정도만 표현한 형태, 혹은 줄기 끝에 버드나무와 같은 잎만

을 몇 장 표현한 형태 등이 있다. 팔라
조에서도 용화의 형태에는 상당한
변화형이 있었음을 알 수 있다.

미륵보살의 독존상으로는 우선
보드가야 출토의 미륵보살입상(보드
가야박물관소장)[62]을 들 수 있다. 머리
를 높이 묶어 올리고 그 정면에 불탑
이 있는 삼면두식의 관대를 두르며,
오른손은 여원인을 결하고 왼손에는
용화 줄기를 들고 있다. 용화의 형태
는 약간 이색적으로, 세 줄기 끝에 각
각 한 송이씩의 측면향 개화를 갖고
있다. 화술부가 큰 구형을 띠는 것이
색다른 부분이다.

도223. 미륵보살입상. 비하르. 10세기.
캘커타인도박물관.

마가다 지방 출토의 미륵보살입상(도223)[63]도 대표적인 작례 중 하나이
다. 역시 발계관의 정면에 불탑을 지니고, 삼면두식·목걸이·비천·완천·
성뉴 등으로 몸을 장식하며, 오른손을 여원인으로 결하고 아래팔 부분이 결
실되었지만 왼손은 분명 용화가지를 들고 있었다. 용화의 형태는 기본형이
라 할 수 있는 것이다. 이 상의 특이한 점은 왼쪽 어깨에서 오른쪽 팔로 천 조
각을 걸치고 있다는 점, 그리고 용화의 아랫쪽 마디부분에 있는 잎(?) 위에 물
병(군지)이 올려져 있다는 점이다. 천 조각과 물병에 관해서는 사르나트 혹은
서인도 석굴의 나식계 도상과의 관계를 연상시키는데, 적어도 용화 및 물병
과 관련된 표현은 벵갈 출토의 진유제 미륵보살입상(12세기)[64]에도 보여, 현
재로서는 그다지 작례가 많지 않지만 팔라조 미륵보살의 한 형식이었음을
알 수 있다.[65]

5. 결론

　쿠샨조에서 팔라조에 걸친 인도 미륵보살 도상의 변천을 작품에 입각하여 검토하였다. 그 결과를 정리한 것이 표 3이다. 인도에서 미륵보살의 도상은 석가보살 혹은 특히 관음보살의 도상과 대립적이면서도 깊이 관계되며 전개했음을 알 수 있다. 게다가 적어도 쿠샨조에서는 이 세 보살이, 굽타조에서는 관음과 미륵이 현존하는 보살상의 대부분을 점한다. 보살상을 특징짓고 있는 것은 발형·관식·의복·장신구·지물·표식이다. 미륵보살의 도상적 특징을 통시적으로 정리해 보면 다음과 같다.

　우선 발형·관식은 의복·장신구와도 관계되어 보살 존격의 기본을 형성한다. 쿠샨조 간다라와 마투라에서는 미륵이 석가나 관음과 마찬가지로 장신구를 착용하지 않지만 후자의 두 보살이 터번관식을 쓰는 것이 반해 미륵은 속발·틀어 올린 머리(간다라) 혹은 발계관·육계가 없는 나발이나 체발(마투라의 한 계열)을 보인다. 이는 미륵의 해탈을 구하는 초세속적인 종교성을 나타낸다고 생각된다. 굽타조-포스트·굽타조의 사르나트 및 나식, 카를라 석굴에서는 '장신구를 달지 않은' 수행자로서의 성격을 강하게 내세워 발계관에 머리를 묶고 장신구를 일체 착용하지 않으며, 사르나트에서는 어깨에 사슴가죽 혹은 천 조각을 걸친다. 미륵이 물병을 들거나 염주를 드는 경우도 미륵의 이 같은 성격과 관계되어 있다.

　그러나 미륵에는 보관을 쓴 다른 계열이 있다. 이른 쿠샨조 마투라에서 출현하는데 아잔타·카네리 등의 석굴에서 성행한다. 양자 간에 어떠한 연속성이 있는가, 혹은 단절되는가, 또 이 같은 도상이 출현한 의미는 무엇인가 등에 대해서는 현재로서 명확하지 않다. 쿠샨조에서는 미륵의 지물로서 물병이 정착되고 있기 때문에 마투라에서 이 계열의 미륵도 물병을 들지만 아잔타·카네리에서는 들지 않는다. 거기에는 이 '장식한 미륵'과 대조적으로, 역으로 '장신구를 달지 않은 관음'이 출현한다. 발계관으로 묶어 올리고 장신구를 일체 착용하지 않으며, 종종 사슴가죽이나 천 조각을 걸치고 물병

및 염주를 드는 관음으로, 사르나트의 미륵과 동일한 발형·복식상의 특징을 보이는 것이다. 한편 나식·카를라석굴에서는 미륵과 관음이 모두 발계관으로 묶고 장신구를 착용하지 않는 발형·복식의 동일화가 이루어진다. 팔라조에서는 미륵·관음이 모두 발계관으로 묶으면서 반대로 둘 다 두식과 장신구로 몸을 치장하게 된다.

지물과 표식은 분명 존상을 구분하는 키포인트가 된다. 그러나 여기서도 특정 존상의 고유한 지물·표식과, 존상 간에 교차적으로 나타나는 특징을 명확히 구별해서 인식할 필요가 있다. 관음의 지물로서 간다라에서는 화만 혹은 자른 꽃가지의 연꽃, 굽타조 이후는 대지에서 자라나는 연꽃(피지 않거나 활짝 핀)이라는 차이가 있기는 하지만, 관음은 연꽃padma과 강한 고유의 관련성을 보이고 있다. 이에 반해 미륵에는 이처럼 시대를 초월하는 지물이 없다. 물병을 드는 것이 비교적 많지만, 이미 기술한 바와 같이 아잔타나 카네리에서는 물병이 관음의 지물이 되고 있다. 용화nāgapuṣpa가 미륵 고유의 지물이지만, 굽타조 말기-포스트굽타조에 이르러서야 점차 산발적으로 출현한다. 게다가 그 꽃의 형태 자체도 명확하지 않고 일정하지도 않다가 팔라조에 이르러서야 정형화된다.

머리 앞의 표식에 관해 살펴보면 화불은 굽타조 이후 관음과 강한 관련성을 갖게 되지만, 쿠샨조 마투라 및 굽타조 사르나트에서 미륵이 드는 경우가 있기 때문에 주의를 요한다. 불탑은 나식·카를라석굴 및 팔라조에서 미륵의 고유한 표식이 되지만, 그 이전으로 거슬러 올라가는 예는 알려지지 않았다. 카네리석굴에서는 관음이 화불 이외에 불탑을 지니는 예가 많다. 이처럼 관음에 화불, 미륵에 불탑이라는 표식이 정착되는 것은 팔라조에 이르러서이고, 그 이전에는 항상 일률적인 것이 아니어서 화불과 불탑의 의미에 대해서는 새로이 검토가 필요하다.

표 3. 인도 미륵·관음의 보살도상의 변천

			미륵		석가	관음
쿠샨조	간다라	두발·관식	{ 속발 상투		터번관식	터번관식
		장신구	○		○	○
		지물	수병		×	{ 연꽃 꽃다발
	마투라	두발·관식	{ 발계관 나발(육계없음) 체발(육계없음)	보관+ (화불)	터번관식	?
		장신구	○	○	○	
		지물	수병	수병	×	
굽타조 ~ 포스트 굽타조	사르 나트	두발·관식	발계관+(화불)		발계관+<화불>	
		장신구	× { (사슴가죽) (천 조각)		○	
		지물	<염주> (무지물) (물병) (용화?)		연꽃	
	아잔타 · 칸헤리	두발·관식	{ 보관 삼면두식		발계관+(화불) 카네리에서는 발계관 + <불탑>	
		장신구	○		× { (사슴가죽) (천 조각)	
		지물	<무지물> (용화?)		연꽃 (물병) (염주)	
	나식 · 카를라	두발·관식	발계관 + <불탑>		발계관 + <화불>	
		장신구	^		× { (사슴가죽) (천 소사)	
		지물	<수병> (무지물) (용화?) (염주)		연꽃 (염주)	
팔라조		두발·관식	발계관 + 두식 + 불탑		발계관 + 두식 + 화불	
		장신구	○(천 조각)		○	
		지물	용화(물병)		연꽃	

범례 < > 작례가 많음   ○ 있음   { 이들 중 하나
　　( ) 작례가 있음   × 없음

[미주]

1 J. Marshall and A. Foucher, *The Monuments of Sāñchī,* vol. 2 (Calcutta, 1940), pl. 17-5(남문), pl. 43-3(동문), pl. 56-1(서문).

2 간다라의 한 부조 가운데 용화로 보이는 꽃을 손에 든 보살좌상을 표현한 보기 드문 예가 있다. cf. M. Taddei, India (Archaeologia, Mundi), (Geneva, 1970), pl. 68.

3 H. Ingholt and I. Lyons, *Gandhāran Art in Pakistan* (Connecticut, 1971), pl. 256.

4 H. Ingholt and I. Lyons, 앞 책, pl. 291.

5 H. Ingholt and I. Lyons, 앞 책, pl. 289.

6 高田修, 「ガンダーラ美術における大乗的徵証—観音像と弥勒像—」, 『仏教芸術』125号 (1979), 口絵4.

7 그 외에 간다라의 미륵보살상으로는, A. Foucher, *L'art gréco-bouddhique du Gandhāra,* Tome 2 (Paris, 1918), figs. 418-20; H. Ingholt and I. Lyons, 앞 책, pls. 288-98; J. Marshall, *The Buddhist Art of Gandhāra* (Cambridge, 1960), figs. 140, 142 etc.

8 쐐기꼴 고정장식(?)이 무엇인지는 현재로서 명확하지 않다. 또한 G. 바타차르야는 이를 후세 미륵의 표식이 되는 스투파의 원형으로 보았으나 찬성하기 어렵다. cf. G. Bhattacharya, "Stūpa as Maitreya's Emblem," in A. L. Dallapiccola ed., *The Stūpa, 1st Religious, Historical and Architectural Significance* (1980), pp. 100-111.

9 H. Ingholt and I. Lyons, 앞 책, pls. 299-301, 303-305; N. G. Majumdar, *A guide to the sculptures in the Indian Museum* (1937), pl. 4a; D. Faccenna, *Sculptures from the sacred area of Butkara 1,* vol. 2-2 (Roma, 1962), pls. 56b, 58a; A. H. Dani, "Chakdara fort and Gandhara art," *Ancient Pakistan,* vol. 4 (1968-69), pl. No. 55a, b.

10 A. Foucher, 앞 잭, fig. 42 = H. Ingholt and I. Lyons, 앞 책, pl. 302; N. G. Majumdar, 앞 책, pl.4b; J. Marshall, *Taxila* (Cambridge, 1951), vol. 3, pl. 155d.

11 A. Foucher, 앞 책, fig. 423 = H. Ingholt and I. Lyons, 앞 책, pl. 308.

12 D. Mitra, *Journal of Asiatic Society of Bengal,* vol. 21 (1955), pp. 63ff; 靜谷正雄, 『インド仏教碑銘目録』(平楽寺書店, 1979), p. 128, No. 1710.

13 아히챠트라상 이외에 미륵의 명문을 갖는 상으로는 두 작례가 알려져 있다. 한 예는 의좌 미륵상으로, 쿠샨조 브라흐미 명문을 갖고 있다고 한다. cf. *Annual Bibliography of Indian Archaeology,* 16 (1948-53), p. 210, No. 2439. 다른 한 예는 산치 제12탑 출토의 보살입상(발만이 잔존)의 대좌로, 역시 쿠샨조 브라흐미 명문이 있고 대좌에 물병을 든 보살좌상을 표현하고 있다. 다만 이 명문에서 말하는 '미륵보살'의 상은 아마도 대좌에 표현된 보살좌상이 아니

라 결손된 보살입상을 가리키는 말일 것이다. cf. A. Foucher and J. Marshall, 앞 책, vol. 1, pp. 253-4, 387, pl. 124d.

14 J. Ph. Vogel, *La Sculpture de Mathura* (Paris-Bruxelles, 1930), pl. 36c, pp. 44, 112.

15 『インド古代彫刻展』(東京国立博物館・京都国立博物館・日本経済新聞社, 1984), 도26.

16 J. Marshall and A. Foucher, 앞 책, vol.3, pl. 124b, vol. 1, Inscription No. 828, pp. 385-6; 靜谷正雄, 앞 책, pp. 123-124, No. 1668.

17 J. Ph. Vogel, 앞 책, pl. 56, pl. 124.

18 J. Ph. Vogel, 앞 책, pl. 35c, pp. 45,112.

19 A. K. Coomaraswamy, *History of Indian and Indonesian Art* (New York, 1965), pl. 35a, pp. 44-45, 111.

20 J. Ph. Vogel, 앞 책, pl. 35a, pp. 44-45, 111.

21 A. K. Coomaraswamy, 앞 책, pl. 23, 87;『特別展菩薩』(奈良国立博物館, 1987), 도5.

22 A. K. Coomaraswamy, 앞 책, pl. 21, 78.

23 肥塚隆,「大乗仏教の美術ー大乗仏教美術の初期相」,『講座大乗仏教』10 (春秋社, 1985), p. 276.

24 미국 크로노스콜렉션의 보살반가사유상은 화불을 단 터번관식을 머리에 쓰고 있어 관음보살일 가능성이 높다(도194, 제3장 주 2) 참조).

25 町田甲一 편,『ニューデリー美術館』(講談社, 1968), 도42. 頼富本宏,「金剛薩埵 図像覚え書き」(上),『密教図像』創刊号 (1982) 참조.

26 R. Mitra, Lalita Vistara, Bibliotheca Indica, No. 455 (1881), pp. 73-74. 宮治昭,「イ ンド仏伝図像の研究(一)ー"兜率天上の菩薩""白象降下"ー」,『名古屋大学文学部 研究論集』99 (哲学33) (1987) 참조.

27 굽타조 초기의 한 마투라 불입상(J. Ph. Vogel, 앞 책, pl. 29)의 두 발 사이에 표현된 소보살입상은 아마도 미륵일 것이다. 왼손에 물병을 들고 있으나 머리에는 터번관식을 쓰고 있다.

28 굽타조 마투라의 보기 드문 보살상으로, 러크나우박물관 소장(B15)의 한 예가 있다(J. Willams, *The Art of Gupta India* (Princeton, 1982), pl. 72). 존격은 불상.

29 J. C. Harle, *Gupta Sculpture* (Oxford, 1974), pl. 68; J. Williams, 앞 책, pls. 90, 92; 본서 도205, 도206.

30 J. Williams, 앞 책, "Sārnāth Gupta steles on the Buddha's life", *Ars Orientalis*, vol. 10 (1975), Figs. 2-i, 4-d, 5-f, 8, 9-d, 10-b; J. Williams, 앞 책 (1982), pl. 93.

31 J. Williams, 앞 책 (1975), figs. 8,10; J. Williams, 앞 책 (1982), pl. 90.

32 J. Williams, 앞 책 (1982), pl. 92.

33 J. Williams, 앞 책 (1982), pl. 90.

34 J. Williams, 앞 책 (1982), pl. 92; 본서 도206; J. Williams, 앞 책 (1975), fig. 4. = 본서 도208b.

35 캘커타인도박물관 소장, 미간행, 사진자료 MY83-小147-15.

36 J. C. Harle, 앞 책, pl. 103 (Daśāvatāra Temple, Deogarh); Moti Chandra, *Stone sculpture in the prince of wales Museum* (Bombay, 1974), pl. 126 (Huchchappaiyya guḍi, Aihole); C. Berkson and others, *Elephanta*, (Princeton, 1983), pl. 37 (Ardhanārīśvara), pl. 67 (Naṭarāja-Śiva).

37 D. R. Sahni, *Catalogue of the Museum of Archaeology at Sarnath* (Calacutta, 1914), pl. 13(b); J. Williams, 앞의 책 (1982), pl. 97.

38 P. Pal, *Bronzes of Kashmir* (Graz, 1975), pl. 38.

39 山田耕二, 「ギャラスプルの四仏について」, 『仏教芸術』, 156号 (1984).

40 J. Irwin, *The Sāñchī Torso*, Victoria and Albert Museum (London, 1972).

41 山田耕二, 「ポスト・グプタ時代の西インドの観音の図像的特徴とその展開」, 『美術史』106 (1979); 동 저자 「アジャンターの菩薩像における図像構成上の特徴」, 『密教図像』2 (1983). 이 밖의 연구로는, cf. O. Divakaran, "Avalokiteśvara-from the North-West to the Western Caves", *East and West*, vol. 39, Nos. 1-4 (1989), pp. 145-178.

42 사진자료 MY83-大84-2.

43 사진자료 MY83-小72-9.

44 사진자료 MY83-大85-4.

45 G. Yazdani, *Ajanta*, 4 vols (Oxford, 1930-55), Text, part 4 (1955), pl. 1.

46 山田耕二, 「アジャンターの菩薩像について」, 『仏教藝術』145 (1982).

47 G. Yazdani, 앞 책, part 1, pls. 31, 32, 高田修・田枝幹宏, 『アジャンタ』 (平凡社, 1971), 도74; 頂田甲一・福田德郎 외 『アジャンター石窟寺院』 (朝日新聞社, 1987), 도16.

48 G. Yazdani, 앞 책, part 1, pl. 30a.

49 G. Yazdani, 앞 책, part 3, pl. 39; 高田修・田枝幹宏, 위 책, 삽도25.

50 용화 nāgakeśara, nāgapuṣpa에 대해서는 (1) 실론철목(Mesua ferrea), (2) 카말라 (Mallotus philippinesis), (3) 금후박(Michelia champaka) 등의 여러 설이 있다. 滿久崇麿, 『仏典の植物』 (八坂書房, 1977), pp. 160-161; 和久博隆, 『佛敎植物辭典』 (國書刊行會, 1979), p. 105 등 참조.

51 B. Bhattacharyya, *The Indian Buddhist Iconography* (Calcutta, 1958), p. 81 (Maitreyasādhana), pp. 77-78 (Vajrāsanasādhana), p. 131 (Lokanāthasādhana).

52 B. Bhattacharyya, 앞 책, pp. 93-94 (Mañjuvajra Maṇḍala, Durgatiparriśodhana Maṇḍala).

53 사진자료 MY83-小96-17.

54 사진자료 MY83-小97-17.

55 사진자료 MY83-小98-2.

56 山田耕二,「インドの觀音諸難救濟図」,『仏教藝術』125 (1979), 참조.

57 山田耕二,「ナーシク仏教石窟寺院の菩薩像について」,『インド・パキスタンの仏教図像調査』(弘前大学, 1985) 수록.

58 P. Pal, *The Ideal Image* (New York, 1978) pl. 59.

59 R. D. Banerji, *Eastern Indian school of medieval sculpture* (elhi, 1933) pls. 14 (e), 31 (d), 33 (c).

60 S. L. Huntington, *The "Pāla-Sena" Schools of Sculpture* (eiden, 1984), pl. 103. 이 밖에도 보드가야 정사 안에 안치된 상 등 아직 간행되지 않은 작례가 많다. cf. Mārg, vol. 40, No. 1, pls. in p. 94 and p. 96.

61 R. D. Banerji, 앞 책, pl. 32; S. L. Huntington, 앞 책, pl. 120-22.

62 사진자료 MY76-大63-8.

63 A. Foucher, *Étude sur l'iconographie bouddhique de l'inde* (Paris, 1900), fig. 14.

64 U von Schroeder, *Indo-Tibetan bronzes* (Hong Kong, 1981), pl. 71f.

65 팔대보살의 작례는 오릿사의 라트나기리, 우다야기리 등과 중인도의 나란다, 서인도의 엘로라에서 찾아 볼 수 있는데, 그중에는 미륵보살이 포함되어 있다. 인도의 팔대보살상에 대해서는 賴富本宏,「インドの八大菩薩像について」,『中川善教先生頌德記念論集 佛教と文化』. 동『密佛教の研究』(法藏館, 1990), pp. 607-622 참조.

제3부

중앙아시아의 미륵과
열반의 도상학

제1장

미륵과 대불
— 유토피아 세계의 상징으로서의 미륵대불 —

1. 대불과 인도 · 중앙아시아 · 중국

대불에는 미륵이 많다. 석가나 비로자나 대불도 있지만, 오래전부터 만들어져 이후로도 먼 후세까지 꾸준히 조성된 것은 미륵의 대불이다. 대불의 조성에는 물론 각각의 역사적, 사회적 배경이 작용하고 있겠지만, 그와 동시에 불교신앙의 양상도 깊이 관련되어 있다. 불교미술의 '전파사관傳播史觀' 상에서 보자면 대불의 원류가 인도에 있으므로, 그것이 중앙아시아·중국으로 전파되고 전개했던 것으로 생각하기 쉬우나, 대불의 실정을 살펴보면 그렇게는 말할 수 없음이 명확해 진다.

인도에서 대불의 예를 찾아보면, 서인도, 봄베이 부근의 카네리석굴의 차이티야굴(제3굴)에 있는 대불 정도가 아마 현존하는 가장 큰 상일 것이라고 생각된다. 그 굴의 정면랑 좌우의 측벽에 각각 1구의 불입상이 고부조되어 있는데, J. 바제스에 따르면 약 7m라고 한다.[1] 열반상은 조금 사정이 다르기 때문에 본고에서는 제외하지만, 그래도 아잔타 제26굴에 고부조된 열반상이 높이 7.3m, 쿠시나가르 열반당 내의 적갈색 사암제 환조 열반상이 높이 6.1m로 가장 크다.

현장의『대당서역기』를 보면 크기를 기록한 불상 기록이 많이 있는데, 그중에는 대불이라 할 수 있는 상도 더러 있다. 권11의 승가라국僧伽羅國 조를 보면, 나라계라주那羅稽羅洲의 서쪽, 바다 저편 수천 리에 있는 외로운 섬 동쪽 기슭에 높이 백여 척의 석불상이 있어, 동쪽을 면하고 앉아 월애주月愛珠를 육계로 하는 신령한 상이라고 전하고 있는데(T.51, No. 2087, p. 934b),* 모두 전해들은 이야기에 지나지 않는다. 같은 권11의 마가랄타국摩訶剌他國 조에는 나라의 동쪽 경계에 큰 산이 있는데 그곳의 깊은 계곡에 자리 잡은 가람이 있다고 기록하며 그 가람의 모습을 전하고 있다. 거기에는 높이 백여 척의 대정사 안에, 높이 70여 척의 석불상이 있다고 기술하고 있다(동, p. 935b).** 이 가람은 아잔타석굴로 여겨지고 있는데 현실과는 썩 맞지 않는 부분이 지적되고 있어 전해들은 바를 기록했을 것이라는 견해도 수긍이 간다.[2]

이처럼 『대당서역기』 속 대불상에 관한 기사에는 전문에 따른 과장이 포함되는 경우가 적지 않다. 실제로 본 바를 기록한 것으로는, 권5의 곡녀성曲女城 부근의 대정사 내에 있었던 높이 30여 척의 유석제 여래입상(동, p. 896a), 그리고 권8의 파타리자성波吒釐子城 부근의 제라택鞮羅擇 가람 정사 내에 있던, 역시 유석제인 높이 3장의 불입상(좌측에 다라보살, 우측에 관자재보살의 불삼존상)(동, p. 913b)을 들 수 있으나, 둘 다 10m에 미치지 못한다. 예외적인 것으로 권9의 나란타那爛陀에 있던 만주왕滿冑王이 조성한 동제 입불상이 있는데, 높이가 80여 척으로 중각을 6층으로 하여 간신히 덮을 수 있었다고 기록하고 있다(동, p. 924b). 이 예처럼 인도 내에 대불이 전무했었다고는 단언할 수 없으나, 10m를 넘은 대불상은 극히 드물었음이 분명할 것이다.

이에 반해 인도 변경에서는 대불상이 눈에 띄게 된다. 탁실라 달가라지카 사원의 N18사당에는 스투코제의 대입불상이 있었음이 발굴된 두 발을 통해 알 수 있다. J. 마샬에 의하면 발의 길이는 160cm로, 당초의 상고는 약

---

* 那羅稽羅洲西浮海數千里, 孤島東崖有石佛像, 高百餘尺, 東面坐, 以月愛珠爲肉髻. 『대당서역기』 11권(ABC, K1065 v32, p. 463a14-a16)

** 伽藍大精舍高百餘尺, 中有石佛像, 高七十餘尺. 『대당서역기』 11권(ABC, K1065 v32, p. 464b09-b10)

10.7m 정도였으리라고 추측하고 있다.[3] 간다라의 탁티바히 사원에서도 발의 잔존을 통해 4.5m 정도의 스투코제 불상 5구가 열을 지어 있었음이 보고되어 있다.[4] 이 불상들은 서북인도에서 불상 제작이 열광적으로 행해졌던 과정에서, 이른바 등신대의 두 배, 세 배에 달하는 형태로 만들어진 대불상이었을 것이다. 5～10m 정도의 소조 대불상이라면 사원 내의 주목받는 존재이므로, 기진자의 지원을 바탕으로 그것을 조성하는 일이 크게 어렵지는 않았을 것이다. 물론 이 불상들은 대불조성의 주요한 배경이 되었겠지만, '대불'이라고 말하기는 어렵다. 야마다 메이지 교수의 말씀처럼,[5] '대불'의 출현에는 그러한 발상과는 다른 차원의 발상, 즉 '대불사상'이라고도 할 수 있는 새로운 불타관이 필요했다.

'대불'은 인도 주변 지역의 이른바 변경지에서 출현한다(도224). 아마도 가장 오래된 대불은, 5세기 초두에 법현이 타림분지에서 파미르 카라코룸 서맥을 넘어, 인도세계로 들어가는 첫 번째 입구에 위치한 다렐陀歷에서 본 상고 80척의 목조 미륵상일 것이다. 이 다렐의 미륵대불은 현존하지는 않지만, '미륵과 대불'의 문제를 생각하는 데 있어 중요하므로 이후에 상세히 고찰해 보겠다.

시대는 내려오나 역시 인도 최북단 변두리의 경계에 위치한 물벡의 대

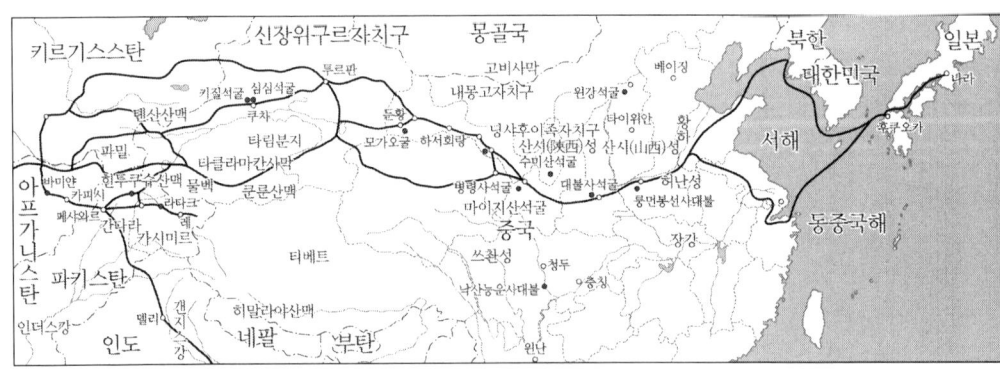

도224. 중앙아시아·동아시아의 거대불 유적지도[『일본미술전집4』 삽도50]

불도 미륵상이다(도225).[6] 물벡은 카시미르에서 서티베트까지로 알려진 라다크의 중심지인 레로 가는 도중에 있는데, 8세기를 중심으로 불교의 번영을 이룩한 카시미르 문화권과 그 이후 융성하는 티베트 문화권의 바로 중간지점에 위치하며, 게다가 양자를 잇는 간선도로를 접하고 있다. 물벡의 미륵보살상은 현존하는데, 높이 약 9m의 마애부조상으로 제작연대는 8~9세기로 추정되고 있다. 사비의 입상으로 정수리에 불탑을 두고, 좌측 첫 번째 손에 물병, 두 번째 손에 용화, 우측 첫 번째 손은 여원인, 두 번째 손에 염주를 쥐고 있어, 명백한 당시 미륵보살상의 특징을 갖추고 있다.

인도 변경지에 조성된 대불 중 가장 유명한 것은 아프가니스탄의 바미얀 대불일 것이다. 바미얀은 인도세계와 중앙아시아의 세계를 크게 나누는 힌두쿠슈산맥의 산속에 있다. 중앙아시아, 투하리스탄에서 남하하여 힌두쿠슈산맥을 넘어, 카피시에서 간다라로 통하는 루트는 현장이 지났던 길이다. 이 루트가 6세기 중엽 이후 인도와 중앙아시아를 잇는 간선로로서 역사에 등장하는 것은 쿠와야마 쇼신桑山正進 교수에 의해 밝혀진 부분이다.[7] 바미얀은 인도와 중앙아시아를 잇는 교통로에 있으며 양쪽 세계의 이른바 접점에 위치했다. 바미얀에는 약 1.5km에 걸쳐 이어지는 큰 절벽에 750개 정도의 석굴이 뚫려 있으며, 동서로 2대 입불이 절벽에 새겨져 두터운 소조로 정형된 것이 현존하고 있다.[8] 양 대불 모두 안면이 깎여져 있지만 상고가 동대불은 38m(도226), 서대불은 55m이다(도판43). 629년에 이 범연나국梵衍那國을 방문한 현장은 이 땅에서 불교가 特히 융성하고 있음을 기록하며, 동대불은 '釋迦佛立像', 서대불은 '立佛'이라고 했을 뿐이지만 호화롭게 장식된 모습에 대해 '金色晃曜, 寶飾煥爛'*으로 기록하고 있다. 제5장에서 상세히 논하겠지만 서대불의 천장벽화에는 미륵보살을 중심으로 하는 도솔천 세계를 묘사하고 있다. 그렇다면 동대불이 석가불이라는 것과 더불어, 서대불은 도솔천에

---

* 금색이 찬란하게 빛나고 온갖 보배로 장식되어 눈을 어지럽힌다(불교기록문화유산 아카이브(https://kabc.dongguk.edu/) 『대당서역기』 우리말 번역문 인용).

도225. 물벡 미륵보살대불. 높이 약 9m.
8~9세기.

도226. 바미얀동대불. 높이 38m.
6세기[교토대학 조사대
에 의함]

서 하생한 미륵불 자신을 표현한 것임을 생각할 수 있을 것이다.[9]

　　인도 주변 지역의 대불은 다렐, 바미얀, 물벡 등 모두 변두리 지역에 있
으면서도, 대불이 조성된 시대에서는 각각 고대의 간선도로상에 있으며, 또
한 다른 세계와 이어지는 접점에 위치하고 있었다. 그곳에 미륵의 대불이 조
성되었던 것이다.

　　중국에서는 북위 문성제 시대에 사문통沙門統 담요曇曜가 황제에게 다섯
곳의 대불 석굴을 만들 것을 요청하여, 화평和平 초(460년)부터 조성했던 것이
원강雲岡의 이른바 담요5굴로, 중국 최초기의 대불로서 유명하다(『위서석노
지』).[10] 상고 13.5~16.5m의 5구의 마애대불로, 모두 간단명료한 조형 속에서
도 양괴감이 넘치는 훌륭한 작품이다. 그런데 상의 용모가 제각각 달라, 북
위의 역대 5인의 황제를 모시기 위해 붓다와 황제의 이미지를 중첩시켜 조
성했던 것 같다.[11] 원강대불은 황제숭배와 대불이라고 하는, 대불조성의 계
기가 되는 하나의 중요한 문제를 제기한다. 이 5구의 대불은 각각 다른 존격

이라고 생각되지만 여전히 명확하지 않은 부분이 많다.

　제16굴은 입불(높이14m)로 오른손을 들어 시무외인을 결하고, 왼손은 늘어뜨려 엄지와 중지를 맞붙이고 있다. 다른 대불과 달리 중국식 복장을 하고 있으며, 얼굴도 긴 편으로 다른 것과 다르다.[12] 수인을 통해 이 대불을 내영아미타로 보는 새로운 학설[13]이 있지만, 당시의 불교 상황에서는 다소 갑작스러우므로 수긍하기 어렵다.

　제17굴의 대불은 보관을 쓰고 가슴장식을 한 당당한 교각의 보살상(높이 16.3m)이다(도227). 북위에서 교각보살은 도솔천상의 미륵보살을 표현하고 있어 이 상도 미륵보살임에 틀림없다.

도227. 원강 제17굴 교각보살대불. 높이 16.3m. 5세기 후반.

　제18굴은 입불(높이 15.8m)로, 오른손은 결손되었고 왼손은 옷자락을 잡는데, 옷의 문양으로 다수의 작은 화불이 부조되어 있는 점이 특징이다. 노사나불이 대광명을 발할 때 모공에서 화불의 구름이 출현했다고 하는 구역 『화엄경』의 기술을 따라 노사나불로 보는 설이 일본에서는 강하지만,[14] 경전에 따르면 화불을 편만遍滿하게 하는 석가불이라는 기술도 있어, 우주론적 붓다로서의 석가를 표현한 것으로 보는 최근 하워드의 설[15]도 살펴보아야 할 것이다.

제19굴은 좌불(높이 16.5m)로, 오른손은 시무외인을 결하여 들고, 왼손은 손바닥을 위로 하여 옷자락을 쥐며 결가부좌한다. 이 본존의 양측에 협시굴이 있는데 각각 의좌불을 표현하고 있다. 이것은 하생한 미륵불의 용화삼회의 설법을 삼존으로써 표현한 것인지도 모른다.[16] 당대에는 3구의 의좌불로 미륵의 삼회설법을 표현하는 것이 일반적이지만 그 선구적 표현으로 본다면 이 대불은 하생의 미륵불이 된다. 5구의 대불 중에서 이 대불이 최대 규모라는 점도 주목된다.

제20굴은 불감이 붕괴되어 노좌露坐대불이 되었으나, 선정인을 결한 좌불(높이 13.5m)로 웅대한 조형을 보이고 있다. 존격은 아미타불로 보는 설도 있으나[17] 분명하지 않다.

원강의 담요5굴의 대불은 북위의 역대 황제와, 아마 각각에 상응하는 존격의 불보살 이미지를 중첩시켜, 신흥 유목민족이 한민족을 포함한 북중국 전체를 지배하는 핵심으로서, 이른바 '세계주'의 위치를 확립하고자 한 것이었을 것이다. 조상숭배와도 결부된 황제숭배를 바탕으로 그것을 보다 보편적인 불교세계관으로 승화시킴으로써, 변두리 지역에 세계의 중심을 두고자 했던 젊고 정력적인 강력함이 대불의 조형에도 표현되어 있다. 5대불 중에서 양 끝의 대불의 존격은 명확하지 않으나, 중앙에 우주론적 석가불, 그 양측에 미륵보살과 미륵불을 조성했던 것으로 추측된다.

중국의 신장위구르자치구新疆維吾爾自治區에 있는 쿠챠는, 이미 서역북도의 중심적 오아시스 국가로서 번영했던 곳으로 불교유적의 수도 많다. 이 쿠챠의 키질석굴이나 심심석굴에도 원래 10m 전후의 소조대불 몇 체가 존재했었음을 대불이 들어 있던 불감을 통해 알 수 있다. 당 이전으로 거슬러 올라가는 것도 있지만 안타깝게도 모두 소멸되었다.

중국의 대불조성은 당대에 가장 융성했으며, 지역적으로는 둔황敦煌에서 하서회랑 연안으로 시안西安, 뤄양洛陽에 이르는 고대 교통로를 따라 점재하는 불교석굴 안에서 발견된다. 당대 대불조성의 선두를 달린 것은 뤄양 교외의 룽먼龍門석굴 봉선사 대불이었다. 암산을 크게 잘라서 뚫고, 중앙에 노사나대불좌상, 그 좌우로 각각 보살·나한·천왕·역사의 입상을 대칭적으로 새겨 넣고 있다. 대불은 높이 17m로, 대좌에 새겨진 '대노사나상감기大盧舍那像龕記'를 통해 대불조성의 사정을 알 수 있다. 고종의 발원을 통해 조영이 시작되어, 함형咸亨3년(672) 무후가 지분전脂粉錢 2만 관을 보내 지원하고, 상원上元2년(675)에 완성했다.[18] 단정한 아름다움을 갖춘 초당조각의 정점에 선 이 대불은 여러 겹의 연잎이 있는 팔각형 대좌에 앉아 있는데, 그 연잎들의 하나하나에 석가불을 부조하고 있다.[19] 이는 노사나불의 연화장세계를 상징하는 것으로, 고종이 그린 이상적인 국가의 지배체제를, 근본불이라 할 수 있는 노사나불이 핵심인 연화장세계에 응축시켜 조성한 것임이 틀림없다.

그러나 이와 같은 노사나불의 대불은 특별히 조성된 경우로, 많이 만들어졌던 것은 아니다. 하서회랑 연안의 석굴에 조성되었던 대불은 모두 마애 암벽을 파내어 그 대략을 조형하고, 두꺼운 소토로써 마무리하고 있는데, 이 대불들에는 미륵불이 압도적으로 많다. 현재 알려져 있는 대불을 서쪽부터 순서대로 들어보자.

둔황 모가오莫高굴은 북량 혹은 북위에서 원에 이르는 시대의 500여 개의 석굴로 이루어지는데, 여기에 북대불과 남대불의 두 대불이 있다.[20] 북대불(제96굴)은 높이 33m의 의좌불로, 『막고굴기莫高窟記』에는 측천(무후)기의 연재延載2년(695)에 선사 영은靈隱이 거사 음조陰祖의 무리와 함께 만들었음이 보인다. 존격은 기재되어 있지 않지만, 수당시대의 의좌불은 미륵이 일반적이었으므로 미륵불일 것이다. 남대불(제130굴)은 높이 26m의 역시 미륵으로 보이는 의좌불(도228)로, 『막고굴기』에는 개원연간(713~741)에 승려 처언處彦이 향인鄕人 마사충馬思忠 무리와 함께 만들었음이 기록되어 있다.

톈티산天梯山석굴(우웨이현無爲縣)은, 북량부터 당까지의 석굴로 전부 13굴이라고 한다. 대불(제13굴)은 만당기의 작으로 추측되는 의좌불로, 높이가 약 26m이다. 미륵불이며, 좌우에 보살·나한·천왕을 배치한 7존형식을 취하고 있다.[21]

병령사석굴(융징현永靖縣)은 십육국시대의 서진 때부터 당에 걸쳐, 원·

명기에 조영된 것으로 알려진 것
도 합하여 총 수184굴의 석굴군이
다.[22] 대불(제171굴)은 높이 27m의
미륵으로 보이는 의좌불로, 원래 중
층 누각 건축이 그곳에 세워져 있었
다. 송의 이원李遠이 편찬한『청당록
靑塘錄』에, 당 정원貞元19년(803)에
"양주涼州의 관찰사 박승조薄承祧,
영엄사靈嚴寺 대각을 짓다. 산을 따
라 일곱 겹으로, 그 안의 산석에 새
겨 불상을 만든다"라는 부분에 해
당되는 것으로 여겨지고 있다.

도228. 둔황 모가오굴 제130굴. 의좌대불. 높이
26m. 8세기 전반[헤이본샤平凡社에 의함]

　　마이지산麥積山석굴(톈슈현天
水縣)은 북위에서 명에 이르는 총 194개의 굴로 이루어져 있는데, 절벽의 동서
방향으로 1구씩 대불이 조출彫出되어 있다.[23] 동쪽 절벽의 대불(제13굴)은 높
이 15m의 의좌 미륵불로, 좌우로 협시보살을 취한다. 수대의 작으로 생각된
다. 서쪽 절벽의 대불(제98굴)은 높이 14m의 입불로, 양협시보살을 취한다.
후대 중수된 것이 두드러지지만 북위의 작으로 여겨지고 있다.

　　이상으로 간쑤성甘肅省의 예를 살펴보았는데, 이 밖에 란저우蘭州에서
시안에 이르는 루트를 따라, 닝샤후이족자치구寧夏回族自治區의 고원에 가까
운 수미산석굴[24]대불(도229), 산시성陝西省 빈현邠縣의 대불사석굴[25] 등이 알려
져, 전자에는 만당기 작으로 보이는 높이 21.5m의 미륵의좌불, 후자에는 당
대 작으로 높이 25m인 좌불(존격 불명)이 있다고 보고되어 있다.

　　마지막으로, 이제까지의 모든 예들과 지역적으로는 어긋나지만, 아마
도 불교세계 최대의 대불은 쓰촨성四川省 러산樂山의 능운사 대불이다(도230).[26]
민강과 청의강, 대도하의 합류점에 있으며 능운산의 절벽에 조각된 높이
71m라 하는 미륵의 의좌대불로, 발쪽에 새겨진 '가주능운사대불상기비嘉州

凌雲寺大佛像記碑'에
따르면, 당 현종의
개원 초년(713) 해통
선사海通禪師의 발원
에 의해 착수되어
도중에 몇 번의 정
체를 겪은 후, 정원
19년(803)에 절도사
위고韋皐의 원조를
받아 완성되었다고

도229. 수미산석굴 제171굴. 높이 21.5m, 만당기[나카가와라 이
쿠코中川原育子 촬영]

한다. 완성까지 90년의 세월
이 소요된 것이다.

　이상과 같이 당대에 대
불의 조성이 유행했는데, 그
대부분은 둔황에서 시안에
이르는 고대 교통로를 따르
는 지점에 개착되었던 석굴
사원의 중심으로서 만들어지
고 있다. 그중에서 마이지산
석굴의 2대불은 북위 혹은 수
대에 조성되었으며 크기도
다른 것에 비해 작다. 그 밖에
는 모두 당대의 작으로, 모두
20m 이상의 대불상이다. 이

도230. 러산樂山 능운사 의좌대불. 높이 71m, 713~
803년[나카가와라 이쿠코 촬영]

들 대불은 모두 각각의 석굴사원의 중심적 심벌로서 중요한 위치를 점하고 있
었음이 틀림없다. 하지만 이 대불들은 둔황 모가오굴 남북의 2대불, 톈티산 대
불, 병령사 대불, 수미산석굴 대불, 러산 능운사 대불 등, 대불사의 대불을 제외

하고는 모두 두 발을 땅에 딛는 병각立脚의 불의좌상으로, 하생의 미륵불을 표현하고 있다. 이것은 둔황벽화의 당대 미륵정토도에 있어서도, 하생한 미륵이 모두 병각의 의좌상으로 표현되어 있다는 것을 통해서도 알 수 있다.

이상으로 인도 주변지역과 중국의 대불에 대해서 개략적으로 살펴보았다. 대불은 역사적·사회적으로 다양한 요인을 가지며, 각각 개개의 사정에 의해 만들어진 것임은 틀림없지만, 불교신앙이 그 전제가 되고 있음은 논할 필요도 없다. 불교신앙의 양상이 모든 요인과 결부됨으로써 대불조성을 가능하게 했다고 할 수 있을 것이다. 그렇다면 대불에 대한 불교신앙의 양상이란 어떤 것일까. 전술한 바와 같이, 대불에는 최초기인 다렐의 대불부터 만당기에 이르기까지 압도적으로 미륵이 많다.[27] 대불은 미륵신앙의 한 양상 속에서 발생해 온 것으로 추측되며, 미륵과 대불에는 깊은 관련성—그것도 역사적으로 형성된 것이지만—이 있다. 이 문제를 불교경전 속에서 찾아보자.

2. 미륵경전과 미륵의 신장

미륵[28]에 관한 가장 간단한 설화는, 『숫다니파타』나 『현우경』(「바라리품」)에서 볼 수 있는데, 미륵설화와 관련된 것은 『중아함경』 권13 「설본경」과 그 이역 『고래세시경古來世時經』, 『장아함경』 제6 「전륜성왕수행경」, Dīgha Nikāya(26, Cakkavatti sīhanāda-suttanta), Divyāvadāna(Maitreyāvādana) 등이 있다. 그리고 미륵에 관한 단독 경전, 이른바 미륵경으로는 6부의 경전을 들 수 있다. 즉, 실 역 『미륵내시경』(T.14, No. 457), 축법호 역 『미륵하생경』(T.14, No. 453), 구마라집 역 『미륵하생성불경』(T.14, No. 454), 동 역 『미륵대성불경』(T.14, No. 456), 의정 역 『미륵하생성불경』(T.14, No. 455), 저거경성 역 『관미륵보살상생도솔천경』(T.14, No. 452)이다. 이 중 『미륵하생성불경』(T.14, No. 455)에 상응하는 범본 Maitreya-vyākaraṇa도 알려져 있다. 미륵경전 중에서 『관미륵보살상생도솔천경』(상생경)만은 도솔천상의 미륵보살의 모습을 상술한 것으로, 다른 경전과 내용을 달리한다. 그 이외의 미륵경전(하생경)은 각각의 다름은 있으나 그 골자는 공통되며 다음과 같다.

먼 미래에 이상적이고 아름다운 도성 케투마티趣頭末가 있는데, 그 나라에 샹카穰法라고 하는 전륜성왕이 출현하여 4군으로써 무력을 쓰지 않고 전 세계를 평정하게 될 것이다. 전륜성왕은 칠보를 지니며 천 명의 아들을 갖게 된다. 그때 케투마티의 바라문 부부에게서 미륵이 태어날 것이다. 미륵은 출가하여 용화수 아래에서 문득 깨달음을 얻어 붓다가 될 것이다. 샹카왕과 그 권속들도 미륵불 밑에서 출가한다. 미륵불은 왕과 그 권속들을 거느리고 케투마티의 도성에 입성하여 자리에 앉아 법륜을 전할 것이다. 미륵불은 석가불을 찬하며, 삼회에 걸쳐 설법하고, 석가의 설법에 빠졌던 많은 사람을 해탈로 인도할 것이다.

이상과 같이 미륵하생경의 취지는, 먼 미래에 미륵이 출현하여 석가의 가르침에서 누락되었던 많은 사람을 구제한다는 것인데, 미륵의 출현에는 케투마티의 아름다운 도성에 샹카 전륜성왕이 출현한다는 것이 전제되고 있다. 전륜성왕이 출세함과 동시에 미륵이 붓다가 된다고 하는 것이 미륵하생신앙의 골자로, 미래의 구세주인 미륵의 신앙은 전륜성왕의 신격과 깊은 관련을 맺고 있음을 알 수 있다. 사실 미륵은 바라문 가문에서 태어나 출가하는데, 미륵이 발심했던 것은 훨씬 이전인, 전생에서 미륵 자신이 전륜성왕이었던 때라고 되어 있다(『현우경』, Divyāvadāna, Mahāvastu, 『불본행집경』, 『성미륵빌취경』 등)[29]는 점을 통해서도, 미륵과 전륜성왕의 깊은 관련성을 이해할 수 있을 것이다. 미륵은 단순히 미래의 붓다라는 것에 그치지 않고, 전륜성왕이라고 하는 이상적인 왕권과 결부되어 성속양계의 이상세계를 실현하는 유토피아의 상징으로서 신앙되기도 한다. 인도의 전통적인 불교세계에서는, 세속세계·왕권을 떠나야만 승단僧團으로서 불교의 성세계가 성립하는데, 미륵신앙에서는 왕권과 결부된 차원에서야말로 이상세계가 달성된다고 하는 결론에 도달한다.

미륵의 대불조성은 이러한 황제숭배를 배경으로 하여 황제의 권력과 경제력에 의해 이루어진 경우도 있겠지만, 미륵을 대불로서 조성하는 것에는 불교사상사에 있어 보다 깊은 의미가 내포되어 있다. 그것은 미래세계에서의 미륵의 출현 문제와 관련되어 있다.

　미륵은 어떠한 미래에 출현하게 될 것인가. 경전들을 살펴보면, 우선 미륵설화를 전하는『설본경說本經』(T.01, No. 26, p. 509c)과 그 이역『고래세시경』(T.01, No. 44, p. 830a)에는, '人壽八萬歲'의 때에 염부주는 크게 부락하게 되어, 전륜성왕과 미륵이 출현한다고 설한다.「전륜성왕수행경轉輪聖王修行經」(T.01, No. 01, pp. 40-42)은 세계의 번영 및 쇠퇴와 인간의 수명과의 상관관계를 상술한다. 즉, 일찍이 전륜성왕이 출현했을 때 세계는 번영을 이루었지만, 점차 세상이 악해지며, 인간의 수명은 사만 세, 이만 세, 만 세, 천 세, 오백 세, 삼백 세, 이백 세가 되어 지금은 백 세이다. 인간의 수명은 더욱 줄어들어 마침내는 십세가 되어 극악의 세상이 되지만, 이윽고 이십 세, 사십 세, 팔십 세로 회복하고, 나아가 백육십 세, 삼백이십 세, 육백사십 세, 이천 세, 오천 세, 만 세, 이만 세, 사만 세, 팔만 세가 되며, 그때 미륵이 출세한다고 설한다.

　세계의 번영과 타락이 큰 주기로써 반복되며, 그와 동반하여 인간의 수명이 변화한다고 하는 사고는, 인도의 네 유가(크리타, 토레타, 두바파라, 카리)의 교의를 상기시키는데,[30] 힌두교에서는 주기의 반복이 강조되는 것에 반해, 불교에서는 과거 · 현재 · 미래의 삼세三世라는 의식이 강하다. 과거에 인간의 수명은 길었으며 석가의 시대에 백 세가 되었다고 하는 전승은, 과거칠불을 설하는 경전에서 보인다.『칠불부모성자경七佛父母姓字經』(T.01, No. 04, p. 150c),『장아함경』1「대본경大本經」(T.01, No. 01, p. 2a), Dīgha Nikāya (14, Mahāpadāna-suttanta),『불설칠불경佛說七佛經』(T.01, No.150, p. 2bc) 등에서는, 비파시毘婆尸, Vipassī불의 시대에 팔만 세, 시기尸棄, Sikhī불의 시대에 칠만 세, 비사파毘舍婆, Vessabhū불의 시대에 육만 세, 구류손拘留孫, Kakusanda불의 시대에 사만 세, 구나함拘那含, Konāgamana불의 시대에 삼만 세, 가섭迦葉, Kassapa불의 시대에 이만 세, 석가불의 시대에 백 세가 된다. 최초의 과거불인 비파시불의 시대에 팔만 세였다고 하는 것이 주목되어, 미래의 미륵이 출세하는 때에 최초의 지복至福의 수명이 회복된다는 것을 암시하고 있다.

미륵경 제본에서는 모두 사람의 수명이 팔만 사천 세일 때 전륜성왕과 미륵의 출현이 있다고 말하고 있어, 불교에서 막대한 수를 가리키는 상투구인 팔만사천으로 바뀌고 있다. 「대본경」에서는 과거칠불 중 맨 처음인 비파시불의 시대에, 본문에서는 '人壽八萬歲'라고 하면서도 게偈에서는 '壽八萬四千'이라 되어 있다. 또한 의정 역『미륵하생성불경』(T.14, No. 455, p. 426b)에는 '壽八萬歲'라 하고 있어, 미륵설화의 설도 계승되고 있다.

이처럼 미륵은 인수人壽 팔만 세 혹은 팔만 사천 세의 때에 출현하여 유토피아적 세계가 실현되는데, 더욱 흥미로운 것은『미륵내시경』,『미륵하생성불경』,『미륵대성불경』의 세 경전에 기록된 그때의 사람들과 미륵불의 신장이다. 이 중에서 동진 시대의 실역본인『미륵내시경』(T.14, No. 457, pp. 434-435)은 내용도 간략하며 가장 오래된 역본으로 여겨지고 있다. 이 경에서는 "人民은 모두 壽八萬四千歲"라고 하며, 계두말성鷄頭末城에서 승라국왕僧羅國王이 다스리고 미륵이 출세하는데, 그때 미륵은 '三十二相八十種好'를 갖추고, '身長十六丈'이라고 되어 있다. 여기서는 미륵의 신장을 16장이라고 명시하고 있는데, 이는 인간 수명의 단장短長과 붓다의 신장이 호응하고 있음을 시사한다. 전술한 미륵설화나 과거칠불을 다룬 경전들에서는 과거와 미래의 인간 수명의 변화에 대해서는 언급하면서도, 인간이나 붓다의 신장의 변화를 언급하는 부분은 없다. 아마도 본래 인도의 전통에서는 시간과 수명의 주기적 변화에 대한 인식은 있었지만, 신장이라고 하는 시각적인 변화에 대해서는 그다지 관심을 갖지 않았던 것 같다.[31] 붓다의 신장에 대한 관심은 다른 출처를 생각하게 한다.

여기서 상기되는 것은 불타발타라佛陀跋陀羅 역『관불삼매해경』「염칠불품」(T.15, No. 643, p. 693)이다. 거기서는 과거칠불의 관법觀法을 설명하고 있는데, 인간 수명의 길이는 서술하지 않고 붓다의 신장이 명시된다. 즉, "毘婆尸佛六十由旬, 尸棄佛四十二由旬, 毘舍佛三十二由旬, 拘留孫佛二十五由旬, 拘那含佛二十由旬, 迦葉佛十六丈, 釋迦佛丈六"이라 하며, 마지막으로 "彌勒世尊의

身長十六丈"이라고 기록되어 있다. 비파시불에서 구나함불까지의 5불은 단위가 유순yojana으로 공상적이지만, 가섭·석가·미륵의 3불은 각각 16장·장 6·16장이라 하고 있어, 풍락한 과거·탁세의 현재·다시 풍락의 미래라고 하는 삼세계의 모습과 호응하고 있다. 석가불의 신장이 장6(1장6척)이라는 것은, 인도에서는 '4'가 완전을 의미하는 수로 그 제곱인 16을 특별하게 여기는 것에서 유래한다고 한다.**32** 과거의 가섭불과 미래의 미륵은 그 열 배인 16 장이 되었던 것이다. 『미륵내시경』에서 말하는 것과 같은 미륵의 신장이다.

미륵이 출현하는 이상적 세계에, 사람들의 신장이 커진다는 내용을 서술하는 경전도 있다. 유송대의 실역『법멸진경法滅盡經』(T.12, No. 396, p. 1119b)은 불열반에 임하여, 불멸 후의 유법이 멸할 때의 상황을 서술하는데, 마지막으로 '數千萬歲' 이후에 미륵이 내려와 천하가 태평해지며, 오곡이 무성하고, '人長八丈'이 되어, '모두 壽八萬四千歲'가 된다고 기록되고 있다. 또한『현우경』에도, 미륵출세의 때에 '人民의 壽八萬四千歲, 身長八丈'(T.04, No. 202, p. 435c) 이라고 한다. 여기서는 미륵 자신의 신장은 언급되지 않는다.

구마라집 역『미륵대성불경』은 동역『미륵하생성불경』과 아울러 가장 완비된 미륵경이다. 특히『미륵대성불경』(T.14, No. 456, pp. 429-430)은, 우선 미래세에서의 낙원적 세계를 묘사하고, 그때 사람들은 "수명을 충분히 갖추어 팔만 사천 세까지 살며, 도중에 요절하는 일이 없느니라. 사람들은 모두 키가 16장丈"*이라고 한다. 인간의 수명이 팔만 사천 세이며, 그때의 신장이 16장이라 하고 있어, 『미륵내시경』과『관불삼매해경』등에서 미륵 자신의 신장을 16장이라고 하는 것과는 달리, 보다 과장되어 있다. 그리고 시두말성의 번영, 양거전륜성왕과 미륵의 출세가 서술되어, 미륵의 "몸은 자금색으로 32대장부의 상을 갖춘다", "신비롭게도 모공에서 광명이 비추는데, 조휘

---

* 불교기록문화유산 아카이브(https://kabc.dongguk.edu/) 우리말 번역문 인용. 壽命具足 八萬四千歲, 無有中夭, 人身悉長一十六丈『불설미륵대성불경』1권(ABC, K0195 v11, p. 199c21-c23)

무량하여 가로막는 것이 없어, 해와 달, 별, 물, 불, 보배의 빛은 모두 드러나지도 않아 티끌과 같다"라고 미륵의 광명 넘치는 신체를 형용하고, 이어서 "몸은 석가모니불보다 큰 80주[村], 32장이다. 어깨의 넓이는 25주, 10장이다. 얼굴의 길이는 12주 반, (즉) 5장이다"라고 기록하고 있다.

『미륵대성불경』은 미륵출세의 때에 사람들의 신장을 16장이라고 하며, 미륵 자신의 신장은 그 두 배인 32장이라고 한다. 석가의 신장은 기록하지 않았지만, '석가보다 큰'이라고 비교하고 있는 점은 『관불삼매해경』을 전제한 것이라고 할 수 있을 것이다. 아마도 『미륵내시경』이나 『관불삼매해경』에서 말하는, 석가장육의 열배인 '미륵십육장'이라고 하는 것이, 미륵의 신장에 대한 초기 이미지였을 것이다. 『법멸진경』이나 『현우경』이 사람들의 신장을 8장이라고 기록하는 것은, 미륵의 신장을 그 두 배인 16장으로 보고 있었음을 암시한다. 『미륵대성불경』은 사람들의 신장을 16장으로 하기 위해서, 미륵의 그것을 그 두 배로 했을 것이다.

구마라집의 또 하나의 역서인 『미륵하생성불경』(T.14, No. 456, pp. 423-424)은, 경전의 내용 자체는 『미륵대성불경』보다 간략하며 미래세에서 인간의 수명은 팔만 사천 세라는 상투구를 썼지만 사람의 신장에 대한 언급은 없다. 미륵의 "몸은 자금색으로 32상이 있으며", "광명조휘하여 장애되는 곳이 없으며, 해, 달, 불, 보배가 모두 다시 드러나지 않는다"라 하여, 『미륵대성불경』과 거의 동일하게 광명으로 빛나는 미륵의 신체에 대해 묘사하고 있지만, 미륵의 '신장은 천 척, 가슴의 넓이는 30장, 얼굴의 길이는 12장 4척'으로 기록되어 있다. 『미륵하생성불경』에서 기록하는 미륵의 크기에 거의 3배 정도인데, '신장천척'은 '크다'는 것의 대명사로서일 뿐 아니라, 미륵에는 천 명의 제자가 있고, 전륜성왕에게는 천 명의 아들이 있었다고 하는 것처럼 미륵신앙과 천은 관계가 깊다는 점에서 천 척이 쓰였을 것이다. 미륵의 신장에 관해 '미륵천척'은 미륵경 제본 중에서 가장 과장되어 있다.

이에 덧붙여, 미륵경 중에서 가장 늦게 한역된 의정 역 『미륵하생성불경』(T.14, No. 455, p. 427a)은, "미륵의 신장 80주, 어깨 넓이 20주, 만월과도 같은 둥근 얼굴의 폭(따라서 얼굴의 길이도 같다)은 어깨 넓이의 반(10주)"으로 되어 있다. 의정 역본과 대응하는 범본 Maitreya-vyākaraṇa도 같은 촌법을 싣고 있는데, '주村'의 원어는 hasta(종아리의 길이)라 하고 있다.[33] 이 미륵의 신장·견폭·얼굴 길이의 촌법은 거의 구마라집 역의『미륵대성불경』의 내용에 가까우며 신장에 관해서도 마찬가지이다.『미륵대성불경』에서 말하는 것이 보다 전통적이며 구마라집 역의『미륵하생성불경』에서 말하는 미륵의 신장은 보다 공상적으로 되어 있다고 할 수 있다.

이상으로 미륵설화나 미륵경에서 말하는 이상적인 미래세에서의 사람들의 수명과 신장, 그리고 미륵의 신장에 관해서 경전에 기재된 내용을 고찰해 보았다. 미래의 유토피아를 나타내는 표현 중 하나로, 그때의 인간의 수명을 '팔만 세'로 기록하는 방식은 옛날부터 있었다. 과거칠불을 설명하는 경전에 따르면, 최초의 과거불 시대에 인간 수명은 '팔만 세'였는데, 점차 단축되어 석가불의 시대에는 백 세가 되었다. 미륵의 출세는 과거의 번영과 부활을 암시한다고 할 수 있는데, 불타발타라 역의『관불삼매해경』에서는 과거불과 미륵의 신장의 장단에 의해 세계의 풍요롭고 즐거운 정도를 보여준다. 즉, 과거의 가섭불은 16장이었는데 석가불은 장6이 되며, 미륵불은 다시 16장이 된다. 이러한 관념이 미륵을 대불로 조성하는 최초의 발상이었으리라고 생각한다. 동진대 실역본인『미륵내시경』도 미륵의 신장은 16장으로 명시하고 있다. 이에 반해 구마라집 역『미륵대성불경』에서는 미륵의 신장이 석가의 신장보다 길어 16장의 배가되는 32장이라 하며, 또한 동 역의『미륵하생성불경』에서는 천 척이라 하는 데에 이르렀다.

3. 다렐의 미륵대불

대불 조성의 가장 빠른 예는, 아마도 5세기 초두에 법현이 다림분지에서 카라코룸 서맥을 넘어, 인도 세계에 들어서면 가장 첫 입구에 위치한 타력

陀歷에서 보았던 목조 미륵상일 것이다(『법현전』). 타력은 현재의 다렐로 판단되며,[34] 파밀과 카라코룸의 지맥을 등지고 아래로 인더스강을 내려다보는 협곡에 있다. 다렐의 미륵대불은 현존하지 않지만,『법현전』과 현장의『대당서역기』이외에,『명승전초名僧傳抄』에서 인용한 양보창梁寶唱이 지은「명승전」의 보운寶雲과 법성法盛의 전에서도 보인다. 이 미륵대불은 초기 미륵대불에 관한 문제를 생각하는 데 있어 중요하다. 행력승의 견문을 단서로 하여, 앞 장에서 검토했던 미륵의 신장을 기록한 경전의 역경과의 관계를 생각해 봄으로써, 다렐의 미륵대불이 어떻게 조성되었는지를 고찰하고자 한다.

우선, 법현은 타력의 조에서 미륵대불을 다음과 같이 기록한다. "이 나라에는 옛날 한 나한이 있었는데 신통력으로 아주 솜씨 좋은 조각가를 도솔천에 올려 보내 미륵보살의 키와 형색과 모습 등을 관찰하게 하고, 아래로 내려온 다음에 나무로 미륵보살상을 조각하게 하였다. 그리하여 전후 세 차례에 걸쳐 도솔천에 올라가 관찰한 연후에 그 보살상이 완성되었는데 높이가 8장이요, 결가부좌한 다리가 8척이나 되었다. 재일齋日이면 항상 광명을 나투곤 하여 여러 나라 왕들이 다투어 공양을 올렸는데 오늘날에도 보존되어 있어 여기서는 볼 수가 있다"[*](T.51, No. 2085, p. 858a).

『법현전』에 의하면, 법현 일행은 홍시원년(399)에 장안을 출발하여, 도중에 장액長掖에서 지엄智嚴, 혜간慧簡, 승소僧紹, 보운寶雲, 승경僧景의 일행들과 만나, 오이국烏夷國에서 지엄, 혜간과 헤어지고, 승소僧詔(僧紹와 동일 인물로 보인다)도 우전국于闐國 Khotan에서 개별 행동을 하고 있었기 때문에 법현은 아마도 보운, 승경과 함께 우전국에서 갈차국竭叉國 Tashkurghan으로 가서, 그곳에서 파밀, 카라코룸 서맥을 넘어 타력Darel으로 나와 오장Uddyāna에 이르렀

---

* 불교기록문화유산 아카이브(https://kabc.dongguk.edu/) 우리말 번역문 인용. 其國昔有羅漢, 以神足力, 將一巧匠, 上兜率天, 觀彌勒菩薩長短色貌, 還下刻木作像. 前後三上觀, 然後乃成像. 長八丈, 足趺八尺, 齋日常有光明. 諸國王競興供養. 今故現在.『고승법현전』1권(ABC, K1073 v32, p.751a09-a14)

을 것이다. 보운은 법현의 무리들과 함께 타력의 미륵상을 참배했음에 틀림 없다. 『명승전초』에서 인용한 「명승전」 26 보운의 조에는 다음과 같은 내용 이 있다. "타력국에서 금박의 미륵성불상을 보다. 정고整高는 8장으로 구름 이 불상보다 낮다. 정성을 드리고 참배를 올려 50일(되던 날) 밤에 신광이 빛 나고 환하기가 여명과 같아짐을 보다. (이를) 보는 사람들이 길에 가득하다." (대일본속장경大日本續藏經, 제7장 제1책, p. 13)

마찬가지로 「명승전」 26 법성의 전에도 이 미륵대상의 기록이 있다. 법 성의 행력은 명확하지 않으나, 19세 때 천축天竺에서 돌아온 지맹智猛을 만나 그 이야기를 듣고 천축으로 향했음이 보인다. 지맹의 귀환(424년에서 437년 사 이)으로 보아(『고승전』 T.50, No. 2059, p. 343c), 법성이 천축으로 간 것은 5세기 제 2사반기의 일일 것이다. 법성의 전에는 다렐의 미륵상을 다음과 같이 기록 하고 있다. "우장국憂長國의 동북(에서), 우두전단牛頭栴檀의 미륵상을 보다. 신 고는 8심尋, 1심은 이 나라의 1장丈이다. 불멸도 이후 480년 무렵에 나한이 있 었는데 그 이름은 가리난타可利難陀라 한다. 인간을 구제하기 위해 도솔천으 로 올라가 부처의 참모습을 본떠 이 상에 새겼다. 항상 광명을 발하고, 사중四 衆들은 기악伎樂하며, 사시사철 즐거움이 꽃피운다. 먼 곳의 사람들도 모두 모여들어, 상을 향해 잘못을 참회하고, 극복하지 못함이 없기를 발원하다" (대일본속장경, 제7장 제1책, p. 13).

법현, 보운, 법성의 견문은 5세기 초두에서 중경에 걸친 것으로, 그 전승 도 기본적으로는 일치하지만 세부적으로는 다른 곳도 있다. 그로부터 약 이 백 년 후, 현장의 『대당서역기』에 기록이 있다. 이번에는 서쪽에서 건타라국 健馱邏國으로 들어가 북상하여 오장나국烏丈那國으로 가서 다음으로 달려라達 麗羅, Darel와 봉로리鋒露羅, Balora국에 대해 기록하고, 오탁가한다성烏鐸迦漢茶城 으로 돌아와 인더스강을 건너 저차시라呾叉始羅, Taxila국으로 가고 있다. 기원 629년의 일이다. 현장의 기록은 다음과 같다. "달려라천의 큰 가람 옆에는 나 무로 새긴 자씨보살상이 있다. 이 보살상은 금색이 눈부시게 찬란하며, 신령 스러운 감응이 은밀하게 통하는데 그 높이는 백여 척에 달한다. 말전저가末

田底迦 아라한이 만든 것이다. 아라한이 신통력으로 장인匠人을 데리고 도사 다천覩史多天에 올라가 미묘한 모습을 직접 보여 주었으며, 그 이후에도 세 번 이나 거듭 보여 준 다음에 일을 마쳤다고 한다”*(T.51, No. 2087, p. 884b).

현장은 그 여정과 기술의 방식, 법현의 전승을 요약한 듯한 글의 내용 등으로 미루어 다렐의 미륵대불을 직접 보지는 않았을 가능성도 있다.[35] 법현, 보운, 법성, 현장의 전승을 비교하면서, 다렐의 미륵상─모두 미륵상이라는 것은 일치함─이 어떠한 것이었는지를 검토해 보자.

우선 재질과 크기를 보면, 법현은 '나무를 깎은' 상으로 '길이는 8장, 족부는 8척', 보운은 '금박'의 상으로 '정고는 8장', 법성은 '우두전단'으로 만든 상으로 '신고는 8심, 1심은 그 나라의 1장이다'라고 전하고 있다. 이 전승들로 미루어 생각한다면, 우두전단은 의문스러우나 금박을 입힌 목조상이며, 상고는 8장으로 볼 수 있다. 법현이 말하는 '足跌八尺'은 대좌의 높이일 것이다. 현장은 '나무를 깎은' 상으로 '높이 백여 척'이라 기술하여, 다른 상고를 제시하고 있다. 이 미륵상이 입상인지 좌상인지는 아무런 전하는 바가 없으나, 아무튼 대불이라고 부를 만한 거상이었음은 틀림없다. 상고는 법현, 보운, 법성이 전하는 파가 일치하여 8장 정도였을 것이다. 미륵의 신장을 기록한 초기 경전에서 말하는 16장의 정확히 반이다. 이 같은 산속 깊은 곳에 실제로 16장의 미륵상을 만들기가 곤란하여 절반 크기로 했었는지도 모른다. 여하튼 이러한 미륵의 대불은 『미륵내시경』, 『미륵하생성불경』, 『미륵대성불경』에서 선하는 미륵이 하생하는 모습을 표현한 것임에 틀림없다. 보운전의 '彌勒成佛像'이라는 내용도 하생의 미륵불임을 말해주고 있어, 아마 불형의 미륵상이었을 것이다.

---

* 불교기록문화유산 아카이브(https://kabc.dongguk.edu/) 우리말 번역문 인용. 達麗川中大伽藍側, 有刻木慈氏菩薩像, 金色晃昱, 靈鑑潛通, 高百餘尺, 末田底迦舊曰末田地, 訛略也阿羅漢之所造也. 羅漢以神通力, 攜引匠人升睹史多天舊曰兜率他也, 又曰兜術他, 訛也親觀妙相, 三返之後, 功乃畢焉. 『대당서역기』 3권(ABC, K1065 v32, p. 391b12-b17)

나한이 신통력으로써 도솔천에 올라 미륵의 용모를 보고 본떴다고 하는 전설은, 신통력을 가진 나한의 미륵신앙을 말해줌과 동시에, 먼 장래에 출현한다고 하는 미륵에 대한 진정성을 보증하는 것이기도 하다. 유가행파의 근본경전인 yogācārabhūmi(『유가사지론瑜伽師地論』)은 미륵보살이 저술한 것으로 알려지며, 또한 종종 선관禪觀경전에서 미륵신앙을 언급하고 있어, 선정자와 미륵신앙의 특별한 관련성을 시사한다. 선정에 의해 신통력을 얻은 나한이 실제로 미륵을 보고 그를 바탕으로 상을 만들었다고 함으로써, 진정한 미륵하생상임을 의도하였을 것이다.

한편, 미륵대불의 신장을 기록한 경전의 역경자를 살펴보면 다렐의 미륵대불에 관한 견문을 기록한 행력승과 시대적으로 겹칠뿐더러, 서로 밀접한 관계를 갖고 있었음을 알 수 있다. '彌勒十六丈'이라고 하는 설을 아마도 최초로 제시했던 『관불삼매해경』은, 불타발타라Buddhabhadra(이하에서 바드라로 줄인다)에 의해 번역된 이른바 관경류의 하나로, 서북인도에서 성립(편찬은 중국)되었음이 유력시되고 있다.[36] 『고승전』 권2(T.50, No. 2059, pp. 334-335) 및 『출삼장기집出三藏記集』 권14(T.55, No. 2145, pp. 103-104)에 의하면, 바드라는 승가달다僧伽達多, Saṃghadatta와 함께 계빈罽賓에서 불대선佛大先, Buddhasena에게 배우고, 젊어서부터 선禪과 율律로써 이름을 날렸다. 이 계빈이 간다라라는 것은 쿠와야마 쇼신 교수에 의해 밝혀진 바이다.[37] 마침 그때 법현보다 조금 늦게 가다라에 와서 동문이 된 지엄의 요청으로 바드라는 지엄과 함께 파밀을 넘게 된다. 아마도 그때 그는 직접 다렐의 미륵대불을 보았을 것이다. 지엄은 항상 바드라를 따르며 장안의 대사大寺에 머문다. 5세기 초의 일이다.

바드라는 선법에 뛰어난데, 미륵신앙에 얽힌 흥미로운 이야기도 있다. 즉, 동학의 승가달다가 밀실에서 문을 닫고 좌선하고 있었을 때, 바드라가 갑자기 나타난 것을 보고는 깜짝 놀라 어디서 온 것인지를 묻자, 바드라는 "잠시 도솔에 가서 미륵에게 공경을 올렸다"라고 답하고는, 말을 마치자 홀연히 사라지고 말았다고 한다(『고승전』 T.50, No. 2059, p. 334c). 이 이야기는 다렐의 미륵이 나한의 신통력으로 도솔천에 올라 그 모습을 옮겨 그려서 완성했다고 하는 전승을 상기시킨다.

그런데 구마라집Kumārajīva이 장안에 있다는 것을 듣고는 바드라가 만나러 가자, "구마라집은 크게 기뻐하며 함께 불법을 논하면서 심오하고 미묘한 이치를 계발하여, 깨달아 터득한 것이 많았다. (중략) 구마라집은 항상 의심스러운 뜻이 있으면, 반드시 (각현에게) 물어서 결정하였다"(『고승전』T.50, No. 2059, p. 335a).* 구마라집은 홍시3년(401)에 장안으로 향하며, 홍시11년(409)에 입적할 때까지 35부 294권에 달하는 역경을 완성해 내는데, 바드라와 만났던 즈음에는 그 작업이 한창일 때였다. 『미륵하생성불경』 및 『미륵대성불경』도 그중에 포함되어 있다. 과연 미륵의 신장에 대해 바드라와 구마라집 사이에 의논이 있었는지의 여부에 대해서는 알 수 없으나, 미륵대불에 대한 관념은 이 두 사람에 의해 경전상으로 확립되었다고 해도 좋다. 덧붙여, 다이쇼신수대장경大正新脩大藏經 중에 축법호가 번역했다고 하는 『미륵하생경』은 『중일아함경』 권44와 같은 내용으로 이에 의거한 것임이 지적되고 있으며,[38] 이 경전에는 미륵의 신장에 대해 기재된 바가 없다. 『중일아함경』은 도거륵兜佉勒 출신의 담마난제曇摩難提가 번역한 것을, 계빈 출신으로 부수符堅의 건원(365~ 384년) 시기에 장안에 도착한 승가제파僧伽提婆, Samghadeva가 개정한 것이다.

라집은 인도인 아버지와 쿠챠국왕의 누이인 어머니 사이에서 쿠챠에서 태어나(쓰카모토 젠류塚本善隆 교수에 의하면[39] 350년) 7세에 출가하고, 9세에 어머니를 따라 '신두辛頭(인더스)강을 건너 계빈에 도착하여', 계빈왕의 사촌동생인 반두달디槃頭達多를 스승으로 섬기게 된다(『고승전』T.50, No. 2059, pp. 330-333). 라집은 스승으로부터 신준神俊이라 칭해지며, 그 명성은 왕에게도 들리게 된다. 12세가 되자 라집은 어머니와 함께 돌아와, 계빈에서 월씨月氏의 북산을 넘어, 사륵沙勒, Kashgar국에 일 년간 머무른 뒤 쿠챠로 귀환한다. 라

* 불교기록문화유산 아카이브(https://kabc.dongguk.edu/) 우리말 번역문 인용. 什大欣悅, 共論法相, 振發玄微, 多所悟益. (중략) 什每有疑義, 必共諮決. 『고승전』2권(ABC, K1074 v32, p. 782a-a15)

집은 '인더스강을 건너' 계빈, 즉 간다라로 가고 있었기 때문에, 파밀을 넘어 가는 루트를 택했던 것으로 추측되고 있다. 이때(360년 전후) 이미 다렐의 미륵대불이 있었는가의 여부는 알 수 없다. 그 후 건원20년(384) 쿠챠를 정복한 부수符堅의 장군인 여광呂光의 감시하에 양주에서 긴 세월을 보냈는데, 홍시3년(401) 후진後秦의 요흥姚興이 후량을 토벌하고 라집을 장안으로 모셔왔다. 라집과 바드라는 간다라에서 배우고 함께 파밀을 넘어, 라집이 입적하는 409년 이전인 5세기 초에 장안에서 만났던 것이다. 라집도 선관禪觀에 깊은 관심을 갖고 있어 『좌선삼매경』, 『선비요법경』 등을 번역하였다.

바드라는 장안에서 법현과 함께 다렐의 미륵대불을 참배한 보운과도 만나고 있었다. 보운은 "선사인 불타발타(바드라)를 따라 선을 업으로 삼아 도에 정진했다"(『고승전』 T.50, No. 2059, p. 339c). 두 사람이 은밀히 관계를 맺고 있었음은 『무량수경』이 바드라와 보운에 의해 공역된 것임을 통해 엿볼 수 있다.

그러나 바드라는 라집의 문하에서 구설에 휘말리게 되어 장안에서 쫓겨나 지엄과도 헤어지게 된다. 지엄은 여러 해 동안 선관을 해도 스스로 납득이 되지 않아, 이후에 다시 천축으로 건너 가 나한비구와 만난다. 나한은 지엄을 위해 입정入定하여 도솔궁에 올라 미륵에게 여쭈자, 미륵은 지엄이 계를 얻었음을 일러주었다고 한다(T.50, No. 2059, p. 339). 지엄은 간다라에서 78세에 입적하게 된다.

장안을 떠난 바드라는 여산廬山으로 가서 혜원의 섬김을 받으며 선경禪經을 번역한다. 그 후 의희義熙8년(411)에 강릉江陵으로 갔다가, 송 무제 대위大尉의 요청에 의해 건강建康으로 나와 도량사道場寺에 머문다. 그곳에서 바드라는 법현과 만나게 된다. 법현은 천축에서 바닷길로 귀환해 청주靑州 장광군長廣郡 뇌산牢山에 도착한 후(412) 청주자사刺史의 청을 거절하며, "뜻하는 바를 아직 이루지 못하여 오래 머무를 수 없다"고 말한다. 마침내 남쪽의 경사京師에 이르러 외국 선사인 불타발타(바드라)를 따라, 도량사에서 마가승지율, 방등니원경, 잡아비담심을 번역하여 수많은 말씀들을 전하였다(『고승전』 T.50, No. 2059, p. 338). 『출삼장기집』 권2에 의하면, 법현이 건강의 도량사에서 바드라를 따르며 함께 번역한 경전은 6부 63권에 달한다. 바드라 자신도 많은 경전을 번역하고 있다. 그중에 『관불삼매해경』도 포함되는데, 이 또한 건강의 도량사에서 번역하였을 것으로 생각된다. 바드라는 원가元嘉6년(429), 71세로 입적한다.

간다라에서 선관을 공부하여 그 명성을 떨친 바드라는 지엄의 요청으로 중국으로 건너가는데, 간다라에서 이미 법현과 보운을 만났을지도 모른다. 이후에 바드라는 장안에서 라집과 보운을 만나고, 건강에서 법현과 만나게 된다. 바드라의 족적을 축으로 삼아 거슬러 올라가면, 지엄, 라집, 보운, 법현과 연결되며, 게다가 대부분이 선관에 관심을 갖고 있어, 그들이 각각 역경을 행하는 등 깊은 인연을 맺고 있었다. 그들은 모두 간다라를 순석巡錫하거나 혹은 그곳에서 배우며 파밀을 넘고 있다. 법현과 보운은 다렐에서 실견했던 미륵대불의 견문을 남기며, 바드라와 라집은 미륵대불의 신장을 경전으로 번역하였다. 바드라와 라집이 다렐의 미륵대불에 관한 견문을 바탕으로, 미륵의 신장에 대해 추가로 기록했을 가능성도 없지는 않다. 그렇지만 미륵의 신장을 기록한 범본(Maitreya-vyākaraṇa)의 존재부터 고려하더라도, 미륵대불의 발상 자체는 인도, 그것도 바드라와 라집이 수학했던 간다라 지방에 기원하는 것이 아닐까. 바드라 역 『관불삼매해경』의 기록이 서북인도의 실정을 반영하고 있음은 지적한 바[40]와 같으며, 미륵의 신장에 관해서도 이 경전의 기술이 가장 원초적이다.

그러나 미륵대불의 발상이 산나라에 기원한나고 해도, 현실에서 그것을 만들어 내는 것은 또 다른 동기가 필요했을 것이다. 다렐의 미륵대불은 법현에 따르면 '불니원佛泥亘* 후 300년 되던 해'에 세워졌음을 고노古老들이 전하며, 『법현전』에는 '불멸도 이후 480년'에 만들어졌다고 하는 전승을 기록하고 있다. 더욱 흥미로운 것은, "불교(大敎)가 중국에 들어오게 된 것(宣流)

---

* 불니원佛泥亘: 석가의 열반

은 이 보살상으로부터 비롯되었다고 볼 수 있다. 무릇 미륵보살상이 아니라면 어느 누가 능히 석가를 계승하여 삼보를 널리 알리고 변방 사람들이 불법을 알게 했겠는가'"(T.51, No. 2085, p. 858a)라고 법현이 기술하며, "이 상이 있음으로 법류는 동쪽으로 전파되었다"(T.51, No. 2085, p. 884b)라고 이 상에 대해 현장이 간략히 기록한 내용이 있다.

이 미륵상의 조성시기는 '석가의 입멸 후'로 추측되며, 미륵이 석가를 잇기 때문이야말로 불법은 널리 통하고, 불교의 선류는 바로 이 상에서 시작한다는 것은 미륵의 하생을 의식한 표현이라고 할 수 있을 것이다. '미륵하생'에 대한 의식은 간다라 불교의 융성기가 아닌 그 후의 일시적인 불교쇠퇴기에 강화되었고, 그때 미륵하생의 대불을 간절히 바라게 된 것은 아닐까. 단순히 과거칠불 다음에 필연적으로 나타나는 미륵이 아니라, 다렐의 미륵대불은 미륵의 출현, 하생이 강하게 소망되는 시대의 산물일 것이다.

이러한 시대성과 함께 다렐의 미륵대불의 조성에는 지리적인 배경도 중요하다. 대불조성의 욕구에는 '변두리'의 열등의식이 저류에 있어, 중앙에조차 존재하지 않는 것을 만들고자 했던 것으로 본 것은 야마다 메이지山田明爾 교수인데,[41] 분명 다렐은 인도 최북단의 산속이라는 가장 변두리 지역에 있다. 그러나 이 변두리는 단순히 구석의 꽉 막힌 땅은 아니다. 카라콜룸 서맥의 파밀을 넘어서 타림분지로 나와, 중국으로 통하는 교통로상에 위치하고 있다. 법현은 타림분지의 갈차국竭叉國 Tashkurghan에서 파밀 키리콜룸 서맥을 넘어 다렐로 나와, 여기에서 "그 길은 벼랑과 기슭이 험준하고, 그 산은 오직 석벽으로 솟은 것이 천 길이다. 그곳에 당면하면 어지럽고, 나아가고자 하면 발을 디딜 곳이 없다"(T.51, No. 2085, p. 858a)고 하는 험난한 곳을 지나, 인더스강을 건너 오장국烏長國 Uddyāna에 이르고 있다. 오장국에서 남하하여 숙

*   불교기록문화유산 아카이브(https://kabc.dongguk.edu/) 우리말 번역문 인용. 像立在佛泥洹後三百許年, 計於周氏平王時, 由茲而言, 大教宣流始自此像. 非夫彌勒大士繼軌釋迦, 孰能令三寶, 宣通邊人識法『고승법현전』 1권(ABC, K1073 v32, p. 751b02-b05)

가다국宿呵多國, Swāt, 건타위국揵陀衛國, Gandhāra, 축찰시라竺刹尸羅, Taxila, 불루사국弗樓沙國, Puruṣapura을 거쳐 간다라 지방으로 나온 것이다.

쿠와야마 쇼신 교수는 4, 5세기의 시대에 중국으로 간 인도 출신 승려가 급증함에 따라 이제까지 거의 없었던 중국의 구법승이 대거 인도로 건너갔고, 그들은 우선 간다라 지방을 목적지로 삼았음을 고증하였다. 더욱이 4, 5세기에는 불교의 가장 큰 중심지인 간다라와 중국을 잇는 간선도로로 카라콜룸 서맥을 넘는 루트가 단독으로 이용되는데, 에프탈의 성쇠와 관련하여 간다라의 위치가 낮게 떨어지고 카라콜룸의 서맥이 막히게 되어, 6세기 중엽 이후부터는 오히려 바미얀을 지나는 힌두쿠시 산맥로가 인도와 중국을 잇는 간선도로가 되었음을 행려승이 지났던 길을 면밀히 검토하여 밝혀냈다.[42] 미륵대불이 조성되었던 4, 5세기 시대의 다렐은 파밀과 카라콜룸으로 이어지는 서맥을 등지고 인더스강 상류의 절벽이 이어지는 험난한 곳에 있으면서, 실은 간다라와 타림분지, 이어서 인도와 중국을 잇는 큰 길 위에 위치하게 된 것이다.

이 상에서부터 "불법이 동쪽으로 전해졌다(東流)"고 하는 다렐의 미륵상에 얽힌 전승은, 인도세계와 중국세계를 잇는 루트임과 동시에 그 접점에 위치한 다렐의 지리적이고도 역사적인 상황을 반영하는 것으로, 이 길을 지나 새로운 세계로 불교가 전파된다는 의미가 담겨 있다. 법현의 견문으로 미루어, 또한 인도와 중국 불승들의 왕래 상황, 특히 미륵대불의 신장을 경전에 기록한 바드라와 구마라십의 족석으로 보아, 또한 미륵내불을 언급하지 않았던 담마난제, 승가제파의 역경을 고려한다면, 다렐의 미륵대불은 4세기 후반경에 조성되었던 것이 아닐까. 이 대불에는 불교의 재생과 유전에 대한 열망이 대불로서 하생한다고 하는 미륵하생신앙과 결부되고 있어, '대불사상'의 원형을 보여주고 있다.

[미주]

1   J. Fergusson and J. Burgess, *The Cave Temples of India* (1980, reprint ed., Delhi, 1969), p. 352.

2   高田修·田枝幹宏,『アジャンタ』(平凡社, 1971), p. 10.

3   J. Marshall, *Taxila*, vol. 1 (Cambridge, 1951), p. 268.

4   D. B. Spooner, "Excavation at Takht-i-Bahi", *Annual Report, Archaeological Survey of India* (1907-8, 1908-9, 1911-12). 小谷仲男,「タフティ·バヒの仏教遺跡」,『仏教芸術』69 (1968).

5   山田明爾,「インダスからパミールへ」,『アジア仏教史 中国編 5』(佼成出版社, 1975).

6   D. Snellgrove and T. Skorupski, *The Cultural Heritage of Ladakh* (Warminster, 1977), pl. 4; S. L. Huntington, *The Art of Ancient India* (New Tork-Tokyo, 1985), pp. 376-7.

7   桑山正進,「バーミヤーン大仏成立にかかわるふたつの道」,『東方学報』57 (京都, 1985); 동 저자,『カーピシー＝ガンダーラ史研究』(京都大学人文科学研究所, 1990) 참조.

8   樋口隆康 편,『バーミヤーン』(京都大学中央アジア学術調査報告), 全4卷 (同朋舎, 1983-84) 참조.

9   小野玄妙,『大乘佛教藝術史の研究』(大雄閣, 1927), pp. 12-16; 前田耕作,『巨像の風景』(中公新書, 1986), p. 125 참조.

10 윈강석굴에 관해서는, 水野清一·長廣敏雄 편,『雲岡石窟』全16卷 (京都大学人文科学研究所, 1951-56); 長廣敏雄,『雲岡石窟 中國文化史蹟』(世界文化社, 1976); 雲岡石窟文物保管所 편,『中國石窟 雲岡石窟』全2卷 (平凡社, 1989-90) 참조.

11 常盤大定·關野貞,『支那佛教史蹟評解』2 (1925); 동 저자 復刻版,『中國文化史蹟解說』上, (法藏館, 1975), pp. 4-7; 塚本善隆,『支那佛教史研究 北魏篇』(清水弘文堂, 1969), pp. 139-144; 水野清一,『雲岡の石窟とその時代』(富山房, 1939), pp. 93-98 참조. 요시무라 메구미吉村怜 교수는 담요5굴의 5구의 대불이 각각 태조 도무제부터 고종 문성제까지의 5제에 해당함을 밝히고자 하고 있다. 吉村怜,「曇曜五窟論」,『佛教藝術』73号 (1969) (동 저자,『中國仏教図像の研究』(東方書店, 1983), 수록).

12 나가히로 토시오長廣敏雄 교수는 제16굴의 입불의 제작연대를 윈강 후기로 보고 있다. 長廣敏雄,「仏像の服制」,『大同石仏芸術論』수록 (高桐書院, 1946). 이에 반해, 요시무라 메구미 교수는 제작 연대의 차이가 아닌, 제16굴의 본존이 현 황제인 문성제를 본뜬 것이기 때문으로 고찰하고 있다. 吉村怜, 앞 논

문, 참조.

13 J. C. Huntington, "The Iconography and Iconology of the 'Tan Yao' Caves at Yungang", *Original Art* (1986, Summer) pp. 142-60.

14 松本栄一, 「華嚴教主盧舍那佛図」, 『敦煌畫の研究』 수록 (1937). 吉村怜, 「盧舍那法界人中像の研究」, 『美術研究』 203号 (1959) (동 저자, 『中國仏教図像の研究』 수록).

15 A. F. Howard, *The Imagery of the Cosmological Buddha* (Leiden, 1986).

16 J. C. Huntington, 앞 책, Oriental Art (1986), pp. 142-60.

17 J. C. Huntington, 앞 책, Oriental Art (1986), pp. 142-60. 또한 요시무라 메구미 교수는 제16굴은 석가불, 제17굴을 미륵보살, 제18굴을 노사나불, 제19굴을 (다보?)불, 제20굴을 (무량수?)불로 추정하고 있다. 吉村怜, 앞 논문 「曇曜五窟論」, 참조.

18 宮大中, 『龍門石窟藝術』 (上海人民出版社, 1981), 大橋一章 「奉先寺洞諸像の制作と白鳳·天平彫刻」 龍門文物保管所·北京大學考古係 편, 『中國石窟 龍門石窟』 2 (平凡社, 1988).

19 水野清一·長廣敏雄 편, 『雲岡石窟』 (座右宝刊行會, 1941), 도71; 『中國石窟 龍門石窟』 2, 도114.

20 鄧(東山)健吾, 「敦煌莫高窟彩塑の展開」, 『中國石窟 敦煌莫高窟』 3 (平凡社, 1988); 동 저자, 「敦煌莫高窟第130窟大仏」, 『國華』 1050号 (1982).

21 史岩, 「涼州天梯山石窟の現存狀況和保存問題」, 『文物叄考資料』 (1955) 第2期.

22 甘肅省文物工作隊·炳靈寺文物保管所 편, 『中國石窟 炳靈寺窟』 (平凡社, 1986).

23 天水麥積山石窟藝術研究所 편, 『中國石窟 炳靈石窟』 (平凡社, 1987).

24 据朱希元, 「宁夏須彌山圓光寺石窟」, 『文物』 (1961) 第2期. 宁夏回族自治區文物管理委員會·中央美術學院美術史系 편, 『須彌山石窟』 (文物出版社, 1988).

25 賀梓城, 「陝西邠县大仏寺石窟」, 『文物叄考資料』 (1956) 第11期. 이 밖에 산시성 山西省 톈룽산天龍山석굴 제9굴의 대불도 높이 7.3m의 불의상으로 미륵불일 것이다. 林良一·鈴木潔, 「天竜山石窟の現狀」, 『佛敎藝術』 141 (1982) 참조.

26 気賀沢保規, 「四川樂山凌雲寺大仏の歷史と現狀」, 『佛敎藝術』 179 (1988).

27 콘노 토시후미紺野敏文 교수는 문헌을 통해 알려진 중국의 대불조상례일람을 제작하고 있다. 紺野敏文, 「平安彫刻の成立(4)」, 『佛敎藝術』 186 (1989). 그에 따르면 존명을 알 수 있는 거대불로서, 剡縣石城山彌勒大佛(석상, 높이 10장, 永明4-天藍 15년 『三寶感通錄(中)』, 襄州華嚴寺盧舍那大佛(목상, 5장, 北周, 『法苑珠林』 14), 匡山彌勒大佛(석상, 8장, 陳, 『弁正論』 3), 襄州興福建寺盧那大佛 (협저상, 12장, 隨, 『弁正論』 4), 幷州弘善寺彌勒大佛(13장, 隨, 『弁正論』 3), 梓州盧舍那大佛(석상, 13장, 貞觀8년 『法苑珠林』 33), 呂州普濟寺彌勒大佛(석상, 100

장, 唐,『法苑珠林』17) 등이 있다.

28 미륵에 관한 문헌적 연구는 이하의 책에서 참조. 松本文三郎,『彌勒淨土論』
(丙午出版社, 1911); 渡邊照宏,『愛と平和の象徵 弥勒像』(現代人の仏教 8) (筑摩
書房, 1966); É. Lamotte, *Historue du Bouddhisme Indien* (Louvain, 1958), pp.
775-88.

29 渡邊照宏, 앞 책, pp. 162-165, 참조.

30 Manusmṛti, I. 68-86. Mahābhārata, 3, 12. 826. Viṣṇu Purāṇa, 6, 2. etc,. cf. H.
Zimmer, *Myths and Symbols in Indian Art and Civilization* (New York, 1946), pp.
11-19; 定方晟,『インド宇宙論』(青春社, 1985), pp. 116-124.

31 붓다의 신장에 관한 발상원의 하나로 미륵산 세계를 기술하는 경전,『장아
함경』권 제20(T.01, No. 01, p. 133ab),『대루탄경』권 제4(동, p. 296bc),『세
기경』권 제7(동, p. 344bc),『기세인본경』권 제7(동, pp. 399b-400a),『아비달
마구사론』권 제11(T.29, No. 1558, p. 61ab) 등에서 볼 수 있는 육욕천 및 사주
四州의 신들이나 사람들의 신장과 나이는 각각 다음과 같이 기록되어 있다.
他化自在天十六由旬·一萬六千歲, 化自在天八由旬·八千歲, 兜率天四由旬·四千
歲, 閻魔天二由旬·二千歲, 忉利天一由旬·千歲, 四王天半由旬·五百歲, 鬱單越七
肘·千歲, 弗于逮三肘半·三百歲, 瞿耶尼三肘半·二百歲, 閻浮提三肘半·百歲. 경
전에 따라 같고 다름은 있으나, 신들은 상계에 갈 만큼 신장과 나이가 크며
신들의 신장은 由旬·踰繕那·踰闍那(yojana), 혹은 里로 기록되어 공상적인
반면에, 사주 사람들의 신장은 肘·尺·丈으로 기록되어 현실적이다. 그중 울
단월Uttarakuru 사람들의 신장은 가장 커서 우리가 살고 있는 염부제Jambudvīpa
보다 두 배 혹은 여덟 배에 달하고 있어, 미륵불의 신장을 석가불보다 크게
표현하는 발상의 원인 중 하나였을 가능성이 있다.

32 G. Tucci, *Tibetan Painted Scrolls*, vol. 1 (Roma, 1949), pp. 294-5.

33 S. Lévi, "Maitreya le consolateur", *Études d'Orientalisme, Mélanges R. Linossier*, 2,
(Paris, 1932), pp. 381-402; 石上善應,「弥勒受記(Maitreya-vyākaraṇa) 和訳」,『鈴木
学術財団研究年報』四 (1967), pp. 35-48, 참조.

34 A. Stein, *Serindia*, vol. 1 (Oxford, 1921), pp. 5-6.

35 桑山正進 역주,『大乘佛典9 大唐西域記』(中央公論社, 1987), pp. 226-227, 참조.

36 山田明爾,「觀仏三昧と三十二相」,『佛教学研究』24 (1967), pp. 27-48; 高田修,『佛
像の起源』(岩波書店, 1967), p. 432; 藤田宏達,『原始淨土思想の研究』(岩波書店,
1970), pp. 121-136 참조.

37 桑山正進, 주 7) 논문, 참조.

38 渡邊照宏, 앞 책, p. 108.

39 塚本善隆,『肇論研究』(法藏館, 1956), pp. 130-134.

40 小野玄妙, 『健馱羅の佛敎美術』(丙午出版社, 1923).

41 山田明爾, 주 5) 논문.

42 桑山正進, 주 7) 논문.

제2장

키질 제1기의 볼트천장굴 벽화

— 선정승 · 산악구도 · 미륵보살의 도상 구성 —

1. 서론

키질석굴은 중국 신장위구르자치구에 있는 불교석굴 중에서 규모도 클 뿐 아니라, 당시 동서교류를 반영한 중요한 고대벽화가 있는 곳으로 유명하다. 금세기 초두에 일본, 독일, 프랑스, 러시아 등 각국의 탐험대는 경쟁적으로 그 땅에 들어가 고고학적 조사를 하였으나, 특히 독일대의 제3차 조사대(1906년 그륀베델)와 제4차 조사대(1914년, 르콕크)가 눈부신 성과를 거두고 다량의 보고서[1]를 간행하여 키질연구의 기초를 닦았음은 잘 알려져 있다. 또 중국 황웬비黃文弼의 성실한 조사연구는 거의 묻혀 있었으나, 최근 새로이 재평가되고 있다.[2]

키질석굴의 조사와 수복 보존의 사업은 해방 후 중국인들이 자신들의 손으로 착실히 진행해 왔다. 그중에서도 1962년 옌원루閻文儒 교수에 의한 조사연구가 특필되었는데,[3] 특히 최근 신장위구르자치구 문물관리위원회·바이청현拜城縣 키질 천불동 문물보관소가 엮은 중일합동출판 『키질석굴』 전3권이 간행되어 많은 벽화가 원색도판으로 소개되었으며, 또한 중요한 논고가 발표되기도 했다.[4] 이 같은 출판활동과 함께 키질석굴의 수복보존사업이 열심히 진행되어 동시에 석굴참관도 열리고 있다. 키질연구는 새로운 단계를 맞이하고 있다고 할 수 있다.

키질석굴이 있는 쿠차庫車는 서역 북도의 거의 중앙에 위치하며, 또한 남도의 호탄과 함께 서역 안에서 가장 번성했던 오아시스 도시의 하나이다 (도231). 키질석굴에 남아있는 중요한 벽화는, 간다라 미술을 하나의 원천으로 하여 바미얀이나 호탄의 중앙아시아 미술, 또 윈강이나 둔황의 북위 전후 ~수대의 미술과도 관련을 맺고 있다. 실로 동서 문화 교류를 말해주는 중요한 증언이다. 게다가 중앙아시아의 고대미술이 모두 오아시스의 지역성에 뿌리내리고 있는 것처럼, 키질석굴의 미술도 쿠차 지방의 독자성을 강하게 띠고 있음을 간과해서는 안 된다.

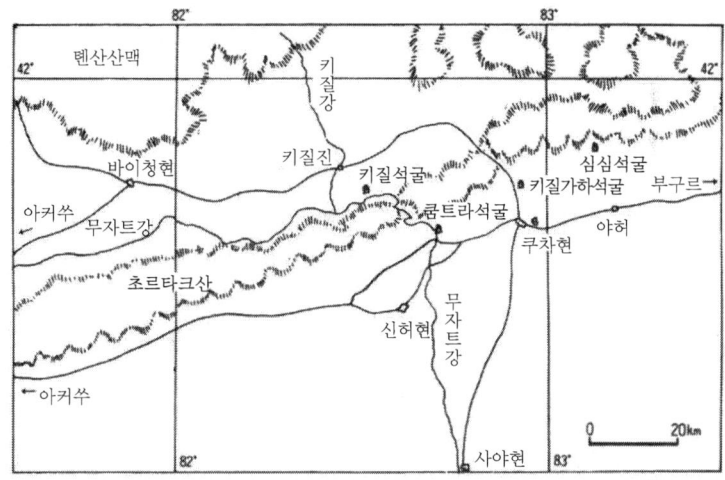

도231. 쿠차 주변 석굴 분포도[『쿰트라석굴』 삽도1]

키질석굴 미술의 연대에 대해서는 확실한 증거가 부족하기 때문에 불명확한 점이 많지만, 독일대의 유력한 협력자였던 E. 발트슈미트는 벽화 양식의 검토를 상세히 진행하여, 명문의 서체를 통한 연대론과 대조하여 대략적인 절대연대를 부여했다.[5] 발트슈미트는 키질벽화를 양식상의 관점에서 둘로 대별하고, 보다 자연스러운 묘사법을 보이는 제1양식을 제1기 인도·이란 양식, 양식화·장식화 경향이 현저한 제2양식을 제2기 인도·이란 양식이라고 하였다. 제1기(제1양식)를 500년 전후, 제2기(제2양식)를 7세기로 하며, 제2기를 또한 600년경, 600~650년, 650년 이후라는 3단계로 나누고 있다. 이에 반해 최근 베이징北京대학의 슈바이宿白 교수는 C14의 측정을 하나의 수단으로 삼아 독자적인 연대관을 내세우고 있다.[6] 키질석굴의 연대에 관해서는 이후로도 연구되어야 할 부분이 많지만, 절대연대에 대해서는 아무튼 발트슈미트가 제시한 벽화의 양식관이 가장 유력한 지침이라고 할 수 있다.

키질석굴의 총 수는 현재 거의 230여 굴로 셈겨진다. 이 석굴들 가운데 아직 조사되지 않은 굴, 대부분이 붕괴된 굴, 특이한 형태의 예외적인 굴 등은 제외한 200여 굴에 대해 그 석굴구조에 기초하여 분류하면 다음과 같다.

(1) 승방굴

(2) 정사각형굴(천장은, a. 볼트, b. 돔, c. 삼각고임의 세 종류)

(3) 직사각형 볼트천장굴

(4) 대상大像굴

(5) a. 중심주굴(주실이 돔천장, 혹은 삼각고임 천장)

    b. 중심주굴(주실이 볼트천장)

이들 가운데 (1) 승방굴과 (2)a 볼트천장의 정사각형굴은 모두 거의 벽화장식이 없는 간소한 굴이다. 벽화장식을 갖는 굴 중에서 제1기의 벽화는 (2)b, (2)c, (3), (4), (5)a의 석굴구조의 모든 굴에서 확인되는 것에 반해, 제2기의 벽화는 대부분의 경우 (5)b 중심주굴(주실이 볼트천장)에 그려져 있다. 제2기의 벽화에는 (2)b, (3), (5)a에 그려진 예도 소수 있지만, 주실이 볼트천장을 취하는 중심주굴의 예가 압도적으로 많다.

키질석굴은 별고에서 고찰한 바와 같이,[7] 석굴구조·벽화양식·도상구성이 상호 밀접한 관계를 이루며 전개되고 있다. 본 장에서는 키질 제1기 벽화의 도상구성에 주목하여, 키질석굴의 미술이 간다라 미술과 관계를 맺으면서도 중앙아시아 미술의 하나로서 어떠한 독자적 특징을 구축하였는가에 대해 초기적인 양상을 밝혀 보고자 한다.

키질 제1기에서는 정사각형 돔굴(제76, 81, 83, 84, 161굴), 정사각형 삼각고임 천장굴(제165, 167굴), 직사각형 볼트굴(제118, 212, 92굴), 대상굴(제77굴), 주실이 삼각고임 천장의 중심주굴(제207굴)이라는 다양한 굴들을 들 수 있는데, 천장의 구조에 주목해 보면, 집중당의 돔 내지는 삼각고임이거나, 혹은 직사각형당의 볼트천장인 것 중 하나를 채택하고 있다. 벽화의 도상구성을 고찰할 경우 크게 이 두 계통으로 나누어서 생각할 필요가 있을 것이다. 제2기가 되면 주실이 볼트천장을 취하는 중심주굴이 압도적으로 많아지며, 집중당 굴은 크게 감소한다. 그 때문에 제1기의 볼트천장굴 벽화의 도상구성은 제2기의 중심주굴의 도상구성과 비교하는 데 있어 흥미로운 요소가 많을 뿐만 아니라, 키질미술의 특징을 여실히 엿볼 수 있다는 점에서도 중요하다.

제1기의 볼트천장굴은 직사각형 볼트굴이 셋, 그리고 대상굴이 하나로 총 네 개의 굴에 지나지 않지만, 이들의 천장벽화는 제2기의 것과 도상표현상에서 현저한 차이가 있다. 즉, 양자 모두 볼트굴 천정天頂의 좌우에 산악문을 배치하는 특징적인 도상형식을 취하고 있는데, 제1기에서는 산악문 안에 승려, 선인, 천인, 짐승, 수목, 연못 등을 배치한 이른바 산악경이라고 할 수 있는 도상표현을 보이는 것에 반해, 제2기에서는 산악문 안에 각각 독립된 본생도와 인연도, 혹은 불설법도를 삽입하여, 산악문은 단순히 구도상의 테두리를 이루고 있다.

여기서는 초기적 양상을 보이는 제1기벽화의 볼트천장굴을 들어 그 도상구성을 중심으로 고찰하고자 한다. 우선 볼트천장에서 특징적인 산악구도의 도상적 특징을 검토하고, 경전과의 비교고찰을 통해 도상학적인 해석을 시도함과 동시에, 산악구도의 유래와 계보를 간다라와 중앙아시아, 중국의 사례들과 비교해 가며 고찰해 봄으로써, 그 전체적인 도상표현의 양상을 밝혀보고자 한다. 또한 천장의 산악구도는 굴 전체 벽화의 도상구성과 밀접한 관계를 갖고 있어, 석굴 장식 전체의 프로그램에 대한 문제까지 함께 고찰해 보고자 한다.

2. 제1기의 볼트천장굴 벽화

제1양식에서 볼트천장의 벽화를 갖는 굴은, 제77굴(조상굴彫像窟), 제118굴(해마굴海馬窟), 제21굴(항해자굴航海者窟), 제92굴(자원굴雌猿窟)의 네 굴이다. 그중 제77굴은 대상굴이며, 나머지는 직사각형 볼트굴이다. 우선 이 각각의 굴들에 대하여 볼트천장벽화 및 굴 전체의 도상구성에 대해 개관해 보겠다.

(1) 제77굴(조상굴)

제77굴[8]은 대상굴이기는 하지만 석굴구조 자체는 중심주굴과 같다(도 232). 주실은 이미 크게 붕괴되었고(측벽화가 일부 남아 있었다) 그 볼트천장도 무너져, 정면 벽에 있었던 소조 대입불상도 남아있지 않다. 그러나 중심주를 둘러싼 좌우 측랑과 후랑은 잘 남아 있으며, 벽화도 상당부분이 잔존한다.

좌우 측랑 볼트천장의 벽화는 주실 볼트천장화의 축소판이라고도 할 수 있는 것으로, 도상표현상에서 주목된다. 측랑의 측벽화는 거의 모두 소멸되었지만, 천장화는 파손부도 있으나 비교적 잘 남아 있으며, 양 측랑 모두 거의 같은 도상구성을 갖추고 있다. 즉, 측벽에서 천장으로의 이행부에 걸쳐서는 난간에서 신들과 악천이 모습을 드러내는 천인찬탄의 장면을 그리고, 볼트천장에는 좌우로 중첩하여 산악문이 표현되며 각각의 산악문 안에는 승려, 선인, 천인, 짐승, 수목, 연못 등을 그리는 구도를 취한다(도233, 컬러 도판2, 3).

볼트천장의 산악문은 양측랑의 굴정窟頂 좌우를 합하여 네 면에서 볼 수 있는데, 모두 네 단의 층형을 이루고 있으며, 최하단은 삼각형, 중앙의 2단은 곡선형, 최상단은 역삼각형의 형태이다.[9] 산악은 손가락을 세운 것처럼 돌출된 봉우리를 외주의 윤곽부분뿐 아니라 산악의 내부에도 선묘로 그려 넣어, 전체가 울퉁불퉁한 산악구도를 형성하고 있다.

산악의 채색은 전체가 동일한 색이 아니라 산악문의 단위마다 황갈색, 암갈색, 회색, 회청색, 담록색 등으로 색을 나누어 칠하여, 전체적으로 차분

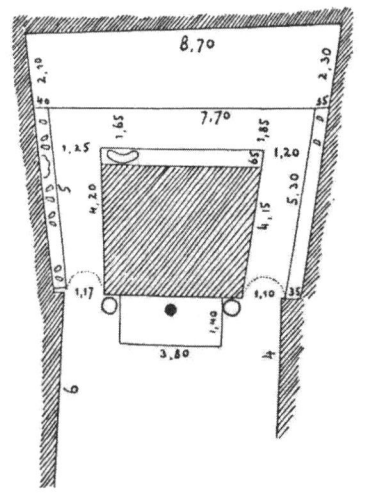

도232. 키질 제77굴(조상굴). 평면도[Grünwedel
1, fig. 207 원도]

도233. 키질 제77굴 우랑 우벽[『키질석굴』 2,
도16]

한 색조이면서도 다채로운 양상을 보여준다.

산악문의 내부에는 우선 승려, 선인, 천인, 혹은 보살의 인물상이 보인다. 승려는 모두 6인이 보이는데, 연못을 앞에 두고 앉아 사유하는 포즈를 취하거나, 나무 아래의 풀로 된 자리에서 결가부좌하고 선정인을 결하며 명상하고 있다. 명상하는 승려는 산악 속에서 수목이나 짐승에 둘러싸여 명상에 빠져 있거나, 혹은 연못, 똬리를 튼 뱀, 두골 등 관상의 대상을 바라보고 있기도 한다. 명상하는 승려 중에는 몸의 좌우에서 새 날개와 같은 형태의 화염이나 물을 발하고 있는 것도 있다. 승려와 함께 선인도 두 명 보이는데, 물병을 놓고 나무 아래에 앉아 있거나 뱀이 줄기를 감은 나무 앞에 앉아 있다. 승려와 선인은 산림에 은처하며 명상수행에 힘쓰는 모습이라고 할 수 있다.

관식이나 장신구를 갖춘 천인, 혹은 보살형 인물도 적지 않다. 발을 교차시키고 손에는 띠형 천을 넓게 들고 춤추는 인물, 곡예사처럼 물구나무서기를 하는 인물, 혹은 무릎을 꿇고 활을 당기거나 선 채로 화살을 시위에 메기며 수렵하는 모습의 인물도 있다. 산악경 속에 승려나 선인뿐 아니라 이처

도234. 키질 제77굴 우랑 굴정 좌[『키질석굴』 2, 도21]

럼 춤추는 천인이나 수렵하는 인물을 표현하고 있다는 점은 산악구도의 도
상을 고찰하는 데 있어 주의된다(도234).

산악 속에는 많은 짐승이 보인다. 동물 중에는 원숭이, 말, 사슴, 호랑이,
코끼리, 뱀 등을 볼 수 있다. 나무 아래에서 가부좌하고 앉아 선정인을 흉내
내는 원숭이, 반대로 선정승을 향해 엉덩이를 내밀며 조소하는 듯한 모습의
원숭이, 끝이 부채처럼 펼쳐진 꼬리의 백마, 산속을 달리거나 연못 주변에서
쉬는 사슴, 덤벼들 듯 도약하는 호랑이, 서 있는 모습의 흰 코끼리와 웅크리
고 있는 거무스름한 코끼리, 땅을 기어 다니거나 산봉우리와 나무 기둥을 휘
감기도 하며, 혹은 똬리를 틀고 있는 뱀 등이다. 새도 많으며 종류도 풍부하
다. 먹이를 쪼아 먹는 듯 부리를 모으고 날개를 편 공작, 꿩과 같은 다갈색 긴
꼬리의 새, 날갯짓하는 크고 흰 새, 나무 밑이나 연못 주위에서 쉬거나 나무
혹은 산봉우리에 앉은 다갈색과 흰색의 새들, 산악 이곳저곳을 날아다니는
새 등 그 수가 많다.

산악의 자연 풍경으로는 수목이나 연못의 문양적인 표현도 무척 흥미
롭다. 불자 형태의 거무스름한 나무, 튤립형이나 손바닥 형태로 나뭇잎이 넓
어지는 나무, 가지 끝에 큰 꽃이 핀 의장적인 꽃나무 등 변화가 다채롭다. 연
못도 여기저기에 보이는데, 담록색으로 물을 표현하며 연못의 윤곽은 운형

雲形자로 그린 듯 구불거리는 곡선으로 표현하고 있다. 연못에는 나무가 자라거나 혹은 연꽃 같은 꽃이 떠오른 연못을 표현하고 있다.

볼트천장 굴정의 중축부에 천상도天象圖라 불리는 도상이 있다. 천상도는 키질석굴의 볼트천장벽화에서 거의 반드시 나타나는 중요한 테마로, 이 굴의 천상도는 그 초기적인 양상을 보여주고 있어 흥미롭다(도235). 박락된 부분도 있지만 좌랑에는 안쪽에서부터 풍신, 나는 새, 구름 속의 뱀, 뱀을 문 새, 풍신, 새(이하박락), 우랑에는 안쪽에서부터 나는 새, 구름 속의 뱀, (박락), 구름 속의 뱀, 풍신(이하박락)으로 구성되어 있다. 이와 같은 모티브가 몇 차례 반복되고 있다. 게다가 풍신, 구름 속의 뱀, 나는 새는 모두 산악문 안에서도 표현되어 있어, 천상도가 산악구도와 밀접한 관계를 맺으며 성립하고 있음을 알 수 있다.

도235. 키질 제77굴 좌랑 굴정 우[『키질석굴』 2, 도27]

천상도 속에서 볼 수 있는 세 명의 풍신은 모두 큰 숄로 상반신을 감싸듯 가슴 위쪽이 표현되며, 왼팔을 펴서 숄 끝을 쥐고, 오른손은 가슴 앞에 살짝 내보이고 있다. 이 풍신상은 산악문 안에서도 총 3구가 거의 모두 이 같은 표현을 보이고 있다(도250). 구름 속의 뱀이라고 이름 붙은 도상은 천상도 속에서 3점이 보이는데, 모두 회색이나 흰 색의 운기에서 세 마리의 검은 뱀이

낫 모양으로 목을 굽혀 쳐들고 있는 표현이다. 이 구름 속의 뱀도 좌랑 좌측 하단의 산악문 안에서 표현되고 있다(도251). 이 밖에 천상도에서 볼 수 있는 각종 새들도 뱀을 쪼는 꼬리가 긴 새, 날갯짓하는 새 등 모두 하단의 산악문 안에서 보았던 새와 동류이다. 이처럼 이 굴의 천상도는 산악문 안의 모티브 와 동일하며, 게다가 이 굴의 천상도는 좌우 산악의 봉우리가 서로 가까워지 는 공극부에 표현되어, 명확한 중축대를 형성하는 것이 없다. 그 때문에 볼 트천장 전체를 동굴과 산악이 있는 천상공간과 마찬가지의 성역聖域으로 여 겼던, 초기적인 산악구도와 천상도의 양상을 시사하고 있다.

이 볼트천장의 산악구도 바로 밑, 측벽으로의 이행부에는 난간 위의 천 인찬탄 장면이 있다(도233).[10] 난간은 하단에 각재의 까치발, 그 위에 목조 난 순을 흑선으로 표현하고, 일정 간격으로 벽기둥을 표현하고 있다. 키질에서 는 옆의 제76굴(공작굴)과 함께 가장 사실성이 강한 난간표현이다.[11]

난간 위에서 가장 잘 남아있는 우랑 우벽에는 중앙의 연화좌 위에 교각 의 좌세로 전법륜인을 결한 미륵보살이 표현되어 있고, 그 좌우로 보관을 쓴 제석천과 권발형 범천, 또한 그 외측으로 각 세 명씩의 천인들이 횡적橫笛과 배소排簫를 불거나, 미묘한 손동작으로 찬탄하고 있다. 그와 대칭하는 우랑 좌벽은 향우측의 거의 절반이 결손되었으나 중앙에는 오른손으로 여원인 을 결하고 왼손에는 물병을 든 역시 미륵으로 여겨지는 보살상, 그 왼쪽으로 합장하는 범천, 그리고 북을 치거나 합장하는 3인의 천인이 보인다. 자랑은 박락이 현저하며, 특히 우벽은 난간 위의 몇 명만이 퇴색된 채 남아있을 뿐이 다. 좌벽에는 난간에서 모습을 드러낸 9인의 천인이, 모두 춤을 추는 듯한 몸 짓으로 찬탄하는 모습이다.[12]

이처럼 산악구도의 바로 아래에는 난간 위의 천인찬탄의 구도를 표현 하였는데, 우랑에서는 좌우벽 모두 그 중앙에 교각보살상을 그렸다. 이 교각 보살상 중 1구는 전법륜인을 결하였고(우벽) 다른 1구는 물병을 든 모습으로 (좌벽), 중앙아시아에서는 이 두 모습이 미륵보살의 두 가지 타입으로써 선호 되었던 것이다. 측벽 상단의 난간으로 천궁을 상징하고, 거기에 도솔천의 미륵보살과 범천, 제석천의 신들, 진악과 찬탄하는 천인들을 표현하여 천상세계의 이미지를 그려내고 있다.

이상으로 좌우 측랑의 벽화를 보았다. 이에 반해 후랑[13]은 크게 파내어 넓혀지고, 안쪽 벽에는 일찍이 큰 소조의 열반상을 안치하고 있었던 대좌가 있으며, 주위의 안쪽 벽과 측벽에는 이 열반상을 찬탄하는 형태로 비천과 악천 등이 표현되어 있다. 후랑의 천장은 단높임식으로, 경사면과 천정天頂의 수평면에는 많은 판넬구획이 설치되어 구획마다 진악·무도하는 천인들이 그려져 있다. 후랑은 열반상을 중심으로 주위의 측벽과 천장에, 그를 찬탄하는 천인들을 정연하게 배치하는 구성을 취하고 있다.

(2) 제118굴(해마굴)

제118굴[14]은 직사각형의 볼트굴인데, 볼트가 입구의 측면을 향해 설치되어 있다(도236). 우선 측벽의 벽화는 천장화를 고찰하는 데 있어서도 중요하기 때문에, 그 도상구성을 간결히 살펴보고자 한다.

우측 벽의 반원형부(도237a)[15]는 상하 두 구획으로 이루어져 있으며, 상단에는 선정하는 모습의 보살좌상을

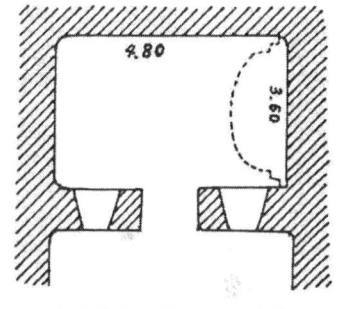

도236. 키질 제118굴(해마굴) 평면도
[Grünwedel 1, fig. 227 원도]

중심으로 무릎 꿇고 합장하는 천부, 진악 및 산화하는 3인의 천인이 둘러싸고 있다. 하단에는 침대에 옆으로 누운 보살—그 모습으로 미루어 상단의 보살과 동인 인물로 보인다—과 그를 둘러싼 사람들로 이루어진다. 보살의 베개 주위에는 슬퍼하며 한탄하는 모습의 4인의 여성들을, 발 주위에는 비상하며 모여든 4인의 찬탄하는 천인을 그리고 있다. 이 연속되는 상하 두 구획의 벽화를 그륀베델은 '부처의 예고Buddhahalāhala' 장면이라고 해석했다.[16]

분명 상단은 간다라에도 작례가 있는 '도솔천상의 (석가)보살' 장면[17]이고, 하단은 유사한 작례가 알려지지 않았으나, 보살이 도솔천의 "그곳에서 신들에게 둘러싸여 지내다가 죽자 마야왕비의 태내로 들어오다[Nidāna-kathā]"[18]라고 하는 기술과 상응하므로, 도솔천에서의 보살의 죽음과 그를 애도하는 천인, 천녀들을 그린 것으로 해석될 수 있을 것이다.[19]

좌측벽의 반원형부(도237b)[20]도 2단으로 이루어져 있지만 한 구획으로 보아야 하는 횡도橫圖이다. 하단에는 중앙을 뱀이 휘감아 잘록해진 산이 표현되어 있고, 위쪽에 해와 달이 그려져 있다. 이는 경전의 내용 및 다른 유사한 작례들로 미루어 수미산도임에 틀림없다. 수미산의 주위에는 바다가 펼쳐지고 물새와 연꽃 등이 떠 있으며, 화면의 좌우에는 용개를 쓰고 손에 보석상자를 든 두 용왕이 바다에서 모습을 드러내고 있다. 상단에는 중앙에 보살(혹은 신)의 반가상이 그려지고, 그 주위를 좌우로 다섯 명씩 천인이 둘러싸며 합장하거나 찬탄하고 있다. 그륀베델은 이 도상에 대해, 도솔천의 보살이 하생하는 것을 알고는 신들과 용왕들이 모여들어 찬탄하는 장면으로 해석했다.[21] 상단의 장면은 수미산 위에 있는 점으로 미루어 천상세계를 표현한 것임에 틀림없다. 그리고 화면의 상단에 연속하는 아치로 표현된 궁전의 성벽이 있는데, 그 표현은 제2양식의 미륵의 도솔천 궁전 표현에서 자주 보인다는 점에서,[22] '도솔천상의 미륵보살'을 표현한 것인지도 모른다. 우벽에

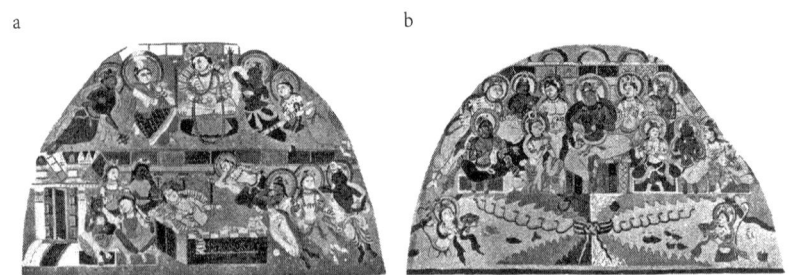

도237. a. 키질 제118굴 반원형 구획 벽화(모사) 우측벽[Grünwedel 1, fig. 244]
　　　 b. 키질 제118굴 반원형 구획 벽화(모사) 좌측벽[Grünwedel 1, fig. 243]

'도솔천상의 (석가)보살과 그의 죽음'을 그리고, 이와 마주하는 좌벽에는 석가보살의 후계자인 미륵보살을 표현한 것은 아닐까.

정면의 정면 벽에는 장식대로 테두리가 둘려진 구획에 불전도인 듯한 벽화가 있다.[23] 중앙에 왕자풍의 인물이 반가좌로 앉아있고 그 옆으로 나신의 여성이 따르며, 주위에는 많은 궁녀와 악녀樂女, 귀인과 바라문들이 둘러싸는 구도로, 바라문 중 한 명은 왕자풍의 인물에게 영락처럼 보이는 것을 받고 있다. 그륀베델은 스푸라부타왕과 그 딸 마야에게 바라문들이 정반왕과의 결혼을 제의하고 있는 장면이라고 해석하였으나,[24] 문헌상의 근거가 미약하므로 명확하게 단정할 수는 없다.[25]

한편 볼트천장의 벽화는 굴정의 중축대에 천상도를 그리고, 굴정의 앞부분과 뒷부분에는 제77굴과 같은 종류의 산악구도를 표현하였다.[26] 안타깝게도 앞부분의 산악구도는 전체 면이 잘려져 나갔으며, 뒷부분의 경우 또한 손실된 부분이 적지 않다(도238). 독일대 보고서의 사진도판과 묘사도(도239a·b), 그리고 최근의 보고서(『중국석굴 키질석굴』2)도 아울러 관찰해 보자.

두 면 모두 7단으로 이루어진 산악문 표현은 제77굴의 작례와 매우 유사하며, 산 전체가 손가락을 세운 듯 우뚝 솟아 있는 많은 산봉우리들이 있다. 산악 속에는 승려·선인·천인 등의 인물, 산양·호랑이·곰·코끼리 등

도238. 키질 제118굴 천상도와 굴정 뒷부분 벽화(현 상태)[『키질석굴』2, 도150]

a

b

도239. a. 키질 제118굴 굴정 뒷부분 벽화(모사)[Grünwedel 1, fig. 237]
　　　 b. 키질 제118굴 굴정 앞부분 벽화(모사)[Grünwedel 1, fig. 238]

의 동물, 각종 새, 수목과 연못 등을 그리고 있다.

　　우선 승려 중에는 명상하는 승려와 비상하는 승려의 두 종류가 있다. 명
상하는 승려는 3인이 있는데, 나무 아래에서 선정에 들고, 연못과 짐승들이
그 앞에 있으며, 양 어깨와 몸에서 화염을 발하는 승려도 있다. 한편 비상하
는 승려는 제77굴에서는 찾아 볼 수 없었으나, 여기서는 양 면에 각 1명씩 있
다. 잘 남아있는 뒷부분의 승려를 보면, 오른손에 석장을 들고 양 어깨와 몸
의 아래쪽에서 각각 화염과 물줄기를 발하며 비상하고 있다. 또한 선인도 양

면에 한 명씩 보이는데, 모두 다리를 꼬고 명상에 잠겨 있다.

장신구로 장식하고 천의를 휘날리는 천인의 모습을 한 인물도 총 8인이 있다. 완함阮咸과 궁형 하프 등을 연주하는 악천, 춤추는 듯한 포즈를 취하는 천인, 산화하는 천인 등을 볼 수 있는데 이들 모두는 두광을 갖추고 있다. 또 두광은 없으나 장신구로 장식하고, 곰과 코끼리를 향해 화살을 쏘는 인물도 보인다.

짐승과 수목, 연못의 표현도 풍부하다. 동물에는 곰, 코끼리, 호랑이, 산양, 사슴 등이 있다. 산악의 자연 풍경 속에서 먹이를 먹거나 웅크리고 쉬며, 혹은 덤벼들려 하면서 포효하거나 도망치려 하고 있다. 새 종류도 많은데 공작·꿩과 같이 꼬리가 긴 새, 독수리와 같이 큰 새들 이외에, 집오리, 오리, 각종 산새 등이 산악과 수목에 머무르거나 쌍을 이루기도 하며, 혹은 날아다니기도 한다. 수목의 표현 또한 제77굴과 마찬가지로, 나뭇가지 끝에 화문을 장식한 형태의 꽃나무, 불자형이나 삼엽형의 수목 등 의장성이 강하다. 연못의 표현도 원형이나 사각형에 국자처럼 구부러진 꼬리를 더한 형태의 장식적인 표현으로, 수목은 종종 이 연못에서 자라 나오고 있다. 이처럼 이 산악경은 짐승, 수목, 연못 등으로 채워져 있어, 마치 낙원과 같은 양상을 보이고 있다.

볼트천장의 천정부에는 띠형의 공극부를 마련하여 중축대로 삼고, 거기에 천상도가 그려져 있다(도238). 향좌측부터 태양, 비상하는 승려, 원숭이를 채가는 독수리, 구름 속의 뱀, 두 마리의 새, 비상하는 승려, 초승달이다. 여기서는 풍신이 보이지 않는다. 비상하는 승려는 산악구도 속에서 보았던 것으로, 역시 두 어깨와 두 발목에서 화염과 물줄기를 발하고 있다. 원숭이를 채가는 독수리는, 간다라의 용녀(나기)를 채가는 금시조金翅鳥[27]에서 유래하며, 키질의 삼각고임 천장굴에서 볼 수 있었던 뱀을 문 독수리나 금시조[28]의 도상과 관계가 있을 것이다. 구름 속의 뱀은 제77굴과 유사하며, 여기서는 그 바로 위에서 눈이 내리고 두 마리의 새가 날아 내려온다. 또한 이 굴의 천상도에서는 중축대의 양 끝에 해와 달을 배치하여, 산악구도와 천장 장식의

도240. 키질 제118굴 굴정 앞부분 하단 띠형 구획. 바다의 모티브(모사)[Grünwedel 1, fig. 238b]

모티브에서 비상과 하늘의 이미지를 연출했던 초기적 양상을 엿볼 수 있다.

이상으로 볼트천장의 벽화를 보았는데, 이 천장벽화의 산악구도 밑에는 앞부분과 뒷부분 모두 폭 37cm의 하연부가 있고, 이 띠형 구획에 담록색의 바다가 표현되어 있다(도240).[29] 거기에는 해마, 사람의 머리나 짐승의 머리를 한 괴어, 낙타, 뱀을 쪼는 금시조, 거북, 괴수, 물새, 연꽃, 인물 등이 그려져 있다. 인물은 모두 관식과 장신구로 장식하고 천의를 걸친 천부형으로, 활시위를 당기거나 공물그릇을 들기도 하며, 놀라고 있는 인물도 있다. 모두 바다에서 상반신을 내놓고 있는데 산악구도 속의 천인과 같은 표현이다. 후술할 내용과 같이 산악구도를 수미산으로 본다면, 이 바다의 표현은 큰 바다 가운데 우뚝 솟아있는 수미산 세계도의 구성요소로서 어울린다.

(3) 제212굴(항해자굴)

제212굴[30]은 직사각형 볼트굴로, 입구에 비해 가로로 몹시 긴 형태(폭 3.20m×깊이 10.95m)의 볼트천장인데, 천장 벽화는 손상이 심하여 거의 알아 볼 수 없다(도242). 「키질석굴총서」[31]에 따르면 중축대의 중앙부에는 금시조의 일부가 남아있고, 굴정의 좌우로 산악구도를 그리고 있는데, 화면의 대부분이 후대에 회반죽으로 뒤덮여 버리고 말았다. 이 같은 상태이므로 볼트천장 벽화의 도상구성에 대해서 세부적으로는 알 수 없으나, 아마 제77굴이나 제118굴과 유사한 구성이었을 것으로 생각된다.

좌우의 측벽에는 흥미로운 벽화가 그려져 있었는데, 그 대부분은 독일대에 의해 잘려나가, 베를린으로 옮겨졌다. 이 측벽의 벽화는 상중하 3단의

도241. 키질 제212굴 우벽 '마이트라카니야카 이야기'(선도)[Grünwedel 2, fig. 31]

띠형 구획으로 구성된다. 상단(높이 70cm)에는 좌벽에 '슈로나코티카르나 이야기', 우벽에는 '마이트라카니야카 이야기'의 설화도를 연속적으로 전개시키고 있다(도241).[32] 두 설화도 모두 주인공인 대상장大商長이 부모의 반대를 물리치고 항해에 나서는데, 도중에 홀로 남겨지거나 난파되기도 하며 그러는 가운데 업보의 두려움을 마주하게 된다는 테마로, 시간의 경과에 따라 장면을 전개시키는, 제1양식에서 두드러지는 설화표현을 보여준다. 두 설화도는 모두 대해로 출항하는 장면을 포함하여, 제118굴에서의 띠형 구획의 바다 표현과 마찬가지로 위쪽 산악구도와 함께 수미산 세계를 암시한다. 또

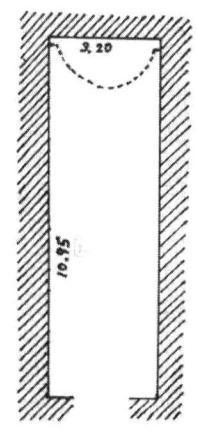

도242. 키질 제212굴(항해자굴) 평면도 [Grünwedel 1, fig. 326 원도]

한 두 설화 모두 업을 갚는 것을 테마로 하고 있어, 산악구도 속에서 세속을 버리고 산림에서 명상하는 승려의 도상에 대한 동기를 시사하는 것이기도 힐 것이다.

중단(높이 64cm)은 2단으로 이루어진 당초문양의 장식대인데, 주목할 것으로 좌우 벽 모두 상단의 당초문(높이 39cm) 사이에 두골(도246), 턱수염이 있는 장년 인물의 옆 얼굴, 노인의 정면향 얼굴, 젊은이의 옆 얼굴 등이 삽입되어 있다.[33] 당초문양 속에는 젊은이, 장년, 노인, 두골을 삽입함으로써, 식물의 생명력을 바탕으로 인간 생애의 변모를 표현한 것은 아닐까. 또한 좌벽에 '루마카마(시리아)에서 온 화가 마니바드라'를 언급하는 명문이 보고되어

있다.[34]

하단은 좌우벽 모두 하얗게 칠하여 남겨 놓은 공백의 패널이 많은데, 그 패널들 사이의 구획 속에 명상하는 승려가 각각 3인씩 표현되어 있다. 게다가 좌벽의 세 번째 승려의 눈앞에 두골이 그려져 있는데(도245),[35] 제77굴의 산악구도 속에서 명상하는 승려와 마찬가지로 두골을 관상하는 승려를 표현하고 있어, 중단의 당초문양대의 테마와도 관련된다. 이 도상적 의미에 대해서는 이후에 고찰하겠다. 명상하는 승려는 빠른 필치로 그려져 있는데, 그만큼 정형화되지 않은 자유로운 표현이 엿보인다.

이 제212굴은 볼트천장의 산악구도의 세부는 명확하지 않으나, 도상구성상에서 측벽의 벽화와 볼트천장 벽화가 밀접한 관계를 갖고 있었음을 추측할 수 있다.

(4) 제82굴(자원굴)

발트슈미트는 제1양식의 작례로 이 굴[36]을 들고 있지는 않지만, 그륀베델이 시사한 바와 같이[37] 석굴구조, 벽화양식으로 미루어 제1양식으로 거슬러 올라간다고 볼 수 있다. 직사각형의 도면(폭 3m × 깊이 6m)에 볼트천장을 이고 있는, 소규모의 간명한 구조이다.

측벽의 벽화를 보면 우벽은 거의 전면이 박락되어 있으나, 좌벽에는 많은 불설법도가 그려져 있었던 것 같으며, 알아 볼 수 있는 깃은 내 장면 정도이다. 사진도판은 간행되지 않았으나, 그중에는 산악경 속에 붓다를 표현한 구도도 있어, 천장에 그려진 산악구도와의 관련성이 시사된다. 제1양식의 제207굴(화가굴) 측벽의 불설법도(도266)[38]도 산악경을 배경으로 하는 구도가 많은데, 산악, 짐승, 수목, 연못 등의 표현도 볼트천장의 산악구도와 많이 닮아 있어, 후자의 표현이 산악경이 있는 불설법도에 유래하는 것임을 암시한다.

정면의 벽에도 불설법도가 네 면에 그려져 있고 그중 세 면이 분간할 수 있는데,[39] 역시 산악경도 보인다. 게다가 주목되는 것은 정면 벽의 위쪽 반원형구획의 벽화로, 그륀베델에 의하면 산악경 속에 붓다가 앉아있고, 그 오른쪽에 하프를 연주하는 건달바 판차시카와 그 뒤로 서 있는 신, 그리고 암자 속의 바라문이 있으며, 왼쪽에는 꿇어앉은 인물, 제석천 그리고 그 비의 모습이 보인다. 이는 '제석굴 선정(설법)'을 표현한 것임에 틀림없다. 중심주굴에서는 주실의 뒷벽에 소조나 벽화로 '제석굴 선정'을 표현하는 것이 일반적으로, 이 테마가 키질 도상학을 연구하는 데 있어 열쇠가 되는 도상임을 엿볼 수 있다. '제석굴 선정'은 천장의 산악구도와도 밀접한 관계를 갖는 것으로, 굴 전체의 도상구성을 생각하는 데에 있어서도 중요하다.

볼트천장의 벽화는 중축대와 굴정 우측에서는 거의 박락되었으나, 굴정 좌측에는 비교적 잘 남아있다.[40] 여기서도 중첩되는 산악문 안에 인물, 동물, 수목 등을 배치하고 있다. 새끼원숭이를 등에 업은 큰 원숭이, 명상하는 승려나 보살, 천인, 바라문 등의 모습이 보이는데, 특징적인 것은 명상하는 승려로, 산악의 동굴 속에 선정하는 승려가 표현되어, 양 어깨와 양 대퇴부에서는 화염을, 양 상완부에서는 물줄기를 발하고 있다(도243). 산악의 주위에는 의장적인 수목과 연못, 집오리·산새·공작 등의 새, 봉우리를 휘감은

도243. 키질 제92굴(자원굴) 굴정 좌. 선정승[『키질석굴』 2, 도77]

뱀, 사슴이나 포효하는 호랑이 등이 보여, 산림에서 수선修禪하는 모습을 방불게 한다. 다리를 꼬고 선정인을 결한 보살형 인물도 있다. 어깨를 맞대고 춤을 추는 듯한 동작의 두 천인도 보인다. 제77굴, 제118굴의 산악구도와 동류의 표현이라 할 수 있다.

입구가 있는 앞벽 상부의 반원형 구획에는 15인의 권속에게 둘러싸인 미륵보살을 그리고 있다.[41] 이 굴은 측벽과 뒷벽에 산악경을 포함한 불설법도, 정면 벽과 앞벽의 반원형 구획에 각각 '제석굴 선정(설법)'과 '도솔천상의 미륵보살', 볼트천장에 산악구도를 배치한 도상 구성으로, 산악구도의 성립과 굴 전체의 프로그램을 생각하는 데 있어 중요한 시사를 부여한다.

3. 선정승과 자연 풍경의 도상

키질 제1기(제1양식)의 볼트천장 벽화의 특징은, 중첩하는 산악문 속에 짐승, 수목, 연못, 명상하는 승려, 선인, 천인 등을 배치한 산악구도를 취한다는 것이다. 짐승이 있고 수목과 연못이 있는 산악의 자연 풍경을 바탕으로, 승려와 선인이 수선에 힘쓰고 천인들이 진악을 즐기며, 수렵의 장이 되기도 한다. 이에 반해 제2기(제2양식)가 되면 산악문은 패턴화되어, 그 속에 본생도나 인연도를 독립시켜 배치하기 위한 단순히 테두리적인 성격을 갖게 된다. 제2기에 있어서도 산악문 안에 설화도가 아닌, 불설법도나 명상하는 부처를 삽입하는 경우가 없지는 않으나, 그 경우에도 산악구도가 더 이상 유기적인 자연 풍경을 구성하고 있지 않다.

제1기의 산악구도에서 문제가 되었던 점은, 짐승과 인물이 수목이나 연못이 있는 자연의 산악경 속에 배치되고 있는데 이 같은 산악구도의 유래 혹은 성립을 어떻게 생각하면 좋을 것인가, 또한 굴 전체의 도상구성 속에서 산악구도가 어떤 의미를 갖고 있는가 하는 점일 것이다. 산악구도 속에 표현된 모티브 속에서 가장 특징적인 것은 명상하는 승려의 도상으로, 산악구도 자체와 결부되고 있다. 그 때문에 우선 이 명상하는 승려의 도상을 고찰하는 것부터 시작하고자 한다.

앞 절에서 관찰한 바와 같이, 제77, 118, 92굴의 볼트천장의 산악구도에는 모두 명상하는 승려의 도상이 보이며, 제212굴의 천장은 명확하지 않으나, 측벽에 역시 명상하는 승려가 그려져 있다. 산악구도 속의 명상하는 승려는 나무 밑의 초좌草座에 결가부좌하고 선정인을 결한 자세를 기본으로 한다. 승의는 편단우견인 경우도 있고 통견인 경우도 있는데, 모두 명상에 잠긴 선정승이다. 그중에는 승려의 눈앞에 연못, 수목, 새, 뱀, 두골 등을 표현하여, 그들을 관상하고 있는 모습의 승려도 적지 않다. 광의적으로는 모두 선정하는 승려지만, 관상의 대상을 표현하고 있는 경우가 있는가 하면, 별다른 관상의 대상이 없는 경우도 있다. 연못, 수목, 새 등은 그것이 승려가 관상하는 대상으로써 그려져 있는 것인지, 혹은 배경으로써의 자연 묘사인 것인지 구별이 어려운 것도 많다. 오히려 그것이 키질의 선정승 도상의 특징이기도 하다.

한편 산악의 자연 풍경 속에서 승려가 명상하는 표현은, 해탈을 구하는 승려들의 오랜 수행의 전통에 근거하고 있음은 두말할 것도 없다. 인도의 초기 경전에는 깊은 산림의 나무 밑, 돌 위, 산속, 동굴, 바위그늘 등 단지 자연 속에서 홀로 앉아 명상에 빠진 수행자의 모습을 전하고 있다.

> "맑고 투명한 물이 있고, 평평하고 큰 바위가 있으며, 검은 원숭이와 사슴이 무리를 이루고, 수초로 뒤덮인 이 암산들은 나를 즐겁게 한다."
> "밤에 인기척이 없는 빽빽한 수풀 속에서, 비가 내리고 이빨이 있는 짐승이 포효하며, 수행자도 산속에 들어가 선정할 때, 사람은 그 이상의 즐거움을 얻을 수 없다." (『장로의 시(테라 가타)』 113, 524)[42]

인도에서 불교의 석굴은 기원전 시대부터 무수히 조성되고 있는데, 그 계기가 된 것은 아마 승려들의 이러한 산림이나 동굴에서의 선사禪思가 존경받았기 때문임이 틀림없다. 그러나 인도에서는 승려가 산간에서 명상하는 장면 자체를 미술 테마로 삼는 경우는 없었고, 불전도, 본생도 등의 석가 설화도 속에서 표현되었다. 그 전형이 되는 것은 간다라에서 많이 표현되었던 '제석굴 선정(설법)'으로 키질석굴에도 큰 영향을 끼쳤다. 이 문제는 산악구도의 성립과도 관계되어 중요한데, 여기서는 우선 선정승의 도상에 주목하고자 한다.

사색성이 짙은 인도불교가 중앙아시아에서는 관불이나 염불 등 구체성을 중시하는 실천적 불교로 크게 기울게 된다.[43] 중국 초기의 역경을 보면 선삼매禪三昧류의 경전이 많으며, 게다가 그 대부분은 중앙아시아 혹은 서북인도 출신의 승려에 의해 한역되고 있다. 후한의 안세고安世高, 지루가참支婁迦讖, 서진의 축법호竺法護, 도진의 구마라집鳩摩羅什, 동진의 불타발타라佛馱跋陀羅, 유송의 담마밀다曇摩蜜多, 저거경성沮渠京聲 등의 역경을 들 수 있다.[44] 이와 호응이라도 하듯 명상하는 승려, 선정승의 도상은 중앙아시아에서 빈번히 나타난다. 수도 히로토시須藤弘敏가 지적한 것처럼,[45] 그것은 아프가니스탄 핫다의 테페슈트르 지하사당, 쿠챠의 키질석굴, 쿰트라석굴, 키질가하석굴, 타이타이르석굴, 카라샤르의 시크친석굴, 투르판의 토요크석굴, 셍김아기즈석굴, 둔황 모가오굴, 윈강석굴, 그리고 일본의 법륭사法隆寺 타마무시노즈시와 법륭사 금당의 구벽화에 이르기까지, 중앙아시아를 중심으로 하여 중국, 일본에 미치고 있다. 이들은 대략 5~7세기에 속하며, 시대와 지역에 따라 도상의 양상이 다르지만, 그들 중 약간 도상계통을 달리하는 윈강[46]의 경우를 제외하면, 키질 제1기의 선정승 도상은 가장 초기적인 양상을 보여준다.

키질의 도상을 고찰할 경우에는 쿠챠 출신 구마라집Kumārajīva의 역경이 특히 주의된다. 『출삼장기집』[47]과 양대의 『고승전高僧傳』[48]에 의하면, 구마라집은 아버지가 인도인이고 어머니는 쿠챠 국왕의 동생이며, 계빈(여기서는 간다라)[49]에서 공부한 고승으로, 번역한 선삼매 경전으로는 『좌선삼매경』, 『선비요법경』, 『선법요해』, 『사유략요법』[50] 등이 있어, 그가 선관의 실천을 중시했음이 엿보인다. 이 경전들은 수선의 순서를 중심으로 설한 것으로, 그것이 곧장 미술의 테마가 되는 것은 아니지만, 키질벽화를 고찰하는 데 있어 중요한 시사를 준다. 예를 들면, 부정관에서 염불관을 포함한 5종의 관법, 또한 보살도의 선관을 기술한『좌선삼매경』에는 서의 게문에, 산림에서 수선하는 것의 중요성에 대해 다음과 같이 기술하고 있다.

더럽고 깨끗하지 못한 몸을 싫어하여 고통을 여의고 해탈을 얻는다네. 한가롭고 조용하게 적멸을 닦기로 마음먹고 결가하고 숲속에 앉아 마음을 점검하되 게을리하지 않았으므로 마음을 깨닫고 갖가지 인연을 깨닫네.* (T.15, No. 614, p. 270c)

키질 제1기의 볼트천장의 산악구도에서 본, 짐승이 있는 삼림 속에서 명상하는 승려의 표현은 이같이 수선의 모습을 표현한 것임에 틀림없다. 게다가 역시 구마라집이 번역한『선비요법경』[51]에는, 키질벽화의 도상을 상기시키는 기술이 있어 주목된다. 이 경전은 무척 복잡한 구성을 보이는데, 30종의 관법과 마지막에는 아라한과로 나아가기 위한 관법을 설명하고 있다. 이 관법의 중심이 되고 있는 것은 부정관不淨觀, 백골관白骨觀, 사대관四大觀, 관불삼매觀佛三昧로, 정도를 높여가면서 그것들이 반복된다. 백골관과 사대관은 육체의 부정을 설하는 부정관과 부처의 모습을 설하는 관불삼매 사이에 놓여, 속된 현실세계에서 성스러운 불세계로 전환되는 구조를 갖는 관법으로, 이를 상세히 기술하고 있는 것이 이 경전의 특징이라고 할 수 있다. 게다가 여기서 설하는 백골관과 사대관은, 키질의 도상과 적지 않은 관련성을 갖는다.

제77굴의 우랑 굴정의 좌측 구석으로 두골을 앞에 두고 동굴 안에서 명상하는 승려가 보인다(도244). 이는 분명 두골을 바라보고 있는 '관상하는 승려'이다. 제212굴에도 측벽에 선정하는 모습으로 두골을 관상하고 있는 승

---

* 불교기록문화유산 아카이브(https://kabc.dongguk.edu/) 우리말 번역문 인용. 厭穢不淨身, 離苦得解脫. 閑靜修寂志, 結跏坐林閒; 撿心不放逸, 悟意覺諸緣.『좌선삼매경』1권(ABC, K0991 v30, p. 128b20-b22)

도244. 키질 제77굴(조상굴) 우랑 굴정 좌. 두골을 관상하는 승려[『키질석굴』 2, 도22]

도245. 키질 제212굴(항해자굴) 구 좌벽 소재. 두골을 관상하는 승려. 베를린국립인도미술관[Bussagli, pl. in p. 68]

려가 표현되어 있다(도245). 『선비요법경』은 '백골관문白骨觀門'이라는 별칭 (T.15, No. 613, p. 267c)을 통해서도 알 수 있듯 백골관이 지극히 중시되고 있어, 키질의 '두골을 관상하는 승려'는 아마 이 백골관을 표현했을 것이다. 백골관은 관상의 대상을 '白骨人'이나, '骨人' 등으로 기록하고 있어 해골 전체를 전제하고 있는 것이지만, 제18의 일문관一門觀의 조에는 '마음을 다해 사유하여 백골을 보고', '점점 확대하여 몸의 뼈를 본다'(동, p. 252a)라고도 기록하고 있어, 두골을 의미했던 것으로도 생각된다. 여기서 주목되는 것은 백골관은 부정관이 아니라, 제11의 백골류광관白骨流光觀에서 흰 빛, 달빛, 햇빛의 상(동, p. 248a)이라 하며,* 제18의 일문관에서는 백옥 거울, 수정 거울, 혹은 백옥의 사람, 백은의 사람, 염부단금의 사람, 금강의 사람**에 비유하고 있는 것처

---

* 作白光想持用支柱. 若夜坐時作月光想, 若晝坐時作日光想. 『선비요법경』1권(ABC, K0798 v19, p. 926c06-c08)

** 此想成已…自見面骨如白玉鏡…見擧身骨白如頗梨鏡…須臾見身如白玉人…復見己身如

럼, 백골관에 의해 광휘가 넘쳐 흐르는 선정의 경역이 달성되는 것이다.

키질의 두골을 관상하는 승려의 도상과 비교할 수 있는 사례는, 투르판의 토요크석굴과 아프가니스탄 핫다의 테페슈트르 지하사당에서 볼 수 있다.[52] 토요크 제42굴[53]은 직사각형의 볼트굴로, 뒷벽에 하나, 좌우 측벽에 각 2개의 소실이 마련되어 있어, 그 좌벽 바로 앞(동북)의 소실 내에, 인체의 좌반신은 육체, 우반신은 해골로 표현한 주검을 사이에 두고, 나무 밑에서 두 명의 승려가 그것을 관상하고 있는 장면을 그리고 있다.[54] 한편 이 굴의 좌우 측벽과 뒷벽에는 여러 개의 사각형 구획 속에 각각 보배나무, 보배연못, 보주, 누각 등을 관상하는 승려를 그린 벽화가 있다.[55] 관경변상의 관상도를 독립시킨 듯한, 정토의 관상에 이른 관상도 표현으로 한층 흥미로운데, 좌벽 소실 내의 백골 주검의 관상도는, 그 전 단계라고도 할 수 있는 부정관을 표현했을 것이다. 표현형식상에서, 키질의 두골을 관상하는 도상보다도 관상도로서 발전된 단계에 있는 것이라고 할 수 있을 것이다.

이에 반해 역시 직사각형 볼트굴인 테페슈트르의 지하사당[56]에는, 뒷벽에는 검은 바탕에 적갈색으로 바림을 하여 그 위에 백색 해골상이 표현되고, 그 좌우에는 명문을 통해 사리불과 목건련임을 알 수 있는 나무 밑의 승려를 그리고 있다(도249). 좌우 측벽에 각각 4인의 승려(어깨에 불꽃 표현이 있다)의 좌상이 있는데, 이 총 10인의 승려는 5~7세기의 서체를 보여주는 브라흐미 문자에 의한 명문을 동반하고 있어, 십대제자를 표현한 것임을 알 수 있다. 중앙에 해골상을 두고 그 좌우에 나무 아래의 승려를 배치하는 구도는 도요크의 것과 유사한데, 테페슈트르의 해골상에는 주검의 표현이 없을 뿐 아니라 빛나는 듯 해골을 표현하고 있어, 이는 분명 백골관을 표현한 것임에 틀림없다. 또한 테페슈트르 지하사당의 측벽에는 당초문양대가 표현되어 있는데, 거기에는 과실과 꽃, 그리고 남근이 배치되어 있어, 풍요다산과 생식

白銀人…復見己身如閻浮檀那金人…復見己身如金剛人.『선비요법경』2권(ABC, K0798 v19, p. 932c19-p. 933a05)

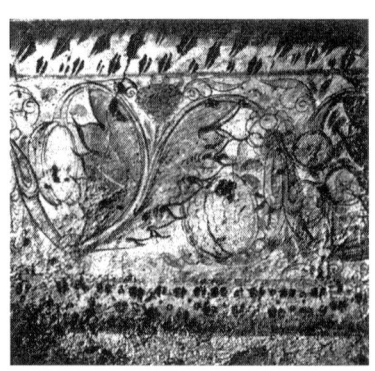

도246. 키질 제212굴. 구 측벽 소재. 두골을 배치한 당초문양.
베를린국립인도미술관[『키질석굴』 3, 도217]

도247. 테페슈트르 지하사당 좌벽. 과실과
남근을 배치한 당초문양[Tarza, fig. 20]

의 힘을 지닌 당초를 나타내고 있다(도247).

　　키질에서도 제212굴의 측벽에는 두골을 관상하는 승려와 당초문양의
표현이 있는데, 당초문양 속에 젊은이, 장년, 노인, 두골을 삽입하고 있다(도
246). 또한 제77굴의 산악구도 속에는 두골을 관상하는 승려와 함께, 똬리를
튼 뱀을 관상하는 승려도 있다(도248). 이는 인도 요가의 쿤달리니를 상기시
켜,[57] 생명에너지를 상징할 것이다. 키질 제212굴, 제77굴의 경우도 테페슈
트르와 마찬가지로, 생사의 근원을 직시하는 선관의 원초적인 성질과 관련
된 도상이라고 할 수 있다. 그러나 키질과 테페슈트르의 도상표현을 비교해
보면, 테페슈트르의 관상하는 도상이 명확하게 백골관을 표현하고 있어, 기
법으로써 확립된 관법을 따르고 있으며, 게다가 승려는 석가의 십대제자를
표현하고 있는 것에 반해, 키질의 도상에서는 두골이나 똬리를 튼 뱀의 관상
도로 암시적인 표현방식을 취하고 있다. 또한 키질에서는 승려들의 다양한
수선, 관상의 모습을 산악구도 속에 표현하고 있는데, 거기에는 승려와 선인
이 수행 생활에 열중하는 모습도 포함되어, '산림에서의 수행도'라는 성격을
가진 보다 원초적인 양상을 보여주고 있다.

　　그러나 키질의 산악구도를 상세하게 관찰해 보면, 단지 승려들이 수행
하는 장소로서의 배경묘사라고 단정짓는 것만으로는 해석이 불가능한 도

도248. 키질 제77굴(조상굴) 우랑 굴정 우. 관상하는 승려[『키질석굴』 2, 도17]

도249. 테페슈트르 지하사당 안쪽 벽. 해골을 관상하는 목건련[Tarza, fig. 21]

상도 많다. 예를 들면, 제77굴의 산악구도 속에 3구의 풍신이 보이고(도250), 또 구름으로 보이는 표현 속에 여러 마리의 뱀이 목을 낫처럼 쳐들고 있는 도상이 있다(좌랑좌, 도251). 전자의 풍신은 인격신으로 표현되는데, 숄 형태의 바람주머니에서 상반신을 드러내고, 한 손으로 그 끝을 잡아 쭉 내밀고 있는 표현이다. 숄을 뒤집은 풍신은 쿠샨조의 카니슈카 화폐(OADO)[58]나 간다라 조각[59]에서 볼 수 있는데, 상반신만으로 표현되는 풍신은 바미얀 동대불천 징화[60]에서도 볼 수 있어, 키질의 풍신에 가깝다. 이러한 풍신이 왜 산악구도 속에 표현되었던 것일까. 또한 후자의 '구름 속의 뱀'이라 명명되는 기묘한 도상은 무엇을 의미하고 있는 것일까.

여기에서 『선비요법경』의 사대관에 대한 기술이 시사적이다. 이 기술은 선정의 경역을 다루고 있기 때문에 상당히 복잡하지만, 자연의 요소인 지수화풍의 사대四大를 각각 자기 안에서 관하고, 한편 외부 세계도 사대의 변화에 의해 생성되고 있어 그 양상을 관상하는 것임을 설명하고 있다. 그것은 결코 객관적인 자연계의 관상이 아니라, 바람, 불, 물, 땅의 자연요소가 유동

도250. 키질 제77굴(조상굴) 좌랑 굴정 좌. 풍신
[『키질석굴』 2, 도25]

도251. 키질 제77굴 좌랑 굴정 좌. 구름 속의 뱀
[『키질석굴』 2, 도26]

하고 생성하는, 이른바 자연의 원초적 창조와 마주하며, 자신을 그와 동일화하는 관상이라고 할 수 있을 것이다. 우선 풍대風大에서 시작하는데, "풍대는 사방에서 일어나며, 하나하나의 풍대는 마치 큰 뱀과 같은데, 각각 사두가 있어 둘은 위에, 둘은 아래에 있다"(T.15, No. 613, p. 248b)라고 설하고 있다. 제77굴의 산악구도 속 풍신과 구름 속의 뱀은 이 풍대를 의미하는 것이 아닐까. 기묘한 구름 속의 뱀 표현은, '큰 뱀과 같으며, 각각 사두四頭가 있는' 풍대를 떠올리게 한다(도251).

또한 "바람은 변화하여 불이 되고, 하나하나의 독뱀은 모두 화산을 토하는데, 그 산은 높고 험준하여 몹시 두려워하게 된다"(동, p. 248b). 불은 독사의 이미지가 되어 화산을 도하고, "네 마리 큰 독사가 달려 나무 꼭대기로 오른다"(동, p. 267b)라고도 한다. 산악구도 속에서 불의 표현은 거의 보이지 않지만, 제77굴에서는 뱀의 표현이 많아 산봉우리나 나뭇가지를 휘감고 있어, 어쩌면 화대火大와 관련된 것인지도 모른다.

물은 불과 관계가 깊어, "그때에 네 독사는 입에서 물을 뿜으며, 그 물은 오색빛으로 일상一床을 두루 채운다", "모든 물속에 하나의 큰 나무가 있어, 가지의 잎을 사방으로 펼치면 두루 일체를 덮는다"(동, p. 248c), "또한 호랑이, 늑대, 사자, 승냥이, 표범, 새, 짐승이 있어, 화산에서 나와 물속에서 유희한다"(동, p. 249a), "그 물은 따뜻하여 물속에서 나무가 자라는데 칠보의 나무와 같다. 나무가 울창하며 위에는 네 과실이 열린다"(동, p. 261b) 등의 기록이 있다. 이는 선정자의 내관內觀이면서, 동시에 외부 세계의 자연 풍경이기도 하다. 이처럼 경전의 기술은, 제77, 118, 92굴의 볼트천장에 그려진, 중첩된 산악 속에 수목과 연못이 여기저기에 있고, 많은 새와 동물이 출몰하거나 쉬고 있는 자연묘사를 상기시킨다. 제77굴의 우랑 우측 하단에 보이는 엎드려 누워 웅크린 거무스름한 동물(도248)은 큰 귀를 가진 얼굴의 생김새로 미루어 코끼리임에 틀림없는데, '검은 코끼리黑象'는 경전 속에서 자주 등장한다. 또한, 연못에서 수목이 자라나는 표현은 산악구도 속에서 특징적인데, "물속에서 나무가 자라고", "연못 속에 홀연히 나무가 있어"(동, p. 261b)라는 기록과 상통한다(도238, 239).

불과 물의 표현으로 주목되는 것은, 명상하거나 관상하는 선정승의 표현이다. 제77굴의 우랑 우측의 선정승은 양팔과 양 대퇴부에서 각각 화염을 발하고(도248), 제118굴 앞부분의 선정승은 양어깨에서 화염을, 양 상완부에서는 물줄기를 발하고 있다(도239b). 제92굴의 선정승은 양어깨와 양 대퇴부에서 화염, 양 상완부에서 물줄기를 발한다(도243). 화염은 적갈색이고, 물줄기는 담록색으로 표현되어 있어, 선정승이 몸에서 불과 물을 내뿜고 있는 표현임은 틀림없다. 『선비요법경』의 화대관火大觀에서는, "출정에도 입정에도 몸의 뜨거움이 불과 같으며, 이 화대는 팔다리의 마디에서 일어남을 본다. 모든 모공 속에서 불이 나온다"(동 p. 260a)고 하며, 또한 수대관水大觀에서는, "水내를 제관해야만 한다. (水내의) 모공에서 나와 그 몸 전체로 퍼지고, 출징에도 입정에도 몸을 보면 연못과 같다. 그 물은 녹색으로, 그와 같은 푸른 물은 산꼭대기의 샘과 같아, 정수리에서 나와 정수리로 따라 들어간다"(동, p. 260c)라고 한다. 불과 물을 발하는 선정승의 표현은 이처럼 화대관·수대관과 관계될 것이다. 또한 도상표현과 대응이 잘 되는 것은 다음과 같은 기술이다. 즉, "스스로 몸 안을 보니 물이 올라오고 불이 내려가며, 불이 올라가고 물이 내려가서, 몸을 보려 하니 몸이 없다. 이 생각이 이루어질 때, 몸의 물과 불을 보니 뜨겁지도 않고 차갑지도 않아, 몸과 마음이 고요하여 안주하고 장애가 없게 된다. 이를 사다함과斯陀含果라고 한다"(동, p. 262b). 이 기술에서 불과 물을 발하는 승려의 도상은, 선정삼매의 과에 도달한 승려의 표현이라고 해석할 수 있을 것이다.

그런데 이 불과 물의 표현은 간다라 이래의 도상전통을 상기시킨다. 그것은 쌍신변yamaka-prātihārya이라고 부를 수 있는 것으로, 불전경전 속의 '사위성의 신변'[61]이나 '귀향설법'[62]의 설화에 출전이 있다. 붓다가 화광정, 화계정이라고 하는 삼매에 들고, 그다음에 "몸 아래에서 불을 내고, 몸 위에서 물을 내며, 몸 위로 불을 내고, 몸 아래로 물을 낸다"라는 신변을 행했다고 하는 이야기이다. 붓다의 몸 위와 아래에서 불과 물을 교차적으로 분출시키는 '쌍신변'의 도상은, 간다라 조각에서 10여 개에 가까운 작례를 찾아 볼 수 있는데,[63] 모두 불입상의 머리 주위나 혹은 머리 자체에서 화염을 발하고, 발밑에서 물줄기가 흘러나오는 표현이다. 아프가니스탄의 카피시 지방에서는 이 도상이 한층 선호되어 양 어깨에서 화염을, 의문 하단이나 발밑에서 물줄기를 내뿜는 쌍신변상의 작례가 적지 않다(도252).[64] 이들 쌍신변을 표현한 불상은 모두 입상으로 좌상은 없는 것이 주의된다. 또한 붓다의 양어깨에서 화염을 발하는 이른바 염견불焰肩佛도 카피시 지방에 많다.[65] 그 경우는 연등불과 같이 입상의 예도 있지만, 대부분은 선정의 좌불이다. 염견불은 바미얀, 키질, 둔황을 시작으로 하는 중앙아시아의 벽화에 다수 보이며, 중앙아시아 각지에서 출토된 조각에도 그 예는 적지 않다.

도252. 쌍신변상. 파이타바(카피시) 출토. 기메박물관[쿠리타 이사오 1, P3-1]

키질 제1기의 산악구도 속에서 볼 수 있는 불과 물을 발하는 선정승의 표현은, 이처럼 붓다의 쌍신변이나 염견의 도상표현과 관련이 있는데, 키질의 선정승은 불상이 아니며 게다가 좌상으로 불과 물을 발하고 있다는 점에서 독자적인 특징을 갖는다. 키질의 도상은 이른바 붓다의 선정을 모방하여 승려가 예류預流, 일래一來, 불환不還, 아라한阿羅漢 등의 과에 도달했음을 보여주는 것으로, 바로 선정에 든 승려 그 자체를 표현한 것이라고 할 수 있을 것이다. [66] 붓다와 승려의 표현은 구분이 어려운 경우도 있지만, 육계의 유무, 얼굴의 표정, 착의 표현 등에 의해 구별된다. 테페슈트르 지하사당 측벽의 십대제자나 둔황 제285굴의 선정승에도 염견 표현이 있지만, 키질의 선정승은 불과 물을 발하고 있어 가장 전형적인 선정승의 도상이라고 할 수 있다.

키질 제1기의 산악구도는 『선비요법경』에 기록된 관상과 선정의 묘사와 관계가 깊으며, 거기에서 촉발된 표현이 적지 않음을 보아 왔다. 이 경전의 기술에는 선정자의 내관과 자연의 외관이 서로 침투하고 있는 부분이 많다. 선정자의 명상에 대한 여러 가지 단계에서, 빛, 불, 뱀, 바람, 불, 구름 등의 유동하는 이미지가 나타난다. "행자가 스스로 언덕 위를 관견하니 자연의 기운이 나와 허공에 이르러 마치 연기구름과 같다"(T.15, No. 613, p. 257c)라는 내용과 같이, 선정자의 명상 체험을 통해 비상하여 허공으로 올라가는 이미지가 현현하는 것이다. 제77굴의 산악구도에는 풍신, 구름 속의 뱀, 나는 새 등의 비상하는 모티브가 표현되어, 그들이 그대로 천정의 천상도가 되고 있음은 이미 지적했다. 산악구도 속에 비상하는 모티브를 표현하고, 동시에 그것이 하늘로 떠오르는 이 같은 표현은, 선정승의 명상 체험과 호응하는 것이라고 할 수 있다.

제118굴에서는 천정에 중축대를 설치하고, 태양, 비상하는 승려, 원숭이를 쫓는 독수리, 구름 속의 뱀, 두 마리의 새, 비상하는 승려, 초승달을 그려 비상과 하늘의 모티브를 모아서 정연한 천상도를 구성하고 있다(도238, 253). 비상하는 승려는 역시 동일 굴의 산악구도 속에서 나타나고 있다. 앞부분의 산악구도에서는 비스듬하게 위쪽으로 비상하며, 뒷부분에서는 바로 옆을

향해 비상하는 승려를 그린다. 후자
는 손에 발우와 석장을 들며, 양 어
깨에서 화염을 발하고, 양 허리부분
에서 물줄기를 발하고 있다. 이 도
상은 전술한 카피시 지방 출토의 쌍
신변상을 상기시키는데, 여기서는
붓다가 아닌 아라한과에 도달한 선
정승이 불과 물을 발하며 비상하는
것이다. 실제로 제224굴(제3구 마야
굴)의 우랑에 그려진 '제1결집'의 장
면에서는, 아라한과에 도달한 불제
자들이 비상하여 결집의 장소에 모
이는데, 그들도 몸에서 불과 물을
발하고 있다(도408).[67] 키질 제2양식
의 제8, 34, 38, 163, 171굴 등의 천상
도에서는, 비상하는 승려가 아닌 비

도253. 키질 제118굴(해마굴). 천상도 속의 비
상하는 승려(모사)[Grünwedel 1, fig.
239]

상하는 부처로 대체되고 있다. 제1양식에서는 선정승의 이미지가 강하게 반
영되어 있었음을 알 수 있다.

마지막으로 『선비요법경』에는 비상의 이미지와 함께, 견고한 산의 이미
지가 중시되고 있음을 주목해야만 한다.

불이 크게 움직일 때 마땅히 산의 생각(想)을 일으키는 것이고, 마땅
히 여러 산을 생각하는 것이다.[*] (T.15, No. 613, p. 249b)
대지가 움직일 때, 금강산이 아래쪽 땅으로부터 나와 행자의 앞에 머

---

* 불교기록문화유산 아카이브(https://kabc.dongguk.edu/) 우리말 번역문 인용. 火大動時
應起山想. 當想諸山 ….『선비요법경』1권(ABC, K0798 v19, p. 929a03)

문다. 이때 행자는 이미 사방에 금강산이 있음을 본다.* (동, p. 252b)

선정승은 산을 관상하고, 산에 둘러싸이며, 또한 자신을 산과 동일시해 간다.

정에 들 때(入定) 마음이 밝기 때문에 삼천대천세계의 커다란 상相을 보고 염부제의 수미산과 큰 바닷물을 보는데 낱낱이 모두가 명료하다.** (동, p. 262c)

이처럼 선정승은 선정의 높은 단계로, 우주의 상징이기도 한 수미산과 자신을 동일화하고 있다. 제77굴과 제118굴의 산악구도는 삼림에서 승려가 수선하는 배경으로서의 산악경이면서도, 볼트천장의 전체 면을 산악구도로 채운 이른바 전체로서의 수미산과도 닮은 구성을 취하고 있다. 그것은 이처럼 선정의 경지인 우주적인 산과 호응한 표현이라고 볼 수 있을 것이다.

이상으로 제1기 볼트천장의 산악구도의 도상표현을, 선정승의 도상이라고 하는 시점 아래 주로 『선비요법경』에 의거하여 해석해 보았다. 경전 자체의 기술과 대응하는 것처럼, 벽화도 우선 산악 속에서 명상에 잠기고 두골과 뱀을 관상하며 선정에 드는 승려를 묘사하고, 이어서 선정자의 내관과 외관이 서로 침투하는 형식으로 수목, 연못, 짐승 등의 자연 풍경이 나타나며, 또 풍신, 구름 속의 뱀, 새, 비상하는 승려라는 비상의 이미지가 허공으로 올라가, 끝내는 우주적인 수미산 세계 속에 포섭되는 것이다. 기질 제1양식의 산악구도는 이처럼 『선비요법경』 등의 선관경전과 깊이 관련되어 있어, 그

---

* 불교기록문화유산 아카이브(https://kabc.dongguk.edu/) 우리말 번역문 인용. 大地動時, 有金剛山從下方地出, 住行者前. 爾時行者, 見已四邊有金剛山, 復見前地猶如金剛. 『선비요법경』 2권(ABC, K0798 v19, p. 933a08-a09)

** 불교기록문화유산 아카이브(https://kabc.dongguk.edu/) 우리말 번역문 인용. 入定之時, 以心明故, 見三千大千世界麤相, 見閻浮提須彌山及大海水悉皆了了. 『선비요법경』 3권(ABC, K0798 v19, p. 948c04-c06)

에 촉발된 도상표현이라 할 수 있다.

그러나 이 같은 산악구도의 표현이 오로지 그러한 경전에 의거하여 제작되었다고 말하기는 어려운 것 또한 사실이다. 산악구도 속에서 보이는 악기를 연주하거나 춤을 추는 천인, 혹은 수렵하는 인물, 유머러스한 원숭이, 쉬고 있는 새와 동물, 포효하거나 도약하는 짐승 등의 모습은 경전상으로는 해석할 수 없다. 또한 특징적인 산악표현이나 산악구도의 형태 등도 경전에 기초하여 표현되고 있지 않다. 산악구도를 전체적으로 해석하기 위해서는, 거듭 도상표현 자체의 전통으로 거슬러 올라가서 모든 작례와 비교 고찰을 수행할 필요가 있다.

4. 선정승, 산악구도의 모델로서의 '제석굴 선정'

앞 절에서 선정승과 자연 풍경의 도상에 대해 경전에 기초한 해석을 시도해 보았다. 선정승의 도상이 자연 풍경과 결부되어 산악구도 속에서 중요한 의미를 갖고 있음이 밝혀졌는데, 사실 선정의 도상과 산악표현은 원래부터 관련성을 갖고 있다. 그것은 단순히 선정하는 수행자가 산림, 동굴, 바위 그늘 등에서 명상에 잠겼기 때문만이 아니라, 석가 자신이 산속의 동굴에서 선정에 들었다고 하는 설화가 있어, 특히 간다라 미술에서 널리 인기를 얻었던 테마였기 때문이다. 그것은 일반적으로 '제석굴 설법'이라 불리는 불전설화인데, 표현상에서는 '제석굴 선정'이라고 부르는 것이 어울린다. 간다라에서는 중심의 붓다가 설법인을 결하는 경우가 없고, 모두 선정인을 결하고 있기 때문이다. 이 '제석굴 선정'의 간다라 불전미술은 선정의 도상을 대표하는 하나의 모델로 활용되어, A. 소퍼가 지적한 바와 같이 중앙아시아의 불교미술, 특히 키질석굴의 미술에 큰 영향을 미쳤다.[68]

'제석굴 선정'의 설화는 『디가니카야』 2 「삿카판하숫탄타」,[69] 『장아함경』 권 제10 「석제환인문경」(T.01, No. 01, pp. 62-66), 『중아함경』 권 제33 「석문경」

(동, pp. 632-638), 『제석소문경』(동, pp. 246-250), 『잡보장경』권 제6「제석문사연」(T.04, No. 203, pp. 476-478) 등에 출전이 있으며, 『불소행찬』(동, p. 40a)에도 간단한 언급이 있다. 설화 내용의 전체적인 줄거리는 공통되지만 세부적으로 다른 부분도 적지 않다. 『장아함경』의「석제환인문경」에 의하면 설화의 대략적인 줄거리는 다음과 같다.

마갈국 암파라촌의 북쪽, 외타산의 인타파라굴에서 붓다가 선정에 들었을 때, 제석천은 집악신執樂神(건달바)의 반차익般遮翼(판차시카), 그리고 도리천의 신들과 함께 붓다가 있는 곳을 찾아가, 우선 반차익에게 금을 타도록 명하여 붓다를 삼매에서 깨어나게 한다. 붓다가 반차익을 찬한 뒤, 제석천은 중생의 원망이나 다툼이 발생하는 원인을 묻는 것을 시작으로 붓다에게 여러 가지 질문을 한다. 붓다는 그것이 가난과 질시에서 발생하며, 가난과 질시는 사랑과 증오에서 발생하고, 사랑과 증오는 욕망에서 일어난다고 하는 등의 연기의 법, 업(카르마)의 법을 설한다. 제석천은 이를 듣고 만족하여, 예전에 아수라阿須倫와 싸워서 이긴 것에 대한 도장희락刀杖喜樂이 있었으나, 참된 희락인 오공덕과五功德果를 얻었음을 붓다에게 말하며 끝난다.

붓다가 동굴 안에서 명상에 잠겨 있을 때 제석천이 도리천에서 내려와 방문하여 붓다의 설법을 들었다고 하는 설화를 표현한 부조는, 이미 바르후트, 보드가야, 산치의 고대초기 미술[70]에서 나타나고 있는데, 특히 간다라에서 애호되어 특별한 도상형식이 성립했다. 간다라의 '제석굴 선정'은 불전 속의 한 설화를 표현하고 있으면서, 선정의 도상이라고도 할 수 있는 형식을 창출한 것이다.

간다라의 '제석굴 선정'을 표현한 부조는 20여 개의 작례가 알려져 있는데, 표현형식상에서 크게 두 가지로 나눌 수 있다.[71] 제1류는 시크리 스투파의 부조(라호르박물관 소장)[72]로 대표되는 것으로, 설화성 강한 표현을 취한다. 즉, 동굴 속에서 초좌에 앉아 결가부좌하는 선정의 붓다를 표현하고, 향좌측으로 궁형 하프를 든 악신 판챠시카, 그 뒤로 합장하는 제석천이 보이며, 위쪽으로 두 명의 아마도 도리천의 천인이 산화하는 구도이다. 이 설화에서 등장하는 주요한 인물만을 표현한 서술적인 표현이라고 할 수 있다. 자연 풍경으로는 둥그스름한 암산의 동굴 정도가 있는데, 동굴의 아래쪽 구멍에서 사자가 얼굴을 내밀고, 주위에는 산양과 사슴(?) 등이 표현되어 있다. 이 제1류의 형식에 있어서는 선정의 붓다가 얼굴을 비스듬하게 향하거나, 혹은 붓다의 모습이 부분적으로 동굴의 바위 그림자에 감춰지도록 표현되는 경우도 적지 않다.[73] 일반적으로 붓다, 제석천, 판챠시카 이외의 등장인물은 적으며, 동굴 표현도 간소하다.

키질석굴과 비교하는 데 있어 중요한 것은 제2류의 도상형식이다. 즉, 부조판넬 자체가 커서 전체가 감실의 형태를 갖추며, 감 안쪽 중앙으로 큰 선정 붓다를 표현하고, 주위 동굴의 암산을 많은 천인이나 동물들로 채우고 있는 구성이다.[74] 예를 들면 로리얀탕가이 출토의 부조(도254)[75]를 보자. 부조판

도254. 제석굴 선정. 로리얀탕가이(간다라) 출토. 캘커타
인도박물관[Marshall, fig. 113]

넬 전체가 동굴을 모방하고 있는데, 중앙의 감형 내에 선정인을 결하고, 눈을 감은 채 명상에 잠긴 좌불이 예배상과 같이 고부조되어 있으며, 그 주위에서 많은 천인들이 찬탄하고 동물들이 쉬고 있다. 즉, 향우측으로 산개 아래에서 보관을 쓰고 합장한 제석천, 이와 대응하는 향좌측으로는 궁형 하프를 든 판챠시카(상반신 결손)가 보이며, 그 밖에는 부조 좌우로 많은 신들이 층을 이루며 표현되는데, 모두 산화하거나 합장하며 혹은 손에 꽃을 들고 찬탄공양을 하고 있다. 아마도 제석천과 함께 내려 온 도리천의 신들일 텐데 향좌측의 신들은 장신구를 일체 갖추지 않은 채 머리를 묶고 있는 모습으로 보아 범중천을 표현한 것은 아닐까. 아무튼 동굴 안의 선정에 든 붓다가 있는 곳에, 제석천을 필두로 하는 천상의 신들이 찾아와 찬탄하는 장면을 여기서는 한층 회화적(피토레스크)으로 표현하고 있다.

붓다가 명상에 잠긴 자연스러운 모습이나 천인들에 대해 경전에서는 "(여래는) 이 한적하고 고요한 곳에 내려와 고요하고 묵묵하게 소리 없이 짐승들을 벗 삼아 노닐고 계신다. 이곳엔 늘 여러 큰 천신들이 세존을 모시고 있다"(『장아함경』 「석제환인문경」 T.01, No. 01, p. 62c),* 혹은 "세존께서는 이렇게 일 없는 한가한 곳이나 산림이나 나무 밑이나 높은 바위에 즐겨 계시면서, 고요하여 소리가 없고 … 모든 하늘들도 그분과 함께 멀리 떠나 고요히 앉아 안온하고 쾌락하게 노닐기를 좋아한다"(『중아함경』 「석문경」 동, p. 633a)** 라고 간단히 기록되어 있을 뿐이다. 그러나 부조에서는 동굴의 자연 풍경 묘사에도 열의를 보인다. 아래쪽의 바위 구멍에서는 사자나 멧돼지가 얼굴을 내밀고, 위쪽에서는 공작, 사슴, 산양, 원숭이 등이 보이며, 수목의 표현도 있다.

---

* 불교기록문화유산 아카이브(https://kabc.dongguk.edu/) 우리말 번역문 인용. 而能垂降此閑靜處, 寂默無聲, 禽獸爲侶, 此處常有諸大神天侍衛世尊. 『불설장아함경』 10권(ABC, K0647 v17, p. 900a15-a17)

** 불교기록문화유산 아카이브(https://kabc.dongguk.edu/) 우리말 번역문 인용. 世尊如是住無事處山林樹下, 樂居高巖, 寂無音聲 (중략) 諸天共俱, 樂彼遠離, 燕坐安隱, 快樂遊行. 『중아함경』 33권(ABC, K0648 v18, p. 60c22-61a04)

공작은 세 마리가 있는데, 붓다 머리 위의 한 마리는 날개를 펴고, 그 좌우로 원숭이가 붓다를 흉내 내며 선정하는 포즈를 취하고 있는 것이 재미있다. 부조의 정상에는 수목이 있는데, 잎을 표현하지 않고 가지 끝에 큰 꽃을 직접 표현하여 꽃나무를 나타내고 있다. 한 그루의 수목에서는 반신을 드러내고 산화하는 수신의 모습을 볼 수 있는데, 이는 열반 장면에서의 사라수의 수신을 상기시킨다.

설화의 줄거리 자체는 제석천이 판챠시카를 선도하여 동굴 안에서 명상하는 붓다를 방문한다는 단순한 내용이지만, 간다라 제2류의 부조에서는 붓다의 초월적이고 신적인 모습이 강조되어, 동굴 주위에는 나무에 꽃이 피고 짐승이 모여들어 휴식하며 많은 신들이 참집하는 구도로, 붓다를 중심으로 한 일종의 낙원도적인 양상을 띠고 있다. 제1류의 '제석굴 선정'이 고대초기 미술의 작례와도 관계가 있는 설화성 강한 서술적 표현을 취하는 것에 반해, 제2류에서는 예배상적인 주존과, 회화적인 자연 풍경이나 신들의 참집 정경으로 인해, '신적현현(테오파네이아)의 도상'이라고도 할 수 있는 구조를 보인다. 일반적으로 제2류의 부조는 시대적으로도 제1류보다 내려올 것이다.

H. 부흐탈은 이 같은 도상형식이 동굴이나 산에 깃든 님프들을 표현한 그레코 로마의 부조, 그리고 동굴 안에서 소를 도살하는 미트라스의 부조도상과 관련이 있는 것임을 지적했다.[76] A. 소퍼는 이 설에 부연하여 이란의 빛과 어둠, 선과 악의 이원론적 상징성이 '제서굴 선정'의 도상에 깊은 영향을 미치고 있음을 흥미롭게 고찰하고 있다.[77] 이란에서의 영향을 증명하기는 쉽지 않겠지만, 제2류의 '제서굴 선정'은 정면성이 강하며 유난히 크게 표현된 중앙의 붓다와, 참집하는 주위의 신들과 동물들이 중심의 붓다에게로 모여드는 듯이 배치된 구도를 통해서도 서아시아의 영향을 엿볼 수 있다. 더욱 흥미로운 것은 붓다가 선정에 들자 번쩍번쩍한 빛이 발하였다고 하는 에피소드이다. 팔리본 『디가니카야』 「삿카판하숫탄타」에서는 '붓다가 선정을 행하니 베디야산이 불타오르다'라 하며 암시적으로 기록할 뿐이지만, 『장아함경』 「석제환인문경」에서는 "그때 세존께서 화염삼매에 드시자 저 비타산도

불빛과 동일하게 변하였
다."*(T.01, p. 62c)라고 하
며 붓다가 '화염삼매'에
들었음을 명시하고 있
다.『중아함경』「석문경」
에는 화염삼매라는 말
은 보이지 않지만, "그때
비타제산에서 마치 불
꽃처럼 밝은 광명이 비
치자"***(동, p. 633a)라며, 산
전체가 빛나듯 번쩍였
음을 기술하고 있다.[78]

도255. 제석굴 선정. 간다라. 일본 개인 소장[쿠리타 이사
오 1, pl. 331]

최근 소개된 일본
개인 소장의 '제석굴 선
정' 부조(도255)[79]는 역시 짐승이나 많은 신들이 참집하는 제2류의 형식으로,
중앙의 선정하는 붓다의 양 어깨에서는 화염이 발하고 있어 분명 '화염삼매'
를 표현하고 있다. 마찬가지로 일본 개인 소장의 다른 소부조[80]에서는 붓다
의 동굴 안쪽이 화염으로 둘러싸인 표현을 보인다. 앞서 기술한 로리얀탕가
이 출토 부조(도254)도 자세히 보면 감형을 이루고 있는 동굴의 주연부에 화
염이 타오르고 있어, 붓다이 '화염삼매'를 의도하고 있음을 알 수 있다. 또, 주
위에 모여든 많은 신들이나 동물들의 배치는 붓다를 중심으로 방사형으로
표현되어 있어, 붓다의 광휘로써 비추어지고 있음을 조형적으로 암시하고

---

*   불교기록문화유산 아카이브(https://kabc.dongguk.edu/) 우리말 번역문 인용. 爾時, 世
     尊入火焰三昧, 彼毘陁山同一火色.『불설장아함경』10권(ABC, K0647 v17, p. 900a11-a12)

** 불교기록문화유산 아카이브(https://kabc.dongguk.edu/) 우리말 번역문 인용. 爾時, 鞞
     陁提山光耀極照, 明如火燄.『중아함경』33권(ABC, K0648 v18, p. 60c18-c19)

있다. 붓다의 머리 위에서 날개를 펼친 공작의 표현도 불사不死 · 태양과 관계 깊은 공작의 상징적 의미와 관련이 있을 것이다.

　간다라의 '제석굴 선정' 제2류의 작례는 이 밖에도 마마네델리 출토 부조(페샤와르박물관 소장)[81]나 죠우리안 출토 부조(탁실라박물관 소장)[82] 등을 들 수 있는데, 이들은 모두 중앙의 선정하고 있는 붓다가 보다 크게 표현되며, 부조 아래쪽에 코끼리 아이라밧타, 제석천, 그리고 그 비인 샤치가 식별되고, 감형 주위는 참집한 많은 신들과 짐승들로 가득 메워져 있다. 신들 중에는 갑옷을 입고 창을 손에 든 무신이나 근육이 발달한 역사형 인물도 보인다. 주위의 암산은 층형이나 삼각형을 이루며 울퉁불퉁한 입체감이 있다.

　이 같은 간다라의 '제석굴 선정'의 도상표현은 키질석굴에 큰 영향을 주고 있다. 키질석굴에는 주실의 입구와 마주하는 정면 벽에 종종 '제석굴 선정'의 장면이 표현되어 있다. 제1기의 제92굴에서는 이미 기술한 바와 같이 정면 벽의 위쪽 반원형구획에 '제석굴 선정'이 표현되어 있다. 안타깝게도 사진도판이 간행되지 않아 세부는 불명하나, 그륀베델에 의하면[83] 산악경 속에 좌불이 표현되어 있고, 그 오른쪽으로 건달바 판챠시카, 뒤쪽으로 신이나 바라문, 왼쪽으로 무릎 꿇은 인물, 제석천과 그 비가 보인다고 한다.

　키질석굴에서 가장 일반적인 중심주굴의 경우에는 주실의 정면 벽에 해당하는 중심주의 앞벽에 이 '제석굴 선정'이 표현되는 경우가 많다.[84] 제1기의 제207굴(화가굴)은 주실 천장이 볼트가 아닌 삼각고임으로 되어 있는데 정면 벽에 큰 불감이 설치되어 있어 당초에는 소조로 된 좌불이 안치되어 있었다(소실). 불감 주위의 정면 벽에도 당초의 장식은 거의 소실되었지만 소조로 산악문이 표현되어 있던 흔적이 남아있어, 판챠시카와 제석천이 소조상으로 설치되어 있었는지 혹은 벽화로 그려져 있었는지는 알 수 없으나 정면 벽 전체가 '제석굴'을 표현했던 것으로 그륀베델은 추정하고 있다.[85] 분명 불감 자체를 동굴로 가정하여 그곳에 선정불을 안치하고 불감 주위의 정면 벽에 소조의 산악문을 붙여서 신들이나 짐승을 표현했었다고 한다면 간다라 제2류의 '제석굴 선정'에 한층 가깝다.

제2기의 중심주굴에서는 주실의 정면 벽에 소조나 벽화로 '제석굴 선정'을 표현하는 것이 일반화된다. 예를 들면, 제80굴(지옥의 가마굴)[86]에서는 정면 벽 중앙에 큰 불감이 있고, 위쪽의 반원형 구획에는 부처의 대좌 앞에 지옥의 가마가 있으며 권속들에게 둘러싸인 부처의 설법도가 그려져 있으나, 아래쪽의 구획에는 불감 향우측에 두발을 다섯 개의 상투로 묶고 궁형 하프를 든 판챠시카와 여신, 왼쪽으로 제석천과 그 비, 또한 양쪽 끝으로 암자 속의 선인이 그려져 있다(도256). 불감에 있던 선정불과 아래쪽 구획의 벽화를 통해 '제석굴 선정'을 표현하고 있었던 것이다. 불감 내의 좌불은 소실되었으나, 그 안쪽 벽에 광배와 염견, 아래쪽으로 두 마리의 사자가 표현되어 있어 간다라 도상과의 관련성을 보여준다. 불감의 좌우 벽화의 배경에는 문양처럼 양식화된 산악문이 그려져 있는 것도 주목된다.

이 밖에 제99굴[87]에도 '제석굴 선정' 장면의 자취를 더듬어 볼 수 있으며, 그 밖에 제4, 8, 13, 17, 34, 38, 63, 98, 101, 104, 114, 171, 172, 178, 196, 198, 199, 206, 219, 224굴 등에서도 그 형적을 엿볼 수 있다. 모두 심하게 손상되어 있고 그 대부분은 정면 벽의 불감이 파내졌으며, 그 주위 정면 벽으로 소조의

도256. 키질 제80굴(지옥의 가마굴) 정면 벽[『키질석굴』 2, 도43]

도257. 키질 제171굴. 정면 벽[『키질석굴』 3, 도2]

산악문을 붙였던 자릿구멍이 가지런히 남아있을 뿐이지만, 제171굴이나 제196굴에서는 소조의 산악문이 일부 남아있다(도257).[88] 돌출된 산봉우리가 임립한 마름모형 산악문을 단위로 하여 그것을 배치하며 구성하고 있으나, 현존부에서는 짐승의 모티브 등을 찾아 볼 수 없다. 이 사례들이 모두 '제석굴 선정'인가에 대한 문제도 남아 있는데, 제2기에서는 단순히 '산속의 선정불'로서 설화적 요소를 거의 상실하고 있는 경우도 적지 않았을 것이다.

이렇게 키질석굴에서는 입구와 마주보는 정면 벽에 '제석굴 선정'이나 거기에서 파생되었을 '산속의 선정불'의 테마가 다수 표현되었다. 제1기의 제92굴이나 제207굴에서 이미 보았던 것처럼, '제석굴 선정'은 일찍부터 키질석굴의 도상을 구성하는 주요한 테마로서 기능하고 있었음을 알 수 있다. 게다가 여기서 중요한 것은 키질석굴에서 단순히 '제석굴에서 선정하는 붓다'와 '산속의 선정불'이 주존일 뿐 아니라 석굴의 도상구성 전체가 이 테마와 깊은 관련을 맺고 있다는 것이다. 즉, 석굴 자체를 이른바 '제석굴'로 가정하여, 굴의 주실 전체가 동굴이 되고 안쪽 중앙의 불감에 선정불이 안치되며, 불감 주위의 정면 벽에서부터 볼트천장에 걸쳐 연속되는 형태로 산악문이 표현되고, 여기에 짐승이나 신들이 모여드는 자연 풍경을 이루고 있는 것이다.

제1기의 볼트천장에서는 이미 본 바와 같이 산악구도 속에서 나무나 연못을 배치하고, 각종 짐승이 쉬거나 포효하거나 날아다니고 있으며, 그 산악의 자연 풍경을 바탕으로 승려나 선인이 수선에 잠기고, 사냥꾼은 짐승을 노리며, 천인들은 진악을 즐기고 있다(도판44a·b). 이러한 표현은 간다라의 제2류의 '제석굴 선정'에서 보이는 동굴의 자연 풍경과 닮아있어, 거기에서 착상을 얻은 것으로 생각된다. 간다라 도상과의 관련성은 산악경 속에 표현된 산양·사슴·사자·원숭이 등의 동물, 공작이나 산새 등의 새, 혹은 수목의 표현에서 볼 수 있다. 특히 전술한 로리얀탕가이 출토 '제석굴 선정'의 부조 상부에서 보이는 선정하는 포즈를 취한 두 마리의 원숭이 표현은, 키질 제77굴의 우랑 우벽에 그려진 원숭이의 표현에 보다 가까우며 유머러스하다. 또한 나뭇잎을 표현하지 않고 나뭇가지 끝에 큰 꽃을 직접 나타낸 의장적인

도258. 도254 부분. 명상하는 원숭이·공작·꽃나무.

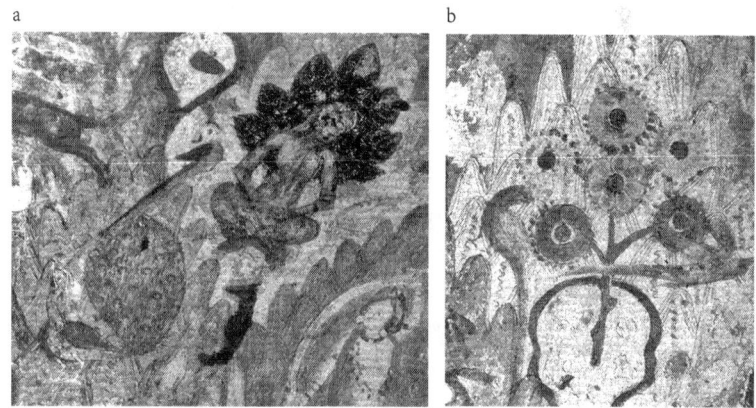

도259. a. 키질 제77굴(조상굴) 우랑 굴정 우. 명상하는 원숭이·공작[『키질석굴』 2, 도17]
b. 키질 제77굴 우랑 굴정 우. 꽃나무[『키질석굴』 2, 도20]

꽃나무 표현도 간다라와 키질에서 공통된다(도258, 259a·b). 양자의 산악구도 속 모티브의 유사성이 주목되어, 간다라 '제석굴 선정'의 도상이 키질의 산악구도에 하나의 출처가 되고 있음을 말해준다.

　더욱 흥미로운 것은, '제석굴 선정'의 석가불이 "선정승의 도상"의 모델로서 활용되고 있다는 점이다. '제석굴 선정'의 석가불이 화염삼매에 들었던 일이 경전에 기록되어, 염견불로 표현되는 간다라의 작례를 보았다(도255).

키질에서도 주존의 '제석굴 선정'의 석가불이 염견불로 표현[89]되었을 뿐만 아니라, 볼트천장의 산악구도 속 선정승도 종종 몸에서 불과 물을 내뿜으며 선정삼매에 든 모습으로 표현되어 있음은 이미 지적했다. 명상하는 승려들이 동굴 내에 표현되는 경우도 적지 않다. '제석굴 선정'의 도상은 산악구도 속 선정승의 모델이 되고 있는 것이다. 대영박물관 소장의 간다라의 '제석굴 선정'[90]에서는, 부조의 좌측 위쪽에 선정승(혹은 선정불?)이 작게 표현되어 중앙의 선정한 석가불과 호응하고 있는 듯한 표현을 보여주고 있다. 석가의 선정을 따라 승려들은 산속에서 명상에 잠기고 있어, 키질 제1양식의 산악구도와 흥미로운 유사성을 보여주고 있다.

이상과 같이 간다라 제2류의 '제석굴 선정'의 도상은 키질석굴 정면 벽의 테마와도 관련될 뿐 아니라, 볼트천장의 산악구도에 대해서도 중요한 모델이 되었다고 생각된다. '제석굴 선정'의 설화에서 석가의 설법이 업(카르마)의 법을 주제로 삼고 있다는 것도, 계를 지키고 선정의 행을 닦는 승려들에 대한 동기부여를 시사하고 있다. 그러나 키질에서는 이미 불전 속 설화를 벗어나 산악의 자연 풍경이나 선정의 도상에 있어서도, 보다 보편적인 수준으로 편입되어 전개되고 있다. 간다라의 영향만으로는 해석할 수 없는 도상의 표현과 구성을 보여주고 있다. 산악표현과 산악구도의 문제를 다음에서 검토해보고자 한다.

5. 산악표현의 특징과 유래

키질석굴의 볼트천장은 좌우에서 중첩된 산악이 좁혀져 올라가는 형태로, 천장 전체가 산악문의 벽화장식으로 뒤덮여 있다. 산악문은 제1기, 제2기 모두 마름모형(상단上端과 하단下端에서는 삼각형)의 구획을 단위로 하는 정연한 기하학적 구성을 보이는데, 제1기와 제2기의 산악문은 표현이 미묘하게 다르다. 제2기의 산악문을 그 산봉우리의 형태로 분류하면 다음과 같이

a   b

c   d

도260. 키질 제2양식 산악문 4종. a. (1) 꽃잎형 제8굴, b. (2) 설형 제14굴, c. (3) 언호형 제17굴, d. (4) 평정형 제175굴 [『키질석굴』1, 도28, 50, 63; 3, 도21]

된다(도260).**91**

   (1) 꽃잎형. 꼭대기가 약간 뾰족한 꽃잎의 형태를 띠고, 중부에서 그 폭
     이 가장 넓어지는 산봉우리(도260a, 제8, 34, 38, 80, 179, 188, 205굴).

   (2) 설형舌形. 꼭대기가 혀 모양이고, 하부에서 폭이 가장 넓어지는 돌기

형 산봉우리(도260b, 제14, 104, 110, 114, 163, 171, 176굴).

(3) 연호형連弧形.* 산봉우리의 형태는 (1)과 동일하지만, 산악의 마름모형 단위에 많은 꽃잎형 산봉우리를 배치하고 있기 때문에, 꼭대기의 연이어진 모습이 연호형을 띤다(도260c, 제17, 58, 101, 186, 192, 196, 224굴).

(4) 평정형平頂形. 꼭대기가 평탄한 형태로, 두 개의 산이 연이어 있는 곳이 우묵하게 들어간 원호형을 띤다. 마름모형 단위의 가장자리는 마치 우표의 외연과 같은 형태이다(도260d, 제69, 175굴).

이들 산악문은 각각의 다름은 있으나 종합적으로 양식화 경향이 두드러지며, 산봉우리는 마름모형 구획의 내부까지 그려 넣어지는 경우도 있으나, 외연부만의 테두리 장식이 되는 경우도 적지 않다. 산악의 마름모형(삼각형) 단위 안에는 본생도나 인연설화도가 구획마다 삽입된다. 제2기의 산악문은 독립된 하나하나의 설화도를 삽입하기 위한, 단순히 구획의 테두리 역할을 하고 있다.

이에 반해 제1기 볼트천장의 산악문(제77, 118, 92굴)은 역시 마름모형(삼각형) 구획을 산악의 단위로 삼는데, 산봉우리는 마치 손가락을 세우고 있는 것 같은 돌기형을 띠며 죽 늘

도261. 키질 제1양식 산악문. 제77굴[『신장新疆의 벽화』上, 도167]

---

* 연호형連弧形: 둥근 호선이 연속적으로 그려진 것으로, 꽃무늬처럼 보여 내행화문이라고도 부른다(이양수, 2021, 「연호문連弧文의 제도와 삼한경三韓鏡의 기술 계보」, 『문화재』 vol.54 No.1, p. 165). 다만 여기서는 원형 안에 그려진 경우가 아니므로 내행화문이라고는 할 수 없다.

어서 있다(도261).⁹² 산봉우리에는 2중 3중의 윤곽선과 눈금 같은 가로선이 더해져 있다. 산악문의 형식으로 말하자면, 산봉우리의 꼭대기가 혀 모양을 한 제2기의 설형 산악문과 연관성을 보이지만, 제1기에서는 우뚝우뚝한 산악다움이 남아있어 자연스러운 산악경의 모습을 엿볼 수 있다. 산봉우리는 마름모형(삼각형) 구획의 내부에도 그려져 있어, 전체적으로 중첩된 산악의 모습이 묘출되어 있다.

게다가 제1기의 산악구도에서는, 선정승, 선인, 천인, 사냥꾼 등의 인물, 다양하고 많은 짐승들, 그리고 수목이나 연못 등이 표현되어 있어, 전체적으로 산악풍경이라고 할 만한 자연 풍경을 구성하고 있다. 제1기의 산악문은 단위로서 마름모형을 띠고는 있으나, 제2기의 경우와 같이 각각 닫혀 있는 구획을 이룬 것은 없다.

이상과 같이 산악표현의 양상을 통해, 제1기의 산악문은 제2기의 경우와 비교할 때 초기적인 양상을 보이고 있으며, 제1·2기의 양식 차이가 산악문 자체에도 반영되어 있음이 주목된다. 제2기의 산악문은 자연스러운 산악표현을 남긴 제1기의 것을 패턴화시켜, 구도의 테두리로 삼았다고 할 수 있을 것이다. 그렇다면, 키질 제1기의 볼트천장의 산악표현의 유래는, 어떻게 생각할 수 있을 것인가.

앞 절에서 키질의 산악구도가 간다라의 '제석굴 선정'과 관계가 깊다는 것을 밝혔는데, 산악표현 자체도 어떤 종류의 관련성을 느끼게 한다. 간다라의 '제석굴 선정' 부조 속에서 보이는 둥그스름한 블록형을 겹쳐 쌓은 암산의 표현,⁹³ 혹은 같은 주제의 마투라 부조에서 볼 수 있는 추상적인 마름모형 선각을 이어놓은 산악표현은,⁹⁴ 키질의 산악문 표현에도 기초가 되어주고 있음은 충분히 생각할 수 있다. 그러나 돌기형 산봉우리를 늘어세운 독특한 산악표현은 아마도 중국 고대 산악문의 오랜 전통과 관련되어 있을 것이다. 키질의 산악표현과 비교할 수 있는 두 세가지 작례를 들어 보겠다.

한漢대에 성행했던 산형향로, 이른바 박산향로는 중국 고대 산악문의 전형이라고 할 수 있는 것으로, 이후의 산악표현에도 큰 영향을 미치고 있다.⁹⁵

예를 들면 전한대의 허베이성河北省 만청滿
城1호묘 출토의 금상감동제박산로(도262)[96]
는, 다리가 달린 받침 위에 원추형으로 산
악을 형상화한 뚜껑이 달린 형태로, 받침
에서 뚜껑까지 우뚝 솟은 여러 개의 산봉
우리를 표현하고 있다. 형태가 일정하지
않으면서도 돌기 형태가 이어진 우뚝우뚝
한 산악표현으로, 산악의 사이에는 원숭
이, 사슴, 호랑이 등의 들짐승과 사냥꾼의
모습 등이 보인다. 산악에는 능선을 따르

도262. 금상감동제박산로. 만청 1
호묘 출토. 전한. 허베이성
문물연구소[『신중국출토
문물』 도98]

는 형태로, 혹처럼 도돌도돌한 마디가 있
는 용당초문이 금상감으로 표현되어 있다.
돌기형태가 이어지는 산악, 산봉우리의
윤곽과 산허리에 더해진 묘선, 산악 속에 배치된 들짐승이나 사냥꾼 등의 표
현은 키질 제1기의 산악표현에 있어 하나의 원류를 생각하게 한다. 이 같은
박산향로의 작례는 적지 않은데,[97] 그중에도 매우 가지런하게 삼각형태를
이어서 그 안에 문양을 베풀어 넣은 것도 있다.

삼각형이나 마름모형의 형태를 쌓아 올린 형식의 산악문은, 후한시대
의 박산단지나 화상전畵像塼에서 두드러지게 보인다. 허난성河南省 난양현南陽
縣 출토의 갈유박산곰발단지(도263)[98]는, 뚜껑이 박산향로와 같이 산악 형태
를 본뜨고 있다. 하단에 삼각형, 위쪽에는 마름모형의 산악을 중첩시킨 형식
으로, 각 산악 내에는 사슴, 멧돼지, 호랑이 등의 들짐승, 사냥꾼 등의 인물이
표현되어 있으며, 의장성 짙은 수목 표현도 있다. 또한 쓰촨성 청두成都 출토
의 염장도鹽場圖 화상전[99]에서는, 삼각형과 마름모형 모양의 산악을 연결하
여, 거기에 짐승이나 인물이 노동하는 정경을 표현한다. 전술한 박산향로에
서 본 우뚝우뚝한 돌기형 산악문과 함께, 후한시대에서는 이른바 마름모형
산악구도의 조형도 성립하고 있었음을 알 수 있다. 이 두 종류의 산악표현을

도263. 갈유박산곰발단지. 난양현 출토. 후한.
허난성박물관[『황하문명전』, 도82]

도264. 삼채산지. 시안 중보촌 출토.. 당. 산시
성박물관[『실크로드문물전』 도31]

조합시키면, 키질 제1기의 산악구도가 이루어지는 것이다.

이 같은 고졸한 산악표현은 당대의 삼채산지三彩山池, 혹은 법륭사 오층탑의 소벽이나 쇼소인正倉院 거울 뒷면의 산악문에까지 존속한다. 산시성 시안 중보촌 출토의 삼채산지(도264)[100]는 산봉우리가 임립하고 봉우리에는 수목 위에서 새들이 머물며, 그 앞으로 연못이 표현되어 있다. 키질 산악구도의 한 단위를 떼어낸 듯한 표현이다. 또한 쇼소인의 원경산수조수배圓鏡山水鳥獸背[101]에는 손잡이 주위에 파도를 두르고, 사방에 삼산 형식으로 우뚝 솟은 산악을 표현하며, 그 주변으로 호랑이, 사자, 사슴, 원숭이, 나는 새 등을 배치하고 있다. 여기서 보이는 산악표현은 전방으로 완만한 삼산형식의 흙고개, 그 위에 마치 세 개의 손가락을 세운 듯이 우뚝 선 산봉우리를 표현하고 있다. 산봉우리의 윤곽을 따라 두세 겹으로 평행선을 그리고, 또한 산허리에는 관절처럼 두세 줄의 가로선을 넣고 있다. 돌기형의 우뚝 솟은 키질의 산악문과 놀라울 정도로 유사하다.

한漢대의 박산향로와 박산단지 등에서 볼 수 있는 고대 중국의 고식 산악표현이 얼마나 뿌리 깊은 전통을 갖고 있었는가를 알 수 있다. 한편 서방의 영향에 대해 말하자면, 간다라나 마투라의 '제석굴 선정(설법)'의 동굴 표현을 제외하면, 고대 인도의 산악문은 일반적으로 직사각형 모양의 블록을 쌓아올린 듯한 형태를 하고 있어, 키질의 산악표현과는 크게 다른 양상을 보인다.

도265. 수렵문은호. 7세기. 이란국유콜렉션[Harper, pl. 22]

여기에서 이란의 영향을 받았을 가능성에 대해 살펴 볼 필요가 있을 것이다. O. 하퍼는 7세기경에 이란에서 제작된 것으로 보이는 수렵문은호狩獵文銀壺의 흥미로운 작례(도265, 이란 국유)를 소개하고,[102] 키질 산악구도와의 유사성을 지적하고 있다. 높이 17.5cm인 호리병의 동부 전면에 삼엽형의 산악풍 문양을 정연히 배치하고, 거기에 사슴, 사자, 소, 낙타, 양, 타조 등의 동물이 쉬거나 도망가려 하는 모습이 표현되며, 새가 날고, 양식화된 수목도 보인다. 수렵하는 인물이 낙타에 타거나, 활시위를 당기거나, 올무를 던져 포획할 사냥감을 노리고 있다. 산악풍의 삼엽형문에도 모조毛彫로 풀꽃이 표현되어 있다. 이는 사산조미술의 주요한 테마 중 하나인 제왕수렵도의 흐름에 속하는 것이기는 하지만, 여기서는 제왕의 수렵도가 아닌 복수의 귀족의 수렵 장면이라는 점에서, 하퍼는 사산조 말기에서 포스트 사산주에 제작된 것으로 보고 있다.

이 수렵도의 묘사는 사산조페르시아의 원유苑囿(파라다이스)의 모습을 상기시킨다. 원유는 원래 제왕의 수렵 장소로서 짐승을 기르는 광대한 정원을 말하는 것으로, 울타리로 둘러싸여 있었다.[103] 아미아누스 마르케리누스[104]에 의하면, 테시폰 부근에 있던 원유에는 많은 종류의 과일나무들이 꽃을 피우는 들과 숲, 빙 둘러 말뚝을 박은 광대한 원형의 울타리 안에, 제왕의 오락을 위한 사자, 멧돼지, 곰 등의 들짐승을 기르고 있었다고 한다.

수렵문은호의 수렵도는 정연한 삼엽형 산악문과, 동물 및 수렵의 정경 묘사가 키질의 산악구도와 비교된다. 하퍼는 양자의 산악문이 유사함을 지적하였지만, 돌기형 산봉우리가 이어지는 키질 제1기의 산악표현과는 달리, 마름모형(삼각형)이라는 산악의 단위 구성이 유사할 뿐이다. 이 점에서는 오히려 산악문이 기하학적인 윤곽을 이루고 있던 제2기의 표현과 비교할 수 있다. 사산조 은호의 산악문은 명확한 삼엽형을 이루고 있으며, 제2기의 산악문과도 완전히 동일한 것은 아니지만 정연한 기하학적 구성은 궤를 같이하고 있다. 그러나 보다 흥미로운 유사점은 동물이나 수렵의 정경 묘사로, 키질 제1기에서 본 산악구도 속의 정경을 방불케 한다. 중국 고대의 산악문에도 짐승들은 볼 수 있었지만, 산악의 단위마다 다양한 동물들이 쉬거나 혹은 도망하며 수렵하는 왕후가 그것을 노리고, 주위에는 수목과 풀꽃이 자라고 있는 사산조은호의 낙원적인 정경묘사는, 키질 제1기의 산악구도의 자연풍경과 상통하고 있다. 다만 문제는, 이 은호의 제작연대가 7세기로 추정되고 있고, 또 이와 같은 낙원적 수렵문이 표현된 사산조의 작례는 현재 이 외의 다른 예를 거의 찾아볼 수 없다는 점도 있어, 과연 키질 제1기의 산악구도가 사산조미술의 영향하에서 성립된 것인지의 여부는 이후의 문제로 남아있다.

이상으로 키질의 산악구도에 대해 검토해 보았다. 제1기의 볼트천장의 산악구도는 간다라의 '제석굴 선정'의 동굴표현에서 유발되면서도, 산악표현 자체에서는 중국 고대 산악문의 강한 전통을 계승하여 성립하고 있음을 고찰하였고, 또한 사산조의 낙원적인 수렵 장면과도 관계가 있었을 가능성을 지적했다. 제1기의 산악구도는 이처럼 뒤섞인 많은 요소들을 받아들여 성립하고 있는데, 키질의 산악구도가 석굴 전체 안에서 어떠한 의미를 가지고 있는가를 다음에서 고찰해 보고자 한다.

6. 수미산과 동굴

키질 제1기의 제92굴(자원굴)이나 제207굴(화가굴)에서는, 측벽에 표현된 불설법도(도266)에서 중앙에 있는 붓다의 배경에 산악, 짐승, 수목, 연못 등의 자연 풍경을 그리고 있는데,[105] 그 표현도 볼트천장의 산

도266. 키질 제207굴(화가굴) 주실 측벽. 불설법도(선도)[Grünwedel 1, fig. 340]

악구도와 상당히 유사하다. 측벽과 천장이 자연 풍경과 산악구도라는 배경 묘사를 통해 하나로 이어지고 있어, 석굴의 내부 공간 전체가 '제석굴'에 견줄 수 있는 동굴을 이루고 있다. 이 동굴은 내부에 산악을 모방한, 겉과 속을 뒤집어 놓은 산이라 할 수 있는 형태를 보인다. 좌우 측벽의 상단에서 산악문이 볼트천장 전체를 뒤덮고 있어, 굴의 궁륭부에 호응하듯 산악이 솟아있는 느낌을 준다. 볼트천장의 천정天頂 중축대에는 해와 달, 나는 새, 비상하는 승려, 구름 속의 뱀, 풍신 등의 천상의 도상이 표현되어, 우주적인 산의 꼭대기를 보여주고 있다. 볼트천장의 산악표현은 이른바 불교세계의 중심에 솟은 수미산으로 판단할 만한 표현이라 할 수 있을 것이다. 이 점은 키질벽화에서 볼 수 있는 수미산도와의 유사성에서도 엿볼 수 있다.

제118굴의 좌측벽 상부의 반원형 구획에 그려진 수미산[106]은 삼각형을 상하로 두 개씩 조합한 듯한 모래시계형을 띠며, 잘록한 중앙부를 두 용이 휘감고 있다(도237b). 수미산의 위쪽에는 해와 달이 표현되고 주위에는 대해가 펼쳐지며, 양 끝에는 두 용왕이 상반신을 드러내고 있다. 수미산의 산악은

산 전체에 돌기형 산봉우리를 임립시켜 손가락을 세운 듯한 돌출된 형태를 이루고 있어, 볼트천장의 산악표현과 현저한 유사성을 보이고 있다. 이 밖에 제1기의 제207굴의 불설법도 속에도 수미산이 보이는데 거의 같은 표현을 보인다.[107]

경전에 따르면 수미산은 대해 속에 솟아있다고 하는데,[108] 수미산도에서도 물새, 조개, 수련, 용왕 등이 표현된 대해가 수미산 주위에 펼쳐져 있다. 볼트천장굴에는 측벽의 상단에 폭 수십 cm의 돌출부가 있어, 거기서부터 산악구도가 그려진 볼트천장으로 이어져 있다. 흥미로운 것은 그 돌출부 아랫면에 해당하는 띠형 구획에는 종종 대해의 모티브가 표현되어 있다. 박락된 경우도 많지만 제118굴의 돌출부 아랫면에는 담록색 바다에 해마, 괴어, 거북, 물새, 조개, 수련, 인물 등이 그려져 있다(도240).[109] 볼트천장굴의 돌출부 아랫면에 대해가 표현되어 있고, 그 위의 궁륭부로는 산악이 펼쳐진다고 한다면, 석굴 전체가 마치 수미산 세계와도 같은 표현이라고 할 수 있을 것이다.

또 제212굴에는 좌벽에 '슈로나코티카르나 이야기', 우벽에 '마이트라카니야카 이야기'가 그려져 있는데, 두 설화 모두 인과응보를 테마로 하고 있으며, 또한 출선이나 난파를 그린 대해의 장면도 포함되어 있다. 업보의 무서움을 테마로 삼은 것은, 천장의 산악구도 속 수행승과 선정승의 동기부여를 위한 것이라고 할 수 있다. 그리고 측벽에 큰 바다의 정경을 표현함으로 인해, 볼트 천장의 산악구도(여기서는 손실)는 수미산 세계의 구조를 암시

도267. 키질 제212굴(항해자굴) 좌벽. '슈로나코티카르나 이야기' (선도) 부분[Grünwedel 2, fig. 30]

하게 된다. 대해의 표현(도267)[110]을 보면 타원형 혹은 네 모서리가 둥그스름한 사각형으로 바다를 표현하고, 담록색의 채색에 흑선으로 와문형 물결을 그려 넣고 있다. 대해에는 갈색의 띠형 테두리를 두르고, 또 주위를 따라 산봉우리가 이어지고 있어 수미산을 둘러싼 철위산鐵圍山을 떠올리게 한다. 이 산악문들에는 제1기에서 특징적이었던 돌기형 선묘가 더해져 있다. 대해의 표현이 산악문과 쌍을 이루고 있는 점이 주목된다.

이상과 같이, 제1기 볼트천장굴의 벽화장식은 불교의 우주산인 수미산 세계를 모델로 삼아 구현시킨 조형이라 할 수 있다. 천장의 산악표현 자체도 수미산도의 표현에 보다 가까움을 엿볼 수 있다. 그러므로 윈강 및 둔황석굴에 표현된 수미산과 비교함으로써, 키질의 산악표현의 특징을 분명히 하고자 한다.

윈강 제10굴 입구의 위쪽에 있는 채광창 아래에 수미산이 표현되어 있다(도268).[111] 그 형태는 키질 제118굴의 수미산과 마찬가지로 중앙이 잘록한 모래시계형으로, 두 용이 휘감고 있다. 여기서는 수미산의 좌우로 다면다비의 아수라왕을 표현하고 있는데, 산악의 표현은 돌기형 산봉우리를 임립시키고 있어 키질의 볼트천장의 산악표현과 유사하다. 각각의 산봉우리 속의 사슴, 호랑이, 원숭이 등 활달한 모습의 동물들, 많은 새, 그리고 수목 등을 나타낸 표현도 키질과 한층 가까운 관계를 보인다. 다만 윈강의 수미산은 입구와 채광창 사이가 천지의 축을 이루는 듯이 표현되어 있는데, 굴 내부를 수미산 구도로 삼고 있는 것은 아니다.

도268. 수미산도. 윈강 제10굴 전실 북벽[『윈강석굴』 7, pl. 23]

이에 반해 서위시대의 둔황 모가오굴 제249굴과 제285굴은 모두 사각형 평면에 천장은 복두형覆斗形*으로 높여 올린 구조를 보이는데, 그 천장에 수미산, 산악구도를 그려 내부 공

도269. 수미산도. 둔황 모가오굴 제249굴 천장벽화. 서위[『둔황 모가오굴』1, 도92]

간으로 삼고 있다는 점에서 키질의 경우와 비교된다. 제249굴에서는 서벽 주존의 불감 위쪽, 천장의 단이 높아지는 부분에 수미산이 크게 그려지고, 산악문이 그 아랫부분을 구성하는 듯한 형태로 천장의 하연부를 한 바퀴 돌고 있다(도269).**112** 수미산의 표현은 해와 달을 높이 든 사비의 아수라왕이 그 앞면을 크게 가로막고 있고, 산꼭대기에는 도리천의 호화로운 도성이 표현되어 있는데 중앙이 잘록하고 두 용이 휘감으며, 아래쪽으로 담록색의 대해가 있다. 대해의 주위를 돌기형 산봉우리가 둘러싸고 있는데, 이는 수미산 위쪽으로 이어지며 우뚝우뚝한 산의 위용을 보인다. 높이 솟은 산봉우리를 임립시키고, 청·담록색·녹갈색·갈색 등의 색으로써 산악을 구분시키는 표현은 키질 제1양식의 산악문을 상기시킨다.

흥미로운 것은 천장 하연부로 펼쳐지는 산악문(도270)에는 약동하듯 사슴, 멧돼지, 호랑이, 원숭이 등이 표현되며, 뒤돌아보듯 활시위를 당기는 기마인물도 보인다. 또한 산악문의 아래, 측벽의 상단에는 난간 위의 천궁에서 진악하는 천인들이 표현되어 있다. 이 같은 벽화구성은 키질 제77굴의 볼트

---

*   복두형覆斗形: 쌀되를 뒤집어 놓은 꼴. 사다리꼴.

천장의 구성과 호응하는 것이다(도3). 그러나 양자의 큰 차이는, 둔황에서는 복두천장 전체가 신선적 모티브의 유동하는 '하늘'을 모방하고 있는 것에 반해, 키질에서는 궁륭천장의 대부분이 산악문으로 뒤덮여, 전체적으로 '동굴'의 이미지가 강하다는 점이다. 이미 지적한 바와 같이[113] 둔황 제249굴처럼 천장의 하연에 산아이 연잇는 표현

도270. 산악표현과 천인찬탄. 둔황 모가오굴 제259굴 천장벽화. 서위[『둔황모가오굴』 1, 도98]

도271. 주취안酒泉 정가갑 5호묘 천장 동벽 벽화. 십육국시대 [『주취안십육국묘벽화酒泉十六國墓壁画』 동쪽 천정 벽화]

은 주취안酒泉 정가갑丁家閘 벽화묘의 천장화(도271)[114]와 매우 유사하여, 중국적인 하늘天空 표현의 전통에 기초한 것으로 생각된다. 이에 반해 키질의 동굴적인 이미지는 '제석굴 선정'의 테마에 연원하여 "선정의 도상"과 관련되어 있다.

둔황 제285굴[115]은 이 문제를 고찰하는 데 있어 시사적이다. '大統四年', '大統五年'(538~539년)이라는 발원문의 제기를 갖고 있는 이 굴은, 안쪽 벽(서벽) 중앙의 불의상 양쪽으로 소조의 선정승상을 감 내에 안치시키고, 남북벽에는 각각의 선정용 소감굴을 파내고 있어, 선정사상과 관계가 있는 것임은 이미 지적한 바와 같다.[116] 벽화의 내용에 대해서도 남벽 상층에 전개되는 오

백도적성불인연(득안림 고사)도가,
형벌로 인해 실명한 오백 명의 도
적이 부처에 의해 구원되고 이후
불법에 귀의하여 산림에 은처하며
선정수행을 하였다는 이야기를 그
리고 있어, 선정의 중시를 테마로
삼은 것이다. 사실 이 이야기의 결
말부에 해당하는 남벽의 우측에는
동물들이 내달리는 산림 속에서 승
려들이 수선하는 정경을 표현하고
있어(도272),[117] 키질의 산악구도와
도 상통하고 있다.

도272. 오백강도성불인연도 부분. 둔황 모
가오굴 제285굴 남벽 상층[『중국미
술전집 회화편14』]

천장 장식을 보면 이 굴도 제
249굴과 마찬가지로 천장의 하연
을 따라 동물들이 노니는 산악이 연잇고, 그 위쪽으로 복두천장의 네 면에는
불교적 모티브를 혼효시키면서도 신선적인 하늘을 표현하고 있다. 여기에
수미산은 나타나지 않는다.

주목되는 것은, 굴정 하연의 연산마다 감형이 마련되어 그 속에 선정승
이 표현되어 있다는 점이다(도273). 그중 하나는 반가좌의 보살형이지만 다
른 총 34체는 모두 선
정하는 승려이다. 돌
기형 산봉우리가 임
립하고 동물들이 쉬
거나 내달리는 산림
에서 초려를 본뜬 감
형 안에 승려들이 명
상에 잠긴 정경은, 키

도273. 선정승. 둔황 모가오굴 제285굴 남벽 천장 하연[『둔황
모가오굴』 1, 도132]

질에서의 수선에 힘쓰는 승려와 선인을 그린 산악구도의 흐름에 속하는 것임에 틀림없다. 그러나 둔황의 선정승은 두광과 초승달형의 염견을 달아 신성화되어 있으며, 또한 감 내에 정연히 배치되어 있다. 수도 히로토시는 이 표현들이 아마도 아라한과에 도달한 선정승을 찬탄하여 그 계보라 할 만한 것을 표현한 것이라고 추정하였으며, 이 굴 자체가 실제 수선을 위해서라기보다는 오히려 선정의 사상 혹은 선정으로 이름 높은 고승을 현창하려는 목적으로 조영된 것이었을 가능성에 대해 고찰하고 있다.[118] 정곡을 찌르는 지적이다. 이에 반해 키질의 승려와 선인은 명상에 잠긴 채 산속에서 수행하는 모습을 표현하며, 그중에는 이미 아라한과에 도달하여 불과 물을 발하는 선정승도 보였다. 키질의 도상은 산속의 선정승 테마의 원초적인 표현을 전해주는 것이라고 할 수 있다. 볼트천장 전체가 정부의 중축대를 제외하면 모두 산악문으로 뒤덮여 동굴과 같은 양상을 보인다는 점과 함께, 둔황과는 다른 키질의 특징이라고 할 수 있다.

7. 선정승 · 산악구도와 미륵신앙

선정승의 도상에서 출발하여 산악구도의 문제에까지 도달했는데, 이들은 사실 미륵 신앙과 밀접하게 관계되어 있어 석굴의 도상 구성 전체를 규정하고 있다. 본 절에서는 선정승·산악구도와 미륵신앙과의 관계에 대해 고찰하고자 한다.

이미 관찰한 바와 같이, 제1기의 볼트천장굴은 굴의 구조와 벽화장식 모두 변화가 풍부하며 정식화되지 않고 있다. 그러나 선정승·산악구도와 미륵의 도상이 불가결한 요소로써 표현되어 있다. 제77굴 측랑의 볼트천장에는 선정승·산악구도가 그려지고, 그 아래에 해당하는 우랑의 좌우 측벽 상단에 기악천으로 둘러싸인 미륵보살이 보인다. 제118굴에서는 입구의 측면을 향하는 볼트천장에 선정승·산악구도가 표현되며, 좌벽 상부의 반원형 구획에는 '수미산과 도솔천상의 미륵보살'로 추정되는 장면을 그린다.
또, 제92굴에서는 볼트천장에 선정승·산악구도, 입구의 앞벽 상부의 반원
형 구획에 '도솔천상의 미륵보살'을 표현하고 있다. 제212굴에서는 입구의
앞벽과 안쪽 벽의 벽화가 결손되어 명확하지 않으나, 제1기의 볼트천장굴에
서는 대부분 천장의 선정승·산악구도와 측벽 및 앞벽 상단의 미륵보살이
세트로 표현되고 있는 것이다. 선정승과 미륵보살은 어떤 내적 관계가 있는
것일까.

선삼매류의 경전에서 미륵신앙과의 관계를 검토해 보면, 선정자는 경
전에 기록된 관법을 행함으로 인해, 사후에 도솔천의 미륵보살이 계신 곳에
서 태어날 수 있다는 내용이 종종 등장하고 있다. 간다라에서 대선사로 찬탄
되었던 불대선佛大先 Buddhasena에게 배우고, 젊어서는 선율禪律로써 이름을 날
렸던 불타발타라Buddhabhadra는, 5세기 초엽에 동문인 지엄의 요청으로 중국
으로 건너가, 중국에서 본격적인 선정실수禪定實修를 전한다.[119] 그가 번역에
관여한 『관불삼매해경』은 아마도 간다라에서 행해진 관불삼매법을 바탕으
로 중국에서 변찬되었던 것이라고 추측되는데,[120] 이른바 관경류 중에서도
초기적인 양상을 보여주는 중요한 경전이다. 『관불삼매해경』은 '부처의 상호'
를 중심으로 그 인연이나 설화를 포함한 관불삼매법을 상세히 설명하는데, 그
속에는 선관자가 사후에 도솔천에서 태어난다는 내용이 기록되어 있다. 예를
들면, '관상품' 제3-2조의 마지막에 '관여래안첩상觀如來眼睫相'을 설하며,

> "광명을 만일 능히 잠깐이라도 보기만 하면, 60겁 생사의 죄를 없앨
> 것이며, 미래에 나는 곳에서 반드시 미륵을 볼 것이요", "목숨을 마
> 친 후에는 도솔천에 태어나서 눈앞에서 미륵보살의 색신이 단정하
> 고 엄숙하여 응감화도함을 보게 되니라."* (T.15, No. 643, p. 656a)

---

* 　불교기록문화유산 아카이브(https://kabc.dongguk.edu/) 우리말 번역문 인용. 如是等衆
相光明, 若能蹔見, 除六十劫生死之罪. 未來生處必見彌勒 (중략) 命終之後生兜率天, 面見

혹은 '관상품' 제3-4의 '관여래경상觀如來頸相'에서는,

이러한 관찰을 짓는 자는 사람 가운데에 태어나지 않고, 도솔천에
태어나서 일생보처 보살의 묘한 법 설해 줌을 만나고,* (동, p. 664b)

이 밖에도 선관을 행하여, "20만억 겁 생사의 죄를 없애고 항상 천상에
나서 10선(善)의 가르침을 들으리라"(동, p. 667b),** "당래의 생처에서 미륵과
치우한다"(동, p. 659b), "생명이 다한 뒤 도솔천에서 태어난다"(동, p. 665b) 등의
기록을 들 수 있다. 『관불삼매해경』에서 선관자가 미륵의 신앙자였음을 알
수 있다.

선관의 대가였던 불타발타라 자신이 미륵에 대한 돈독한 신앙을 품고
있었음을 말해주는 일화가 있다. 양梁 『고승전』의 불타발타라의 조에 다음
과 같은 내용이 있다.

(불타발타라는) 함께 수학한 승가달다僧伽達多와 계빈국罽賓國에 노닐
며 같은 장소에서 여러 해를 보냈다. 승가달다는 비록 각현의 재주
에 감복하지만, 아직 그 사람 됨됨이는 측량하지 못하였다. 뒤에 밀
실에서 문을 닫고 좌선을 할 때, 홀연히 각현이 들어오는 것이 보였
다. 승가달다는 놀라서 물었다. "어디서 왔는가?" 각현이 대답하였
다. "잠깐 도솔천에 가서 미륵보살님께 예경을 드리고 왔다." 말을

彌勒菩薩色身端嚴.『불설관불삼매경』 2권(ABC, K0401 v13, p. 104a10-a18)

* 불교기록문화유산 아카이브(https://kabc.dongguk.edu/) 우리말 번역문 인용. 作此觀
者, 不生人中生兜率天, 値遇一生補處菩薩爲說妙法 『불설관불삼매경』 4권(ABC,
K0401 v13, p. 116a22-b01)

** 불교기록문화유산 아카이브(https://kabc.dongguk.edu/) 우리말 번역문 인용. 除却二十
萬億劫生死之罪, 常生天上聞十善教. 『불설관불삼매경』 4권(ABC, K0401 v13, p.
120c14-c15)

마치자 문득 사라졌다. 이에 승가달다는 각현이 성인聖人인 줄은 알았지만, 아직도 그 깊고 낮음을 헤아리지 못했다. 뒤에 여러 번 각현의 신비한 변화를 보고 경건한 마음으로 물어보았다. 그런 뒤에야 비로소 각현이 불환과不還果를 증득했음을 알았다.* (T.50, No. 2059, p. 334c)

이 일화는 불타발타라가 미륵신앙을 갖고 선정을 통해 신변을 이루어 불환과를 얻었다는 것과, 선정자에게는 밀실과 도솔천이 통하고 있었음을 보여주고 있다.

한편 중국에서 간다라로 온 불타발타라를 초대한 지엄은, 항상 발타라에게 귀의하고 따르며 장안의 큰 절에 머물렀는데, 이후에 발타라와 헤어지게 된다. 지엄은 '청결하고 욕심이 적은清素寡慾' 인물로, '늘 계를 얻지 못함을 의심하였는데', 여러 해에 걸쳐 선관하여도 스스로 납득하지 못하여, 마침내 다시 천축으로 건너가 여러 명달明達들을 찾아갔다.

나한羅漢 비구를 만나 그 일을 갖추어 물었다. 나한은 감히 판결을 내리지 않았다. 곧 지엄을 위해 선정에 들어, 도솔궁에 가서 미륵에게 여쭈었다. 미륵은 대답하였다. "계를 받았노라." 지엄은 크게 기뻐하였다. 이리하여 도보로 돌아오다가, 계빈국에 이르러서 병 없이 돌아가셨다. 그때가 78세이다.** (T.50, No. 2059, p. 339)

---

* 불교기록문화유산 아카이브(https://kabc.dongguk.edu/) 우리말 번역문 인용. 常與同學僧伽達多, 共遊罽賓, 同處積載, 達多雖伏其才明, 而未測其人也. 後於密室閉戶坐禪, 忽見賢來, 驚問: "何來?" 答云: "暫至兜率, 致敬彌勒." 言訖便隱, 達多知是聖人, 未測深淺. 後屢見賢神變, 乃敬心祈問, 方知得不還果.『고승전』2권(ABC, K1074 v32, p. 781c05-c11)

** 불교기록문화유산 아카이브(https://kabc.dongguk.edu/) 우리말 번역문 인용. 羅漢比丘, 具以事問, 羅漢不敢判決, 乃爲嚴入定, 往兜率宮諮彌勒, 彌勒答云: "得戒." 嚴大喜, 於是步歸. 至罽賓, 無疾而化, 時年七十八.『고승전』3권(ABC, K1074 v32, p. 789a01-a04)

이처럼『고승전』은 선사 지엄의 계에 대한 엄격함과, 인도의 나한이 입정하여 도솔궁에 가서 미륵에게 지엄이 계를 얻었다는 인가를 받았음을 전하고 있다. 이를 통해서도 선관자가 열심인 미륵신자였다는 것과, 나한이 입정을 통해 도솔천의 미륵이 있는 곳으로 갈 수 있다고 믿었음을 알 수 있다.

키질 제1기의 선정승·산악구도가 구마라집 역『선비요법경』과 적지 않게 조합하고 있음을 제3절에서 고찰하였다. 쿠차 출신의 라집은 젊었을 때 간다라에서 수학하였고, 고승이라는 명성이 여러 나라로 알려지며, 만년에는 장안으로 모셔졌다. 라집이 장안에 있음을 듣고 불타발타라가 만나러 가자 구마라집은 크게 기뻐하며, "함께 법상을 논하여 깊고 미묘한 이치를 진발하니, 깨달아 얻는 바가 많았다"(『고승전』T.50, No. 2059, p. 335a). 구마라집도 선관에 강한 관심을 갖고 선삼매류의 경전을 많이 번역했던 것이다. 그리고『선비요법경』에도, 선관자가 "명이 다한 후에 도솔천에서 태어난다"는 것이 강조되고 있다. 예를 들면,

> 만약 또 어떤 사람이 생각을 집중해 분명하게 관하여 온몸이 백골白骨
> 임을 보면 이 사람은 목숨이 다하여 도솔타천에 태어나고, 미륵이라
> 고 불리는 일생보처 보살을 만나게 된다. 저 하늘을 보기를 마치고 따
> 라서 즐거움을 받고, 미륵이 부처를 이루면 맨 처음으로 법을 듣고서
> 아라한과와 3명明 6통通을 얻고, 8해탈을 갖춘다.* (T.15, No. 613, p. 254c)

이 같은 기술은 이 외에도 몇 곳에서 발견되는데,[121] 이 경전에서는 선관자가 "생명이 끝난 후에 반드시 입정하여 도솔타천에서 태어난다"는 것,

---

* 　불교기록문화유산 아카이브(https://kabc.dongguk.edu/)　우리말 번역문 인용. 若復有
　人, 繫念諦觀, 見擧身白骨. 此人命終, 生兜率陁天, 值遇一生補處菩薩號曰彌勒, 見彼天已,
　隨從受樂. 彌勒成佛, 最初聞法, 得阿羅漢果, 三明六通, 具八解脫.『선비요법경』2권
　(ABC, K0798 v19, p. 936b21-b24)

그리고 "미륵과 함께 염부제에 하생하여, 용화의 첫 모임에서 가장 먼저 법을 듣고 해탈도를 깨닫는다"는 내용이 있다. 구마라집은『미륵대성불경』과『미륵하생성불경』을 번역한 미륵의 확립자이기도 하여, 미륵의 하생에 관한 부분이 추가되었던 것으로 생각된다. 그 밖에,『사유략요법』이나 담마밀다 역『오문선경요법』에도, 선관자의 생명이 다한 뒤 "반드시 도솔천상에 도달하여 미륵을 봄을 얻는다"는 내용이 보인다.[122]

　　이상과 같이 선삼매류의 경전에는 도솔천의 미륵에 대해 설하고 있어, 선관자의 신앙의 기초에 미륵신앙이 있었음은 분명할 것이다. 이는 간다라 미륵대불 조성의 유래에 관한 전승이나, 유가행파와 미륵보살과의 관계 등에서도 분명히 엿볼 수 있다.[123]

　　한편 여기서 주목하고 싶은 것은, 키질석굴이 전술한 바와 같이 '제석굴'에 비견되어, 산악·동굴 안에서 선정자가 명상에 잠긴 도상이 제1기의 중요한 테마를 이루고 있고, 그것이 미륵과 결부되고 있다는 점이다. 승려가 동굴 안에서 선정에 들어 미륵을 배알한다고 하는 이미지는, 미륵경에서 말하는 대가섭의 입정이 모델이 되고 있다고 생각된다.『증일아함경』권 제44 (T.02, No. 125, p. 789a), 그와 동문의『미륵하생경』(T.14, No. 453, p. 422b), 그리고 구마라집 역『미륵하생성불경』(T.14, No. 455, p. 425c)에는, 대가섭이 '마갈국摩竭國비제촌毘提村의 산속', '가섭의 선굴'에서 지내며 미륵을 기다리거나, 혹은 '기사굴산耆闍崛山의 정상'에서 미륵과 만났다는 내용이 있는데, 미륵이 하생하여 대가섭이 '두타제일'로 '선정해탈삼매에 통달하였음'을 찬탄하는 내용이 보인다. 대가섭은 불제자의 최장로로서 석가의 유법을 수호하고, 미륵이 하생할 때까지 입멸하지 않고 산속에서 입정하고 있는 것이다.

　　구마라집 역『미륵대성불경』은 이 설화를 상술한다. 즉, 하생한 미륵이 성도한 뒤에 제자들을 데리고 기사굴산에 가고, 낭적산에 올라 그 산의 정상에 선다. 미륵이 두 손으로 산을 열고, 범천은 하늘의 향유를 마하가섭의 정수리에 붓는다. 이어서 대건추를 치고 대법라를 불자,

마하가섭은 즉시 멸진정滅盡定에서 깨어나서 옷매무새를 가다듬고 오른쪽 어깨를 드러내고 오른쪽 무릎을 땅에 대고 장궤長跪하고 합장을 한 후, 석가모니부처님의 승가리를 미륵에게 주며 말하느니라. "위대한 스승이신 석가모니 다타아가도 아라하 삼먁삼불타께서는 열반에 임하실 때 이 법의를 제게 맡기시면서 세존께 올리도록 하였습니다."* (T.14, No. 456, p. 433b)

두타제일의 대가섭이 입멸하지 않고, 낭적산의 산속에서 멸진정에 든 채로 미륵의 하생을 기다리고 있다고 하는 대가섭 입정 설화의 골자는 동일하지만, 여기서는 대가섭이 석가가 열반할 때 위탁받았던 승의를 미륵의 손에 건넨다고 하는 이야기가 추가되어, 석가와 미륵을 이어주는 대가섭의 역할이 강조되고 있다. 대가섭이 산속에서 미륵불의 출현을 기다린다는 그 산의 이름에 관해서는, '비제촌의 산속', '기사굴산의 정상', '낭적산' 등 여러 가지 설이 있지만, 마가다국의 계족산鷄足山, kukkutapada이라고 하는 호칭이 일반적으로, 법현과 현장은 그 땅을 방문하여 이 설화를 전하고 있다. 그들이 기록한 전승을 보면, 계족산에서의 대가섭의 입정이 '산속의 선정승'의 모델이 되는 역할을 했다고 해도 과언이 아니다. 『법현전』의 승갈제국의 조에 다음과 같은 내용이 있다.

"이곳에서 남쪽으로 3유연을 가면 계족산이라는 산이 나오는데, 대가섭이 지금 이 산중에 있다고 했다. 산의 갈라진 틈 아래로 가섭이 들어갔는데, 들어간 곳에는 보통 사람은 들어갈 수가 없다고 했다. 밑으로 들어간 곳은 극히 멀고 곁으로 구멍이 나 있는데 가섭의 전신

---

*   불교기록문화유산 아카이브(https://kabc.dongguk.edu/) 우리말 번역문 인용. 摩訶迦葉卽從滅盡定覺, 齊整衣服, 偏袒右肩, 右膝著地, 長跪合掌, 持釋迦牟尼佛僧伽梨, 授與彌勒而作是言: '大師釋迦牟尼多陀阿伽度, 阿羅訶, 三藐三佛陀, 臨涅槃時, 以此法衣付囑於我, 令奉世尊.' 『불설미륵대성불경』1권(ABC, K0195 v11, p. 205b23-c05)

은 이 속에 머물고 있다고 했다.",* "그날 산속에는 또한 여러 나한들이 살고 있었다.", "이 산에는 개암나무가 무성하고 또한 사자, 호랑이, 여우가 많아 함부로 갈 수 없었다." (T.51, No. 2085, pp. 863c-864a)

『법현전』에 의하면, 대가섭은 계족산의 산속 동굴 안에 있으며, 여러 나한들도 그를 따라 산속에 살고 있는데, 그 산에는 개암나무가 무성하게 자라고, 무서운 동물들이 방황하고 있는 것이다. 덧붙여 계족산이라는 명칭은, 닭발처럼 뾰족하게 솟은 기이한 산의 모습을 일컫는 데에서 유래한다. 이같은 내용은 키질의 산악구도를 상기시키며, '산속의 선정승'이라는 테마의 유래가 어디에 있는가를 시사한다.

한편 『대당서역기』는 키질 제1기의 제작연대보다 늦은 것임에 틀림없으며, 석가불이 입멸할 당시에 대가섭에게 남긴 유계, 하생한 미륵에게 석가의 가사를 직접 전하는 대가섭, 대가섭의 기적 등을 상세히 기록하고 있는데,[124] 구마라집 역 『미륵대성불경』을 부연한 내용으로 이루어진다. 다만 『대당서역기』에는 계족산의 "높은 봉우리는 매우 험준하며, 깊은 계곡은 끝이 없는 것처럼 한없이 깊다"라고 산의 모습을 상술하고 있어, 대가섭이 입정하는 산악이 험준함을 강조하고 있다.

선정승의 모범이라고도 할 수 있는 대가섭이, 석가의 계를 지키고 험준한 계족산의 산속에서 입정하며 미륵의 출세를 기다린다고 하는 대가섭 입정 설화는, '산속의 선정승'이라는 테마의 구조를 밝혀주는 것으로, 키질의 선정승·산악구도와 미륵도상 간의 관계를 설명하는 것이라고 할 수 있다.[125]

---

* 불교기록문화유산 아카이브(https://kabc.dongguk.edu/) 우리말 번역문 인용. 從此南三里, 行到一山, 名鷄足. 大迦葉今在此山中. 擘山下入入處不容, 人入極遠, 有旁孔. 迦葉全身在此中住. 『고승법현전』 1권(ABC, K1073 v32, p. 760a03-a06)

8. '도솔천상의 미륵보살' 도상

그렇다면 키질 제1양식의 볼트천장굴에서 미륵의 도상이 어떻게 나타나는지 검토해 보자.

제77굴의 측랑 중 좌랑의 벽화는 심하게 박락되었지만, 벽화의 잔존상태가 좋은 우랑의 측벽 상단에는 좌우 벽 모두 제천들에게 찬탄받는 미륵보살을 그린 띠형 구도가 있고, 그 위로 볼트천장에 그려진 선정승·산악구도가 이어지고 있다. 제2절에서 다루었듯 좌벽의 띠형 구도는 향우측의 절반 가량이 사라졌으나 좌우 벽 모두 거의 같은 구도로, 난간 위의 교각보살과 천인찬탄의 장면을 나타낸다(컬러 도판3, 도판45a·b).[126] 중앙의 교각보살상은 좌우 벽 모두 머리에 보관을 쓰고, 관대를 좌우로 휘날리며 가슴에 영락을 장식하고, 천의를 걸친 모습으로 표현되며, 오른쪽 다리를 밖으로 한 교각의 좌세(다만, 좌벽에서는 발목이 없어졌다)로 연화좌 위에 앉아있다. 서로 다른 것은 수인으로, 우벽의 보살(도274b)은 손을 합장하는 듯한 형태의 전법륜인을 결하고 있는 것에 반해, 좌벽의 보살은 오른손을 여원인, 왼손으로 물병을 들고 있다.

전법륜인과 물병을 든다고 하는 두 형식의 교각상은 이시마쓰 히나코 石松日奈子가 상세히 검토한 바와 같이,[127] 북위 전기의 윈강석굴에서 많이 보이는 미륵보살의 두 타입(다만, 물병을 드는 타입의 보살은 오른손을 시무외인으로 한다)으로, 북위 후기(룽먼龍門석굴) 이후는 두 타입 모두 거의 보이지 않게 된다. 교각보살 자체가 간다라에서 반드시 미륵 고유의 좌세인 것은 아니지만, 중국에서는 북량의 석탑에서 과거칠불과 함께 표현된 예를 시작으로 하여, 둔황의 북량·북위굴, 마이지산麥積山, 윈강雲岡, 룽먼 등 북량~북위 시대를 걸쳐 미륵보살의 일반적인 특징이 되고 있다. 둔황에서는 수대에 이르기까지 미륵보살을 교각상으로 표현하는 전통이 이어진다. 한편 수인·지물에 대해 말하자면, 오른손은 시무외인, 왼손에는 물병을 든 모습은 간다라 미륵보살의 특징이며, 손을 모으는 듯한 독특한 전법륜인은 아프가니스탄의 카피시 지방에서 볼 수 있다.[128] 후자는 아마도 간다라의 전법륜인을 모방한 것으로 생각된다. 키질의 교각미륵보살이 간다라·카피시와 북위 전기를 이어주는 위치에 있음을 알 수 있다. 다만, 간다라·카피시의 미륵보살은 속발 혹은 상투를 튼 두발 형식인 것에 반해, 키질의 미륵보살은 북위의 경우와 마찬가지로 호화로운 관식을 갖추고 있다는 점이 주의된다.

한편, 제77굴의 난간 위의 제천을 보면, 미륵보살이 난간 뒤쪽(위쪽)으로 전신상이 표현된 것에 반해, 좌우로 열을 지은 제천은 무릎 위의 상반신이 표현되어 있는 것이 우선 눈길을 끈다. 제천에게 찬탄받는 미륵보살을 보다 깊은 공간에 표현하고자 의도한 것은 아닐까. 미륵보살의 좌우에는 범천과 제석천이 피지 않은 연꽃의 줄기를 양손 사이에 끼우고 합장 작례한다(도 274b, 좌벽에는 범천만이 남아있다). 범천은 장신구로 장식하지 않고 권발형을 취하고 있는 것에 반해, 제석천은 높은 보관을 쓰고, 화려한 장신구로 몸을 장식한다. 이 둘은 간다라의 범천·제석천의 도상을 계승하고 있다. 간다라에서는 범천과 제석천이 미륵보살의 양협시가 되는 작례는 거의 알려져 있

도274. 도솔천상의 미륵보살과 천인찬탄. 키질 제77굴(조상굴). 우랑 굴정 우하연.
a. 향우, b. 중앙, c. 향좌

지 않지만, 석가를 계승하는 자로서 그 협시가 적용되어 삼존형식을 이루고, 또한 난간 위의 기악제천을 배치함으로 인해 간소한 정토도적 형식을 성립시키고 있다.

우벽의 제천(도274a·c)을 향좌측에서부터 보면, 첫 번째는 천녀로 오른손을 뻗어 새가 머물게 하고 왼손은 가슴 앞에서 미묘한 수인을 결하고 있는 듯한 도상이다. 두 번째의 천인은 얼굴이 측면을 향하고 연꽃을 든 왼손은 높이 들어, 횡적을 부는 갈색 피부의 세 번째 천인과 리듬을 맞추는 모습이다. 오른쪽의 3인은, 첫 번째와 두 번째의 천인 모두 중앙으로 머리를 기울이고 미묘한 손짓으로 작례하고 있는 것에 반해, 세 번째의 천인은 배소를 분다. 제천은 모두 관식과 장신구로 장식하고 천의를 입었으며 두광을 갖추고 있다. 얼굴은 3/4면관이나 측면관으로 표현되며, 몸동작은 율동감이 풍부하다. 또한 좌벽의 제천은 심하게 박락되었으나 북을 치거나 찬탄하는 천인이 식별되어, 틀림없이 우벽과 같은 구도였을 것이다.

이 띠형 구획의 미륵보살과 제천찬탄의 구도는 난간 위에 표현되어 있다는 점이 큰 특징이다. 난간에는 흑선으로 기둥과 가로목의 구조(중인도 스투파의 난순과 유사하다)를 그리고, 더하여 일정 간격을 두고 벽기둥을 표현한다. 난간 하부에 각재의 까치발을 밑에서 올려다보는 시점으로 그리고, 각 까치발의 사이에는 반으로 잘린 개연화문을 장식적으로 삽입하고 있다. 전체적으로 사실성이 강한 난간 표현이다. 흥미로운 것은, 중앙의 미륵보살로 시점이 모아지듯이 까치발의 측면이 묘사되며, 또 천장의 통나무형 지붕의 서까래도 비스듬히 묘사되어 있다.

난간 위에 표현된 제천들에게 찬탄받는 미륵보살의 구도는, '도솔천상의 미륵보살'을 표현했을 것이다. 제2부 제3장[부론2]에서 고찰한 바와 같이, '도솔천상의 미륵보살' 도상은 간다라·카피시 미술에서 나타나며 원강·둔황의 북위굴에서도 볼 수 있는데,[129] 간소한 건축구조하에서 제천에게 위요된 미륵보살의 구도를 기본으로 하며, 키질에서도 주실 입구의 앞벽 위쪽의 반원형 구획에서 이 구도의 발전된 표현을 찾아 볼 수 있다. 이 제77굴에서는 난간 위에서 제천들에게 찬탄받는 미륵보살이라고 하는 초기적인 구도를 보여준다.

난간 위의 천인찬탄과 천상의 불·보살을 표현하는 구도는, 간다라의 이른바 대신변도의 부조판넬에서 보여 키질 도상의 원류를 확인할 수 있다. 즉, 페샤와르박물관 소장 부조(구회30, 사리바롤 출토),[130] 라호르박물관 소장 부조(도182, 모하마드 나리 출토),[131] 마쓰오카미술관 소장 부조(도판46)[132] 등에서 볼 수 있는 대신변도의 구도이다. A. 푸셰가 '사위성의 신변'이라 판단했던[133] 이 구도의 충분한 도상학적 해석은 앞으로도 연구 과제로 남아 있지만, 붓다가 위대한 '선정삼매'에 들어 대광명을 발하고, 그로 인해 불·보살들이 있는 많은 불국토가 드러난다고 하는, 붓다의 대신변의 묘사와 관계되는 것으로 생각된다.[134] 부조 위쪽으로 열주가 있는 난간에서 천인과 공양자들이 모습을 드러내며 붓다의 희유한 기적을 찬탄하고 있다(도275). 부조 상단에는 열감이나 사당 내에 불·보살이 열 지으며 천상의 불국토를 암시한다. 대신변도 부조는 커다란 연꽃·불좌상·건축구조와 꽃나무의 천개로써 하늘과 땅을 연결하는 축을 구성하며, 또 밑에서 위로 중층적인 열을 이루고, 모

도275. 대신변도(도판46 부분). 간다라. 마쓰오카미술관.

든 인물과 천들을 질서있게 배치한 정면성 강한 기하학적 구도를 취하고 있어, 표현상으로나 설화 내용상으로나 우주론적 구조를 띠고 있다.[135] 키질의 난간 위의 미륵보살과 제천 찬탄의 구도는, 이러한 간다라의 대신변도를 석굴 내부에서 이른바 입체화시켜 부조판넬 위쪽의 천인·공양자의 찬탄과 불·보살이 나열한 장면을, 석굴구조의 측벽 상단에 전가시킨 것으로 볼 수 있을 것이다.

　　그러나 간다라에서는 난간 위에서 기악을 연주하는 천인의 모습은 보이지 않고, 난간 위의 미륵찬탄도도 명확하게 보이지 않는다. 난간 위의 미륵보살과 악천이 찬탄하는 표현형식은 중앙아시아에서 확립된 천상세계의 이미지와 관계가 있을 것이다. 그런 의미에서 바미얀의 도상은 키질과 비교하는 데 있어 한층 흥미롭다.

　　바미얀의 동서 2대불에는 대불의 머리 좌우에 해당하는, 불감 천장 바로 밑의 측벽부에 목조 대발코니 하나가 설치되어 있었다(그 장붓구멍이 남아 있다). 일찍이 그곳에 왕후·귀족·악인들이 자리를 점하고, 기악산화하며 대불을 찬탄했으리라고 추측된다.[136] 동대불의 천장에는 '하늘을 나는 태양신', 서대불의 천장에는 '도솔천상의 미륵보살'의 대구도가 그려져, 모두 명확한 천상세계의 이미지를 구현하고 있다.[137] 게다가 동대불의 천장 대구도의 바로 밑에는 난간에서 상반신을 드러낸, 아마도 바미얀의 왕후·귀족들로 추정되는 인물들이 그려져 실제 대불공양을 방불케 한다(도276).[138] 흥미

도276. 난간 위의 붓다와 공양자(선도). 바미얀 동대불 천장 하연[나고야대학 조사대에 의함, 미야지 아키라 작도]

로운 점은 난간 위의 왕후 공양자 대열 속에 동서벽 모두 각각 3구의 좌불(2구는 장식된 붓다)이 표현되어 있는데, 그들은 난간을 무시하고 그 앞면에 전신이 표현되어 있다. 이 같은 표현형식은 미륵보살만이 난간의 뒤쪽으로 전신을 드러낸 키질의 경우와는 상반되지만, 원근 표현에 있어 상통하는 점이 있다. 난간에는 곳곳에 장식 천이 걸려 있으며, 울타리의 표현은 명확하지 않지만 역시 일정 간격으로 벽기둥이 붙어 있다.

　바미얀 I굴(제530굴)은 좌불감(좌불 자체는 소실)이지만, 여기서는 난간 위의 악천을 표현한 것이 보여 키질의 그것에 한층 가깝다.[139] 천장의 중앙 천정부에 7체의 좌불열(다만, 중앙의 상은 보살)을 띠형으로 그리고, 그 양쪽으로 난간에서 상반신을 드러내고 북, 횡적, 궁형 하프를 연주하거나 손을 들어 춤추는 악천들을 두 명씩 조를 이루듯 표현하고 있다(도277). 난간에는 장식 천이 걸려 있는데 격자형의 울타리를 그려 넣고 간격을 두어 벽기둥이 표현되며, 그보다 하부에는 까치발이 그려졌다. 악천의 화려한 장신구나 율동감 넘치는 표현, 난간의 사실성 있는 표현 등이 키질 제77굴과 유사하다.

도277. 난간 위의 악천. 바미얀 1굴(제530굴) 천장벽화[『바미얀』 1, pl. 88]

　키질과 바미얀의 '난간 위의 악천 찬탄'의 모티브는 간다라의 대신변도 부조에 기원하면서도 그 구도를 이른바 입체화시켜, 천장에 표현된 천상세계의 도상을 분절하고 구획하고 있다는 점에서 공통될 뿐만 아니라, 표현의

도278. '도솔천상의 미륵보살', '붓다와 제천찬탄'. 키질 제76굴(공작굴) 천장 하연(선도)[Grünwedel 2, fig. 3]

도279. 둔황 모가오굴 제288굴 전실부 동남. 서위[『둔황모가오굴』1, 도109]

세부에 있어서도 유사성을 보이고 있다. 천상계와 지상계를 나누는 이 같은 난간 위의 악천 찬탄의 모티브는, 윈강이나 둔황에서도 찾아볼 수 있다(도279). 둔황에서는 북위시대에 성행하였고 서위굴의 일부에서도 볼 수 있는데, 북주 이후에는 나타나지 않게 된다.

키질에서 이 모티브의 비교 사례를 찾아보면, 제77굴의 표현에 가장 가까운 것은 제1기에 속하는 돔천장의 제76굴의 그것이다.[140] 돔에는 개연화문·비천 16구·공작의 날개 문양을 순서대로 그리고, 천장의 네 모서리 하면에는 아마도 교각의 미륵보살을 각각 표현했을 것으로 생각된다(한 면만이 잔존). 잔존하는 미륵보살은 전법륜인을 결하고 좌우의 범천·제석천에게 작례받으며, 또한 제천들에게 둘러싸여 찬탄받는 구도를 취한다(도278). 그 바로 밑 측벽 상단에는 난간 위의 악천찬탄의 장면을 측벽을 일주하는 형태로 그린다. 이 악천 대열의 각 중앙에는 보살이 아닌 불입상을 표현하고 있는데, 기악의 제천표현이나 난간표현은 제77굴의 것에 가깝다. 제76굴의 난간 위 제천찬탄의 구도는, 사방의 붓다뿐 아니라 천장 네 모서리의 미륵보살도

천상세계로서 구획하고 있다고 할 수 있을 것이다. 제77굴과 제76굴의 제1기에서는 난간의 표현이 사실적이고 악천의 모습은 율동감이 풍부하여 초기적 양상을 보이고 있을 뿐만 아니라, 이 모티브가 '도솔천상의 미륵보살'과 유기적으로 연관되어 있다는 점에 특징이 있다.

키질에서는 제1기에 많이 보였던 돔천장굴이 결국 주류를 이루지 못하고, 미륵보살의 도상도 돔굴에서는 발전을 보이지 않는다. 한편, 바미얀에는 돔천장굴의 수가 많으며 그 천정부에 미륵보살을 표현하는 구도가 정착된다. 이에 반해 키질에서는 볼트천장굴이 중요한 위치를 점하며, 제77굴에서 보았던 도상구성은 큰 전개를 보인다. 제77굴에서는 볼트천장을 천상도·선정승·산악구도로 가득 채우고, 그와 밀접하게 관련된 '도솔천상의 미륵보살'은 측벽 상단에서 난간 위의 악천에게 위요되는 형식으로 표현했다. 이 표현형식은 복수의 미륵보살을 표현하거나 난간 위에서의 극히 간소한 구도를 보여준다는 점에서 '도솔천상의 미륵보살' 도상으로서는 발달되지 않은, 암시적 표현이라고 할 수 있다.

그러나 얼마 지나지 않아, 아마도 미륵신앙이 고조됨과 함께 볼트천장에는 천상도와 산악구도를 그리는 방식을 고집하면서 미륵보살의 도상을 난간 위의 좁은 구획에서 해방시켜, 측벽과 앞벽 위쪽의 넓은 반원형 구획에 '도솔천상의 미륵보살'을 그리는 방식이 출현하여 일반화된다. 제118굴(해마굴)은 그 초기적 양상을 보여주는 것이라고 생각된다. 이 굴은 이미 기술한 바와 같이, 우측벽 위쪽의 반원형 구획에 '도솔천상의 (석가)보살과 그 죽음'을 그리고, 상대되는 좌측벽 반원형 구획에 '미륵산과 도솔천상의 미륵보살'로 추정되는 장면(도237a·b)을 그리고 있다.[141] 후자의 화면은 2단으로 나뉘어, 하단에는 2용왕이 있는 대해에서 솟아오른 수미산이 표현되고, 상단에는 수미산의 중축 위에 위치한 옥좌에 미륵보살이 반가의 자세로 앉아 제천에게 위요되어 찬탄받고 있다. 그륀베델은 우벽에 그려진 (석가)보살의 하생 장면과 관련하여, 그것을 알게 된 귀신과 용왕이 모여들어 찬탄하는 장면이라고 해석했다.[142] 반가한 주존의 양쪽 귀가 약간 뾰족하게 표현되어 있다는

점으로 미루어 그륀베델은 귀신으로 상정
한 것 같으나, 제77굴의 난간 위 미륵보살
의 귀도 마찬가지로 표현되어 있다. 법륭사
전래 사십팔체불 중 하나인 반가사유상(도
280)에는 반추형 대좌에 수미산을 나타낸
산악문이 선각되어 있음을 하워드는 지적
하였는데,[143] 여기서는 그 원형이라 할 수
있는 표현으로서 수미산 위에 미륵보살을
표현한 것은 아니었을까. 미륵보살이 주재
하는 도솔천은 수미산 위의 도리천보다도
위에 있기 때문이다. 화면 상단에 아치열을
갖춘 건축구조로써 도솔천의 궁전을 표현
하고, 그 안에서 미륵보살은 10인의 천인들
에게 위요되어 찬탄받고 있다. 이 구도는

도280. 반가사유상. 법륭사 전래 사
십팔체불 159호. 도쿄국립
박물관[『법륭사 헌납 보물
法隆寺獻納宝物』 도86]

볼트천장에 표현된 선정승·산악구도와 관계되어 있지만, 상대되는 우벽의
'도솔천상의 (석가)보살과 그의 죽음'과 한 쌍의 표현으로 보아야 할 것이다.
그만큼 설화성이 강한 표현으로, 아직 정형화되지 않은 '도솔천상의 미륵보
살' 도상이라고 할 수 있다.

제92굴(자원굴)의 직사각형 평면·볼트천장굴에서는, 입구가 있는 앞
벽 위쪽의 반원형 구획에 이 테마를 그렸다. 안타깝게도 그 사진도판은 미간
행 상태로, 15인의 권속에게 둘러싸인 미륵보살이 그려져 있다고 보고되어
있을 뿐이지만,[144] 아마도 제2기에 일반화되는 아치형 건축구조 밑에서 제
천에게 위요되는 형식의 '도솔천상의 미륵보살'을 표현했을 것으로 추정된
다. 이 굴은 뒷벽 위쪽의 반원형 구획에 '제천굴선정', 볼트천장에 선정승·
산악구도, 앞벽 위쪽의 반원형 구획에 '도솔천상의 미륵보살'이라고 하는 도
상구성을 취하고 있어, 붓다의 제석굴에서 선정을 익히는 승려들은 산속에
서 수행에 힘쓰며, 선정에 든 아라한과를 얻어 도솔천의 미륵보살을 만나 뵙

도281. 도솔천상의 미륵보살. 키질 제38굴(악천굴) 주실 전체 벽 상부[『키질
석굴』 1, 도83]

게 된다는 구조를 나타내고 있다. 이 도상구성은 키질의 볼트천장굴 벽화 장
식의 전형을 이루는 것으로 제2기 중심주굴의 벽화 장식에도 계승된다. 다
만 제2기의 볼트천장의 산악구도에는 수행자나 선정승은 거의 보이지 않게
되고, 대신에 석가의 본생도·인연설화도가 삽입된다. 후랑은 열반관계의
도상으로 채워지며, 앞벽 위쪽에 자리한 반원형 구획의 '도솔천상의 미륵보
살'(도281)과 결부된다.[145] 키질에서는 원래 '선정의 도상'과의 관계를 바탕으
로 성립되었던 '도솔천상의 미륵보살'이, 제2기에서는 열반도상과 호응하
는 형태로 정착하는 것이다.

9. 결론

본 장에서는 다방면에 걸쳐 고찰했으므로, 아래에서 그 부족한 부분을
보충하여 요지를 정리하며 마무리하고자 한다.
키질석굴 안에서 볼트천장을 갖춘 굴은 주요한 위치를 점한다. 제2기에서는 주실이 볼트천장을 취하는 중심주굴이 압도적으로 많았기 때문이다. 제1기의 볼트천장굴은 제77, 118, 212, 92굴의 4예에 지나지 않지만 흥미로운 도상표현을 보이면서 키질미술의 특징이 명확하게 드러나고 있으며, 제2기의 볼트천장굴의 벽화장식에도 다대한 영향을 끼치고 있다. 그러한 의미에서 제1기의 볼트천장굴의 벽화는 키질석굴 내 벽화장식의 기본 구조와 방향성을 보여주는 것이라고 할 수 있다.

볼트천장은 모두 산악구도를 취하며 중첩된 산악 속에 수목, 연못, 각종 짐승이 표현되고, 그 자연 풍경을 바탕으로 승려나 선인들이 수선에 몰두하며, 천인들이 진악을 즐기고 사냥꾼이 수렵하는 장소가 되기도 한다. 이 산악구도는 간다라의 '제석굴 선정' 부조의 동굴 표현에 연원하는데, 중국 한漢대 이후의 산악문 ― 특히 산형향로의 산악문 ― 의 전통을 섭취하며 성립하고 있다. 우뚝 솟은 산봉우리를 임립시킨 산악표현, 거기에 수목이나 연못을 표현하고 짐승을 배치하는 자연 풍경은 중국 고대의 전통적인 우주관에 기초하는 조형으로, '분경盆景(분재)'으로서 후세까지 존속하는 것이기도 하다.[146] 키질의 산악구도는 이처럼 전통적인 중국의 산악표현을 받아들이면서, 한편 천인의 진악이나 수렵의 정경 묘사에 있어서는 사산조 페르시아의 원유苑囿(파라다이스)의 표현과도 관계될 가능성이 있다.

키질 제1기의 산악구도는 간다라의 '제석굴 선정'의 동굴 이미지를 발전시켜, 우주산·낙원의 조형으로 만들어 내고 있다. 석굴 전체를 수미산으로 상정하여 측벽 상단의 돌출부 하면의 띠형 구획에 종종 바다의 모티브를 그려 넣고, 또한 산악문으로 뒤덮은 볼트천장의 천정天頂 중축대에 해와 달, 나는 새, 풍신, 구름 속의 뱀, 비상하는 승려 등의 천상도를 표현한다. 이 산악구도-동굴-수미산의 이미지는, 키질석굴의 주존으로서 조형된 적이 많았던 '제석굴 선정' 혹은 '산속의 선정불'을 모티브로 하여, 석가불을 따라 명상에 잠기고 선정에 들어 아라한과를 얻게 되는 '선정승'의 도상과 결부되어 있다. 산악구도 속에 표현된 선정승은 두골이나 똬리를 튼 뱀을 관상하고, 아라한과를 얻어 몸에서 불과 물을 발하고 있다. 이처럼 선정승의 관상에 관한 도상은 쿠챠 출신의 구마라집 역『선비요법경』에 기록된 '백골관', '사대관'과 깊은 관계가 있을 뿐만 아니라, 산악구도 속에서 표현되는 수목, 연못, 뱀 혹은 '풍신'이나 '구름 속의 뱀' 등의 도상도, 그 경전에서 보이는 관상의 이미지와 관련되어 있다.

이상과 같이 키질의 산악구도는 선정승의 관상에 있어 내관內觀과도 관계되지만, 한편으로 '산속의 선정승'은 미륵신앙과 관계되고 있어 굴 내의 '도솔천상의 미륵보살' 도상과 함께 표현된다. 간다라에서 배운 선관승으로서 유명한 불타발타라는 독실한 미륵신앙을 갖고 있었다는 일화가 있는데, 그가 번역한『관불삼매해경』을 시작으로 구마라집 역『선비요법경』,『사유략요결』등의 선관경전에도, 선정자의 생명이 다한 후에 도솔천의 미륵보살이 계신 곳에서 환생한다는 것이 강조되어 있다. 선정을 통해 아라한과를 얻은 승려가 미륵보살을 만나 뵙는다고 하는 이야기는, 유가행파의 무저無著의 일화, 타력(다렐)의 미륵대불에 얽힌 나한의 일화 등에서도 볼 수 있지만, 그 전형이라고 할 수 있는 이야기는『미륵하생성불경』,『미륵대성불경』에서 말하는 계족산에서의 대가섭 입정 설화이다. 두타제일, 즉 의식주에 대한 집착을 버리고 산림에 거주하며, 행을 이루는 것에 있어서 제일이라고 칭해지던 대가섭은, 석가의 제1 제자이며 미륵이 출세할 때 석가의 옷을 직접 전해야 하므로 험준한 계족산의 산속에서 입정하고 있는 것이다. 키질석굴의 후랑 안쪽 벽에는 열반도(혹은 열반상)가 표현되고, 그 장면에서 대가섭은 반드시 석가의 두 발을 예배하며, 그로 인해 치음으로 다비의 불이 타오른다는 이야기를 그리고 있다. 석가와 미륵을 잇는 쐐기의 역할을 수행하는 대가섭에 초점이 맞추어지며, 승려들은 대가섭을 따라 산림이나 동굴에 머물며 선정에 들고, 도솔천의 미륵보살이 계신 곳에서 환생하기를 바라며, 또한 미륵의 출세를 염원하는 것이다.

대상굴의 구조를 취하는 키질 제77굴은, 측랑의 볼트천장에 선정승·산악구도를 그리고 그 밑의 측벽 상단에는 '난간 위의 제천에게 찬탄받는 미륵보살'을 표현하여, 간소한 '도솔천상의 미륵보살'의 구도를 보인다. 게다가 이 굴은 후랑 안쪽 벽에 대열반상을 설치(현재 소실)하여, 석가열반에 대한 돈독한 신앙을 표명함과 동시에 '석가 열반 후'의 의식을 선명하게 한다. 선관경전에는 종종 '불멸도의 후' 혹은 '불멸 후에' 등을 기술하여 부처의 여러 제자들에게 선관법을 설하며, 석가 열반 후에 대한 불제자들의 선관의 중요성을 강조하고 있어,[147] 키질의 도상구성이 발생하게 된 연유를 알 수 있다. 또한 제77굴의 주실 정면 벽에는 원래 소조의 대입불상을 설치하여(현재 소실) 이 굴의 주존으로 삼고 있었다. 이 대상은 아마도 하생의 미륵대불이 아니었을까. 앞 장에서 고찰한 바와 같이, 하생의 미륵불을 대불로 조형하는 것은 중앙아시아와 중국에서 널리 행해져, 그 신장이 석가의 10배나 된다고 하는 미륵을 대상으로 표현함으로써 미륵하생의 유토피아를 상징하고 있다.

제1기의 제77굴에서는 선정승·산악구도를 축으로, 석가열반상과 미륵의 도상(도솔천상의 미륵보살과, 하생의 미륵대불)이 한 세트로서 석굴장식의 프로그램을 이루고 있는 것이다. 이에 반해 제2양식이 되면 볼트천장의 산악구도는 본생도·인연설화도를 삽입하기 위한 테두리가 되고 선정승의 모티브를 상실해 버리며, 후랑 내벽에 반드시 표현되는 열반도·열반상과 주실 입구의 앞벽 위쪽에 그려진 '도솔천상의 미륵보살'이 호응하는 형태로 표현된다. 그러한 의미에서 제1기의 선정승·산악구도의 모티브는 열반과 미륵의 도상구성이 어떠한 배경을 갖고 성립되었는가를 알려주는 열쇠가 되는 도상이라고 할 수 있다.

키질석굴의 도상구성은 붓다의 초월성을 강조하는 간다라 후기의 '제석굴 선정'이나 '대신변' 부조의 구도를 바탕으로, 천·산악·동굴·바다라고 하는 우주론적 구조를 석굴 내에 입체적으로 재구성하고, 전술한 도상구성을 분절화 함으로써 키질불교미술의 도상세계를 열어주고 있다. 키질석굴은 다른 중앙아시아 미술, 특히 바미얀과 둔황의 북위-서위굴과 모티브나 도상구성에서 흥미로운 관련성을 보임과 동시에, 선정승·산악구도·열반도(열반상)·미륵보살의 도상이 상호 관련되며 도상구성을 이룩하고 있다는 점에서, 키질 독자의 도상구조를 확인할 수가 있다.

[미주]

1   A. Grünwedel, *Altbuddhistische Kultstätten in Chinesisch-Turkistan* (Berlin, 1912). *(Kultstätten*으로 줄임)

A. von Le Coq und E. Waldschmidt, *Die Buddhistische Spätantike in Mittelasien*, 1-7, (Berlin, 1922-33), reprint (Graz, 1973-75). (*Spätantike*로 줄임)

또한, 독일대 조사의 개요를 알기 위해서는 다음의 책이 편리하다. H. Härtel and M. Yaldiz, *Along the Ancient Silk Routes* (New York, The Metropolitan Museum of Art 1982).

2   黃文弼,『塔里木盆地考古記』(中國科學院考古硏究所 編輯科學出版社, 1958). 黃文弼 著作集(和譯)이 恒文社에서 출간되었다.

3   閻文儒,「新疆天山以南的石窟」,『文物』(1962), 7·8期; 동 저자,『中國石窟藝術總論』(天津古籍出版社, 1987).

4   新疆ウイグル自治区文物管理委員会·排城県キジル千佛洞文物保管所 편,『中國石窟 キジル石窟』, 전3권(平凡社, 1983-85) (이하『キジル石窟』로 줄임). 이 안에 실린 키질석굴의 연구로는, 이하의 논고가 있다. 宿白,「キジル石窟の形式区分とその年代」(제1권 수록), 馬世長,「キジル石窟中心柱窟の主室窟頂と後室の壁画」, 姚士宏,「キジル石窟壁画の楽舞形象」(이상 제2권 수록), 丁明夷·馬世長,「キジル石窟の佛伝壁画」, 金維諾,「亀玆芸術の特徴とその成果」, 晁華山,「20世紀初頭のドイツ隊によるキジル石窟調査とその後の研究」, 劉松柏 周基隆,「キジル石窟總叙」(이상 제3권 수록).

5   E. Waldschmidt, "Uber den Stil der Wandgemälde", *Spätantike*, 7, pp. 24-30.

6   주 4), 宿白 논문.

7   宮治昭,「キジル石窟-石窟構造壁画様式·図像構成の関連一」,『仏教芸術』 179 (1988).

8   *Kultstätten*, pp. 91-95; *Spätantike*, 6, pp. 65-66, Taf. 2,3.『キジル石窟』2, 도판 16-42; 같은 책3, 도판189-192 및 그 도판 해설.

9   『キジル石窟』2, 도판16, 17, 20-23, 25-28;『新疆の壁画』上(美乃美, 1981), 도판163, 167-171.

10   『キジル石窟』2, 도판16-19, 23, 24;『新疆の壁画』上, 도판163-166.

11   *Alt-Kutscha*, 2, 3-25, Taf. 1-8.

12   그륀베델은 좌랑 좌벽의 중앙에도 보살좌상이 있다고 기록(*Kultstätten*, p. 93)하지만, 필자의 현지조사에서 보살은 보이지 않는다.

13   *Spätantike*, 6, Taf. 2;『キジル石窟』2, 도판29-42; 같은 책 3, 도판189, 190;『新疆の壁画』上, 도판172, 173.

14   *Kultstätten,* pp. 102-12; Spätantike, 4, pp. 5-6, Taf. A, 1, 2; 5, pp. 11-12, Taf 9;『キ
ジル石窟』2, 도판149-154, 및 그 도판해설.

15   *Kultstätten,* fig. 244; *Kultstätten,* Taf. A, 1.

16   *Kultstätten,* pp. 110-12.

17   A. Foucher, *L'art gréco-bouddhique du Gandhāra* (Paris, Tome 1, 1905), pp. 285-89,
fig. 145; 宮治昭,「インド仏伝図像の研究(一)ー『兜率天上の菩薩』『白象降下』ー」,
『名古屋大学文学部研究論集』99 (1987), 참조.

18   藤田宏達 역,「因縁物語(ニダーナカナー)」,『ジャータカ全集1』(春秋社, 1984),
p. 57.

19   화면 좌측 끝에 궁전의 문이 표현되어 있고, 게다가 그 문은 반 정도 열린 이
른바 "반개의 문the half-open door"이다. 이 같은 표현은 아마라바티의「탁태영
몽」에서도 볼 수 있는 것으로, 여기서는 보살이 죽고 그 중유中有로서의 존재
를 영혼과 같은 것이라고 생각하여, '하데스의 문'과 같이 "반개의 문"을 통
해 보살이 마야부인의 태내에 하생했음을 암시적으로 표현했을 것이다. 宮
治昭,「托胎靈夢-インド佛伝図像の研究(2)ー」,『名古屋大学文学部研究論集』102
(1988) 참조.

20   *Kultstätten,* fig. 243; Spätantike, 4, Taf. A, 2.

21   *Kultstätten,* pp. 110-12.

22   제17굴(『キジル石窟』1, 도판57), 제27굴(같은 책 1, 도판83), 제171굴(같은
책 3, 도판3), 제224굴(같은 책 3, 도판222) 등.

23   *Kultstätten,* fig. 228;『キジル石窟』2, 도판149;『新疆の壁画』下, 도판45, 46.

24   *Kultstätten,* p. 112.

25   아니면 마야부인이 정반왕에게 악몽을 보고하니, 왕이 바라문에게 해몽을
시키고자 그들을 불러 보시했다는 설화를 표현한 것인지도 모른다.

26   *Kultstätten,* fig. 237, 238; Spätantike, 5, Taf. 9;『キジル石窟』2, 도판150-154;『新
疆の壁画』下, 도판47-49.

27   A. Foucher, *L'art gréco-bouddhique du Gandhāra* (Paris, Tome 2, 1918), pp. 32-40,
Figs. 318-21; 栗田功,『ガンダーラ美術 2 佛陀の世界』(二玄社, 1990), pls.
510-15.

28   제165굴(『キジル石窟』2, 도판177), 제167굴(같은 책 2, 도판178).

29   *Kultstätten,* figs. 237b, 238b; Spätantike, 5, Taf. 9.

30   *Kultstätten,* p. 147; *Alt-Kutscha,* 2, 29-53, Taf. 15-23; Spätantike, 4, p. 16, Taf. 9-a,
b;『キジル石窟』3, 도판217, 218 및 그 해설.

31 『キジル石窟』3, p. 343.

32 *Alt-Kutscha*, 2, 31-50, figs. 30, 31, Taf. 15-23;『キジル石窟』3, 도판218.

33 *Alt-Kutscha*, 2, 29-30, figs. 33, 34, Taf. 17-18; *Kultstätten*, p. 147, figs. 327-30;『キ ジル石窟』3, 도판217.

34 *Alt-Kutscha*, 2, 31.

35 *Alt-Kutscha*, Taf. 17-18, fig. 4; M. Bussagli, *Painting of Central Asia* (Geneva, 1963), p. 68.

36 *Kultstätten*, pp. 100-102;『キジル石窟』2, 도판75-79 및 그 해설.

37 *Kultstätten*, p. 42.

38 *Kultstätten*, pp. 148-57, figs. 339-43, 351, 352.

39 『キジル石窟』2, 도판75, 76.『新疆の壁画』上, 도판184-186.

40 『キジル石窟』2, 도판77, 79.『新疆の壁画』上, 도판187, 188.

41 *Kultstätten*, p. 101.

42 早島鏡正 역, 「長老の詩(テーラ·ガーター)」, 中村元 편, 『仏典 1』(筑摩書房, 1966) 수록.

43 山田明爾, 「インダスからパミールへ」, 『アジア仏教史 中国編5』(佼成出版社, 1975) 참조. 인도에서도 포스트굽타조 이후에 이러한 경향이 분명해지지만, 서북인도·중앙아시아에서는 일찍부터 이러한 경향이 두드러졌다. 또 인도 내부와 서북인도·중앙아시아에서는 아마도 관불, 염불 내용의 질적인 차 이가 있었을 것으로 생각되지만 이후의 연구 과제이다.

44 佐々木憲德, 『列伝漢魏六朝禪觀發展史論』(京都, 1935); 水野弘元, 「禅宗成立以前 のシナの禅定思想史序説」, 『駒沢大学研究紀要』15; 横超慧日, 「初期中国仏教者 の禅観の実態」, 『仏教の根本真理』(三星堂, 1956) 참조.

45 須藤弘敏, 「禅定比丘図像と敦煌第二八五窟」, 『佛教藝術』183 (1989).

46 윈강 제7굴, 제8굴, 제12굴.

47 T.55, pp. 100-102.

48 T.50, pp. 330-333.

49 桑山正進, 「バーミヤーン大仏成立にかかわるふたつの道」, 『東方學報』 57 (1985); 동 저자 역주, 『大乘佛典9 大唐西域記』(中央公論社, 1987), pp. 240-242, 참조.

50 모두 다이쇼신수대장경大正新脩大藏經 15권에 수록되어 있다. 다만, 『사유략요 법』은 구마라집이 번역했음에 의심스러운 부분이 있다. 水野弘元, 주 44) 논 문 참조.

51 T.15, pp. 242-269.

52 최근 발표된 Laure Feugere, "A Meditation Cave in Kyzil", *South Asian Archaeology*

1985, edited by K. Frigelt and P. Sørensen (London, 1989), pp. 380-86에서는 키질 제212굴의 선정 도상을 들며 테페슈트르의 도상과 비교하고, 아울러 설일체 유부와 관계 깊음을 지적했다.

53 賈應逸,「吐峪溝石窟探微」,『絲綢之路造型藝術』(新疆人民出版社, 1985), pp. 274-289 (須藤弘敏 역,「トユク石窟考」,『佛敎藝術』186, 1989) 참조. 또한 토요크 석굴에 관해서는, 1984년과 1986년에 참관할 기회가 있었다.

54 『新疆石窟 吐魯繁伯孜克里克石窟』(新疆人民出版社 · 上海人民美術出版社, 1990), 도190.

55 같은 책, 도187, 188.

56 Z. Tarzi, "Hadda à la lumière des trios dernières campagnes de fouilles de Tapa-é-shotor (1974-76)," *Académie des Inscriptions & Belles-Lettres, Comptes Rendus*, 1976, Juilet-Octobre (Paris, 1976), pp.381-410; 高田修 · 秋山光和 역,「近年におけるパ・エ・ショトールの発掘成果(1974-1976)とハッダ芸術の新知見」,『佛敎藝術』120 (1978).

57 エリアーデ, 立川武藏 역,『ヨーガ』2, (せりか書房), pp. 66-72 참조.

58 J. M. Rosenfield, *The Dynastic Arts of the Kushans, Berkeley and Los Angeles* (1967), p. 91, Coins 149, 150.

59 J. M. Rosenfield, 앞 책, pl. 76.

60 樋口隆康 편,『バーミヤーン』(京都大學中央アジア學術調査報告 1) (同朋舍, 1983), pls. 22, 23.

61 Divyāvadāna, 12, prātihārya-sūtra, ed., Cowell and Neil, 1886, pp. 143-66 (拙訳,「Divyāvadāna, 第12章 "prātihārya-sūtra" 和訳」,『弘前大学教養部文化紀要』13)『根本說一切有部毘奈耶雜事卷26』, T.24, pp. 329-333. cf. A. Foucher, *The Beginnings of Buddhust Art* (Paris-London, 1917), pp. 141-84; 宮治昭,「舍衛城の神変」,『東海仏教』第16輯, (1973) 참조.

62 Mahāvastu, 3, 115. English translation by J. Jones (London, 1956), p. 115;『佛本行集經』卷55, T.03, No. 55, p. 910a.

63 A. Foucher, *L'art gréco-bouddhique du Gandhāra,* pp. 534-37, fig. 263; K. Tanabe, "Iranian background of the flaming and watering Buddha image in Kushan period," *The Ancient Orient Museum*, 3 (1981), pp. 69-81, pls. 9, 10; 栗田功,『ガンダーラ美術1 佛伝』(이하 I로 줄임) (二玄社, 1988), pls. 381-88.

64 M. Hallade, *The Gandhara Style and the Evolution of Buddhist Art* (London, 1968), pl. 73; E. Waldschmidt, *Von Ceylon bis Turfan* (Göttingen, 1967), Taf. l-a; 宮治昭,「アフガニスタンの佛伝美術」,『月刊シルクロード』第3巻 第7号(1977); 高田修,「焰肩佛と双神変像」,『佛敎藝術』117 (1978), 컬러 도판 9-11 참조.

65 J. Meunié, *Shotorak*, MDAFA, 10 (paris, 1942), pls. 10. 35, 36, 11. 37, 39, 30. 96; 宮治昭・モタメディ遥子 편, 『シルクロード博物館』(講談社, 1979), 도197-199.

66 E. Waldschmidt, "Wundertätige Mönche in der ostturkistanischen Hīnayāna-Kunst", *Von Ceylon bis Tunfan* (Göttingen, 1967), pp. 27-33.

67 *Spätantike*, 6, pp. 79-80, Taf. 14.

68 A. C. Soper, "Aspects of Light Symbolism in Gandhāran Sculptures", *Artibus Asiae*, 12 (1945), pp. 252-83, 314-30, 12 (1946), pp. 63-85.

69 *Dīgha Nikāya*, 2, Sakka pañha suttanta (London; Pāli Text Society, 1903), vol. 2, pp. 263-89. 영어 번역 (London, 1910), pp. 299-321.

70 A. K. Coomaraswamy, *La Sculpture de Bharhut* (Paris, 1956), pp. 67-68, fig. 63; A. K. Coomaraswamy, *La Sculpture de Bodhgayā* (Paris, 1935), pp. 41-42, pl. 42-1; J. Marshall and A. Foucher, *The Monuments of Sāñchī*, 3 vols. (Calcutta, 1940), vol. 1, pp. 218-9, vol. 1, pp. 218-9, vol. 2, pl. 35, b1.

71 秋山光文,「インドにおける仏教説話図の展開―『帝釋窟說法』図にみる図像の継承―」,『お茶の水女子大学人文科学紀要』41 (1988), pp. 29-49 참조.

72 A. Foucher, "Les Bas-reliefs du Stūpa de Sikri", *Journal Asiatique* (1903), pp. 209-16, fig. III; H. Ingholt, and I. lyons, *Gandhāran Art in Pakistan* (Connecticut, 1971), p. 88, pl. 129.

73 栗田功, 앞 책 1, pls. 332, 335-40.

74 I. Lyons and H. Ingholt, 앞 책, pls. 130, 131, 133-35; 栗田功, 앞 책 1, pls. 330, 331, 333, 334.

75 J. Marshall, *The Buddhist Art of Gandhāra* (Cambridge, 1960), fig. 118.

76 H. Buchthal, "The Western Aspects of Gandhāran Sculpture", *Proceedings of the British Academy*, 21 (1945), pp. 151-96.

77 주 68) 참조.

78 『석제소문경』에도 산(毘提呬山)이 큰 빛으로 밝게 비쳤음이 보인다. T.01, p. 246b.

79 栗田功, 앞 책 1, pl. 331.

80 栗田功, 앞 책 1, pl. 339.

81 H. Ingholt and I. Lyons, 앞 책, 89-90, pl. 131.

82 H. Ingholt and I. Lyons, 앞 책, 88-89, pl. 130.

83 *Kultstätten*, pp. 100-102.

84 A. C. Soper, 앞 책, p. 259.

85 *Kultstätten*, pp. 148-57.

86 *Kultstätten*, pp. 95-99; 『キジル石窟』 2, 도판43-47.

87 『キジル石窟』 2, 도판84-86.

88 『キジル石窟』 3, 도판2, 94.

89 불감 내에 안치되어 있던 선정자세의 석가모니불은 모두 소실되었지만, 감 내의 안쪽 벽에 종종 회화로 염견이 표현되어 있다.

90 H. Ingholt and I. Lyons, 앞의 책, pl. 18-3; 栗田功, 앞 책 1, pl. 333.

91 마스장馬世長도 산악문의 분류를 하고 있지만, 필자의 견해와 다른 점도 있다. 「キジル石窟中心柱窟の主室窟頂と後室の壁画」, 『キジル石窟』 2, p. 200 참조.

92 『キジル石窟』 2, 도판20-22, 25-28, 77-79, 151, 152, 154 참조.

93 栗田功, 앞 책 1, pls. 330, 336. 또 이러한 표현은 '16선인의 부처 방문'에도 보여, 구도나 도상의 세부에 있어 '제석굴 설법'과 혼효를 보이는 것이 있다. cf. H. Ingholt and I. Lyons, 앞 책, pl. 106; 栗田功, 앞 책 1, pls. 435, 438, 439. 키질의 볼트천장의 산악구도에 선인의 모습이 보이는 것은, 이 도상의 영향도 고려해 보아야 할 것이다.

94 J. Ph. Vogel, *La Sculpture de Mathurā* (Paris, 1930), pl. 51b; 高田修・上野照夫, 『インド美術』 (日本経済新聞社, 1965), 도판1-144.

95 小杉一雄, 『中國文樣史の研究』 (新樹社, 1973) 참조.

96 「滿城漢墓發掘紀要」, 『考古』 (1972) 一 참조. 『新中國出土文物』 (北京: 外文出版社, 1972), 도98.

97 주95), 小杉一雄 논문 참조. 「鎏金銀靑銅竹節黑炉」 (陝西省 興平縣 출토)도 대표적인 것, 『黃河文明展』 圖錄 (中日新聞社, 1986), 도73.

98 『黃河文明展』 圖錄, 도82, 河南省博物館 소장.

99 『新中國出土文物』, 도112.

100 『新中國出土文物』, 도145.

101 正倉院事務所 편, 『正倉院の文樣』 (日本経済新聞社, 1985), 도37.

102 O. Harper, *The Royal Hunter, Art of the Sasanian Empire* (New York, 1978), pp. 65-67.

103 相馬隆, 「獵園考」, 『流砂海西古文化論考』 수록 (山川出版社, 1977); 田辺勝美, 「所爲大鳥, 大馬卵に関する西アジア美術史的考察」, 『東洋文化研究所紀要』, 89 (1982), 참조.

104 Ammianus Marcellinus, trans. J. C. Rolfe, Loeb Classical Library, 2, pp. 449-51.

105 제92굴, *Kultstätten*, pp. 100-102. 『キジル石窟』 2, 도판75-79. 제207굴, *Kultstätten*, pp. 148-57. 『キジル石窟』 3, 도판133, 216.

106 *Kultstätten*, p. 110, fig. 243; *Spätantike*, 4, Taf. A, 2.

107 *Kultstätten*, p. 154, 156, figs. 343, 352. 또한, 제2양식 벽화의 '아사세왕 고사' 그

림 속에서도 수미산 표현(거기서는 붕괴의 표현)이 확인된다. 제4굴(난로굴 A), 제205굴(제2구 마야굴), 제219굴(아사세왕굴) 등. cf. *Kultstätten*, p. 110, figs. 92, 383, 321; *Alt-Kutscha*, Taf. 42-43.

108 『大樓炭經』(T.01, p. 277), 『長阿含經』「世記經」(같은 책, p. 114), 『立世阿毘曇論』 (T.32, p. 181), 『起世經』(T.01, p. 310), 『起世因本經』(같은 책, pp. 365-366) 등.

109 *Kultstätten*, pp. 106-109, figs. 237b, 238b.

110 *Alt-Kutscha*, Taf. 15-16, 21-22; 『キジル石窟』3, 도판218.

111 水野淸一 · 長廣敏雄 편, 『雲岡石窟』 第10洞(第10窟), pls. 16, 17, 23. 『雲岡石窟』 (文物出版社, 1977), 도판52; 雲岡石窟文物保管所 편, 『中國石窟 雲岡石窟』2 (平 凡社, 1990), 도49.

112 敦煌文物研究所 편, 『中國石窟 敦煌莫高窟』(『敦煌莫高窟』로 줄임)1, 平凡社, 도 판89, 97-107. 『中國美術全集 繪畵編14』(上海人民美術出版社, 1985), 第3期.

113 段文傑, 「略論莫高窟249窟壁畵內容和藝術」, 『敦煌研究』 創刊号 (敦煌文物研究所 편, 1983), 第3期.

114 甘肅省博物館, 「酒泉嘉峪關晉墓的發掘」 『文物』(1979), 第6期. 甘肅省文物考古研 究所 편, 『酒泉十六國墓壁畵』(文物出版社, 1989).

115 『敦煌莫高窟』1, 도판114-148; 『中國美術全集 繪畵編14』, 도판82-114; 東京藝術大 學美術學部敦煌學術調查團 편, 『敦煌石窟學術調查 (第一次) 報告書』(1985) 참조.

116 『敦煌莫高窟』1, 第285窟 도판 해설. 蕭黙, 「敦煌莫高窟の石窟形式」, 『敦煌莫高窟』 2 수록.

117 『中國美術全集 繪畵編14』, 도판95.

118 須藤弘敏, 주 45) 논문 참조.

119 梁 『高僧傳』 卷2, T.05, No. 2059, pp. 334-335

120 藤田宏達, 『原始淨土思想の研究』(岩波書店, 1970).

121 T.15, p. 208ab. 久野美樹, 「中国初期石窟と観仏三昧一麦積山を中心として一」, 『佛教藝術』176 (1988) 참조.

122 T.15, p. 298b, p. 332b.

123 본서 제3부 제1장 참조.

124 T.51, p. 919. 水谷眞成 역, 『大唐西域記』(中國古典文學大系22) (平凡社), pp. 278-279 참조. 또한 현장은 호탄의 우각산 암벽에 큰 석실이 있고 그 안에 아 라한이 있는데, 멸심정에 들어 자씨불이 출세하시기를 기다리고 있음을 전 하고 있어, 이 대가섭 설화가 중앙아시아에까지 퍼져 있었음을 엿보게 한다 (T.51, p. 943).

125 아울러, 高野山에서의 空海入定 설화나 卽身往生佛(미라)도 이 계보에 속함이

틀림없다.『日本ミイラの研究』(平凡社, 1969); 松本昭,『弘法大師入定説話の研究』(六興出版, 1977), 참조.

126 『キジル石窟』2, 도판16-19;『新疆の壁画』上, 도판163-166; 下, 도판197.

127 石松日奈子,「中國交脚菩薩像考」,『佛敎藝術』178号 (1988).

128 본서 제2부 제3장, 참조.

129 東山健吾,「敦煌莫高窟北朝期尊像の図像的考察」,『東洋学術研究』第24巻 第1号 (1985) 참조.

130 H. Ingholt and I. Lyons, 앞 책, pl. 257; 栗田功, 앞 책 1, pl. 396.

131 A. Foucher, *The Beginnings of Buddhist Art* (Paris-London, 1917), pl. 26, 1; 栗田功, 앞 책 1, pl. 397.

132 栗田功, 앞 책 1, pl. 400.

133 A. Foucher, "The Great Miracle at Śrāvastī", in *The Beginnings of Buddhist Art*, (Paris-London, 1917), pp. 147-84.

134 본서 제2부 제4장, 참조.

135 cf. A. F. Howard, *The Imogery of the Cosmological Buddha* (Leiden, 1986), p. 56.

136 코테라 타케히사小寺武久 교수에 의한 견해. 小寺武久・前田耕作・宮治昭,『バーミヤンー1969年度の調査』(名古屋大学, 1971), p. 4.

137 宮治昭,「バーミヤーンの仏教世界」,『哲学会誌』, 弘前大学哲学会, 第19号 (1984), 참조.

138 주 136) 앞 책, pls. 98-100. 樋口隆康 편,『バーミヤーン』(京都大学中央アジア学術調査報告) 1 (同朋舍, 1983), pls. 22-28.

139 樋口隆康, 앞 책 1, pls. 87-90.

140 *Kultsätten*, pp. 87-91; *Alt-Kutscha*, 2, 3-25, Taf. 1-14.

141 *Kultsätten*, figs. 243, 244; *Spätantike*, 4, Taf. A, 1, 2.

142 *Kultsätten*, pp. 110-12.

143 A. F. Howard, 앞 책, p. 31, 36. 다만, 하워드는 키질 제118굴의 좌측벽 반원형 구획 벽화를 '수미산과 도리천의 신들'이라고 해석했다.

144 *Kultsätten*, p. 101.

145 본서 제3부 제3장, 참조.

146 롤프 스탄 저, 福井文雅・明神洋 역『盆栽の宇宙誌』せいか書房 (1987); 三浦国雄,『中国人のトポス』(平凡社, 1988). 중국의 산악사상・조형을 고찰할 때 이 두 책은 상당히 흥미롭다.

147 畝部俊英,「『觀無量壽經』における称名思想ー諸観経類の「生死の罪」の文を中心としてー」,『同朋大学論叢』第44・5 合併号 (1981) 참조.

제3장

키질석굴의 열반미술

— 간다라 열반도의 계승·변모·전개 —

1. 키질석굴의 열반미술 개관

불교미술은 인도에서 중앙아시아·중국으로 전파되는 과정에서 크게 변모한다. 쿠챠의 키질석굴에서 볼 수 있는 열반미술은 그러한 변모의 모습을 여실히 보여준다. 키질의 열반미술은 간다라 열반도상의 전통을 섭취하면서도, 새로운 열반미술을 창조해 내고 있다. 그것은 도상의 세부에서 도상구성 전체의 문제에까지 미친다. 게다가 키질석굴에서는 열반미술이 중심적 테마가 되고 있다. 인도세계에서는 거의 발전을 보이지 않다가 동아시아에서 풍부한 전개를 이루는 열반의 미술은 중앙아시아, 그중에서도 특히 쿠챠의 키질석굴에서 그 전환의 양상을 보인다.

본 장에서는 키질석굴에서 열반미술의 양상을 밝혀 보는 것에 주안점을 두며, 간다라의 도상과 비교하면서 텍스트와의 조합도 고려함으로써 키질 열반도상의 특징을 고찰함과 동시에, 석굴구조 안에서 열반미술이 어떠한 위치를 점하며 어떻게 표현되고 있는가를 고찰해 보고자 한다.

한편 키질석굴 중 벽화장식이 있는 것은 승방굴을 제외하고는 다음과 같은 석굴구조의 굴에서 찾아 볼 수 있다. 각 항의 끝에 벽화장식이 있는 굴 수를 기록하고, 그중 열반도 혹은 열반상을 비롯한 열반관계 도상을 갖는 굴 수를 ()로 표현하겠다. 이 데이터는 독일대 보고서,[1] 그리고 특히『중국석굴 키질석굴』제3권(平凡社, 1985년)에 수록된 리우송바이劉松柏, 저우지룽周基隆

에 의한 「키질석굴총서」에 기초하고 있다.

키질석굴의 총 수는 230여 굴로 그중 반수에 가까운 굴이 벽화장식이 있는 사당굴인데, 열반관계의 도상이 있는 굴은 그 거의 반수를 점한다. 게다가 그것은 현재 확인이 가능한 수량으로, 파손되거나 후대의 덧칠 등으로 인해 소실된 것도 있기 때문에 실제로는 벽화장식굴의 과반에 열반도상이 있었다고 추측된다. 키질의 석굴미술에 있어서 열반도상이 얼마나 인기가 있었는지를 이해할 수 있을 것이다.

그렇다면 석굴구조 및 벽화양식과의 관계에서 열반도상을 고찰할 때, 어떠한 것들을 논할 수 있을지 상호 관계를 우선 고찰해 보고자 한다.

앞서 기술한 분류를 통해 밝혀진 바와 같이, (1)a 정사각형 · 돔굴, (1)b 정사각형 · 삼각고임 천장굴, (2) 정사각형 혹은 직사각형 · 볼트굴에서는 열반도상이 보다 적으며, (3) 대상굴, (4)b 중심주굴(주실이 볼트)에서는 역으로 보다 많다는 점을 먼저 지적할 수 있다. 정사각형 · 돔굴, 정사각형 · 삼각고임 천장굴, 혹은 직사각형 · 볼트굴에서는 제1양식에 속하는 벽화가 많이 보이는 것에 반해, 주실이 볼트형인 중심주굴에서는 제1양식 벽화가 포함되지 않는다. 그 때문에 대략적으로 본다면 열반도상이 제1기에서는 주요한 테마가 되지 않았지만, 제2기에서는 매우 중요한 위치를 점하게 된다. 각각의 석굴구조에서 열반도상이 어떤 방식으로 표현되었는가에 대해 개관해 보겠다.

우선 정사각형·돔굴에서는 제1기의 것으로 제76굴(공작굴)의 열반도를 들 수 있는데, 거기서는 측벽에 표현된 연속적인 일련의 불전도 속에서 열반 전후의 장면을 볼 수 있다. 이에 반해 최근 소개된 제161굴의 열반도는 제1양식으로 거슬러 올라갈 가능성이 있고, 게다가 앞벽의 입구 상부에 독립하여 그려져 있는 것이 주목된다. 제161굴의 열반도는 연속되는 불전도에서 독립한 키질 열반도의 초기적 양상을 파악하는 데 있어 중요하다. 제2기에 속하는 제189굴에서도 열반도는 입구 상부에 표현되어 있다. 정사각형·돔굴은 15개의 예가 있는데, 열반관계의 도상이 확인되는 것은 이상의 제76, 161, 189굴의 세 개의 예이다. 이에 반해 정사각형·삼각고임 천장굴은 일곱 예가 있지만 열반도상은 보이지 않는다.

다음으로 정사각형 혹은 직사각형 평면에서 볼트천장인 석굴은 무장식인 굴이 많은데, 장식이 있는 16개의 굴 중 열반도가 있는 것은 제157굴로 겨우 1례뿐이다. 제1양식 벽화가 있는 제92굴(자원굴), 제118굴(해마굴), 제212굴(항해자굴)에는 이 테마가 보이지 않으며, 제2양식으로 추측되는 제157굴의 뒷벽에 열반도가 있다고 보고될 뿐이다.

대상굴은 정면 벽에 소조의 대불상이 설치된(현재는 모두 소실) 것이 특징으로 총 일곱 개의 굴이 보고되고 있는데, 그중 다섯 개는 중심주굴, 두 개는 직사각형·볼트천장굴의 구조를 취한다. 중심주굴의 구조를 취하는 제77굴(조상굴)은 제1기에 속하고, 후랑에는 크게 방을 내고 있으며, 안쪽 벽(길이 8.7m)을 따라 대열반상을 안치하고 있던 평상이 남아 있다. 최근 중국의 조사에서 밝혀진 제47굴과 제48굴도 제77굴과 같은 구조를 보이며, 벽화도 함께 제1양식의 전통을 남기고 있어, 제2양식과의 과도기에 속하는 것은 아닐까 추측된다. 이들 대상굴은 후랑에 열반실이라 할 수 있는 공간을 만들어 키질 석굴 독자의 열반 도상구성을 확립하고 있다는 점에서 흥미롭다.

주실이 돔형인 중심주굴은 2개가 있는데 모두 후랑의 안쪽 벽이 박락되어 있다. 한편 주실이 삼각고임 천장인 중심주굴도 2개가 있는데, 제1기의 제207굴(화가굴)에서 후랑의 안쪽 벽에 열반도, 우랑의 측벽에 '사리 쟁탈전'

과 '분사리'를 표현하고 있어, 주실이 볼트천장인 제2기 중심주굴의 열반도상 구성의 선구로서 중요한 의미를 갖는다. 제2기의 제227굴(아귀굴)에서는 후랑의 안쪽 벽에 열반상, 사각기둥 뒷벽에 '다비'를 표현하는 일반적인 구성을 따르고 있다.

마지막으로 주실이 볼트천장인 중심주굴은 57개가 보고되고 있는데, 그중 37개에서 열반도상이 확인된다. 게다가 박락이나 파손 등으로 확인할 수 없는 굴에서도 그중 다수에 열반관계의 도상이 존재했었다고 추측된다. 볼트천장이 있는 중심주굴에서는, 후랑의 내벽에 열반상을 설치하거나 혹은 열반도를 그리고, 상대되는 사각기둥 뒷벽에 일반적으로 '분사리' 혹은 '다비'('분사리'는 우랑안쪽 벽에 그려지는 경우도 많다)를 표현하게 되어 키질석굴의 정식화된 도상구성을 이룬다. 볼트천장의 중심주굴 중 후랑에 열반의 도상을 갖지 않는 굴은 제63, 100, 107B, 180굴의 4개뿐이다. 이들에서는 벽화 혹은 소조상으로 불열상佛列像을 표현하고 있다(소조상은 대좌가 남아있을 뿐이다). 이처럼 제2기에서 일반적인 주실이 볼트천장인 중심주굴에서는 대부분 후랑에 열반관계의 도상을 표현하고 있어, 굴의 중심적인 테마로 작용하고 있음을 알 수 있다.

또한 중심주굴에서는 후랑 안쪽 벽의 '열반'과 호응하듯이 주실 앞벽에 '도솔천상의 미륵보살'을 그리는 것이 많은데, 이는 키질 열반미술의 성격을 고찰하는 데 있어 중요한 의미를 갖는다.

이상으로 키질의 열반도상이 석굴구조와 관련하여 어떻게 표현되고 있는지를 개관했다. 제1기의 굴에서는 열반도상이 꼭 많다고는 할 수 없으나, 이미 몇 가지 계열에서 중요한 테마가 되고 있음이 밝혀졌다. 즉, 제1기의 굴에서 열반도상이 표현되는 것은, (1) 정사각형·돔굴(제76굴. 제161굴도 준한다), (2) 대상굴(제77굴. 제47, 48굴도 준한다), (3) 주실이 삼각고임 천장인 중심주굴(제207굴)의 세 계열에서이다. 제2기에서는 주실이 볼트천장인 중심주굴이 압도적으로 많아지며, 그 후랑의 안쪽 벽에 열반도·열반상을 표현할 뿐 아니라 회랑 전체를 열반관계의 도상으로 채우는 것이 일반화되고, 주실 앞벽에는 '도솔천상의 미륵보살'을 그리는 것이 정착하게 된다.

이상의 검토를 통해 제1기에서 제2기로의 전개를 고려하면서, (1) 정사각형·돔굴의 열반도, (2) 대상굴의 열반도상, (3) 중심주굴의 열반도상, 이렇게 3계열로 나누어 키질 열반도의 양상을 고찰해 보고자 한다.

2. 정사각형·돔굴의 열반도

우선 정사각형 평면의 돔천장이 있는 굴에 표현된 제1기의 열반도에는, 연속되는 불전도 속 장면으로 표현된 제78굴의 예가 있다. 이에 반해 열반도가 완전히 독립되어 표현된 제161굴의 예도 제1기에 속할 가능성이 있다. 또한 제2기에 속하는 제189굴의 열반도도 정사각형·돔굴에 독립되어 표현되어 있다.

(1) 불전 속의 열반

일관된 불전설화도 속에 편입된 열반도로서 제1기의 제76굴(공작굴)**²**의 예가 있다. 정사각형 평면(한 변 3.6m)에 돔천장을 올린 주실 중앙에 소조의 불좌상을 안치(대좌와 결가부좌한 불상의 다리가 남아있었다)하고, 주위의 측벽에는 중앙의 좌불을 우요하는 것에 맞추어 각 벽마다 상하3단, 적어도 총 36구획 이상에 걸쳐 석가의 생애가 좌에서 우로 세 번 둘러지는 형식으로 순서대로 표현되어 있었다. 우벽에는 감이 뚫려 있어 명확하지 않고 정면 벽에도 단편이 남아있을 뿐이지만, 좌벽은 독일대가 조사했을 때 잘 남아 있었다. 좌벽의 상단에는 좌에서 우로 '탄생·칠보', '사문출유', '고행·마왕의 딸의 유혹', '항마성도', 중단에는 각종 불설법도가 세 구획으로 이어지며, 또한 '제석굴 설법', '삼가섭 귀불의 신변', 하단에는 '열반', '장송·애도', '입관'(마지막 구획은 결손)이 표현되어 있었다(도282). 또한 정면 벽 하단의 우측 끝에 큰 칼을 손에 든 한 무리의 귀인들을 표현한 벽화 단편이 남아있어, 좌벽 하단의 불전도와 연속된다고 본다면 로랜드가 추측한 바와 같이[3] 말라족 사람들이 석가의 사리를 적으로부터 수호하려 하고 있는 '사리의 수호' 장면인지도 모른다.[4]

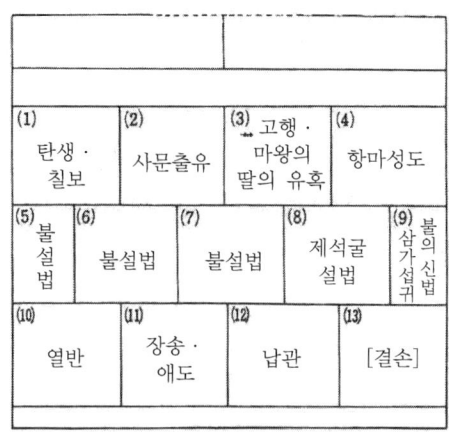

(1) 탄생·칠보	(2) 사문출유	(3) 고행·마왕의 딸의 유혹	(4) 항마성도
(5) 불설법	(6) 불설법	(7) 불설법	(8) 제석굴 설법	(9) 불의 삼가섭귀신법
(10) 열반	(11) 장송·애도	(12) 납관	(13) [결손]

도282. 키질 제76굴(공작굴) 좌벽 불전배치도[Grünwedel 2, fig. 13 원도]

이 굴의 불전도는 탄생부터 성도까지를 네 장면으로 압축하여, 제207굴(화가굴)에서 전형적으로 보이는 것처럼 성도 후의 다양한 신변·설법 장면을 비약적으로 증대시키고, 마지막으로 열반과 열반 후의 장면들을 그림으로써 통시적인 불전도를 완결시키고 있었다.

좌벽 하단에 표현된 열반관계 벽화는 유감스럽게도 벽화를 떼어 낼 때 소실되어 선도線圖가 남아있을 뿐이다. 이 선도를 통해 도상의 특징을 살펴보겠다. 우선 '열반'의 장면(도283)[5]에서는 석가가 오른쪽 겨드랑이를 아래로 하여 침상에 누워, 손은 베개 삼고 두 발은 포개는 간다라 이후의 자세를 취한다. 두광과 거신광이 있으며 몸에서는 여러 갈래의 화염이 타오르고 있다. 화염의 표현은 간다라 열반도에서 볼 수 없는 특징으로, 다비의 불이 타올랐음을 보여준다. 화면 우측 상단 구석에 꽃이 핀 사라수 나뭇잎에서 수신이 모

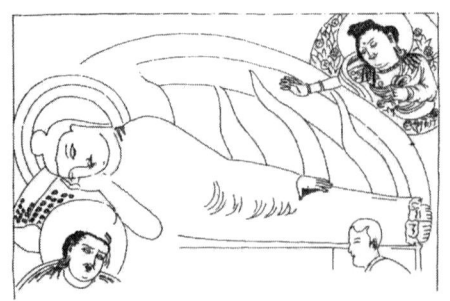

도283. 열반(선도). 키질 제76굴(공작굴) 좌벽[Grünwedel
1, fig. 201]

도284. 장송 · 애도. 키질 제76굴[Grünwedel 1,
fig. 202]

습을 드러내고 오른손을 뻗으며 산화하는 모습인데, 간다라와는 달리 남신
이다. 침상 앞에는 석가의 베개 주위로 두광이 있는 한 천부天部와, 발 근처에
한 명의 승려가 있다. 그들의 이름을 특정할 수는 없지만 슬픔에 빠진 신들이
나 불제자 중 한 명으로서 표현되었을 것이다. 여기서는 간다라에서 애호되
었던 열반 관련 삽화의 표현이 상실되고 있다.

'장송 · 애도'(도284)[6]의 장면에서는, 위쪽이 결손되었으나 호화롭게 장
식된 상여로 보이는 것의 앞에서 5인의 인물이 비탄에 찬 표정을 짓고 있다.
좌측의 3인은 남성으로 그중 중앙의 인물은 양손을 들어 애도의 몸짓을 보
이고, 좌우의 인물들도 같은 포즈를 보이는데 그 2인은 상여를 짊어지는 손
짓으로도 해석할 수 있다.[7] 만일 그렇다고 한다면 상여의 운반과 사람들이
애도하는 장면으로 이해된다. 우측에는 2인의 세속 여성이 멈춰 서서 슬퍼
하는 모습이다.

열반경에 의하면, 쿠시나가라의 사라수 밑에서 입멸한 석가의 시신을
말라족 사람들이 공양하고, 마쿠타반다나의 화장터로 옮겼다고 한다. 이 시
신의 운반을 표현한 '장송'의 도상은 간다라에서는 작례가 적다. 붓카라에서
출토된 부조[8]에서는 시신을 입관한 상여(다만, 뚜껑은 열려 있다)의 수레 다리
를 두 명의 동자가 짊어진다. 또 페샤와르박물관 소장의 부조 단편(도69)[9]에
서는 상여의 수레 다리를 남자가 들고 두 명의 여성이 손을 들며 울고 있다.

키질의 도상은 유사한 예가 적지만 이 같은 간다라의 도상을 바탕으로 했을 것으로 추측할 수 있다. 열반경에서는 천인들과 말라족 사람들이 시신을 공양하고 일단 쿠시나가라의 서쪽 성문으로 들어와서, 그후 동문으로 나

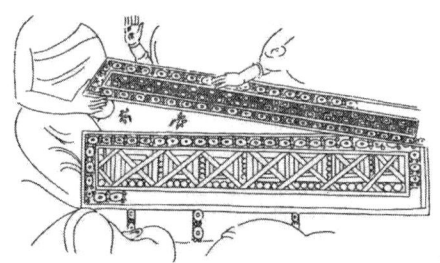

도285. 입관(선도). 키질 제76굴[Grünwedel 1, fig. 203]

가 마쿠타반다나로 향했다는 내용이 보인다. 화면의 좌측 끝에 보이는 성문은 이 쿠시나가라의 문을 표현한 것은 아닐까. 문이 반개되어 있어 상여가 성내로 운반되어 들어왔음을 암시하고 있다.

다음의 '입관[10]' 장면(도285)에서는 아름다운 장식이 베풀어진 상자형 관이 놓이고, 그 뚜껑을 한 명의 무릎 꿇은 승려가 닫으려 하고 있다. 관의 바로 앞에도 고개를 깊게 떨군 두 명의 승려가 있지만 상단부가 보일 뿐이다. 관의 맞은편에는 말라족의 귀인으로 보이는 두 인물의 완륜을 찬 손이 보인다. '입관'의 장면은 간다라에도 많은 작례가 있는데(본서 제1부 제4장 제2절 참조), 관의 주위에서 한탄하며 슬퍼하는 것은 역시 승려가 많다. 그러나 간다라에서는 관이 완전히 닫혀 있고 관도 둥그스름한 형태를 띠고 있어, 키질의 목제로 보이는 상자형 관과는 다르다.

이상으로 제76굴의 좌벽에 남아있는 불전도 속의 열반관계 장면을 살펴보았다. 현존하는 것은 '열반', '장송·애도', '입관'의 세 장면에 지나지 않지만 뒷벽에 '말라족의 사리 수호'로 보이는 장면도 있어, 아마도 간다라의 도상처럼 '다비', '사리의 입성', '사리의 수호', '사리 쟁탈전', '분사리', '사리의 운반', '기탑' 등의 장면이 연속되고 있던 것으로 생각된다.

이 굴의 열반도는 불전 사이클 속의 장면으로 표현되어, 간다라의 봉헌소탑에서 종종 보이는 탄생에서 열반까지의 석가의 생애를 나타내는 통시적인 불전 표현의 방식을 짙게 반영하고 있다. 간다라의 스투파를 부처의 존

상에 빗대어 굴 중앙에 안치하고, 원래 스투파의 기단면을 장식하고 있던 불전도를 굴 측벽에 투영시킨다면 키질 제76굴의 구성이 성립되는 것이다. 다만 간다라의 통시적 불전 표현에 있어서는, 석가의 탄생부터 성도까지의 전반생과 생애의 마지막에 관한 열반관계 설화를 주로 표현하고 있는 것에 반해, 키질에서는 탄생부터 성도까지의 장면을 압축하고 성도 후의 신변·설법 장면을 많이 표현하고 있다는 점이, 각 장면의 세부적인 도상의 변화와 함께 이미 키질미술의 방향을 명확히 보여주고 있다. 그렇다 하더라도 이 제76굴의 열반도는 키질 가운데에서도 가장 간다라 영향이 짙어, 초기적인 양상을 보여주는 것이라고 할 수 있다.

(2) 열반도의 독립

이에 반해 제161굴은 마찬가지로 정사각형·돔굴이지만, 열반도가 불전에서 독립하여 단독으로 표현되어 있다. 이 굴은 '키질석굴 총서'를 통해 그 개요가 알려져 있을 뿐이지만, 최근 이 굴의 열반도 사진도판이 소개되었다.[11] 주위의 측벽에는 4단 4열로 인연·불전도가 그려져 있음이 보고되어 있지만 상세한 부분까지는 명확히 알 수 없다. 아마도 여기서는 통시적인 불전도가 아니라 성도 후의 다양한 불설법도를 표현하고 있었을 것이다(보충주석).

열반도는 이 굴의 앞벽 입구 상부에서 볼 수 있다(도편47). 주위 측벽의 인연·불전도와는 따로 떨어진 독립된 열반도로서 주목된다. 화면 하단은 박락되고 석가의 승의는 흑변되었으나 그 외에는 비교적 잘 남아있다. 석가는 오른손을 뺨에 대어 베고 온화한 얼굴을 하고 있는데 누워있는 몸에서는 화염이 타오르고 있다. 화면의 양 끝에는 짙은 녹색의 나뭇잎과 희고 작은 꽃이 달린 사라수 밑의 불제자들이, 중앙부의 광배 뒤쪽에는 두광을 지닌 신들이 위치하며 석가를 둘러싼다. 석가의 베개 주위에 있는 4인의 승려 표현에서는 슬픔을 견디고 있는 늙은이와 젊은이의 얼굴 표정을 생생히 묘사하고 있다. 발 근처의 5인의 승려도 서로 얼굴을 마주하며 슬퍼하고 있다. 바로 앞의 2인은 무릎을 꿇고 있는데, 그중 석가의 두 발을 예배하는 것은 장로 대가섭임에 틀림없다. 이상의 9인의 불제자 이외에 석가의 머리 아래쪽 상좌의 앞에는 또 한 명의 승려(수발?)가 있는 것 같기도 하지만 분명하지 않다. 여기서는 간다라 열반도에서 볼 수 있었던 비구들의 에피소드에는 무관심하다. 다만 그들의 용모 표현이 서로 다르다는 점으로 미루어, 예를 들면 십대제자라는 특정 불제자를 표현한 것인지도 모른다. 하지만 석가의 발 근처에서 험한 표정을 짓고 턱수염이 있는 대가섭 이외에는, 석가의 두광 뒤에서 앳된 용모를 보여 아난으로 생각되는 비구를 특정할 수 있을 뿐이다.

석가의 거신광 뒤쪽에 있는 6인의 신들은 향좌측에서부터 권발형 범천, 관식을 갖추고 3안이 있는 제석천, 또한 보관을 쓰고 갑옷을 입고 합장하는 4인의 천부 ― 사천왕이다. 간다라의 열반도에서는 범천·제석천은 보이지만 사천왕의 도상은 알려져 있지 않다. 열반경 제본에서도 겨우 『장아함경』「유행경」에서, 석가가 입멸할 때에 많은 신이 시송을 노래하던 중 사천왕이 언급되고 있을 뿐이다.[12] 이에 반해 『불입열반밀적금강역사애변경』은 밀적금강역사의 애도를 주제로 하는데, 거기에는 제석천과 범천이 한탄하고 사천왕이 위요한다는 내용이 기록되어 있어[13] 이 열반도과 가까운 관계에 있다.

이 제161굴의 열반도는 구도의 기본이 간다라의 그것을 계승하고 있으면서도 열반경에서 볼 수 있는 각종 이야기를 담은 간다라의 설화적 도상에서는 멀어져, 오로지 아난·대가섭을 시작으로 하는 불제자들과 범천·제석천·사천왕의 신들에게 위요되어 찬탄받는 표현형식을 성립시키고 있다. 동시에 이 열반도는 불전 속의 장면에서 독립되어 단독으로 앞벽의 입구 상부에 그려져 있어, 석가의 입멸을 표현하는 열반도가 석굴 속에서 이른바 최종목표를 의미하는 것으로서 특별한 위치를 점하는 데 이르렀음을 보여주고 있다. 중앙아시아 열반도의 특징을 명확하게 보여주는 것이라고 할 수 있다.

제161굴의 열반도는 황토와 다갈색 계열을 주체로 하는 차분한 색조와, 인물의 얼굴, 체구나 손의 적확한 선묘 등에서 인체의 자연스러운 묘사를 이루어 내고 있어 제1양식의 특징이 남아있다. 특히 석가의 머리 부근에서 있는 불제자들의 표현은 늙은이와 젊은이의 얼굴을 솜씨 좋게 구분하여 묘사하고 있어 고전양식의 전통이 한층 살아있다. 이 열반도는 아마도 키질 열반도 중에서도 오래된 것 중 하나로 손꼽을 수 있을 것이다.

정사각형·돔굴 중에서, 열반도가 있는 굴이 또 하나 있다. 제189굴이다.[14] 그러나 이 굴의 벽화는 황갈색·다갈색계와 청색·녹색계를 사용한 대비적인 채색법, 양식화된 강한 바림 표현, 본을 뜬 듯한 얼굴 표현 등 제2양식의 특징이 현저하여, 연대적으로도 상당히 내려오는 것으로 추측된다. 제161굴과 마찬가지로, 입구에 있던 앞벽의 상부에 소열반도가 보이는데, 돔천장의 도상구성은 다르다. 즉, 제161굴의 돔천장이 방사형 구획에 장식문을 표현하고 있는 것에 반해, 제189굴에서는 천정에 독룡조복毒龍調伏의 기적을 표현한 석가좌상, 그 주위로는 5층의 원주 안에 가득히 천불을 표현하고, 앞벽 상부에 열반도를 그리고 있다(도286).

돔천장의 중심에 주존, 그 주위로 천불, 입구 상부에 열반도라고 하는 키질 제189굴의 도상 구성은 바미얀에서 두드러지게 보이며, Ee굴(제222굴, 도446), Jd굴(제388굴, 도447), Jg굴(제386굴) 등의 정사각형·돔굴의 예[15]와 궤를 같이한다. 바미얀에서는 돔천장의 중심에 미륵보살이 그려지는데, 그 주위는 천불구성을 취하고 입구 상부에 해당하는 고동부* 앞벽(Jd굴에서는 안쪽 벽)에 소열

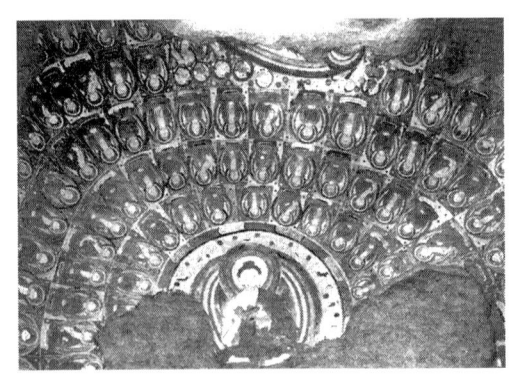

도286. 돔천장 벽화. 키질 제189굴[『키질석굴』 3, 도79]

---

* 고동부鼓胴部: 장구에 빗대어 가운데의 잘록한 부분.

반도가 표현되어 있다. 키질 제189굴은 바미얀의 영향을 받아 성립했을 것이다.

제189굴의 열반도는 안타깝게도 화면의 하단부 위쪽이 상실되어 있으나, 석가의 광배 뒤쪽에서 모습을 보이는 불제자와 신들은 구분된다. 두 명의 불제자 중에 석가의 발 근처에 있는 승려(단편)는 누더기 승의와 푹 꺼진 두 뺨의 용모로 미루어 아마 대가섭일 것으로, 석가의 두 발을 예배하고 있었을 것이다. 석가의 머리 부근에 서서 왼손을 뺨에 대고 고개를 숙인 젊은 승려는 아난이 아닐까. 화면 우측 상단에는 일렬로 서서 모두 두광과 갑옷을 몸에 걸치고 합장 작례하는 사천왕이 보인다. 그 밖에 두 명의 신이 있는데 존격을 특정할 수 없다. 석가의 몸에서는 화염이 타오르고 있으며, 화면 상단에는 화문이 흩어져 있다. 이 소열반도는 도상적인 면에서 제161굴을 계승하고 있는데, 특히 대가섭과 사천왕의 예배가 키질열반도의 큰 특징이 되고 있음을 알 수 있다.

3. 대상굴의 열반도상-열반공간의 성립

여기에서 임시로 열반공간이라 부르는 것은, 키질의 대상굴에 있어 후랑을 크게 파내어 넓혀서 방을 만들고, 그 안쪽 벽과 접하게 침상을 만들어 그곳에 소조의 대열반상을 안치하여, 후랑의 방 전체를 열반에 관련된 도상 및 모티브로 장식해서 석가의 열반을 장엄하는, 그와 같은 표현 방식을 말한다. 대열반상을 중심에 두고 그 주위로 그와 어울리게 벽화를 장식하는 방법으로, 키질석굴의 열반을 축으로 한 도상구성 · 벽화장식이 여기서 확립된다. 이 같은 예로서, 제77굴, 제47굴, 제48굴을 들 수 있다. 그중에서 제77굴(조상굴)[16]은 제1양식에 속하여, 키질에서는 상당히 빠른 시기에 열반공간이라 불리는 것이 출현했음을 엿볼 수 있다. 제47굴[17]은 최근 소개된 굴이지만, 벽화양식상에서도 제1양식의 흐름을 강하게 계승하고 있다. 역시 최근 소개된 제48굴[18]은, 다갈색계 이외에 녹과 청을 다용하여 색채효과를 강화하고, 용모 표현에도 유형화가 엿보여 제2양식의 특징을 보이는데, 또한 제1양식의 자연스러운 묘사의 전통이 짙게 남아 있다.

대열반상과 회중

이들 대상굴은 당초에 주실 정면 벽에 소조의 대입불상을 설치하고 있었는데 현재는 모두 사라진 상태이다. 대입불상의 높이는 제47굴이 가장 커 10m를 넘고, 제77굴과 제48굴에서는 7～8m 정도였을 것으로 추측된다. 대입불상의 등 뒤로 사각기둥이 있어, 중심주굴과 마찬가지로 그것을 도는 형태로 좌랑, 후랑, 우랑이 파내져 있다(도287). 제77, 47, 48굴은 석굴구조뿐 아니라 존상 배치나 도상구성에 있어서도 유사한 점이 많다. 즉, 큰 방을 형성하는 후랑의 안쪽 벽에 침상(길이 약 7～10m 정도)을 파내고 그곳에 소조의 대열반상을 안치하며, 또한 좌랑과 우랑의 바깥쪽 벽, 그리고 사각기둥 뒷벽에 낮은 벤치형 대좌를 만들어 그곳에도 소조상을 안치했었다(다만, 제48굴에서는 사각기둥 뒷벽의 대좌는 보이지 않는다). 대열반상은 안타깝게도 모두 완전히 소실되었다. 주위의 소상도 현재 모두 사라졌지만, 제77굴에서는 독일대 조사 당시 단편적이나마 잔존해 있었음이 보고되어 있다.[19] 그륀베델에 따르면, 제77굴의 후랑 좌우의 측벽에 각각 제207굴(화가굴)의 화가상과 같은 복장을 한 무릎 꿇은 공양자상(두부 결실), 사각기둥 뒷벽의 구석에 큰 인물좌상의 두 다리 부분이 남아있

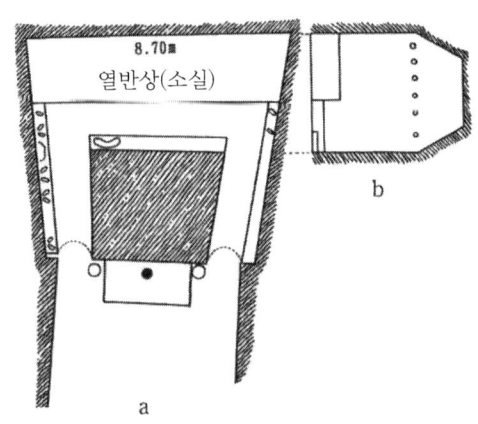

도287. 키질 제77굴(조상굴). (a) 평면도 및 (b) 후랑 단면도
[Grünwedel 1, fig. 207 원도]

어, 이 조각상들은 열반상을 둘러싼 회중들의 일부였다고 한다.[20]

　이처럼 대상굴의 후랑은 열반상을 중심으로 하여 주위의 벽면에도 열반의 장소에 참집한 회중을 적지 않게 소조상으로 표현하고 있었던 것 같은데, 열반상의 위쪽에도 그 표현이 미치고 있었다. 즉, 제77, 47, 48굴에는 모두 안쪽 벽과 좌우 측벽 상단부에 일정 간격으로 납공이 뚫려 있고,[21] 거기에는 원래 목조 난간이 설치되어 있어 역시 소조의 공양자상을 안치했었던 것으로 추측된다(도288, 290). 제77굴이나 제47굴에는, 납공과 접한 곳에 벽화로 까치발 장식이 그려져 있는데, 키질석굴에 유사한 예가 많은 난간 위의 기악천

도288. 키질 제77굴. 후랑 내부[『키질석굴』 2, 도29]

도289. 키질 제77굴. 후랑 천장벽화 악천[『키질석굴』 2, 도31, 33, 34]

표현을 통해서도 알 수 있듯이, 열반상의 위쪽에 실제 난간을 조성하여 그곳에서 상반신을 내밀어 비탄이나 찬탄의 몸짓을 보이는 소조 공양자상이 설치되어 있었을 것으로 생각된다.

도290. 키질 제47굴. 후랑 내부[『키질석굴』 1, 도148]

소조상의 회중

· 공양자 이외에 열반상을 둘러싼 흥미로운 벽화장식도 단편적으로나마 남아 있다. 제77굴에서는 열반상이 있던 안쪽 벽의 위쪽으로 완함을 연주하거나 꽃을 뿌리면서, 몸을 비스듬히 앞으로 기울여 직선적으로 비상하는 천인이 그려지고,[22] 제석관을 쓰고 금강저를 든 제석천도 보인다(일부는 독일대에 의해 잘려졌다).[23] 열반상이 있던 발쪽 가까이에는, 꿇어앉아 부채를 든 승려와 합장하는 천인이 보인다. 비천의 사이에는 화문, 리본을 휘날리는 고리형 꽃그물, 장식적인 소형 천개 등이 눈길을 끈다. 또한 좌우 측벽에도 꽃접시를 들고 산화하거나 긴 꽃그물을 손에 들고 찬탄하는, 우미한 포즈를 보이는 비천이 그려져 있었다(베를린국립인도미술관 소장).[24]

제47굴에서는 열반의 장소에 참집한 천인과 불제자의 모습은 많이 남아있지 않으나, 우벽에서 볼 수 있는 4인의 승려는 주목된다(도292).[25] 선두에는 꿇어앉아 머리를 숙인 모습, 뒤쪽 3인의 승려는 두 어깨에서 화염, 혹은 물줄기(왼쪽 어깨에서 발하는 것은 담록색)를 발하고 있는 것이 눈길을 끈다. 이 표현은 제1기의 볼트천장 벽화에서 보였던 선정승의 표현과 관계 깊다. 즉, 선정승이 아라한과에 도달하여 몸에서 불과 물을 발하며 공중을 비상하는 표현이다. 아마도 열반의 장소에 아라한과를 얻은 불제자들이 불과 물을 발하

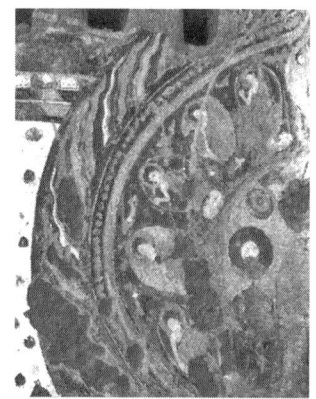

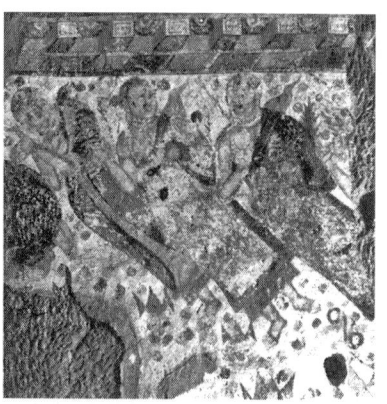

도291. 키질 제47굴. 후랑좌벽. 열반상
의광배[『키질석굴』 1, 도149]

도292. 키질 제47굴. 후랑 우벽. 비상하는 승려
들[『키질석굴』 1, 도150]

면서 날아오며 참집하는 모습을 표현했을 것이다.

　　제48굴에서 회중의 인물을 표현한 벽화는 우벽에 남아있을 뿐이다(도 295).[26] 즉, 열반상의 발 근처에 해당하는 곳에 한 그루의 사라수가 그려지고, 그 좌우로 3인의 인물이 애도한다. 선두의 인물은 한쪽 무릎을 대고 오른손을 크게 들어 하늘을 바라보며 왼손으로 가슴을 친다. 격한 애도의 몸짓과 함께 나신의 상반신과 머리를 뒤로 늘어트린 모습이 특이하다. 뒤쪽의 2인은 승려로, 1인은 통유의 승의를 걸치고 오른손을 뺨에 대며 슬픔에 잠겨 있고 (안면박락), 1인은 꿇어앉아 작례한다. 후자의 승려는 누더기 승의를 입고 얼굴과 가슴은 비쩍 말라 있어, '두타제일'이라 칭해지던 대가섭이 석가의 두 발을 예배하고 있는 모습임에 틀림없다.

　　이처럼 제77, 47, 48굴의 대상굴에서는, 후랑에 소조의 대열반상이 안치되고 후랑 전체가 이 열반상을 둘러싸며 많은 천인이나 불제자들이 참집하는 그 모습을 소조상이나 벽화로 표현하고 있었다. 좌우 측벽의 아래쪽으로는 일찍이 세속의 공양자를 포함한 소조상의 회중 인물이 설치되었고, 또 안쪽 벽과 측벽의 위쪽, 천장을 나누는 지점에 목조 난간이 설치되어, 그곳에도 아마 소조의 공양자상이 설치되어 있었을 것이다. 또한 벽화를 통해,

안쪽 벽과 좌우 측벽에는 산화하거나 악기를 연주하는 비천, 혹은 신변을 보이며 날아오는 승려들, 또 우수에 잠긴 승려들, 격한 애도의 몸짓을 보이는 인물 등이 표현되어 있었다. 여기서는 대가섭의 표현 이외에 대부분 설화적인 요소가 사라지고, 큰 후랑의 공간에 오로지 많은 세속의 인물들·신들·불제자들이 참집하여 찬탄하거나 혹은 비탄하는 모습에 관심이 집중되어, 열반한 붓다의 초월성이 강조되어 있다.

열반상의 광배

그런데 제47굴에 남아있는 열반상의 광배 표현은[27] 이 같은 열반도상의 양상과 호응하여 흥미롭다(도291). 즉, 벽화에 표현된 두광과 신광으로 이루어진 광배의 외주부에 솟아오르는 화염, 연주문, 입상의 화불열을 표현하고, 그에 더하여 두광부의 내주에 화환을 물고 있는 새의 모티브를 그리고 있다(도291). 이 같은 광배는 제123굴(화환을 물고 있는 비둘기굴)의 주실 측벽에 표현된 입불상에서도 보이는데,[28] 열반상의 광배로는 제69굴에 유사한 예가 있다[29](다만, 제69굴의 광배에는 화불이 보이지 않는다).

열반불에 화염이나 화불이 있는 광배를 다는 것은 붓다의 초월성을 강조하는 표현으로, 화염은 다비의 불이라기보다는 화염광배로 보아야 할 것으로, 화불도 불과 빛 속에서 모습을 드러내는 표현이라고 할 수 있다. 주목할 점은, 연화대좌에 선 화불과 화불 사이에는 모두 작은 각기둥 모양의 보주가 표현되어 있다.[30] 보주mani, 摩尼는 "자연스럽게 청정광명을 흘려 보낸다", "광명이 두루 비추어 해가 세상을 비추는 듯하다"(『기세경起世經』 제2전륜성왕품[31])라는 것처럼 눈부시게 빛나는 존재로, 윈강 제17굴이나 제9굴에서도 화염광배 속에 각기둥 모양의 작은 보주가 표현된 예가 있다.[32] 여기서는 석가 열반의 광휘를 강조하는 것이라고 할 수 있다.

열반경에 의하면, 석가가 입멸을 결의한 뒤에 말라족의 붓쿠사(p. Pukkusa, s. Putkasa)가 봉헌했던 금색 옷을 석가가 입었는데, 그때 석가의 얼굴과 몸이 눈부시게 빛났다고 한다. 팔리본이나 범본에는 석가가 발한 광휘로 인해 옷의 금빛은 소실된 듯했다는 기록이 있는데, 아난이 그 이유를 묻자 석가는 성도할 때와 열반할 때에 눈부시게 빛이 남을 말해준다.³³ 불전 속에서 성도와 열반은 석가의 깨달음의 본질을 분명하게 해주는 때임이 틀림없으며, 그 초월적인 경역이 광휘로 표현되었던 것이리라.『대반열반경』에는 "이때, 여래는 그 얼굴에서 각종 빛을 발하였다. 청, 황, 적, 백, 파리頗梨, 홍색이었다"³⁴고 한다. 대승의 40권본『대반열반경』의 모두에도 세존의 방광放光이 강조되어 있다.³⁵

화불에 대해서는 열반경에 시사하는 내용이 없지만, 광명 속의 화불 표현도 아마 석가 방출하는 광휘의 위대함에서 유래한 것은 아닐까. 불타발타라 역『관불삼매해경』(관상품)³⁶이나 구마라집 역『대지도론』(초품 중 방광석론放光釋論)³⁷에는 석가가 방출한 빛 속에 화불이 나타나거나, 혹은 빛이 변화하여 금색 보배 꽃이 되고 그 모든 꽃 위로 화불이 나타난다고 기록되어 있다. 또한, 석가열반 후의 재생설법을 설한『마하마야경摩訶摩耶經』은, 석가가 몸의 모공에서 천 줄기 광명을 방출하고, 각각의 빛 속에 천 송이 연꽃이 있으며, 그 연꽃에는 천 명의 화불이 앉아있다고 기록되어 있다.³⁸ 키질의 열반상은 재생설법을 표현하는 것은 아니지만, 석가가 열반할 때 광명이 흘러넘치는 표현은 이 같은 경전의 이미지에 가깝다. 화환을 물고 있는 새의 표현도 석가 생애의 마지막 대기적일 뿐 아니라, 불교의 목적이자 이상인 '반열반'의 실현을 상징하는, 열반상의 영광을 상찬하는 것이라고 할 수 있다.

이 석가가 열반에 들 때의 광명과 상찬의 이미지는, 열반의 방을 구성하고 있는 후랑 주위의 벽면 전체에 베풀어진 장엄과도 관계된다. 예를 들면 제47굴에서는 후랑의 좌우 측벽 및 천장 하단부의 빈틈에는 흰 바탕에 피지 않은 연꽃과 활짝 핀 연꽃을 시작으로 각종 꽃들이 흩뿌려져 있고, 또한 꽃그물이나 화염을 발하는 보주가 이곳저곳에 표현되어, 후랑의 방 전체가 찬탄과 산화의 이미지로 장엄되고 광휘로 메워져 있다.³⁹ 특히 보주의 표현이 눈에 띄는데, 육각형을 띤 각기둥 모양으로 표현되고 그 주위로 삼각형 모양의 화염이 나오고 있다(도296a). 그중에는 연화대좌 위에 십자형 보주를 표현한 독특한 것도 있다(도296b).**40** 이 보주들은 열반의 광명을 한층 증대시키고 있다. 또한 좌벽의 침상 근처, 열반상의 머리와 가까운 곳에 큰 금강저의 표현이 있는데, 집금강신의 모습은 보이지 않고 금강저에 리본이 휘날리고 있다는 점으로 보아 석가열반을 찬탄하는 장엄으로써 표현되었을 것이다.

천장의 천인찬탄

또한 후랑의 천장에는 천인의 찬탄을 표현하여 완전한 열반 공간을 연출한다. 제77굴의 천장을 보면, 이 천장은 단높임식으로 안쪽 벽과 사각기둥 쪽 경사면에 각 1열, 천장의 수평면에는 2열에 걸쳐, 각각 1열로 10면씩 총 40면의 패널형 구획이 설치되어 있다. 그중 간소한 화문으로 장식한 안쪽 벽 10면의 구획을 제외하면 그 밖에는 모두 한 면에 한 명씩 진악, 무용의 천인들을 정연하게 그리고 있다(도288, 289).**41** 그들은 모두 머리가 천장의 중앙선을 향하게 표현되는데, 북, 배소, 횡적, 종적 등의 악기를 연주하거나 꽃그물과 공양물 그릇을 들고 있기도 하며, 미묘한 손짓으로 찬탄하기도 한다. 모두 두광이 있고 관식이나 장신구로 몸을 장식하며, 어깨부터 양팔까지 천의를 걸치고 있다. 얼굴은 3/4면관 혹은 옆얼굴로 표현되며, 허리는 약간 비틀어 율동적인 동세를 보인다. 천장의 전면에 표현된 이 많은 천인들은, 석가의 열반을 천상에서 진악과 무용으로써 찬탄하며 공양하고 있는 듯한 효과를 이끌어 내고 있다.

이와 관련하여, 제47굴과 제48굴의 후랑은 볼트천장을 만들어 마찬가지로 천인찬탄을 그리고 있는데 그 표현은 보다 우미해져 있다. 즉, 제47굴에서는 박락이 현저하지만(도290) 제48굴의 볼트천장에는 8인의 비천이 흰 바탕의 하늘을 헤엄치는 듯한 자세로 찬탄하고 있다(도293).**42** 산개를 들거나 꽃접시를 들어 산화하고 혹은 합장하기도 하며, 한쪽 무릎을 굽혀 뒤쪽으로 차는 듯한 자세로 비상한다. 그중에는 한쪽 무릎을 앞으로 굽히고 다른 쪽 다리를 차올리는 중인도식 비천의 모습도 있지만, 대부분은 몸을 쓰러트려 한쪽 무릎을 굽히는 간다라식 비천이다. 게다가 움직임은 보다 율동감이 넘치

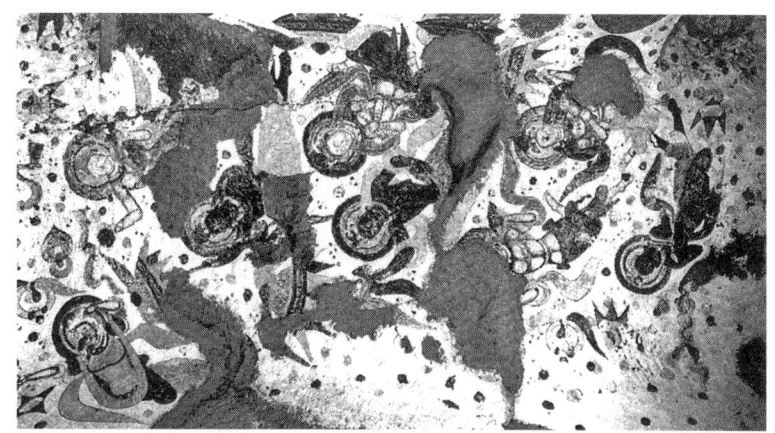

도293. 키질 제48굴. 후랑 천장벽화. 천인의 찬탄[『신장의 벽화』上, 도137]

며, 비천은 한 무리가 되어 우벽에서 좌벽으로 향하는, 즉 열반불의 발쪽에
서 머리쪽으로 향하는 큰 흐름을 이룬다. 비천과 비천의 사이 공극에는 한 면
에 꽃, 꽃그물, 고리형 장식, 보주 등이 흩어지듯 채워져 있어, 천장 전체가 장
엄된 공간을 구성하며 열반불을 찬탄한다.

　이 같은 천상의 산화나 천인의 찬탄에 대해서는 열반경에서 시사하는
바가 있다. 팔리본 열반경은 다음과 같이 말하고 있다.

　　하늘의 만다라(만다라바)화는 허공에서 내려와, 수행완성자에게 공
　　양하기 위하여 수행완성자의 몸에 내리덮이고, 내리부어지며, 떨어
　　져 부어졌다. 하늘 전단栴檀의 가루는 허공에서 내려와, …내리부어
　　지며, 떨어져 부어졌다. 하늘의 악기는 수행완성자에게 공양하기 위하
　　여 허공에서 연주되었다. 하늘의 합창은, …허공에서 시작되었다.[43]

　팔리본에서는 허공에서 꽃이나 전단의 가루가 내리부어지고, 하늘의
악기가 연주되며, 하늘의 합창이 시작되었다고 한다. 이에 대해서 한역본에
서는 신들의 산화와 관련하여 "그때 도리천에서는 허공에서 문다라文陀羅꽃

도294. 열반부조(도판10) 부분. 로리얀탕가이(간다라) 출토. 캘커타인도박물관.

· 우발라꽃 · 파두마꽃 · 구마두狗摩頭꽃 · 분다리꽃을 여래 위에 흩뿌리고, 여
러 대중에게도 흩뿌렸다. 또 하늘의 전단향 가루를 부처님 위에 흩뿌리고 여
러 대중에게도 흩뿌렸다"(『장아함경』「유행경」)*[44]라 하거나, 혹은 "제천은
화향을 흩뜨리다"(『불반니원경佛般泥洹經』)[45]라고 기술하고 있다. 간다라에서
는 유사한 예가 적지만, 로리얀탕가이 출토의 열반부조(도판10, 캘커타인도박
물관 소장)에는 화면 상단에 일렬로 선 비천들이 옆으로 누운 석가를 향해 산
화하거나 합장하며 찬탄하는 표현이 있어(도294), 키질에서는 이 같은 간다
라 도상을 바탕으로 열반경에서 설하는 천상산화 · 천인찬탄의 이미지를 독
립시켜, 열반상을 모시는 방의 천장에 솜씨 좋게 입체화시켜 표현하고 있다.
천장에 이처럼 율동적이고 자유로운 비천을 나타내는 표현은, 천상계에 대
한 도상의 분절화 현상과 함께 중앙아시에서 확립되어, 중국에서 큰 전개를
보이는 것이다.

이상과 같이 제77, 47, 48굴의 대상굴은 후랑을 크게 파내어 넓힌 뒤 대
열반상을 안치하고, 주위의 벽면에는 회중과 공양자를 소조상으로 설치하
거나, 신들과 불제자가 참집하는 모습을 벽화에 그리고, 또한 열반상의 광배

*   불교기록문화유산 아카이브(https://kabc.dongguk.edu/) 우리말 번역문 인용. 時, 忉利天於
    虛空中, 以文陁羅花, 優鉢羅, 波頭摩, 拘摩頭, 分陁利花散如來上, 及散衆會. 又以天末栴檀而散
    佛上, 及散大衆. 『불설장아함경』 4권(ABC, K0647 v17, p. 848b08-b11)

도295. 키질 제48굴. 후랑·우벽. 애도하는 사람들[『키질석굴』 1, 도154]

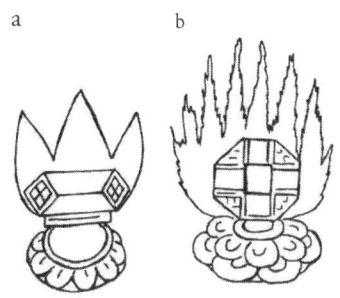

도296. 열반상 주위에 그려진 마니보주 2종. a, b. 키질 제47굴 후랑[미야지 아키라 작도]

나 천장 장식에 이르기까지 이 초월적인 대열반상의 위광을 표현하여, 그를 장엄하는 공간을 구성하고 있다. 간다라·인도에서는 볼 수 없었던 것으로, 인도에서 열반의 상징이었던 스투파에 대한 신앙이 열반 대상으로 대체되고, 그를 장엄하는 열반공간을 출현시키고 있는 것이다(아잔타 제26굴의 열반 대상이 약간 이와 가까운 양상을 보이고 있지만, 인도에서는 거의 발전하지 않았다).

4. 중심주굴의 열반의 도상구성

발트슈미트에 의해 제1기로 분류되었던 석굴에는, 제207굴(화가굴)을 제외하면 중심주굴은 포함되지 않으며 이 석굴구조는 제2기에 융성한다. 중심주굴은 키질의 사당굴의 과반을 점하고, 게다가 중심주굴의 석굴에서는 그 후랑에 거의 반드시 열반관계 도상을 표현하고 있어, 키질의 전성기·후기의 단계 모두 열반도상이 애호되어 중심적인 테마를 이루고 있었음이 쉽게 상상된다.

우선 중심주굴(도297)에서 열반에 관한 도상이 어떠한 구성을 이루고 있었는지를 생각해 보고자 한다. 이 석굴구조에서 열반관계 도상은 대부분

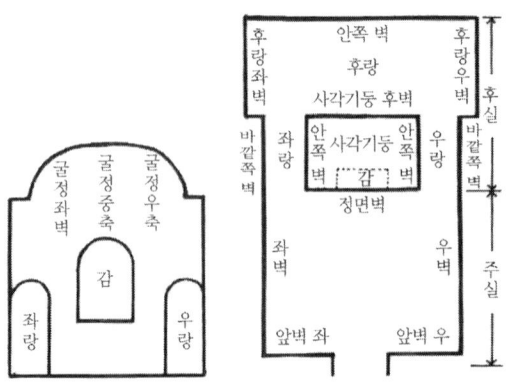

도297. 중심주굴의 명칭[『키질석굴』 2, p. 173 삽도, 원도]

의 경우 설화 장면으로 표현되고, 그 장면들은 좌랑·후랑·우랑으로 이루어진 회랑에 집중되며 주실에 표현되는 경우는 없다. 그중에서 열반도(벽화), 혹은 열반상(소조)이 중심적 위치를 점하고 있음은 변함없으며, 안쪽 벽에 표현되는 것이 통례이다. 후랑의 좌우 측벽에도 종종 안쪽 벽 열반도상의 일부를 이루는 모티브가 표현된다. 안쪽 벽과 상대되는 사각기둥 뒷벽에는 열반도상의 일부를 구성하는 듯한 표현도 있지만, 많은 경우에서 '분사리' 혹은 '다비'의 장면을 그린다. 게다가 열반관계 장면으로서, 좌랑 안쪽 벽에 '아사세왕 고사'를 그리고 사각기둥 뒷벽에 '다비'를 표현하는 경우에는, 우랑 안쪽 벽에 '분사리'를 그리고 있다. 이에 더하여 우랑 바깥쪽 벽에 '제1결집'을 표현하는 경우도 있다. 이 밖에 사각기둥 뒷벽, 좌우랑의 안쪽·바깥쪽 벽에 스투파열을 표현한 것도 적지 않다. 이상의 중심주굴의 열반에 관한 도상구성을 계통분류하면 다음과 같이 된다. 각 항의 끝에는 그에 속하는 굴을 열거하겠다.

(1) 안쪽 벽에 '열반'을 표현하고, 사각기둥 뒷벽이나 좌우 측벽에도 그에 속하는 도상을 배치한다. …… 제17, 38, 69, 97, 99, 104, 107A, 155, 171, 172, 195, 196, 198, 206굴.

(2) 안쪽 벽에 '열반'을 표현하고, 사각기둥 뒷벽에 '분사리'를 그린다.
…… 제8, 34, 58(안쪽 벽에 '분사리', 사각기둥 뒷벽에 '열반'을 표현한다),
신1, 80, 101, 192굴.

(3) 안쪽 벽에 '열반', 사각기둥 뒷벽에 '다비'를 표현하고, '분사리'도 표
현되는 경우가 많다. …… 제7, 27, 163, 175, 179, 227굴.

(4) 안쪽 벽에 '열반', 사각기둥 뒷벽에 '다비' 이외에, 좌랑과 우랑에 '아
사세왕 고사', '분사리', '제1 결집' 등이 표현된다. …… 제4, 98, 178,
193, 205, 219, 224굴.

이 계통분류는 단순하게 꼭 제작연대와 결부되는 것만은 아니다. 예를
들면, 제1기에 속하는 제207굴(화가굴)[46]에서는 안쪽 벽에 열반도를 그리고,
후랑 주위의 벽에도 그와 직접 관계되는 도상을 표현하고 있어 (1)의 도상구
성을 취하지만, 우랑의 바깥쪽 벽에 '사리 쟁탈전', 안쪽 벽에 '분사리'를 표현
하는 것이 특이한데, '분사리'에 관한 설화도상도 일찍부터 키질에서 발전했
었음을 시사한다. 그러나 안쪽 벽의 '열반'에 상대하여 사각기둥 뒷벽에 (2)
'분사리'를 표현하는지 혹은 (3)·(4) '다비'를 표현하는지에 따라 열반관계의
도상구성은 크게 둘로 나눌 수 있을 것이다. 후술하는 바와 같이 '다비'의 중
시는 아마도 중심주굴 열반도상의 후기적 경향일 것이다. '다비'의 도상은
'대가섭의 쌍족예배로 인해 타오르는 석가'를 그린 이른바 키질열반도의 귀
결이기 때문이다.

(1)~(4)의 분류에 속하지 않은 예로서, 제58굴(투구를 쓴 자의 굴被兜者
窟)[47]에서는 사각기둥 뒷벽에 열반도를 표현하고 안쪽 벽에 '분사리'를 그리
고 있다. 흥미롭게도 이미 '열반'을 표현하지 않은 굴도 있는데, 제114굴(회전
경굴)[48]에서는 사각기둥 뒷벽에 '분사리', 안쪽 벽에 '다비'와 '제1 결집'을 그
린다. 제176굴(뒤에서 두 번째 굴)[49]에서는 사각기둥 뒷벽에 '다비', 안쪽 벽에
는 상단에 스투파열, 하단에 입불열을 그리고 있다. 제186굴(중앙굴)[50]에서
는 후랑 모두를 스투파열로 채우는 데 이른다. 쿰트라석굴의 제23굴(독일대

편호 주그룹 제19굴), 제46굴(동 주그룹 기록명 계곡, 북측 계곡의 굴), 제58굴(동 주
그룹 제42굴) 등에서도 열반도는 표현되지 않으며, 사각기둥 뒷벽에 '다비', 안
쪽 벽에 '분사리'를 그려,[51] '열반'보다도 '다비'에 열반도상의 중심이 옮겨져
있다.

　　도상구성만으로 연대를 논할 수는 없지만, 대략적으로 본다면 아마도
키질 중심주굴의 열반도상은, 후랑을 '열반'에 속하는 도상으로 구성하거나,
'열반'과 '분사리'를 세트로 하는 도상구성으로, '다비'를 중시하여 '열반', '다
비', '분사리', 혹은 거기에 '아사세왕 고사'나 '제1 결집'을 더하여 석가열반 후
의 "불법의 행방"에 대한 관심이, 설화표현의 형태를 띠면서 강화되고 있었
던 것으로 추측된다.

　　이하에서 중심주굴의 열반관계 장면 중 대표적인 작례를 열거하며 그
도상을 관찰해 보겠다.

(1) '열반'

　　안쪽 벽에 소조의 열반상을 설치하거나 혹은 열반도를 그리는 것은 중
심주굴의 공통된 방식이다. 전자의 경우 안쪽 벽에 접하여 침상을 만들고 그
위에 열반상을 안치했기 때문에 필연적으로 후랑이 커지게 되는데, 그 도상
구성은 대상굴과 밀접한 관련성을 갖는 경우가 많다.

　　최근 발견된 신新1굴[52]은 다른 굴에서는 모두 사리저 버린 소조이 열반
상이, 파손되기는 하였으나 현존한다는 점에서 중요하다(도299). 상반신은
크게 파손되었지만 대퇴부와 다리 부분의 풍부한 양감과, 도식적인 선조에
의한 의문표현 등이 오묘한 대조를 이루고 있다. 이 열반상의 대광배(박락)
뒤쪽에는 4인의 합장 작례하는 천부가 벽화로 표현되어 있다(도298). 모두 두
광을 지니고 큰 관식을 달고 눈을 부릅뜬 표정을 보이며, 갑옷풍의 상의를 입
고 있다. 그들은 사천왕임에 틀림없다. 후랑의 좌벽에는 보주나 산화도 등이
그려지며(우벽은 파손), 또한 볼트천장에는 산화하는 3인의 비천을 크게 표현

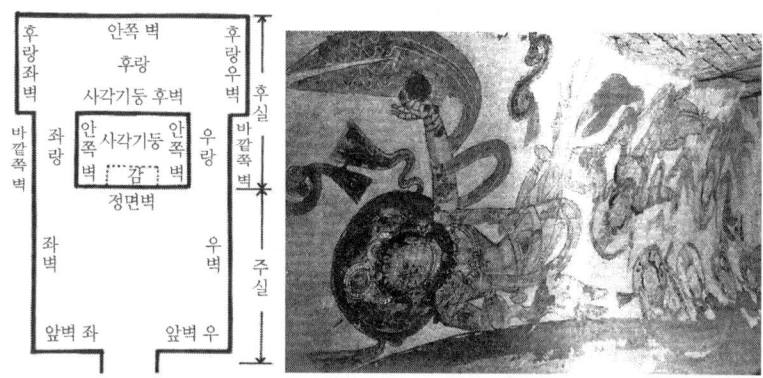

도298. 키질 신1굴. 후랑 천장벽화. 천인의 찬탄[『키질석굴』 3, 도171]

하고 있어, 대상굴 열
반공간의 도상구성과
유사하다(도298). 천장
의 비천은 다리를 교
차시키면서 상반신을
일으키고, 손을 들어
흔들며 리드미컬하게
비상한다. 대상굴 제

도299. 키질 신1굴. 후랑의 열반상(소조상)[『키질석굴』 3, 도
175]

48굴의 비천(도293)과 함께, 신1굴의 비천은 천장에서 열반상에게 산화하는
우미한 의장을 보이고 있다.

　　안쪽 벽에 열반상을 안치한 굴에서는 후랑의 좌우벽에 낮은 벤치형 대
좌를 설치하는 경우가 많은데(제8, 99, 104, 195, 196, 197, 219굴 등), 그 굴들에서는
대상굴과 마찬가지로 당초 그곳에 소조상이 모셔지며 열반도상의 일부를
구성하고 있던 것은 아닐까 상상되지만, 소조상은 모두 사라진 상태이다. 예
를 들면, 제219굴(아사세왕굴)[53]에서는 후랑의 좌우 측벽에 벤치형 대좌를 파
내어 당초 그곳에 소상을 설치하고, 배경에 비천이나 사라수의 수녀신을 그
리고 있다. 그륀베델에 따르면, 사각기둥 뒷벽에 감실이 뚫려 있어 그곳에

어깨에서 불을 발하는 선정의 나한이 그려지고, 그 위쪽으로는 난간 위에서 애도하는 왕후 귀족들을 표현했었다고 한다. 볼트천장에는 역시 악기를 연주하거나, 산화하는

도300. 열반도. 키질 제2 소계곡 제2굴(독일대 편호)[Le Coq, 6, Taf. 2]

비천을 그리고 있다. 이 굴도 후랑 전체를 열반에 관계되는 도상, 모티브로 장식하고 있었음을 알 수 있다.

한편, 안쪽 벽에 벽화로 열반도가 그려진 예는 많지만, 전체적으로 도상이 명확한 경우는 적은 것 같다. 여기서는 도판이 간행되고, 또 필자가 실제로 관찰할 수 있었던 보존상태가 좋은 예로서, 제17굴(보살천장굴), 제38굴(악천굴), 제80굴(지옥의 가마굴), 제205굴(제2구 마야굴) 등의 열반도[54]를 들어, 중심주굴에 표현되었던 열반도의 특징을 검토해 보겠다.

석가가 옆으로 누운 상좌는 전면이 장식문으로 꾸며지고, 종종 사슬형태의 다리가 달려 있는데 간다라의 상좌와 비교할 때 보다 장식화되고 있다. 석가는 오른손을 베고 왼손은 몸을 따라 펼치며, 오른쪽 겨드랑이를 밑으로 히고 다리를 상하로 포개어 옆으로 눕는다(도301). 간다라 이래의 '북수하며 오른쪽 겨드랑이쪽으로 눕고, 손을 베고 두 발을 포갠다'(『불소행찬』)[55]는 자세인데, 석가의 머리를 쉬게 해 주는 큰 베개의 표현은 매우 장식성이 강하다. 또 키질 열반도의 특징으로서, 석가의 몸에서 여러 줄기의 다비의 불이 흔들리며 타오르고 있다. 또한 두광과 신광배는 적갈색, 청, 백 등의 여러 겹의 선으로, 마치 무지개와 같이 표현되어 있다. 사라수의 표현은 생략되는 것도 있지만, 석가의 머리 부근에 쌍수로서 표현되는 경우가 많다. 예를 들면, 제38굴에서는 사라쌍수가 표현되고 거기에 희고 작은 꽃이 피어 있어, "사라쌍수에서 때가 아님에도 꽃이 피어, 만개하였다"(팔리본 열반경[56])는

도301. 열반도. 키질 제38굴(악천굴). 후랑 안쪽 벽. a. 향우, b. 향좌, c. 중앙 [『키질석굴』 1, 도143-145]

것을 보여주고 있다(도301a).

그런데 열반의 장소에 등장하는 회중들 중에는 어떤 신들과 인물들이 등장하고 있을까. 각각 차이는 있지만 거의 대부분의 열반도에서 확인되는 것은 무릎을 꿇고 석가의 두 발을 예배하는 대가섭Mahākāśyapa(마하가섭)이다. 독일대에 의해 떼 내어진 제2소계곡 제2굴의 열반도(도300)[57]에서는, 회중의 인물이 석가의 두 발에 손을 대고 예배하는 대가섭뿐으로, 키질열반도에 있어 대가섭이 얼마나 중요한 위치를 점하고 있었는가를 알 수 있다. 대가섭은 제38굴에서와 같이 통유의 승의를 걸치는 경우도 있지만(도301a), 많은 경우 누더기 승의를 편단우견으로 입고, 얼굴 모습은 뺨이 불거지고 턱수염을 길렀으며, 드러난 오른쪽 가슴에는 근골이 보여, 두타(청빈)제일로 칭송되었던 장로의 상을 보여주고 있다. 누더기 승의는 석가로부터 전해 받았다고 하는 분소의를 표현한 것으로 보인다(『불본행집경』).[58] 이 도상은 석가 입멸 후, 대가섭이 석가의 시신에 예배하고 다비의 불이 타올랐음을 표현함과 동시에, 장로 대가섭이 석가의 의발을 계승함을 강조하는 것이라고 할 수 있다.

회중의 승려로서 대가섭 이외에, 석가의 발 근처에 몇 명의 승려가 표현되는 것도 있다(도301a). 손을 뺨에 대거나, 혹은 손을 펼쳐 우수의 몸짓을 하며 멈춰 서 있다. 그들이 과연 고유명사를 가진 승려로서 표현되었던 것인지 어떤지는 의문스럽다. 적어도 간다라의 열반부조에서 보이는 것과 같은 불제자들의 에피소드를 표현하는 것은 아니다. 다만, 대가섭과 함께 또 한 명 고유명사를 가진 승려가 표현된 것이 있다. 마지막 불제자인 수발Subhadra, 須跋陀羅이다. 제38굴의 베개 부근에서 석가를 향해 결가부좌하는 승려는, 흰 옷을 머리까지 뒤집어 쓴 이른바 복두의를 입고 있어 간다라 이후 수발의 표현임에 틀림없다(도301c). 탁발유행자였던 수발은 석가의 입멸 직전에 찾아와 설법을 듣고 홀연 해탈하여, 석가의 입멸을 차마 보지 못하고 스스로 먼저 입멸했다고 전해진다. 바미얀이나 둔황敦煌 수대의 열반도에서는 화염을 발하며 화계삼매에 든 수발의 표현을 볼 수 있는데, 여기서는 조용히 선정에 드는 모습이다.

열반의 장소에 모여든 신들로는 앞서 제1양식의 제161굴에서 본 범천, 제석천과 사천왕이 중심주굴의 열반도에서도 특징적이다. 제38굴의 열반도를 보면 석가의 신광 뒤로, 향좌측에서부터 권발형에 흰 피부의 범천, 삼안을 가진 어두운 피부색의 제석천, 원형의 큰 관식을 쓰고 갑옷을 입고 합장하는 사천왕이 표현되어 있다(도301a·b). 제17굴에서는 권발형의 범천으로 보이는 신과 사천왕, 제80굴에서는 사천왕만 표현되었다. 간다라의 열반부조에서는 볼 수 없었던 사천왕의 예배가 키질의 특징이 되고 있다. 집금강신은 간다라에서도 선호되었는데, 침상 앞에서 쓰러지는 타입의 도상이 키질에서도 계승되고 있다. 제80굴의 석가의 상좌 앞으로 금강저가 현재 단편으로 남아있는데, 그륀베델의 기술에 따르면 집금강신이 비탄에 잠겨 금강저를 손에서 놓아버린 표현이었음을 알 수 있다.[59] 이상의 범천, 제석천, 사천왕, 집금강신의 신들은 열반경에서는 거의 기록되지 않았지만,『불입열반밀적금강역사애변경』의 내용과 합치된다는 것은 주목된다.

또한, 제205굴(제2구 마야굴)의 좌랑 안쪽 벽에 그려진 '아사세왕 고사'의 장면에는, 행우대신行雨大臣이 손에 든 천에 그려진 흥미로운 불전사상도가 있는데, 그중에 열반도[60]가 있다(도302). 이는 중심주굴의 안쪽 벽에 그려진 것은 아니지만 숙달된 선묘로 그려진 화중화(그림 속의 그림)로, 열반도상의 자료로서 빼놓을 수 없다. 옆으로 누운 석가는 통유의 모습을 하고 있지만, 얼굴은 눈을 뜨고 표정이 있으며 승의를 발끝까지 길게 덮고 있는 점이 특이하다. 석가의 신광 뒤로 비탄에 잠긴 한 승려와 합장하는 두 천부— 범천과 제석천일 것이다 —가 표현되며, 상좌 바로 앞에는 복발의를 입고 결가부좌하는 수발의 뒷모습과, 금강저를 떨어트리고 앉은 집금강신이 보인다. 여기서는 화면이 좁았기 때문인지 대가섭은 생략되어 있다.

그림302. 사상도 중의 '열반'. 키질 제205굴 (제2구 마야굴)[Grünwedel 2, Tapel 42-43].

그런데 안쪽 벽에 열반상·열반도를 표현한 중심주굴에서, 후랑의 좌우 측벽에는 좌랑·우랑의 바깥쪽 벽의 벽화에 연속시켜 입불열과 스투파열을 그리거나 혹은 소감을 뚫어 좌불을 안치하는 경우도 있지만, 안쪽 벽의 열반도상의 일부로서 표현되는 경우도 적지 않다. 대상굴 제48굴의 후랑 우벽에서는 사라수에서 상반신을 드러내고 산화하는 수녀신,[61] 제163굴과 제171굴에서는 사라수 아래에서 한 명의 승려가 근심에 잠긴 모습이 그려져 있다.[62] 모두 열반도의 일부를 구성하는 것임에 틀림없다. 나무에는 희고 작은 꽃이 피고, 승려의 주위에는 피지 않은 연꽃, 활짝 핀 연꽃, 작은 꽃 등이 흩어져, 희유한 사건을 찬탄하고 있다.

열반도를 구성하는 후랑 우벽의 벽화로서 제80굴의 예는 무척 흥미롭다. 여기에는 나무 밑에 두광을 지닌 두 명의 천부가 서 있다(도303).[63] 향우측의 천인은 권발형으로 흰 옷을 입고 슬픈 손짓을 보이는 것에 반해, 왼쪽의 천인은 큰 관식을 쓰고 삼안이 있으며, 거무스름한 피부색으로 합장 작례한다. 제38굴의 예로 미루어 보아도 이 두 천인은 범천과 제석천임에 틀림없다. 제80굴의 안쪽 벽 열반도에서는 천부로서 사천왕이 표현되어 있는데, 범천·제석천을 우벽에 표현하여 전체적으로 열반도를 형성하고 있는 것이다.

도303. 범천과 제석천. 키질 제80굴
（지옥의 가마굴）. 후랑 우벽[『신
장의 벽화』上, 도182]

후랑이 좌벽두 열반도의 일부를 구성하는 경우가 적지 않다. 그륀베델에 따르면, 제206굴(세족굴) 및 제224굴(제3구마야굴)에는 금강저를 내던진 채 팔짱을 낀 듯한 손으로 팔뚝을 움켜쥔 자세의 집금강신이 그려져 있다.[64] 이들은 제80굴의 열반도나 제205굴의 사상도 속의 열반 장면(도302)에서 보이는 것처럼, 불입멸의 때에 집금강신이 쓰러지는 이야기를 표

현한 것임에 틀림없다. 집금강신은 석
가의 베개 쪽에 위치하기 때문에, 좌벽
에 표현되었을 것이다.

후랑 좌벽에 그려진 도상으로 가
장 유사한 예가 많은 것은 한 쌍의 남녀
천부상이다(도304). 제7굴(채상굴), 제13
굴, 제80굴(지옥의 가마굴), 제163굴, 제
178굴(협곡굴), 제179굴(일본인굴), 제
224굴(제3구 마야굴) 등에서 보인다.[65]
이 구도는 모두 거의 공통되며, 나무
밑 향좌측의 남성 천인이, 우측 여성
천인의 어깨에 왼쪽 팔꿈치를 걸치고
서 있다. 두 명 모두 두광을 지니고, 다

도304. 건달바 부부. 키질 제80굴. 후랑
좌벽[『키질석굴』2, 66]

리를 교차하여 발끝으로 서서(단, 여성은 발까지 덮는 긴 치마를 입고 있는 것도 있
다) 춤추는 듯한 포즈이다. 남성은 상반신이 나형으로 흰 피부색이며, 어두
운 색 피부를 보이는 여성은 코르셋풍의 옷을 입는데, 모두 화려한 장신구로
장식하고 있다. 주의할 것은, 여성은 제7, 13, 163, 178, 179굴 등에서 겨드랑
이에 낀 궁형 하프를 손끝으로 뜯고 있다는 것이다.

마스장馬世長은 이를 악신樂神 건달바gandharva, 乾闥婆로 보며, 『근본설일
체유부비나야잡사』 권37 소재의 '선애건달바왕귀불'의 설화[66]를 표현했을
가능성을 시사하였다.[67] 이 경전은 의쟁이 번역한 것으로, 좌랑과 우랑에 그
려져 있는 '아사세왕 고사'나 '제1결집'도 이 경전에 실린 설화와 관계가 깊다
는 점으로 보아 마스장의 견해는 일리가 있다. 다만, '선애건달바왕귀불'은
악신 선애건달바의 교만을 석가가 경계한 이야기로, 남녀 건달바 표현과의
필연성은 없다. 벽화 중에는 악기를 들지 않은 여성도 있는데, 이 한 쌍의 남
녀상은 일련의 것으로 동일한 존격임에 틀림없다. 그들은 중심주굴의 정면
벽에 표현된 '제석굴 선정' 속 악신 판챠시카 부부와 두식, 복장, 피부색 등이

한층 유사하다. 판챠시카는 통상 단독으로 표현되지만 남녀상으로 표현되기도 하는데 그 예로 제80굴이 있다.[68] 이러한 점으로 미루어, 후랑 좌벽에 그려진 한 쌍의 남녀 천부상은 역시 건달바의 남녀로 보아야 할 것이다. 문제는 열반경에서 건달바에 대한 내용이 보이지 않는다는 것인데, 『불소행찬』에서 부처가 열반할 때 사왕(사천왕), 정거천淨居天, 팔부제천신이 찬탄 공양했음이 기록되어 있다.[69] 팔부제천신은 이른바 팔부중으로 해석되는데, 동경同經의 티베트역본에는 '건달바의 왕들, 용의 왕들, 야차의 왕들, 바른 가르침을 기뻐하는 신들'이라 하고 있어,[70] 팔부중의 대표로서 건달바를 표현했던 것은 아닐까. 건달바는 제석천을 모시는 악사로, 석가열반을 찬양하기 위해 특별히 이 신이 선발되었던 것이리라. 『근본설일체유부비나야잡사』와 관계가 있는 다른 계통의 미지의 텍스트에 의거했을 가승성은 충분하다.

이상으로 중심주굴의 열반도 도상을 고찰했다. 사라쌍수 밑에서 석가가 옆으로 누운 모습을 시작으로 하여, 구도의 기본은 간다라의 것을 바탕으로 하고 있지만, 간다라 미술에서 선호되었던 설화적 요소는 희박해져 있다. 특히 불제자들의 다양한 설화들에는 거의 관심을 보이지 않는다. 그러나 그 중에서 마지막 불제자인 수발의 입정과, 대가섭의 쌍족예배 설화에는 강한 관심을 보이며, 집금강신이 쓰러지는 도상과 함께 간다라 열반도상의 전통을 계승하고 특히 그들을 강조하고 있다. 특히 대가섭의 쌍족예배 도상은 석기의 몸에서 다비익 붐이 타오르는 표현과 세트를 이루며, 키질 열반도의 불가결한 요소가 되고 있다. 한편, 간다라 열반도에서는 집금강신과 수신 이외에는 고유명사를 갖는 신들이 거의 등장하지 않는 데 반해, 키질의 열반도에서는 범천·제석천·사천왕이 반드시 등장한다. 간다라 부조에서 범천, 제석천이 표현되는 경우도 있지만, 사천왕이 합장 예배하는 도상은 키질열반도의 큰 특징이다. 또한, 마스장은 제76, 110, 179, 189, 205굴 등의 열반도에 마야부인이 그려져 있음을 기술하고 있다.[71] 만일 마야부인의 모습이 확인된다면 바미얀과 둔황 수대의 열반도와 비교할 수 있는 매우 흥미로운 일이겠지만, 도판은 간행되지 않았고 세부적인 기록도 없기 때문에 이후로 다루어져야 할 문제라 할 수 있다.

간다라의 열반도상은 소승열반경과 밀접한 관계를 갖고 있으나, 키질의 경우 부분적으로는 소승열반경의 내용과 대응하기도 하지만 전체적으로 보면 거기에서 이탈하고 있다. 그렇다고 해서 대승열반경을 기반으로 제작된 것도 아니다. 키질열반도의 도상은 석가가 입멸하던 때의 불제자들과 신들에 대한 설화적 관심보다는, 석가열반에 대한 찬탄과 석가 입멸 후의 '불법의 행방'에 대한 관심과 깊이 관련되어 있다.

(2) '다비'

키질에서 '다비'의 표현은 열반도 속에 삽입되는 것에서 시작되었던 것 같다. 제1기의 제76굴(공작굴)에서 본 바와 같이, 연속되는 불전도 속의 '열반' 장면에서는 옆으로 누운 석가의 몸에서 이미 다비의 불꽃이 타오르는 것이 표현되어 있었다(도283). 제161굴의 앞벽 상부에 그려졌던 독립된 열반도에서는, 석가의 몸에서 흔들리며 올라가는 다비의 불과 함께, 석가의 발 근처에서 쌍족을 예배하는 대가섭의 모습이 보였다(도판47). 제2기의 중심주굴 후랑 안쪽 벽에 그려진 열반도에 있어서도, 세존의 발쪽에서 작례하는 대가섭과 석가의 몸에서 다비의 불이 타오르는 표현은 불가결한 요소가 되어 있다. 이는 대가섭의 쌍족예배에 의해 비로소 다비의 불이 타올랐다고 하는 열반경의 설화를 표현한 것임에 틀림없다.

간다라의 열반미술에서는 대가섭의 쌍족예배 표현이 '열반' 속에서 표현되는 것도 있었지만, '다비'의 장면과는 별개의 도상을 형성하고 있었다(드물게 한 예로 관에서 석가가 두 발을 내밀고, 대가섭이 예배하는 '다비' 그림의 부조가 알려져 있다. 도판16). 이에 반해, 키질의 열반도에서는 대가섭의 예배와 다비가 일련의 것으로서 표현되어 있다. 게다가 키질에서는 이윽고 '다비'의 도상이 '열반'과 동등하게, 나아가서는 '열반' 이상으로 중시된다. 즉, 중심주굴에서는 후랑 안쪽 벽에 '열반'(열반도·열반상)을 나타내는 것이 키질의 거의 정해진 방식인데, 그 경우 안쪽 벽과 마주하는 사각기둥 뒷벽에는 '다비' 혹은 '분사리'를 표현하는 것이 일반적이게 된다. 나아가, 제114굴(회전경굴)이나 제176굴(뒤에서 두 번째 굴)과 같이, 후랑 안쪽 벽이나 사각기둥에 '다비' 및 '분사리'나 '사리탑'을 그리면서 더 이상 '열반'을 표현하지 않는 예까지 있다(이러한 경향은 쿰트라석굴에서 보다 현저히 확인된다).

'다비'의 중시는 도상상에서도 나타난다. 간행된 '다비'의 도상은 한정되어 있지만, 간다라의 도상과는 상당히 다른 양상을 보여준다. 간다라에서는 관 전체를 다비의 불이 둘러싸는 듯 타오르며, 그 좌우로는 몇 명의 불을 끄는 사람이 항아리가 달린 봉을 손에 든 간소한 구도가 많은 것에 반해, 키질의 '다비'는 '열반'과 대등한 대화면을 구성한다.

키질의 '다비' 도상으로서, 독일대의 보고에 의한 제4굴(난로굴A), 제205굴(제2구 마야굴), 제224굴(제3구 마야굴) 등을 대표적인 예로 들 수 있다.

제205굴(제2구 마야굴)의 사각기둥 뒷벽에 그려진 '다비'(도판50)[72]를 보면, 석가의 시신을 넣은 관은 아마도 목제로, 삼각형태의 뚜껑이 있으며 전체적으로 호화로운 장식문양이 베풀어져 있다. 둥글고 간소한 간다라의 관과는 달리 당시 쿠챠의 왕후, 귀족들 사이에서 사용되고 있던 관의 형태를 보여주는 것으로 보인다. 특히 뚜껑의 머리부분에 달린 용머리와, 꼬리부분에 달린 팔메트* 형태의 문양(용꼬리를 나타냄?)이 실제 관의 장식을 상기시켜 흥미롭다.[73]

반개한 관 뚜껑의 사이로 보이는 석가는, 열반할 때와 마찬가지로 오른손으로 손베개를 삼고 왼손은 몸을 따라 뻗고 있는데, 석가의 시신은 격자형으로 천에 감싸져 있다. 열반경에 "세존의 유해를 잘 두드려 편 면으로 감싸고, 오백심 길이의 천으로 감싸다"[74]라는 내용을 표현하고 있어 간다라의 '염'의 도상(도67)과 유사하지만, 여기서는 얼굴이 천으로 감싸여 있지 않다.

---

*　　팔메트: 야자나무.

관의 뚜껑을 들어 올리며 이별을 애석해하고 있는 자는, 후술하는 바와 같이 '다비'의 장면에 중요한 역할을 하는 대가섭일 것이다. 관의 발 근처에는 세 명의 비구가 합장 작례하고 있다. 또한 화면 상단의 양쪽 구석으로, 총 3인의 두광을 지닌 천인이 산화하거나 꽃그물을 손에 들고, 혹은 합장하며 찬탄하고 있다. 화면 좌측 하단 구석의 천인은 양손을 뻗고 얼굴을 일그러 뜨리며 비탄에 잠긴 모습이다. 관 뚜껑에서는 다비의 불이 크게 타오르고 있다.

이 '다비'의 도상은, 열반경들 중에서 한E본(『근본설일체유부비나야잡사』 권 제38)[75] 및 범본[76]과 가장 가까운 관계에 있다. 이 두 본의 텍스트에는 대가섭이 세존의 금관을 열었다는 것과, 그곳에 대가섭을 포함한 사대장로四大耆宿勠聞가 있었음을 기록하고 있다. 즉 한E본에는, 대가섭이 세존이 계신 곳에 이르러 "향목을 치우고 큰 금관을 열고 천 장의 흰 천과 다시 솜을 모두 풀고는 존용尊容을 우러러보면서 절하였다"[*]라 하고, 그곳에 있던 네 장로(아약교진여, 난타, 십력가섭파, 마하가섭파 = 대가섭) 중 대가섭은 대복덕이 있어 붓다의 의발의 계승자임을 기술한 뒤에, 대가섭이 금관의 뚜껑을 닫고 향목을 쌓은 뒤 물러나자 "향목에 스스로 불이 붙었다"고 기록하고 있다. 범본 또한 4대 장로의 이름에 같고 다름은 있으나 내용은 같다. 이 기록들은 키질 제205굴의 '다비'도에 4인의 비구가 그려지고 1인(대가섭)은 관을 열고 있는 점과 조합한다.

키질 제4굴(난로굴A)의 사각기둥 뒷벽에 그려진 '다비'(도305)[77] 역시 거의 같은 도상이다. 여기서는 관 뚜껑을 여는 대가섭이 누디기 승의를 걸치고 있는데, 비구는 3인뿐이다. 화면 상단에는 난간이 그려지며, 거기서는 천부와 세속 사람들이 몸을 내던지며 격하게 애도하는 몸짓을 보이고 있다. 키질의 '다비'에서 보이는 애도의 몸짓은 중앙아시아 열반도상의 큰 특징이다(다

---

* 불교기록문화유산 아카이브(https://kabc.dongguk.edu/) 우리말 번역문 인용. 除去香木 啓大金棺, 千疊及絮垃開解已, 瞻仰尊容頭面禮足. 『근본설일체유부비나야잡사』 38권 (ABC, K0893 v22, p. 889a03-a05)

음장 참조).

제4굴의 '다비'에서 볼
수 있는 또 하나의 간과할
수 없는 특징은, 타오른 다
비의 불꽃 위에 그려진 여
덟 개의 사리탑 표현이다.
이는 다비 후에 석가의 사
리가 여덟으로 나뉘었던
'사리팔분'을 암시한 표현
임이 틀림없다. 이 굴의 우
랑 안쪽 벽에 독립하여 '분
사리'가 표현되어 있음을

도305. 다비(선도). 키질 제4굴(난로굴A) 사각기둥 뒷벽
[Grünwedel 1, fig. 91]

생각한다면 이 사리탑의 표현은 불필요하다고 말할 수도 있겠지만, 오히려
그 점에서 키질미술의 '석가 입멸 후'에 대한 강한 관심을 확인할 수 있다. '다
비'와 그곳에 표현된 사리탑의 표현은, 이미 '열반'의 도상만으로는 만족할
수 없는 키질 열반미술의 성격을 말해주고 있다.

　　제4굴의 비교적 복잡한 구도에 반해, 제7굴(채상굴)의 사각기둥 뒷벽에
그려진 '다비'는 뚜껑이 닫힌 직사각형 관과 그 밑으로 화염이 타오르는 것을
그리고 있을 뿐이지만, 화면의 상단에는 7기의 사리탑이 표현되어 있다.[78]
이 또한 '다비'에 이어지는 분사리 혹은 사리 공양을 의도했을 것이다. 사리
탑이 여기서는 7기이지만, 좌랑과 우랑의 안쪽·바깥쪽 벽에도 많은 사리탑
이 그려지고 있어(도306),[79] '다비'도에서는 특별히 몇 기라고 하는 숫자에 구
애받지 않았던 것인지도 모르겠다.

　　이처럼 키질의 중심주굴에서는 후랑의 안쪽 벽에 '열반', 그와 마주하
는 사각기둥 뒷벽에 '다비'를 나타내는 방식이 정착하고, '석가 입멸 후'에 대
한 관심과 함께 '다비'와 '분사리'의 도상이 '열반'의 도상과 동등하거나 혹은
그 이상의 가치를 지니며 표현된다.

도306. 사리탑도(선도). 키질 제7굴(채상굴) 회랑[Grünwedel 2, fig. 82]

(3) '분사리'

중심주굴 안쪽 벽의 '열반'과 대응하여 사각기둥 뒷벽에는 '다비' 혹은 '분사리'가 그려져 있는 것이 일반적이었는데, '다비'의 도상은 열반도 속에 포함되어 있었기 때문에 독립된 화면을 갖게 되는 것은 오히려 늦어지게 된다. 이에 반해 '분사리'의 독립된 설화도상은 키질에서 일찍부터 그려졌다.

중심주굴은 제2기에 융성한 석굴형식이었으나, 그중에서 제207굴(화가굴)[80]은 제1기에 속하는 예외적인 굴(다만, 주실의 천장은 제1기에 일반적인 볼트굴이 아닌 삼각고임 천장)로, 그곳에는 사리에 관한 설화도가 보인다. 후랑의 안쪽 벽에 열반도를 그리고, 사각기둥 뒷벽에는 명상하는 승려 등을 표현하고 있었다(아마 열반 장면과 관계된 것으로 보인다). 사리와 관련된 설화도는 우랑의 내외측 벽에 그려져 있었다(독일대에 의해 잘려나가 현재는 소실). 그륀베델에 따르면, 우랑의 바깥쪽 벽에 '사리 쟁탈전', 안쪽 벽에 '분사리'가 표현되어 있었다고 한다.

바깥쪽 벽에 그려졌던 '사리 쟁탈전'(도307)[81]은 간다라 같은 전투 도상이 아닌, 쿠시나가라의 성문 앞에서 기마와 기상의 각국 병사들이 몰려들며 손을 들어 사리를 요구하는 모습이다(화면 향좌측은 박락). 성문 안에는 대좌 위에 쌀알과 같은 사리가 쌓여 있고, 그 앞에 턱수염이 있는 드로나 바라문이 양손을 펼쳐 몰려든 병사들을 막으려 하고 있다. 쿠시나가라의 성문을 중심으로 좌우에서 사리요구자가 밀려드는 구도는 산치 제1탑 남문의 구도(도63)에 가까운데, 여기서 전투 모습은 표현되지 않는다. 그 점에서는 오히려, 간

도307. 사리 쟁탈전(선도). 키질 제207굴(화가굴). 우랑 바깥쪽 벽[Grünwedel 1, fig. 356]

다라의 성문을 표현한 '분사리' 장면(도78)과 '사리의 운반' 장면(도79)을 조합시킨 듯한 구도이다. 그러나 키질의 '사리 쟁탈전'에서는 사리요구자의 병사들이 중앙아시아식의 갑옷이나 무기를 착용하고 있다는 점에서, 간다라의 도상과는 명확히 다르다.

이 키질벽화에서 볼 수 있는 병사의 독특한 갑옷 모습은, 톰슈크, 키질, 쇼르축 등에서 출토되고 있는 소조상[82]에 가까운 예가 있을 뿐 아니라(도308), 사산계 중앙아시아의 은쟁반[83](도309)에도 유사한 예가 있다. 게다가 은쟁반에서 보이는 성문과 왕궁의 건축을 중앙에 두고 그 좌우에서 기마 병사가 공격해 오는 구도 자체노, 키질의 '사리 쟁탈전'의 구도와 흥미로운 유사성을 시사한다. 키질벽화의 '사리 쟁탈전'은 사산계 중앙아시아의 작품에서 볼 수 있는 것처럼, 성벽을 앞에 둔 전투 구도에 간다라의 사리설화 도상을 조합시켜 완성한 것이라고 할 수 있다.

키질 제207굴 우랑 안쪽 벽에는 이 '사리 쟁탈전'과 마주하는 형태로 '분사리'의 장면[84]이 있다(도310). 그륀베델에 따르면, 쌓아올려진 사리를 앞에 두고 드로나 바라문이 사리병을 손에 들며, 그 좌우로 4명씩의 왕들이 표현되어 있었다. 왕들은 모두 호화로운 관식을 쓰고 사리용기를 양손으로 받쳐

도308. 소조 병사. 키질. 러시아대 장
래. 에르메타쥬박물관[『실크
로드국보國宝』 도105]

도309. 전투 장면을 표현한 은쟁반. 포스트 사산조.
에르메타쥬박물관[『실크로드국보』 도158]

들고 있다. 사리용기는 원통
형 몸통에 원추형 뚜껑이 달
린 형태로, 페리오나 오타니
탐험대가 쿠챠의 스바시 사
지에서 가지고 온 것과 같은
형식이라는 점이 주의된다.
이 '분사리'의 구도는 간다라
에 가까운데, 쌀알 같은 사리
가 쌓아올려져 있는 표현(간
다라에서는 경단형태로 표현된

도310. 분사리(선도). 키질 제207굴(화가굴). 우랑 안
쪽 벽[Grünwedel 1, fig. 355]

다)이 흥미롭다.

'사리 쟁탈전'과 '분사리'의 장면이 조합되어 표현되는 예는, 키질에서는 이 제207굴 이외에 제179굴(일본인굴)이 보고되어 있을 뿐이다.[85] 제179굴에서는 후랑의 안쪽 벽에 '열반', 그와 마주하는 사각기둥 뒷벽에 '다비'를 그리고, 좌랑 안쪽 벽에 '사리 쟁탈전', 우랑 안쪽 벽에 '분사리'를 표현하여, 일관된 열반 설화도상을 형성하고 있다(도상의 세부는 불상). 키질석굴에서는 결국 '사리 쟁탈전'의 장면을 독립시키는 경우는 거의 없으며, '분사리'의 장면 속에 이입시켜 포현하는 경우가 많다.

한편 제2기의 '분사리'의 장면은, 후랑 안쪽 벽의 '열반'과 상대하여 사각기둥 뒷벽에 표현되거나, 혹은 사각기둥 뒷벽에 '다비'가 그려지는 경우에는 우요의례에 맞춘 형태로 '분사리'가 우랑의 안쪽 벽에 표현되는 것이 정착된다. 제27굴(벽감굴)이나 제176굴(뒤에서 두 번째 굴)과 같이, 사각기둥 뒷벽에 '다비'와 '분사리'를 (좌우 혹은 상하로) 나열하여 그리는 예도 소수 있다. 이들 '분사리'의 도상은 미간행 자료가 적지 않은데, 그 표현형식은 크게 두 종류로 나눌 수 있을 것이다.

첫 번째 표현방식은 '사리 쟁탈전'의 도상을 '분사리'의 장면 속에 이입시킨 표현으로, 제4굴(난로굴A)이나 제8굴(십육대검자굴)에서 그 대표적인 예를 볼 수 있다. 예를 들어 제8굴의 사각기둥 뒷벽에 그려진 '분사리'(도311)[86]에서, 쿠시나가라의 성문을 화면 하단 중앙에 두고 그 좌우로 기마나 기상의 병사들이 사리를 얻고자 밀려드는 모습을 그리고, 성벽의 내부에 사리용기를 손에 든 여덟 왕과 찬탄자가 드로나 바라문을 둘러싸는 구도를 보인다. 기마나 기상의 병사가 밀려드는 표현은, 각국의 왕들이 석가의 사리를 얻기 위해 4군(상군, 마군, 전차대, 보병대)을 이끌고 왔다고 하는 열반경의 기술을 표현하고 있는데, 간다라에서는 이 같은 표현이 보이지 않는다. 한편 성벽 내에서 행해지고 있는 '분사리'의 광경은, 간다라의 구도와 마찬가지로 위쪽으로 쌓아올려지는 원근 표현법을 취하고 있기 때문에, 자못 성벽 위에서 행해지고 있는 듯이 보인다. 제207굴에서 본 '사리 쟁탈전'과 '분사리'를 접합시

도311. 분사리(선도). 키질 제8굴(십육대검자굴). 사각기둥 뒷벽[Grünwedel 1, fig. 117]

킨 듯한 표현이라 할 수 있다.

이에 반해 '분사리'의 두 번째 표현형식은, 이미 사리를 요구하는 병사들은 표현하지 않고, 오직 쿠시나가라의 성 내에서 행해진 분사리의 광경만을 그린 것이다. 그 대표적인 예로는, 사각기둥 뒷벽에 그려진 제80굴(지옥의 솥굴)의 예를 들 수 있다. 거기서는 화면 하반부에 쿠시나가라의 성벽을 표현하고, 그 위쪽 내부에 사리병을 손에 든 드로나 바라문을 중심으로, 그 좌우로 사리용기를 든 여덟 왕들이 표현되어 있다.[87] 성벽에는 중앙에 성문(박락)이 있고, 곳곳에는 수목의 표현이 있다. 이 두 번째 표현형식이 '분사리'는, 쿠시나가라 제23굴(독일대편호 제19굴)의 후랑 안쪽 벽에서 그 전형적인 예[88](도312)를 볼 수 있다.

이상과 같이 키질 중심주굴의 '분사리'의 설화도상은 두 종류의 표현형식으로 나뉘는데, '다비'와 함께 키질의 열반 후 설화도상의 중심적 위치를 점하고 있다.

도312. 분사리(선도). 쿰트라 제23굴(독일대 편호 제19굴). 후랑 안쪽 벽[Grünwedel 1, fig. 45]

(4) '아사세왕阿闍世王 고사'에서 '제1결집'까지

키질의 열반미술에는 '석가 입멸 후'에 대한 관심이 강하다는 것을 지적했는데, 후랑 안쪽 벽에 '열반', 사각기둥 뒷벽에 '다비'를 표현했을 뿐 아니라, 좌랑에 '아사세왕 고사', 우랑에 '분사리', '제1결집'을 표현하여, 회랑 전체를 열반 후의 설화도상으로 채우는 형식이 성립한다. 제4굴(난로굴A), 제98굴, 제193굴(용왕굴) 등에서는, 좌랑의 안쪽 벽에 '아사세왕 고사', 우랑의 안쪽 벽에 '분사리'를 그리고 있다(제101굴에서는 좌랑 안쪽 벽에 '아사세왕 고사', 사각기둥 뒷벽에 '분사리'를 그린다). 또한 제178굴(협곡굴), 제205굴(제2구 마야굴), 제219굴(아사세왕굴), 제224굴(제3구 마야굴) 등에서는 좌랑의 안쪽 벽에 '아사세왕 고사', 우랑의 안쪽 벽에 '분사리', 우랑 바깥쪽 벽에 '제1결집'을 그려 가장 완전한 형태의 일련의 열반 후 설화도상을 형성하고 있다.

'열반', '다비', '분사리'는 전통적인 소승열반경 속에 등장하고 있는 설화로, 간다라 도상의 전통도 있다. 그러나 '아사세왕 고사'와 '제1결집'은 소승열반경 속에서 한E본, 즉 『근본설일체유부비나야잡사』(이하 『비나야잡사』라고 줄임) 속에서 볼 수 있는 이야기로, 전통적인 열반경 속에서는 보이지 않는다는 점이 주의된다. 우선, '아사세왕 고사'의 도상을 관찰해 보자.

'아사세왕 고사'의 작례는 현재 여덟 예(제4, 98, 101, 178, 193, 205, 219, 224굴)
가 알려져 있는데, 독일대에 의한 보고로는 제4굴(난로굴A), 제205굴(제2구 마
야굴), 제219굴(아사세왕굴), 제224굴(제3구 마야굴)의 도상을 대표적인 예로
들 수 있다.[89] 이 '아사세왕 고사'에 대해서는, 마쓰모토 에이치 교수가 고찰
한 바와 같이[90] 『비나야잡사』 권38(T. 23, No. 1442, p. 399)에 출전이 있다. 그 내용
은 다음과 같다.

왕사성에 있던 대가섭大迦葉은 대지가 움직이는 것을 보고 석가의 입멸
을 알게 되고, 국왕 아사세未生怨가 그 소식을 들으면 피를 토하며 죽게 될 것
이라고 생각하여 성 안의 행우대신에게 한 계책을 맡긴다. 즉, 동산의 당에
도솔천 하생부터 열반까지 석가의 일대기를 그리고, 다음으로 큰 여덟 개의
함을 만들어, 일곱 개의 함에는 생소生酥(요구르트)를 넣고, 여덟 번째 함에는
우두전단의 향수를 채워, 당 옆에 두라는 것이었다. 왕이 출유하여 당의 그
림을 보고는 쓰러져 정신을 잃고 만다. 대신이 곧장 왕을 생소가 든 함에 넣
고, 마지막으로 향수가 든 함에 넣자 왕은 숨을 내쉬었다.

제205굴의 작례(도판49, 도313)[91]를 보면, 화면 왼편에 왕성 내에서 아사
세왕이 왕비와 함께 행우대신과 대화하는 모습을 표현하고, 우측 중앙에는
아래쪽으로 수미산의 붕괴, 위쪽으로 행우대신이 석가사상도가 그려진 흰
천을 펼치고, 그 앞
에서 향수가 들어있
는 커다란 항아리에
반신을 담그고 두
손을 올려 크게 놀
라는 몸짓을 보이는
아사세왕이 표현되
어 있다. 장면의 대
략은 『비나야잡사』
를 통해 해석되는

도313. 아사세왕 고사(선도). 키질 제205굴(제2구 마야굴). 좌랑
안쪽 벽[Grünwedel 1, fig. 383]

데, 도상의 세부에는 다른 부분도 적지 않다.

　예를 들어 석가일대기는『비나야잡사』에서 당 내에 도솔천 하생부터 열반까지의 많은 불전 장면이 그려져 있었다고 하는 것에 비해, 이 작품에서는 행우대신이 든 흰 천에 사상도가 그려져 있다는 점이 상위相違하다. 불전 장면을 사상도로 표현하는 것은 간략화한 표현이라고도 볼 수 있지만, 당 내에(아마도 벽화로) 그려졌다고 하는 문헌 전승과는 다르다. 또한 문헌에서는 생소와 향수의 용기를 함(상자)이라고 하는데, 작품에서는 항아리로 그려져 있다. 또한 수미산의 붕괴에 관한 기록도『비나야잡사』에는 보이지 않는다 (대지의 진동에 관한 기록은 있다). 또한 마쓰모토 교수도 지적한 바와 같이, 작품에는 생소가 든 항아리 주위로 두 개의 화살과 검이 지면에 내리 꽂혀 있고, 양의 머리와 다리 등이 놓여 있는데, 이러한 표현도 현재로서는 문헌에서 해석되지 않는다. 이상의 점을 생각해 보면, 키질의 '아사세왕 고사'의 벽화(아마도 '아사세왕 고사'부터 '제1 결집'까지의 일련의 열반설화도)는『근본설일체유부비나야잡사』와 관계가 있는 다른 계통의 텍스트에 의거하여 그려졌으리라는 것도 생각할 수 있다. 이 문제는 향후의 연구에 맡겨야 하겠으나, 현장『대당서역기』에는 쿠챠屈支國에 대하여, "가람의 수는 백여 곳이며 승도는 5천여 명으로 소승의 가르침인 설일체유부를 익히고 배우고 있다."* (T.51, No. 2087, p. 870a)라고 하여, 근본설일체유부보다도 설일체유부에서 전하는 내용과의 관계를 생각하여야 할 것이다. 또한 극악무도한 왕으로 알려졌던 아사세왕의 열렬한 귀불담이기도 한 '아사세왕 고사'의 이야기는, 담무참曇無讖 역『대반열반경』권 제19, 20에서 설하는 일천제一闡提의 성불에 대한 대승적 테마와도 관계가 있는 것으로서 흥미롭다.**92**

　제4굴과 제219굴의 '아사세왕 고사'의 도상은 제205굴과 거의 같다. 제224굴의 좌랑 안쪽 벽에 그려진 '아사세왕 고사'(도314)에서는, 아사세왕이

---

*　불교기록문화유산 아카이브(https://kabc.dongguk.edu/) 우리말 번역문 인용. 伽藍百餘所, 僧徒五千餘人, 學小乘教說一切有部.『대당서역기』1권(ABC, K1065 v32, p. 371c04-c05)

행우대신에게 안내되어, 말
을 타고 성에서 동산으로 향
하는 출유의 장면이 남아있
었다. [93] 이 출유 장면의 좌측
에는 행우대신이 아사세왕
부부에게 강설하는 장면, 아
사세왕이 불전도를 보고 졸
도하는 장면이 그려져 있었
지만 파손이 현저했던듯 하
며, 독일대에 의해 출유의 장
면과 함께 단편적으로 잘려

도314. 아사세왕 출유(선도). 키질 제224굴(제3구 마야
굴). 좌랑 안쪽 벽[Grünwedel 1, fig. 414]

졌다.[94] 이 '아사세왕 고사'의 도상은 간다라와 중국 내부에서도 찾아 볼 수
없는 키질의 독자적인 도상이다.

　　한편, '아사세왕 고사'부터 '제1결집'까지를
회랑에 그리는 중심주굴의 전형적인 예로 제224
굴(제3구 마야굴)을 들어, 독일대의 보고서에 의
거하여 그 도상구성의 양상을 관찰해 보겠다(도
315).[95]

　　회랑을 우요하는 형식으로 따라가 보면 우
선 좌랑 안쪽 벽의 '아사세왕 고사'의 장면과 만
난다. 전술한 바와 같이 아사세왕의 출유의 장면,
그리고 행우대신이 보여주는 불전도에 의해 석
가의 입멸을 알게 되고, 기절한 아사세왕이 향수
가 든 큰 항아리에 들어가 소생하는 장면이 그려
져 있었다. 이 '아사세왕 고사'를 보며 관자 자신
이 석가 입멸이라는 중대사를 알도록 해 준다. 다
음으로 회랑을 우측으로 돌아 안쪽 벽의 대좌에

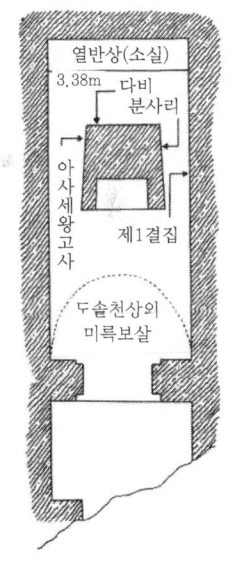

도315. 키질 제224굴(제3구마
야굴). 평면도 · 벽화
배치도[Grünwedel 1,
fig. 395 원도]

설치되었던 열반상(소실)과 만나고, 그 주위에 그려졌던 비탄에 빠진 회중의 모습을 본 뒤, 맞은편 사각기둥 뒷벽에 표현된 '다비'와 마주한다.

'다비'의 장면(도316)[96]에서는 천으로 싸인 석가의 시신이 관에 납입되어 있고, 관은 이미 다비의 불로 타오르고 있다. 좌측 끝에는 장로 대가섭이 관 뚜껑을 들어 올려, 석가에게 마지막 작별인사를 고하고 있다. 아래쪽에는 통곡하는 두 비구와 천인들의 모습도 보

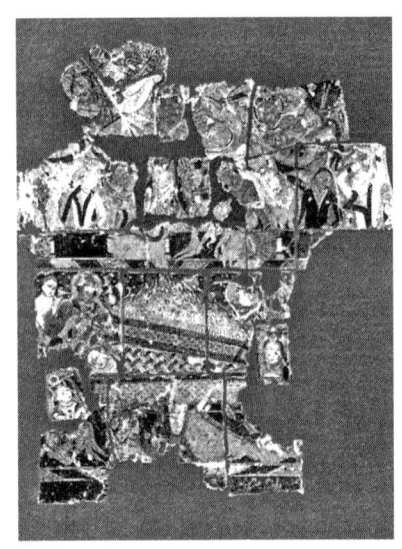

도316. 다비. 키질 제224굴(제3구 마야굴). 사각기둥 뒷벽[Le Coq, 6, Taf. 15]

인다. 화면의 상단에는 난간에서 몸을 내던지며, 큰 동작으로 애도하는 세속의 남녀와 천인들의 모습이 그려져 있다. 그들 중에는 머리를 잡아당기거나, 칼로 얼굴과 가슴에 상처를 내는 자가 있어 눈길을 끈다. '다비'는 석가열반의 적막하고 고요한 모습과 대조적으로 소란스럽다고도 할 수 있을 만큼 석가 입멸의 중대사를 강조하고 있다.

이어서 우랑으로 돌아보면 사각기둥 안쪽 벽의 '분사리'와 마주한다. '분사리'의 장면(도317)[97]에서는 성문을 중심으로, 그 앞으로 사리를 얻고자 찾아온 병사들이 말과 코끼리를 타고 갑옷을 입은 모습으로 표현되어 있다. 성문 위의 중앙부는 크게 파손되었으나, 그 부분에 오타니탐험대가 가지고 온 사리병을 든 드로나 바라문이 그려져 있었다.[98] 사리분배의 중재를 행하는 이 바라문의 좌우에는 8인의 왕들이 사리용기를 손에 들고 모여 있다.

마지막으로 '분사리'의 장면과 마주하고 있는, 바깥쪽 벽에 그려졌던 '제1결집'의 장면(도318)[99]을 보게 된다. 이는 석가의 입멸 후 대가섭이 불법이 멸망할 것을 두려워하여, 승가를 불러 왕사성에서 석가의 교설을 확정하고

도317. 분사리. 키질 제224굴. 좌랑 안쪽 벽[Le Coq, 6, Taf. 6]

도318. 제1결집. 키질 제224굴. 좌랑 바깥쪽 벽[Le Coq, 6, Taf. 14]

자 했던 이야기이다. 결집에는 아라한과에 달한 많은 비구가 모여드는데, 단한 명 아난만은 아라한과를 얻지 못해 대가섭에게 크게 질책을 당하고 퇴거를 명 받는다. 그러나 곧 아난도 목적을 달성하고, 오랫동안 석가를 모셨던 아난은 경經 sūtra을 결집했다고 한다. 화면의 좌반 중앙에 위탁받은 승의를 입은 대가섭이 의자에 앉고, 그 앞에서 공손하게 경례하는 자가 아난으로 보여 두 번에 걸쳐 표현되고 있다. 상단에서는 몸에서 화염을 발하며 비행하는 비구들의 모습이 보이는데 아라한과를 얻은 비구들의 표현으로, 그들이 결집의 장소에 찾아 왔음을 보여준다. 화면 우반의 중앙, 산개 밑에서 위의를 바르게 하고 있는 것은 아라한과에 도달했던 아난으로, 비구들의 앞에서 경(수트라)을 낭창하며 결집하고 있는 장면으로 보인다. 이 '제1 결집'의 설화는 '아사세왕 고사'와 마찬가지로 전통적인 열반경에서는 보이지 않고 『비나야잡사』 권39(T.23, No. 1442, p. 402c)에 출전이 있어, 간다라를 포함한 다른 곳에서는 보이지 않는 키질 특유의 도상이다.

이상과 같이, 중심주굴의 회랑 주변을 우요하면서 우선 처음에 '아사세왕 고사'의 장면과 만나며 불멸의 중대함을 알게 된다. 그리고 안쪽 벽에는 영원숙멸의 모습으로 '열반'이 표현되며, 그와 마주하는 곳에 '다비'의 장면이 있다. 이 '열반'과 '다비'는, 석가 입멸이 불교의 이상인 반열반(완전한 소멸)의 완성이라는 것을 보여주는 키질의 중심적 도상이라고 할 수 있을 것이다. 여기서 '다비'는 단순히 '열반'에 이어지는 불전의 한 설화가 아니다. 불에 의해 석가의 시신이 무無로 돌아가는 '다비'는, '완전한 소멸'이라고 하는 불교의 이상으로서의 반열반을 상징하는 쿠챠적 표현으로 볼 수 있다.[100]

회랑의 우랑에는 '분사리'와 '제1 결집'의 장면이 그려지고, 완전히 소멸한 붓다의 그 이후가 표현되어 있다. 석가 입멸 후에 남겨진 것은 오직 '사리'와 '불법'뿐으로, 이들이야말로 불멸 이후의 불교도들의 귀의처가 되었다. '분사리'와 '제1 결집'의 도상은, 승려나 신자의 최종적인 거점을 제시하는 것이라고 할 수 있다. 우요의 마지막에 이 벽화를 보면서 그것을 확인하고, 그리고 회랑을 나오면 주실 앞벽의 입구 위쪽에 그려진 '도솔천상의 미륵보살'

도319. 도솔천상의 미륵보살. 키질 제224굴. 주실 전체 벽 상부[Le Coq, 6, Taf. 17]

의 구도에 자연스레 시선이 옮겨진다(도319).

　주실 앞벽의 '도솔천상의 미륵보살'은, 실은 회랑에 그려졌던 '열반'과 열반 후의 설화도상과 호응하듯 배치되어 있어(도405), 양자는 의미있는 연관성을 지니며 표현되어 있다.

(5) '열반'과 '도솔천상의 미륵보살'의 조합

　키질의 중심주굴 회랑에 표현되었던 '열반'과 열반 후의 설화도상을 보아 왔는데, 마지막으로 주실 앞벽에 그려진 '도솔천상의 미륵보살' 도상에 대해 관찰하고, 나아가 후랑 안쪽 벽의 '열반'과의 조합의 의미에 대해 고찰해 보고자 한다. '열반'과 '도솔천상의 미륵보살'의 조합은 극히 중앙아시아적 색채가 짙다는 특징으로, 키질의 열반미술을 생각하는 데 있어 빼놓을 수 없다.

　앞 장에서 검토한 바와 같이, 키질 제1기의 볼트천장굴에 있어서는 미륵신앙을 갖고 있는 선정승·선관승이 산속에서 수선하는 모습을 표현하고, 그들이 사후 도솔천에 왕생하기를 기원하며 '도솔천상의 미륵보살' 도상이 표현되었다. 제1기의 '도솔천상의 미륵보살' 도상은 난간 위에 미륵보살을 중심으로 하여 범천·제석천을 협시로 하고, 악천·공양천에게 위요되는 간소한 구도가 일반적이다.

이에 반해 키질 제2기에는 주실이 볼트천장인 중심주굴이 성행하는데, 그 경우 후랑 안쪽 벽에는 반드시 '열반'이 표현되고, 그와 조합하는 형태로 주실 앞벽의 입구 상부의 반원형 구획에 '도솔천상의 미륵보살'을 그리는 것이 많다. 벽화 장식이 있는 중심주굴은 현재 46굴 정도가 있는데, 그중 주실 앞벽의 반원형 구획의 벽화가 남아있는 것이 약 반수 정도 있고, 그들 가운데 '도솔천상의 미륵보살'을 그리는 예가 대략 70%에 달한다. 반원형 구획에 '초설법'(제69굴), '항마성도'(제98, 175굴), 마름모형 산악구도(제186, 193굴) 등을 그리는 경우도 있지만, '도솔천상의 미륵보살'을 표현한 것이 눈에 띄게 많다. 즉 현재 제7, 17, 27, 38, 80, 97, 100, 155, 163, 171, 179, 196, 205, 219, 224굴 등에서 '도솔천상의 미륵보살' 도상을 확인할 수 있다.

이들 '도솔천상의 미륵보살'은, 주실의 볼트천장과 경계를 접하는 앞벽 입구 상부의 반원형 대구획을 이용하여 그려져 있어, 천궁에서 미륵보살이 제천에게 찬탄받는 광경을 화려하게 표현하고 있다. 그 구도는 거의 정형화되어 있어, 중앙에 큰 정면향 교각미륵보살을 그리고, 그 양쪽으로 통상 2단에 걸쳐 몇 명씩의 천부들이 찬탄하는 모습을 표현한다.

예를 들어 제17굴(보살천장굴)의 주실 앞벽 입구 상부를 장식하는 '도솔천상의 미륵보살'(도322)[101]을 보면, 중앙에 교각의 미륵보살이 오른손을 밖으로 향하여 엄지와 검지를 굽혀 맞붙이고, 왼손은 물병을 집어 든 모습으로 크게 표현되어 있다. 미륵보살은 원형의 앞꽂이 장식을 단 터번관식을 하고, 관대나 많은 영락, 비천, 완천 등으로 호화롭게 몸을 장식하고 있다. 얼굴과 몸에서 강한 바림을 사용하고 있는 것이 눈길을 끈다. 여러 겹으로 색이 나뉜 두광과 신광을 뒤로하고, 아름다운 장식의 대좌에 앉아 미륵보살의 위광을 더욱 증대시키고 있다. 미륵보살의 좌우에는 앞 열에 세 명씩, 후열에 두 명씩의 총 10인의 도솔천의 신들이 합장하거나 혹은 손을 들어 미륵보살의 위대함을 찬탄하는 모습이다. 그들도 미륵보살과 동일해 보이는 장신구로 장식하고, 역시 교각의 좌세를 하고 있다.

이 화면의 위쪽에는 화면의 반원형과 호응하듯 꽃그물로 장식된 아치형 감실이 미륵보살의 머리 위를 덮고, 아치형 감실의 좌우에는 소형 아치열이 늘어서 있다. 그 위에는 건물의 까치발 장식이 그려지고, 그보다 더 위에는 성벽을 상징하는 톱니무늬가 표현되어 있다. 이처럼 건축의 세부 요소들을 조합시켜 도솔천의 궁전을 표현한 것으로 생각된다. 저거경성 역『관미륵보살상생도솔천경』(『관미륵경』으로 줄임)에는, 도솔천궁에 오백만억의 보궁이 있고 그 중심에 49겹의 궁전이 있다고 기록되어 있어,[102] 건축적 시각 요소가 풍부하다는 점에 도솔천의 특징이 있다. 이 화면은 간명한 구도이면서, 도솔천의 궁전에서 신들에게 찬탄받는 미륵보살의 장엄한 모습을 표현한 것이라고 할 수 있다.

이 제17굴 이외에 제27굴(벽감굴), 제38굴(악천굴), 제171굴, 제196굴, 제224굴 등의 '도솔천상의 미륵보살'의 도판이 간행되어 있다.[103] 제224굴(제3구 마야굴)의 벽화는 독일대에 의해 잘려졌으나, 제2차 세계대전의 전화戰火를 면하고 현재 베를린국립인도미술관에 보관되어 있다(도319). 이 미륵보살[104]도 궁전을 상징하는 아치 아래에서 호화로운 장신구로 장식하고 교각의 위엄 넘치는 모습으로 표현되어 있다. 오른손을 밖으로 향하고 왼손으로 물병을 잡고 있다(물병은 박락이 현저하다). 여기서는 양쪽에 일렬로 4인씩의 도솔천의 신들이 미륵보살을 찬탄하고 있다.

주실 앞벽의 반원형 구획에 표현된 '도솔천상의 미륵보살'은 제17, 171, 224굴과 같이 물병을 잡는 타입과 제38굴과 같이 전법륜인을 결한 타입이 있는데, 모두 궁전 아래에서 교각의좌의 모습으로 신들에게 찬탄받는 구도가 특징적이다. 이 구도는 간다라와 카피시의 '도솔천상의 미륵보살' 도상(제2부 제3장 부론2 참조)에서 착안한 것으로 추측되며, 윈강이나 둔황의 북위시대 교각미륵보살과도 가까운 관계에 있다. 그러나 키질에서는 신들에게 찬탄받는 도솔천의 천상계의 주인공으로서, 장엄한 양식으로 만들어졌다는 것에 그 특징이 있다. 즉, 한층 더 크게 정면관으로 설정된 미륵보살의 화려한 모습, 좌우대칭성 강한 구도에서 그 특징이 엿보이며, 게다가 찬탄하는 신들의 시선이 미륵보살에만 집중되어 있는 것이 아니라 서로 얼굴을 마주하는 신들도 도입하는 등의 변화를 주어 화면에 생동감을 주고 있어, 미륵보살의 위엄을 강조하고 있는 것이다.

그렇다면 중심주굴의 장식 전체 중에서 이 '도솔천상의 미륵보살'은 어떠한 위치를 차지하고 있는 것일까. 석굴장식 전체의 도상구성을 마지막으로 고찰해 보자. 주실의 정면 벽 감실 내에는, 현재 모두 소실되었으나 당초에는 아마도 석가의 불좌상을 안치하고 있었다. 좌우의 측벽에는 불설법도를 열 지어 그리고, 볼트천장에는 마름모형 산악구도 속에 본생도나 인연도를 그려 넣고 있다. 그 때문에 주실로 들어가면 본존의 석가불을 중심으로 석가의 본생도, 인연도, 설법도가 채워져 있어, 석가의 과거세와 현세에 걸친 많은 위업들과 또 불법을 넓혀가는 양상을 조망하며 그 자세한 과정을 상기할 수 있다.

다음으로 회랑을 우요하면, 이미 보았듯이 어두컴컴한 후랑의 안쪽 벽에 열반도 혹은 열반상이 나타나, 석가의 궁극의 모습, 석가가 추구했던 도달점으로서의 '열반'의 구상적인 모습과 만나게 된다(도321). 게다가 사각기둥 뒷벽에 그려진 '다비'와 '분사리', 혹은 회랑 전체에 표현된 '아사세왕 고사'부터 '제1결집'까지의 석가 멸후의 열반설화도를 보고, 석가 입멸에 대한 마음을 더욱 강화시켜, 석가가 남긴 '사리'와 '불법'을 귀의처로 삼아야 함을 확인하게 된다.

이 어두컴컴한 회랑을 나서면 주실 앞벽의 밝은 입구 위쪽에 그려진 '도솔천상의 미륵보살'로 시선이 옮겨지며, 석가 입멸 후에 석가의 '사리'와 '불법'을 귀의처로 삼아, 사후에 미륵보살이 계신 도솔천에 태어날 수 있다고 하는, 바로 그 광경이 실제로 눈앞에 펼쳐지게 되는 것이다.[105] 게다가 이 '도솔천상의 미륵보살'은 산악구도가 그려진 볼트천장에 접하여 표현되는데, 미륵보살의 머리 바로 위에 천상도가 위치하여, 마치 수미산 위에 있는 도솔천과 같은 이미지를 굴 구조의 내부에 솜씨 좋게 조형화시키고 있다(도322). 중심주굴의 석굴구조 전체를 본 경우에도, 후랑의 '열반'과 주실 앞벽의 '도솔

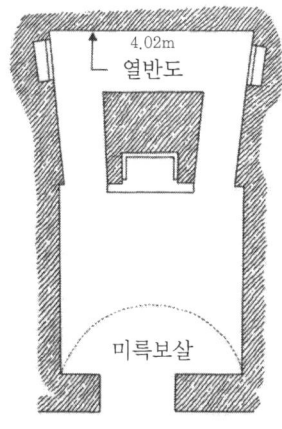

도320. 키질 제17굴(보살천장굴).
평면도 및 벽화 배치도
[『키질석굴』1, 권말 제17
굴 약식도, 원도]

도321. 열반도. 키질 제17굴(보살천장굴). 후랑 안쪽 벽
[『키질석굴』1, 도72]

도322. 도솔천상의 미륵보살. 키질 제17굴. 주실 전체 벽 상부[『키질석굴』1, 도56]

천상의 미륵보살'은 대칭을 이루는 위치에 있으며, 그려진 장소도 어두컴컴
한 후랑과 밝은 입구 근처에 있어 대조적이다(도320).

키질미술은 석가신앙을 주체로 하는 소승계의 불교미술이지만, 이 열반과 미륵보살의 조합은 석가 입멸 후의 현재에 도솔천 왕생을 염원하여 미륵보살이 계신 곳에 재생하고자 하는 구제적인 색채가 짙은 중앙아시아 불교미술의 특징을 잘 나타내고 있다.

5. 결말

키질의 열반미술은 제76굴에서 보았던 것처럼 간다라의 전기적인 불전도에서 출발하면서, 상당히 이른 단계에 열반도가 불교의 최종목표를 표현하는 도상으로서 석굴 내에서 독립적인 가치를 지니는 데에 이르고 있다. 제77, 47, 48굴에서 볼 수 있는 것처럼, 대상굴의 후랑에 놓인 열반상의 설치와 열반을 장엄하는 공간의 성립은 키질석굴 미술의 양상을 크게 규정한다. 중심주굴에서 후랑 안쪽 벽에 열반도를 그리거나 열반상을 모시는 방식은, 제2기의 거의 정해진 구성이 된다. 이처럼 불전미술의 문맥에서 이탈하여, '열반'을 특별시하고 사원의 초점적인 존재로 삼는 도상구성은 어떻게 성립된 것일까.

제1부 제4장에서 고찰한 바와 같이, 간다라·인도에서는 많은 경우 불전의 일환으로서 '열반'이 표현되는데, 굽타시대에 '열반'에 대한 상징주의적 시각의 부흥으로 쿠시나가라와 아잔타 제26굴에 열반대상이 조성되었다. 게다가 그들은 스투파와 병치되고 있다는 점에 그 특징이 있다. 인도에서는 열반상이 스투파의 상징성과 관련되어 있다.

'열반'의 중시는 중앙아시아에서 두드러지게 확인된다. 아프가니스탄의 가즈니 근교 타파 사르다르 사지의 열반대상(현존부 12m, 원래 약 15m),[106] 그리고 소련 타지크 공화국의 아지나 테페 사지의 열반대상(도323, 현존부 10.4m, 원래 약 12m)[107]은 중앙아시아에서의 열반상의 유행을 여실히 말해준다. 모두 니조泥造이며 8세기 작으로 추정되는데, 양자는 도상구성상에서도 유사한 특징을 보이고 있다. 즉, 타파 사르다르에서는 사각기단을 갖는 대형 스투파의 북측(정확히는 북동)에 기단의 한 변과 거의 같은 길이의 열반대상을 안치하고 있는데, 아지나 테페에서도 십자형 도면의 대스투파의 북측(정확히는 북동)에 기단 한 변의 거의 절반 크기의 열반대상을 안치하고 있다(도324). 스투파 뒤에 그와 세트를 이루는 형태로 안치된 이러한 열반대상의 양상은 인도 굽타시대의 열반대상이 반영된 것으로 볼 수 있는데, '열반'의 독립화는 중앙아시아에 있어서도 특히 두드러진다.

 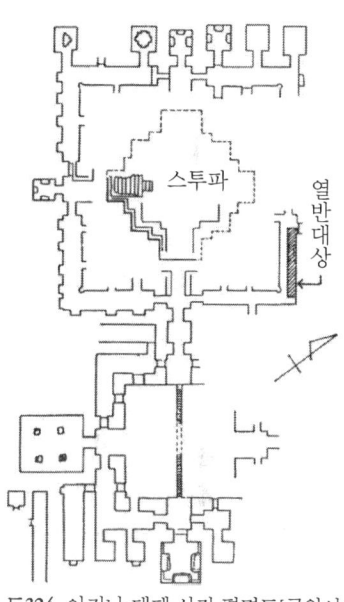

도323. 열반대상. 소조. 아지나 테페 사지
[Litvinsky & Zeimal, pl. 3]

도324. 아지나 테페 사지 평면도[쿠와야마 쇼신桑山正進, 도58]

둔황 모가오굴의 열반도는 그간의 사정을 암시한다. 둔황 최고最古의 열반도는 북주시대로 여겨지는 제428굴에서 볼 수 있는데,[108] 거기서는 사각기둥굴 주위의 측벽에 항마성도도 및 각종 불설법도와 함께 열 지어 열반도가 그려져 있다. 제428굴에서는 성도 이후의 불전에 대한 관심이 보이기는 하지만, 열반도는 불전의 일환이라는 성격이 강하다. 이에 반해 수대의 제295굴은 안쪽 벽(서벽)에 불감을 크게 열고, 단높임 천장 서벽부 전체에 열반도를 그리고 있다.[109] 좌우의 측벽은 불설법도와 천불로 채우고 불전의 장면은 보이지 않는다. 열반도가 굴의 뒤쪽에서 특별한 위치를 점하고 있는 것이다. 이 같은 열반도의 배치는 수대의 제280굴에서도 볼 수 있다.[110]

둔황 제428굴(북주)에서 제295굴·제280굴(수)로의 열반의 도상구성 변화는, 아마 중앙아시아에 있어 '열반'이 독립화되고 중시되었던 사정을 반영하는 것으로 생각된다. 그러나 둔황에서는 그 이후 당대의 제148굴, 제158굴의 열반굴이 알려져 있다 하더라도, 키질과 같이 석굴 내에 '열반'을 축으로 하는 도상구성의 발전은 보이지 않는다. '열반'의 중시, 석굴 내에 있어 '열반'의 초점화는 쿠챠 지방 자체에서 큰 전개를 보인다.

키질 제2기에 융성하는 중심주굴은 종종 인도의 차이티야굴과 비교되는데, 굴 내의 사각기둥은 형태적으로나 기능적으로나 이미 스투파라고는 말하기 어려워, 키질의 사각기둥이 인도의 차이티야굴 내의 스투파와 같은 중심성을 상실하고 있다. 키질석굴의 회랑에 표현된 열반도·열반상이야말로, 인도 차이티야굴의 스투파를 대신할 반열반의 상징이라 할 수 있다. 키질석굴에서 볼 수 있는 '열반'의 초점화는, 인도의 스투파 중심주의에 대응하는 중앙아시아적 표현이라고 볼 수 있을 것이다.

그러나 키질의 '열반'은 비설화적인 인도 스투파의 상징과는 달리, 간다라의 선화 도상을 답습하고, 그것을 석가 입멸의 기적적 광경으로 완성해냈다는 점에서 그 특징이 있다. 또한 '석가 입멸 후'에 대한 관심이, 풍부한 설화도상으로 전개되었다는 점도 키질미술의 큰 특징이라 할 수 있다. 즉, '분사리'나 '다비'의 설화도상을 후랑에 '열반'과 마주하는 형태로 표현하는 것이 일반화되고, 나아가서는 '아사세왕 고사'에서 '제1결집'까지의 일련의 열반설화를 회랑에 배치하는 도상구성에 이르러 완성을 보인다.

이 같은 키질의 열반미술의 전개는, 다비도를 열반도과 대등하거나 혹은 그 이상으로 중시하는 것과 호응하고 있다. 반열반(완전한 소멸)은 열반도보다 다비도를 통해서야말로 표현할 수 있다고 하는 인식이 아마 그 저류에 있었으리라고 생각된다. 이처럼 다비도의 중시, 혹은 그와 관련되어 '석가 입멸 후'에 대한 관심으로 인해, 한편으로는 '도솔천상의 미륵보살' 도상과의 관련성이 강화되고, 키질미술에 구제적인 색채가 짙어져 간다. 키질의 '도솔천상의 미륵보살'은 선정승·선관승의 도상과 밀접한 관련을 맺으며 성립했는데, 제2기의 중심주굴에서는 회랑의 열반도·열반상과 호응하는 형태로, 주실 앞벽 입구 상부의 반원형 구획에 '도솔천상의 미륵보살'이 그려지게 되는 것이다.

중심주굴의 후랑 안쪽 벽에 열반도·열반상을 표현하고, 그와 대응하듯 입구 상부에 미륵보살을 그려 넣는 방식은 많은 굴에서 확인되고 있어 키질의 중심주굴에서 지극히 일반적인 도상구성으로서 정착하고 있었음을 확인할 수 있다. 열반과 미륵보살의 조합은, 석가 입멸 후에 석가의 유법과 불사리를 귀의처로 하여 도솔천왕생을 염원하고, 미륵보살에게 구원을 바란다고 하는 구제론적 도상을 형성하고 있는데, 이 같은 도상구성은 인도에서도 간다라에서도 찾아 볼 수 없는, 중앙아시아적인 불교세계관의 표현임이 틀림없다. 바미얀석굴에서도 두드러지게 보이는 열반과 미륵보살의 조합에 대해서는 제5장에서 다시 확인해 보기로 한다.

[미주]

1   A. Grünwedel, *Altbuddhistische Kultstätten in Chinesisch-Turkistan* (Berlin, 1912). (*Kultstätten*으로 줄임)

    A. Grünwedel, *Alt-Kutscha* (Berlin, 1920). (*Alt-Kutscha*로 줄임)

    A. von Le Coq und E. Waldschmidt, *Die Buddhistische Spätantike in Mittelasien*, 1-7 (Berlin, 1922-33, reprint, Graz, 1973-1975). (*Spätantike*로 줄임)

2   *Kultstätten*, pp. 87-91; *Alt-Kutscha*, 2, 3-25, Taf. 1-14.

3   B. Rowland, *The Art of Central Asia* (New York, 1974), p. 157.

4   그러나 그륀베델은 화면 중앙에 설법의 붓다가 있었을 것으로 추측하고 있다. *Kultstätten*, p. 91. 만일 그렇다고 한다면 주위의 측벽 전체가 연속한 불전 장면이었는지는 불확실한 측면이 있으나, 적어도 좌벽에는 3단에 걸쳐 연속된 불전도가 그려져 있었음이 틀림없다.

5   *Kultstätten*, fig. 201; *Alt-Kutscha*, fig. 15.

6   *Kultstätten*, fig. 202; *Alt-Kutscha*, fig. 16.

7   中川原育子,「キジル孔雀窟(第76窟)壁画の研究」, 名古屋大学大学院文学研究科 修士論文, 1987년 1월 제출.

8   D. Faccenna, *Sculptures from the sacred area of Butkara*1, part2 (Roma, 1962), p. 73, pl. 288b.

9   Fidaullah Sehrai, *The Buddha Story in Peshawar Museum* (Peshawar, 1978), p. 58, pl. 64.

10   *Kultstätten*, fig. 203; *Alt-Kutscha,* fig. 17.

11   小島康誉,『シルクロードの点と線』(プラス出版, 1988), 所載.『仏教芸術』179, (1988), 口絵1.『中国美術全集 絵画編16 石窟壁画』(文物出版社, 1989), 도88.

12   T.01, p. 27a.

13   T.12, p. 1117b.

14   新疆ウイグル自治区文物管理委員会・拝城県キジル千仏洞文物管理所 편,『中国石窟 キジル石窟』(이하『キジル石窟』로 줄임)

15   본서 제3부 제5장, 참조.

16   *Kultstätten*, pp. 91-95;『キジル石窟』2, 도판16-42 및 그 해설 참조.

17   『キジル石窟』1, 도판147-153 및 그 해설 참조.

18   『キジル石窟』1, 도판154-160 및 그 해설 참조.

19   *Kultstätten*, p. 94, fig. 212.

20   *Kultstätten*, p. 94.

21   『キジル石窟』1, 도판148; 같은 책, 2, 도판29 참조.

22　『キジル石窟』2, 도판148.

23　『キジル石窟』3, 도판190.

24　『キジル石窟』3, 도판189.

25　『キジル石窟』1, 도판150.

26　『キジル石窟』1, 도판154-156.

27　『キジル石窟』1, 도판148, 149.

28　『キジル石窟』2, 도판155, 160; 같은 책, 3, 도판200, 201.

29　『キジル石窟』2, 도판14.

30　『キジル石窟』1, 도판149.

31　T.01. p. 318bc.

32　仲嶺眞信,「雲岡石窟に於ける『宝珠』をめぐる諸問題」,『芸術学論叢』第三号, 別府大學文學部美學美術史學科 (1980); 上野理惠子,「宝珠形装飾の起原とその思想」,『美術史研究』24号 (1986); 八木春生,「中国南北朝時代における摩尼(宝珠)の表現の諸相」,『佛教藝術』189号 (1990) 참조.

33　中村元 역,『ブッダ最後の旅』, 岩波文庫, pp. 119-21; 岩本裕 역,「大般涅槃經」,『佛伝文学・佛教說話』所収, 読売新聞社, pp. 105-107.

34　T.01, p. 198b.

35　T.12, p. 361c.

36　T.15, p. 663a.

37　T.25, p. 115a.

38　T.12, p. 1005a.

39　『キジル石窟』1, 도판148-150, 152.

40　*Kultstätten,* figs. 165, 392에 보주를 베껴 그린 그림이 있다. 제47굴의 보주도 거의 같은 형태이다.

41　『キジル石窟』2, 도판29-41.

42　『キジル石窟』1, 도판158-160;『新疆の壁画』上, (美乃美, 1981), 도판137-139.

43　中村元 역, 앞 책, p. 126.

44　T.01, p. 26c.

45　T.01, p. 172c.

46　*Kultstätten*, pp. 148-57.

47　*Kultstätten*, pp. 75-77.

48　*Kultstätten*, pp. 112-16.

49　*Spätantike* 7, p. 19;『キジル石窟』三, p. 336.

50   *Spätantike* 7, p. 20;『キジル石窟』3, p. 338.

51   *Kultstätten*, pp. 20-17, 31-37; 中野照男,「20世紀初頭のドイツ隊によるクムト
ラ石窟調査とその後の研究」,『中国石窟クムトラ石窟』(平凡社, 1985), pp. 260-
74 참조.

52   『キジル石窟』2, 도판170-175.;『新疆の壁画』上, 도판 5-14.

53   *Kultstätten*, pp. 143-45.

54   『キジル石窟』1, 도판72, 142-145. 제80굴은 사진도판이 간행되지 않았지만
필자의 실지관찰에 의한다. 또한, *Kultstätten*, pp. 75, 99. 참조.

55   T.04, p. 46b.

56   中村元 역, 앞 책, p. 126.

57   *Spätantike* 6, Taf. 11.

58   T.03, pp. 866c-867a.

59   *Kultstätten*, p. 99.

60   *Kultstätten*, pp. 166-68, figs. 383, 384; *Alt-Kutscha*, 2, 80, Taf. 42-43. 제205굴 이
외에 제4굴(난로굴A), 제219굴(아사세왕굴), 제224굴(제3구 마야굴)에도 같
은 도판이 있었음이 보고되어 있지만, 손상도 있었기 때문에 세부 도판이나
선도는 간행되지 않았다. cf. *Alt-Kutscha*, 2, 72.

61   *Kultstätten*, pp. 144-5, fig. 322.

62   『新疆の壁画』下, 도판69(제163굴);『キジル石窟』3, 도판12(도판 캡션은 제
172굴로 되어 있으나, 제171굴의 오기일 것이다).

63   『新疆の壁画』上, 도판182.

64   *Kultstätten*, p. 161(제206굴); *Kultstätten*, p. 179(제224굴)(그륀베델은 후랑 우
벽에 집금강신과 한 쌍인 천부상, 좌벽에 불입상이 그려져 있었다고 하는데,
현재 벽화에 불입상이 남아있기 때문에 집금강신은 박락되어 있지만 좌벽
에 그려져 있었음이 틀림없다).

65   *Kultstätten*, p. 49;『キジル石窟』1, 도판14(제7굴); 같은 책, 3, 도판180(제13굴,
독일대는 제7굴의 것으로 보았으나, 중국의 보고에 의함); *Kultstätten*, p. 99;
같은 책, 2, 도판66(제80굴); 같은 책, 2, 도판176(제163굴); 같은 책, 3, 도판43
(제178굴);『新疆の壁画』下, 도판111(제179굴); *Kultstätten*, p. 179(제224굴).

66   T.24, pp.395b-396a.

67   馬世長,「キジル石窟中心柱窟の主室窟頂と後室の壁画」,『キジル石窟』2, p. 223.

68   『キジル石窟』2, 도판47.

69   T.04, p. 50a.

70   梶山雄一・小林信彦・立川武藏・御牧克己 역,『ブッタチャリタ』(講談社, 1985),

p. 300.

71 馬世長, 주 67) 논문, p. 212.

72 *Alt-Kutscha*, 2, 83, Taf. 44-45.

73 A. von Le Coq, *Bilderatlas zur Kunst und Kulturgeschichte Mittel-Asiens* (Berlin, 1925), p. 28, figs. 227-29.

74 岩本裕 역, 앞 책, p. 141.

75 T.24, p. 401b.

76 岩本裕 역, pp. 142-143.

77 *Kultstätten*, pp. 47-48, fig. 91.

78 *Kultstätten*, p. 49.

79 *Kultstätten*, p. 49, fig. 98; *Alt-Kutscha*, fig. 82. 56-7, fig. 356.

80 *Kultstätten*, pp. 148-57; *Spätantike*, 7, pp. 32-35, Taf. 2, 3; 『キジル石窟』 3, 도판 133, 216.

81 *Kultstätten*, pp. 156-7, fig. 356.

82 A. von Le Coq, *Bilderatlas zur Kunst und Kulturgeschichte Mittel-Asiens* (Berlin, 1925), figs. 60-67; 『西域美術(大英博物館スタインコレクション)』 3 (講談社, 1984), 도98; 『シルクロードの遺宝』 (東京国立博物館・大阪市立美術館・日本経済新聞社, 1985), 도104, 105, 106.

83 A. U. Pope, *A Survey of Persian, Art*, vol. 7, pl. 233B; 『シルクロードの遺宝』 도158.

84 *Kultstätten*, p. 156, fig. 355.

85 『キジル石窟』 3, 劉松柏・周基隆, 「キジル石窟總敍」, pp. 336-337.

86 *Kultstätten*, p. 57, fig. 117; 『キジル石窟』 3, 도판179 및 그 해설.

87 *Kultstätten*, p. 99, 및 필자의 실지관찰. 도판 미간.

88 *Kultstätten*, pp. 23-24, fig. 45.

89 *Kultstätten*, pp. 45-47, fig. 92; p. 168, figs. 383, 384; p. 144, fig. 321; p. 179, fig. 414. cf. *Alt-Kutscha*, 2, 72-82.

90 松本英一, 「庫車壁画における阿闍世王故事」, 『國華』 566 (1938), pp. 3-7.

91 *Kultstätten*, p. 168, figs. 383, 384; *Alt-Kutscha*, Taf. 42-43.

92 定方晟, 『阿闍世のすくい』 (人文書院, 1984), 참조.

93 *Kultstätten*, p. 179, fig. 414.

94 *Spätantike*, 6, Taf. 16; 『キジル石窟』 3, 도판223.

95 *Kultstätten*, pp. 171-80; *Spätantike*, 6, pp. 9-10, Taf. 6; 6, pp. 74-83, Taf. 12-17; 『キジル石窟』 3, 도판135-161, 220-226 및 그 해설. 또한 熊谷宣夫, 「キジル第二区

摩耶洞藏來壁画の壁画」, 『美術研究』172, 1953, pp.19-33; 上野アキ, 「キジル第三区マや洞壁画説話図説話図 ―ル・コック收集西域壁画調査(2)―」(上)(下), 『美術研究』312, 313号 (1980), 참조.

96   *Spätantike,* 6, Taf. 15; 『キジル石窟』3, 도판224.

97   *Spätantike,* 4. Taf. 6.

98   주 95) 熊谷宣夫 논문 참조.

99   *Spätantike,* 6, Taf. 14; 『キジル石窟』3, 도판226.

100 cf. J. Ebert, "Parinirvāṇa and Stūpa", *The Stūpa. Its Religions, Historical and Architectural Significance,* ed., by A. L. Dallapiccola (Wiesbaden, 1980), pp. 219-25.

101 『キジル石窟』1, 도판56, 57.

102 T.14, pp.418c-419a.

103 『キジル石窟』1, 도판74, 83-86; 3, 도판3, 4, 92, 93, 222.

104 *Spätantike,* 6, Taf. 17. pp. 82-83 (단 도판해설에서는 제2구 마야굴로 되어 있으나, 제3구 마야굴의 오기); 『キジル石窟』3, 도판222.

105 干潟龍祥, 「メシア思想と未来仏弥勒の信仰について」, 『日本学士院紀要』31-1 (1973), pp. 35-43, 특히 p. 43 주 15) 참조.

106 M. Taddei, "A Note om the Parinirvāṇa Buddha at Tapa Sardār(Ghazi, Afghanistan)," *South Asian Achaeology 1973* (Leiden, 1979), pp. 111-15.

107 B. A. Litvinskiy & T. I. Zeimal, *Adjina-Tepa* (Moskva, 1971).

108 敦煌文物研究所 편, 『中國石窟 敦煌莫高窟』(『敦煌莫高窟』로 줄임) 1 (平凡社, 1980), 도판164.

109 『敦煌莫高窟』2 (1981), 도판42. 『敦煌莫高窟』5 수록, 「敦煌莫高窟內容總錄」, p. 84 참조.

110 『敦煌莫高窟』2, 도판114. 『敦煌莫高窟』5 수록, 「敦煌莫高窟內容總錄」, p. 79 참조.

(보충 주석)

이후에 출판된 사진도판을 보면 불설법도가 함께 그려져 있다. 『中國美術全集 絵画編16 新疆石窟壁画』(文物出版社, 1989), 도87 참조.

제4장

중앙아시아 열반도의 도상학적 고찰

— 애도의 몸짓과 여신신앙의 그림자 —

I. 서론-서북인도의 후기열반도

앞 장에서 쿠챠 키질석굴의 열반미술의 양상을 관찰했는데, 본 장에서는 주로 바미얀과 둔황敦煌 수대의 열반도를 들어 필요에 따라 키질의 열반도상과도 비교해 보며, 간다라·인도의 열반도상과의 관련성과 차이를 명확히 하고자 한다. 이를 통해 중앙아시아의 독자적인 열반도상의 특징을 밝히고, 그러한 도상을 형성했던 중앙아시아의 배경에 대한 고찰도 시도해 보고자 한다.

중앙아시아의 열반도는 간다라의 도상을 바탕으로 하면서도 변용을 이루며 전개된다. 제1부에서 고찰한 것처럼 인도에서는 뿌리 깊은 스투파＝열반의 상징성 때문에 대부분 설화적인 발전을 보이지 않는 것에 반해, 동아시아에서 풍부한 전개를 이루게 되는 열반의 도상은 중앙아시아에서 그 전환축을 찾아 볼 수 있다. 우선, 중앙아시아 열반도의 모태가 되었다고 추측되는 서북인도 후기(4~5세기경)의 열반도의 양상을 살펴보자.

간다라의 열반도상에 대해서는 제1부 제3장에서 상세히 고찰했다. 아마도 2세기부터 5세기경까지 단속적인 번영을 보였을 간다라의 열반미술(부조)이, 역사적으로 어떠한 도상적 변천을 거듭하였는가를 명확히 말하기란 쉽지 않다. 간다라 미술의 편년은 더욱 불명확한 부분이 많음과 동시에, 도상표현의 변화가 꼭 단순하게 편년의 문제과 호응하는 것이라고 단정할 수도 없기 때문이다. 그러나 표현형식에서의 큰 변화나 동일한 도상표현의 변화를 통해 어느 정도의 시대적 경향을 엿볼 수는 있을 것이다. 예를 들면 A. 소퍼는 화면을 점하는 석가불의 우상화와 거대화 경향이 간다라 후기 열반도의 특징이라고 보고, 로리얀탕가이 출토 부조(도판10, 캘커타인도박물관 소장)를 4세기경, 탁실라의 바마라 출토 스투코제 부조(도325)를 5세기경으로 추측하고 있다.[1]

도325. 열반. 스투코제. 바마라(탁실라) 출토. 5세기. 탁실라박물관.

분명 굽타시대 이후 열반 장면에서 설화표현의 쇠퇴현상과 함께 열반상의 우상화, 거대화 경향이 두드러지는 것은 이미 지적한 바와 같다(제1부 제4장). 간다라, 탁실라, 스와트, 아프가니스탄의 동남부를 포함하는 서북인도에서도 이 같은 경향은 4～5세기 이후에 현저해지는데, 핫다의 타파 카란 제35, 73봉헌탑의 묘단墓壇 장식에는 단독 스투코제 열반상이 설치되어 있으며, 거기에는 설화적 표현이 전혀 보이지 않는다.[2] 그러나 간다라 후기-중앙아시아의 열반미술에 있어서 설화적 표현이 완전하게 소실되어 버린 것은 아니라, 특징적인 이야기가 존속하며 이와 동시에 새로운 양상을 띠게 되는 것이다.

소파가 언급했던 로리얀탕가이 출토의 열반부조는 소승열반경에 기록되었던 몇 가지 이야기를 표현하고 있다는 점에서는 오히려 간다라 열반도의 표준적인 작이라고 할 수 있다. 그러나 옆으로 누운 석가의 우상화 경향이 두드러지며 등장인물의 수의 많음도 다른 예를 찾아볼 수 없다. 특히 산화하는 비천의 표현은 주목되는 점으로 앞 장에서 키질 열반도의 원천의 하나로 이 부조를 들었다. 침상 앞에서 쓰러지는 집금강신의 표현도 멸진정에 든 수발과 함께 중앙아시아에서 선호되었던 도상이다.

탁실라 바마라 출토 열반부조(도325)[3]도 소화면이지만 석가의 우상화 경향은 현저하며 주위의 인물은 작게 표현되어 있다. 역시 쓰러지는 집금강신이나 선정에 든 수발이 화면 하단에서 보이는 것 외에도 석가의 위쪽에는 애도의 몸짓을 보이는 사람들이 있다. 격한 애도의 몸짓도 중앙아시아 열반도의 큰 특징이다.

이 점에 관해서 아직 소개되지 않은 흥미로운 간다라 소부조(도326, 라호르박물관 소장)를 소개해 두고자 한다. 이 부조에서는 침상 앞의 인물은 생략되어 있으나, 옆으로 누운 석가의 뒤로 슬퍼하는 사람들의 애도의 몸짓이 눈길을 끈다. 가슴을 치거나 양손을 드는 동작 이외에, 머리카락을 잡아당기는 동작을 볼 수 있는 것은 간다라에서는 드문 일이다. 이 소부조는 상당히 조열한데 아마도 간다라 후기의 4~5세기경의 작품일 것이다. J. 마샬이 언급했던, 아프리드 델리에서 출토된 것으로 전하는 '사천왕 봉헌'과 함께 표현되었던 열반부조(페샤와르박물관 소장)[4]도, 서툰 솜씨의 작품이지만 사람들의 애도하는 몸짓을 강조하며 한 명은 석가 앞에서 머리를 때리며 엎드리고 있다. 이 부조도 간다라 후기의 것임에 틀림없다.

간다라 열반도의 설화표현 중에서 대가

도326. 열반. 간다라. 4~5세기. 라호르박물관.

섭의 도상은 특히 주의된다. 이미 지적한 바와 같이 대가섭의 표현에는 세 개의 도상형식이 있다(제1부 제3장). 즉, (1) 외도와의 대화를 표현한다, (2) 석가의 발에 오른손을 댄다, (3) 석가의 두 발을 향해 작례한다. 이 세 가지 대가섭의 도상형식 중에서 석가의 두 발에 예배하는 세 번째 형식은 시대적으로 간다라 후기라고 생각되는데, 대가섭의 예배로 인해 다비의 불이 타올랐다고 하는 이야기를 시사함과 동시에 석가열반의 신격화를 추진하는 것이라고 할 수 있다. 특히 석가의 발쪽에서 대가섭이 꿇어앉아 합장 작례하는 표현은 석가의 위대함을 강조하고 석가의 유법이 대가섭에게 계승되었음을 암시하기 때문이다. 대가섭이 꿇어앉아 예배하는 표현은 스와트(도판12)나 카피시 출토의 열반부조(도327, 328)에서 두드러지며, 중앙아시아의 도상과 직접 관련된다.

중앙아시아의 열반도상을 고찰하는 데 있어 흥미로운 작례로서, 아프가니스탄 카피시 지방의 두 예와 카시미르의 한 예를 살펴보고자 한다.

도327. 열반. 쇼토락(카피시) 출토. 4~5세기. 카불박물관[교토대학 조사대에 의함]

카피시의 쇼토락(도327) 및 함자르가르(도328)에서 출토된 열반부조[5]는 모두 간다라의 영향이 두드러지는데, 중앙아시아의 열반미술이 나아가

도328. 열반. 함자르가르(카피시) 출토. 4~5세기. 카불박물관[교토대학 조사대에 의함]

야 할 방향을 암시한다. 두 부조는 양식적·도상적으로도 유사한데, 둘 다 사라쌍수 사이에서 옆으로 누운 석가의 모습은 경화되고, 의문도 선조적 표현을 보인다. 침대 부근에는 슬픔의 눈물을 흘리는 집금강신(함자르가르부조에서는 유목민의 복장을 보인다)이 표현되며, 머리 쪽에는 한쪽 무릎을 꿇고 합장하는 대가섭의 모습이 보인다. 침상 앞에는 복두의를 입고 선정에 든 수발이 정면향으로 작게 표현되는 것 외에 망연자실한 아난과 그에게 충고하는 아나율(함자르가르 부조)이 보이는데, 간다라의 도상이 형식화하면서 답습되고 있다. 석가의 뒤쪽에서 슬퍼하는 인물 중 보관을 쓴 제석천과 두발을 상투형으로 묶은 범천이 양 부조와 함께 표현되어 있는 것도, 꿇어앉아 예배하는 가섭이나 선정의 수발 도상과 함께 중앙아시아의 열반도에 계승되어 진다. 카피시의 부조는 정면성이 강하며, 열반도에 있어서도 거의 공간의 깊이감을 느낄 수 없다. 이 같은 특징은 설화표현보다는 신들과 비구의 예배, 찬탄을 중시하는 의례적인 표현과 호응하는 것으로, 중앙아시아 열반도로의 하나의 방향을 보여주는 것이라고 할 수 있다. 카피시 조각의 연대에 대해서는 2~5세기까지 여러 설이 있어 명확하지 않으나,[6] 사견으로는 간다라 후기인 4~5세기경은 아닐까 생각한다.

　　P. 팔에 의해 소개되었던 카시미르의 열반부조(도329)[7]는, 중앙아시아 열반도와 밀접하게 관련된 요소가 많다. 장식적인 베개, 우상화 경향이 강한 옆으로 누운 석가, 크게 손을 들고 머리를 조아리는 제중들의 애도하는 몸짓 등의 특징 이외에, 침상 앞의 세 명의 인물 표현도 주목된다. 향좌측으로 망연자실한 아난, 중앙에는 선정에 든 수

도329. 열반. 카시미르. 5세기. 보스턴미술관
[Pal 1, fig. 2]

발, 오른쪽에는 무릎을 꿇은 집금강신이 보이는데 특히 수발의 표현은 흥미롭다. 결가부좌하여 선정인을 결한 모습은 간다라에서 전래된 것이지만 여기서는 승형이 아닌 불형으로 표현되며, 게다가 화염광배를 지니고 있다. 불형으로 표현된 것은 아마도 마지막 불제자 수발이 석가의 설법을 듣고 잠깐 사이에 오달한 것을 표현하였을 것이다. 특히 눈길을 끄는 화염광배는 아마도 수발이 '화계삼매'에 든(법현 역『대반열반경』) 것을 표현했던 것으로, 다음에 기술할 내용과 같이 바미얀과 둔황 수대의 열반도 도상과 밀접히 관계된다. P. 팔은 이 부조의 제작연대를 5세기경이 아닐까 추측하고 있는데, 그보다 다소 내려오는 것인지도 모르겠다.

2. 바미얀과 둔황 수대의 열반도

아프가니스탄의 중앙을 가로질러 달리는 힌두쿠시산맥의 산간에 있는 바미얀은, 일찍이 유라시아세계의 동서교류를 배경으로 불교미술의 흥륭을 보았던 것으로 유명하다. 바미얀 미술은 간다라 미술의 전통을 계승하면서도, 인도의 굽타계(포스트 굽타) 미술과 이란의 사산계(포스트 사산) 미술의 영향을 보다 강하게 섭취하고, 게다가 중앙아시아 미술로서 독자적인 위치를 점한다.[8] 바미얀 미술은 중국 신장의 호탄이나 쿠챠의 불교미술, 나아가서는 둔황 미술과도 적지 않은 관련성을 맺고 있다. 또한 아프가니스탄이나 판지켄트 등 소그드의 미술과도 관계가 있다는 것은, 연주원문, 건축장식문, 귀면, 와권당초문 등의 장식문양의 유사점을 통해서도 엿볼 수 있는 점이다.[9] 여기서는 바미얀의 열반도를 망라적으로 들며 이들의 도상적 특징을 밝히는 한편, 바미얀의 열반도상과 흥미로운 유사점을 보이는 둔황 모가오굴의 수대 열반도와의 비교도 시도해 보고자 한다.

바미얀의 열반도(모두 벽화)로서 일곱 예가 알려져 있는데, 그중 G굴(교토대 편호 제51굴, 이하 동)과 Sc굴(제174굴)의 두 예는 단편일 뿐이다. 프랑스대의 발굴에 의해 밝혀진 G굴에서는, 스투파 사각기단의 북면에 그려진 옆으로 누운 석가의 두 발과 승의의 일부, 꿇어앉은 속형 인물의 무릎과 장화, 서 있는 두 명의 속형 인물의 몸과 다리, 또한 향좌측 끝에 한 노승(대가섭)의 엄격한 얼굴이 있었음이 보고되었지만, 대가섭의 얼굴을 제외하고 모두 붕괴되어 버렸다.[10] Sc굴에서는 입구 상부의 상인방 부분에 옆으로 누운 석가가 퇴색되어 간신히 확인될 뿐이다.[11] 이들 이외에는 다섯 개의 예가 현존한다.[12] 현지 조사를 통해 필자가 제작한 그림을 바탕으로 간략히 관찰해 보자.

우선 Fc굴(제72굴)의 열반도(도330, 29 × 96cm)[13]는 연지로 호화롭게 장식된 침대에 옆으로 누운 석가(대부분 결손됨)를 중심으로 발 근처에는 꿇어앉아 합장 작례하는 대가섭이 보인다. 소승열반경에 따르면, 대가섭은 석가 입멸의 때에는 곁에 없었다가 한 나형 외도에게 전해 듣고 급히 돌아와 쿠시나가라에 도착했는데, 다비의 불은 대가섭이 세존의 두 발을 예배할 때까지 타오르지 않았다고 기록되어 있어[14] 그 일화를 표현했을 것이다. 침대의 뒤쪽에는 슬피 우는 5인의 비구와 세속의 사람들이 있다. 그들은 손을 들거나 머리를 때리며 애도하는데 그중에는 여성의 모습도 볼 수 있다. 침대의 앞에는 어깨에서 불을 발하며 선정에 든 마지막 불제자 수발(수바드라)이 표현되어 있다. 법현 역『대반열반경』과 현장『대당서역기』에는 수발이 석가열반을 차마 보지 못하고, '火界三昧', '火界定'에 들어 먼저 입멸했음을 기록하고 있

도330. 열반도(선도). 바미얀 Fc굴(제72굴) 벽화[나고야대학 조사대에 의함, 미야지 아키라 작도]

고,[15] 또 『대지도론大智度論』에는 수발이 "부처의 앞에서 결가부좌하고, 스스로 신력으로 몸속에서 불을 내어 몸을 태움으로써 멸도를 얻다"라고 밝히고 있다.[16] 불을 발하는 수발의 표현은 이 '화계삼매'를 표현한 것임에 틀림없다.

석가의 침대 부근에는 의자에 앉아 고개를 떨군 모습의 인물이 있다. 두광을 지닌 이 인물은 상의와 발끝까지 뒤덮은 붉은 치마를 입은 것으로 보아 분명 여성으로, 부처의 어머니인 마야부인이 아닐까. 소승열반경에서는 마야부인에 대해 거의 언급하고 있지 않으나, 『마하마야경摩訶摩耶經』과 『대당서역기』에는 석가가 입멸할 때 마야부인이 통곡한 내용이 기록되어 있어,[17] 열반의 장면에서 중요한 역할을 하는 여성으로서 마야부인일 가능성이 가장 높다. 다만 최근 소개된 간다라 열반부조 중 석가의 베개 부근에서 고개를 떨군 모습의 '마을의 여신nagaradevatā'으로 생각되는 어깨에 성새문을 단 여성상이 확인되는데(도55),[18] 이 바미얀의 여성상에도 머리 뒤쪽으로 성새형 장식이 보인다는 점을 통해 양자의 관련성이 추측된다. 그러나 간다라에서 '마을의 여신'은 출가유성의 장면에서도 보여 일반적이지만, 중앙아시아에서 '마을의 여신'의 도상표현은 거의 보이지 않는다. 바미얀의 이 여성상은, 후술하는 바와 같이 성새관을 쓴 중앙아시아의 나나여신을 반영한 마야부인으로 생각하는 것이 타당하다고 생각된다.

Fc굴의 열반도를 간략화한 도상은 Jd굴(제388굴), Jg굴(제386굴), Ee굴(제222굴)에서 볼 수 있다. 모두 박락이 현저하지만 도상의 개략은 파악할 수 있다. Jd굴의 열반도(도331, 32cm × 115cm)[19]는 오른손으로 손베개를 하고 왼손은 몸을 따라 편 석가를 중심으로, 발쪽에 꿇어앉아 작례하는 대가섭, 베개 부근에 앉은 마야부인으로 추정되는 여성상(여기서는 성새문이 없다)을 구별할 수 있다. 석가의 뒤로는 몇 명의 인물 혹은 화염의 표상이 있었던 것 같지만 대부분 박락되었다. 이 열반도의 좌우 상단에는 각각 원반이 배치되고, 그 속에는 인물상이 그려 넣어져 있었다. 향우측의 그것은 소실되어 있지만, 좌측의 원반에는 두 개의 차륜과 난순 뒤에서 세존을 향해 합장 작례하는 인물의 상반신이 보인다. 황토색 바탕에 갈색 선묘로 그려진 이 인물은 아마도 일

도331. 열반도(선도). 바미얀 Jd굴(제288굴) 벽화[교토대학 조사대에 의함, 미야지 아키라 작도]

도332. 열반도. 부분. 바미얀 Jg굴(제386굴) 벽화[교토대학 조사대에 의함]

신으로, 우측의 원반에는 월신이 표현되어 있던 것으로 추측된다. 후술할 K굴의 열반도에도 마찬가지의 일신·월신의 표현이 있다.

Jg굴의 열반도(도332, 25cm × 116cm)[20]는 박락이 심하지만, 옆으로 누운 세존의 머리 부분과 베개, 그리고 마야부인은 식별할 수 있다. 마야부인은 두광을 지니고 머리 뒤로 관대를 드리우며, 짙은 보라색의 상의와 치마를 입고 의자 혹은 깔개 위에 앉은 모습이다. 화면의 중앙에서 우측 부분은 대부분 결손되어 있다.

도333. 열반도. 바미얀 Ee굴(제222굴) 벽화[교토대학 조사대에 의함]

　　Ee굴의 열반도(도333, 40cm × 100cm)[21]도 퇴색과 손상이 현저한데, 옆으로 누운 세존, 발 근처에 꿇어앉은 대가섭, 침상 앞에서 화계정에 든 수발(상부만 남아있고, 머리 주위에 화염이 보인다)이 확인되며, 또한 세존의 뒤로 몇 명의 인물이 어렴풋이 보인다. 세존의 베개 주변 부분은 크게 파손되었는데, 다른 예를 통해 그 부분에 마야부인이 그려져 있었음을 추측할 수 있을 것이다.

　　이상 네 개의 열반도는 모두 소화면에 그려진 간소한 도상으로, 옆으로 누운 세존을 중심으로 발 근처의 대가섭과 베개 부근의 마야부인을 좌우로 배치하는 것이 구도의 기본을 이루고 있다. 그런데 K굴(제330굴)의 열반도(도334, 70cm × 130cm)[22]는 등장인물도 많아 가장 복잡한 구성을 보인다. 쌍수(모두 수신이 보인다) 사이에 가로 누운 세존은 붉은 승의가 남아있을 뿐이지만, 그 주위에는 실로 많은 인물들의 모습이 보인다. 역시 박락이 심하지만 그 윤곽을 더듬어 볼 수는 있다. 우선 침대 앞에는 머리카락을 마구 흩뜨린 채 금강저에 기댄 집금강신과, 양 어깨에서 화염을 발하는 수발이 있다. 세존의 뒤로는 26명 정도의 인물을 셀 수 있다. 비구, 바라문, 귀족, 부인 등 다양한 인물들이다. 비구들은 세존의 머리 가까이에 위치하며, 그 뒤에 있는 것은 신들인 것 같다. 화면 우측에는 바라문이나 선인을 떠올리게 하는 인물, 또한 중앙아시아의 복장을 한 귀족이나 여성들의 모습이 보인다. 격한 몸짓을 보이는 그들의 애도하는 몸짓이 주목된다. 손을 들어 머리를 때리거나, 가슴을

도334. 열반도(선도). 바미얀 K굴(제330굴) 벽화[교토대학 조사대에 의함, 미야지 아키라 작도]

치거나, 혹은 몸을 던져 통곡하는 몸짓을 보인다. 화면 가운데 즈음에 보이는 한 인물은 머리를 긁어 대는 모습이다. 세존의 몸 위에는 왕관과 영락 등의 장신구가 흩뿌려져 있다. 이 표현들은 『마하마야경』의 "그 가운데 어떤 자는 땅 위에 뒹굴기도 하고, 어떤 자는 의복과 영락을 잡아당겨 끊어서 찢기도 하고, 어떤 자는 머리털을 쥐어뜯고 가슴을 치며 크게 울부짖기도 하였다"*(T.12, No. 383, p. 1012a)라는 기술에 한층 가깝다.

세존의 발에서는 이미 불길이 타오르고 있다. 발 아랫부분은 박락되었으나 아마도 다른 예와 마찬가지로 대가섭이 표현되어 있었을 것으로 생각되며, 대가섭의 접족예배에 의해 다비의 불이 타올랐던 에피소드를 표현했을 것이다. 세존의 베개 부근, 사라수 아래에는 두 여성의 모습이 보인다. 앞쪽 인물의 세부까지는 알 수 없지만, 뒤쪽의 한 명은 꽃접시를 손에 들고 있다. 아마 큰 두광을 지닌 전자가 마야부인이고 후자는 그의 시녀라고 생각된

---

* 불교기록문화유산 아카이브(https://kabc.dongguk.edu/) 우리말 번역문 인용. 其中或有宛轉于地, 或有牽絕衣服瓔珞, 或拔頭髮, 搥胸大叫. 『마하마야경』 2권(ABC, K0373 v12, p. 230c01-c02)

다. 화면의 위쪽 양 끝에는 원반 속에 일신과 월신의 표상이 있다. 향좌측 일신은 마차에 타고 있으며, 향우측의 월신은 한사를 타고 있는데 둘 다 양협시를 거느리고 있다. 일신·월신의 표현은 열반도에 우주론적 의미를 부여하는 것이라고도 할 수 있을 것이다.

이상이 바미얀 열반도의 현존 예인데, 이 열반도들은 간다라·인도의 작례에 비해 중앙아시아적 특징을 잘 보여주고 있다. 즉, (1) 수발의 입화계정, (2) 대가섭의 쌍족예배, (3) 사람들의 격한 애도의 몸짓, (4) 마야부인의 등장이라는 도상적 특징을 지적할 수 있다. 마지막 불제자인 수발의 표현은 간다라·인도에도 있지만, 이들은 모두 침상 앞에서 선정에 든 모습으로 표현되는데 화염을 발하는 표현은 찾아볼 수 없다. 겨우 카시미르의 부조에서 화염광배를 단 수발의 표현이 있었을 뿐이다. 대가섭에 의한 세존의 쌍족예배의 표현은 간다라에서는 작례가 적으며 스와트와 카피시에 그 예가 알려져 있지만 바미얀과 키질의 열반도에서는 불가결의 요소가 되고 있다. 사람들의 격한 애도의 몸짓과 마야부인의 등장에 대해서는 나중에 상세히 검토하겠으나, 간다라 인도의 열반도에는 볼 수 없는 중앙아시아의 두드러진 특징이다.

한편, 이 같은 특징을 갖는 바미얀의 열반도와 비교할 수 있는 작례는 둔황 모가오굴의 수대 열반도이다. 둔황 최고最古의 열반도는 북주시대의 작으로 여겨지는 제428굴의 것인데,[23] 거기서는 세존의 등 뒤로 2열에 걸쳐 많은 비구가 나열하는 구도를 취한다. 후열 우측 끝의 크게 손을 들어 탄식하며 슬퍼하는 한 비구와 세존의 두 발에 작례하는 대가섭이 눈에 띌 뿐이다.

이에 반해 수대 제295굴의 열반도(도판51)[24]는 바미얀의 열반도와 한층 가까운 양상을 보인다. 쌍수 사이에서 석가는 연주원문으로 장식된 베개에 오른손을 대고 왼손은 몸을 따라 펴고 옆으로 눕는다. 화면 우측 끝의 마른 체구의 나이 든 바라문은 석가 입멸의 직전에 찾아 온 수발(경전은 그를 120세로 기록한다)로 해석되며,[25] 침상 앞에서 화염에 둘러싸인 그의 입화계정의 모습을 볼 수 있다. 그 옆에는 거꾸러지는 집금강신이 있으며 세존의 뒤로는

10인의 인물이 비탄에 잠겨 있다. 세존의 머리 부근에는 비구들이 자리를 점하며, 뒤쪽에는 세속의 사람들이 격한 몸짓으로 애도한다. 즉 몸을 내던지며 머리를 마구 긁거나 머리털을 잡아 뽑으려 하고 있다. 또 관을 쓴 인물은 관식을 떼어 내려 하는 듯하다. 실제로 세존의 몸 위로는 관식이 흩어져 있다.

이들 표현은 『마하마야경』의 애도에 관한 기록과 바미얀의 K굴의 열반도와 매우 가깝다. 세존의 발쪽에는 대가섭이 꿇어앉아 접족작례하고 있다. 대가섭과 대응하듯 침대 부근에는 마야부인이 표현되어 있다.[26] 마야부인은 상의와 붉은색의 긴 치마를 입고 둥근 의자에 앉아 오른손은 땅을 가리키고 왼손은 턱에 대어 고개를 떨군 모습이다. 바미얀 Fc굴의 마야부인에 가까운 표현이다. 둔황 제295굴의 열반도는 바미얀 열반도에서 본 중앙아시아적 특징이 두드러지게 나타나고 있는데, 양자는 연대적으로도 가까운 관계일 것이다. 바미얀의 연대에 관해서는 명확한 근거가 부족하여 불명확한 점이 많으나, 둔황 수대의 열반도와 비교함으로써 한 가지 시사점을 얻을 수 있지 않을까.

둔황 수대의 열반도로는 이 밖에 제280굴과 제420굴의 예가 알려져 있다. 제280굴의 열반도(도판52)[27]는 제295굴에 가까운 도상이지만 약간 간략화되어 있다. 옆으로 누운 석가의 상좌 앞에는 선정의 수발(여기서는 화염이 보이지 않는다)과 쓰러지는 집금강신이 있고, 등 뒤로는 12인의 비탄하는 인물들(한 명은 마침 도착한 수발인 듯하다)이 보인다. 그중 한 명은 세존을 향해 몸을 내던지며 머리카락을 잡아 뜯는 모습이다. 세존의 위에는 관식이 흩어져 있다. 발쪽에는 대가섭이 합장하고, 침대 부근에는 마야부인이 의자에 앉아 슬픔에 잠긴 모습이다.

제420굴의 열반도[28]는 독립적인 것이 아니라 법화경변상 서품 중 불열반을 그린 것이지만, 구도는 석가열반도와 동일하다. 여기서는 옆으로 누운 부처가 아주 많은 사람들에게 위요되고 있다. 그들 중에는 머리를 때리거나 머리카락을 잡아당기며 애도하는 자도 있다. 침상 앞에는 5인의 인물과 함께 입화계정의 수발 및 몸부림치는 집금강신이 보인다. 부처의 발을 만지는 것은 대가섭인 듯하며, 침대 부근에는 의자에 앉아 왼손을 뺨에 댄 마야부인의 모습이 보인다.

둔황 수대의 열반도는 대표적으로 제295굴을 들 수 있는데, 기본적으로는 세 개의 예 모두 거의 같은 도상구성을 보이고 있어 바미얀의 열반도상의 특징과 공통되고 있다. 바미얀과 둔황은 지리적으로 중앙아시아의 양단에 위치하지만 이들 작례를 통해 6~7세기 시대의 중앙아시아에 있어, 간다라 도상과는 다른 독자적 열반도상이 형성되었음을 추측할 수 있다.

다음 장에서 중앙아시아 열반도상의 두드러진 특징인, 격한 애도의 몸짓과 마야부인의 출현을 둘러싼 도상학적 고찰을 시도해 보고자 한다.

3. 애도의 몸짓

바미얀과 둔황 수대의 열반도상에서 볼 수 있었던 격한 애도의 몸짓은, 키질 제3구 마야굴(제224굴)의 벽화[29]에 전형적인 형태로 나타나 있다. 이 굴에는 사각기둥의 뒤쪽을 도는 회랑 안쪽 벽에 대좌 위로 소조의 열반상이 놓여 있었다(현재 소실). 그와 마주하는 사각 기둥의 뒷벽에는 다비도가 그려져, 독일대에 의해 잘려나갔다는 보고서가 간행되었다(도316).[30] 화면의 하반부에는 다비의 장면이 그려지며, 위쪽에는 난간 뒤에서 슬퍼하는 사람들의 모습이 표현되어 있다. 11인의 남녀가 있으며 중앙아시아의 복장을 한 귀인, 나형의 인물, 화려한 장신구를 몸에 단 여성, 천의를 걸친 천부로 보이는 인물 등이 보인다. 그들은 모두 비탄에 잠긴 모습인데, 그 격한 통곡과 슬퍼 우는 몸짓이 주목된다.

그륀베델의 그림(도335, 본래는 1열이지만 그림의 형편상 2단으로 나누고 있다)[31]을 통해 세부를 관찰할 수 있기 때문에, 경전의 기술(표4 참조)과 대조시키면서 애도 표현의 특징을 고찰해 보겠다.

도335. 애도하는 사람들(선도). 키질 제224굴(제3구 마야굴). 다비도 벽화
[Grünwedel 1, fig. 415]

왼쪽에서 두 번째(상열)와 여섯 번째(하열 좌단)의 여성은 손을 뺨과 가슴에 대고 슬퍼하는 모습으로, 이른바 자연스러운 비탄의 표현이라 할 수 있다. 이에 반해 좌단(상열)과 우단(하열)의 인물은 손을 머리에 대고 두드리거나 팔을 높이 들어 통곡한다. 이 몸짓은 팔리본 및 범본에서 '팔을 펼치고 울다'(bāhā paggayha kandanti/bāhūn pragrhya prakrośanti)라는 것에 가깝지만, 한역에서는 법현본의 '擧手拍頭'라는 것에 대응하는데(백법조본에는 '叩頭'라고 한다), 이 말은 대승『대반열반경(40권본)』,『대반열반경후분』에도 보인다. 작례는 간다라의 열반부조에서 빈출되어 가장 일반적인 비탄의 몸짓이라 할 수 있다. 이 '擧手拍頭'의 표현은 그 후 인도에서도 유형화되면서 오래 존속하는데, 중앙아시아에서도 널리 행해진다.

아홉 번째(하열)의 인물은 양손으로 가슴을 누르는 모습이다. 이는 자연스러운 애도의 표현인지도 모르지만 가슴을 치는 동작을 상기시킨다. 팔리본 및 범본에는 이 같은 것이 보이지 않는 것에 반해, 백법조본에 '槌心'이라는 기록이 있어, 법현본과『마하마야경』의 '槌胸大叫'라는 것과 대응시킬 수 있을 것이다. 『대반열반경후분』에도 '搥胸大叫'가 있으며, 『대반열반경(40권본)』에는 '搥胸大喚', '搥胸悲號啼哭'이라 하고 있다. 가슴을 치며 울부짖는 것은 장송의례 중 하나에 속하는 몸짓임에 틀림없다. 간다라 후기의 열반도에서 이 같은 애도표현이 보이는데, 바미얀 K굴의 열반도를 시작으로 중앙아시아에서 종종 보인다.

표 4 열반경 제본에서의 애도에 관한 기술(계속)

(1) Mahāparinibbāna-suttanta, p. T. S. pp. 157-8 Parinibbute Bhagavati tattha ye te bhikkhū avītarāgā appekacce bāhā paggayha kandanti, hinnapapātaṃ Bhagavā parinibbuto, atikhippaṃ Sugato parinibbuto, atikhippaṃ cakkhuṃ loke antarahitan'ti. (석가가 죽었을 때) 아직 애집을 버리지 못한 약간의 수행승은 양팔을 뻗으며 울고, 부서진 바위처럼 쓰러져, 몸부림치며 뒹굴었다. "존사는 너무 빨리 돌아가셨습니다. 선하고 다행하신 분께서는 너무 빨리 돌아가시게 되었습니다. 이 세상의 눈이 너무 빨리 감춰지게 되었습니다"라고 하며 (나카무라 하지메 역)	(2) Mahāparinirvāṇa-sūtra, Waldschmidt, pp. 400-402 (tatraikatyā)bhikṣavaḥ pṛthivyām āvartante parivartante	ekatyā bāhūn pragrhya prakośanti	evaṃ cāhuḥ	atikṣipraṃ bhagavān parinirvṛtaḥ	atikṣipraṃ cakṣurlokasyāntarhitaḥ | 그때, 몇 명의 승려는 대지를 뒹굴며 탄식하고 슬퍼하며, 몇 명은 팔을 뻗으며 울면서 이렇게 말하였다. ─"세존은 너무 빨리 입멸하셨다. 부처는 너무 빨리 입멸하셨다. 세간의 눈이 너무 빨리 모습을 감추셨다." (이와모토 유타카 역)

(3) 『장아함경』「유행경」 (T.01, No. 01, p. 27) 時諸比丘悲慟殞絶 自投於地. 宛轉號咷 不能自勝. 獻欷而言. 如來滅度何其駛哉. 世尊滅度何其疾哉.	(4) 백법조 역 『불반니원경』 (T.01, No. 05, pp. 171-172) 民皆頓地. 叩頭者搏頰 者搥心刮面搣髮. 裂衣 踴地啼哭. 呼當奈何. (중략) 諸比丘有宛轉地. 啼哭 且云. 三界眼滅. 何其 疾乎	(5) 실 역 『반니원경』 (T.01, No. 06, pp. 188-189) 是嘵諸比丘. 皆驚憂 徘徊乎言. 駃哉. 佛 般泥洹. 一何疾哉世 間眼滅 (중략) 諸華聞之. 莫不驚 愕. 踊躃悲言. 何其 *駃乎. 佛般泥洹 曰. 何其疾乎. 世間 眼滅	(6) 법현 역 『대반열반경』 (T.01, No. 07, p. 205) 於是阿難及四部衆. 聞 阿㝹樓馱作此言已. 悲 號嗚咽. 悶絶躃地. 其 中或有擧手拍頭搥胸 大叫. 共相謂言. 世間 眼滅. 一何速哉. (중략)

표 4 열반경 제본에서의 애도에 관한 기술

(7) 『마하마야경』 (T.12, No. 383, p. 1012)	(8) 40권본 『대반열반경』 (T.12, No. 374, p. 365)	(9) 『대반열반경후분』 (T.12, No. 377, p. 905)
時諸衆生共相謂言. 如來滅度何其駛哉. 三界牢獄誰爲解脱. 其中或有宛轉于地. 或有牽絶衣服瓔珞. 或拔頭髮搥胸大叫.	時諸衆生見是已. 心大憂愁. 同時擧聲悲啼號哭. 嗚呼慈父. 痛哉苦哉. 擧手拍頭搥胸叫喚. 其中或有身體戰慄涕泣哽咽. (같은 책 p. 371) 時諸天人及諸會中阿修羅等. (중략) 擧手搥胸悲號啼哭. 支節戰動不能自持. 身諸毛孔流血灑地. (같은 책 p. 394) 時諸夫人不果所願心懷愁惱. 自拔頭髮搥胸大哭. 猶如新喪所愛之子.	爾時無數一切大衆聞是語已. 一時昏迷悶絶躄地. 苦毒入心阰聲不出. 其中或有隨佛滅者. 或失心者. 或身心戰掉者. 或互相執手哽咽流淚者. 或常搥胸大叫者. 或擧手拍頭自拔髮者. 或有唱言痛哉痛哉荼毒苦者. 或有唱言如來涅槃一何疾哉. (중략) 中有遍體血現流灑地者. 如是異類殊音. 一切大衆哀聲普震一切世界. 爾時娑婆世界主尸棄大梵天王. 知佛已入涅槃. 與諸天衆即從初禪飛空而下. 擧聲大哭流淚悲咽. 投如來前悶絶躄地. 久乃穌醒哀不自勝.

키질의 이 그림 속 통곡의 몸짓 중에서 특히 주목되는 것은, 머리카락을 잡아 뽑는 동작과 칼로 얼굴이나 가슴에 상처를 내는 동작이다. 네 번째의 여성은 오른손을 들고 왼손으로 머리를 잡아 뜯으려 하고 있다. 머리를 잡아당기는 것은 팔리본, 범본을 시작으로 하여 소승의 열반경 제본에서 거의 보이지 않지만, 예외적으로 백법조본에 '搣(滅)髮'이 있다. 이에 대해 『마하마야경』에는 '拔頭髮'이라 하며, 『대반열반경(40권본)』에 '自拔頭髮', 『대반열반경후분』에 '自拔髮'이 보인다. 열반경들의 이러한 기술 양상으로 미루어, 원래 열반경에는 '拔頭髮'이라는 것은 없었으며, 후세의 어떤 시기에 삽입되었을 것으로 보인다. 실제로 간다라 및 인도의 열반도상에는 머리를 잡아 뜯는 애도의 표현은 거의 보이지 않는다(간다라 후기의 작례에서 소수 보인다). 한편 키질 벽화와 함께 둔황 수대의 열반도에는 이 표현이 현저하게 확인된다.

칼로 머리나 가슴에 상처를 내는 특이한 장례는, 3번, 5번, 10번(하열)째의 세 인물에게서 확인된다. 이 특이한 의례는 역시 불교경전에서 다루기에는 꺼려졌을 것으로 제열반경에서 거의 조응하는 기록이 없는데, 단 하나 예외적으로 백법조본에 '刮面'이라고 명기된 예가 있다. 또한 대승열반경에는 직접 이 점을 언급하지는 않지만, 40권 본에는 '身諸毛孔流血灑地', 열반경 뒷부분에는 '遍體血現流灑地'라고 하여 유혈의 모습을 기록하고 있다. 칼로 상처를 내는 애도의 표현은 간다라 및 인도에서는 전혀 찾아볼 수 없다. 이 행위는 분명 의례적인 것으로서, 전술한 머리를 잡아 뜯는 행위와 함께 본래 비불교적인 장례였던 것임은 틀림없을 것이다.

제열반경 속에서 백법조본의 애도에 관한 기술('叩頭', '搏頰' '搥心', '刮面', '搣髮', '裂衣' 등)은 다른 소승열반경에서 전혀 보이지 않거나 혹은 보기 드문 새로운 요소를 갖고 있으며, 게다가 키질의 애도도와 보다 가까운 특징을 보이고 있다. 백성을 일컫는 백법조는 쿠챠와 관계 깊었던 역경승으로 알려져 있어, 아마 원래의 열반경에는 없었으나 당시 행해지고 있었던 장례를 기반으로 번역할 때에 삽입하였을 것이다.

키질의 애도도에서 볼 수 있는 몸짓은 의례적인 색채가 매우 강한 것으로, 바미얀과 둔황 수대의 열반도에도 유사한 표현이 보였다(다만 칼로 상처를 내는 표현은 보이지 않는다). 간다라 및 인도의 열반도에서의 애도의 표현과는 크게 다른 부분으로, 경전사 상에서도 추찰되어지듯 후세의 어떤 시기에 본래 비불교적이었던 장례가 도입되었음이 추측된다. 중앙아시아에서 행해지던 장송의례와의 혼효가 생각되어지는 것이다.

『낙양가람기洛陽伽藍記』에 수록된 송운행기宋雲行紀에는, 우전국의 조에 장례에 관한 기재가 있다. 즉,

죽은 사람을 불에 태우고, 뼈를 모아서 장례하여, 위에 부도塔를 세운다. 상에 임하는 자는 머리를 자르고剪髮 얼굴에 상처를 내며劈面 슬픔을 표현한다. 머리카락이 4촌이 되면 평상시로 돌아온다.[32]

라고 한다. 송운이 역방歷訪하던 당시(519년)에는 호탄에서 화장이 일반적으

로 행해졌으며(다만, 국왕은 화장이 아닌 토장이었음이 기록되어 있다), 복상자가 머리를 자르거나 얼굴에 상처를 내며 애도하는 장례가 실제로 있었음이 증명된다.

이러한 장례에 있어 전발이나 벽면의 풍습은 원래 북방 유라시아의 유목민족이 행했던 것으로, 옛부터 흉노[33]나 스키타이[34] 등이 이 습속을 가지고 있었음은 일찍이 에가미 나미오江上波夫 교수가 밝혔던 부분이다.[35] 전발剪髮* . 벽면劈面 . 재이截耳 등 신체 일부에 상처를 내며 애도하는 장례는 북방 유목민 사이에서 오래 전부터 행해졌는데, 돌궐민족들 사이에서 특히 유행했었음은『수서隋書』돌궐전突厥傳에 기재된 내용을 통해 엿볼 수 있다. 이에 따르면 "죽은 사람이 있으면 그 시신을 휘장 안에 둔다. 가족과 친족들은 많은 소와 말을 죽여 제사지내고, 휘장을 돌며 부르짖고, 칼로 얼굴을 상처 내며劃面, 피와 눈물이 섞여 흐른다. 일곱 번으로 이를 멈추고, 날을 골라서 시신을 말 위에 놓고 태우며 그 재를 거두어 장사 지낸다"[36]라고 한다. 이 기술과 거의 동일한 것이 주서周書 돌궐전과 북사北史 돌궐전에도 보인다. 큰 소리를 높이며 얼굴에 상처를 내는 장례 습속이 분명하다. 여기서는 머리를 자르는 내용은 나오지 않으나, 오르혼 비문에는 돌궐 가한可汗에서 장례를 치를 때 사람들이 머리카락이나 귀를 잘랐음이 기록되어 있다.[37]

중앙아시아에 있어 이 같은 장송의례의 실제는 문헌뿐 아니라 회화자료에서도 뒷받침하고 있다. 호레즘의 톡카라 출토 납골기(옷스와리)에 그려진 회화 몇 점은 흥미로운 자료를 제공한다.[38] 모두 7~8세기의 것으로 추정되며, 선묘화에 가까운 정교하지 못한 작품이지만 당시의 장례 양상을 파악하는 데 있어 귀중하다. 납골기는 소그드 지방에서도 많이 출토되고 있는데, 날짐승들에게 시신을 먹게 하여 그 후 뼈를 주워 모아 거두었던 것으로, 조로아스터교에 속한다고 알려지지만 이란에서는 볼 수 없는 중앙아시아의 독특

---

* 전발剪髮 : 머리카락을 자르는 것.

한 풍습이다. 한 예(도336)[39] 를 보면, 납골기의 본체 측면에는 침대에 옆으로 누운 죽은 사람이 그려지고, 그를 둘러싸며 본체와 뚜껑 부분에 애도하는 많은 복상자들이 표현되어 있다. 모두 가슴을 치거나 손을 머리에 대고 부르짖으며 곡하는 모습이다. 손을 머리에 댄 몇 명의 인물들은 머리를 잡아 뽑는 동작을 표현하고 있는

도336. 장례 장면(선도). 토카라 출토 납골기 회화 [Frumkin, fig. 24]

것 같다. 이 같은 표현이 있는 납골기의 예는 이 밖에도 몇 점이 알려져 있다.[40] 또 해, 달, 별 등의 천체를 상징하는 도문圖文을 표현한 예도 적지 않다.

중앙아시아에 있어 비불교회화의 애도도를 대표하는 것은, 판지켄트 제2지에서 출토된 '시야우슈 전설'을 그린 것으로 알려진 유명한 벽화(도337)일 것이다.[41] 이 회화의 화면 우반부에는 건물 안에 옆으로 누운 죽은 사람의 주위에서 사람들은 애도의 몸짓을 보인다. 아치형 창을 통해 긴 머리를 늘어트리고, 왕관을 쓰고, 손을 펴고 있는 한층 크게 표현된 죽은 사람이 보인다. 영웅의 죽음을 표현했을 것이다. 각 아치창에는 한 명씩의 우는 여성이 서고, 손을 머리에 대며 머리를 잡아 뜯는 몸짓을 보인다. 건물 아래쪽으로는 11명의 인물이 그려져 있다. 야크보흐스키는 이 중 6인은 소그드인이며 5인은 터키인이라고 한다. 명확한 것은 아니지만 분명 얼굴 모습에서 민족의 차이가 나타나 있다. 건물 가까이에 있는 사람들은 비틀린 봉형의 물건, 혹은 큰 병을 손에 들고 있다. 바로 앞의 7인의 사람들은 머리를 잡아당기거나, 칼로 귀를 잘라내거나 얼굴에 상처를 내며 애도를 표현하고 있다. 이들의 애도하는 표현은 문헌에 언급된 전발, 벽면, 재이截耳라는 기술에 조응할 뿐 아니라, 전

도337. 애도의 그림(선도). 판지켄트 제2지 출토 벽화[Azarpay, fig. 56]

술한 키질 불교벽화의 애도의 몸짓과도 매우 가깝다.

　이상에서 인용한 불교 외 문헌과 도상자료를 통해, 중앙아시아에서는 비불교적인 장송의례가 행해졌으며, 거기에는 머리카락을 잡아 뽑거나, 가슴을 치고, 얼굴에 상처를 내며, 귀를 잘랐다고 하는 격한 애도의 의례가 포함되어 있었음이 밝혀졌다. 유혈을 꺼리는 불교가 벽면이나 재이라고 하는 의례를 최피하는 경향이 있었음은 오히려 당연하지만, 키질벽화에는 그와 같은 비불교적인 애도의례가 직접적인 형태로 도입되어 있다. 바미얀이나 둔황 수대의 열반도에는 칼로 상처를 내는 표현은 보이지 않지만,[42] 머리를 잡아당기거나 막 긁어 대는 등의 표현(전발의 변화형으로도 생각된다), 혹은 가슴을 치거나 몸을 던지는 격한 통곡의 표현이 보이는데, 중앙아시아의 장례와 밀접한 관계를 갖고 있음을 알 수 있다. 중앙아시아 열반도상에서 볼 수 있는 애도의 몸짓에 비불교적 장례 습속이 담겨 있음에는 의심의 여지가 없을 것이다.

4. 판지켄트의 '애도의 그림'

그런데 서西투르키스탄, 소그드의 판지켄트 제2지 출토의 벽화 '애도의 그림'(도337)은, 중앙아시아의 열반도상을 해석하는 데 있어 단순히 애도의 몸짓을 수용했다고 하는 表面적인 문제뿐 아니라, 도상 전체의 구조에 관해서도 중요한 문제를 시사한다. 잠시 이 도상의 해석에 대해 고찰해 보고자 한다.

'애도의 그림'이라 이름 붙인 이 벽화의 주제는, 완전히 확실하다고는 할 수 없지만 그 내용은 여러 학자들의 연구를 통해 상당히 명확해졌다.[43] 야크보흐스키는 이 도상을 영웅 시야우슈의 전설과 관련지어 해석했다. 나르샤키의 『부하라의 역사』(10세기)[44]에 따르면, 시야우슈는 이란의 부왕 카이 카우스로부터 달아나 옥서스를 넘어 부하라에 성새를 쌓지만 아흐라시야브에게 살해된다. 시야우슈는 그리얀의 문이라고 불리는 장소에 매장되어 성지가 되고 있다. 매년 새해 직전에 사람들은 모두 그곳에 수탉을 들고 가 그를 추억하며 그것을 죽인다. 부하라의 사람들은 시야우슈의 살해에 관한 유명한 애가哀歌인 'kīn i Siyāvush'를 부른다고 한다. 나르샤키는 이 애도의 의례에 대해 상세히 기록하지는 않으나, 마흐무드 알 카슈가리(11세기)에 따르면, 매년 배화교도들은 부하라 근처에 있는 시야우슈가 살해된 땅에 가서 울부짖으며 희생을 행하고, 희생의 피를 그의 무덤 위에 뿌린다고 기록하고 있다.[45]

시야우슈의 전설은 유명한 피르다우시 『샤나메』에 상세히 전해지며, 거기에는 그로이에게 살해되는 장면에 대한 묘사나 그것을 알게 된 사람들의 분노와 슬픔에 관한 묘사가 있다.[46] 그로이는 시야우슈의 목을 베어 큰 쟁반에 피를 흘려 담는다. "피가 담긴 큰 쟁반을 들어올려 뒤집었다. 그 큰 접시가 뒤집혔던 장소에는 피에서 곧장 풀이 자라났다. (중략) 시야우슈의 궁전에서 절규의 소리가 들리고 … 노예들은 모두 머리를 풀어 헤치고, 파랑기스는 길고 검은 머리를 잡아 뜯으며 머리타발로 허리를 동여매고, 손톱으로 붉은 뺨을 마구 긁으며 … 아름다운 시녀들의 머리다발은 망가지고, 얼굴을 마구 긁으며 절망에 빠졌다."[47]

　이 문헌들을 통해 시야우슈 전설이 이슬람 시대의 10～11세기에 이르러서도 강하게 남아있었음을 알 수 있는데, 판지켄트 벽화가 이 시야우슈 전설을 그대로 그려낸 것인가에 대해서는 『샤나메』에서 보이는 극적인 영웅 서사시의 묘사와 상당한 격차가 있어 의문을 남긴다. 그러나 적어도 이 벽화가 영웅 혹은 왕의 죽음과 그를 애도하는 장면임은 틀림없을 것이다. 서투르키스탄에서 영웅의 죽음에 얽힌 전설이 널리 퍼지고 있었음은 중국 사료를 통해서도 증명된다. 즉, 『통전通典』 권193, 강거康居의 조에서 인용하는 위절韋節 『서번기西蕃記』에 다음과 같은 기록이 있다.

> 강국康國(사말칸드)의 사람은 6월 1일을 한 해의 처음으로 하여, 그 날에 왕과 서민은 모두 새로운 옷을 입고 머리와 수염을 깎는다. …7월에 신아神兒가 죽고 유골을 잃다. 신을 섬기는 사람은 이 달이 오면 검은 누더기옷을 입고 맨발로 걸으며, 가슴을 치고 목 놓아 울며 눈물을 흘린다. 삼백 혹은 오백 인의 남녀가 천아의 유골을 찾고자 초야草野로 흩어져 간다. 7일로(이 장례는) 끝난다.[48]

　이 신아(천아天兒)가 시야우슈인지 아닌지는 명확하지 않으나, 수 양제 시대[49]에 소그드에서 실제로 영웅·신아를 추모하는 애도의 의례가 봄의 계절제로서 행해지고 있었음을 알 수 있다. 호레즘 출신의 알비르니(11세기)도, "소그드의 사람들은 후슘월(소그드력의 12월)의 말일(즉, 섣달 그믐날)에 죽은 사람을 애도하며 울부짖고 얼굴에 상처를 낸다. 그리고 페르시아인들이 프라바르디간Fravardigān제 때에 하듯이 죽은 사람을 위해 음식물을 봉양한다"[50]라고 전하고 있다.

　중앙아시아(서투르키스탄)에서 망자 애도의 의례가 신년의 계절제와 관련되어 있는 것은, 지금까지 인용한 문헌의 대부분이 망자 애도의 의례를 대회일 혹은 신년에 행하고 있었다는 점으로 미루어 틀림없을 것이다. 장송의례와 신년의 계절제와는 본래 다른 것이지만, 이란과 중앙아시아가 관련되어 있다는 점이 특히 주목된다. 알비르니는 이란의 프라바르디간제와의 유사점을 지적하고 있는데, 이제는 봄의 계절제임과 동시에 조령제祖靈祭였다. 프라바르디간제 때에 조령祖靈이 지상에 강하하여, 농작물의 풍작이나 가축의 증산을 촉진해준다고 믿어져 왔다.[51] 이 제에 조령에 대한 향연이 포함되어 있었음은 알비르니도 페르시아의 제례를 기술한 부분에서 언급하고 있다.[52] 메르브에서 발견되었던 높이 46cm의 항아리(안에 불교관계의 사본 단편이 들어있었다고 한다)[53]에는 수렵, 죽음과 애도, 향연의 세 장면이 그려졌던 예가 있어 이란적 제례의 영향을 엿볼 수 있다.

지금까지 보아 온 중앙아시아의 시야우슈 영웅의 장례가 이란의 프라바르디간제와 혼효하고 있다는 것은 충분히 생각될 수 있을 것이다. 그러나 중앙아시아의 장례에서 특징적인 격한 애도의 의례는 프라바르디간제에 포함되지 않는다. 실제로 조로아스터교는 장의에 있어 신체에 상처를 입히는 것과 같은 격한 애도의 의례를 금지하고 있다.[54] 머리를 잡아 뽑거나 얼굴에 상처를 내는 등의 장례는 돌궐을 시작으로 하는 유목민들 사이에서 행해지던 것이지만, 이 같은 복상자의 유혈을 통한 의례는 원래 망자를 소생시키는 주술적 의미를 지니고 있었다고 알려진다.[55] 야크보흐스키는 시야우슈에게 체현된 중앙아시아의 '사멸하여 부활하는 자연력 신앙'을 지적하고 있는데, 분명 전술한『샤나메』나 위절『서번기』의 전승은 중앙아시아에서의 특별한 풍양의례와의 관련을 시사하고 있다.『샤나메』에서는 시야우슈의 피에서 바로 풀이 자라나, 그 풀은 "시야우슈의 피"(야자과의 식물 키린케츠)[56]라고 이름 붙였음을 전하고,『서번기』에서는 신아가 죽고 그 유해를 잃어버려 사람들은 그것을 찾아 구하러 떠났다고 한다. 이러한 전승들은 아도니스신화와의 흥미로운 유사점을 보이고 있다.[57] 이 점들을 생각하면 시야우슈전설로 대표되는 영웅의 죽음과 그 애도의 의례는 보다 강한 죽음과 재생의 신앙, 생명·대지의 고갈과 소생의 신앙에 관한 것이라고 할 수 있다.

그런데 판지켄트 벽화의 화면 좌반에는 3인의 특징적인 인물이 그려져

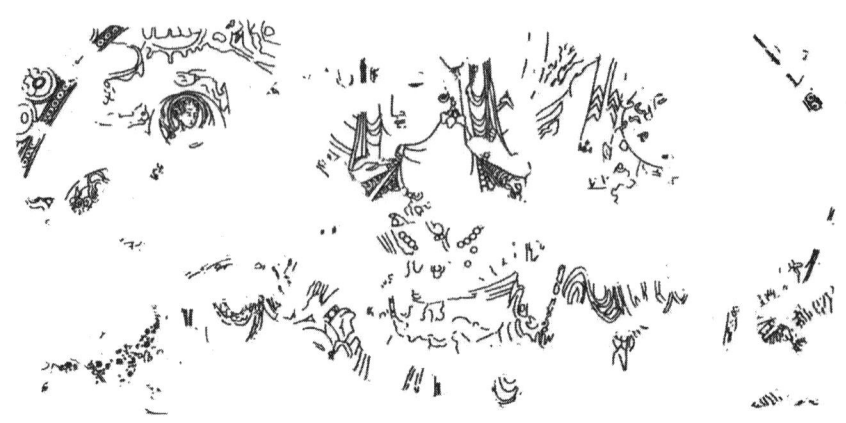

도338. 사비여신(선도). 판지켄트 제6지 출토 벽화[Azarpay, fig. 58]

있다. 야크보흐스키는 인간뿐 아니라 현지 소그드의 여신, 남신까지 애도하고 있다고 기술하는 데 그쳤으나, 화면 중앙의 큰 인물은 광배를 단 사비의 여신으로, 아자르파이가 고찰한 바와 같이[58] 나나의 계통에 속하는 것일 것이다. 이 사비여신은 손상을 입어 지물 등이 명확하지 않으나 서투르키스탄의 유사한 예가 적지 않게 발견되고 있다. 판지켄트 제6지 출토의 벽화(도338),[59] 샤프리스탄 출토의 벽화(도339)[60] 외에, 호레즘의 수 점의 은쟁반(도340)[61]에 이 도상이 보인다. 왕관(종종 성새관을 취한다)을 쓰고 사비 중 이비에는 해와 달을 지니고 있는—다른 이비는 통례에서 곤봉과 잔을 든다—것이 특징으로 종종 사자좌에 앉는다. 소그드에서 나나여신이 신앙되었음은 명문 nana을 갖는 소그드 화폐를 통해 밝혀져 있다.[62] 또한 특히 주목할 것으로 마니교 문헌 단편(M549)에 의해 이 여신이 장송의례와 깊은 관계를 맺고 있었음을 알 수 있다. 즉 헤닝의 번역에 따르면 죽은 사람을 애도하며 다음과 같이 기술하는 것을 볼 수 있다.

　… 그가 말에서 내리자 거기서는 유혈, 말의 살해, 열안裂顔, 절이截耳(?)
　가 행해졌다. 그리고 부인 나나는 시녀들을 데리고 다리까지 걸어갔

도339. 사비여신(선도). 샤프리스탄 출토 벽화[Negmatov, fig. 8]

도340. 사비여신. 호레즘 은기. 대영박물관
[Dalton, pl. 32-203]

다. 그녀들은 항아리를 깨부수고 큰 소리로 울부짖으며, 눈물을 흘리
고 (의복을) 당겨 찢으며, (머리를) 잡아 뽑고 땅에 몸을 내던졌다.[63] …

　　이러한 기록은 벽화의 장례 묘사와 유사할 뿐 아니라,『마하마야경』의
"어떤 자는 땅 위에 뒹굴기도 하고, 어떤 자는 의복과 영락을 잡아당겨 끊어
서 찢기도 하고, 어떤 자는 머리털을 쥐어뜯고 가슴을 치며 크게 울부짖기도
하였다"라는 기술과도 흥미로운 대응을 보인다.
　　아자르파이가 고찰한 바와 같이[64] 나나여신의 계보는 오랜 메소포타미
아 시대까지 거슬러 올라가 헬레니즘 이후 토착여신과 다양하게 혼효하는

데, 해와 달과 연관되고 또한 사랑과 전투의 신으로서의 성격은 길게 존속한다. 소그드의 나나는 쿠샨 화폐에 나타나는 나나nana, nano, nanao[65] — 머리 위에 초승달을 달고, 2비로 곤봉을 든다. 사자좌에 앉는 경우도 있다 — 의 도상과 관련됨은 틀림없지만, 소그드에서는 사비를 없애고 해와 달을 갖고 있다는 점에 특징이 있다. 이 여신은 전투와 사랑, 즉 살육(죽음)과 새로운 생명을 주는 신격을 갖고 있다. 나나가 힌두교 도상에 있어 두르가와 혼효하는 것은 이미 지적되고 있는데,[66] 소그드에서 장송의례와 관련된다는 것도 이 여신의 신격을 통해 충분히 이해된다.

마지막으로 화면의 사비여신의 왼쪽으로 두 명의 인물이 보인다. 뒤쪽의 인물은 왼손을 위로 들고 있는데 특별한 특징은 보이지 않는다. 앞쪽의 인물은 광휘가 있는 두광을 지니고, 머리에는 관식과 긴 두건을 쓰며 또한 머리 위에서 화염을 발하고 있다. 그는 몸을 굽히고 오른손으로 횃불을 비추고 있다. 횃불을 든 이 도상은 보다 특징적인 것으로 부살리와 아자르파이는 이 인물을 로마세계의 미트라스 교도상과 관련짓고 있다.[67] 미트라스교의 중심적인 도상인 '소를 도륙하는 미트라스'(도341)는 중앙에서 단검으로 소를 죽이는 미트라스, 뿜어져 나오는 소의 피를 마시려 하는 개와 뱀, 정액을 마시는 전갈이 표현되며,

도341. 소를 도륙하는 미트라스(선도). 스트라스부르박물관
[Vermaseren, fig. 355]

꼬리에서는 보리 이삭이 자라난다.[68] 이 도상은 성수聖獸의 죽음에서 새로운 생명이 소생한다고 하는, 고대 밀의密儀종교의 근저에 있는 관념과 관련되어 있다. 이 도상의 화면 위쪽 양단에는 통상적으로 일신과 월신이 표현되며, 그와 대응하듯 미트라스신의 좌우로 각각 횃불을 위 혹은 아래로 향하는 인물이 보인다. 그들은 카우테스와 카우토파테스로, 떠오르는 태양과 저무는 석양의 태양을 각각 상징하며, 빛의 융성과 쇠퇴, 생과 사를 의미한다고 한다. 두 기둥의 횃불 봉지자와 미트라스신은 삼위일체를 구성한다(디오니시우스 아레오파기타)고도 알려져 있다.

벽화 속 두 인물 중, 뒤쪽의 인물이 과연 횃불을 위로 올리고 있었는지의 여부에 대해서는 불명확하지만, 앞쪽의 인물은 비통한 표정으로 횃불을 밑으로 향하고 있다. 미트라스교 도상에서는 빛의 쇠퇴, 사멸을 표현한다고 알려져 이 장례 장면에도 적합하다. 벽화 속의 횃불을 든 인물이 미트라스의 도상과 관련이 있다고 한다면, 도상상의 대응뿐 아니라 중앙아시아 장례 도상과 미트라스교 도상도, 모두 죽음과 재생이라고 하는 구제론적인 내용을 갖고 있다는 점을 통해서 볼 때, 상당히 있을 수 있는 일일 것이다. 서투르키스탄에 끼친 로마세계 도상의 영향은, 샤프리스탄 출토의 로물루스와 레무스 벽화의 발견을 통해서도 엿볼 수 있는 부분이다.[69]

이상으로 조금 여러 방면에 걸쳐 판지켄트 벽화의 '애도의 그림'에 관한 해석을 살펴보았다. 이 도상에는 북방유라시아·이란·로마 등의 여러 계통의 요소가 혼재하고 있지만, 그 기본구조는 고대적인 사멸과 부활의 자연력 신앙을 배경으로 한, 영웅의 죽음과 그를 통한 새로운 생명·세계의 소생을 상징하는 것임은 거의 틀림이 없을 것이다. 중앙아시아의 장례도에는 복상자의 격한 의례적인 몸짓과, 생과 사를 관장하는 여신의 존재에 그 특징이 있다.

5. 중앙아시아의 열반도와 그 배경

열반도는 간다라에서 원래 석가의 전기인 불전 속 마지막 한 장면으로 표현되어, 인도에서는 그 전통이 길게 유지되었고 도상적으로는 거의 발전을 보이지 않는다. 이에 반해 중앙아시아의 열반도는 후에 동아시아에서 크게 전개하는 열반도상의 기반을 형성하고 있다. 중앙아시아에 있어 열반도상의 전환, 발전은 두 가지 측면을 갖고 있다. 첫 번째는 열반도상의 세부적 변용과 전개이며, 두 번째는 불전도상에서의 이탈, 독립이라고 하는 도상구성 전체의 문제이다. 이 두 측면은 서로 표리일체의 관계를 이루고 있는데, 이러한 중앙아시아에 있어 열반도상의 발전은, 인도 내부에서부터의 자율적인 전개라고는 생각하기 어렵다. 중앙아시아에 있어 비불교적 배경을 고려하지 않고는 이해할 수 없을 것이다.

첫 번째인 열반도상의 세부적 변용과 전개에 관해서는, 본 장에서 고찰한 바와 같이 애도의 몸짓과 마야부인의 출현이 큰 요소를 이루고 있다. 중앙아시아의 열반도상에 특징적인, 머리를 잡아 뽑거나 가슴을 치거나, 관식과 영락을 잡아 뜯거나, 몸을 내던지는 등의 격한 통곡의 표현은, 중앙아시아 장송의례에서의 애도의 몸짓을 수용한 것임에 틀림없다.

또한 바미얀과 둔황 수대의 열반도에는 반드시 세존의 베개 부근에 마야부인이 등장함을 보았다. 간다라 및 인도의 열반도상에는 마야부인의 모습을 찾아볼 수 없다. 경전사 상에서도 열반경에 마야부인이 출현하는 것은 상당히 당돌한 느낌을 준다. 소승열반경 중『장아함경』「유행경」에서, 세존 입멸 후 범천, 제석천 등의 신들에 이어 불모佛母 마야가 게偈를 설했음이 간단히 기록되어 있을 뿐이다.[70] 불입멸에 임하여 마야부인이 통곡하는 것은 숙제肅齊대(480~502년)의 담경曇景에 의해 번역되었던『마하마야경』에 실려 있는데, 물론 이 경전의 범본은 알려져 있지 않다. 이 경전의 성립 자체가 중앙아시아의 배경을 느끼게 한다. 마야부인의 표현은 불탄佛誕 전후의 불전 장면에서 볼 수 있는데, 불탄생 후 1주일 사이에 세상을 떠났다고 하는 불모는 그 후의 불전 장면에는 등장하지 않는다. 세존이 성도 후 불모를 위해 도리천으로 올라가 설법하고, 천에서 보배계단을 내렸다고 하는 '종도리천강하'의 불전도상은 인도에서 보다 선호되고 있는데,[71] 이 장면에서까지도 마야부인은 표현되지 않는다.

이러한 점들을 생각해 볼 때 중앙아시아 열반도에 있어 마야부인의 출현은, 소그드벽화와 문헌 속에서 보았던 장송의례에서의 여신신앙이 반영된 것이라고 보는 것은 천착일까. 분명 마야부인의 도상에서 사비의 나나여신 도상의 직접적인 영향을 찾아보기란 어려울지도 모르겠다. 그러나 열반도 속 마야부인의 상을 인도에서 찾아볼 수 없다는 것만으로도, 그 출현에 있어 중앙아시아 여신신앙과의 관련성이 추측된다. 바미얀 Fc굴의 마야부인의 두광 뒤에 표현되었던 성새문은 나나여신과 성새관의 관련성을 생각하게 하며, 의자에 앉아 발끝까지 뒤덮는 긴 옷을 입은 것은, 이란계 풍요의 여신인 아르도크쇼 도상과의 관계를 상기시킨다. 바미얀 열반도에 나타나는 일신·월신의 표상도 나나여신이 지닌 해와 달, 혹은 미트라스교 도상의 일신·월신의 표현과 그 상징성과의 관계를 엿보게 한다. 이들 열반도상의 세부적인 변용은 단순히 불전설화의 한 장면이 아닌, 사멸과 새로운 소생, 죽음과 재생이라고 하는 우주론적인 의미를 띠고 있다.

두 번째로 불전도로부터의 열반도의 이탈과 독립은 이 점과 깊은 관계가 있다. 간다라 및 인도에서는 열반도가 불전도 속의 한 장면으로서 표현되는 경우가 대부분이었으나, 중앙아시아에 있어서 열반도는 불전에서 독립된 가치를 갖게 된다. 앞 장에서 고찰했던 것처럼 키질석굴에서는 굴의 안쪽 벽에 열반도·열반상을 표현하는 예가 많으며, 굴 내에서 초점적 가치를 갖고 있다. 그것은 인도 차이티야굴 내의 스투파와 동등한, 불교의 목표이자 이상으로서의 반열반을 상징하는 도상이라고 할 수 있다. 스투파의 상징성을 대신하여 이른바 '붓다의 죽음'을 통한 새로운 이상경을 표현하는 것이라고도 할 수 있을 것이다. 게다가 열반도·열반상에는 '죽음'의 이미지가 깃들어 있다는 점을 통해서도, '석가 입멸 후'에 대한 위기적 의식을 증폭시킨다.

중앙아시아 열반도와 관계가 깊은『마하마야경』(T.12, No. 383, pp. 1013-1014)
에는, 경의 말미에 마하마야의 질문에 답하며 아난이 석가의 말로써 다음과
같이 말한다. 즉, '불열반 후 불법은 대가섭에게 부촉되어, 우파국다優波鞠多,
아륜가왕阿輪迦王, 마명馬鳴, 용수龍樹 등에게 계승된 후 결국에는 구시나갈국
으로 흘러가서 아뇩달阿耨達 용왕이 모조리 들고 바다로 들어가 여기서 불법
은 모두 멸진할 것'이라고 한다. 이 이야기를 듣고 난 후 마하마야는 통곡을
하며 괴로워하였다고 한다. 법멸에 관한 것은『마하마야경』이외에,『법멸
진경』(T.12, No. 396, pp. 1118-1119),『대비경大悲經』(동, p. 972),『대방등무상경』(동,
p. 1101),『연화면경』(동, pp. 1072-1073) 등 모두 열반관계의 경전에 기록되어 있
다. 이 경전들에서 불열반은 법멸의 상징적 사건이 되고 있다. 바미얀과 키질
의 열반도는 이 같은 종말론적·구제론적 관념과 관련되는 것이라고 할 수 있
을 것이다.

바미얀과 키질에서 열반도가 종종 미륵보살과 조합되는 것은 그러한
점을 이야기해 준다. 이 문제는 다음 장에서 상세히 논하겠으나, 바미얀에서
는 대부분의 경우 정부에 미륵보살을 그리고 그 주위를 천불로 메우며, 북벽
혹은 남벽의 소벽에 열반도를 그리고 있다. 여기서 열반도는 전기적인 석가
의 죽음을 표현하는 장면이 아닌, '불멸佛滅'을 의미하고 '법멸진法滅盡'도 암시
하는 도상이 되며, 천정에 표현되었던 구세주로서의 성격을 갖는 미륵의 구
제론적 신앙과 결부되어 있다. 앞 장에서 본 것처럼, 키질석굴이 제2양식에
있어서도 굴의 안쪽 벽에 열반도·열반상을 표현하고, 그와 대응하듯 입구
상부에 도솔천상의 미륵보살을 그리는 예가 적지 않았다. 열반과 미륵의 조
합은 중앙아시아에서 두드러진 도상구성이다. 중앙아시아 열반도의 특징
중 하나로 대가섭에 의한 세존의 쌍족예배 표현이 있었는데, 대가섭이야말
로 석가의 유법을 지키고, 미륵에의 중개자라는 역할을 담당하고 있다.[72] 중
앙아시아에서는 열반도가 종종 미륵보살과 조합하고 호응하는 형태로 표
현되어, '불멸'의 위기의식에 기초한 미륵의 구제적 성격을 두드러지게 하고
있다.

이처럼 중앙아시아 열반도상의 양상은 판지켄트의 '애도의 그림'에서 고찰했던, 서투르키스탄의 영웅전설에 관련된 장송의례 및 그 도상세계와 통하는 부분이 있다. 영웅전설에 관련된 장례도 영웅의 죽음에 의해 새로운 소생을 꾀한다는 점에서, 석가의 죽음을 통해 재생의 세계를 여는 중앙아시아의 열반과 미륵의 도상세계와 구조상의 유사한 연고가 엿보이기 때문이다. 다만 서투르키스탄의 장송의례는 풍요의례와 결부된 죽음과 재생이라는 다분히 토착적인 신앙을 보지하고 있어, 그것이 직접적인 형태로 열반도상에 영향을 미쳤다고 하기보다는, 중앙아시아 열반도상의 변용에 대해 큰 작용을 미쳤다고 해야 할 것이다.[73]

아프가니스탄·동투르키스탄 열반도의 '불멸' 혹은 '법멸진'을 암시하는 도상과, 서투르키스탄의 영웅의 죽음과 그 장송의례의 신앙에는, 지역차를 포함하여 차원의 차가 있음은 분명할 것이다. 중앙아시아의 열반도에는 이른바 죽음과 재생의 관념이 역사적·사회적인 구제의 문제와 관련하여 나타난다고 할 수 있을 것이다. 혹은 열반도는 중앙아시아의 비불교적 신앙을 배경으로, 그것을 보다 정신적, 관념적인 차원으로 승화시켜 흡수함으로 인해, 새로운 세계의 소생을 암시하는 도상으로 변용했다고 할 수 있지 않을까.

이러한 중앙아시아에 있어 열반도상의 변용은, 동아시아에서 그 후로 발전하는 열반도의 기반을 형성하고 있다. 당대 측천기에는 붓다의 부활을 나타내는 '재생설법'의 도상이 성립하는데,[74] 이는 불교사상을 부정하는 것과도 통하는 이상한 표현으로, 중앙아시아의 열반도상을 전제로 하지 않으면 생각할 수 없는 것일 것이다. 또한 대승열반도의 구조와 도상의 세부, 나아가서는 열반회의 성립(서투르키스탄의 영웅의 장송의례가 신년의 제례와 결부되어 있었음이 상기된다)에 관해 중앙아시아 세계가 어떠한 영향을 미치고 있었는가에 대해서는 앞으로도 흥미로운 과제를 제공한다.

[미주]

1 A. C. Soper, *Lierary Evidence for Early Buddhist Art in China* (Ascoma, 1959), p. 192.

2 J. Barthoux, *Les Fouilles de Haḍḍa, I stūpa et sites,* MDAFA, Tome 4 (Paris, 1933), figs. 57, 71.

3 J. Marshall, *Taxila* (Cambridge, 1951), vol. 1, p. 392, vol. 2, p. 531, vol. 3, pl. 118a, b, 161m.

4 J. Marshall, *The Buddhist Art of Gandhāra* (Cambridge, 1960), p. 108, fig. 150. 마샬은 이 부조의 제작연대를 간다라 석조시대의 최말기(성숙기 후기)에 속하는 것으로 보고 있다. 마샬의 편년에 따르면 200~230년경이다.

5 쇼토락 출토 부조에 대해서는, J. Meunié, *Shotorak*, MDAFA, Tome 10 (Paris, 1942), pp. 49-50, pl. 22, 68. 함자르가르 출토 부조에 대해서는, 宮治昭・モタメディ遙子 편,『シルクロード博物館』(講談社, 1979), 도200, 참조.

6 J. Meunié, 앞 책, pp. 69-70 (2~3세기 설); J. Hackin, *L'(Euvre de la Délégation Archéologique Française en Afghanistan (1922-1932)* (Tokyo, 1933), pp. 16-18 (3~4세기 설); B. Rowland and F. M. Rice, *Art in Afghanistan* (London, 1971), pp. 25-26(4~5세기 설); 田邊勝美,「迦畢試国出土の仏教彫刻の制作年代について」,『オリエント』15, No. 2 (1972), pp. 87-147(2~3세기 설) 등.

7 P. Pal, "Two Buddhist Reliefs from India", *The Archives of Asian Art*, Vol. 21 (1967-1968), pp. 65-66, fig. 2.

8 小寺武久・前田耕作・宮治昭,『バーミヤーン──九六七年度の調査』(名古屋大学, 1971); 樋口隆康 편.,『バーミヤーン』(京都大學中央アジア學術調査報告)(同朋社, 1-4, 1983-84) (이하『バーミヤーン』으로 줄임) 참조.

9 宮治昭,「壁画および塑造の装飾美術に関する比較考察」,『バーミヤーン』3, pp. 196-210.

10 J. Hackin et J. Carl, *Nouvelles Recherches Archéologique à Bāmiyān*, MDAFA, Tome 3 (Paris, 1933), pp. 31-38;『バーミヤーン』1, pl. 4-1, 3, pp. 74-76.

11 『バーミヤーン』1, p. 42.

12 cf. A. Miyaji, *The Parinirvāṇa Scenes of Bāmiyān: An Iconographical Analysis, Japan-Afghanistan Joint Atchaeological Survey in 1976* (Kyoto University, 1978), pp. 13-21.

13 『バーミヤーン』1, pls. 7-1~3. 3, pp. 76-78; 宮治昭,「バーミヤーンF洞の涅槃図」,『名古屋大学文学部研究論集』40 (1973), pp. 51-73.

14 Dīghanikāya 16, Mahāparinibbāna-suttanta, pp. 162-64;『長阿含(二)遊行經』(T.01, pp. 28b-29a),『佛般泥洹經』(T.01, pp. 189b-190a),『大般涅槃經』(T.01,

pp. 206b-207a), 『根本說一切有部毘奈耶雜事』(T.23, No. 1442, p. 401ab) 등.

15 『大般涅槃經』(T.01, p. 204b), 『大唐西域記』(T.51, No. 2087, p. 904a).

16 T.25, p. 81.

17 『摩訶摩耶經』(T.12, pp. 1012a-1013a), 『大唐西域記』(T.51, p. 904ab).

18 栗田功『ガンダーラ美術1 佛伝』(二玄社, 1988), P4-1, p. 311.

19 『バーミヤーン』1, pl. 70-2, 3, pp. 102-103.

20 『バーミヤーン』1, pls. 69-1, 2, 3, pp. 101-102.

21 『バーミヤーン』1, pl. 57-2, 3, pp. 96-97.

22 『バーミヤーン』1, pls. 66-1〜5, 3, pp. 99-101. cf. Z. Tarzi, "La grotte K3 de Bāmiyān", Arts Asiatique, 37, 1982, pp. 20-29.

23 敦煌文物研究所 편, 『中國石窟 敦煌莫高窟』一 (『敦煌莫高窟』로 줄임), (平凡社, 1980), 도판164.

24 『敦煌莫高窟』2, 도판42.

25 松本栄一, 『敦煌畫の研究』(東方文化學院東京研究所, 1937), pp. 243-247, 참조.

26 松本栄一, 앞 책, pp. 243-246, 참조. 주 24)에서 인용한 도판해설에서는 수발을 사리불, 마야부인을 摩訶波羅闍波堤(마하프라쟈파티)라 하고 있는데, 문헌상의 근거가 없는 단순한 오해이다.

27 『敦煌莫高窟』2, 도판114.

28 같은 책, 도판76.

29 A. Grünwedel, *Altbuddhistische Kultstätten in Chinesisch-Turkistan* (Berlin, 1912), pp. 162-69; *Alt-Kutscha*, 2, 72-89.

30 A. von Le Coq und E. Waldschmidt, *Die Buddhistische Spätantike in Mittelasien*, 6, Taf. 15.

31 A. Grünwedel, *Kultstätten*, fig. 415.

32 "死者以火焚燒 收骨葬之 上起浮圖 居喪者剪髮劈面爲衰戚 髮長四寸 卽就平常"(T.51, p. 1019a). 入矢義高 역, 『낙양가람기洛陽伽藍記』(중국고대문학대계 21, 平凡社) 참조.

33 『후한서後漢書』 경병전耿秉傳에, 흉노 사람들이 후한의 정서征西 장군이었던 경병의 죽음을 애도하며, "온 나라가 목 놓아 울고, 혹은 얼굴에 상처를 내어 피가 흐르는 데 이르다"라고 하다.

34 헤로도토스 『역사』(4,71)에 따르면 스키타이의 사람들이 왕의 유해를 맞이할 때, "귀의 일부를 잘라내고, 머리를 둥글게 밀어 버리고, 두 팔에 베인 상처를 내며, 이마와 코를 긁어대고, 왼손을 화살로 뚫다"(松平千秋 역, 岩波文庫 본)라고 한다.

35 　江上波夫,「ユウラシア北方民俗の葬礼における劓面, 截耳, 剪髪について」,『ユ
ウラシア北方文化の研究』(山川出版, 1951), pp. 144-157; 谷憲,「內陸アジアの
傷身行為に関する一試論」,『史學雜誌』第93編 第6号 (1984), pp. 41-57.

36 　隋書 卷84, 突厥傳 "有死者, 停屍帳中, 家人親屬多殺牛馬而祭之, 遶葬呼號, 以刀劃
面, 血淚交下, 七度而止. 於是擇日置屍馬上而焚之, 取灰而葬", 山田信夫 역주,「突厥
傳伝」(『騎馬民族史2』, 東洋文庫, 平凡社 수록) 참조.

37 　小野川秀美,『突厥碑文訳注』(滿蒙史論第4), p. 313,「カク民ソノ髪ヲ, ソノ耳ヲ
[……截] リタリ」.

38 　G. Frumkin, *Archaeology in Soviet Central Asia* (Leiden, 1970), pp. 100-104.

39 　G. Frumkin, 앞 책, fig. 24.

40 　G. Azarpay, "Iranian Divinities in Sogdian Painting", *Acta Iranica* (4, 1975), Planche 4.

41 　Y. Yakubovskiy et al., *Zhivopis Drevnego Pendzhikenta* (Moskva, 1954), pp. 7-24; ヤ
クボフスキー, 加藤九祚 역,「古代ピャンジケント」『西域の秘宝を求めて』
(新時代社), pp. 225-229.

42 　둔황 토번기吐蕃期 제158굴에서 열반상(소조)을 둘러싼 사람들 중에, 칼로 귀
를 잘라 내거나 가슴에 상처를 내는 인물이 보인다. 중앙아시아 사람들을 표
현한 것임에 틀림없다(『敦煌莫高窟』4, 도판65).

43 　주 41) 및 K. Jettmar, "Zur "Beweinungsszene"aus Pendžikent", *Central Asiatic
Journal*, VI (1961), pp. 262-69; G. Azarpay, "Iranian Divinities in Sogdian Painting",
Acta Iranica 4 (1975), pp. 19-29; do., *Sogdian Painting* (Berkeley, 1981), pp.
126-43.

44 　Narshakhī, transl. by R. N. Frye, *The History of Bukhara* (Cambridge, 1954), pp. 17,
22-23.

45 　Maḥmūd al-kāshghari, transl. by B. Atalay, *Divanü Lûgat-it-Türk Tercümesi*, 3, 150.
cf. R. N. Frye, 앞 책, p. 122, n. 110.

46 　A. G. Warner and E. Warner, vol. 2, pp. 191-334; 黑柳恒夫 역,『王書(シャー・
ナーメ)』東洋文庫, 平凡社, pp. 213-322 (スィヤーウシュウの巻 抄譯)

47 　주 46), 黑柳恒夫 역.

48 　"以六月一日爲歲首, 至此日王及人庶垃服新衣剪髮鬚. (중략) 神兒七月死失骸骨, 事
神之人每至其月俱著黑疊衣, 徒跣撫胸號哭涕淚交流. 丈夫婦女三五百人散在草野,
求天兒骸骨. 七日便止." cf. m. a. r. colledge, *Documents sur les Tou-kiue[Turcs]
occidentaux* (Paris), pl. 133.

49 　隋書 卷83, 列傳 제48, 서역에 따르면, 위절은 양제 시절에 파견되었음을 알 수
있다.

50   Al-Berūnī, transl. by E. Sachau, *The Chronology of Ancient Nations* (London, 1789), p. 222.

51   G. Widengren, *Les Religions de l'Iran* (Paris, 1968), pp. 36-38; J. Kellens, "Les Frauuašis dans l'art sassanide", *Iranica Antiqua,* vol. 10 (1973), pp. 133-38; 田邊勝美, 「ターク・イ・ブスターン大洞研究」, 『岡山市立オリエント美術館研究紀要』 2 (1983) 참조.

52   Al-Berūnī, 앞 책, p. 210.

53   G. Frumkin, *Archaeology in Soviet Central Asia* (Leiden, 1970), pp. 147-49, fig. 36-38.

54   G. Widengren, *Les Religions de l'Iran* (Paris), p. 158.

55   江上波夫, 주 35) 논문. E. Westermarck, *The Origin and Development of the Moral Ideas*, vol. 1, pp. 475-6.

56   黒柳恒男, 『王書(シャー・ナーメ)』, p. 421, 주 6) 참조.

57   cf. W. B. Henning, "A sogdian god", *Bulletin of the School of Oriental and African Studies,* 28, 2 (1965), pp. 242-54.

58   G. Azarpay, *Sogdian Painting,* pp. 132-39.

59   A. M. Belenitzkiy and others, *Skulptura I Zhivopis Drevnego Pendzhikenta* (Moskva, 1959), pl. 20-22; A. M. Belenitzkiy, *Monumental'noe iskusstvo Pendzhikenta* (Moskva, 1973), p. 26.

60   N. Negmatov, *Sovietskaya Arkheologiya* (3, 1974), fig. 8.

61   cf. G. Azarpay, "Nine inscribed Choresmian bowls", *Artibus Asiae,* 31, 2/3 (1969), pp. 185-203.

62   O. I. Smirnova, *Svodnuii katalog Sogdīskih monet* (Moskva, 1981), pp. 48-49, 232-41, No. 758-833, 934-66.

63   W. B. Henning, "The Murder of the Magi", *Journal of the Royal Asiatic Society* (1944), pp. 133-44.

64   G. Azarpay, "Nanā, the Sumero-Akkadian Goddess of Transoxiana", *Journal of the American Oriental Society*, vol. 96, No. 4 (1976), pp. 536-42.

65   J. M. Rosenfield, *The Dynastic Art of the Kushans* (Berkeley, 1967), pp. 83-90.

66   B. N. Mukherjee, *Nanā on lion* (Calcutta, 1969).

67   M. Bussagli, "Cusanica et Serica, 2", *Rivista degli Studi Orientali,* 37 (1962), pp. 91-103; G. Azarpay, *Sogdian Painting*, pp. 141-43.

68   フェルマースレン, 小川英雄 역, 『ミトラス教』 (山本書店, 1973), pp. 77-76 참조.

69   G. Azarpay, *Sogdian Painting*, pp. 141-43, fig. 59.

70   T.01, p. 27a.

71   肥塚隆,「『從三十三天降下』図の図像」(『待兼山論叢』11, 美学篇) 참조.

72   『증일아함경』권44 (T.02, No. 125, p. 789),『미륵하생성불경』(T.14, No. 455, p. 422),『미륵대성불경』(T.14, No. 456, p. 433) 등. 渡邊照宏,『愛と平和の象徴 弥勒経』(筑摩書房, 1966), pp. 152-199 참조.

73   다음의 논문은 쿠챠에 전하는 남근을 잘라내는 불교설화에 시리아 · 페샤와 르의 토착적 신앙이 혼효하고 있다는 것을 흥미롭게 고찰하고 있어 본고와 도 관련지어 볼 수 있다. 前田耕作,「アナレクタ · イラニカー阿奢理貳伽藍に 伝わる話ー」,『和光大学人文学部紀要』40 (1979).

74   安田治樹,「唐代則天期の涅槃変相について(上)(下)」,『美学美術史論集』, 成城大 学大学院文学研究科, 第2, 3輯 (1981, 82) 참조.

제5장

바미얀석굴 천장벽화의 도상구성

— 미륵보살·천불·장식된 붓다·열반도 —

I. 서론

바미얀은 아프가니스탄의 중앙을 가로지르는 힌두쿠시산맥과 그 남쪽의 코히바바산맥과의 산간, 표고 약 2,500m의 한 계곡에 위치한다. 파밀고 원에서 남서로 뻗은 힌두쿠시산맥을 경계로 하여, 그 북쪽은 옥서스강 유역을 이루며 기후·풍토상 완전히 중앙아시아 건조지대의 일부를 형성하고 있는 데 반해, 그 남쪽은 인더스강 유역을 이루며 점차 표고를 낮추며 인도아시아 대륙에 근접한다. 힌두쿠시산맥은 '인도 죽이기'라는 이름이 말해주는 것처럼, 지리적·풍토적으로 볼 때 인도세계와 중앙아시아세계를 나누는 장벽의 역할을 담당하고 있다.

바미얀은 이 힌두쿠시의 지맥을 등지고, 남면하는 큰 절벽을 따라 동서로 뻗으며 방대한 초록이 펼쳐진 소분지로, 일찍이 불교미술이 번영했던 곳으로 유명하다. 약 1.5km에 걸쳐 이어지는 역암질의 큰 절벽면에는 동쪽으로 38m, 서쪽으로 55m의 두 대입불상이 불감 속에 조각되어 있고, 또 3구 이상의 좌불, 그리고 절벽 한 면에 많은 석굴이 열려 있다(도342, 343).

인도의 석굴과 달리 거대입불이나 대좌불 등의 대상을 위한 불감굴이 뚫리고, 그 불감들에는 벽화가 그려져 있는데 질적으로도 우수한 것이 많다. 이들 불감굴 이외에 750여 개의 석굴군이 절벽에 뚫려 있는데, 이 석굴군들 가운데 벽화나 조소장식이 있는 사당굴이라 할 수 있는 것은 전체의 1할 정

도342. 바미얀 유적 전경[『바미얀』 1, pl. 1]

도에 지나지 않는다. 이
들 대부분은 현저히 파
괴되었지만 자세히 살
펴보면 사당굴 벽화의
도상구성에 어떠한 패
턴이 엿보여, 대불과 좌
불의 불감벽화의 도상
구성과도 밀접히 관계
되어 있음을 알 수 있다.

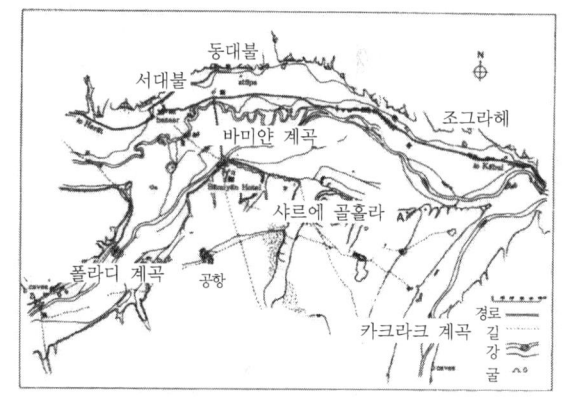

도343. 바미얀 지도[Hackin 2, pl. 1 원도]

　　바미얀에는 이 중
심계곡에서 가지를 뻗는 형태로, 남동으로 카크라크계곡, 남서로 폴라디계
곡이 이어지며, 각각의 절벽에도 많은 석굴과 함께 벽화도 잔존하여, 중심
계곡의 석굴미술과 깊이 관련된다. 카크라크 계곡에는 높이 6m의 대불도 있
어 이 지구의 중심을 이루고 있었다.

　　바미얀의 불교유적은 이처럼 대규모임에도 불구하고, 어느 시대에 어
떠한 경위로 조성되었는가에 대해 문헌적으로 알 수 있는 단서가 없다. 겨우
그 지역을 방문한 구법승인 현장(629년)과 혜초(727년)의 기록을 통해 당시의
불교 번영을 알 수 있을 뿐이다.[1]

바미얀의 고고미술 조사는 A. 푸셰의 답사[2]에 이어 J. 아칸을 중심으로 하는 프랑스 고고학 파견단의 손에 의해 본격적으로 개시되어 큰 성과를 거두었음은 주지의 사실이다.[3] 그 후 B. 로울랜드,[4] 요시카와 이쓰지吉川逸治 교수[5]의 연구, 나고야대학 조사대(대표·코테라 타케히사小寺武久 교수)의 조사[6] 등으로 인해 바미얀 미술의 연구는 진전되고, 새로운 자료도 더해졌다. 또, Z. 타르지의 조사연구,[7] 최근 간행된 D. 클림버그의 연구[8]도 각각 독자적인 견해를 전개시키고 있다. 교토대학 조사대(대표·히구치 타카야스樋口隆康 교수)는, 1970~1978년에 걸쳐 실시했던 조사의 성과를 간행하여, 적어도 석굴구조·벽화·조소 등의 사진자료에 관해서는 거의 망라적인 집성을 도모했다.[9]

필자는 나고야대학 조사대와 교토대학 조사대의 조사에 참가하는 기회를 얻어, 양식적·도상적 관점에서 바미얀 미술연구를 시도하고 있다. 여기서는 불감굴 및 사당굴에 남아있는 천장벽화에 대해 그 주제 해석과 전체적인 도상구성의 특징을 검토하여, 바미얀 불교미술의 양상을 도상학적인 관점에서 고찰하고자 한다. 특히 천장벽화를 다루는 것은, 그것이 바미얀 미술의 중심적 테마를 이루고 있기 때문이다.

2. 서대불의 불감천장벽화-미륵보살의 도솔천 세계

동서의 2대불 중 동대불의 불감천장벽화[10]는 일륜日輪의 큰 광배를 지니고 4두의 날개 달린 말有翼馬이 끄는 이륜전차에 타서 하늘로 비상하는 태양신을 그린 대담한 도상을 취한다. 이 동대불 천장의 태양신 벽화는 서대불 천장벽화를 시작으로 하는 여러 석굴들의 천장벽화와도 유의미한 관련성이 예상되지만, 양식적으로나 도상적으로도 직접 비교할 수 있는 작례는 거의 없어, 바미얀 미술 전체에 있어서도 오히려 고립적이며 독자성이 강하다. 여기서는 바미얀석굴의 도상 구성의 규범이라고도 할 수 있을 정도로 영향력을 갖고 있었다고 필자가 생각하는, 서대불 불감벽화에 대해 기술해 보겠다.

이 벽화의 도상구성[11]을 관찰하고, 천장벽화의 주제에 대해 고찰해 보고자 한다.

천장벽화의 전방부는 크게 박락되고 안쪽에 ㄷ자형으로 벽화가 남아 있을 뿐이지만, 전체적으로 정연한 대구도를 이루고 있었다(도344, 345). 박락된 중앙부분에는 큰 보살의 좌상이 그려져 있었다고 추정된다. 이 역시 대좌의 일부와 나부끼는 천의의 일부가 확인되어 붓다가 아닌 보살상이 그려져 있었음을 미루어 알 수 있다. 이 대보살 좌상이 천장벽화 전체의 주존을 이루고 있었던 것이다.

대보살의 대좌 아래에는 궁형 하프를 연주하는 두 악녀樂女의 모습이 보이는데, 민소매 옷의 앞가슴에는 풍만한 유방이 살짝 드러나고, 허리선은 잘록하고

도344. 바미얀 서대불 두부와 불감벽화[교토대학 조사대에 의함]

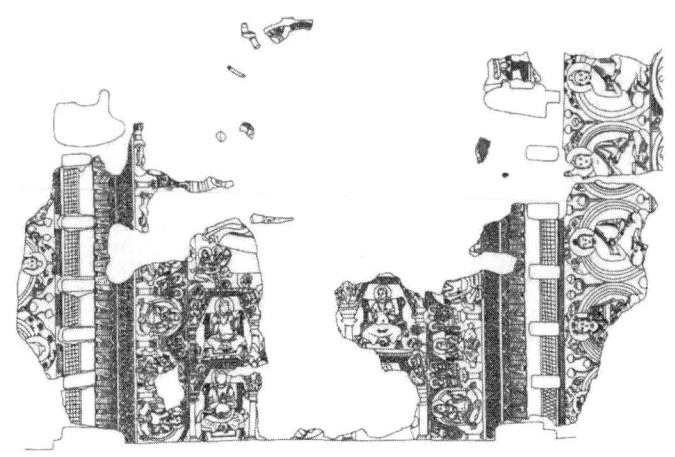

도345. 바미얀 서대불 천장벽화(선도)[나고야대학 조사대에 의함, 미야지 아키라 작도]

허리와 허벅지는 한층 풍만하며 외모도 요염하다(도판53). 천상의 보살은 아름다운 천녀들이 연주하는 가락의 공양을 받고 있는 것이리라.

중앙의 대보살 주위에는 많은 보살형 신들이 ㄷ자형으로 둘러싸고 있다. 그들은 교차하는 아치와 사다리꼴의 열감 밑에서, 의자나 깔개에 편안한 자세로 앉아 있다(도판54a·b). 상반신은 나형으로, 목걸이나 천의를 단 보살풍 인물이다. 이 천상의 보살형 신들을 각각 구획하고 있는 기둥의 주두 위에서는 천인·천녀가 모습을 드러내며, 꽃접시에 가득 채운 꽃과 천의에 담은 꽃을 뿌리거나, 혹은 손가락을 맞붙이거나 합장하며 찬탄 공양한다(도346). 천녀 중에는 풍만한 유방을 노출하거나 허리장식을 둘렀을 뿐인 나녀의 모습도 2체 정도 볼 수 있음에 놀라게 된다(도347). 또한 아치와 사다리꼴 열감의 사이나 상부에 총안벽銃眼壁*·성새·울타리 등의 건축 모티브를 그리고 있어, 하늘 궁전의 이미지를 방불케 한다. 게다가 천인, 천녀의 뒤로는 계단이 있는 스투파로 보이는 건물과 여러 가지 수목 표현도 보여, 정경묘사를 의

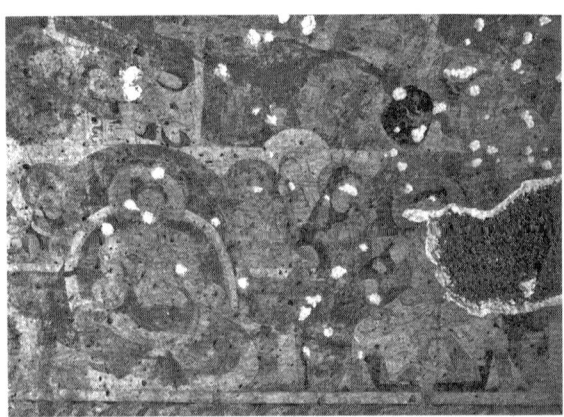

도346. 바미얀 서대불 천장벽화. 열감 밑의 신들[교토대학 조사대에 의함]

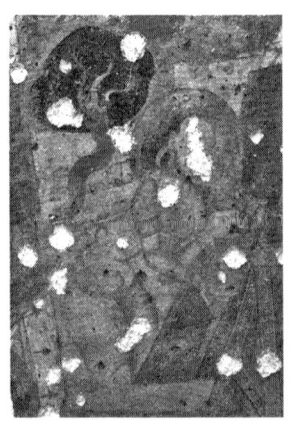

도347. 바미얀 서대불 천장벽화. 천녀의 찬탄[교토대학 조사대에 의함]

---

* 총안벽銃眼壁: 총구멍이 뚫린 벽

도하고 있음을 알 수 있다.

이 서대불의 천장 대구도는 불교의 천상세계를 표현한 것임에 틀림없다. 대불의 불감 천정天頂에 그려져 있다는 점도 그것을 시사하는데, 더욱이 천장 대구도의 양단, 정확히 대불의 관자놀이에 대응하는 부분에서, 꽃그물문양대와 휘장막문양대로 대구도의 가장자리를 장식하며 전체적으로 천개를 형성하고 있는 것이, 천상세계를 표현한 것임을 말해준다(도345). 꽃그물문양대에서는 세 줄기의 꽃그물이 낙승문絡繩文* 풍으로 얽히며, 휘장막문양대에서는 반으로 자른 개연화문을 나열하고, 그 아래에 주름이 잡힌 장막을 둘러치고 있다. 이 대구도의 가장자리 장식은 요시카와 이쓰지 교수가 지적한 바와 같이,[12] 대불의 머리 위를 덮어 가린 대형 천개의 가장자리 장식 역할을 담당하고 있는 것이다. 꽃그물문양대·휘장막문양대의 위는 바로 대불 머리 위의 천상세계를 표현한 것이라고 할 수 있을 것이다. 휘장막문양대의 아랫 부분에 약 2m 간격으로 구멍이 뚫려 있다. 이는 코테라 타케히사 교수가 상정한 바와 같이[13] 아마 원래 그곳에 목재가 설치되었던 납공으로, 대불의 머리 위를 순회하는 하나의 큰 발코니가 조성되어 있었음이 추정된다. 바로 그 구멍들 안쪽으로 대불의 머리 주위를 순회하는 회랑이 파내어져 있기 때문이다. 일찍이 이곳에 왕후, 귀족, 승려, 악인들이 자리를 점하고 무락산화舞樂散華의 법회를 행하며, 대불과 천상의 보살세계를 찬탄했을 것이다.

그렇다면 이 천장벽화의 주제는 무엇일까. 불교의 세계관에 있어 천상의 보살세계로서 독실하게 신앙되고 조형 대상이 된 것으로는 미륵보살이 주재하는 도솔천세계를 들 수 있다. 필자는 이 벽화의 주제가 유송의 저거경성 역『관미륵보살상생도솔천경』[14](이하『관미륵경』으로 줄임)에서 기술하고 있는, 미륵보살의 도솔천을 그린 것으로 생각된다. 도솔천은 불교세계관의 삼계(욕계·색계·무색계)에 있어 욕계 6천의 밑에서 네 번째 천으로 비교적

---

* 낙승문絡繩文: 새끼줄 모양의 무늬.

낮은 천이지만, 보살이 하생할 때는 그 전에 이 천에서 산다고 하며, 석가도 이 세계에 내려오기 전에 도솔천에 있었음은 여러 불전경전에서 설하는 바이다. 미륵보살은 도솔천의 천상세계의 주인공으로서, 먼 장래 우리들의 세계에 하생할 때까지 이곳에 머무르고 있음이 『관미륵경』에 기록되어 있다. 도솔천은 산스크리트의 tuṣita(만족했다)라는 말에서 유래하는데, 한층 감각적인 아름다움으로 가득 찬 세계이다.

『관미륵경』에 따르면, 우선 석가불은 미륵보살이 12년 후에 명을 다하여 도솔천상에 왕생하게 됨을 알리고, 그때의 도솔천 천궁의 모습을 설한다. 도솔천에는 많은 천자들이 있으며, 모두 보시바라밀을 수행하고, 일생보처보살(미륵보살)을 공양하기 위해 각각 몸에 달고 있는 전단과 마니주의 보관을 벗고, 이 대보살의 불국토를 장엄하고자 큰 서원을 일으킨다. 그러자 그 보관들은 홀연히 오백만억의 보궁이 되고, 각각의 보궁에는 일곱 겹의 담이 있어 모두 칠보로 이루어졌다. 각각의 보석에서 많은 광명이 나오고, 그 광명 속에는 많은 연꽃이 있는데, 이들은 모두 많은 칠보의 가로수行樹가 된다. 각각의 나뭇잎에 보배 빛깔寶色이 있어 황금빛이 되며, 거기에서 많은 천상의 보녀寶女가 나타나고 그녀들은 나무 밑에 머물며 영락을 손에 들고 오묘한 음악을 연주한다.

이 보궁에 뇌도발제牢度跋提라고 하는 위대한 신이 있어, 미륵보살을 위해 훌륭한 법당善法堂을 만들겠다는 큰 서원을 발하자, 이마 위에 많은 보주가 나타나고 그 마니보주의 빛은 공중을 빙 돌아 49겹의 훌륭한 보궁이 된다. 각각의 난순은 마니보배로 이루어졌으며, 난순의 사이에서 9억의 천자와 500억의 천녀가 화생한다. 각 천자의 손 안에는 많은 보화가 생겨나 빛을 발하고, 악기가 나타나 스스로 울리며, 천녀들은 모두 악기를 손에 들고 노래하며 춤춘다. 또 칠보로 이루어진(미륵보살을 위한) 커다란 사자좌가 있어, 많은 황금과 보석으로 장식되고 보석 휘장이 둘려있다. 많은 천자와 천녀들이 모두 보화를 사자좌 위에 깔자, 그 연꽃들에서 많은 보녀가 나타나 불자를 들고 휘장 안에 시립한다. 궁전의 네 모퉁이에 보배기둥寶柱이 있어 각각에 많은 누각이 있는데 마니주로 장식되고, 그 누각들 사이에 많은 천녀가 있어 비할 데 없이 아름다우며, 악기를 손에 들고 음악을 울리게 한다.

도솔천의 천궁 모습의 대략을 추출해 보았는데, 여기에는 관경 특유의 과잉한 장면 묘사가 있기는 하지만, 미륵이 주재하는 도솔천궁의 특징으로 다음의 세 가지를 들 수 있을 것이다. 우선 첫째로, 보주의 빛이 변화하여 궁전, 담, 가로수가 되고, 또 천자와 천녀가 나타났다고 하는 것처럼, 가득 차 넘쳐 흐르는 빛이 그 근원이 되고 있다는 것. 둘째로, 오백만억의 보궁이 있어, 그 중심에 49겹의 궁전과 난순이 있다고 하는 것처럼 건축적 묘사가 매우 풍부하다는 것. 셋째로, 수많은 천자와 천녀가 나타나는데, 특히 셀 수 없이 많은 아름다운 천녀가 나타나 음악을 연주한다는 표현 등이 몹시 관능적이라는 것. 이상의 세 가지를 지적할 수 있다.

서대불의 대구도는 중앙에 그려졌었다고 추정되는 미륵의 대보살좌상을 중심으로, 그를 둘러싼 형태로 아치와 사다리꼴 열감 밑에 앉은 천인들이 표현되어 있는데, 그들은 서원을 발하여 미륵보살을 공양하는 천인들은 아닐까. 이 신들은 보살형을 취하는데, 『법화경』 등에서는 미륵보살이 많은 보살들에게 위요되고 있다고 말하고 있다.[15] 아치나 사다리꼴 열감을 한 줄로 늘어놓고 그 뒤로 성새나 난순을 나타내는 표현은, 간소한 형식이면서도 궁전의 이미지를 나타내고 있는 것일 것이다. 특히 많은 열감을 나열시키는 건축구성은 도솔천 천궁의 건축적인 모습을 상기시킨다. 더욱이 성새·난순의 뒤쪽으로 그려진 많은 수목은, 경전에서 설하는 칠보의 담과 칠보의 가로수와 비슷하며, 게다가 그 나무 밑에서 천녀가 찬탄하고 음악을 연주하는 모습도 그려져 있다.

도솔천 미륵정토의 큰 특징은, '몸 색이 미묘'하고, '색이 오묘하기가 비할 데 없는' 수많은 천녀들이 나타나, 손 안에 보배그릇寶器을 내고, 영락으로 몸을 장식하며, 악기를 들고 천상의 가락을 연주하며 보살을 찬탄하기를, "젊어서 도솔천상에 왕생하는 자가 있다면, 자연히 이 천녀의 모심을 받게 되리"라고 하였다. 서방의 아미타정토에는 여성이 없다고 하는 것과 큰 차이가 있다.[16] 천장벽화의 박락된 주존의 바로 밑에서 매력적인 표정과 팔다리를 드러낸 두 천녀는 궁형 하프를 연주하며, 열감의 기둥 주두에서 모습을 드러낸 천녀들도 각각 표정이 풍부하고, 미묘한 손짓으로 찬탄하는 동작도 관능적이다. 이미 기술한 바와 같이 이 천녀들 중에는 겨우 허리장식을 찼을 뿐인 매혹적인 나녀의 모습도 볼 수 있다. 이 같은 천녀들의 표현을 통해 보아도, 이 대구도가 미륵보살의 도솔천 세계를 표현한 것이라는 것은 일단 틀림없을 것이다.

『관미륵경』은 이른바 관경류 중 하나로, 산스크리트 원전은 알려진 바가 없으며 중앙아시아에서 편찬되었던 경전으로 여겨지고 있다. 『관미륵경』의 역자인 저거경성은 북량왕 저거몽손의 사촌동생으로, 우전于闐과 고창高昌으로 유학하고, 북위 태무제의 북량토벌(439) 후 건강建康으로 도망해 온 선관승으로, 『고승전』에 따르면 저거경성은 "고창군에서 관세음과 미륵의 두 관경 각 1권을 구해 얻다"*라고 한다.[17] 『관미륵경』은 454~455년경에 건강에서 번역되었다. 미륵경 제본[18] 중에서 『관미륵경』만 그 내용이 다르다. 즉, 다른 미륵경들은 모두 미륵이 장래 이 세계에 하생할 때의 일을 말하는 '하생경'인 것에 반해, 이 경전만이 미륵보살이 도솔천에 상생하는 모습을 기록한 '상생경'이다. 『관미륵경』의 성립 자체는 어디에서 시작되었는지 명확하지 않으나 — 서북인도일 가능성도 많다 —, 중앙아시아에서 정비되어 유포되었음은 크게 주목된다.[19] 이 경전의 유포에는 중앙아시아 사람들의 '하늘'에 대한 강한 신비감이 작용했을 것으로 생각된다.

이 서대불 천장벽화의 회화양식은 동대불의 천장벽화와 대조적으로, 바림이나 하이라이트를 주로 사용한 인도회화, 특히 아잔타벽화에서 간취

---

* 불교기록문화유산 아카이브(https://kabc.dongguk.edu/) 우리말 번역문에서는 "고창高昌에서 『관세음경觀世音經』과 『미륵경彌勒經』 2권과 『관경觀經』 1권을 구했으며"로 번역하고 있다. 於高昌郡, 求得觀世音, 彌勒二觀經各一卷. 『출삼장기집』 14권(ABC, K1053 v31, p. 423a18-a19)

되는 굽타양식의 영향이 강하게 나타나고 있는데, 얼굴 모습이나 윤곽, 의문선 등에 날카로운 선묘를 사용하여 선묘의 자립화와 자기완결화를 이루어내고 있는 화법에서, 중앙아시아 미술로서의 독자적 양식의 확립이 확인되고 있음은 별고에서 고찰한 바와 같다.[20] 게다가 회화양식뿐 아니라 도상구성상에서도 인도와는 달리, 이 대구도는 미륵의 대보살을 중심으로 하는 도솔천의 천상세계도라고 불러야 함이 마땅할 것이다. 인도의 불교미술은 본생도·불전도 등의 설화표현이거나, 혹은 단독 존상이나 삼존형식 내지는 만다라형식이 대부분으로, 정토도와 같은 피안세계를 정경적으로 표현한 것은 간다라 미술에 그 맹아적 표현이 있기는 하지만, 인도 내에서는 찾아볼 수 없다. 바미얀 서대불의 천장벽화는 정연한 기하학적 구도 아래에 정경묘사도 그려 넣은 천상의 정토세계를 표현하고 있어, 중앙아시아적인 양상을 보이는 것이라고 할 수 있다. 그러나 바미얀에서 정경묘사를 그려 넣은 정토도적인 구도는 발전을 이루지 못했으며, 오히려 정경묘사를 배제하고 천정의 미륵보살을 중심으로 하는 기하학적 구도로 집약되어 간다.

서대불의 불감벽화는 이 천장 대구도의 아래쪽에 해당하는 측벽부에는 일렬로 5구의 좌불열이 3단에 걸쳐 그려지고, 대불의 견부에 해당하는 삼엽형 불감의 돌출부에는 5개씩의 원형구획 안에 비천군이 표현되어 있다. 비천군보다 아래쪽의 측벽부에도 좌불군이 보이고, 불감 전체로서는 천장에 '도솔천상의 미륵보살', 측벽에 천불풍의 좌불군이 그려지며, 불감 돌출부에 비천을 표현하는 구성을 취하고 있다. 또한 천장 내구도의 바로 아래 동측벽의 좌불군 중에는, 삼면관식을 달고 어깨덮개를 두르고 불발을 든 '장식된 붓다'가 보인다.

천장에 '도솔천상의 미륵보살', 측벽에 '천불', 그 속에서 모습을 드러낸 '장식된 부처'라고 하는 이 도상구성은, 바미얀석굴의 벽화구도의 규범을 제시하는 것이다(표 5 참조).[21]

표 5 바미얀석굴의 천장벽화 일람(계속)

굴의 명칭		굴의 구조				미륵보살			천불	장식된 붓다	열반도
교토대 조사대 번호	프랑스조사대·나고야 조사대 명칭	입면·평면	천장	판식	판대·천의·장신구	수인·지물		좌세			
620	서대불	h. 55m의 입불입상	볼트						○	○	×
404	H	h. 13m의 좌불입상	볼트	일면?	○	오른손 시무외인	왼손 결실		○	×	×
223	E	h. 7.5m의 좌불입상	볼트	일면?	○	오른손 엄지와 검지를 쥠	왼손 결실		○	×	×
530	i	h. 5.4m의 좌불입상	볼트		○				○	○	×
740	XII	h. 5.5m의 좌불입상	볼트		○	전불분명?			○	○	×
카크라크 43	카크라크 사당굴	한 변 1.3m의 팔각형 도면	돔	일면	○	오른손 엄지와 검지를 쥠	왼손 물병	결가부좌	○	수렴왕	×
590	590	팔각형 도면	돔	일면?	○	오른손 시무외인?	왼손 물병		○	?	×
330	K	2.5m×4m의 직사각형 도면	볼트	삼면	○	오른손 시무외인?	왼손 물병	교각좌	○	×	○

표 5 바미얀석굴의 천장벽화 일람

굴의 명칭		굴의 구조				미륵보살		천불	장식원 붓다	열반도
교토대 조사대 번호	포랑스조사대·나고야대 조사대 명칭	입면·평면	천장	관식	관대·천의·장신구	수인·지물	좌세			
72	Fc	한 변 3m의 정사각형 도면	라테르 네메케					○	×	○
24	東III	한 변 3.5m의 정사각형 도면	돔		○	전법륜인	교각좌	○	×	×
222	Ee	한 변 3m의 정사각형 도면	돔	일면			교각좌	○	○	○
388	Jd	한 변 2.5m의 정사각형 도면	돔	삼면?	○	오른손 시무외인	교각	○	×	○
386	Jg	한 변 3m의 정사각형 도면	돔		○?	왼손 물병		○	×	○

3. 좌불감과 사당굴의 도상구성-미륵보살과 천불구성

서대불 불감벽화의 도상구성은 좌불H굴(제404굴)의 불감벽화[22]에서 생략적인 형태로 그대로 계승되고 있다. 즉 삼엽형 불감의 천정에 보살좌상을 표현하고 측벽에 좌불을 병렬하는 천불구성을 취하며, 돌출부에는 역시 비천을 그린다. 좌불E굴(제223굴)의 불감벽화에서는 천정에 보살좌상, 측벽에 천불구성을 취할 뿐으로 이미 비천은 그려지지 않는다(도348a·b). H굴과 E굴의 천정에 그려졌던 보살좌상은, 서대불 천장벽화나 다른 사당굴 천장벽화로 미루어 미륵보살을 표현한 것임에 틀림없다(도358). H굴·E굴의 미륵보살은 모두 관식(세부불명)을 하고 관대를 나부끼며, 목걸이, 연주의 장식끈, 비천 등으로 호화롭게 몸을 장식하고, 양팔에 천의를 휘감아 좌우로 크게 펼

a

b

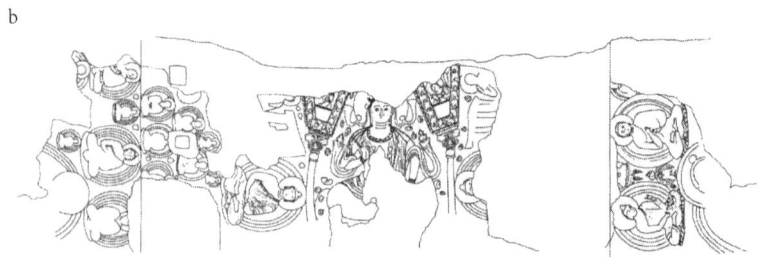

도348. a. 바미얀 좌불 E굴(제223굴) 불감 벽화[교토대학 조사대에 의함]
　　　 b. 바미얀 좌불 E굴 전개도(선도)[교토대학 조사대에 의함, 미야지 아키라 작도]

럭인다. 둘 다 화려할 정도로 장식된 미륵보살이라고 할 수 있다. E굴에서는 천인찬탄을 동반한 사다리꼴 감실 밑에 앉아있지만, H굴에서는 원륜광배 안에 들어가듯 그려져, 정경적 묘사를 완전히 상실하고 있다.

좌불의 불감벽화로서 이 밖에 I굴[23](제530굴)과 XII굴[24](제740굴)이 있는데, 이들은 불감의 깊이가 높이에 비해 깊은 것도 있으며, 천정부는 중심에 1존이 아닌 띠형 구획을 이루어 I굴에서는 7체(추정)의 존상열(도349), XII굴에서는 2구의 존상(도350)이 중심축을 형성한다. 그러나 흥미로운 것으로, I굴에서는 존상열의 중앙에 관식과 천의를 나부끼는 보살상이 위치하고 있었다고 추정되며, XII굴에서는 외측의 1구가 역시 보살상이다. 안타깝게도 양자 모두 갈변이 심하여 세부는 불명확하지만, 아마 미륵보살이었을 것이다. 게다가 XII굴의 내측 1구와 I굴의 안쪽에서 두 번째의 존상은, 보관을 쓰고 승의 위에 세 갈래 꼴의 어깨덮개를 걸쳤던 '장식된 붓다'라는 것이 주목된다. 이 '장식된 붓다'는 왼손에 불발을 들고 있다는 것도 주목된다.

XII굴의 불감측벽은 박락되어 불명확하지만, I굴의 측벽은 확실한 천불구성을 취하고 있다. I굴의 천장벽화는 중축 존상열의 양측 난간에서 상반식을 드러내고 찬탄하는 천인의 무락도舞樂圖가 그려지고, 그 아래쪽으로 원륜 안에 좌불을 서로 원륜이

도349. 바미얀 좌불 I굴(제530굴) 불감 천장벽화 천정부 [교토대학 조사대에 의함]

외접하듯 3단에 걸쳐 표현하고, 그 밑의 최하단에는 사다리꼴 감실 아래에 좌불을 모시고 있다. 이 같은 천불표현은 H굴의 불감측벽에도 보이는데, 사당굴의 천불구성에 한층 가까워져 있다.

도350. 바미얀좌불 XII굴(제740굴) 불감 천장벽화(선도)[교토대학 조사대에 의함, 미야지 아키라 작도]

　　이상으로 바미얀 석굴의 좌불굴을 보았는데, 다음으로 사당굴의 천장벽화를 검토해 보자. 여기서 임시로 사당굴이라 부른 것은 벽화나 조소에 의해 굴 내부가 장식된 석굴이라는 의미로, 인도의 스투파를 모신 사당굴(차이티야굴)과는 사정이 크게 다르다. 바미얀에서도 굴 내에 스투파를 모셨던 두 개의 작례가 보고되어 있는데, 많은 경우 바미얀에서는 굴 안의 중앙에 어떠한 예배대상도 선치하지 않는다. 게다가 바미얀의 사당 굴은 도면이 정사각형, 팔각형, 원형을 취하고, 천정을 돔 혹은 삼각고임(라테르넨데케)으로 하는 집중당굴이 대부분을 점하며,[25] K굴(제330굴)과 같이 직사각형 도면에 볼트천장을 취하는 굴은 벽화장식이 있는 것이 매우 소수에 불과하다. 집중당굴이 많으며 게다가 굴 안에 중심이 되는 예배대상을 두지 않는다고 하는 바미얀 사당굴의 건축구조·공간상의 특징은, 굴 내 장식의 양상에도 중대한 영향을 미친다.

　　바미얀 사당굴에서 천장벽화가 남아있는 작례는 8곳 정도에 불과하지만 이들을 살펴보면 그 도상구성에 일정한 패턴이 있음이 판명된다(표5 참조). 여덟 곳 중 여섯 곳이 돔천장, 한 곳이 삼각고임의 천장이며 다른 한 곳은 볼트천장인데, 모두 천정부에 미륵보살로 추정되는 보살좌상을 그리고(다만, 한 곳은 완전히 박락), 그 주위는 천불구성을 취하고 있는 것이다. 게다가 종종 '장식된 붓다' 혹은 열반도가 천장의 외연부, 혹은 측벽에 그려지는 것이 주목된다. 천불구성의 표현법은 두 종류로 구별되기 때문에, 그를 따라 도상 구성의 양상을 관찰해 보자.

우선 첫째로는, 천정의 미륵보살을 중심으로 하여 그 주위에 다불을 배치하는 원륜도형을 서로 외접하듯 배치하는 구성으로, 카크라크 사당굴(카크라크 제43굴), 제590굴, K굴(제330굴)을 그 예로 들 수 있다.

카크라크 사당굴[26]은 팔각형 도면에 돔천장을 얹어 놓은 구조인데, 이 굴의 벽화는 프랑스대에 의해 반출되어, 현재 카불박물관과 기메박물관에 분장分藏되어 있다. 학킨의 보고[27]를 바탕으로 벽화구성을 복원해 보면, 돔천장에 관식을 비롯한 각종 장신구로 장식하고 왼손에 물병을 든 미륵보살을 표현하고, 그 주위에는 모두 얼굴을 보살에게 향하는 16구의 소선정불을 배치하는 원륜도형을 그리며, 그 중앙의 원륜도형은 다시 일곱 개의 서로 외접하는 원륜도형으로 둘러싸여 있었다(다만, 한 군데는 외접하지 않고 2구의 좌불을 상하로 병치한다(도351)). 이들 외접하는 원륜도형에는 각각 중앙에 전법륜인 혹은 선정인을 결한 좌불을 크게 그리고, 그 주위에 11구의 소선정불을 둘렀다(도판12). 소선정불은 모두 중심의 좌불과 같은 방향으로 머리를 향하고 있어 결국 돔중심의 미륵보살로 향하여, 모두 구심적인 배치를 취하고 있던 것이다.

이상으로 원륜도형의 외주에 해당하는 돔천장의 하연부에

도351. 카크라크 사당굴(제43굴) 천장벽화 모식도[Hackin 1, fig. 11]

는 사다리꼴 감실 밑
에 앉은 불열상이 늘
어서는데, 1체만은 왕
자풍 인물로 그려져
있다. 이 열상들은 당
초 16체가 있었다고
추측되는데, 프랑스
대의 조사 당시 이미
상당부분이 파손되
어 있었다. 좌불은

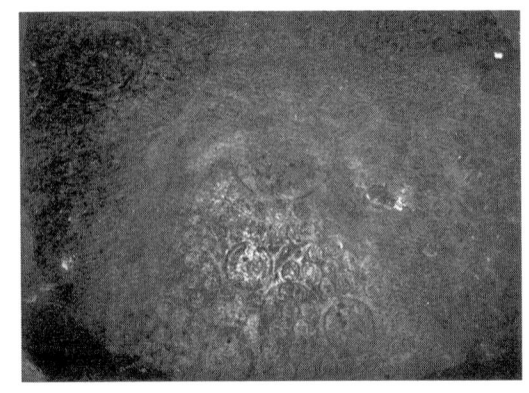

도352. 바미얀 제590굴 천장벽화[교토대학 조사대에 의함]

얼굴의 방향, 착의, 수인 등이 다양하다. 학킨에 의해 '수렵왕'이라고 이름 지
어진 왕자풍 인물상은 교각의좌의 자세로 의자에 앉아 손에 활을 들었는데,
머리에 삼면관식을 달고, 호화로운 장신구로 장식하고 있다(도360). 고귀한
왕자의 모습을 신격화한 것이라고 생각되는데, 좌불과 같은 열에 배치되어
있어, '장식된 붓다'의 도상과도 관계있을 것이다.

바미얀 제590굴[28]도 팔각형 도면에 돔천장을 올려놓은 구조로, 그곳에
서도 또 다른 흥미로운 천장벽화를 볼 수 있는데, 안타깝게도 전면이 그을음
으로 검게 뒤덮여 세부는 명확하지 않다(도352). 그러나 천정 중심에 보살좌
상을 그리고, 그를 둘러싸는 많은 소선정불을 표현한 2중 동심원을 배치하
며, 또한 각각 중심의 좌불과 그를 둘러싼 6체의 좌불을 배치하는 원륜도형 5
개를 서로 외접시켜 배치하는 구도가 식별되어, 카크라크 사당의 도상구성
과 거의 같았음을 알 수 있다.

K굴(제330굴)[29]은 직사각형 도면에 볼트천장의 구조인데, 양식적으로
나 도상적으로도 카크라크 사당벽화와의 관련성이 엿보인다. 볼트천장의
벽화는 손상된 부분이 있긴 하지만 전체의 2/3 가까이가 잔존한다. 여기서는
볼트의 주축을 따라 3열에 걸쳐, 원륜도형이 서로 외접하는 형태로 나열하
고 있다(도353). 중앙 열에서는 네 개의 원륜도형과 양 끝에 반원륜도형이 나

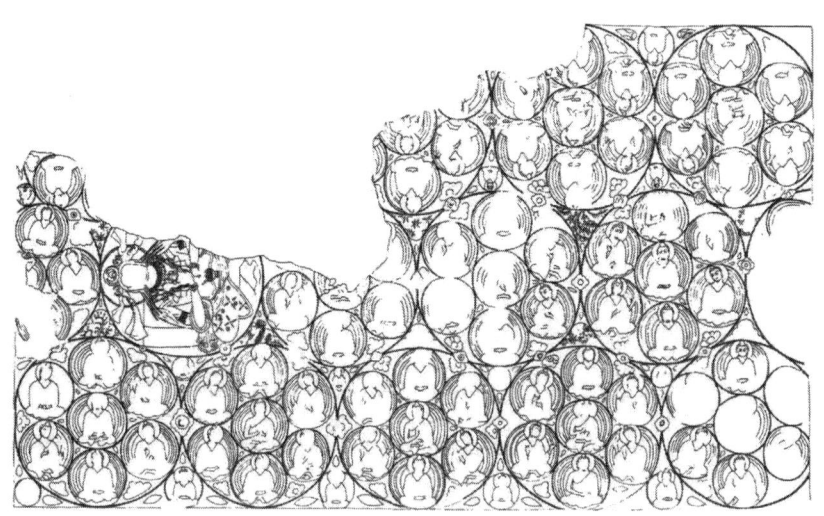

도353. 바미얀 K굴(제330굴) 천장벽화(선도)[교토대학 조사대에 의함, 미야지 아키라 작도]

열하고, 양측 열에서는 각 5개씩의 원륜도형이 배치되어 있었다. 중앙 열에서 입구에 가까운 천정에 위치하는 한 원륜만은 큰 미륵보살좌상이 그려지고, 다른 원륜은 모두 1구의 중심좌불과 그를 둘러싼 6구의 좌불로 이루어져 있다.

중심적 위치를 점하는 미륵보살은 머리를 입구쪽으로 향하고, 관식을 비롯하여 화려할 정도로 몸을 장식하였으며, 왼손에는 물병을 들고 교각풍으로 앉았다. 이 미륵보살을 둘러싸듯 배치된 원륜도형 내 7구의 좌불들도 모두 서로 외섭하는 원륜 안에 그려져 있다. 원륜도형 중심의 좌불은 정면향으로 표현되지만 둘러싸는 6구의 좌불은 3/4면관으로 표현되며, 수인도 선정인·전법륜인 이외에 다양한 손짓을 보여 변화가 풍부하다. 원륜도형 내의 7구의 좌불군은 모두 머리를 위쪽으로 향하는 형태를 취하며, 미륵보살로 집중되는 구심적 구도는 아니지만 카크라크사당에서 보았던 미륵을 중심으로 하는 기하학적인 원륜구도를 볼트천장에 치환시킨 것이라고 할 수 있을 것이다.

K굴의 벽화에서 간과할 수 없는 것은 서측 벽에 그려져 있는 열반도이

다(도334, 앞 장 참조). 사라쌍수 사이에 옆으로 누운 석가 주위로 26인 정도의 참집한 인물이 있어, 바미얀 열반도 가운데 가장 복잡하다. 석가의 발에서는 불이 타오르고 있고, 화면의 위쪽 양 단에 마차를 탄 일신과, 한사에 탄 월신 등이 원반 안에 그려져 있는 것이 특히 주의된다. 천정天頂에 미륵보살, 그를 둘러싼 천불구성, 측벽에 열반도라고 하는 도상구성은, 바미얀 도상학의 특징을 이루는 것이다.

이상의 첫 번째 천불구성에 대응하여 두 번째 천불구성의 표현법으로서, 천정의 미륵보살을 중심으로 하여 동심원형으로 다불을 배치하는 구도가 있다. Fc굴(제72굴), 동東III굴(제24굴), Ee굴(제222굴), Jd굴(제388굴)이 그 예이다.

Fc굴(제72굴)[30]은 정사각형 도면인데 천장은 돔이 아닌 삼각고임이다. 모식도를 통해 알 수 있듯이 중앙에 파내진 작은 돔에 주존을 배치하고 이를 3중의 동심원으로 둘러싸며 그 외측에 3중의 #자형의 들보로 구성되는데, 동심원과 들보에는 모두 주존으로 머리를 향하는 좌불과 입불로 메워져 있다(도354). 또한 들보와 들보 사이에 발생한 삼각형 공극부에도 삼존을 기본으로 하는 좌불로 가득 채운다. 천장의 중심에 해당하는 소형 돔에 표현되었던 주존은, 안타깝게도 완전히 박락되어 보살이었는지 붓다였는지 확실하지 않다. 좌불일 가능성도 없지는 않으나,[31] 다른 돔천장의 주존과 마찬가지로 미륵보살이 그려져 있던 것은 아니었을까. 이 주존을 둘러싼 천불들은 다양한 수인을 결하고 있다. 들보의 측면에는 좌불열 이외에 좌불과 스투파를 교

도354. 바미얀 Fc굴(제72굴) 천장벽화 모식도[나고야대학 조사대에 의함, 미야지 아키라 작도]

차적으로 배치한 곳도 있다.

흥미롭게도 이 굴의 남벽 입구 위쪽의 소벽에 소열반도가 그려져 있다 (도330, 앞장참조). 석가의 상좌 앞에 화계정에 든 수발, 베개 부근에 마야부인으로 보이는 여인, 발쪽에 석가의 발을 예배하는 대가섭 등이 보인다. 석가의 승의는 당초 금박으로 덮여 있었던 모양으로, 깎여져 있는 것이 눈길을 끈다. 만일 삼각고임 천장의 중심에 미륵보살이 표현되어 있었다고 한다면, K굴과 마찬가지로 여기서도 미륵보살, 천불, 열반도의 조합이 확인되는 것이 된다.

마지막으로, 정사각형 도면에 돔천장을 올린 구조의 예를 보자. 동III굴, Ee굴, Jd굴이다. 필자는 회화양식상에 있어 이들이 바미얀 미술의 마지막 단계에 속하는 것이라고 추측한다.

동III굴(제24굴)[32]은 돔천장의 천정에 큰 보살좌상을 그리고, 그 주위를 열 몇 체의 좌불이 둘러싸고 있다(도355). 중심의 보살은 관식 등의 세부는 불명확하지만, 전법륜인을 결하고 있었던 것 같다. 주위의 좌불상은 수인의 변화가 매우 풍부하다. 돔장식의 일반적인 구도법일 것으로 생각된다.

Ee굴(제222굴)[33]은 정사각형 도면으로, 네 모서리에 스퀸치 아치를 설치하고 고동형 소벽을 둘러 세운 뒤 돔천장을 올린 구조이다. 천장벽화는 그을음으로 거무스름하게 손상되어 있지만 도상구성은 파악할 수 있다(도 356a·b). 돔 중심에는 입구로 머리를 향한 보살좌상이 원륜 내에 그려져 있고, 그 주변을 동심원 모양으로 4중의 좌불군이 둘러싼다. 중심의 미륵으로 보이는 보살은 관식과 장신구

도355. 바미얀 동 III굴(제24굴) 천장벽화(선도)[교토대학 조사대에 의함]

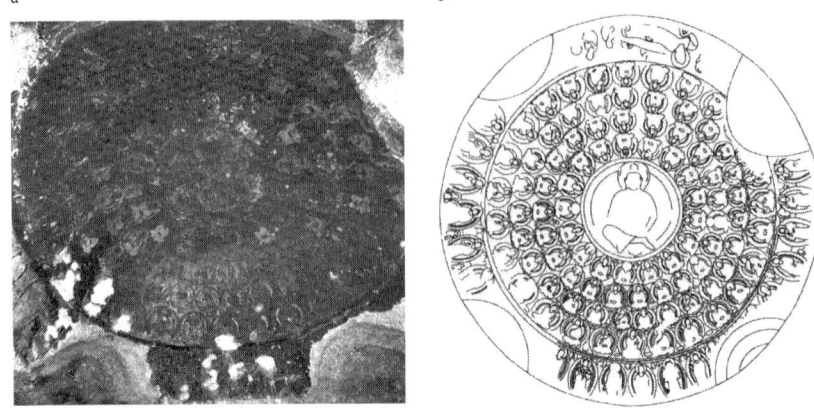

a b

도356. a. 바미얀 Ee굴(제222굴) 천장벽화[교토대학 조사대에 의함]
b. 바미얀 Ee굴(선도)[교토대학 조사대에 의함, 미야지 아키라 작도]

로 장식하고 있는 듯하지만, 수인이나 지물을 포함한 세부는 알 수 없다. 주
위의 천불구성은 안에서부터 순차적으로 17구, 22구, 26구, 28구의 소좌불군
으로 이루어지며, 모두 중심의 보살쪽으로 머리를 향하는 구심적 구도를 취
한다. 이 좌불들은 모두 결가부좌하는데, 정면향도 있는가하면 머리를 오른
쪽이나 왼쪽으로 기울이는 것도 있으며, 선정인·전법륜인 이외에도 다양
한 수인을 결하고 있어 변화가 풍부하다.

돔과 측벽의 이행부에 해당하는 고동형 소벽에는 협시를 거느린 입불
열을 표현한다. 그중 북벽에 표현된 1구는 삼면관식을 달고 어깨덮개를 걸
치며 왼손에 불발을 든 '장식된 붓다'이다. 이 '장식된 붓다' 정반대쪽의 남벽,
즉 입구 위쪽의 소벽에 소열반도가 그려져 있다. 옆으로 누운 석가와 타오르
는 불꽃, 수발과 대가섭 등을 분별할 수 있다. 천정의 미륵보살, 그를 둘러싼 천
불, 외주에 '장식된 붓다'와 열반도라는 바미얀 도상구성의 전형적인 예이다.

Jd굴(제388굴)[34]도 정사각형 도면에 돔천장을 취한 구조인데, 돔은 얕아
서 네 모서리에 스퀸치 아치도 없으며, 측벽과의 이행부는 전체를 고동형 소
벽으로 채우고 있다. 천정의 중심부에는 머리를 북쪽으로 향하고 관식을 달

고 왼손에 물병을 든 교각의 미륵보살이 그려지며, 그 주위로 연꽃잎띠를 두르고 그를 둘러싸며 9구의 좌불이 그려진다(도357). 이들 좌불은 박락이 현저한데 2구의 염견불이 포함되어 있다. 이상의 좌불 열까지가 돔천장부이지만 천장부 외연의 아랫면에 다시 연잎대가 둘러져 고동형 소벽으로 이어진다. 고동형 소벽에는

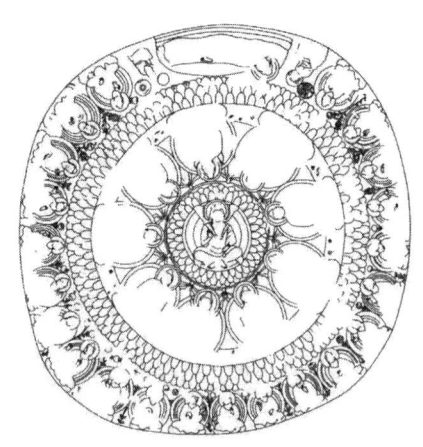

도357. 바미얀 Jd굴(제388굴) 천장벽화(선도)[교토대학 조사대에 의함, 미야지 아키라 작도]

머리를 기울이고 다양한 수인을 취한 좌불 22구가 나열하며, 북벽부에 소열반도가 있다. 열반도(도331)는 옆으로 누운 석가, 베개 부근의 마야부인, 발 근처의 대가섭이 그려져 있을 뿐인 간략한 도상이며, 화면 좌우에 일신·월신의 표상이 있었던 것 같다(일신만 남아있다).

Jd굴의 천장벽화도 돔의 중심에 미륵보살을 모시고, 그를 둘러싸는 좌불군을 2중의 동심원에 담았는데 모두 머리는 미륵보살을 향하는 구도를 취하며, 여기서도 소벽에 열반도가 표현된다. 미륵보살의 주위, 그리고 돔천장 외연의 아랫면에 표현되었던 연꽃잎띠의 표현은 특히 흥미로운데, 돔천장 전체가 하늘의 꽃인 연꽃을 형상화하고 있으며, 미륵보살을 중심으로 하는 천상의 불세계가 그 안에 표현되는 의장을 보인다. 이 같은 연꽃잎띠의 표현은 G굴(제51굴)에도 있었음이 프랑스대에 의해 보고되어 있다(돔천장 벽화는 붕괴).³⁵

이상으로 좌불불감 및 사당굴의 현존하는 천장벽화의 도상구성을 관찰했다. 서대불의 불감벽화에서 보았던 천장에 도솔천상의 미륵보살, 측벽에 좌불군을 표현한 구성은 기본적으로 좌불의 불감벽화에 계승되었다. 사당굴을 보면 천정의 미륵보살을 중심으로 하여 그를 둘러싸는 천불구성으

로, 다불을 배치하는 원륜도형을 외접시키는 구도와, 동심원형에 천불군을 배치하는 구도가 있다. 모두 미륵보살을 향하는 구심적인 기하학구도를 취하며, 대부분의 경우 돔 형태로 천장벽화가 형성되어 있다. 거기에는 연화문이 흩뿌려지고 천불의 광배에서는 연꽃이 자라나며, 이에 더하여 연꽃잎띠가 미륵보살의 주위나 돔천장天障 외연에 표현되어 천상세계임을 명확하게 한다. 게다가 천불군 중에는 외주부에 '장식된 붓다'가 표현되며, 또한 같은 외주부의 소벽이나 측벽에 열반도가 그려지는 것도 많아, 미륵보살과 천불 구성의 구도를 두드러지게 한다. 이들 열반도가 단순한 불전 장면이 아님은 분명한 것으로, 바미얀의 석굴벽화는 천상의 미륵보살을 중심으로 한 불세계도라고 할 수 있는 구도를 형성하고 있는 것이다.

4. 미륵보살의 도상

바미얀석굴의 천장벽화에서는 천정에 그려진 미륵보살이 중심적 위치를 점하고, 그와 관련하여 천불, 장식된 붓다, 열반도라고 하는 도상이 구성되어 있다. 그러므로 우선 미륵보살의 도상을 고찰하는 것부터 시작하고자 한다.

불감과 사당굴의 천장 중앙에 그려진 것은 적어도 현존하는 벽화들로 미루어 모두 보살상이다. 앞서 소개한 모든 사례들 가운데 서대불과 Fc굴의 천정은 박락되었으나, 좌불 불감 네 곳, 사당굴 여섯 곳에서 천정보살의 작례가 식별된다. 그들에게서도 박락이나 퇴색이 있

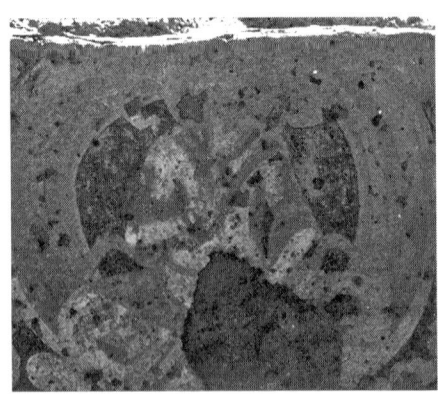

도358. 바미얀 좌불 H굴(제404굴) 불감천정 미륵보살
[교토대학 조사대에 의함]

어 전체적으로 식별할 수 있는 예는 많지 않으나, 관식, 장신구, 수인, 지물, 좌세 등을 가능한 한 관찰하여 그 결과를 별도의 표로 정리했다(표5). 이를 바탕으로 바미얀 천정의 미륵보살상의 특징을 기술해 두겠다.

우선 모든 보살이 머리 위에 관식을 달고 있다. 관식의 형태는 명확하지 않은 것이 많지만, 두상 중앙에 일면을 취하는 타입과, 삼면관식 타입의 두 종류로 대별할 수 있을 것이다. 일면관식은 카크라크 사당굴의 보살에서 보이는 것이 대표적인 예로, 머리 위에 타원형 + 초승달형으로 이루어진 관식을 쓰고, 머리 좌우에 보석 모양의 구슬 장식을 달고 있다. H굴, E굴, 제590굴, Ee굴의 보살도 이 타입이 아닐까 상상된다. 이에 반해, 삼면 관식은 K굴의 보살에서 명확히 보이며, 타원형(구형?) + 초승달형으로 이루어진 관식을 정면과 좌우의 세 면에 달고 있다(도359a · b). Jd굴의 보살도 삼면관식을 달고 있던 것 같다.

관식을 고정하는 관대를 머리의 좌우, 혹은 어깨에서 양쪽으로 차올리는 표현은 어느 보살에서나 확인되는데, 어깨부터 발꿈치를 감싸며 좌우로 나부끼는 천의의 표현과 함께, 천상의 보살의 위엄을 표출하는 역할을 하고

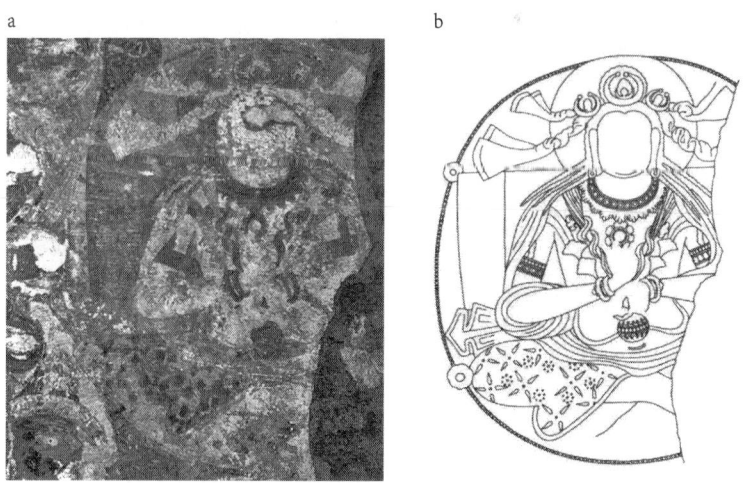

a

b

도359. a. 바미얀 K굴(제330굴) 천장 미륵보살[교토대학 조사대에 의함]
  b. 바미얀 미륵보살(선도)[교토대학 조사대에 의함, 미야지 아키라 작도]

있다. 장신구는 매우 호화로우며, 모든 보살이 목걸이, 비천臂釧, 완천腕釧을 달고, 또한 어깨에 연주장식을 걸치고 있는 것도 있다. 특히 E굴, 카크라크 사당굴, K굴의 보살은 호화로울 정도로 몸을 장식하고 있다(도348, 359). 바미얀 천정之頂의 보살은 호화로운 관식과 장신구로 아름답게 장식하고 있다는 점에 큰 특징이 있다고 할 수 있다.

수인과 지물은 보살의 존격과 밀접히 관계되는데, 여기서는 크게 두 가지 타입으로 나눌 수 있다. 첫 번째는 오른손을 가슴 앞으로 올리고 왼손에 물병을 드는 타입으로, 카크라크 사당굴, K굴, Jd굴에서 확인되며, H굴, E굴, 제590굴에 있어서는 왼손이 사라지거나 퇴색이 현저하여 명확하지 않지만 역시 물병을 들고 있었을 가능성이 있다. 이들 보살은 오른손을 가슴 앞으로 올려 시무외인을 취하는 경우와, 엄지와 검지를 맞붙이는 경우(E굴, 카크라크 사당굴)가 있다. 또 왼손으로 물병을 드는 방식도 손바닥 위에 올리는 경우(카크라크 사당굴), 손가락 사이에 끼우는 경우(K굴), 손가락으로 집어 드는 경우(Jd굴)가 있다. 두 번째 타입으로는 지물이 없이 전법륜인을 결하고 있던 것으로 추정되는 보살이 있어, XII굴과 동III굴을 그 예로 들 수 있다. 이 타입은 여덟 예 중 두 예로, 바미얀에서 그다지 우세하지는 않았던 것 같으나, 키질에서도 이 두 가지 타입의 미륵보살이 확인된다는 점은 흥미롭다. 바미얀 천정의 보살이 미륵보살임은, 이 수인과 지물의 타입을 통해서도 뒷받침될 것이다.

마지막으로 좌세에 대해서 말하지면, 키질이나 중국 북위시내를 중심으로 교각보살이 미륵보살의 지표라고 할 수 있을 정도로, 교각의좌의 좌세가 미륵의 존격과 깊이 관련된다.[36] 바미얀에서는 다섯 예에서 보살상의 좌세가 분별되는데, 그중 카크라크 사당굴의 보살은 가부좌한 다리의 발바닥이 위를 향하고 있어 명확한 결가부좌를 보이지만, K굴, 동III굴, Ee굴의 3예의 보살은 오른다리를 바깥으로 두어 보다 편안하게 가부좌하는 방식으로, 발바닥을 아래쪽으로 향하고 있어 교각풍 좌세라고 부를 수 있을 것이다. Jd굴의 보살은 발목을 교차시키는 명확한 교각좌를 보이고 있다. H굴, E굴의 보살은 명확하지 않으나, 벽화의 잔존상황으로 미루어 판단하면 역시 교각풍 좌세가 아니었을까 추측된다. 아마도 이 교각풍 좌세가 바미얀 미륵보살의 일반적인 좌세였다고 생각된다.

이상으로 바미얀의 천장 중앙에 그려졌던 미륵보살의 도상적 특징을 검토했다. 이들은 꼭 일정하게 명확한 패턴하에 그려지고 있는 것은 아니지만, 관식, 수인, 지물 등에 따라 몇 가지 타입으로 나눌 수 있는 거의 공통된 특징을 보이고 있음이 밝혀졌다. 일면관식과 삼면관식, 혹은 오른손 시무외인(엄지와 검지를 맞붙이고 있는 것도 있다)·왼손 물병 혹은 전법륜인 등의 타입은 키질의 미륵보살과도 대응을 보이는 부분으로,[37] 관대·천의·목걸이, 연주장식 끈·비천·완천 등의 호화로운 장신구, 그리고 오른쪽 다리를 바깥으로 하는 교각풍 좌세 등에서 키질의 미륵보살과 관련성이 엿보인다.

그런데 이 같은 특징을 가진 바미얀의 미륵보살은 간다라의 미륵보살과는 크게 다른 양상을 보이고 있다. 제2부 제3장에서 고찰한 것과 같이, 간다라의 미륵보살상은 보살상 통유의 장신구는 달고 있었으나 그 이외의 장신구는 달지 않았으며, 특히 두발은 묶거나 상투를 틀었을 뿐으로 관식은 아무것도 갖추지 않는 것이 특징으로, 손에는 행자의 지물인 물병을 들고 있다. 간다라의 미륵보살 도상은 바라문 행자나 범천의 도상과 깊은 관련성을 보이며, 보리를 구하는 행자적 이미지에 기초하고 있다. 이에 반해 바미얀의 미륵보살은 손에 물병을 든다는 점은 간다라의 도상을 계승하지만, 관식을 달고 화려하기까지 한 장식으로 몸을 장식하는 특징은 간다라 도상과 선을 긋는다. 이 점은 중앙아시아에서 미륵보살의 성격에 크게 변모했음을 의미한다. 미륵보살의 도상은 역사적으로 행자적 이미지에서 왕자적 이미지로 전환하게 된다. 그렇다면 왜 왕자적인 미륵보살이 출현하게 된 걸까. 미륵경 제본에서 그 경위를 살펴보자.

미륵에 관한 경전을 도상과의 관계에서 분류해보면 다음의 네 종류로 나눌 수 있다. 제1류는 미륵을 단순히 불제자로 설하는 것. 제2류는 경전의 전반에서는 불제자, 후반에서는 당래불이 됨을 설하는 것. 제3류는 미륵이 출현하는 유토피아적 미래세에 대해 설하는 것. 제4류는 미륵보살이 왕생하는 도솔천세계를 묘사하는 것. 통상적으로 미륵경전이라 불리는 것은 제3류와 제4류의 경전인데, 간다라의 미륵보살은 제1류와 제2류의 경전과 관계가 깊음은 이미 고찰한 대로이다. 이에 반해 중앙아시아의 미륵 도상은 제3류와 제4류의 경전과 밀접히 관계한다. 제4류의 경전을 정리한 것은『관미륵경』(이른바 미륵상생경)뿐인 것에 반해, 제3류에 속하는 경전은 그 이외의 미륵경(이른바 미륵하생경) 전부를 포함하며, 정리된 것으로는 한역된 5부 이외에 범본, 호탄어본도 알려져 있다.[38]

　　제3류의 미륵하생경은 널리 유포되었던 경전으로, 내용에는 다르게 전하는 부분도 있으나 그 대략은 이러하다. 즉, 석가 입멸 후의 먼 미래에, 이상적인 아름다운 도성 케투마티翅頭末에서 샹카穰佉라고 하는 전륜성왕이 출현한다. 전륜성왕은 윤보輪寶를 비롯한 일곱 가지 보물을 갖고 있고, 천 명의 자식이 있다고 전해지며, 정의로써 전 세계를 통치하는 이상적인 제왕이라고 한다. 전륜성왕이 이 세상에 나왔을 때, 미륵은 태어나고 출가하여 홀연히 용화수 아래에서 깨달음을 얻어 붓다가 되며, 사람들에게 3회에 걸쳐 설법하고, 석가의 설법에 빠진 많은 사람들을 해탈로 인도한다고 하는 것이다. 먼 미래에 전륜성왕이 출세하고 그와 동시에 미륵이 붓다가 된다고 하는 것이 미륵신앙의 골자라고 할 수 있다.

　　미륵하생경에서 미래의 구세주인 미륵의 신앙은, 전륜성왕의 신격과 깊은 관련성을 맺고 있음이 이해된다. 미륵하생경에서는 미륵과 선륜성왕이 별개의 존재이지만, 경전에 따라서는 양자의 혼효라고도 할 수 있는 현상이 엿보인다. 예를 들면『현우경』「바라리품」,[39]『중아함경』「설본경」,[40]『고래세시경』[41] 등의 미륵설화를 실은 경전에서는, 불제자였던 아이치阿夷哆(아지타)와 미륵이 장래 각각 전륜성왕과 붓다가 되고자 한다고 아뢰어, 석가불로부터 그를 허락받는 내용이 보이는데,『아미타경』,『대무량수경』등에서는 아일다阿逸多(아지타)와 미륵을 동일 인물로 보고 있다.[42]『관미륵경』도 아일다가 지금으로부터 12년 후에 명이 다하여 도솔천에서 왕생하여 미륵보살로서 홀연히 화생하게 됨을 설하고 있다.[43] 또한『현우경』,『불본행집경』,

『디비야 아바다나』,『마하바스투』 등에서는 미륵이 발심한 것은 전생에 미륵 자신이 전륜성왕이었을 때라고 되어 있다. 게다가 『마하바스투』,『불본행집경』에서는 미륵이 전륜성왕이었을 때의 이름을 바이로차나毘盧遮那라고 하고 있는 것이다.⁴⁴

이처럼 미륵보살의 존격은 간다라의 보리를 구하는 행자적 이미지에서, 이상적인 세계지배자인 전륜성왕의 신격과 혼효한 왕자적 이미지로, 역사적으로 전환되었던 사정이 추찰된다. 바미얀석굴의 천정天頂에 그려진 미륵보살이 관식과 호화로운 장신구로 장식했던 것은, 미륵보살 존격의 배후에 전륜성왕의 이미지가 겹쳐져 있었기 때문은 아닐까.

『관미륵경』도 "정수리 위에는 살상투[肉髻]가 있고 머리털은 검푸른 유리 빛이며, 석가비릉가釋迦毘楞伽 마니와 백천만억 견숙가甄叔伽 보배로써 하늘 갓[天冠]을 장엄하다"^{*45}라 하여, 미륵보살이 여의보와 보옥으로 장식된 호화로운 보관을 쓰고 있음을 명확히 언급한다.⁴⁶ 실은 제4류로 분류한 이 『관미륵경』 자체에 전륜성왕의 이미지가 담겨 있어, 미륵보살을 중심으로 하는 바미얀의 도상구성을 생각하는 데 있어 중요한 의미를 갖는다. 이미 서대불의 천장벽화에 대해 이 경전을 통한 해석을 시도해 보았는데,『관미륵경』에서 설하는 도솔천의 묘사에는 차고 넘칠 정도의 빛에 대한 묘사가 있어, 미륵 자신의 명이 다한 뒤 "몸은 자금색으로 광명이 염혁焰赫하여 백천의 해와 함께 올라 도솔타천에 이르다"⁴⁷라고 기술하여, 미륵보살의 빛나는 모습을 묘사해 내고 있다. 한편 전륜성왕의 필수 지물인 '천상의 윤보'는 '반드시 동방에서 오며, 바퀴에는 천 개의 바퀴살이 있고', '빛은 불꽃같고 광명은 찬란하여 눈부실 것'⁴⁸이라고 하는 것처럼, 세계를 지배한다고 하는 전륜성왕의 이미지에는 일륜日輪을 돌리는 태양신의 모습이 보이는 듯하다. 미륵보

---

*　불교기록문화유산 아카이브(https://kabc.dongguk.edu/) 우리말 번역문 인용. 頂上肉髻髮紺琉璃色, 釋迦毘楞伽摩尼, 百千萬億甄叔迦寶以嚴天冠.『불설관미륵보살상생도솔천경』1권(ABC, K0194 v11, p. 197a21-a23)

살과 전륜성왕의 밀접한 관계는, 이처럼 관식과 장신구로 장식한 왕자의 이미지와 태양처럼 광휘로 넘쳐 흐르는 이미지에서 두드러지게 엿보이는데, 도솔천에는 49겹의 궁전이 있어 한층 건축적 이미지가 풍부한 것에 대해, 전륜성왕의 낙원도 장대하고 화려한 도성 쿠사바티라는 특징이 있다는 점[49]도 양자의 관계를 말해준다.

바미얀의 동대불 천장벽화에 태양신이 그려져 있는 것도 시사적이지만, 서대불이나 좌불의 불감천장을 비롯한 많은 사당굴 천정에 그려진 미륵보살은, 하늘의 꼭대기에서 광휘를 발하는 지고자至高者로서의 위치를 차지한다. 굴의 천정에 미륵보살을 그리고 그를 천불이 둘러싸는 구도는, 바미얀의 석굴구조와 깊이 관련되어 전륜성왕의 이미지와 혼효한 태양신적인 미륵보살의 양상을 보여주는 것이라고 할 수 있다. 아울러 전륜성왕에는 천 명의 자식이 있다고 알려지는데,『현겁경賢劫經』「탄고품歎古品」에는 전륜성왕이 붓다가 되고, 그 천명의 자식이 현겁賢劫의 천불이 되었음을 설하고 있다.[50] 미륵이 일찍이 전륜성왕이었다고 하는 이야기가 있음은 지적한 바와 같아서, 미륵과 천불의 관련성을 전륜성왕을 매개로 하여 엿볼 수 있는 것이다.

인도 석굴사원의 사당굴(차이티야굴)은 말발굽형 도면에 열주를 두르고 볼트천장을 취하며 안쪽에 스투파를 설치하는 것이 통례로, 이 구조는 입구에서 안쪽을 향해 직진적인 방향을 갖는다. 이에 반해 바미얀에서는 대불이나 좌불에 대해서 우요예배를 하면서도 동시에 불감의 천장벽화로 시선이 향하게 된다. 바미얀에서도 일찍이 굴 중앙에 스투파가 있었던 작례가 2개 정도 보고되어 있지만,[51] 바미얀 사당굴의 대부분은 모셔야 할 대상을 갖지 않는다. 게다가 정사각형·팔각형·원형 도면에 돔이나 삼각고임 등의 천장을 취하는 집중당 형식이 대부분을 점하는 바미얀의 사당굴에서는 예배자의 종축방향으로의 예배대상을 상실하고 예배자 자신이 굴의 중앙에 위치하며, 주위의 벽에서 천정에 걸친 장식이 관자를 둘러싸는 형태가 된다. 관자의 예배대상—이라기보다는 명상대상이라 하는 편이 어울리지만—은 수직방향을 향하고, 돔(혹은 삼각고임)천장에 장식된 도상구성이 중심적 테마가

되어 관자에게 내달려온다. 천정天頂에 미륵보살을 그리고 그 주위를 천불로 둘러싸는 구성은, 이처럼 석굴의 구조자체와 깊이 관계되어 있는 것이다.[52]

5. 미륵보살·천불·장식된 붓다·열반도

바미얀석굴의 천장 중앙에 그려진 미륵보살의 양상을 검토하고, 그것이 석굴구조와 관련하여 바미얀 도상학의 중심적 위치를 점하고 있음을 고찰했다. 이 중심의 미륵보살을 둘러싸며 천불구성이 표현되고, 이에 더하여 천장 주연부에 '장식된 붓다'와 열반도가 종종 그려진다. 미륵보살·천불·장식된 붓다·열반도라고 하는 도상구성은 어떠한 불교세계를 표현했던 것일까.

바미얀 천정의 미륵보살 도상이 전륜성왕의 신격·이미지와 관련되어 있음을 보았다. 카크라크 사당굴에는 돔천장의 중심에 미륵보살, 천장 외연에 해당하는 부분에 '수렵왕'이 그려졌는데, 이 '수렵왕'은 좌불열 안에 존격으로서 표현되어 있다. 이는 아마도 바미얀의 왕을 신격화하여 전륜성왕과 닮게 만든 도상이 아니었을까(도360). 미륵보살이 도솔천에서 하생하였을 때, 동시에 전륜성왕이 출세했음을 암시하는 도상을 이루고 있다.

붓다로서의 승의를 입고 있으면서, 머리 위에 관식이나 보관을 쓰고 보석을 가득 박아 넣은 호화로운 어깨덮개를 두른 '장식된 붓다'에 대해서는 충분한 해석이 되어 있지 않지만, 왕자의 이미지를

도360. 카크라크 사당굴 벽화 수렵왕. 카불 박물관[교토대학 조사대에 의함]

취한 붓다라는 점은 틀림없을 것이다.[53] 서대불 불감과 Ee굴에서는 천장의 미륵보살 아랫부분에, i굴과 XII굴에서는 천장의 미륵보살과 병렬하는 형태로 표현되어, '장식된 붓다'는 미륵보살과 호응하는 관계를 갖고 있다. i굴의 '장식된 붓다'는 보관을 쓰지만, 서대불 불감과 Ee굴에서는 타원형 + 초승달형으로 이루어진 삼면관식을 취하여 카크라크의 '수렵왕'의 관식과 유사할 뿐 아니라, K굴 천정의 미륵보살의 관식과도 대응한다(도361).

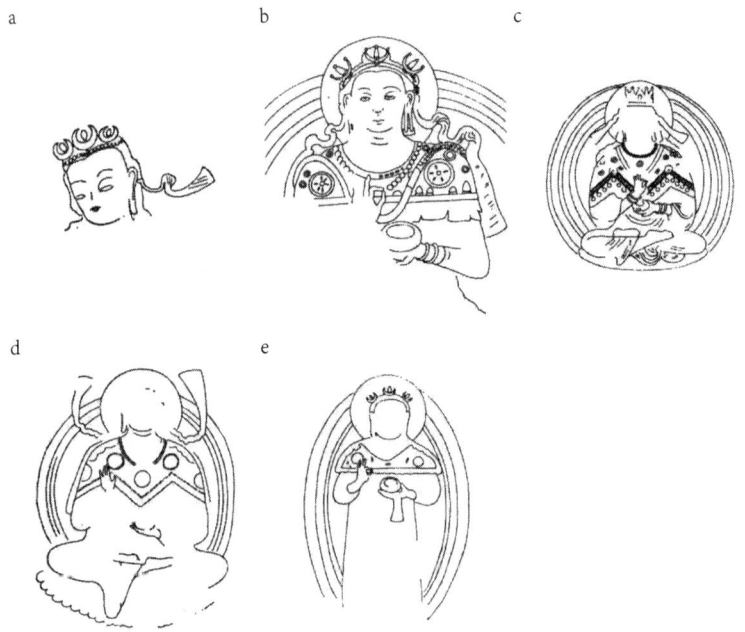

도361. 바미얀 벽화 중의 '장식된 붓다'(선도)[교토대학 조사대에 의함, 미야지 아키라 작도]

이와 같이 생각해 보면 바미얀의 '장식된 붓다'는 천정 도솔천상의 미륵보살이 전륜성왕 = 미륵불로서 하생한 모습을 표현한 것은 아니었을까.[54] 전륜성왕과 미륵이 혼효하는 양상은 경전상에서도 엿보였듯, 전륜성왕의 이미지와 겹쳐진 미륵불의 도상으로서 '장식된 붓다'가 표현되었던 것으로 생각된다. 미륵은 단순히 미래세의 붓다인 것뿐 아니라, 미륵의 출현에는 전륜성왕의 출세가 전제되고 있어, 미륵의 출현은 성속양계에 있어 이상세계가 실현되는 유토피아의 도래로서 신앙되는 것이다.

'장식된 붓다'가 불발을 들었다는 것에 주목하면 이 점은 보다 명확해진다. 앞서 들었던 서대불 불감·İ굴·XII굴·Ee굴의 '장식된 붓다'는 모두 오른손을 가슴 앞으로 들고, 엄지와 검지를 맞붙이는 수인(다만 XII굴에서는 시무외인인 듯하다)을 결하고 왼손에는 불발을 들고 있다. 불발이 미륵과 밀접한 관계를 갖는다는 것은 『법현전』의 기술을 통해 알 수 있다.[55] 법현은 석가성도 후 사천왕에 의해 봉헌된 유서 깊은 불발(네 개의 발우로 하나의 발우를 만들었기 때문에 네 경계선이 뚜렷하다)을 건타위국(간다라)에서 목격하고 있는데, 이 불발은 석가 열반 후, 毗舍離(바이샬리), 揵陀衛, 西月氏國, 于闐國(호탄), 屈茨國(쿠챠) 등 각지를 전전하며, 마지막으로 도솔천에 올라가 미륵보살의 공양을 받고 7일 후 염부제로 돌아간다. 해룡왕이 이를 들고 용궁에 들어가는데, 미륵이 하생하여 성도할 때 불발은 나뉘어 네 개가 되고, 다시 사천왕에 의해 봉헌되어 석가의 때와 마찬가지로 하나가 된다고 한다. '발우가 없어지면 이미 불법도 점차로 멸해진다'라고 하는 것처럼, 불발은 불법의 상징이 되며 석가불의 불발은 도솔천의 미륵보살의 공양을 받아, 다시 미륵불의 손에 전해지도록 되어 있다.

법멸진을 설하는 경전으로 유명한 『연화면경蓮華面經』은, 『법현전』에서 전하는 이 불발의 이야기를 바탕으로 한다.[56] 이 경의 하권에서 매지갈라구라俱羅俱羅(미히라쿠라)가 계빈국에서 불발을 깨뜨려 불법이 멸진될 것임을 설하고, 마지막으로 사가라娑伽羅 용왕이 이 불발을 용궁에서 받든 후, 천상계를 전전한 뒤 염부제의 미륵불이 계신 곳으로 돌아가, 미륵불은 이 불발과 불사리를 공양하고 네 보탑을 지어, 이리하여 석가의 불법이 회복됨을 기술하고 있다.

이처럼 불발은 석가의 전법傳法의 상징으로 여겨지고 있어, 석가불에서 법멸진의 위기를 지나 미륵불에게 전해지는 것이다. 바미얀의 '장식된 붓다'는, 전륜성왕의 모습과 혼효한 하생의 미륵불이 석가의 전법의 상징인 불발을 들고, 불법이 바르게 미륵에게 계승되었음을 나타낸 도상이라고 할 수 있을 것이다.

천정天頂에 미륵보살을 그린 사당굴에 열반도가 많이 나타나는 것 또한 미륵의 구제적인 성격을 돋보이게 한다. 바미얀에서 불전도는 열반도 이외에는 찾아볼 수 없는데, 이 열반도는 간다라·인도와는 달리 불전 사이클에서 완전히 분리된 가치를 갖는다. 인도에서도 굽타조 이후에 열반상이 예배상으로서 독립하여 표현되는 경우가 있는데, 그 경우에도 열반도·열반상은 스투파의 '열반'의 상징주의와 깊이 관련되어 있다. 바미얀에서 일곱 예의 열반도가 확인되는데, 이미 기술한 K굴, Fc굴, Jd굴 외에는 Sc굴(제174굴), G굴(제51굴), Jg굴(제386굴)에서 확인된다. Sc굴에서는 입구 상부에서 겨우 열반도가 확인될 뿐이다. G굴[57]은 돔 천정굴이었지만 이미 붕괴되었고, 열반도도 대가섭으로 여겨지는 노비구의 단편이 남아있는 데 불과하다.[58] Jg굴도 돔 천정굴로 벽화의 박락이 보다 현저한데, 천정에 미륵보살, 그 주위로 좌불을 배치하는 구성으로 추측되어, Jd굴 천장과 거의 같은 도상구성이었던 것 같다. 이 굴의 남쪽 입구 위쪽에 해당하는 고동형 소벽에 박락이 심한 소열반도가 보인다. 이들 이외에 네 개의 예는 이미 확인한 것으로, K굴에서는 서측벽, Fc굴에서는 남측 입구 위쪽의 소벽, Ee굴에서는 남측 입구 위쪽의 고동형 소벽, Jd굴에서는 안쪽에 해당하는 북측의 고동형 소벽에 각각 열반도가 그려져 있다.

여기서 주목하고 싶은 것은, 이들 열반도는 (1) 모두 천정의 미륵보살과 조합되어 표현되고 있다는 점, (2) 주요한 벽면에 크게 그려지는 경우가 없이 천장의 외연부에 소화면으로 그려진다는 점, (3) K굴의 열반도를 제외하면 등장인물도 한정되어 있다는 점이다(도356, 357 참조). 이 점은 바미얀의 열반도가 불전에서 독립된 도상이면서도, 대승열반도처럼 그 자신으로 완결되어 독립된 가치를 아직 갖추지 못하여, 천정의 미륵보살과 결부되는 도상임을 말해준다.

미륵보살과 열반도의 관계를 경전상에서 찾아보면, 열반경 관계의 텍스트에서 그 단서를 찾을 수 있다. 우선 소승열반경에서 석가가 멸도를 얻은 쿠시나가라의 땅은 일찍이 대선견大善見이라고 하는 전륜성왕의 도성이었다는 점과, 석가의 장법은 전륜성왕과 같이 이루어져야 함이 기술되어, 석가 열반이 전륜성왕의 이상경과 동등한 관계를 갖고 있음을 엿볼 수 있다.[59] 미륵에 관해서는 팔리본이나 범본의 열반경에는 보이지 않지만, 백법조 역『불반니원경』[60]과 실 역『반니원경』[61]에는, 석가가 입멸할 때에 부처와 만나는 것의 어려움을 설하고, 먼 장래에 미륵불과 치우하게 될 때까지는 이후에도 이루어지지 않을 것임을 기술하고 있다. 게다가 두 경전은 경의 말미에서, 석가의 입멸 후 대가섭과 아나율은 비구들과 의논하여, 불열반에 모여든 많은 사람들, 왕이나 신민들이 도솔천의 미륵보살이 계신 곳에서 태어나게 될 것임을 설한다. 열반경은 경전성립사상 가장 오래된 경전의 하나로 손꼽히고 있는데, A. 바로에 따르면, 미륵에 관해 언급된 부분이 이후에 부가되었을 것이라고 한다.[62]

그러나 열반경 제본을 검토하면 백법조본과 실역본은 미륵신앙을 표명하고 있는 것에 반해, 다른 열반경에는 미륵에 관한 내용이 전혀 보이지 않고, 팔리본,[63]『장아함경』제2「유행경」[64] 및 법현 역『대반열반경』[65]에 있어서는, 이와 대조적으로 스투파 공양의 복덕을 설하고 있는 것이 주목된다. 전자의 두 경전에는 스투파공양의 공덕에 대해서는 전혀 언급하는 부분이 없다. 이러한 점들을 생각하면, 열반경에는 미륵신앙을 설하는 계통과, 스투파 신앙을 고취하는 계통의 두 계통이 있었음을 알 수 있다.[66] 바미얀석굴에 있어서 스투파가 점하는 위치가 극히 작았음을 생각하면, 미륵신앙을 설하는 열반경의 계통과의 관계를 엿볼 수 있다.

열반경 중 미륵신앙을 언급하는 계통은, 당 지승찬『개원석교록開元釋敎錄』[67]이 '열반지맥涅槃支脈'으로 드는 경전 중에서 그 전개의 양상을 볼 수 있으며, 거기서는 바미얀의 도상과도 깊은 관계가 엿보인다. 열반지맥은 소승열반경과 대승열반경의 이른바 중간에 위치하는 경전류로, 거기서는 석가의 입멸이 단순한 불전설화가 아니라 불멸이라는 위기적 의식이 명료해지고,

불멸 후 불법의 부촉*과 장래불이라는 미륵에 대한 신앙이 종종 언급되며, 또한 법멸진에 대해 설하는 부분도 있다. 예를 들면 서진 축법호 역『방등반니원경方等般尼洹經』[68]에서는, 부처가 입멸할 때가 되자 부처는 아난과 다른 이들에게 불법을 촉루**하고, 불멸 이후의 중생들을 위해 미륵불의 출현을 들어 위로하고 있다.

고제高齊 나련제야사那連提耶舍 역『대비경大悲經』[69]은 바미얀의 도상을 고찰하는 데 있어 특히 중요하다. 구시나성의 사라쌍수 사이에서 석가가 입멸할 때, 범천·제석천·비구들의 슬픔에 대해 석가는 여러 설법을 전함과 동시에 미륵의 출세에 치우하도록 격려하고, 또 가섭비구(대가섭)가 입멸할 때 서원을 발하여, '身衣不變不壞'인 채로 미륵을 배알하게 된다는 내용이 있다. 대가섭이 입정하여 미륵을 배알한다는 내용은 미륵하생경에 기록되는 유명한 이야기로,[70] 석가열반을 설하는『대비경』이 미륵경과 밀접한 관계를 가지고 있음을 알 수 있다. 대가섭은 석가와 미륵을 이어주는 역할을 담당하는데, 바미얀의 열반도에서 반드시 대가섭이 옆으로 누운 석가의 두 발을 예배하고 그때 타올랐다고 하는 다비의 불을 표현하고 있는 점도, 석가의 입멸 후부터 미륵하생까지 석가의 유법을 지킨다는 대가섭이 중시되었기 때문임이 틀림없다. 또『대비경』에는 석가 입멸 후 현겁의 996불이 출현함을 기술하여, 구류손부터 석가까지의 사불은 이미 출세하였고, 다음에 미륵이 보처가 되며 노사여래가 마지막이 됨을 설한다. '이 현겁에서 미륵은 첫머리가 되며', 현겁천불(실제로는 995불)이 이어지게 되는 것이다.[71] 바미얀 사당굴의 천정에 도솔천상의 미륵보살을 그리고 그 주위를 천불로 메우는 것도, 석가 입멸 후의 미륵과 현겁천불에 대한 신앙을 표현한 것이라고 할 수 있을 것이다.[72]

바미얀에서 석가열반도는 이처럼 이미 불전설화의 한 장면이 아닌 '불

---

*   부촉付囑: 부처나 성현 등이 제자나 후인에게 간절히 당부하는 말(출전: 원불교대사전).

** 촉루囑累: 부처가 제자들에게 가르침을 전하고 이후에 전파하도록 유포를 위임하는 일(출전: 日本国語大辞典).

멸'을 의미하고, 『대비경』뿐 아니라 『연화면경』이나 『마하마야경』에서도 말하는[73] '법멸진'을 암시하는 도상으로서, '불멸'의 위기의식에 기초하는 미륵보살과 천불에 대한 신앙, 또한 석가의 유법을 전하는 하생의 미륵불로서의 '장식된 붓다'의 도상과 상호 결부되어 있는 것이다. '장식된 붓다'는 하생의 미륵불이며, 다음에 나타날 현겁천불의 최초의 불이기도 한 것이다. 바미얀 사당굴의 벽화가 보여주는 미륵보살·천불·장식된 붓다·열반도라고 하는 도상구성은, 최종적으로 천정의 미륵보살로 수렴되는 구제적인 세계관을 표현한 것이라고 할 수 있을 것이다.

구마라집 역 『미륵대성불경』에는 경전의 말미에 다음과 같은 내용이 있다.

> **내가 멸도한 후에** 비구·비구니·우바새·우바이·천룡팔부·귀신 등이 이 경을 듣고 수지하고 독송하며 예배하고 공양하고 법사를 공경하면, 일체의 업장業障과 보장報障과 번뇌장煩惱障을 깨트리고 **미륵 부처님과 현겁賢劫의 천 불**을 만날 수 있으리라. 세 가지의 깨달음을 서원에 따라 성취하며, 여인의 몸을 받지 않고, 바른 견해를 갖고 출가하여 크게 해탈을 얻으리라.*[74] (강조표시 필자)

미륵신자는 '미륵과 현겁천불'을 배알하는 것을 큰 목적으로 했음을 알수 있나. 『관미륵정』은 이러한 사고방식을 선명히 히며 명확하게 기록하고 있다. 즉 『관미륵경』도 '불멸도 후'를 강조하여 다음과 같이 말한다.

---

* 불교기록문화유산 아카이브(https://kabc.dongguk.edu/) 우리말 번역문 인용. 佛滅度後 比丘, 比丘尼, 優婆塞, 優婆夷, 天龍八部鬼神等, 得聞此經, 受持, 讀誦, 禮拜, 供養, 恭敬法師, 破一切業障, 報障, 煩惱障, 得見彌勒及賢劫千佛, 三種菩提隨願成就, 不受女人身, 正見出家, 得大解脫.

이러한 중생이 만약 모든 업을 깨끗이 하여 여섯 가지 일의 법을 행한다면, 결정코 도솔천상에 왕생하여 미륵을 만나게 될 것이 틀림없으며, 또 미륵을 따라 염부제에 내려와서도 제일 먼저 법을 들음으로써 미래세에 현겁賢劫의 일체 모든 부처님을 만날 것이고, 성수겁星宿劫에서도 여러 부처님 세존을 만나 여러 부처님 앞에서 보리의 수기[菩提記]를 받게 되리라.*76

바미얀 사당굴의 천정天頂에 미륵보살이 그려지고 그 주위에 천불을 배치하며, 소벽에 열반도와 장식된 붓다를 표현하는 구성은, 바로 신자가 '불멸도 이후에 도솔천상에 태어나 미륵과 치우하고, 또 미륵과 함께 하생하여 미래세에서 현겁·성수겁의 일체제불과 치우하며, 제불 앞에서 보리의 수기를 받게 됨'을 서원했던 구도라고 할 수 있을 것이다. 바미얀의 사당굴 안에 서서, 천정의 미륵보살과 그 주위에 가득 그려진 천불도, 그리고 열반도와 장식된 붓다를 보면, 석가의 입멸 후에 도솔천의 미륵이 계신 곳에 태어나고, 또 미륵과 함께 하생하여, 천불과 치우하고 해탈로 인도되기를 바랐던 표현임을 실감하게 된다.77

6. 미륵보살과 열반도의 조합

바미얀 사당굴에서 볼 수 있는 미륵보살과 열반도의 조합은 키질 제2기의 석굴 도상구성에서도 두드러지게 확인되어 양자의 관련성을 엿볼 수 있다. 키질 제1기의 볼트천장굴 벽화에서는 '산속의 선정승'의 도상을 축으

---

* 불교기록문화유산 아카이브(https://kabc.dongguk.edu/) 우리말 번역문 인용. 如是等衆生若淨諸業行六事法, 必定無疑當得生於兜率天上值遇彌勒, 亦隨彌勒下閻浮提第一聞法, 於未來世值值賢劫一切諸佛, 於星宿劫亦得值遇諸佛世尊, 於諸佛前受菩提記『불설관미륵보살상생도솔천경』1권(ABC, K0194 v11, p. 197c09-c14)

로 그와 '도솔천상의 미
륵보살'이 세트가 되어
표현되는데, 제2기가 되
면 거의 반드시 '도솔천
상의 미륵보살'은 '열반'
과 조합되고 있다. 제2기
에서는 주실이 직사각
형 도면에 볼트천장을
이고, 안쪽에 사각기둥

도362. 키질 제38굴(악천굴) 열반도[『키질석굴』1, 도143]

을 남기고 파내어 회랑을 순회하는 중심주굴의 구조가 정형화되며, 그 후랑
의 안쪽 벽에는 열반도 혹은 열반상이 표현되고, 그와 호응하는 형태로 주
실 앞벽 입구 상부의 반원형 구획에 '도솔천상의 미륵보살'이 그려져 있는
것이다.

제3장에서, 키질 제17굴(보살천장굴)과 제224굴(제3구 마야굴)의 양상을
관찰했기 때문에, 여기서는 제38굴(악
천굴)[78]을 예로 들어 그 양상을 확인해
보겠다. 우선 주실로 들어가 석가불의
본생도, 인연도, 불설법도로 주위의 벽
면이 장식되어 있는 것을 본 뒤에, 회랑
을 우요하면 사각기둥의 뒤편, 후랑의
안쪽 벽에 그려진 열반도와 만나게 된
다(도362). 석가는 오른손을 베고, 왼손
은 몸을 따라 펴며, 발은 포개어 조용히
옆으로 눕는다. 석가의 발 근처에는 꿇
어앉아 합장 작례하는 대가섭 이외에
두 명의 불제자, 또한 석가의 광배 뒤에
서 얼굴을 드러내고 합장하는 사천왕

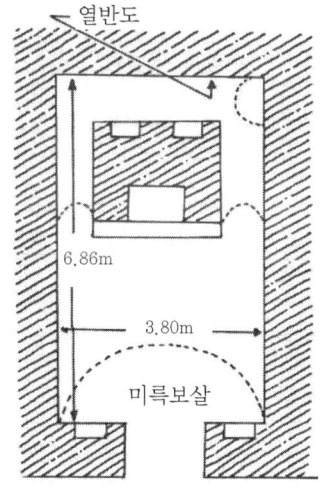

도363. 키질 제38굴 평면도. 열반도와
미륵보살의 배치[Grünwedel 1,
fig. 122 원도]

과 범천, 제석천이 표현되며, 베개 부근에는 마지막 불제자 수발의 모습이 보인다. 옆으로 누운 석가의 신체에서는 몇 줄기의 불이 타오르고 있어 다비를 표현하고 있는 것임을 알 수 있다. 이 열반도를 보고 회랑을 나오면, 앞벽 상부의 반원형 구획에 그려진 '도솔천상의 미륵보살'이 마주하며 나타난다(도364). 승려들과 신자들은 석가 입멸 후 석가의 유법에 귀의하여 도솔천에 왕생하고, 미륵보살의 세계에 재생하기를 바란다고 하는 구조를 이루고 있는 것이다.

도364. 키질 제38굴 도솔천상의 미륵보살[『신장의 벽화』上, 도85]

이 '도솔천상의 미륵보살'의 구도는 청과 담록의 채색이 뚜렷하며, 바림은 그다지 사용하지 않고 정확한 선묘로 장려한 화면을 완성시키고 있어 선명한 인상을 준다. 미륵보살은 세 개의 원형 장식으로 이루어진 삼면관식을 쓰는 것 이외에, 많은 장신구로 장식하고 교각의좌의 좌세로 대좌에 앉는데, 가슴 앞에서 전법륜인을 결하고 있다. 이 미륵보살을 둘러싸는 형태로 좌우에는 도솔천의 신들이 3명씩 전후2열에 걸쳐 그려져 있는데, 현재 상당 부분이 벗겨지고 떨어져 있다. 신들은 미륵보살과 같은 삼면관식과 장신구로 장식하고 있는데, 그들 중 향우측 앞열 중앙의 천부는 요염한 용모와 신체

표현을 통해 천녀를 떠올리게 한다.[79] 왼편 앞열 중앙의 천부도 같은 표현으로 보이지만, 두부가 크게 손상되어 있다. 이처럼 천녀를 상기시키는 표현은 바미얀 서대불 벽화에서 본 도솔천의 천녀들과 상통한다. 화면의 위쪽에는 미륵보살을 덮어주는 아치형 감실(양 끝에 팔메트 장식문이 보인다)이 그려지고, 그 양측으로 건물의 까치발 장식과 소형 아치열이 연이으며 도솔천궁을 상징하고 있다. 미륵보살은 두광과 신광을 갖추고 있는데 신광에는 세세한 방광이 표현되어 있어, 정면성 강한 표현과 함께 미륵보살의 위광을 한층 증대시키고 있다.

이같이 후랑 안쪽 벽의 열반도와 호응하듯 입구 앞벽 위쪽에 '도솔천상의 미륵보살'이 그려져, 양자는 세트를 이루며 표현되고 있는 것이다(도363).

키질 제17굴(보살천장굴)[80]의 '도솔천상의 미륵보살'은, 하나의 원형장식이 있는 일면관식을 쓰고 오른손의 첫 번째와 두 번째를 맞붙이며 왼손에 물병을 든 점이 제38굴(악천굴)의 미륵보살과 다르지만 구도는 거의 공통된다(도322). 키질 제17굴과 제38굴의 '도솔천상의 미륵보살'은 관식(일면과 삼면) 및 수인·지물(물병을 드는 것과 전법륜인)이라는 점에 있어서 각각 미륵보살의 두 타입을 보여주는데, 이 두 타입은 바미얀의 미륵보살과도 부합되는 것이다.

남쪽의 주실 입구 상부에 미륵보살, 북쪽의 후랑 안쪽 벽에 열반도·열반상을 표현하는 키질 제2기의 중심주굴의 도상구성은, 제7굴(채상굴), 제17굴(보살천장굴), 제27굴(벽감굴), 제38굴(악천굴), 제80굴(지옥의 솥굴), 제97굴, 제155굴, 제163굴, 제171굴, 제179굴(일본인굴), 제196굴, 제205굴(제2구 마야굴), 제219굴(아사세왕굴), 제224굴(제3구 마야굴) 등에서 현재 확인되어, 석가 입멸 후에 미륵보살에게 구제되기를 바라는 이 도상구성이 키질에서 얼마나 성행하였는가를 엿볼 수 있다. 바미얀의 돔천장굴이나 볼트천장굴에 있어서도, 천정에 미륵보살, 입구 앞벽이나 안쪽 벽의 소벽에 열반도가 종종 그려지는 양상을 관찰했다. 이처럼 키질과 바미얀은 열반도와 미륵보살을 조합시킨 도상구성에 있어 흥미로운 유사점을 보이는데, 인도세계에서는 이와 같은 열반과 미륵의 관련성을 찾아볼 수 없다[81]는 점 또한 양자의 특별한 관계를 말해준다.[82] 키질석굴의 북벽에 열반, 남벽에 미륵보살(바미얀석굴에서는 천정天頂에 미륵보살, 남벽 혹은 북벽에 열반도)과, 남북의 축을 따라 열반-미륵을 나타내는 표현은, 일본 법륭사法隆寺 5층탑의 탑본 소조상에서 북면에

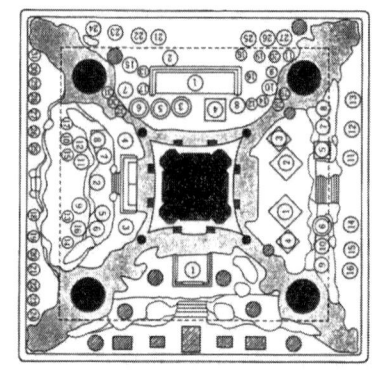

북면 열반상토

서면 분사리불토

동면 유마힐상토

남면 미륵불상토

도365. 법륭사 5층탑 탑본 소조상 배치도[『나라奈良 육대사六大寺 대관』 3, 삽도1]

열반상토涅槃像土, 남면에 미륵불상토彌勒佛像土가 조성되어 있는 것과 궤를 같이한다(도365). 법륭사의 배치는 중앙아시아의 방식을 짙게 반영하고 있는 것임에 틀림없다.

　　키질에서는 '열반'과 '도솔천상의 미륵보살'이 대응하는 형태로 표현되었는데, 바미얀에서는 열반도가 작게 천장 외연부에 표현되고, 천정의 미륵보살이 도상구성의 중심적 위치를 점하여, 키질과는 미묘한 차이를 보인다. 이는 아마도 바미얀에서는 열반도가 단순히 '불 멸도 후'를 보여주는 상징성 강한 도상으로, 미륵보살이 있는 도솔천 왕생을 보다 강하게 바랐던 도상구성임에 반해, 키질에서는 석가의 반열반을 자주 설화도상으로써 상세히 묘사하고, 석가가 입멸한 뒤 석가의 '사리'와 '불법'을 귀의처로 삼아야 함을 명확히 한 뒤에, 도솔천상의 미륵보살의 세계를 보여주었던 것이라고 말할 수 있지 않을까. 바미얀과 쿠챠(키질)는 각각 중앙아시아의 불교센터이면서 각각의 배경의 차이를 암시하고 있다. 현장이 바미얀梵衍那國에서는 '小乘의 說出世部', 쿠챠屈支國에서는 '小乘敎의 說一切有部'를 승려들이 학습하고 있었다고 전하고 있는 것은, 그 사이의 사정을 설명하는지도 모르겠다.

한편 흥미로운 점은, 천장에 '도솔천상의 미륵보살'을 그리는 표현은 둔황敦煌 모가오굴 수대의 석굴에서 보이는 것으로, 천정에 미륵보살을 그리는 바미얀의 표현과 상통하고 있다. 오자키 나오토尾崎直人가 지적했던 것처럼,[83] 둔황 수대의 제417, 419, 416, 423, 433, 388굴(이 굴만 초당시기) 등에 있어, 모두 천장부에 '도솔천상의 미륵보살'(미륵상생경변)이 보인다. 양측에 누각을 갖춘

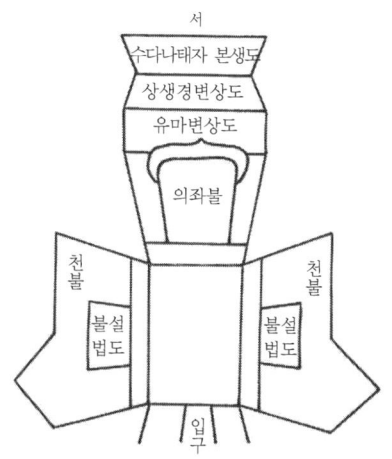

도366. 둔황 모가오굴 제423굴. 수. 전개도[오자키 나오토尾崎直人 원도]

큰 궁전 안에, 미륵보살(다수는 교각의좌)이 신들에게 위요되어 설법을 하시는 모습으로 표현되어 있다(도367). 이 굴들은 직사각형 도면을 취하며, 불감이 있는 뒷부분은 평천장, 입구 근처의 전실부가 단높임천장을 이루고, '도솔천상의 미륵보살'(미륵상생경변)은 그 서벽감의 바로 위, 혹은 단높임천장의 서면에 그려져 있는 것이다(도366). 이 구성은 둔황 수대의 굴에 집중적으로 보이며, 이들 굴의 좌우 측벽에는 천불이 표현되어 있는 점도 아울러,

도367. 둔황 모가오굴 제423굴 도솔천상의 미륵보살(미륵상생경변)[『둔황모가오굴』 2, 도34]

바미얀의 도상구성과 몇 가지 관련성이 상정된다. 열반도에 있어서도 바미얀과 둔황 수대의 열반도에는 대가섭의 쌍족예배, 마야부인의 애도, 화계정에 든 수발 등의 표현에서 공통된 도상상의 특징이 나타난다는 점에서, 분명하게 바미얀과 둔황 수대의 관련성이 엿보인다. 그러나 바미얀에서 볼 수 있었던 열반과 미륵의 조합이 둔황에서는 보이지 않아, 양자의 관계가 직접적인 것이라고는 말하기 어렵다.

바미얀, 키질, 둔황과 중앙아시아를 대표하는 불교미술에 상호 교류가 있었다는 것을, '도솔천상의 미륵보살'과 '열반'의 도상을 통하여 엿보았다. 동서교류에 의한 외부 미술의 영향과, 각각의 오아시스에 뿌리내린 미술 전통과의 융합 위에서 이룩되고 있는, 중앙아시아 오아시스미술의 양상을 밝혀 낼 귀중한 증언이라고 할 수 있을 것이다.

[미주]

1   현장,『대당서역기』권 제1, '범연나국梵衍那國'의 조(T.51, No. 2087, p. 873). 혜
초,『왕오천축국전』'범인국犯引國'의 조(T.51, No. 2089, p. 978). 바미얀에 관
한 문헌에 대해서는, 桑山正進,「バーミヤーンに関する中国及びイスラーム
資料」, 樋口隆康 편,『バーミヤーン』3 (同朋舍, 1984) 수록 및 桑山正進,「バー
ミヤーン 史料とその注解」,『カーピシー＝ガンダーラ史研究』(京都大学人
文科学研究所, 1990) 수록 참조.

2   A. Foucher, "Correspondance", *Journal Asiatique*, t. 102. n2 (Avril-juin, 1923), pp.
354-68.

3   A. & Y. Godard et J. Hackin, *Les Antiquités bouddhiques de Bāmiyān*, MDAFA,
Tome 2 (Paris et Bruxelles, 1928); J. Hackin et J. Carl, *Nouvelles Recherches
Archéologiques á Bāmiyān 1930*, MDAFA, Tome 3 (Paris, 1933); J. Hackin,
L'Œuvre de la Délégation Archéologique Française en Afghanistan (1922-1932)
(Tokyo, 1933), pp. 19-51 등.

4   B. Rowland & A. K. Coomaraswamy, *The Wall-paintings of India*, Central Asia and
Ceylon (Boston, 1938), pp. 45-71; B. Rowland, *The Art and Architecture of India*,
3rd ed. (1967), pp. 104-109; do., *The Art and Architecture of Central asie(Art of the
World)*, (New York, 1974), pp. 79-119.

5   吉川逸治,「バーミヤーンの壁画」上・下,『國華』607, pp. 239-245 (1941); 동 저자,
「バーミヤーンの芸術」,『中国及び西域の美術』(白鳳書院, 1948), pp. 71-109 등.

6   小寺武久・前田耕作・宮治昭,『バーミヤン-1969年度の調査-』(名古屋大学, 1971).

7   Z. Tarzi, *L'Architecture et le décor rupestre des grottes de Bāmiyān*, 2 vols (Paris, 1977).

8   D. Klimburg-Salter, *The Kingdom of Bāmiyān: Buddhist Art and Culture of the
Hindu Kush* (Naples-Rome, 1989).

9   樋口隆康 편,『バーミヤーン』(京都大学中央アジア学術調査報告), 全4巻, 同朋
舍, 1-2 (1983). 3-4 (1984) (이하『バーミヤーン』1-4로 줄임).

10   이 벽화에 대한 기술은, 宮治昭,「壁画」,『バーミヤーン』3, pp. 83-87. 도판은 같
은 책 1, pls. 22-30 참조. 또한, 宮治昭,「バーミヤーンの仏教世界」,『哲学会誌』第
19号 (弘前大学哲学会, 1984) 중에서 동대불 불감벽화에 대한 약간의 고안을
시도해 보았다.

11   이 벽화에 대한 기술은, 宮治昭,「壁画」,『バーミヤーン』3, pp. 113-121. 도판
은 같은 책 1, pls. 96-116 참조.

12   吉川逸治,「バーミヤーン」,『アフガニスタンの古代美術』(日本経済新聞社,
1964), p. 167.

13 小寺武久 외, 주 6), 앞 책, pp. 3-4.

14 T.14, pp. 418-420.

15 坂本幸男·岩本裕 역, 『法華經』下 (岩波文庫), pp. 328-329.

16 松本文三郞, 『彌勒淨土論』(丙午出版社, 1911), 특히 「弥勒淨土と弥陀淨土」의 장, pp. 191-230 참조. 『법화경』 「보현보살권발품」에도 "미륵보살은 백천만 억 천녀의 권속이 있다"라고 한다.

17 T.50, p. 337. 藤田宏達, 『原始淨土思想の研究』(岩波書店, 1970), pp. 123-124 참조.

18 松本文三郞, 주 16) 앞 책. 渡邊照宏, 『愛と平和の象徴 弥勒経』(筑摩書房, 1966) 참조.

19 藤田宏達, 주 17) 앞 책. 山田明爾, 「觀経攷-無量寿仏と阿弥陀仏」, 『龍谷大学論集』第 408号 (1976) 참조.

20 宮治昭, 「バーミヤーン西大仏(五十五米仏)の仏龕壁画」, 『國華』 992 (1976).

21 본고에서 바미얀의 연대론은 다루지 않으나, 필자는 벽화·조각의 연대에 대해 6~7세기를 중심으로 융성했다고 생각한다. 宮治昭, 주 20) 논문 및 「バーミヤーン壁画の展開(上)(下)」, 『佛教藝術』 113, 118号 (1977-78). 또한 宮治昭, 「バーミヤーン石窟の塑造唐草紋」, 『展望アジアの考古学』, 樋口隆康教授退官記念論集 (新潮社, 1983) 수록. 또한 宮治昭, 「壁画および塑造の装飾美術に関する比較考察」, 『バーミヤーン』 3, pp. 176-210, 참조. 지금까지의 연구에 대해서는, 宮治昭, 「バーミヤーン史研究」(上), 『名古屋大学文学部研究論集』 69 (1976). 같은 책(下) 『文化紀要』第12号1, 弘前大学教養部 (1978), 참조. 최근 쿠와야마 쇼신 교수는, 행력승이 지났던 길을 면밀히 검토하여 6세기 중엽 이후 바미얀을 통한 힌두쿠슈 서맥로가 인도와 중국을 잇는 간선도로였음을 밝혀 내, 바미얀 미술의 연대를 6세기 중엽 이후로 볼 수 있음을 시사하고 있다. 桑山正進, 「バーミヤーン大仏成立にかかわるふたつの道」, 『東方學報』 (京都, 第57冊, 1985); 동 저자, 『カーピシー=ガンダーラ史研究』(京都大学人文科学研究所, 1990), pp. 240-49.

22 이 벽화에 대한 기술은, 宮治昭, 「壁画」, 『バーミヤーン』 3, pp. 104-106. 도판은 같은 책 1, pls. 75-78 참조.

23 이 벽화에 대한 기술은, 宮治昭, 「壁画」, 『バーミヤーン』 3, pp. 108-112. 도판은 같은 책 1, pls. 87-95 참조.

24 이 벽화에 대한 기술은, 宮治昭, 「壁画」, 『バーミヤーン』 3, pp. 121-122. 도판은 같은 책 1, pls. 118 참조.

25 바미얀의 석굴구조에 관해서는, 주 6)에서 인용한 히구치 타카야스樋口隆康 교수의 보고와 고찰을 참조함. 또한, 樋口隆康, 『バーミヤーンの石窟』(同朋舎, 1980)에서도 개관하고 있다.

26 이 벽화에 대한 기술은, 宮治昭, 「壁画」, 『バーミヤーン』 3, pp. 125-128. 도판은 같은 책 1, pls. 140-45 참조.

27 J. Hackin et J. Carl, *Nouvelles Recherches Archéologique á Bāmiyān 1930*, MDAFA, Tome 3 (Paris, 1933), pp. 39-46.

28 이 벽화에 대한 기술은, 宮治昭, 「壁画」, 『バーミヤーン』 3, pp. 112-113. 도판은 같은 책 2, pls. 138-39 참조.

29 이 벽화에 대한 기술은, 宮治昭, 「壁画」, 『バーミヤーン』 3, pp. 99-101. 도판은 같은 책 1, pls. 62-67 참조.

30 이 벽화에 대한 기술은, 宮治昭, 「壁画」, 『バーミヤーン』 3, pp. 76-78. 도판은 같은 책 1, pls. 7-9 참조.

31 이 굴의 입구 통로 천장의 소화면에 그려진 원륜구도에는 중앙에 불좌상이 표현되어 있다. 『バーミヤーン』 1, pl. 8-1. 참조.

32 이 벽화에 대한 기술은, 宮治昭, 「壁画」, 『バーミヤーン』 3, pp. 73-74. 도판은 같은 책 1, pls. 2-3 참조.

33 이 벽화에 대한 기술은, 宮治昭, 「壁画」, 『バーミヤーン』 3, pp. 96-97. 도판은 같은 책 1, pls. 56-58. 참조.

34 이 벽화에 대한 기술은, 宮治昭, 「壁画」, 『バーミヤーン』 3, pp. 102-103. 도판은 같은 책 1, pls. 70-74 참조.

35 J. Hackin et J. Carl, 앞 책, pp. 31-38, pl. 48.

36 石松日奈子, 「中国交脚菩薩像考」, 『佛教藝術』 178号 (1988), 참조.

37 키질 제1양식의 제77굴 우랑 측벽 위쪽에는, 우벽에 전법륜인의 미륵보살, 좌벽에 오른손 여원인, 왼손에 물병을 든 미륵보살을 표현하였다. 본서 제3부 제2장, 도판45 참조. 제2양식에서는 전법륜인 타입(제38굴)과 물병을 드는 타입(제17굴)의 두 종류가 있다.

38 실 역, 『미륵내시경』 (T.14, No. 457, pp. 434-435); 축법호 역, 『미륵하생경』 (동, pp. 421-423) 구마라집 역, 『미륵하생성불경』 (동, pp. 423-425); 구마라집 역, 『미륵대성불경』 (동, pp. 428-434); 의정 역, 『미륵하생성불경』 (동, pp. 426-428); S. Lévi, "Mitreya le Consolateur", *Études d'Orientalisme: la Memoire de Roymonde Linossier*, Tome II (Paris, 1932), pp. 381-402; E. Leumann, *Maitreya-samiti, das Zukunftsideal der Buddhisten* (Strasburg, 1919).

39 T.04, pp. 432-436.

40 T.01, pp. 508-511.

41 T.01, pp. 829-831.

42 中村元 · 早嶋鏡正 · 紀野一義, 『浄土三部經』 上下, 岩波文庫 참조. É. Lamotte, *Histoire du Buddhisme Indien* (Louvain, 1958), pp. 775-88; 渡邊照宏, 주 18) 앞 책,

p. 160 참조.

43   T.14, p. 418c.

44   渡邊照宏, 주 18) 앞 책, pp. 162-165.

45   T.14, p. 419c.

46   불전(Lalitavistara, ch. 5)에서는, 전생의 석가가 도솔천으로부터 이 세상에 하
      생할 때, 미륵보살의 머리 위에 자신의 보관patta-maula을 씌웠다고 하는 이야
      기도 이와 관련이 있을 것이다. 宮治昭,「インド仏伝図像の研究(一)」,『名古屋
      大学文学部研究論集』99, 1987, p. 200. 도11 참조.

47   T.14, p. 419c.

48   『중아함경』「전륜왕경」, T.01, p. 521c.

49   전륜성왕에 대해서는, 中野義照,「元始佛教における 轉輪聖王」,『密教文化』32
      (1955); 藤田宏達, 주 17) 앞 책, pp. 487-491 참조.

50   T.14, pp. 63-64.

51   G굴과 J굴. J. Hackin et J. Carl, 앞 책, pp. 31-38; J. Hackin, "Recherches
      Archéologique à Bāmiyān en 1933", Diverses Recherche Archéologique en
      Afghanistan, MDAFA, Tome 8 (Paris, 1959), pp. 2-4. 두 굴 모두 정사각형 도면
      이다.

52   小寺武久,「バーミヤンの石窟寺院と石窟の空間形態に関する考察」,『建築史
      研究』38 (1972), 참조.

53   cf. B. Rowland, "The Bejewelled Buddha in Afghanistan", Artibus Asiae, 24 (1, 1961),
      pp. 20-24. '장식된 붓다'의 유사 사례와 연대에 관해서는, 宮治昭,「バーミ
      ヤーンの飾られた仏陀の系譜とその年代」,『佛敎藝術』138 (1981) 참조.

54   바미얀의 '장식된 붓다'는 동대불 천장, 서대불 천장, I굴과 같이 2구 이상 표
      현되는 경우도 있지만, 관식이나 장신구가 가가 다르다. 호화로운 보관이나
      삼면관식과 세 갈래 꼴의 어깨덮개를 걸치고 불발을 드는 '장식된 붓다'가,
      전륜성왕과 동화된 하생의 미륵불로 해석된다.

55   T.51, p. 838bc, p. 865c.

56   T.12, pp. 1070-1077. 또한, 山田龍城,「蓮華面経について」,『山口博士還暦記念
      印度學佛教學論叢』(法藏館, 1955); 桑山正進,「闍賓と佛鉢」,『展望アジアの考
      古学』樋口隆康教授退官記念論集, (新潮社, 1983) 참조.

57   이 벽화에 대한 기술은, 宮治昭,「壁画」,『バーミヤーン』3, pp. 74-76; J. Hackin
      et J. Carl, 앞 책, pp. 31-38.

58   이 벽화에 대한 기술은, 宮治昭,「壁画」,『バーミヤーン』3, pp. 101-102. 도판
      은 같은 책 1, pls. 68-69 참조.

59 『장아함경』「유행경」(T.01, No. 01, p. 21b);『불반니원경』(같은 책, p. 200c, p. 201a). 팔리본 열반경에서는 간단히 언급되어 있을 뿐으로(中村元 역,『ブッダ 最後の旅』(岩波文庫), pp. 141-142), 별도로 Mahāsudassana-suttanta (大善見王經) 을 들고 있다. cf. A. Bareau, *Recherches sur la biographie du Buddha dans les Sūtrapiiṭaka et les Vinayapiṭaka ancien*, Tome 2 (Paris, 1971), pp. 72-76.

60 T.01, p. 172c.

61 T.01, p. 188b.

62 A. Bareau, 앞 책, pp. 324-26.

63 中村元 역, 주 58) 앞 책, pp. 133-135.

64 T.01, p. 26a.

65 T.01, p. 200a.

66 松本文三郎,「涅槃経論」,『宗教研究』第2年, 第六号, pp. 170-175, 참조.

67 T.55, pp. 590-591.

68 T.12, pp. 912-9127.

69 T.12, pp. 945-973.

70 T.14, p. 425. 같은 책, p. 433.

71 T.12, p. 958a.

72 중국 북조기의 천불에 관해서는, 賀世哲(八木春生 역),「北朝石窟における千 仏図像の諸問題について」,『佛教藝術』193 (1990), 참조.

73 T.12, p. 972; 같은 책, pp. 1013-1014; 같은 책, pp. 1072-1073.

74 T.14, p. 434b.

76 T.14, p. 420a.

77 『법화경』「보현보살권발품」에도, "만일 어떤 사람이 있어, 수지하고 독송하 고 그 뜻義趣을 이해한다면, 그가 목숨을 마칠 때에 천불께서 손을 내밀어, 두 렵지 않게 하고 악노惡趣에도 떨어지지 않게 힐 것이므로, 곧 도솔천상의 미 륵보살이 계시는 곳에 왕생하여, 바로 그곳에 태어나게 될 것입니다"라고 한다. 여기서는 사후의 구제가 문제시되고 있다는 점이 주목된다.

78 新疆ウイグル自治区文物管理委員会・拝城県キジル千仏洞文物管理所 편,『中 国石窟 キジル石窟』(이하『キジル石窟』로 줄임) 1 (平凡社, 1983), pls. 82-145 및 그 해설 참조.

79 『キジル石窟』1, pl. 86.

80 『キジル石窟』1, pls. 55-72. 및 그 해설.『新疆の壁画』上, (美乃美), pls. 54-74 참조.

81 간다라 지방 출토의 한 부조(탁실라박물관 소장)에, '도솔천상의 미륵보살' (향우)과 '열반'(좌)을 표현한 것으로 보이는 예가 있는데(도168 = 栗田功,『ガ

ンダーラ美術1佛伝』(二玄社), pl. 484), 전자는 존격을 파악하기 어려운 부분
이 많다. 푸셰는 그와 같은 구도의 부조를 '신들의 권청'의 장면으로 보았다.
cf. A. Foucher, *L'art gréco-buddhique du Gandhāra*, Tome 1 (Paris, 1905), pp.
320-22. fig. 164; Tome 2, *Additions et Corrections* (Hanoi, 1951), p. 838. 이 장면에
대해서는 더욱 검토가 필요하다.

82　바미얀과 키질에서 볼 수 있는 열반과 미륵의 조합에 관해서는, 宮治昭, 「バー
ミヤーンF洞の涅槃図」, 『名古屋大学文学部研究論集』 60 (1973) 및 「キジル石
窟における涅槃の図像構成」, 『オリエント』 25-1 (1982)에서 지적하였는데,
최근 J. 에베르트도 지적하고 있다. J. Ebert, *Parinirvāṇa, Untersuhuhgen zur
ikonographischen Entwicklung vor den indischen Anfängen vis nach China* (Stuttgart,
1985).

83　尾崎直人, 「敦煌莫高窟の彌勒淨土変相」, 『密教図像』 第2号 (1983) 참조.

결론

본 연구는 열반과 미륵에 관한 도상을 들어 그 인도에서의 양상 및 불교미술이 인도에서 중앙아시아로 전파될 때 그 테마가 변용되는 양상을 구조적으로 밝히고자 한 것이다. 즉, 인도와 중앙아시아의 열반과 미륵에 관한 미술작품·도상자료를 가능한 망라적으로 수집해서, 그 도상들을 텍스트와 조합시켜 세부적으로 독해하는 데서 출발하여, 다른 도상과의 대립·대응 관계나 조합을 시야에 넣은 도상의 구조 및 전체적인 도상구성(프로그램)의 문제를 고찰하고, 나아가 그와 같은 도상요소와 도상구성을 이루어 내고 있는 배경을 함께 고려함으로써, 불교미술에 있어 인도세계와 중앙아시아 세계의 관계와 변용의 양상을 해명하고자 시도한 것이다.

　　열반과 미륵이라고 하는 이질적으로 보이는 테마를 조합시켜 들었던 것은, 불교미술에 있어 '사死'와 '생生(재생)'에 관한 데미가 핵심직인 중요성을 지니고 있고, 열반과 미륵의 도상이 이 테마와 밀접히 관계되기 때문이다. 적어도 인도와 중앙아시아의 불교미술에 있어서는, 각각 열반과 미륵의 미술이 큰 비중을 점하고 있을 뿐만 아니라, 두 미술을 아울러 고찰해 봄으로써 불교미술이 어떻게 인도세계를 벗어나 중앙아시아 세계에서 재탄생했는가를 이해할 수 있다.

　　본 연구는 3부로 구성되어 있다. 제1부에서는 인도의 열반미술의 양상에 대해, 스투파 신앙과의 관계를 고려하며 고찰했다. 열반(반열반)은 불교사상의 핵심을 이루는 개념으로, 불교미술에 있어 그것을 어떻게 표현할 것인지는 중대한 문제이다. 인도에서는 열반미술이 스투파라는 '생사生死'의 상징주의와 '석가의 죽음'으로서의 설화적 표현의 상극 속에 전개되고 있는데, 결국 스투파·열반의 상징주의가 승리한다. 이 점이 인도에서는 열반세계를 차안此岸과 별도의 피안彼岸세계로서 그려내는 정토도를 낳지 않았던 이유이기도 하다.

제2부에서는 인도의 미륵보살 도상의 양상을, 인도의 세계관과 관련된 고대 인도 존상의 두 계열 안에서 고찰했다. 인도의 보살상은 두발·관식·장신구·지물 등을 통해 보살의 특징이 표현되는데, 거기에는 각 보살의 성격과 동시에 고대 인도의 종교관·사회관이 짙게 반영되어 있다. 고대 인도 보살상의 도상적 특징을 상세히 살펴보고 분류·정리하면 그와 같은 인도 보살상의 윤곽이 표면에 드러나며, 열반세계로의 매개자인 미륵보살의 본질이 분명해진다.

제3부에서는 간다라·인도로부터 전래된 미륵과 열반의 도상이 중앙아시아에서 변모하는 모습을 밝히고, 일찍이 인도에서는 결부된 적 없었던 양자가 서로 조합되어, 중앙아시아의 독자적 특징을 보이게 되는 양상을 고찰했다. 중앙아시아에서는 유토피아 세계의 상징으로서 미륵대불이 조성되며, 또한 미륵보살은 피안세계의 표현에 다름없는 도솔천 세계의 주인공으로서 그려내는 전통이 확립된다. 이 '도솔천상의 미륵보살' 도상의 전개는, 미륵신앙을 가진 산속의 선정승·선관승의 도상이 깊게 관련되어 있음과 동시에 석가열반도의 선양에 의한 불멸佛滅에의 위기의식이 결부되어 있다. 중앙아시아의 열반미술은 인도의 스투파 상징주의를 대신하는 형태로, 열반도·열반상이라고 하는 구체적인 형태를 통해 석가의 이상적 경역의 달성을 표현하고 있는데, '석가의 죽음' 모습에 대한 강조는 불멸 그 자체를 환기시키는 것이기도 하며, 종종 미륵보살과 조합되어 석가 입멸 후에 미륵보살에게 구제되기를 바라는 구제론적 도상을 형성하고 있다.

이하에서 본 연구의 요지를 순서에 따라 기술해 보겠다.

제1부 '인도의 스투파 신앙과 열반미술'

제1부 전체의 서론이 되는 **제1장 '스투파의 상징성과 그 장식원리'**에서는, 스투파의 '죽음'과 '삶'에 관계되는 상징성의 양상을 그 형태와 장식이라는 조형의 측면에서 밝히고, '열반' 개념과의 관계를 고찰한다.

(1) 스투파 신앙은 원래 비불교적 민간신앙인 성수聖樹신앙(차이티야 신앙)을 흡수, 융합시켜 인도로 퍼져나갔는데, 오히려 그 점에서 스투파는 복합적인 우주론적 상징성을 계승하였다. (2) 스투파의 복발 내부에는 종종 파이프 구멍이 뚫려 있던 흔적이 남아있거나, 혹은 기둥을 설치했던 것으로 보이는 경우도 있어, 스투파는 고대 인도의 하늘과 땅을 연결하는 기둥인 우주축의 관념과 결부되어 있다. 그러나 인도에서는 스투파의 기둥·우주축의 이미지가 그다지 발전하지 않았다. 이에 반해, (3) 스투파 복발의 둥근 형태가 고대 인도의 우주생성론과 관계 깊어, 자궁garbha · 알 · 항아리의 이미지와 강하게 섞여 있다. 이러한 점에서 인도에서 스투파는 우주생성의 근원으로서의 이미지를 갖는다. (4) 나아가 평두(하르미카)에 사리안치를 표시하는 기능이 있었을지도 모른다는 가설을 제기하고, 평두의 조형이 사당·궁전의 이미지와 중첩된다는 점을 고찰하여, 스투파가 석가의 사리를 모신 '무덤'임과 동시에 '낙원'으로서의 양상을 보인다는 점을 밝혔다.

이렇게 스투파는 생명의 발아력의 원천, 풍요다산한 낙원의 핵심으로 여겨지고, 스투파 주위에 표현된 장식은 물-식물-동물-신들-여신과 미투나 등과 같이, 무한한 생명력이 발현되는 모습이라고 원리적으로 독해할 수 있음을 주장하였다. 스투파는 힌두교의 링가와 비교할 수 있는데, 스투파 자체의 조형은 완전성·영원성의 상징성을 갖는 원·구의 형태를 고집하면서 최종적으로 불교의 이상인 열반적정이라는 '위대한 죽음'의 상징으로서 나타났다.

이상과 같이 제1장에서 스투파 신앙과 상징성의 문제를 검토하고 인도의 열반미술의 배경을 밝혀낸 뒤에, 제2～4장에서 열반미술의 양상을 고찰했다.

제2장 '남인도 · 아마라바티의 열반설화도'에서는, 초기 열반미술의 작품으로서 고슈와 사르카르에 의해 소개되었던 '석가의 마지막 여행'을 표현한 아마라바티의 설화부조(기원1세기 전반경)에 대해 소승열반경의 여러 텍스트(팔리본, 산스크리트본, 한역5본)와 대조하여 여섯 장면을 해석했다. 이를 통해 이 부조는 팔리본 열반경과 한층 가까운 관계에 있음이 밝혀졌다. 더욱이 이 부조는 바이샬리에서 쿠시나가라로 가는 '석가의 마지막 여행' 도중에 있었던 몇 가지 에피소드를 표현한 독특한 작품인데, 이후 이와 같은 테마가 열반미술 중에 다루어지는 경우는 없다.

　　열반미술의 가장 일반적인 테마는 열반도이지만, 바르후트와 산치의 초기불교미술에 있어서와 남인도의 불교미술에 있어 석가의 죽음 장면인 열반도는 결코 표현되지 않으며, 불전미술에서 열반의 장면은 '스투파도' 혹은 '스투파 공양도'를 통해 대신 표현되고 있다. '열반'은 불교 이상의 달성이며, 그것은 인간의 죽음의 장면과는 다르다고 하는 의식이 강하게 작용했기 때문이라고 저자는 추론하였다. 이와 같은 '열반도의 금기'라 할 수 있는 현상이 초기불교미술에서 두드러진다는 것을 논하였다(제4장 제1절).

　　이렇게 살피다 보면 석가의 죽음을 표현하는 열반도의 출현이 획기적이라는 사실이 이해될 것이다. 제3장 '간다라열반도의 독해'에서는 열반도가 헬레니즘 · 로마의 장례미술을 모범으로 하여, 외래 영향을 통해 열반도가 창시되었던 사정을 고찰했다. 그러나 한편으로는 석가의 누운 모습이 인도의 '죽은 사람의 와법petaseyyā'인 위를 향하는 와법을 거부하고, 안식과 어울리도록 오른쪽 겨드랑이를 밑으로 하는' 사자의 와법sīhaseyyā'을 취하고 있는 것은, 열반이 인간의 죽음과 다르다고 하는 인도의 전통을 보여주는 것이다.

　　간다라의 열반도(부조)에는 소승열반경에 기록된 몇 가지 특징적인 에피소드가 가득 담겨 있음이 팔리본과 산스크리트본의 열반경을 검토한 A. 푸셰의 연구를 통해 밝혀졌는데, 필자는 푸셰의 연구를 발전시키는 형태로 한역5본을 포함하는 여러 텍스트와 조합시켜 해석했다. '마왕과 그 딸의 유혹', '비애의 집금강신'(혹은 '쓰러지는 집금강신'), '석가의 앞에 선 우파마야',

'망연자실한 아난', '충고하는 아나율', '아난과 만난 유행자 수발須跋', '석가 입멸을 차마 보지 못해 먼저 멸진정에 든 수발', '사명邪命 외도로부터 석가 입 멸을 듣는 대가섭', '석가의 두 발을 예배하는 대가섭' 등의 도상이 읽혀, 석가 의 입멸에 관한 다양한 에피소드를 서술적으로 가득 담아내고 있음을 밝혀 냈다. 그 에피소드들의 대부분은 소승열반경에 기록되어 있지만, 팔리본에 는 언급되지 않고 한역본에 의해 적확하게 해석되는 도상도 있으며, 또한 집 금강신의 이야기 등과 같이 열반경 바깥에 출전이 있는 것들도 있다는 점에 주목할 필요가 있다.

간다라에서는 열반도뿐 아니라 열반에 이은 장례 및 사리에 관한 설화 도도 표현되어, 종종 연속되는 불전의 열반 사이클을 형성한다. **제4장 '인도 열반미술의 변천'**의 제2절에서, 이 간다라의 장례 및 사리설화도의 양상을 검토했다. '시신의 염습', '입관', '다비', '사리의 입성', '사리의 수호·예배', '사리 쟁탈전', '분사리', '사리의 운반', '기탑'의 장면들을 명확히 하고, 이 장 면들이 기본적으로는 소승열반경을 통해 해석될 수 있지만 그중에는 텍스 트로 암시되고 있을 뿐인 장면도 있으며, 특히 시신의 염습, 화장, 경단 모양 사리의 표현 등과 같이 오히려 당시의 장례 및 사리에 관한 실제 습속이나 의 례가 도상표현에 깊이 영향을 미치고 있음을 고찰했다. 이 고찰을 통해 석가 의 죽음과 그 후의 장례, 사리 숭배의 구체성·현실성에 강한 관심을 보이면 서 석가의 전기적 설화도로 정리히려고 하는 간다라 열반미술의 특징이 느 러났다고 할 수 있을 것이다.

제4장 제3절에서는 인도에서 열반미술이 그 후 어떠한 전개를 보이는 지 고찰하였다. 장례나 사리에 관한 설화표현은 그 후의 인도에서는 거의 행 해지지 않게 되고, 열반도도 간다라의 열반도상이 간략화되거나 비탄에 잠 긴 인물이 유형화되면서 이를 답습하는 데 그쳐, 설화적 표현의 발전을 볼 수 없다. 한편 굽타조에서는 초기불교미술에서 볼 수 있었던 열반의 상징성이 다시 강화된다.

굽타조 사르나트미술에는 석가의 네 가지 이야기나 여덟 가지 이야기로 표현되는 불전부조가 많은데, 그들은 단순히 불전의 장면들을 정리한 것이 아니라, 석가의 사적을 추념하게 하는 '시각의 순례'라고 할 만한 구조를 보이고 있다고 저자는 고찰하였다. 즉, 간다라의 설화성 강한 불전도는 오른쪽에서 왼쪽으로의 횡축으로 전개되는데, 사르나트의 사상도·팔상도는 밑에서 위로의 종축으로 전개되고, '열반'은 반드시 그 최상단에 표현되어 열반의 지극한 경지가 암시되어 있다(이 특징은 이미 아마라바티의 사상도에서 보인다). 사르나트의 불전미술은 관자의 '시각의 순례'를 통해, 최하단의 '탄생'부터 순차적으로 상승하여 최종적으로 '열반'에 도달하는 구조를 보이는 것으로, 부조 최상단의 열반도에는 불교의 이상의 경지인 열반의 상징성이 함의되어 있다.

굽타시대 열반의 상징주의 부흥의 또 하나의 형태로, 열반대상의 출현이 있다. 석가 입멸의 성지 쿠시나가라에 기념비적으로 조성되었던 열반대상은 독립된 예배상이 되며, 게다가 스투파와 세트를 이루어 서쪽을 향하여 조성되었다. 열반대상의 옆에는 스투파가 건립되었고, 그로 인해 석가의 죽음이자 이상의 실현인 '열반'이 상징적으로 제시되었다. 아잔타 제26굴의 열반대상도 비슷한 특징을 보이는데, 여기서는 열반 장면의 대광경을 표현하고 있다는 점에서 독특한 양상을 보인다. 이들 열반대상은 일찍이 불전미술에서 분리되어, 석가의 도달점이자 불교의 이상적 경지인 반열반의 상징으로서 건립되고, 스투파와 병존되어 있다는 점에서 인도적 특징을 발견할 수 있다.

마지막으로 인도 불교미술의 종말기인 팔라조에서는, 역시 열반도의 설화적 전개는 보이지 않지만 옆으로 누운 석가의 위쪽에 반드시 작은 스투파가 표현되어 있다. 열반은 이상의 실현이며 그것은 스투파를 통해 표현할 수 있다고 하는, 인도의 뿌리 깊은 스투파의 상징주의가 연속되고 있음을 엿볼 수 있다. 또한 팔라조에 작례가 많은 석가팔상도 부조에서는, 석가성도를 중앙에 크게 예배상적으로 표현하고 그 주위에 7상을 기하학적인 배치로 표현하고 있다. 열반 장면은 그 최상부에 놓여 성도와 열반을 중축에 두면서도,

'돌아가신 석가'가 아닌 '살아계신 석가'를 중심으로 한 불전만다라고 할 수 있는 양상을 보이고 있다.

이상으로 제1부에서 인도의 열반미술이, 스투파·열반의 상징주의와 간다라에서 개발되었던 석가의 죽음과 관련된 설화주의의 상극 속에서 전개되었음을 고찰하고, 인도에서는 결국 '열반'의 상징주의가 승리하는 양상을 밝혔다.

제2부 '인도 존상의 두 계열과 미륵보살의 도상'

제2부 전체의 서론이기도 한 **제1장 '고대 인도의 브라흐마와 인드라의 도상에 관해'**에서는, 우선 브라흐마(범천)와 인드라(제석천) 신격의 특징을 문헌학자의 연구 성과를 바탕으로 개관한 뒤에, 각 존상의 도상적 특징을 고대초기부터 굽타시대까지의 작품에 대해 구체적으로 검토했다. 이를 통해 브라흐마와 인드라의 도상은 시대적 변화는 있지만, 범계·정신계의 왕인 브라흐마는 두발을 묶고, 천 조각(혹은 사슴가죽) 이외에 장신구 등을 걸치지 않고, 수행자에 어울리는 지물(물병·염주 등)을 들고 있는 것에 반해, 신들의 왕인 인드라는 보관이나 관식을 걸치고 장신구로 장식하며, 종종 전사에 어울리는 지물(금강저 등)을 들고 있다고 하는 도상의 기본은 일관되고 있음을 밝혔다.

불교미술에서는 이 두 신이 한 쌍의 수호신으로서 표현되지만, 거기에는 고대 인도의 세계관이 강하게 작용하고 있다. 브라흐마의 후예인 바라문과 인드라의 신격을 반영하는 크샤트리아는, 인도 바르나제도의 제1계급과 제2계급을 구성하는데, 양자는 단순히 상하관계에 있는 것이 아니다. "바라문 없이 크샤트리아는 번영할 수 없고, 크샤트리아 없이 바라문은 번영할 수 없으며, 바라문과 크샤트리아가 협력할 때 비로소 현세와 내세에 번영할 수 있다"(『마누법전』)라고 하는 고대 인도의 세계관이, 브라흐마와 인드라라고 하는 서로 대립하면서도 보완관계에 있는 도상의 두 계열을 이루고 있다. 이 브라흐마와 인드라 도상의 두 계열은, 시바와 비슈누의 도상형성과도 깊게 관련되어 있다.

브라흐마와 인드라로 대표되는 고대 인도 존상의 두 계열은 불교의 보살상 형성에 큰 영향을 미치고 있다. 이 점을 고려하며 제2~5장에서 미륵보살을 축으로 하는 인도 보살상에 대한 도상학적 연구를 행하였다.

제2장 '간다라 삼존형식의 양협시보살의 도상'에서, 붓다를 주존으로 하고 양협시로 보살상을 갖는 간다라의 삼존형식 부조에 관한 자료를 거의 망라적으로(총 40개) 수집하고, 양협시의 두발·관식·수인·지물 등의 도상적 특징을 상세히 검토했다. 그 결과 양협시는 좌우 위치는 일정하지 않지만, 서로 다른 보살이 자리한다는 것을 밝혔다. 즉 한편의 협시는 두발을 묶거나 혹은 상투를 틀고서 왼손에 물병을 든 보살로, 이 상은 카니시카 화폐의 명문이 있는 미륵상이나 과거칠불(혹은 과거사불)과 나란히 있는 보살상과의 유사점으로 미루어 미륵보살로 판단된다. 다른 한편의 협시는 반드시 터번관식을 쓰지만, 아무런 지물도 들지 않은 보살과 꽃장식 혹은 연꽃을 든 보살로 나뉘며, 전자는 불전부조 속의 싯다르타 태자와의 유사점을 통해 석가보살로, 후자는 초기중국의 관음상과의 유사점이나 padmapāni(연화수)가 관음으로 여겨졌던 점을 통해 관음보살로 판단된다. 그 때문에 삼존형식의 양협시는 미륵-싯다르타(석가), 미륵-관음으로 구성된 조합의 보살상이 자리하는데, 후자의 예가 압도적으로 많다. 주존은 아마도 석가불로, 미륵보살과 관음보살을 양협시로 하는 불삼존상이 간다라에서 많이 만들어졌음이 추측된다. 또한 명문이 있는 아미타·관음의 불삼존상 단편은, 아마도 간다라에서 일반적이었던 석가-미륵-관음의 불삼존상의 도상형식을 아미타신자가 아미타삼존상에 전용한 것으로 생각된다.

간다라의 머리를 묶고 물병을 든 미륵보살과, 터번관식을 쓰고 연꽃(꽃장식)을 든 관음보살의 도상은, 불전미술 가운데 '신들의 권청', '궁정생활'에서 보이는 싯다르타 태자(석가보살)의 모습을 바탕으로 하면서, 거기에 각기

브라흐마와 인드라의 존격과 도상을 투영시켜 독자적인 불교존상으로 완성시킨 것으로 생각된다. 즉, 미륵보살에는 싯다르타 태자가 깨달음을 구하는 모습(상구보리)에 브라흐마의 도상이 겹쳐지고, 관음보살에는 싯다르타 태자의 중생구제를 바라는 모습(하화중생)에 인드라의 도상을 집어넣어(다만, 지물은 금강저에서 연꽃으로 바뀌었다), 독자적인 불교의 보살상으로서 성립시켰다고 생각된다.

제3장 '간다라 미륵보살의 도상'에서는, 간다라 미륵보살의 특징으로서 두발은 속발 혹은 상투를 틀고, 왼손에 물병을 들며, 오른손은 종종 어깨 높이까지 들어 손바닥을 안으로 향하는 수인을 취하고, 또 젊은이의 용모나 자세를 보이는 경우가 있음을 확인한 후에, 간다라 미륵보살의 도상이 브라흐마 및 바라문 행자의 도상과 관계가 깊으며, 깨달음을 구하는 수행자로서의 이미지에 기초하고 있음을 고찰했다. 미륵보살과 브라흐마의 도상 혼효는 A. 푸셰의 연구 이래로 줄곧 제시되어 온 것이지만, 필자는 미륵에 관한 경전들(주로 한역 경전)을 검토하여 단순히 미륵이 바라문 출신이라는 점뿐 아니라, M. 타데이가 시사한 내용을 바탕으로 양자의 존격이 구조상으로 유사하다는 점에 주목했다. 즉, 간다라의 미륵보살은 석가의 뒤를 잇는 미래불로서의 성격을 갖고 있지만, 원래 바라문 출신으로 현재는 범행을 닦는 지자智者이고, 보리를 추구하며, 그것을 잠재적인 형태로 체현하고 있다. 미륵이 붓다의 본질인 보리의 씨앗, 불성을 지닌 것은, 브라흐마가 우주의 본질인 브라흐만을 구현하고 그것을 인격화한 신이라는 것에 비견될 수 있다. 이 같은 존격의 구조적 유사점이 미륵과 브라흐마의 도상 혼효를 낳게 된 것으로 생각된다. 나아가 타데이의 연구를 소개하며, 오른손 손바닥을 안으로 향하고 젊은이의 용모를 한 간다라의 미륵보살 도상이 하르포크라테스의 도상과 관계 깊다는 점을 지적하고, 브라흐마·미륵·하르포크라테스가 혼효되는 양상을 언급하였다. 이상의 내용을 통해 간다라의 미륵보살 도상 성립에 관련된 배경이 일정 부분 규명되었다고 판단된다.

또한, 제3장의 [부론1]에서는 간다라에서 보살형이 아닌 불형의 미륵,

이른바 하생의 모습으로서의 미륵불이 만들어졌을 가능성이 충분하지만 그러한 상을 확인하기는 어렵다는 점을 지적했다. [부론2]에서는 간다라 카피시의 특별한 상황 속에서 '도솔천상의 미륵보살' 도상이 성립되었고(미륵보살은 쿠샨 유목민의 공양자와 함께 표현되는 경우가 많다), 그 도상이 중앙아시아·중국 북위 전후의 불교미술에 큰 영향을 주었음을 논했다.

제4장 '간다라 반가사유의 도상'에서는, 한국과 일본의 고대미술에서 미륵보살과 밀접한 관계가 있는 반가사유의 도상을 그 시원인 간다라 미술 속에서 탐색하고, 그 도상의 양상을 밝혔다. 간다라의 반가사유 도상을 수집하여 분류정리하면, (1) 불전도, (2) 대신변도, (3) 불삼존상, (4) 단독상의 네 가지 계열로 나타나고 있음을 알 수 있다. (1) 불전도에서는 '수하관경(사유)', '혼약', '출가결의'의 장면에서, 싯다르타 태자가 세속세계의 위기적 상황 속에서 그것을 초월하여 깨달음의 세계를 예조하는 모습으로 표현되고 있다. 또 '항마성도'의 장면에서는, 붓다의 위대함에 패한 뒤 생각하는 마왕도 반가사유의 모습을 하고 있다. (2) 일찍이 A. 푸셰에 의해 '사위성 신변'으로 판단되었던 대신변도는, 『법화경』, 『해심밀경』, 『여래장경』 등의 대승경전 앞부분에 서술된, 붓다가 위대한 삼매에 들어 설법을 시현하는 광경의 묘사에 가깝다. 이 대신변도 속의 많은 성중과 함께 표현된 반가사유보살은, 붓다의 불가사의한 삼매의 의미에 대해 사유하고 있는 보살로 보인다. (3) 불삼존상의 협시로서 반가사유보살이 표현되는 경우가 있어, 주존인 붓다의 깨달음의 세계가 심원함을 시사하고 있다. 게다가 (2) 대신변도와 (3) 불삼존에서 반가사유보살은 교각보살과 쌍으로 표현되는 경우가 많은데, 이 두 가지 특징적인 자세는 보리를 구하고 또한 중생의 구제를 염원하는 보살의 성격을 두드러지게 보여주는 것이라고 할 수 있다.

이 예들을 통해 알 수 있는 것처럼, 반가사유상은 세속 세계에 몸을 두고 근심하거나 혹은 불가사의하게 생각하며, 그로 인해 세속세계를 벗어나 깨달음의 세계를 생각하고, 또 중생에 대한 연민을 암시하는 모습이라고 할 수 있을 것이다. 그러한 의미에서 반가사유상은 그 발생부터가 보살신앙과 깊이 관련되어 있다고 추정되며, 간다라에서는 이미 (4) 독립의 존상으로서 만들어졌다. 그 경우 단독 반가사유상은 대부분 모두 꽃장식 혹은 연꽃을 손에 들고 있어 관음보살로 판단되고 있다. 실제로 스와트나 카시미르에서는 7~8세기의 반가사유형 관음보살이 다수 만들어졌다. 간다라에서 단독 반가사유상은 미륵보살이 아닌, 자비의 보살로서의 관음보살과 결부되었음이 밝혀졌다.

제5장 '인도 미륵도상의 변천' 에서는, 미륵보살의 도상이 역사적·지리적으로 어떻게 변화되었는지에 대해 고찰했다. 이때 과거칠불과 병치된 보살상을 미륵보살로 판단하는 첫 번째 근거로 삼고, 또한 역사·지역을 한정해서 각 보살의 두발·관식·장신구·지물 등 도상의 제 특징을 망라적으로 검토하여, 이를 기초로 보살의 계통을 구분하는 판단의 근거를 얻었다. 이와 같은 확실한 수단을 바탕으로 야마다 교수의 관음보살 도상 연구에서 시사점을 얻어, 이를 추가적으로 검토한 결과 다음과 같은 결론에 도달하였다. (여기서는 쿠샨조에 대해서는 생략한다).

굽타조 사르나트에서, 미륵보살이 두발을 발계관으로 묶고 사슴가죽이나 천 조각 이외의 장신구를 걸치지 않고 염주나 물병을 들고 있는 것과 달리 관음보살은 마찬가지로 발계관으로 묶었지만(화불을 다는 경우가 많다), 장신구를 걸치고 연꽃을 든다. 그런데 아잔타 및 카네리석굴에서는 미륵보살이 보관이나 삼면두식을 쓰고 장신구로 장식하며 용화(?)를 드는 경우도 있는 것에 비해, 관음보살은 발계관으로 머리를 묶고(화불이나 불탑을 다는 것도 있다), 사슴가죽이나 천 조각 이외에 장신구로 장식하지 않고 반드시 연꽃을 들며, 물병이나 염주를 드는 경우도 있다. 한편 나식 및 카를라석굴에서는, 미륵보살이 발계관으로 묶고(불탑을 다는 경우가 많다) 장신구로 장식하지 않으며, 지물로는 물병 이외에 용화(?)나 염주를 드는 것도 있지만, 관음보살은 마찬가지로 발계관으로 묶고(화불을 다는 경우가 많다), 장신구로 장식하지는 않으나 사슴가죽이나 천 조각을 걸치는 경우가 있으며, 지물로서는 꼭 연꽃을 들며 염주를 드는 것도 있다. 팔라조가 되면 미륵보살과 관음보살은 모두 발계관으로 묶고 두식을 달며 장신구로 몸을 장식하는데, 미륵이 머리 앞에 불탑을 달고 지물로는 용화를 드는 것(물병을드는경우도있다)과 달리 관음은 머리 앞에 화불을 달고 지물로는 연꽃을 드는 것이 고정화된다.

이상과 같이 인도에서는 미륵이 관음과 병치되는 보살로서 활발히 조상되었고, 더욱이 이 두 보살은 도상적 특징상에서도 밀접한 관계를 갖고서 대립관계인 동시에 상호 혼효하면서 전개해 왔음이 밝혀졌다. 이제까지 보살의 도상은 시대성이나 지역성을 무시하고 처음부터 고정된 특징을 갖는다고 여겨져 왔으나, 이 연구를 통해 미륵보살과 관음보살의 도상적 특징이 밀접한 관계에 있으며, 시대·지역에 따라 전환현상이 일어났음이 밝혀졌다.

제3부 '중앙아시아의 미륵과 열반의 도상학'

제1장 '미륵과 대불'에서는 미륵신앙과 대불조성이 중앙아시아·중국에서 밀접한 관련성을 갖고 있음을 고찰했다. 대불은 인도에서 거의 찾아볼 수 없는데, 중앙아시아에서 출현하여 중국에서 많이 만들어졌음은 현존하는 사례를 통해서도 지적할 수 있으며, 또한 이들 대부분은 미륵상이다. 미륵이 대불로서 조성되는 이유를 불전에서 찾아보면, 『미륵내시경』에서 미륵은 '人壽八萬四千歲'의 때에 세상에 나오고, 미륵의 신장은 16장丈이나 된다고 하고 있으며, 『관불삼매해경』에서도 미륵의 신장이 16장(석가장육의10배)이라고 전하고 있는 것이 가장 시초가 되는 예이다. 미륵이 세상에 나오는 때에 낙원 세계가 이뤄지고 사람들의 신장과 수명이 연장되며, 미륵 자신도 대불로서 나타난다는 것이다. 구마라집 역 『미륵대성불경』에서는 '미륵의 신장은 32장'이라 하고, 동 역 『미륵하생성불경』에서는 '미륵의 신장은 천 척尺'이라 하여, 미륵십육장의 설이 과장되어 계승되고 있다. 이것이 미륵을 대불로 만드는 근거가 되어, 하생의 모습인 미륵대불이 유토피아 세계의 상징으로 만들어졌음을 알 수 있다. 인도에서는 그와 같은 미륵대불이 조성되었던

흔적이 없어, 중앙아시아에서 미륵신앙이 변모된 양상을 엿볼 수 있다. 다렐의 미륵대불을 비롯하여, 미륵의 대불은 중앙아시아에서 유토피아 사상의 색채를 강화하는 미륵신앙과 결부되며 성립하고 있는 것이다.

　　제2장 '키질 제1기의 볼트천장굴 벽화'에서는, 키질 제77굴(조상굴), 제118굴(해마굴), 제212굴(항해자굴), 제92굴(자원굴) 등의 제1기 볼트천장 벽화의 도상구성에, 중앙아시아의 미륵신앙이 반영되어 있는 양상을 고찰했다. 키질 제1기 석굴의 볼트천장에는 전면에 산악구도가 표현되어, 동물과 수목이 있는 산악 자연 풍경을 바탕으로 승려들이 명상에 잠긴 모습이 그려져 있다. 거기서는 간다라 '제석굴 선정'의 산악·동굴표현을 기본으로 하면서, 석굴 전체를 수미산 세계로 여기는 조형을 이루고 있다. 천장 중축부에는 해·달·나는 새·금시조·풍신·구름 속의 뱀·비상하는 승려 등의 천상도가 그려지고, 볼트의 돌출부 아랫면에는 바다의 모티브도 표현되어 있다. 산악구도 속의 선정승은 해골이나 똬리를 튼 뱀을 관상하며, 종종 몸에서 불과 물을 발하고 있다. 이 같은 도상은 구마라집 역『선비요법경』에서 이야기되고 있는 백골관·사대관과 관계 깊을 뿐 아니라, 산악표현이나 천상도 자체도 경전에 보이는 관상의 이미지와 관련되어 있다.

　　한편, '산속의 선정승'은 미륵신앙과 결부되어 있다. 즉, 천장의 산악구도 속 선정승의 도상은 볼트천장의 아래쪽, 혹은 앞벽이나 측벽의 반원형 구획에 표현된 '도솔천상의 미륵보살' 도상과 세트로 표현되고 있다.『관불삼매해경』,『선비요법경』,『사유략요법』 등의 선관경전에, 선정자가 수명이 다한 후 도솔천에서 태어난다고 하는 내용이 있다는 점을 통해서도 알 수 있듯이, '도솔천상의 미륵보살' 도상은 산악·동굴 안에서 선정·관상하는 선정승의 도상과 관계되어 있는 것이다. 그 이미지의 모델 역할을 하고 있던 것은 대가섭의 계족산에서의 입정일 것이다. 이처럼 키질 제1기의 볼트천장굴 벽화에서, 선정승·산악구도·미륵보살의 도상이 서로 연결되어 도상구성(프로그램)을 이루고 있음을 고찰했다. 이 고찰을 통해, 중앙아시아에서 '도솔천상의 미륵보살' 도상이 클로즈업되어 가는 양상이 밝혀졌으리라고 생각한다.

제3장 '키질석굴의 열반미술'에서는 중앙아시아에서 가장 열반미술이 융성했던 키질석굴을 대상으로 하여 그 열반도상의 양상을 고찰했다. 제1기의 제76굴(공작굴)에서는 간다라 미술의 특징인 석가의 생애를 통시적으로 표현하는 전기적인 불전 장면의 하나로서 열반도가 표현되었는데, 제161굴의 열반도는 굴의 앞벽 입구 상부에 단독으로 표현되어 있어, 키질에서 이른 단계에 열반도의 독립화가 이루어졌다고 추측된다. 이 열반도는 기본적으로 간다라도상을 계승하고 있지만, 대가섭의 접족예배로 인해 다비의 불이 타오르는 장면이나, 사천왕의 예배 등의 표현이 보이는 것은 새로운 발상이다. 또 키질의 대상굴(제77·47·48굴)에서는 후랑을 방처럼 만들어서 그곳에 소조의 대열반상을 설치하며, 방 주위의 측벽과 천장에 찬탄하는 사람들과 천인들을 소조상이나 벽화로 표현하고 있다. 열반대상의 조성은 인도의 굽타시대 쿠시나가라나 아잔타 제26굴에서도 보여 그 영향도 생각되지만, 중앙아시아에서는 인도 열반의 상징인 스투파를 대체하는 형태로, 석가의 이상적 경지의 달성인 반열반을 구체적인 열반대상으로 표현하는 것이 특히 선호되었을 것이다.

키질 제2기에 압도적으로 많은 중심주굴에서는, 후랑의 안쪽 벽에 '열반'(벽화 혹은 소조상)을 표현하는 것이 정식화되고, 나아가 그와 상대하는 사각기둥 뒷벽에 '분사리'나 '다비'를 그리며, 또한 회랑 전체를 '열반'과 열반 후의 설화도로 채우게 된다. 또한 후랑의 '열반'과 세트를 이루는 형태로 주실 앞벽 상부에 '도솔천상의 미륵보살'이 그려져 있어, 석가 입멸 후 승려들이 불사리나 불법을 귀의처로 삼아, 사후 도솔천에서 왕생하여 미륵보살에게 구원받기를 기원하는 도상구성임을 논하였다. 이상과 같이 키질석굴에서 열반미술이 중심적 가치를 갖는 양상을 관찰하여, 간다라·인도와 다른 중앙아시아 미술의 독자성을 명확히 하였다.

제4장 '중앙아시아 열반도의 도상학적 고찰'에서는, 바미얀과 둔황의 수隋대 열반도를 대상으로 하여 각각의 도상적 특징과 상호 관련성을 고찰

했다. 바미얀의 열반도(Fc, Jd, Jg, Ee, K굴)는 실지조사를 통한 저자의 작도를 통해 도상의 세부적 고찰이 가능하였다. 열반경 제본과의 대조를 통해, 바미얀의 열반도에는 '대가섭의 접족예배', '타오르는 다비의 불', '화계정에 든 수발', '베개맡에서 슬퍼하는 마야부인', '사람들의 격한 애도의 몸짓'이라고 하는 특징을 지적할 수 있다. 이 같은 도상적 특징은 간다라·인도의 열반도와는 그 양상이 크게 다른 한편, 둔황 모가오굴 수대(제280, 295굴)의 열반도에 같은 특징이 보여, 양자의 관련성을 엿볼 수 있다(제작연대도 양자는 가까운 관계였을 것이다). '대가섭의 접족예배' 도상은 중앙아시아 열반도에서 불가결한 요소가 되어 있는데, 그것은 대가섭이 석가와 미륵을 잇는 역할을 담당한다는 점에서 특별히 중시되었던 것이라고 생각된다. 또한 머리카락을 잡아 뽑고, 머리와 가슴을 두드리거나 상처 내는 등의 격한 애도의 몸짓은 키질벽화에서도 보이는데, 본래 비불교적인 장송의례(북방 유라시아의 유목민족에게서 행해졌다)에서 유래하는 것임을 문헌과 작품을 통해 논증했다. 또한, 판지켄트의 영웅의 죽음을 그린 '애도의 그림'에서 격한 애도의 몸짓을 하는 사람들과 여신이 표현되는 것을 고찰하고, 중앙아시아의 열반도에 마야부인이 등장하는 배경에 대해 고찰하였다.

제5장 '바미얀석굴 천장벽화의 도상구성'에서는 우선 바미얀 서대불 불감의 천장벽화의 주제를 『관미륵보살상생도솔천경』을 통해 해석하여 미륵보살의 도솔천세계를 묘사하였음을 살펴보고, 좌불불감(H, E, I, XII굴)의 천상벽화에도 이 주제가 보다 간략하게 계승되어, '도솔천상의 미륵보살'이 바미얀의 중심 주제를 이루고 있음을 지적했다. 이 미륵보살은 간다라와 같은 수행자의 이미지가 아닌, 태양신앙과도 관계되는 전륜성왕의 신격과 결부된 왕자적 이미지로서, 호화로운 관식이나 장신구를 걸친 것으로 표현되고 있어, '천상계의 주인공'로서의 위치를 점하고 있다. 그리고 돔천장이나 볼트 천장의 사당굴에서는 천정에 미륵보살이 그려지고 그를 천불이 둘러싸며, 또한 천장 외연부에는 하생의 미륵을 표현한 것으로 생각되는 '장식된 붓다', 그리고 열반도를 표현하는 도상구성으로 되어 있다.

이 도상구성은 불교신자가 석가 입멸 후에 현겁천불의 수장인 도솔천의 미륵보살이 계신 곳에 사후 재생하고, 또한 '장식된 붓다'로 표현된 하생의 미륵불과 함께 이 세상에 내려와, 현겁의 일체제불과 만나기를 기원하는 도상구성이라는 것을 『미륵대성불경』과 『관미륵보살상생도솔천경』 등의 경전을 활용하여 논하였다. 특히 미륵보살과 열반도를 조합시키는 도상구성은 인도세계에서는 보이지 않지만, 바미얀 이외에 키질 제2기에서도 현저히 나타나고 있음을 관찰하여 석가 입멸 후에 미륵보살에게 구원받기를 바라는 구제론적 도상표현임을 밝혀서, 중앙아시아 불교미술의 독자적 양상을 부각시키고자 했다.

　　이상에서 본 연구는 열반과 미륵을 주제로 삼아 도상학적 접근을 통해 불교미술에 나타난 인도적 양상과 중앙아시아적 양상을 분석하였으며, 특히 불교미술이 인도에서 중앙아시아로 전파되는 과정에서 나타나는 양식적 변용을 구조적으로 규명하고자 하였다. 간다라의 불교미술이 인도와 중앙아시아의 매개적 역할을 담당했던 것도 이 연구를 통해 이해할 수 있을 것이다. 열반과 미륵의 도상을 중심으로 다룬 것은, 불교미술이 '죽음'과 '삶(재생)'의 상징표현을 중심테마로 하여 전개되고 있기 때문이며, 인도에서 중앙아시아로의 불교미술 전파에 따른 변용의 문제를 고찰하는 데 있어, 이 테마가 축이 되는 중요성을 갖는다고 생각했기 때문이다. 본 연구가 불교미술 연구의 새로운 분야와 방법의 제시에 기여할 수 있을 것이라고 생각한다.

후기

불교미술은 신비로운 매력을 지니고 있다. 학생 때에는 어쩐지 말차 향이 느껴지는 일본의 불교미술보다 생명력 넘치는 인도의 불교미술에 이끌렸으며, 그후 인도·파키스탄·아프가니스탄을 조사하는 일을 할 기회도 얻게 되어 인도·중앙아시아의 불교미술을 전공하게 되었다. 최근에는 중국의 불교미술을 조사·견학하는 기회가 늘어, 새삼 일본의 불교미술을 살펴보니 그 예술성의 격조 높음이 마음에 와 닿아, 불교미술의 다양성에 대한 자세를 새롭게 한다.

불교미술의 매력 중 하나는, 아시아 세계로 널리 전해져 각각의 민족성에 뿌리를 둔 다양성을 지니고 있다는 것이리라 생각한다. 이는 불교미술이 지닌 풍부함의 이유이며, 특히 인도에서 중앙아시아·중국으로 전파되는 과정에서, 불교미술은 장대한 세계관과 판테온을 지닌 체계를 창출해 갔다. 이처럼 불교미술의 전파와 변용의 양상, 나아가서는 설화도·정토도·만다라 등의 세계도와 불·보살·명왕·천 등의 불교 존상들의 성립과 전개 양상을 아시아의 민족성과 역사성 안에서 떠올려 보게 된다. 이 같은 무모한 탐구심이 언제나 나를 채찍질한다.

이 책의 목적과 방법에 대해서는 서론을 참조하길 바라는데, 본 연구의 기초가 되고 있는 것은 작품의 실지조사 및 관찰과, 작품이 탄생한 지역에 직접 가보는 체험, 그리고 책상 위에서 텍스트를 읽는 세 가지이다. 인도·간다라·중앙아시아의 세 지역을 토대로 삼아, '열반'과 '미륵'의 도상을 테마로 도상해석학적 방법을 사용하여 횡단한다면, 불교미술의 역사적인 전개 양상이 구조적으로 보이기 시작할 것이다. 이러한 의도하에 본 연구는 이루어지고 있다. 일본에서 인도미술·중앙아시아 미술의 연구는 유럽 및 미국과 비교할 때 착수가 늦었고 연구자도 적지만, 예전에 비해 실지조사도 용이해졌으며, 또한 한문텍스트의 활용으로 성과를 올릴 수 있으리리고 기대한다. 나아가서는 아시아 각지 불교미술의 영향이 중층적으로 축적되어 있는 일본의 불교미술을 통해 본다면, 불교미술의 전파와 변용의 문제를 보다 명확히 이해할 수 있으리라 생각한다.

본서가 이러한 이점을 충분히 살렸는가의 여부는 현명한 전문가분들과 독자분들의 비판에 의지하는 수밖에 없겠으나, 특정 테마에 대해 도상해석학적 방법을 바탕으로 인도에서 중앙아시아를 아울러 살펴봄으로써 불교미술의 전파와 변용 양상을 입체적으로 밝힌다고 하는, 불교미술의 미개척 분야와 방법의 제시에 기여할 수 있었다면 필자는 더없이 기쁘다.

돌아보면 불교미술사의 연구를 오늘날까지 계속할 수 있었고, 본서를 간행할 수 있었던 것은, 실로 많은 스승, 선배, 벗들의 지원을 통해 얻은 선물이다. 나고야대학 문학부에서 미학미술사를 전공하고, 동대학원에서 인도철학 전공에 적을 둔 나는, 학부시절에는 고故 카시와세 세이치로柏瀬青一郎 선생께 불교미술의 즐거움을 배웠고, 대학원 시절에는 인도학·산스크리트어를 고故 키타가와 히데노리北川秀則 선생께 지도받음과 동시에, 요시카와 이쓰지吉川逸治 선생(현재 야마토大和문화관 관장)으로부터 넓은 시야에 입각한 미술사의 방법에 대해 배우는 기회를 얻었던 것은, 대학분쟁 시대였던 것만으로도 선명한 인상을 내게 남겼다. 그 시절 대선배인 마에다 코사쿠前田耕作 선생(현재 와코和光대학 교수)을 중심으로 한 파노프스키의 독서회에 참석하여 도상해석학의 참신한 즐거움에 눈을 뜨게 된 것도, 그 후 나에게 큰 영향을 주었다.

나의 나고야대학 문학부 조수 시절 이래로, 마치다 고이치町田甲一 선생의 지도를 가까이에서 받을 수 있게 되어 종종 나라奈良의 고사古寺에 동행할 수 있게 해주셨기에, 불교조각의 특히 양식론적 연구의 확고한 방법을 배울 수 있었다. 또한 마치다 선생은 부친께서 A. 푸셰와 조우하시고 불교미술사 연구에 있어 인도미술연구의 중요성을 말씀하셨음을 언급하며, 나의 인도 불교미술의 연구를 격려해 주시고 그것이 일본 불교미술연구에 미치도록 종용하셨다. 선생의 두터운 정은 지금까지 이어지고 있지만, 좀처럼 선생의 요청하심에 응하지 못하고 있다.

본서에서는 인도·중앙아시아 불교미술의 실지조사에 의지한 부분이 크다. 1969년의 나고야대학 조사대(대표 코테라 타케히사小寺武久 교수), 1974, 76, 78, 80년의 교토대학 조사대(대표 히구치 타카야스樋口隆康 교수), 1983년의 히로사키대학 조사대(대표 미야지宮治)에 참가할 기회를 얻어, 인도·파키스탄·아프가니스탄의 불교미술을 실지에서 조사·관찰할 수 있었던 것은 무엇보다 감사한 기회이자 인연이었다. 이 조사연구들은 모두 문부성 과학연구비에 의한 해외학술조사인데, 연구대표자였던 코테라 타케히사 선생(현재 나고야대학 공학부 교수)과 히구치 타카야스 선생(현재 카시하라고고학연구소 소장)께는 이 같은 기회를 주시고 지도받을 수 있게 해 주심에 새삼 감사의 말씀을 드리고 싶다.

교토대학의 조사대에 참가하게 되고, 또 그 후 교토대학 인문과학연구소의 쿠와야마 쇼신桑山正進 교수가 주재하는 연구회에 참가할 수 있었던 것은, 불교미술 연구에 역사에 있어 역사의 축이 갖는 중요성을 배웠다는 점에서 내 연구를 진행하는 데 한층 유익한 일이었다. 특히 쿠와야마 쇼신 선생의 엄격한 사료 비판과 창의성 넘치는 역사분석에는 경외하는 마음을 금할 수 없고, 또한 야마다 메이지山田明爾 선생(현재 류코쿠대학 교수)의 풍부한 발상에 기초한 불교사의 재검토를 통해서도 많은 깨달음을 얻을 수 있었다.

1976년과 83년에 공동으로 인도 불교미술조사를 수행했고, 평소에도 친근한 벗이 되어주시는 선배 야마다 코지山田耕二(현재 나고야예술대학 교수)는, 인도 관음보살의 도상연구에서 이미 큰 성과를 올리고 계시는데, 이 책의 내용 중 특히 제II부의 연구에서는 야마다의 연구로부터 직접적인 시사를 얻고 있어, 그 은혜가 큼을 명기하며 깊은 감사의 뜻을 표하고자 한다.

1984년과 86년에는 메트로폴리탄 동양미술연구센터의 장학금을 받아, 히로사키대학 인문학부의 수도 히로토시須藤弘敏와 함께 중국 신장·간쑤의 불교석굴을 조사·견학할 기회를 얻게 되어, 나의 인도·중앙아시아 불교미술연구를 보다 넓힐 수 있었던 것은 무척 감사한 일이었다. 특히 쿠챠의 키질석굴을 가까이서 견학·관찰할 수 있었던 것은, 본서 제3부의 연구에 큰 힘이 되었다.

이렇게 지금까지의 조사연구를 정리하며 많은 인연들이 무르익어 갔으나, 나의 능력 부족으로 뜻대로 되지 않았다. 나고야대학 문학부 미학미술사 강좌의 교수이셨던 쓰지 사호코辻佐保子 선생(현 오챠노미즈여자대학 교수)께서, 한 권의 책으로 정리해서 학위논문으로 제출하도록 꾸준히 권유해 주신 덕분에 간신히 착수할 결의를 하였으나, 그로부터 이미 4, 5년의 세월이 지나 버리고 말았다. 결국, 1983년 이후 여러 잡지에 게재되었던 논문들(『불교예술』,『오리엔트』,『남도불교』,『나고야대학 문학부 연구논집』,『미학미술사 논집(나고야대학 문학부 미학미술사 연구실』 이외에,『논총 불교미술사』,『반가사유상의 연구』 수록 논문 등)을 한데 모으는 형태가 되었는데, 단독의 저서로 정리하며 많은 가필과 삭제가 행해졌다. 그럼에도 불구하고 논문의 논술과 체재상에서 중복되는 부분이 있음에 양해를 구하지 않을 수 없다.

본 연구는 1990년에 나고야대학 문학부에 제출하고 이듬해 2월에 문학박사의 학위를 수여받았던 논문『열반과 미륵의 도상학 ― 인도에서 중앙아시아로 ―』를 골자로 하고 있다. 논문 심사를 맡아 주신 선생님들, 특히 주심이셨던 타치가와 무사시立川武藏 선생(나고야대학 문학부 교수)께는, 평소 인도학·도상학에 관한 참신한 가르침을 주신 것에 대해 깊은 감사 말씀을 드리고 싶다. 쓰지 사호코 선생께는 선생의 나고야대학 재임 중에 논문을 제출하지 못한 것에 대해 사죄를 드리지 않을 수 없겠으나, 나의 소수시설 이래로 공과 사로 격려해 주신 것은 내 마음속에 깊이 간직되어 있다.

본서에는 다수의 도판, 삽도의 도판을 게재할 수 있었다. 도판을 게재하는 데 있어, 많은 분들의 이해와 원조를 받았다. 목차의 도판 일람에 도움을 주신 분들과 출전을 명기하여, 각별한 감사의 뜻을 표하고자 한다. 그중에서도 교토대학 조사대를 주재하신 히구치 타카야스 선생, 헤이본사에서 출간된 중일합동출판『중국석굴』의 편집위원을 하셨던 세이죠대학 교원 히가시야마 켄고東山健吾 선생과 헤이본사의 야마모토 쿄이치,『간다라 미술』

전2권(니겐샤 간행)의 도록을 출판하신 쿠리타 이사오栗田功께는, 다수의 도판을 게재하도록 승낙해 주신 데에 감사의 말씀을 드리고자 한다.

이 책의 영문 레쥬메('결론'의 영문 번역)*에 관해서는, 죠치대학 교수이신 쓰치야 하루코土谷遙子 선생께서 전면적으로 힘써 주셨다. 쓰치야 선생께는 1969년 아프가니스탄 조사 이후 보살핌을 받아, 이번 단기간 사이에 영문을 완성할 수 있었던 것도 선생이 지원해 주신 선물로, 감사의 마음을 금할 수 없다. 또한, 번역에 있어 많은 귀중한 조언을 해 주셨던 미술사가 마리 안 로져스Mary Ann Rogers 선생께도 감사의 뜻을 표하고 싶다. 물론 영문을 포함하여 잘못된 부분이 있다면 온전히 나의 책임인 것은 두 말할 것도 없다.

이 책의 출판에 있어, 요시카와코분칸吉川弘文館의 야마다 토오루山田亨 편집부장을 비롯하여, 직접 편집을 담당하셨던 쥬가쓰샤十月舍의 사카키바라 키요오榊原淸夫 씨, 오이카와 아키코及川章子 씨께는 많은 도움을 받았다. 또한 원고 정리, 색인 작성, 도면 제작 등에는, 나고야대학 문학부 미학미술사 연구실의 모든 대학원생과 연구생들, 특히 나카가와라 이쿠코中川原育子, 타카스 쥰鷹巢純, 이와이 토모지岩井共二, 코지마 토모코小島登茂子, 하세가와 아키코長谷川明子의 모두에게는 크게 신세를 졌다. 이 많은 분들의 협력이 없었다면 이 책이 간행될 수는 없었을 것이다. 마지막으로, 본인이 좋아하는 연구에 전념을 다할 수 있도록, 제멋대로인 내게 가장 좋은 이해자가 되어 주었던 아내 요코에게도 감사의 말씀을 드리고자 한다.

또한, 본서는 헤이세이平成 3년도 문부성 과학연구비 보조금 '연구성과 공개 촉진비'의 조성에 의해 출판되었다.

1991년 12월 16일
미야지 아키라

---

* 한국어판에서는 내용 중복의 이유로 생략하였다.

역자 후기

미륵에 관한 석사논문을 준비하던 시절, 문명대 교수님께서 이 책의 원서를 참고하라며 권해주셨다. 하지만 책을 펼치자마자 목차만으로도 네다섯 장에 달하는 분량과, 한 페이지도 다 읽어내기 어려운 난이도에 도대체 왜 이 책을 권해주셨는지 당황했던 기억이 있다. 그렇게 내게는 너무 수준 높은 원서였지만, 가끔씩 펼쳐보며 접하다보니 조금씩 읽히는 부분이 늘어났다. 그리고 점차, 저자이신 미야지 아키라 선생님의 정성스러운 연구 자세에 존경과 동경의 마음을 품게 되었다.

또한 그 무렵에는 아프가니스탄의 바미얀 대불이 파괴되는 비극적인 사건이 있었는데, 이 책에는 바미얀 동·서대불 천장 벽화에 대한 상세한 기록이 담겨 있었기에 더욱 값지게 생각되었다. 그런데 이 책이 일찍이 영문과 중문으로 번역되었음에도 아직 한국어 번역본이 출간되지 않았다는 사실이 의아했고, 언젠가 도전해 보고 싶다는 마음을 품게 되었다. 그러던 중 (사)불교학연구지원사업회의 소장학자 지원사업 공모를 알게 되었고, 이에 지원하여 본격적인 번역 작업에 착수할 수 있었다.

이 책의 원서인 『涅槃と彌勒の圖像學－インドから中央アジアへ－』는 1992년에 출판된 것으로 이후의 연구 성과에 의해 수정된 내용도 있겠지만, 열반도상과 미륵도상 간의 관련성을 도출해낸 점에서 아직까지도 큰 학술적 의의를 지닌다고 생각한다. 또한 반가사유상 도상의 형성 과정을 다룬 내용 등을 통해, 우리나라 불교미술의 기원을 생각하는 데에도 많은 참고가 된다.

지난 9월에는 이 책의 저자이신 미야지 아키라 교수님의 추진으로, 미츠이三井기념미술관에서 '바미얀 대불의 태양신과 미륵신앙 ― 간다라에서 일본으로—'라는 전시가 기획되었다. 전시장에는 인도에서 일본에 이르까지의 미륵과 관련된 불교미술 및 경전 등을 소개하고 있었는데, 무엇보다 바미얀동·서대불과 그 벽화의 실측자료들을 최초로 공개했다는 점에서 매우 귀중한 전시였다. 실크로드는 단순한 무역의 교통로가 아니라 새로운 문화의 탄생지였고, 인도에서 탄생한 불교미술은 이곳을 통해 동남아시아와 중국을 지나 한국, 일본으로 전파되며 발전해 나갔다는 이 책의 내용들을 실제 자료들로써 증명하고 있었다. 힘들었던 번역작업의 실제를 확인해 볼 수 있는 고마운 전시였다.

나는 번역을 한다는 것과 번역서를 세상에 내놓는 일 사이에는 생각보다 큰 간극이 있음을 이번 작업을 통해 절감했다. 이 번역서가 출간되기까지는 결코 혼자의 힘으로는 해낼 수 없었으며, 각 단계마다 아낌없는 도움을 주신 분들이 계셨기에 가능한 일이었다.

우선, 여러 사정으로 정해진 제출 기한을 지키지 못했음에도 끝까지 따뜻한 응원과 협력을 보내주신 (사)불교학연구지원사업회와 김종환 사무국장님께 깊이 감사드린다. 또한 이 책을 처음 소개해 주신 (사)한국미술사연구소 문명대 교수님, 그리고 소중한 저작을 남겨주신 류코쿠龍谷대학 미야지 아키라 교수님께도 진심으로 존경과 감사의 말씀을 전한다. 한문 번역을 이해하는 데 있어 울산대학교 이도현 교수님의 조언도 큰 힘이 되었다.

아울러, 교정과 조언을 흔쾌히 맡아 주신 서울대학교 이주형 교수님께는 각별한 감사를 드린다. 바쁘신 일정 속에서도 시간을 내어 원고를 체크해 주시고, 경전의 표기 방식, 참고문헌 작성법, 그리고 어려운 한자어는 가급적 우리말로 풀어 써야 한다는 실질적인 조언을 아끼지 않으셨다. 교수님의 세심한 가르침 덕분에 원고는 보다 읽기 쉬운 문장으로 다듬어질 수 있었다.

또한 정정 사항과 요청 사항에 성실히 대응해 주시고, 이 책이 완성도 높은 도서로 거듭날 수 있도록 정성껏 편집해 주신 도서출판 씨아이알과 신은미 팀장님께도 깊은 감사의 마음을 전한다. 끝으로 긴 시간 동안 물심양면으로 응원해준 남편에게도 고마움을 전하고 싶다.

첫 번역서인 만큼 예상하지 못한 어려움도 많았고, 여전히 부족한 점도 적지 않다고 생각한다. 그럼에도 불구하고, 이 책이 불교미술을 연구하는 여러 학자와 독자 여러분께 작은 도움이 되기를 진심으로 바란다.

2025년 6월
박선영

도판1. 스투파 공양도. 산치 제1탑 북문. 1세기 초.

도판2. 스투파. 나식 제18굴. 기원전 1∼기원후 1세기.

도판3. 난순 입석 장식. 바르후트. 기원전 100년경. 캘커타인도박물관 소장.

도판4. 만병(푸르나 가타). 산치 제2탑. 기원전 2세기 말.

도판5. 마카라의 입에서 나오는 연화만초. 산치
　　　제1탑 동문. 1세기 초.

도판6. 배꼽에서 연화만초를 내는 약샤. 바르후트. 기
　　　원전 100년경. 캘커타인도박물관 소장.

a

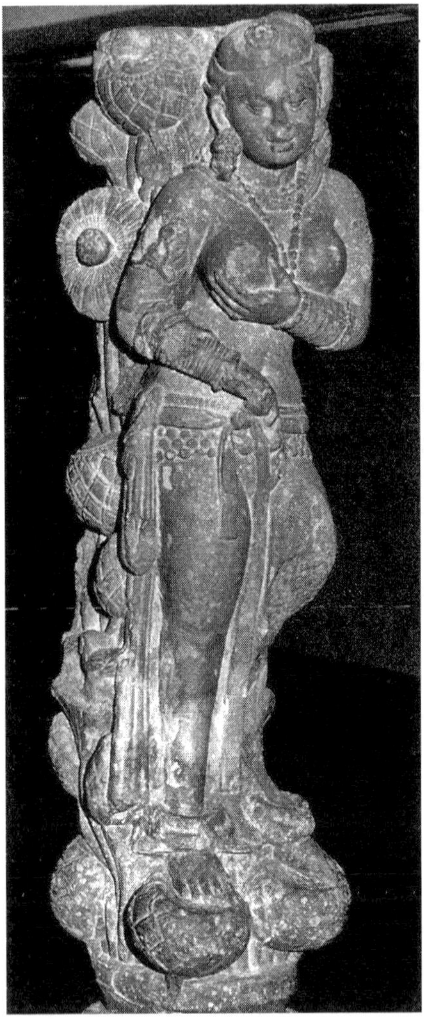

b

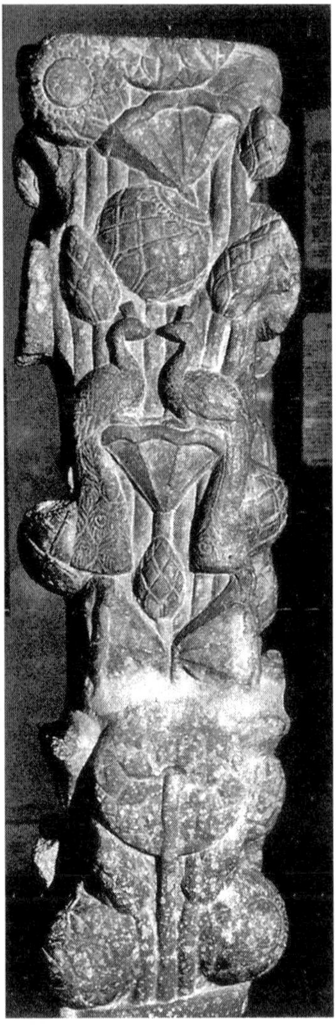

도판7. a. 슈리 락슈미상. 마투라. 2세기. 뉴델리국립박물관.
b. 연과 공작. 동일 상 뒷면.

도판8. 석가 최후의 여행. 석주 부조. 아마라바티 출토. 1세기 전반. 아마라바티박물관[마루야마 이사무丸山勇 촬영]

도판9. 열반. 구 마르단 소재(간다라). 2세기. 페샤와르박물관.

도판10. 열반. 로리얀탕가이(간다라) 출토. 3~4세기. 캘커타인도박물관.

도판11. 열반. 간다라. 2~3세기. 탁실라박물관.

도판12. 열반. 차트파트(디르) 출토. 3~4세기. 디르박물관.

도판13. 입관. 스와트. 3~4세기. 카라치국립박물관.

도판14. 분사리. 라니가트(간다라) 출토. 3~4세기. 라호르박물관.

도판15. 사리의 운반. 간다라. 3~4세기. 라호르박물관.

도판16. 다비. 간다라. 3~4세기. 런던 개인 소장[쿠리타 이사오
栗田功 1, pl. 506]

도판17. 사리의 수호·예배. 간다라. 3~4세기. 일본 개인 소장[쿠
리타 이사오 1, pl. 510]

도판18. 열반. 마투라. 2~3세기. 마투라박물관.

도판19. 성도석가와 칠상도. 동인도. 10세기. 캘커타인도박물관.

도판20. 붓다와 범천 · 제석천. 카니시카 사리용기의 뚜껑. 샤지키데리(간다라) 출
토. 2세기(?)

도판21. 불오존상(도판28) 중의 범천과 제석천. 사리바롤(간다라) 출토. 2～3세기. 페
샤와르. a. 제석천, b. 범천

도판22. '아난타용 위의 비슈누'(도112) 중의 신들(향좌부터 카르티케야?, 인드라, 브라흐마, 시바, 파르바티). 데오가리 다샤바타라 사원. 6세기 초.

도판23. '양성구유의 시바' 중의 인드라(향우)와 브라흐마(향좌). 엘레 판타. 7~8세기.

도판24. 시바 링가. 코. 5세기.
뉴델리국립박물관.

도판25. 비슈누상. 마투라. 5세기. 뉴델리국립
박물관.

도판26. 과거칠불(일부 파손)과 미륵보살. 간다라. 2〜3세기.

도판27. 삼불삼보살 부조(도120) 중 삼보살. 간다라. 2~3세기. 탁실라박물관.
　　　 a. 보살1(향우). 터번관식 · 화만을 듦.
　　　 b. 보살2(중앙). 터번관식 · 무지물.
　　　 c. 보살3(향좌). 속발 · 물병을 듦.

도판28. 삼존형식상(표 2의 No. 1). 사리바롤(간다라) 출토.
　　　 2~3세기. 페샤와르박물관.

도판29. 삼존형식상(표 2의 No. 2). 사리바롤(간다라)
　　　 출토. 2~3세기. 페샤와르박물관.

도판30. 삼존형식상(표 2의 No. 10). 사리바롤(간다라) 출토. 2~3세기. 페샤와르박물관.

도판31. 미륵보살입상. 간다라. 2~3세기.
　　　　탁실라박물관.

도판32. 미륵보살입상. 간다라. 2~3세기.
　　　　카라치국립박물관.

도판33. 도솔천상의 미륵보살. 간다라. 2~3세기. 오사카 사천왕사보물관[다
이와분카칸大和文化館 제공]

도판34. 도솔천상의 미륵보살. 쇼토락(카피시) 출토. 3~4세기. 카불박물관.

도판35. 싯다르타 태자사유상(불전도 중의 한 장면). 모하마드 나리(간다라) 출토. 2~3세기. 라호르박물관.

도판36. 싯다르타 태자의 혼약. 2~3세기. 라호르박물관.

도판37. 항마성도. 스와트. 3~4세기. 스와트박물관.

도판38. 삼존형식상(표 2의 No. 17) 로리얀탕가이(간다라) 출토. 3~4세기. 캘커타인도박물관.

도판39. 대신변도. 모하마드 나리(간다라) 출토. 3〜4세기. 라호르박물관.

도판40. 불삼존상. 나식 제23굴 제2사당 안쪽 벽. 6~7세기.

도판41. 불삼존상. 나식 제23굴 제3사당 안쪽 벽. 6~7세기.
    a. 좌협시보살, b. 우협시보살.

도판42. 불삼존상. 비슈누풀. 10세기. 파트나박물관.
    a. 붓다, b. 미륵보살, c. 관음보살

도판43. 바미얀 서대불. 높이 55m[교토대학 조사대에 의함]

a

b

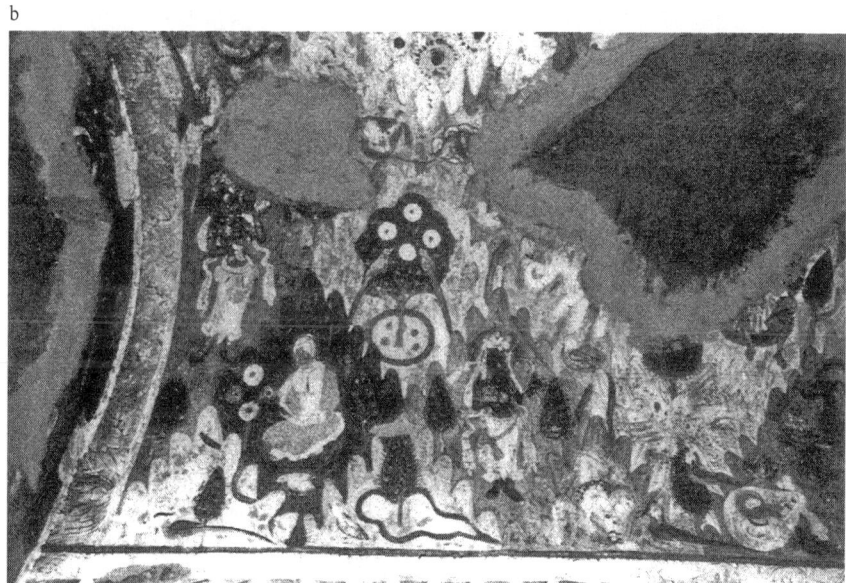

도판44. a. 산악구도. 키질 제77굴(조상굴). 우랑굴 정부 우측.
　　　　b. 산악구도. 동. 우랑굴 정부 좌측.

a

b

도판45. a. 미륵보살과 제천찬탄. 키질 제77굴(조상굴). 우랑굴 정부 우측 하연.
    b. 미륵보살과 제천찬탄. 동. 우랑굴 정부 좌측 하연.

도판46. 대신변도. 간다라. 마쓰오카미술관[쿠리타 이사오 1, pl. 400]

도판47. 키질 제161굴 주실 앞벽 상부[코지마 야스타카小島康誓 촬영]

도판48. 키질 제17굴(보살천장굴). 주실 측벽 및 천장[수도 히로토시 촬영]

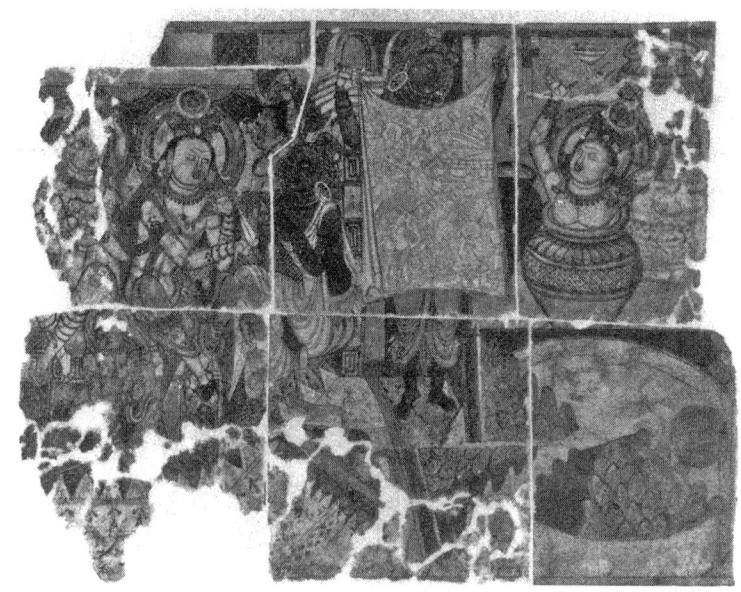

도판49. 아사세왕 고사. 키질 제205굴(제2구 마야굴). 구 좌랑 내 측벽 소재[Grünwedel 2, Tafel 44-45]

도판50. 다비. 동. 구 사각기둥 뒷벽 소재[Grünwedel 2, Tafel 44-45]

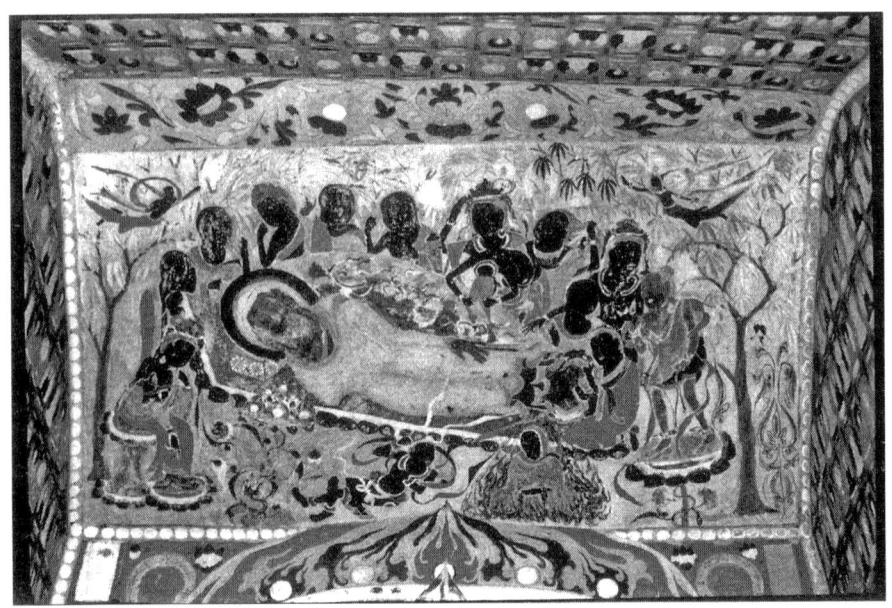

도판51. 열반도. 둔황 모가오굴 제295굴. 수隋[히가시야마 켄고東山健吾 제공]

도판52. 열반도. 둔황 모가오굴 제280굴. 수[『둔황모가오굴』 2, 도114]

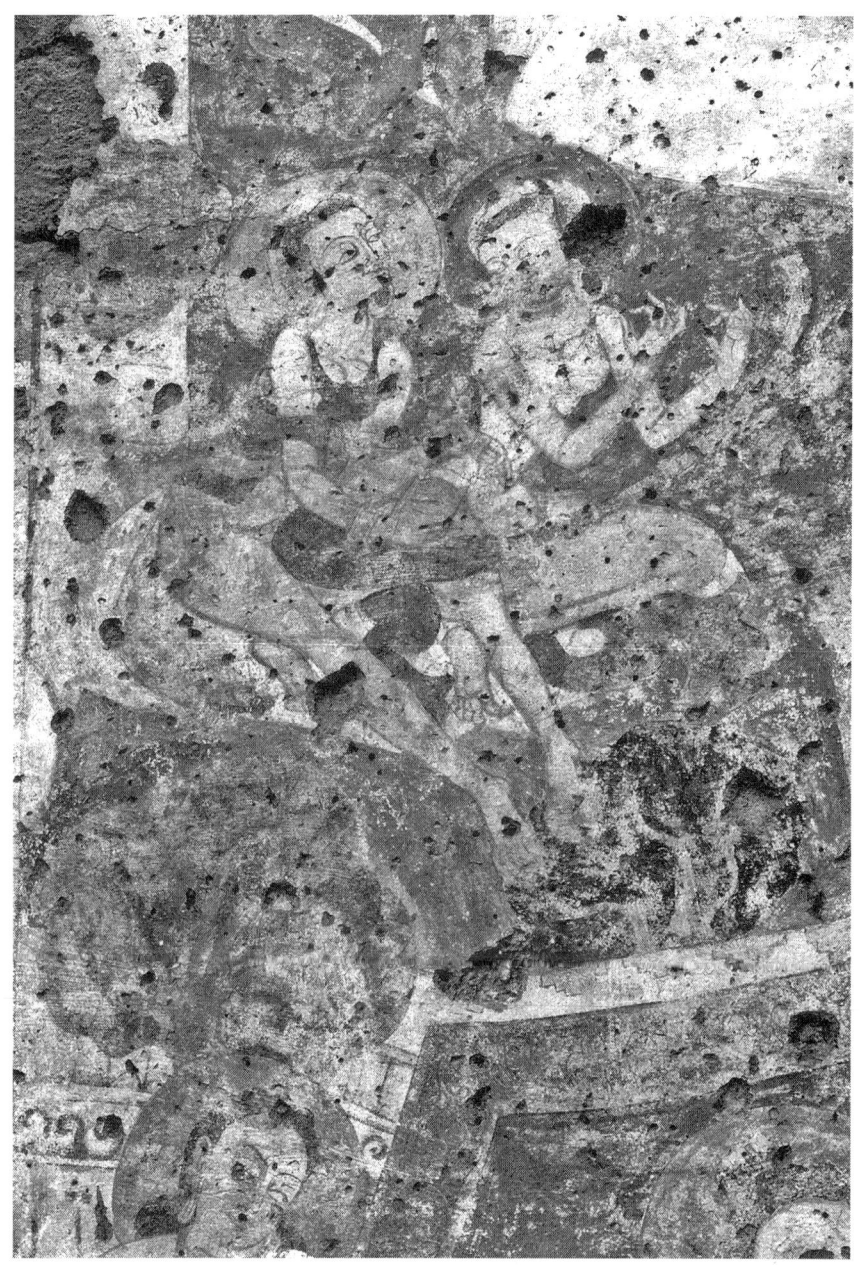

도판53. 바미얀 서대불 불감 천장벽화. 악천[교토대학 조사대에 의함]

a

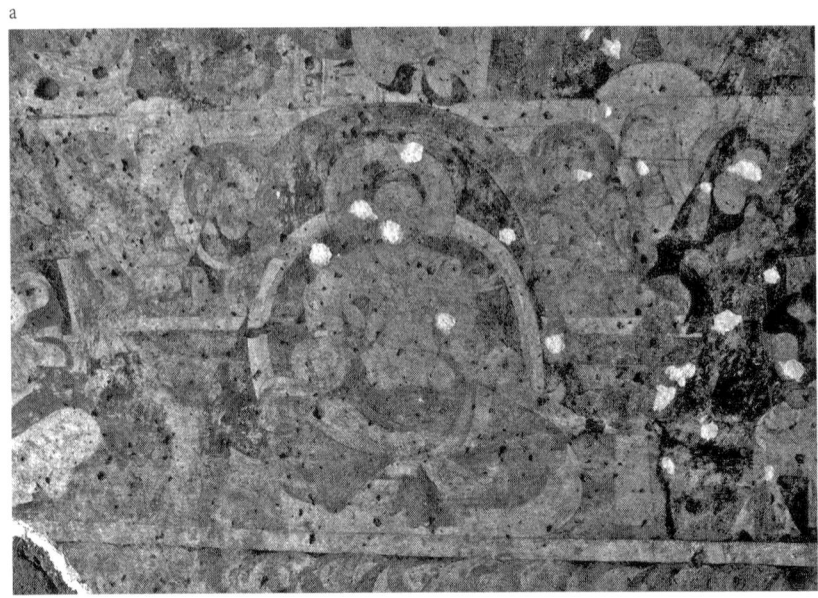

b

도판54. a. 바미얀 서대불 불감 천장벽화. 열감 밑의 신들 (1)
　　　　b. 위와 동일. 열감 밑의 신들 (2)[교토대학 조사대에 의함]

찾아보기

지은이

미야지 아키라 宮治 昭

나고야대학 문학부(미학미술사)를 졸업하고, 동 대학 대학원 박사과정(인도철학)을 중퇴하였다. 히로사키대학 조교수, 나고야대학 교수, 시즈오카현립미술관 관장, 류코쿠대학 문학부 교수, 류코쿠대학 류코쿠뮤지엄 관장을 역임하였으며, 현재 나고야대학 명예교수, 류코쿠대학 명예교수 및 동 대학 객원연구원으로 재임 중이다. 1969년부터 인도, 파키스탄, 아프가니스탄, 중국의 불교미술을 조사하고 있으며, 전문은 불교미술사, 문학박사이다.

주요 저서로는 『インド美術史』, 『涅槃と弥勒の図像学 ―インドから中央アジアへ』, 『仏教美術のイコノロジー』(모두 吉川弘文館), 『ガンダーラ 仏の不思議』(講談社選書メチエ), 『世界美術大全集 13·14 インド （1) (2)』(共編著, 小学館), 『バーミヤーン遥かなり』(NHKブックス), 『インド仏教美術史論』, 『アジア仏教美術論集 全12巻 監修·責任編集担当』(모두 中央公論美術出版) 등이 있다.

옮긴이

박선영

동국대학교 한국화과/일어일문학과를 졸업하고, 동국대학교 대학원 불교미술학과 박사과정과 (사)한국고전번역원 연수과정1을 수료하였다. (사)한국미술사연구소에 재직(2011~2014)하였고, 봉은사 보우학술논문 주지상(2013), (사)불교학연구지원사업회 불교소장학자 지원사업 번역부문(2017)을 수상하였다.

발표 논문 및 공동 간행물로는 「조선후반기 미륵불괘불도 연구」, 『강좌미술사』 39((사)한국미술사연구소, 2012), 『한국역대서화가사전』(문화재청 국립 문화재연구소, 2011), 『조선시대 기록문화재 자료집(1) (2) (3)』((사)한국미술사연구소, 2011~2013)이 있다.

열반과 미륵의 도상학

인도에서 중앙아시아로

초판 발행 | 2025년 7월 28일

지은이 | 미야지 아키라
옮긴이 | 박선영
펴낸이 | 김성배

책임편집 | 신은미
디자인 | 엄혜림, 엄해정
제작 | 김문갑

펴낸곳 | 도서출판 씨아이알
출판등록 | 제2-3285호(2001년 3월 19일)
주소 | (04626) 서울특별시 중구 필동로8길 43(예장동 1-151)
전화 | (02) 2275-8603(대표)   **팩스** | (02) 2265-9394
홈페이지 | www.circom.co.kr

ISBN   979-11-6856-336-0 (93220)